Hermann Kletke

Reise Seiner Königlichen Hoheit des Prinzen Adalbert von Preußen nach Brasilien

D1693381

Hermann Kletke

Reise seiner königlichen Hoheit des Prinzen Adalbert von Preußen nach Brasilien

ISBN/EAN: 9783956973581

Auflage: 1

Erscheinungsjahr: 2016

Erscheinungsort: Treuchtlingen, Deutschland

Literaricon Verlag Inhaber Roswitha Werdin, Uhlbergstr. 18, 91757 Treuchtlingen

www.literaricon.de

Adalbert
Prinz von Preußen.

Reise

Seiner Königlichen Hoheit

des

Prinzen Adalbert von Preußen

nach

Brasilien.

———

Nach dem Tagebuche Seiner Königlichen Hoheit mit Höchster
Genehmigung auszüglich bearbeitet und herausgegeben

von

H. Kletke.

====

Berlin.

Hasselberg'sche Verlagshandlung.

1857.

Inhalt.

		Seite
	Vorwort .	1
I.	Der Aetna	5
II.	Die Alhambra	31
III.	Die Straße von Gibraltar	69
IV.	Ein Sonntag in Cadiz	107
V.	Die Desertas und Madeira	133
VI.	Der Pic von Teneriffa	165
VII.	Rio de Janeiro	207
VIII.	Der Ritt zu den Ufern des Parahyba do Sul	293
IX.	Amazonas und Xingú	415

Vorwort.

Durch die Gnade Sr. Königlichen Hoheit des Prinzen Adalbert von Preußen ist mir die Erlaubniß zu Theil geworden, einen Auszug aus dem Tagebuche ver= öffentlichen zu dürfen, welches der Prinz auf seiner, im Jahre 1842 nach Brasilien unternommenen Seereise geführt hat. Dasselbe erschien als Manuscript gedruckt 1847 zu Berlin, mit Beigabe von landschaftlichen Darstellungen, Karten und Plänen, unter dem Titel: „Aus meinem Tagebuche 1842 — 1843. Von Adalbert Prinz von Preußen." Da dieses pracht= volle Werk nur in einer kleinen Anzahl von Exem= plaren gedruckt wurde und nur als ein Geschenk Sr. Königlichen Hoheit in den Besitz von Privatpersonen

gelangte, so wird man sich mit mir für die huldreiche
Bewilligung des hohen Verfassers, die mich in den
Stand setzte, mit Benutzung des erwähnten Tagebuches
eine, wenn auch nur auszügliche, doch authentische
Schilderung jener Reise für einen größeren Leserkreis
zu veröffentlichen, gewiß zu aufrichtigstem Danke ver-
pflichtet fühlen.

Wie wir aus dem Vorwort des Tagebuches erfahren, gehörte eine größere Seereise fast von Kindheit
an zu den Lieblingswünschen des Prinzen, während
seine rege Phantasie, von den Wundern der Tropen-
welt angezogen, diesem Streben eine bestimmtere Richtung gab. Se. Majestät der König, der auf das huld-
vollste auf diese Wünsche einging, gestattete dem Prinzen, seinen Vater, den Hochseligen Prinzen Wilhelm,
auf dessen Tour durch Italien zu begleiten und sodann
eine Reise nach Rio de Janeiro anzutreten.

Von einer Fahrt auf dem neapolitanischen Dampfboote „Palermo" rings um Sicilien und nach Malta,
bei welcher Gelegenheit der Prinz in Gesellschaft seines
Hochseligen Bruders, des Prinzen Waldemar, den
Aetna bestieg, zurückgekehrt, trennte er sich in Neapel
von seinem Vater und seinem Bruder, und ging mit
seinen beiden Begleitern und treuen Reisegefährten, dem

Hauptmann, jetzt Oberst, Grafen Oriolla *) und dem Seconde-Lieutenant, jetzt Major und Flügel-Adjutant Sr. Majestät des Königs, Grafen Bismarck an Bord des „Francesco I." nach Genua, um Sr. Majestät dem Könige von Sardinien, der ihm eine seiner Fregatten für die Hin- und Rückreise nach Brasilien zur Verfügung angeboten hatte, persönlich seinen Dank abzustatten.

Am 22. Juni 1842 lichtete der „S. Michele" von 60 Kanonen, geführt von dem Capitain d'Arcollière, die Anker, steuerte durch den Golf von Lyon im Angesicht der Seealpen und Corsica's hindurch, segelte am fernen Monserrate und nahe an dem schroffen Felsen von Formentera vorüber, passirte das Cap de Gata und lief in Malaga ein, von wo eine Excursion nach Granada gemacht wurde. Demnächst segelte die Fregatte nach Gibraltar und nach Cadiz, von hier an den Ilhas Desertas vorüber nach Madeira, berührte dann Teneriffa, hielt sich darauf dicht an den Inseln des grünen Vorgebirges, die je-

---

*) Graf Oriolla war später auch der Begleiter des Prinzen Waldemar auf dessen Reise in Ostindien.

doch des schweren Gewölks wegen nicht sichtbar waren, und langte in den ersten Tagen des September 1842 in Rio an. — Die nähere Darstellung dieser Reise bildet nun den Inhalt der nachfolgenden Blätter.

Berlin.

H. Klelke.

I.

Die Besteigung des Aetna.

Es war der 7. Mai 1842. Cap Molino, am Ende jenes langen, abgerundeten Berges von Aci Reale, dessen wahrhaft englisches Grün durch weiße Ortschaften anmuthig unterbrochen wird, lag schon hinter dem dampfenden „Palermo", ebenso die schwarzen Cyclopen-Inseln, die dicht bei dem Vorgebirge als einzelne bizarre Felsen kühn aus der See emporstarren. Hinter dem grünen Berge von Aci lagerten schwere Wolken, unter denen man den schwarzbläulichen Fuß des Aetna, wie die abgestumpfte Basis eines ungeheuren, sanft ansteigenden Kegels erblickte. Plötzlich riß eine kleine Stelle des düstern Gewölks auseinander, und ein Theil von dem obern Contur des Berges ward sichtbar: es war der Gipfel des Monte Gibello. — Ganz deutlich sah man durch diese Oeffnung die Verlängerungen der Seiten des abgestumpften untern Kegels, oder vielmehr, der fast unmerklich ansteigenden Pyramide, sich schneiden. Hier auf dem Schneidungspunkte steht der kleine, schwarze, scharfbegrenzte obere Kegel, mit einer unmerklichen Einsattelung zwischen den beiden, kaum sichtbaren Spitzen, die den obern Kraterrand bezeichnen.

Zuweilen kamen andere Stellen des Aetna-Conturs, die alle noch mit Schnee bedeckt waren, zum Vorschein. Auf dem warmen obersten Kegel allein haftete kein Schnee. Bald zogen die Wolken sich wieder zusammen und entrückten den Gipfel des Berges auf's Neue.

Kaum sind die Cyclopen-Inseln passirt, so überblickt man die Ufer des weiten, flach geschwungenen Golfs von Catania. Der Fuß des Aetna senkt sich sanft in die große Fläche hinab, die sich bis zur See hinzieht und mit dem sandigen, gelblichen Cap Croce endet. Am Saum der Ebene erheben sich hart an der Küste die Kuppeln Catania's. Zwei schwarze Lavaströme, mit Cactus überwuchert, umfassen die Stadt und stehen wie erstarrte Mauern, vom Meere bespült, ihr zur Seite.

Es war vier Uhr Nachmittags, als man auf der Rhede von Catania den Anker fallen ließ. Herr von Waltershausen, der seit Jahren hier lebt und den Aetna zu seinem Studium gemacht hat, kam in Begleitung des Geheimen Raths Otto aus Breslau an Bord. Der jüngere Theil der Reise-Gesellschaft drängte sich zu ihm, um aus seinem Munde zu erfahren, ob denn wirklich, wie man es von allen Seiten darstellte, die knapp zugemessene Zeit und der Schnee sich der schon längst sehnlichst gewünschten Besteigung des Berges unbesiegbar in den Weg stellen würden. Herr von Waltershausen fand zur großen Freude der Reisenden kein Hinderniß darin, um so weniger, als schon vor vierzehn Tagen eine Französin, trotz der frühen Jahreszeit, mit ihrem Manne den Gipfel erstiegen hatte; ja er bot sich selbst sogar zum Begleiter an. Bald darauf durchflog das Boot des „Palermo" die kurze Entfernung, die noch vom Lande trennte. Den im Bau begriffenen Mole umschiffend, an dem sich eine hohe gemauerte Batterie mit ein paar Kanonen und einem Telegraphen, einem viereckigen Thurme nicht unähnlich, erhebt, und zwischen den Kabeln der beiden einzigen im Hafen liegenden Briggs sich durchwindend, setzte es die Reisenden schnell an's Land.

Das Hotel, in welchem man abstieg, lag in einer der nahen Hauptstraßen, die mit dem Hafen parallel laufen. In der größten Eile wurden alle Vorbereitungen zu der kleinen Expedition getroffen, und um sechs Uhr fuhr man schon in zwei Wagen fröhlich davon.

Die kleine Gesellschaft bestand, außer Ihren Königlichen Hoheiten den Prinzen Adalbert und Waldemar von Preußen, aus den Grafen Oriolla und Bismarck, Herrn von Waltershausen und Lieutenant von Daum vom 14. Infanterie-Regiment. Catania, obgleich weder ein eleganter Ort, noch ein großer Hafen, macht dennoch einen recht großstädtischen Eindruck. Der Weg führte durch eine endlose, zum Theil von hohen Häusern eingefaßte Straße, eine der Hauptstraßen der Stadt, die Strada Aetnea genannt, da der Aetna ihr zum point de vue dient. Merkwürdig sind die leichten eisernen Brücken, die mitten auf der Gasse stehen. Da, wo sich zwei derselben schneiden, bilden sie die Form eines Kreuzes. Die häufigen, starken Ueber-

schwemmungen der Bergwässer, die sich zuweilen durch die
Straßen in die See stürzen, machen sie hier nothwendig.
Das Pflaster hat, statt der Rinnsteine, eine Einbiegung in
der Mitte. — Die weibliche Tracht in Catania, die langen,
schwarzen, zur Erde hängenden Tücher, welche die Frauen
aller Stände so über den Kopf ziehen, daß nur das oft
hübsche Gesicht herausschaut, giebt dem Ganzen einen fremd=
artigen Charakter; dazu kommen noch einzelne Lettigas,
denen man in den Straßen begegnet, Sänften oder Kutschen
ohne Räder, die von zwei in einer Linie gehenden Maul=
thieren getragen werden, und einzelne Eselreiter, welche
Pistolenholfter führen.

Man steigt so sanft gegen Nicolosi an, daß ein großer Theil
des Weges Trab gefahren werden kann. Die Ansteigung des
Aetna beträgt nahe an der See zwischen 2 und 3°. Später
wächst dieselbe bis 5°, und allmählig gegen den Kern des
Berges bis zu 15°. Dieser dagegen erhebt sich unter einem
Winkel von 15 bis 30°, und der letzte Kegel, der Erup=
tionskegel des Hauptkraters, hat sogar eine Steilheit von
30 bis 39°. — Die Form der Basis des Aetna ist eine
Ellipse, gleich der seines Erhebungskraters. Die vertikale
Achse des Berges liegt mehr nach dem Innern des Landes,
als nach der See zu; ihre Entfernung von dieser beträgt
28,000 Metres, etwa vier deutsche Meilen. Hierin möchte
wohl der Grund zu suchen sein, warum dem Reisenden der
Aetna von der See aus lange nicht so hoch erscheint, als
er wirklich ist. Die Basis des Monte Gibello, unter

welchem Namen man ihn allein hier kennt, besteht nach der
Ansicht des Herrn von Waltershausen aus weißem
oder fleischfarbenem trachytischem Gestein, während der
innere Kern des Berges aus Aetnit, einem Gemisch von
Labrador, Hornblende und Augit, gebildet wird. Im Val
del Bove, einer fast senkrechten, etwa 5500' tiefen Spalte
in der Seitenwand des Aetna, die am Erhebungskrater
beginnt und sich bis zu ¾ Meilen erweitert, kann man
dieses labradorartige Gestein am besten sehen. — Es ist
dieses Thal daher für den Geognosten von großem Interesse.
— Der Berg fällt, vermöge der Form seiner Basis, nicht so
sanft gegen das Land, als gegen die See ab. Sein Fuß
ist von einem Lavamantel umgeben, und zwar von Laven
sehr verschiedenen Alters. Nach Herrn von Waltershausen's Berechnung kommen etwa 16 Eruptionen auf
ein Jahrhundert.

Unter den vielen Lavaströmen, die theils aus dem
obersten Hauptkrater, theils aus den sich häufig an den
Seiten des Berges bildenden Eruptionskegeln und Kratern
geflossen sind, haben in neuerer Zeit nur drei die See erreicht. Der erste derselben war der Strom von 1329, der
bei Aci Reale in die See ging; der zweite der von 1381,
über welchen der Weg der Reisenden nach Nicolosi führte,
und den sie gleich jenseits Catania passirten. Auffallend ist
die Menge von hohem Cactus, die darauf wächst. Man
pflanzt denselben künstlich an, um die Laven fruchtbar zu
machen; wie sich denn auch auf den spätern Strömen, die

überschritten wurden, viel Anbau und Bäume fanden; an
einer Stelle sogar ward bereits die Gerste geerndtet.
Merkwürdig ist es, daß man hier das Alter der Lava nie
an dem größeren oder geringeren Anbau erkennen kann,
was wohl von dem unregelmäßigen Betriebe desselben her=
rührt. Dabei ist an und für sich die alte von der jungen
Lava oft gar nicht zu unterscheiden. So entdeckte Herr
von Waltershausen in einer Lava, die ihm ganz jung er=
schien, eine römische Wasserleitung, welche schon aus derselben
erbaut war, und nachweislich über 100 Jahre v. Ch. datirt,
also an 2000 Jahre alt ist. — Der Lavastrom von 1329
ist von der See aus sichtbar, und bildet an der Küste eine
hohe, schwarze Wand, auf der sich ein alter Thurm erhebt.
— Der dritte Lavastrom, der die See in neuerer Zeit
erreichte, ist der von 1669 mit zwei Nebenströmen, die je=
doch nicht bis in's Meer gelangten. Er ergoß sich aus
dem bedeutendsten der Eruptionskegel an der Seite des
Aetna, dem Monte Rosso, der fast an Höhe dem Brocken
gleichkommt. — Monti Rossi heißt dieser Berg eigentlich,
denn er besteht aus zwei an der Basis zusammengewachsenen
Kegeln.

Diese Kegelberge setzen sich meist schon in der Ent=
fernung deutlich gegen den Fuß des Aetna ab, entweder
durch ein dunkleres oder mehr rothbraunes Colorit. Von
der See gesehen, erscheinen sie vor dem Fuße des Monte
Gibello wie Maulwurfshaufen, und können so als Maaßstab
für dessen Höhe dienen, welche der Reisende so leicht zu

unterschätzen verleitet wird. Der Weg nach Nicolosi berührt den Strom von 1669 nicht, er bleibt links zur Seite liegen. Dies ist derjenige Lavafluß, welcher Catania auf so furcht= bare Weise zerstörte, indem er die jetzige Stadt von zwei, ja man kann sagen von drei Seiten umfaßte.

Es war Nacht, das Gewölk hatte sich zertheilt, die Sterne funkelten in südlicher Pracht; — nur auf dem Aetna allein ruhte noch eine Wolke, wenn auch nicht mehr so düster und schwer als am Tage. „Der einzige Moment," sagte Herr von Waltershausen, „wo man den Gipfel in der Regel wolkenlos erblickt, ist der Sonnenaufgang. Allein jetzt kann man selbst hierauf nur schwer rechnen, da seit einigen Tagen die Wolken nicht weichen wollen. Noch ist's vielleicht möglich, bei Sonnenaufgang den Gipfel zu erreichen; — dann werden wir dennoch einen schönen, hellen Blick von oben herab genießen." —

Die Blicke der Wandernden waren sehnsüchtig nach dem großartigen Berge gerichtet, der beständig gerade vor ihnen lag. Links hatten sie den Monte Rosso, der immer mehr wuchs, je mehr sie stiegen. Der Mond schien nicht, doch stellte sich am westlichen Himmel ein schönes Zodia= kallicht ein, ein matter, weißlicher Lichtschein, der sich kegel= förmig gegen den Zenith zog und in diesen Breiten leichter sichtbar ist, als in unsern Gegenden. — Kurz vorher, ehe man das Zodiakallicht bemerkte, machte Herr von Wal= tershausen auf eine Felswand rechts am Wege aufmerk= sam. Es war das bekannte Tufflager von Fasano, das aus der Ebene aufgestiegen zu sein scheint; seine Schichtung und die darin gefundenen Blätter und Pflanzen zeugen von neptunischem Ursprung. — Man passirte nacheinander, in größeren oder kleineren Zwischenräumen, die Ortschaften Gravina, Massa Lucia und Massa Annunciata. Merkwürdig ist die Menge von Orten, die den Fuß des Aetna um= geben, so wie die Größe und Dichtigkeit der Bevölkerung. 200,000 Menschen bewohnen den Fuß des Berges, wonach 10,000 Bewohner auf die Quadratmeile kommen.

Es war neun Uhr, als die Reisenden in Nicolosi an= langten, dem letzten Oertchen unter dem Aetna, 2100' über dem Meere. — Sie gingen in's Wirthshaus, während Führer und Maulthiertreiber mit vieler Mühe herbeigeholt und die Thiere gesattelt wurden. Der größte Theil der Einwohner lag schon im Schlafe, und die Leute mußten daher zum Theil geweckt werden.

Endlich, um 10¾ Uhr, war Alles beisammen; sechs Thiere für die Reisenden und drei für die Führer. Raschen Schrittes setzte sich der Zug in Bewegung, zwei Führer voran, ein dritter hinten nach, ein vierter mit der Laterne und ein Junge gingen neben her. Vorwärts lag der Aetna, und, o Freude! wolkenlos war sein beschneiter Gipfel.

Der Weg führte über eine fast baumlose, sanft an= steigende Ebene; auf dem weichen Eruptionssande des Monte Rosso sanken die Lastthiere tief ein; erst als man bei dem Lavastrom von 1537 anlangte, der noch in der Ebene passirt

wird, fanden sie wieder festen Fuß. Pferde und Maulthiere
suchten sich in den spitzen Steinen ihren Weg, und bekun=
deten ihre Vertrautheit mit diesen rauhen Pfaden. Bald
jedoch hatten sie wieder den weichen Sand unter den Hufen.
— Die Zeit verstrich schnell unter den angenehmsten Ge=
sprächen. Der Gegenstand derselben war natürlich der
Vulkan, der in der hellsten Sternennacht in stiller Klarheit
dalag, während man die Spuren seiner früheren Ver=
wüstungen überschritt. Noch vor wenig Jahren war er
keineswegs so still und harmlos wie jetzt; ja, Herr von
Waltershausen war selbst Augenzeuge von Eruptionen
gewesen.

Schauerlich war es mit anzuhören, wenn er von den
Nächten erzählte, die er am Kraterrande zugebracht; wo er
sich auf den bebenden, zitternden Boden niederlegen mußte,
um nicht von dem fliegenden Sturm, mit Hagel und Schnee
untermischt, in den bodenlosen, dampfenden und glühenden
Abgrund hinabgeschleudert zu werden; oder wo er es selbst
wagte, in den aufgeregten, tobenden, brüllenden Schlund
des Kraters hinabzusteigen. Selbst während der Zeit der
vulkanischen Thätigkeit des Aetna verließ er seine Wohnung
am Berge nicht, auf die man jetzt gerade zu ritt, und die
Nächte war er fast immer auf den Füßen, um dem inter=
essanten Schauspiel nahe zu sein. Während der letzten
Eruption, im Jahre 1838, befand er sich eines Abends
eben auf dem Rückweg von einer weiten Tour um den Berg
zu seinem Häuschen, der Casa del Bosco oder de la Neve,

als ihm zwei Engländer begegneten, die den sehnlichsten Wunsch ausdrückten, hinauf zu dem arbeitenden Krater zu gelangen, deren Führer jedoch nicht mehr vorwärts zu bringen war. Der Baron erbot sich, sie zu führen; die gebungenen Führer aber begaben sich auf den Rückweg. — Die drei kühnen Nordländer, nicht zufrieden, den Gipfel des dampfenden Vulkans erreicht zu haben, stiegen in den Krater hinab. Der Lavastrom, der dem eben entstandenen neuen Krater entquoll, ergoß sich in den alten bodenlosen Schlund, und füllte ihn bis auf wenige hundert Fuß gänzlich aus. — Unter furchtbarem Gekrach stürzte die eine kolossale Wand dieses alten Kraters zusammen, und die glühende, dampfende, sprühende Lava floß nun ungehindert am Kegel herab. — Unten im alten Krater sanken die erschöpften Männer auf einen Felsvorsprung, wenige Fuß über dem glühenden Strome, hin und schliefen, dem Getöse und Brüllen des Berges zum Trotz, sanft ein vor Ermattung. Endlich erwachten sie wieder, und neu gestärkt erklommen sie den steilen Rand ihres schauerlichen Bettes.

Merkwürdig ist es, wie oft plötzlich der harmlose Aetna in den Zustand schreckenerregender Aufregung übergehen kann. — Wahrscheinlich tritt durch Spalten oder auf sonst unbekannte Weise das Wasser der See in den warmen Berg hinein; es bilden sich weiße Wasserdämpfe, gerade wie in dem Kessel einer Dampfmaschine, die entweder den Pfropfen hinausstoßen, der den eigentlichen Schlund des Aetna, den obern Krater, verstopft, oder eine

Seite des Berges aufreißen, wo dann oft eine Reihe kleiner Eruptionskegel aus solcher Spalte heraustreten. —
Zweihundert und siebenzig solcher Eruptionskegel hat der
Baron in der Umgebung des Monte Gibello gezählt. Daß
es nur weiße Wasserdämpfe sind, welche jene Erscheinungen
hervorbringen, sucht Herr von Waltershausen dadurch
zu beweisen, daß er immer darin hat athmen können, da
außerdem ein Vordringen in den Krater bei Eruptionen
unmöglich wäre.

Plötzlich setzte sich vor den Reisenden eine Höhe schwarz
gegen den hellblauen Nachthimmel ab; ein Baum stand
darauf. — „Wir sind am Anfang der Waldregion,“ sagte
der Baron. Die Höhe war kaum von den Thieren im
schnellen Schritt erklommen, so zeigten sich einzelne, auf
der alten Lava gewachsene Eichen. Man kletterte aufwärts
auf den spitzen, scharfen Laven von 1766; kleine schwarze
Eruptionskegel wurden gegen die Luft sichtbar.

Das Gespräch ward wieder aufgenommen; — Herr
von Waltershausen fuhr fort zu erzählen, wie zuerst
die weißen Wasserdämpfe, während der Berg erbebt, den
schwarzen und röthlichen Eruptionssand und dann unter
Donner und Brüllen glühende Steine hoch in die Luft
schleudern. Eigentliche Flammen seien nie zu bemerken;
nur von unten gesehen erscheinen die Massen der größeren
und kleineren glühenden Steine als solche, nie aber in der
Nähe. Das größeste ausgeworfene Felsstück, das Herr von
Waltershausen selbst gemessen hat, war fünf Metres

lang. Es lag in einer horizontalen Entfernung von 3000'
vom Krater. — Nach der Sekundenuhr hatte er Steine,
die der Aetna ausgeworfen, aus einer Höhe von 3000'
herabfallen sehen; einzelne mögen wohl die Höhe von
10,000' erreichen. Mit dem Erguß der dampfenden Lava=
ströme endet die Eruption. — Sonderbar sollen sich oft
die dicken Dampfwolken ausnehmen, die dem Krater ent=
steigen, und sich bisweilen gleich riesenhaften Tonnen über=
einander hinwälzen. Eines Tages erhob sich vor den
Augen des Barons ein kleiner Ring aus dem Schlunde
des Vulkans, der in der Höhe von etwa 2000' eine Rie=
sengröße erreichte. Was das Getöse des Aetna anbetrifft,
so könnten, meint Herr von Waltershausen, alle Kano=
nen von Lützen und Leipzig unmöglich dem Brüllen dieses
tosenden Vulkans gleichkommen. Die Steine fallen zum
Glück fast immer wieder senkrecht in den Krater hinein;
nur einmal, als der Baron seinen Barometer am Rande
desselben aufgestellt hatte, drehte sich plötzlich der Wind
und trieb den Steinregen auf ihn zu. — Er und die Füh=
rer warfen sich noch rasch genug hinter eine deckende Höhe,
das Instrument aber ward niedergeschmettert.

Man hielt an der Casa del Bosco, 4800' über der
See, erstaunt, daß es schon 1½ Uhr war.

Es wurde abgesessen, um den Thieren eine Viertel=
stunde Ruhe zu gönnen, und das Häuschen besichtigt, das der
kühne Erforscher des Aetna für sich erbaute, und in welchem
er einmal sogar 40 Tage hintereinander gewohnt hat. Jetzt

steht es leer, und jeder Reisende zieht Nutzen daraus. Ein Obdach ist es wenigstens, wenn auch mehr einem Stalle, als einem Hause ähnlich. — Zwei Damen, welche früher des Weges gekommen waren, hatten noch glühende Kohlen zurückgelassen, diese wurden angeschürt, und bald hatte sich die ganze Reisegesellschaft um das kleine Feuer versammelt.

Gleich hinter dem Häuschen ward der Weg steiler und steiniger; man verläßt hier die Waldregion, um nun die Regione deserta zu betreten. Der 6000' hohe Monte Castellazzo, eine große, schwarze Kuppe, blieb links liegen. Der Weg steigt in Zickzacks in der Lava steil bergan.

Der Dunkelheit halber konnte leider die Lava nicht genau untersucht werden; nur soviel war zu bemerken, daß zwei Mal anscheinend ausgetrocknete Bäche überschritten wurden. Erst beim Hinuntergehen konnten diese Stellen glatter Lava genauer betrachtet werden. Das Licht der Sterne erschien jetzt noch funkelnder als in der Casa. Die Zickzacks wurden immer steiler, und der Theil der Gesellschaft, der auf dem obern Zickzack ritt, sah dem auf dem untern auf die Köpfe, so daß die Conversation, wenn auch weniger lebhaft, dennoch fortgeführt werden konnte.

Einzelne kleine Schneeflecke, die sich bei 5500' Höhe einstellten, mußten passirt werden. Ihre Kruste war hart und glatt gefroren, so daß die Thiere oft hin und her rutschten. Die Laterne, die mehr blendete als half, bestrebte sich zwar, einen Pfad auf den dunklen Laven zu zeigen, die wie einzelne Grathe jetzt aus dem Schnee herausstanden; bei der Höhe von 6000' nahm aber der Schnee so zu, daß hier alles Reiten aufhörte und man absitzen mußte.

Um 2½ Uhr begann der Marsch zu Fuß. — Es ging eine steile, glatte Schneelehne hinan, und dauerte es ein Weilchen, bis sich die ganze Gesellschaft oben auf einem Häuflein schwarzen, spitzigen Lava-Gerölls wieder zusammenfand. Herr von Daum, der keinen Stock hatte, mußte, bis er von einem der Führer einen solchen erhielt, ein Stück auf allen Vieren kriechen. Gleich darauf kam man an eine zweite Lehne; — oben auf ihr stand als dunkler Punkt die Pietra del Castello, ein altes Mauerwerk aus römischer Zeit. Als auch diese Lehne glücklich erklommen war, sahen die Reisenden rechts vor sich die schwarze Spitze des Monte Agnolo von 7500' Höhe. Sie betraten das Piano del Lago, eine unter 7—11° geneigte Schneefläche. Als endlich auch der Rand dieses großen Schneefeldes erreicht war, das vom Val del Bove begrenzt wird, da stieg die glänzende Sonnenscheibe langsam aus der See empor und warf ihre ersten Strahlen auf den Aetna. Beim Umwenden zeigte sich der Schatten des Berges am Himmelsgewölbe, eine Erscheinung, die für die ganze Gesellschaft etwas ganz Neues, noch nie Gesehenes war. Wäre man schon auf der Spitze des Berges gewesen, so hätte man den ganzen riesigen Schatten übersehen können, da man aber erst auf dem Rande des Val del Bove in einer Höhe von 7800' war, so zeigte sich nur der Schatten des Abhanges, auf dem man eben stand. — Es markirte sich deutlich eine schräge Linie am Himmel, die sich unter demselben stumpfen Winkel von der Rechten zur Linken senkte, unter welchem, doch in umgekehrter Richtung, von der See aus gesehen, diese Seite des Aetna anzusteigen scheint. — Der Theil des Himmels zunächst dem Horizonte war durch den Widerschein der Morgenröthe rosa gefärbt, höher hinauf dagegen alles blau. Der schräge Strich am Himmel, der Schattenriß des Berges, bildete die Grenze eines dunkleren Tones, einer tieferen Schattirung beider übereinander stehender Farben, der, hier beginnend, sich unbestimmt ein Stück nach rechts hin ausdehnte.

Von diesem wunderbaren Schauspiel wendeten sich die Blicke wieder zur aufgehenden Sonne. In der Tiefe, über die schwarzen, scharfen Ränder des Bal del Bove hinweg, lag die Bucht von Catania mit den schwarzen Lavaströmen, den hohen Kuppeln, den Schiffen und dem Palermo auf der Rhede, dem bloßen Auge kaum erkenntlich. An den Golf von Catania schließt sich die flache, sandige Küste von Syrakus mit dem See von Lentini und dem Simeto. Sogar die Südspitze Siciliens, einer der Endpunkte Europa's, stellte sich so deutlich wie auf der Landkarte dar. Von dem Strande erhob sich die dunkelblaue See, und fast in gleicher Höhe mit dem Auge dehnte sich die Küste Calabriens, gleich einer hellen, bläulichen Bergkette, aus, und darüber erglänzte, wie ein Silberstreif in der Sonne, der Busen von Tarent. — Einzelne kleine Wolken schwammen auf der blauen See

ober warfen tiefe Schatten darauf. Daß man vom Aetna
die afrikanische Küste erblicken könne, ist unbegründet, doch
erinnerte sich Herr von Waltershausen, einmal Malta
gesehen zu haben. Es war fünf Uhr, als die Sonne auf=
ging; das reaumursche Thermometer zeigte nur 1½° unter
dem Gefrierpunkt (am Mittage des 7. waren 16° Wärme
in Catania gewesen).

Der letzte Kegel des Aetna lag jetzt deutlich vor den
Ansteigenden, und diese konnten sogar die beiden Damen
unterscheiden, die etwa die Mitte desselben erreicht hatten.
Schon fing das Steigen an dem Prinzen Adalbert be=
schwerlicher zu fallen, und öfters machte man einen minuten=
langen Halt auf den Punkten, wo die Lava aus dem Schnee
heraussah, wobei die Lavaschollen als Sitze benutzt wurden.
— Zwischen solchem Geröll erhebt sich ein wenig römisches
Mauerwerk, dem die Namen Philosophen=Thurm (Torre
del Filosofo), Altar des Jupiter oder Altar der Proserpina
gegeben werden. Das Ganze ragt kaum über dem Gestein
hervor. Nicht ohne Mühe ward die Höhe der verschneiten
Casa Inglese, 9000', erreicht, und zur Rechten seitwärts, in
einer gegen den Nordwind schützenden Vertiefung des noch
qualmenden Stroms von 1838, ein wenig ausgeruht, nachdem
man eben den Lavarand des alten Kraters von Pianta del
Lago, einen fast unmerklichen Aufwurf, überschritten hatte.

Auf der wärmenden Lava schmeckte das Frühstück vor=
trefflich: aber einzelne weiße Wolken trieben zur Eile, da=
mit man vor ihnen den Gipfel erreiche. Der letzte schwarze

Kegel steigt noch 1200' über Casa Inglese auf. Er setzte sich in scharfen Umrissen gegen das tiefe Blau des Himmels ab. Der Aufgang ist ziemlich gleich beschwerlich — wie der des Vesuvs. Um nicht beständig auf den oft wankenden Lavaschollen zu gehen, wo man jeden Schritt vorher über=legen muß, oder auf der Asche, in der man immer wieder einen halben Schritt zurückkommt, nahm die Gesellschaft ihren Weg meist über die schmalen Schneestreifen, die ein=zelne Vertiefungen ausfüllen; doch auch der Schnee gab öfter nach, und dann sank man tief durch die brechende Kruste hinein. Zu diesen Beschwerden gesellte sich noch die Gluth der sicilianischen Sonne, und die dünnere Luft erschwerte, wenn auch kaum merklich, das Athmen. Allmälig stellte sich die Müdigkeit ein, was nach dem nächtlichen Ritt und der angreifenden Parthie, die man am vorhergehenden Tage in der Mittagshitze nach dem Theater von Taormina unter=nommen hatte, wohl kein Wunder war.

Schon bei der Casa Inglese hatten die Reisenden den männlichen Begleiter der beiden Damen, einen polnischen Grafen, getroffen, der hier bereits die Ersteigung des Gipfels aufgegeben; jetzt, etwa in der Mitte des Kegels, ward ihnen die Freude, die beiden kühnen und unermüd=lichen Engländerinnen zu treffen, die schon von oben zurück=kehrten. Mistreß Brown, eine schon ältere Dame, und Miß Brown, ihre Tochter, hatten zwei' Führer mit sich, die ihnen halfen; aber dennoch erschien es räthselhaft, wie sie diese Beschwerden so gut überstanden.

Sehr ermüdet langte der Prinz am Rande des Kraters an. Man sah hinein: er war noch weniger imposant als der des Vesuvs. Ohne Aufenthalt ging oder kletterte man rechts an dem Kraterrande entlang nach der östlichen scharfen Spitze des Aetna, Dente genannt. Hier blickten die Reisenden senkrecht hinab in den Krater von 1832, etwa 300′ tief; der Krater, an dem sie zuerst gestanden hatten, war der von 1838, der jüngsten Eruption; — beide sind durch eine Scheidewand getrennt. Der letztere ist der kleinere von beiden. Die überhangende Spitze, auf der man stand, erhebt sich 10,130′ über dem Meere; die andere etwas höhere, auf der westlichen oder südlichen Seite, hat 10,175′. Kaiser Hadrian, der Vielgereiste, und der Philosoph Empedokles sollen die ersten Ersteiger des Aetna gewesen sein. Der Philosoph stürzte sich später in den Krater hinein, weil er die Wunder des Berges nicht ergründen konnte.

Oben rauchte es die ganze Zeit, wenn auch nicht sehr stark. Dieser Rauch, den der Nordwind gegen die höchste Spitze trieb, verhinderte die Reisenden sie zu ersteigen. Das Gestein um den Krater ist durch die Sublimation schwefelsaurer Salze gelblich gefärbt; solche gelbe Stellen sieht man ebenfalls im Krater, der sonst im Ganzen eine sehr hellgraue, oft fast weißgraue Farbe hat. — Oben, in der Höhe von 10,000′, brachte Baron von Waltershausen, obgleich ein Hannoveraner, ein begeistertes Hoch dem Könige von Preußen aus: „dem erhabenen Beschützer deutscher Kunst und Wissenschaft," ein Hoch, in das die Preußen mit Stolz und Jubel einstimmten.

Die erhabene, großartige Natur, welche sie umgab, war reich an Erinnerungen alter Tage! Schon Ulysses kreuzte in den Gewässern zu ihren Füßen und durchschiffte die Straße zwischen Scylla und Charybdis, die man in weiter, weiter Ferne sich zusammenschließen sah. Das alte Taormina, die schwarzen Felsen der Cyklopen, der antiken Bewohner dieses Feuerschlundes, Catania und der Golf von Syrakus, wo einst Archimedes die Flotte Carthago's verbrannte, stellten sich ausgebreitet den Blicken dar: ja die ganze Ost- und ein Theil der Südseite der dreizeackten Insel konnten übersehen werden. Leider lagerte hoch über dem Lande nach Nordwest ein unübersehbares Meer von weißen, wolligen Wolken, das dunkle Schatten auf die Tiefe warf. Doch auch die nächste Umgebung war der Aufmerksamkeit werth.

Herr von Waltershausen zeigte an drei abgesonderten Stellen die Umrisse des elliptischen Erhebungskraters. Gegen Norden war's eine Schneewand mit einem schwarzen Stein darauf, dann kam der Punkt, wo die Kraterwand gespalten ist und das 5500' tiefe Val del Bove mit seinen schwarzen, senkrechten Wänden beginnt, die den Kern des Vulkans bloßlegen und sich allmälig so erweitern, daß unser Brocken, darin hineingesenkt, gänzlich den Blicken der Umgegend entschwinden würde. Drittens endlich machte Herr von Waltershausen auf den kleinen Lavarand bei

Casa Inglese aufmerksam, unweit des Frühstücksplatzes, wo der Rand des Erhebungskraters sich gegen Süden von dem Piano del Lago absondert. In diesem alten Circus des Aetna stand der Krater, den der Baron noch als den hauptsächlichsten des Vulkans gekannt hatte, und aus dem die Krater von 1832 und 1838 herausgestiegen sind. Seine senkrechte Tiefe konnte damals etwa bis auf 2000′ verfolgt werden, obgleich sie eigentlich ganz unermeßlich gewesen sein soll. Man sah die Stelle, wo die Lava von 1838 die Zwischenwand durchbrochen, den alten Krater überschwemmt und zum Theil ausgefüllt hatte.

Es war 7½ Uhr, als man den Gipfel erreichte, und nach kaum einer halben Stunde ward der Rückweg bei drückender Hitze angetreten. Schnell, doch nicht ohne Mühe, ging es den Kegel hinab, bei Casa Inglese hart vorüber, auf die Schneefelder zu. Die Müdigkeit in den Gliedern verlor sich nach und nach gänzlich. — Plötzlich kam ein Nebel herauf, der es einem Theile der Gesellschaft schwer machte, sich wieder heran zu finden. Die Schneelehnen wurden zum Theil im Laufe zurückgelegt, wobei man den Körper sehr hintenüber halten mußte. So hatte man den Schnee bald hinter sich und überschritt nun die beiden glatten, bachähnlichen Lavaströme über dem Rande der Waldregion. Sie haben das Merkwürdige, daß sie wie eine erstarrte Flüssigkeit aussehen, ohne Risse und Spalten, und noch obendrein durch die Bergwässer geglättet sind. Alle andere Lava erscheint mehr wie ein Strom beim

Eisgang, wo Scholle über Scholle sich fortschiebt, wodurch lauter schräg= oder horizontalstehende, scharfe, spitzige Plat= ten gebildet werden.

Von 10 bis 11 Uhr ward in Casa del Bosco gefrüh= stückt und geschlafen und dann der Ritt nach Nicolosi an= getreten. Die Baumkultur der Waldregion ist sehr gering und soll sehr herabgekommen sein; nur hie und da steht ein Baum. Merkwürdig ist der Strom von 1766 durch die sonderbaren, hohen, schuppigen Formen seiner Lava, kurz vorher, ehe man diese Region verläßt. Die Ebene bis Nicolosi, am Fuße der Monti Rossi, ist mit schwarzem Eruptionssand bedeckt, was eine düstere, eigenthümliche Wirkung hervorbringt.

Um ein Uhr war Nicolosi erreicht, und um vier Uhr fuhr man, dem Wagen der Engländerinnen folgend und von einem etwas angetrunkenen Gensd'arm escortirt, in Catania ein. Die beiden Damen waren den andern Mor= gen um sieben Uhr wieder frisch auf den Füßen, was nach einer so anstrengenden Besteigung etwas sagen will. Von ihren beiden französischen Gesellschafterinnen hatte nur die Jüngere den Gipfel erklommen, die andere war nicht bis an den Krater gekommen.

Nur im Sommer, wo man bis Casa Inglese reiten kann, ist die Besteigung des Aetna eine Parthie für Damen.

Der 9. Mai war ein warmer, heiterer, wolkenloser Tag. Die Strada Aetnea durchschneidend, sah man

den Aetna in voller Klarheit sich über dem Ende derselben
erheben. Die Färbung des Berges war. ein duftiges
Blauschwarz, gegen das der Schnee des oberen Theiles
scharf abschnitt; nur einzelne schmale Streifen gingen noch
etwas tiefer. Ein wenig mehr als das obere Drittel des
Berges war mit Schnee bedeckt. An dem schwarzen, daraus hervorschenden Kegel erkannten die Reisenden deutlich
die beiden höchsten Spitzen; die rechter Hand, die schärfere,
aber etwas niedrigere, war diejenige, welche sie bestiegen
hatten. Daß sie von unten keinen Rauch entdeckten, war
bei der Höhe des Berges sehr natürlich.

Wunderbar schön ist der Blick auf den Aetna aus dem
Klostergarten der Benedictiner von St. Nicolo, einer Oase
von Cypressen, Laubholz und den prächtigsten Rosenhecken,
mitten in der schwarzen Lava von 1669. Als der Strom,
der Catania zerstörte, sich dem Kloster näherte, — so sagt
die Legende, — verließen alle Mönche, bis auf einen, dasselbe in großer Eile. Dieser ergriff den hier aufbewahrten Nagel des Kreuzes Christi und hielt die Reliquie
dem Strome entgegen, worauf die glühende Lava um das
Gebäude herumfloß, ohne ihm zu schaden.

In Nicolosi besuchten die Reisenden die gewaltige Kirche,
die den bekannten Reichthum des Klosters bekundet. Nachdem
fast die ganze Gesellschaft des „Palermo" den Tönen der
berühmten Orgel gelauscht hatte, zeigte der Prior den Prinzen Abalbert und Waldemar seine Mineralien-Samm-

lung, die an Schwefel-Stronzian und Augit-Cryſtallen, wie
auch an Laven des Aetna beſonders reich iſt.

Schon um zwölf Uhr lichtete der „Palermo" den Anker:
beim à Pic-Heben deſſelben näherte ſich das Dampfboot der
Lava, die ſich wie ein ſchwarzer, niederer Fels ſchroff in's
Meer taucht. Unbeſchreiblich ſchön nahm ſich der Aetna von
der Rhede aus, mit Catania zu ſeinen Füßen. Je mehr man
ſich entfernte, deſto höher und bläulicher wurde er, bis nach
und nach die Häuſer, Bäume und Hügel an ſeinem Fuße
gänzlich verſchwanden, und er ohne Vorland gerade aus der
See aufzuſteigen ſchien.

II.

Der Besuch der Alhambra.

Warm und heiter schien am Morgen des 3. Juli die Sonne Andalusiens in die Cajüte des Prinzen — er erwachte, warf einen Blick durch's Fenster auf die mächtige Sierra Tejeda, die rechts neben ihm in die Wolken ragte, und ging dann auf's Verdeck. Da dehnte sich weithin die hohe, bergige Küste mit ihren vielen abgerundeten Kuppen über- und hintereinander, mit den einzelnen, weißen Häusern, bis hoch daran hinauf, und den Ortschaften an der See. — Am Fuße der Berge konnte man Malaga unterscheiden, das nach und nach immer näher kam, mit seiner hohen Maurenfeste Gibralfaro auf einem steilen Hügel rechts daneben, und den viereckigen Thürmen der Alcazaba an der Berglehne, welche die Stadt mit Gibralfaro verbindet.

Der Wind war schwach, die Fregatte kam daher nur langsam vorwärts. Die hohe Sierra Tejeda verschwand hinter der Ostspitze des flachgeschwungenen, weiten Golfs, an dem Malaga liegt. — Ueber der Stadt erhebt sich majestätisch, ein Riese unter den Gebäuden, die hohe Cathe-

3

drale, wie St. Peter über Rom. — An der Küste stehen
einzelne Thürme, die in alten Zeiten als Schutz gegen die
Einfälle der Mauren dienten.

Die Mannschaft der Fregatte hatte sich frisch weiß
gekleidet. Capitain d'Arcollière ergriff selbst das Sprach=
rohr; sämmtliche Offiziere gingen auf ihren Posten. Alle
Segel wurden auf einmal gegeit, und dann, etwa zwei
Meilen von der Küste, der Anker geworfen. — Es war
Sonntag, daher Messe in der Batterie. — Bald darauf
kam der preußische Consul, Herr Rose, an Bord, mit dem
Prinz Adalbert sogleich an Land ging.

Die Lage Malaga's ist sehr schön zu nennen. Das
westliche Cap der Bucht, Torre de los Molinos, gleicht
sehr dem Cap Zaffarano von Palermo aus gesehen; eine
der Bagaria ähnliche Fläche sondert es von den Gebirgen
des festen Landes. Seine Form ist schön und massig. Bei
dem herrschenden Ostwind war es mit einem leichten, aber
noch dichteren Nebelflor überzogen, als die übrigen Theile
der Küste. Der Ton der Stadt ist gelblich, wie der Pa=
lermo's. Die Gebirge zeigten, gleich dem sonnendurch=
glühten Fels von Malta und den nackten Bergen Griechen=
lands, ein braungelbes, verbranntes Colorit. Gegen die
Ostspitze zu liegen zwei in der Wurzel zusammenhängende
Bergkegel, „les tetons de Malaga,“ — das Wahrzeichen der
Gegend. — Links und rechts von der Stadt ziehen sich ein=
zelne Häuser, Bäume und Cactus=Pflanzungen hin. Ueberall
kriechen, nach griechischer Art, die stocklosen Reben an den

Bergen hinan; nur hie und da erblickt man einzelne Cactus-
Pflanzungen an ihren Hängen. Doch war dies wenige
Grün nicht im Stande, dem gelbbraunen Colorit irgend
Abwechslung zu geben. — Der Hafen Malaga's ist schräg
in die Küstenlinie eingeschnitten; etwa in der Richtung von
S.-W. nach N.-O., weshalb es auch von Weitem scheint,
als liefe die Mole, die ihn gegen die See schützt, mit der
Küste parallel. — Am Ende derselben steht der weiße
Leuchtthurm, in der kleinen Batterie San Nicolo, während
sich in der Mitte des Muello viejo eine ähnliche Befesti-
gung, Castillo de San Felipe genannt, durch zwei kleine,
weiße Häuser markirt. Außerdem wird die Westseite des
Hafens von zwei auf kleinen, abgerundeten, molenartigen
Vorsprüngen (Embarcadères) gelegenen Batterien vertheidigt.

Dem Sonntage zu Ehren hatten alle Batterien die
gelbe, rothgestreifte, spanische Flagge gehißt und die Schiffe
des Hafens geflaggt.

Das Boot des Consuls setzte den Prinzen bei der
Casa de la Sanidad an's Land, von wo sich derselbe sogleich
nach der Cathedrale begab. Alles erinnerte ihn hier an
Sicilien, so auch die Tracht der Frauen. Die Männer
fast aller Stände, die Seeleute nicht ausgeschlossen, tragen
leichte Zeugjacken von heller oder dunkler Farbe, eine rothe
Binde um den Leib und eine eigenthümliche Art von nie-
drigem Hut, mit zwei schwarzseidenen Pompons an der
Seite.

3*

Die Häuser gleichen sehr denen von Malta, besonders in Bezug auf die eigenthümliche Art der Balkons. — Die meisten Fenster sind vergittert.

Die Cathedrale macht auch im Innern einen großartigen Eindruck. Sie ist im Renaissancestyl erbaut, und ihr Plafond mit sonderbaren, maurischen Arabesken verziert. Der Chor, berühmt durch sein Schnitzwerk, steht in der Mitte der Kirche. Unter den Bildern zeichnen sich zwei Madonnen von Cano und Cerezo aus. Die Hauptmerkwürdigkeit ist aber die Madonna de los Reyes, welche Ferdinand und Isabella während der Belagerung von Malaga in ihrem Zelte mit sich führten und nach der Einnahme der Stadt schenkten. Das Bild ist von Holz; zu beiden Seiten der Madonna, gleichfalls in Holz geschnitzt und bunt angemalt, knieen die königlichen Gatten.

Bevor der Prinz an Bord zurückkehrte, machte er noch die Bekanntschaft der Familie des Herrn Rose. Der hoffnungsvolle Sohn des Commerzienraths Krause, dessen Onkel den Prinzen einst in Swinemünde gastlich aufgenommen, war vor einigen Tagen in Malaga gestorben. Er ward heute begraben. Der Prinz ging, eine traurige Pflicht gegen einen Landsmann zu erfüllen, gleich nach dem Diner wieder an Land, in der Hoffnung, noch zu dem Begräbniß zurecht zu kommen. Der evangelische Kirchhof liegt außerhalb der Stadt nach Osten zu. Die Sonne brannte, und längs des Strandes, an welchem der Weg führte, stand kein Baum, außer ein Paar vereinzelte Palmen.

Der hohe Herr und seine Begleiter hatten ihr Eintreffen
so viel als möglich beschleunigt; dennoch war, als sie an=
kamen, der Todte eben beigesetzt. — Er hatte sich hier die
allgemeine Liebe erworben. — In ernster Stimmung, und
einen Augenblick den umgebenden äußeren Eindrücken ent=
rückt, verließen sie die Ruhestätte ihres dahingeschiedenen
Landsmannes, den stillen, an einer Berglehne sich hinziehen=
den Friedhof. Sie kehrten zur Stadt zurück und wandten
sich nach der Alameda. So nennt man den öffentlichen
Spaziergang; Alameda scheint von „Al maidan" zu stam=
men, „der Platz" in orientalischer Mundart. Und wo wäre
ein Stadt in Andalusien, die nicht ihre Alameda aufzuwei=
sen hätte! — Auf dem Gange dahin wurden sie von eini=
gen blessirten Soldaten en bonnet de police angebettelt,
welche dabei ihre verstümmelten Glieder entblößten, um
Mitleid zu erregen.

Die ganze schöne Welt war versammelt. Eine Hälfte
saß auf Stühlen und Bänken zur Seite unter den Bäu=
men, während die andere auf und ab ging. Die Damen
mit ihren Mantillas und ihren Abanicos (Fächern), mit den
kleinen Füßen und dunklen Augen waren meist hübsch. Sie
hatten fast alle eine Blume im Haar. Die spanischen
Offiziere, welche zwischen den verschiedenen Gruppen ein=
herwandelten, trugen die französischen Epaulets noch fast
um's Doppelte verlängert. Ein Soldat hatte funfzehn
Dekorationen in drei Reihen auf der Brust.

Nach der Promenade ging Prinz Adalbert mit meh=

reren Offizieren der Fregatte zu Herrn Rose, der eine
kleine Gesellschaft versammelt hatte. Die Señoritas verstanden meist nur ihre Muttersprache. Die hübsche Tochter
des Consuls, eine blonde Spanierin, die einzige, welche
deutsch sprach, spielte und sang einige spanische Lieder,
Boleros und Fandangos. — Bei der Rückfahrt an Bord
leuchtete die See stark. Nahm man Seewasser in die Hand,
so schimmerte es wie kleine Glühwürmchen. — Die Strömung aus der Straße ist auf der Rhede ziemlich merklich.

Am Morgen des folgenden Tages (4. Juli) ward der
Thurm der Cathedrale bestiegen, von dem man eine prächtige Aussicht genießt. Der Thurm ist von einer bedeutenden Höhe, so daß man die Stadt vollständig überschaut.
Man sieht in die kleinen, viereckigen Höfe der Häuser
hinein, mit ihren Säulengängen, die niemals fehlen dürfen,
und ihren kleinen Gärtchen, die Malaga etwas Frisches
geben.

Das Kloster de la Vittoria zeichnet sich durch zwei
Palmen in seinem Hofe aus. Auf dieser Stelle stand
während der Belagerung das Zelt Ferdinand's und Isabella's. Ferner zeigte man dem Prinzen von hier oben die
Plaza de los Toros, eine Art Circus, wo die Stiergefechte
abgehalten werden. — Man übersah ebenfalls die Alcazaba,
die ein Dreieck zu bilden scheint. Sie ist von einer Mauer
mit sehr vielen Thürmen umgeben, und eine gedeckte Communication, ebenfalls zwischen zwei Mauern, führt den Berg
hinauf zum Gibralfaro. Beide Festen existirten schon zur

Zeit der ersten Besitznahme, und die Alcazaba war eine Art Citadelle der Mauern. Das Thal des ausgetrockneten Guadalmedina („des Flusses der Stadt" auf arabisch), zieht sich ein Stück in's Land hinein und bildet eine Einbuchtung in der verbrannten, fast unmittelbar hinter Malaga ansteigenden Sierra gleiches Namens.

Von der Cathedrale ging man zur Alcazaba, die jetzt ganz verbaut ist. Man sieht nur noch einzelne maurische Bogen. — Hier holte der Consul die Erlaubniß des Gouverneurs zur Besichtigung des Gibralfaro ein. Der Weg dorthin führte durch die schmutzigsten Straßen der sonst reinlichen Stadt. Nur in diesem abgelegenen Theil war der Schmutz ebenso groß, als in Italien.

An der Befestigung ist eigentlich nichts zu sehen. Sie besteht aus einem Rondengang zwischen zwei Mauern, der um den Gipfel des steilen Berges läuft, und ein Paar Plateformen für Geschütze. Einige Kanonen und nur ein Mörser waren aufgestellt. An Brunnen und verfallenen Oefen zum Backen fehlt es nicht. Der Gibralfaro kann sich also eine Weile halten; doch liegt nicht weit davon, gegen Osten, eine leicht verderbliche Höhe, die jetzt nicht mehr befestigt ist. Die Aussicht gleicht der von der Cathedrale, außer, daß man von hier noch besser das Thal des Guadalmedina übersehen kann. Der ausgetrocknete Fluß erinnerte den Prinzen an die breiten Betten der Bergströme, die sich aus den Gebirgen Siciliens in die Straße von Messina ergießen. Man befand sich gerade auf der Rückfahrt an Bord, als der San Michele den Salut abfeuerte, der nach dem sonderbaren Wunsche des Gouverneurs erst über vier und zwanzig Stunden nach der Ankunft erfolgte. — Als die Fregatte schwieg, stieg das alte, sonst so stolze und mächtige Banner Spaniens in der Batterie San Nicolo empor, und die Kanonen des Forts beantworteten den Gruß.

Nach einem reichen Diner beim preußischen Consul begaben sich Prinz Adalbert, Lieutenant Graf Birtz vom San Michele, Graf Oriolla und Graf Bismarck nach dem kleinen Platze, von wo die Diligence nach Granada abgefertigt werden sollte. Dies war eine Kutsche wie im theatrum europaeum, die aber dennoch eine entfernte Aehnlichkeit mit einem Postwagen hatte. Es dauerte lange, bis die acht Maulthiere mit ihren gelben Kummeten, oder richtiger Kummetkissen, angespannt waren. — Nach fünf Uhr ward eingestiegen; — die Thüre flog zu und man rollte davon.

Außerhalb der Stadt angelangt, ging's den Bergen zu, an blühenden Aloë's und Oleandersträuchern, an Cactus-Pflanzungen und Weinbergen vorüber. Die Reisegesellschaft im Wagen bestand außer den schon Genannten noch aus einer ältlichen Dame aus Granada, zwei jungen Hamburgern und einem Franzosen. Außen saßen vorn noch zwei französische Maler. Die Conversation ward natürlich meist deutsch geführt und mit der Schilderung der Fährlichkeiten einer Reise nach Granada eröffnet, zu denen sich die Raub- und Mordgeschichten des Tages gesellten. —

— „Der Weg nach Granada muß sehr schlecht sein," begann der junge Brinkmann, „denn man erzählt für gewiß, daß mehr als eine Diligence ihr Ende in den Abgründen an der Straße gefunden." Dann handelte es sich von den fünf und zwanzig berittenen Räubern, die jetzt Malaga quasi blokirt haben sollten. — „Nur die Diligence wird nicht von ihnen angefallen," hieß es, „die Herren derselben haben, wie man sagt, einen Pakt mit den Räubern geschlossen; — aber selbst in der Stadt ist man seines Lebens nicht mehr sicher. Gestern sind bis zehn Uhr Abends fünf Ermordete eingebracht worden." „Das ist noch nichts gegen die Greuel der letzten Weihnachtsnacht in Sevilla," versetzte ein Anderer, „da ist's erst schrecklich hergegangen, da haben sie in einer Nacht fünf und zwanzig Menschen um's Leben gebracht." — —

Die Diligence kroch während dieser und ähnlicher, erbaulicher Gespräche die Sierra de Malaga langsam hinan. Es war kühler geworden, die Herren stiegen aus. Weit über die Thäler hinweg, die sich zwischen den abgerundeten Weinbergen zur See hinziehen, sah man die Rhede und die Fregatte San Michele. Die Sterne gingen auf, aber die Sierra nahm kein Ende, — sie zog und zog sich hin; endlich stieg Alles wieder ein. — Acht Personen waren in einem Raume zusammengepreßt, der für sechs schon zu eng gewesen. Man saß sich in der engen Kutsche, wie in einem Omnibus, in zwei Reihen gegenüber, so daß Knie an Knie gedrängt, den Beinen kein Zoll breit Raum zur Bewegung blieb. Mit dem Schlafen wollte es in der Hitze und bei den schrecklichen Stößen gar nicht gehen, und doch sehnte sich ein Jeder danach, um die Qualen zu betäuben, denen man auf der Folterbank dieses stickigen, dunklen Kastens ausgesetzt war. Stundenlang hörte man kein Wort, nur hier und da einen schweren Seufzer!

Der Prinz war dessenungeachtet ein wenig eingenickt, als er plötzlich aus dem Schlaf auffuhr. Ein Mann öff=nete die hinten, nach Art der Omnibus angebrachte Thür des Wagens. Die Flinte hing ihm über der Schulter. Jeder Unbefangene mußte den Kerl für einen Räuber hal=ten. Doch es wies sich bald aus, daß er nur einer der Guardias de Camino war, die für die Sicherheit sorgen sollen, und der eben seine Belohnung für die Mühe, die Gesellschaft begleitet zu haben, einfordern wollte. — Diese Guardias de Camino sind meistens selbst früher Räu=ber gewesen.

Endlich ging es bergab, und das im Trabe. — Viele Stunden waren schon verflossen, lange hatte man vergeblich auf einen Halt gehofft, um sich die Füße zu vertreten, da wurde das Licht einer Venta sichtbar. Man erlaubte den Reisenden auszusteigen, um dort Wasser zu trinken. Der Wirth lag am Boden. Das Stübchen war klein, rings an den Wänden hingen Krüge und anderes Geräth, wie in einem etruskischen Grabmal. Eine Wand von Rohrstäben theilte das Zimmer; jenseits derselben schlief die Padrona.

Die Straße wurde von jetzt an durch einzelne Maul=

thierzüge, denen man begegnete, ein wenig belebter. Am folgenden Tage, den 5. Juli, hielt man um vier Uhr oder noch früher bei einer anderen Venta an. — Man stieg aus. — Maria — alle Frauen heißen hier Maria — machte Feuer in der Mitte der Stube an, und die Gesellschaft der Diligence gruppirte sich darum; über dem Feuer war eine Esse, wie in Westphalen. Das Geschirr hing auch hier an den Wänden umher. Einer der französischen Maler gab seine Chocolade zum Besten. Eier wurden gekocht. Man deckte ordentlich den Tisch und gab den Gästen Servietten, obgleich das Zimmer gerade wie ein Stall aussah. Nach dem Souper ging's hinaus. Draußen sah man nahe vor sich schöne Berge, die Sierra de Antequera, und den Mond darüber. Der Tag brach an. — Die Diligence holte die Reisenden ein. Durch ein paar hübsche Thäler, von denen eins mit einem Kastanien= wald, und über eine Art dürrer Hochebene ging es nach Loxa (Loja) am Xenil (Genil), wo man etwa zwischen sechs und sieben Uhr Morgens ankam und während der Hitze verweilen sollte.

Der Tag verging schnell. Die Lage von Loxa ist hübsch. Das Thal ist nicht sehr breit, die Berge sind oben kahl, doch giebt es unten Bäume. — Auf einem Felsen in der Stadt liegt das maurische Castell, die Alcazaba. Die Frauen sind schön. Die Männer sehen charakteristisch aus; sie sind fast alle mit Flinten bewaffnet und tragen das Bajonnet in der Scheide. Sie haben enge, gestreifte Bein=

kleider oder weite, unten aufgeschnittene Tuchhosen und Lederkamaschen an, die an der Seite offen, dazu eine Jacke, die sie wie einen Dolman umwerfen. Alles reitet auf Pferden oder Maulthieren. — Man sieht hier auch eine andere Art Hüte als zu Malaga, von spitzer Form mit einem Ponpon oben darauf. — Die Bettler tragen braune Jacken mit Stehkragen und weite braune Hosen, meist mit blauen Streifen. Dies soll das Costüm der Mancha sein.

Man war in einer „Posada" eingekehrt, also in einem der besseren Gasthöfe, doch wollten die Gerichte des Landes dem Prinzen wenig behagen. — Die Wirthshäuser in Spanien kann man in drei Rangklassen theilen. Auf der niedrigsten Stufe steht die Venta (Venba, Benta); dann folgt die Posada, und einen großen Gasthof nennt man eine Fonda. — —

Abends sechs Uhr fuhr die Diligence wieder ab. Jenseits Loxa sah man vor sich in weiter Ferne die Sierra Nevada. — Das Land längs der Straße war sanft hügelig, zum Theil mit Olivenbäumen bepflanzt. Die Wege schienen meist dem ausgetrockneten Bette des Xenil zu folgen. — Die Nacht war schön, wollte aber gar nicht enden; — die Leiden der vergangenen wiederholten sich.

Endlich begannen die Sterne ihr Licht zu verlieren; der Tag graute; die endlose Nacht war vorüber! Im Wagen regte es sich. Mit Seufzen und Stöhnen erwachte Einer nach dem Andern. Da gab es plötzlich einen Ruck und Alles flog zusammen. So war es aber die ganze Nacht hindurch

gegangen; die vielen kleinen Gräben, die das Thal durch=
ziehen, waren Schuld daran. Einzelne Maulthierzüge gingen
mit ihrem Geläute dem Wagen vorüber.

Statt der andalusischen Bauern, die den Reisenden bis=
her allein begegnet, auf hohen Rossen, die Flinte am Sat=
tel, sahen sie jetzt hier und da einen Reiter auf kleinem,
türkisch aussehenden Pferde, stolz die Straße ziehen. Sat=
telzeug und Bügel nach orientalischer Art, aber die Canda=
ren alt=spanisch mit ungeheuren Anzügen. Der Reiter sah
vornehm aus, viel vornehmer noch als der stolz vom Gaul
herabschauende Landbewohner oder Contrabandista. Er
schien der Stadt anzugehören. Den niedren, spanischen
Hut auf das eine Ohr gedrückt, in einer bunten, reich mit
Schnüren besetzten Jacke, mit weiten Beinkleidern angethan,
die unten aufgeschnitten, und kurzen Lederkamaschen, ein
langes, schmales Tuch, wie ein Plaid über die Schulter
geworfen, die Flinte an der Lende herabhängend, ritt er
in die frische Morgenluft hinein.

Der enge Sitz im Wagen gestattete keine freie Aussicht,
nur hie und da sah man ein Bruchstück der Gegend.
Kaum ahnte man im Zwielicht eine Stadt, die sich an
Hügeln hinzog, so war sie auch schon wieder den Blicken
entschwunden. Bei einer späteren Windung des Weges
wurde es möglich einen Blick auf die großartigen Umrisse
der hohen, langgedehnten Sierra Nevada zu werfen, die
sich in tiefem Dunkelblau und Violet am Horizonte
zeigte. Dann kam wieder die Stadt zum Vorschein, in der

alle Augen die Alhambra suchten. Eines dieser Bilder nach
dem andern flog an den Fenstern vorüber, ohne daß man
sich das ganze Gemälde der Gegend zusammensetzen konnte.

Länger hielten es die Reisenden in dem Kasten ihrer
Karosse nicht aus; die hintere Thür wurde geöffnet und
Alles sprang heraus. Der Augenblick war günstig. Die
sieben starken Maulthiere, welche die Diligence von Loxa,
ohne anzuhalten, acht Leguas hergezogen, wurden in einem
Bache getränkt. Die Kutsche stand mitten im Wasser; mit
einem guten Sprung war das Trockene erreicht. Da lag
ein prachtvolles Panorama ausgebreitet, frische Morgendüfte
stiegen aus der herrlichen Ebene auf, in welcher der Xenil
und der Darro sich vereinigen. Man kann die Vega von
Granada als ein ungeheures Thal ansehen, das im Westen,
Norden und Osten von einem weiten Halbkreise zusammenhängender Hügel und Gebirge umgeben wird, während auch
im Süden Hügelreihen es begrenzen. Diesen Halbkreis
eröffnen links am Xenil lichtblaue Hügel, denen sich ein dunkelblauer Berg mit schönen Umrissen anschließt. Vor demselben steigen bräunliche, verbrannte Hügel aus der Ebene
auf. In ihrer Wurzel zusammengewachsen, bilden sie einen
einzigen, sanft ansteigenden Bergabhang, an dem sich in
breiter Ausdehnung Granada wie eine mächtige Stadt hin-
aufzieht. Unten umsäumt sie frisches Grün, Laubholz und
einige Cypressen. Die Gipfel der Hügel über Granada
sind kahl und verbrannt, nur hie und da klettert der Cactus oder die Aloë bis zu ihnen hinauf.

„Wo ist die Alhambra?" hieß es von allen Seiten. Rechts über der Stadt zieht sich ein kleiner, schattiger Wald den Berg hinan. Je näher man kam, um so deutlicher trat die alte Maurenfeste an seinem Saume als eine Masse von braunrothen Thürmen und Gebäuden zwischen Kirchen und Klöstern hervor. Noch höher hinauf und weiter zurück liegt der klosterähnliche Generalife. Rechts an den dunkelblauen Berg und die Hügel Granada's schließt sich, die letzteren fortsetzend, ein oben gerade abgeschnittener, verbrannter Rücken, hinter dem eben die goldene Sonnenscheibe aufzusteigen begann. Wundervoll violet und rosa färbten ihre Strahlen den abgerundeten Berg, der als verbindendes Glied der hohen, steilen, mächtigen Sierra Nevada die Hand reicht. Unbeschreiblich schön ist dieses Gebirge, dieser lange Berg von edlen, großartigen Umrissen umzogen! An seinem gratartigen Kamm zeigte sich hie und da ein vereinzelter Schneefleck, während sich an anderen Stellen der Schnee in schrägen, parallelen Streifen kaum merklich herabsenkte.

Von dem ersten Morgenstrahl getroffen, erglühte, gleich einer Alpenspitze, die höchste der vielen kleinen, spitzen Kuppen, welche auf dem scharfen Rücken der Sierra aufgesetzt sind. Die Masse des Berges behielt lange ihre dunklen, bläulichen Tinten bei, die, nach und nach immer durchsichtiger werdend, allmälig in das Violete übergingen. Da trat die blendende Sonnenscheibe hinter ihrem Hügel hervor und übergoß das obere Drittel der Sierra Nevada mit

dem prachtvollsten Rosenlicht; der übrige Theil des Berges
aber nahm seinen gewöhnlichen verbrannten, bräunlichen
Ton mit den einzelnen breiten, braunrothen Streifen an,
die ihm etwas so Eigenthümliches verleihen.

In den Anblick der zauberischen Gegend versunken,
hätten die Reisenden fast ihre abenteuerliche Kutsche vergessen. Sie rollte eben davon. Das erfrischte Siebenge-
spann setzte sich in einen gelinden Trab, so daß es galt
tüchtig zuzuschreiten, wenn man nicht zurückbleiben wollte.
Der muntere Zagal lief mit seinen Thieren um die Wette,
sie durch Worte und Schläge im Gange erhaltend, — und
das wollte etwas sagen, denn er hatte fast die ganzen acht
Leguas bereits im Trabe zurückgelegt. Der Majoral, der
würdige Thrann des Fuhrwerks, rührte sich nicht von seinem Sitz und führte nur vornehm die Zügel, während der
Zagal, ganz Thätigkeit, sich für seinen Gebieter aufopferte.

Durch eine schattige Allee näherte man sich Granada.
— Sie führte an dem Vereinigungspunkt des Xenil und
des Darro vorüber zu der prächtigen Alameda, wo eine
Fülle der schönsten Blumen die Atmosphäre mit ihrem Duft
durchdrang. Durch diesen reizenden Spaziergang unter hohen,
schattigen Bäumen, mit plätschernden Springbrunnen an
seinen Enden, gelangt der Reisende aus dem Süden zur
Stadt. An der Duane hielt die Karosse an. Man trennte
sich, — doch der deutsche Theil der Gesellschaft blieb brüderlich beisammen und wandelte durch sanft ansteigende
Straßen der Alhambra zu. Durch die im Style Carl's V.

erbaute Puerta be las Granabas tritt man in den schatti=
gen, von breiten Wegen durchzogenen Laubwald, den Paseo
be la Alhambra. Er zieht sich am Abhange hin. Der
Weg erweitert sich. Linker Hand erhebt sich eine hohe
Mauer, an die sich der Pilar del Emperabor, die Fontaine
Carl's V. lehnt. Nachdem man an ihr vorübergegangen,
steht man, nach einer kurzen Wendung links, vor dem hohen
maurischen Bogen, der den Haupteingang in die Alhambra
bildet. — Durch die Puerta Principal steigt der gepflasterte
Weg, sich scharf rechts wendend, zum Plateau der Feste auf.
Auf der Plaza be los Algibes angekommen, sieht man rechter
Hand den im Renaissancestyl begonnenen, aber unvollen=
beten viereckigen Palast Carl's V., mit dem runden Hof in
der Mitte; zur Linken erheben sich die Thürme und Zinnen
der Alcazaba. Der Theil dieser alten maurischen Festung,
der nicht verfallen, bient zum Gefängniß. Gegenüber dem
Aufgang ziehen sich an einer Mauer zeltartige Bebachungen
hin, als Schuß gegen die glühende Sonne. Rechts an
diesen Bebachungen fort, verdeckt durch die Ecke des Palastes,
ist der unscheinbare Eingang in den berühmten Sommer=
palast der maurischen Könige. Ein Trupp geschlossener
Verbrecher, von wenigen Solbaten eskortirt, zog eben hinein.
Dies sind die fleißigen Hände, welche die Regierung als
Arbeiter benußt, um im Vereine mit geschickten Handwer=
kern das Innere des Palastes wieder herzustellen. Der
Zweck wird dabei vortrefflich erreicht, wie sich die Reisenden
bald selbst überzeugten. An der Eingangsseite der Plaza

4

be los Algibes befindet sich eine Reihe moderner Häuser.
Aus ihnen hervor auf den Platz springt die kleine Puerta
del Vino. Obgleich sie an dieser Stelle jetzt zwecklos steht,
wäre es doch schade, wenn der schöne maurische Bogen
wirklich einem Engländer gehörte, wie der französische Ma=
ler erzählte; der könnte ihn vielleicht gleich den Elgin
Marbles entführen.

„Weht uns," sagt Prinz Adalbert, in seinem Tage=
buche, „schon durch den hohen Eingangsbogen der Puerta
Principal jener mystisch=romantische Hauch des Morgenlan=
des entgegen, wie vielmehr noch umgaukelte er unsere Sinne
beim Eintritt in das Innere des Sommer=Seraï! Willst
du maurische Baukunst in ihrer höchsten Vollendung, in
ihrer vollen Pracht und feinsten Ausführung bewundern,
suche sie nirgend anders wo auf, als hier. Du findest sie
so vollendet selbst im Orient nicht. Mir wenigstens ist's
so ergangen. Für mich ist die Alhambra ein magischer
Feenpalast, dem nichts zu vergleichen. Laß dich nicht durch
den äußeren Schein der hehren Feste täuschen, die wie eine
mächtige Herrin über Granada thront. Erwarte keine wei=
ten Räume und imponirende Steinmassen; — schließe nicht
von der äußeren Rinde auf den Juwel, den sie birgt!
Alles athmet Lieblichkeit und Rosenduft in diesem winkligen
Zauberschloß mit dem Gewirr von Zellen und kühlen, ge=
wölbten Sälen, das sich um die reizenden, kleinen Höfe
und Gärtchen herumlegt. Magisch und anmuthig, wie das
duftende Schmuckkästchen einer Dame, ist die Alhambra!"

„Der Patio de la Alberca mit dem länglichen Bassin in der Mitte, nach den Myrtensträuchern, die daßelbe einfaßen, auch der Myrtenhof genannt, übertraf schon all meine Erwartung. Doch wie ganz anders wird man bezaubert bei dem Eintritt in den nahen Löwenhof! — Nur die glühende Phantasie des Morgenlandes war fähig so etwas zu erschaffen. Der Patio de los Leones ist die Perle der Alhambra und vielleicht der romantischste Fleck der Erde. Eine schattige Säulenhalle von leichten, maurischen Bogen und schlanken, zartgegliederten Marmorsäulen umschwebt dies paradiesische Gärtchen; ernst wie ein Kreuzgang und anmuthig wie ein Gebilde aus Tausend und eine Nacht. — Auf den schmalen Seiten des länglichen Vierecks tritt sie gleich zwei kleinen Kiosks (Köschks) mit breitem Dach erkerartig mitten in den Rosen- und Blumenteppich des Gartens hinein. In der Mitte erhebt sich, ein Denkmal vergangener Zeiten, der berühmte Löwenbrunnen. Von ihm fließen vier kleine Bächlein zwischen Myrtenhecken nach den Seiten ab, um die Springbrunnen der anstoßenden Gemächer zu speisen. — Hie und da steht ernst und einsam eine junge Cypresse, wie jene düstern Wächter an den Gräbern der Moslim. Von der Säulenhalle getragen, steigen rings die blendend weißen Wände auf, mit den reichsten Arabesken in Stuck, gleich einem Gewebe von brüsseler Kanten überzogen (wie Gräfin Hahn es sehr richtig bezeichnet). Der dunkle Himmel Andalusiens wölbt darüber sein azurnes Dach."

„Hohe, stolze Pforten führen in die anstoßenden Salas
de las dos hermanas und de los Abencerages. Wunderbar
schön sind diese Säle mit den reichen Arabesken und
Schnörkeln an den Wänden und den reichen Verzierungen,
die wie bunte Tropfen von ihrem kuppelartigen Gewölbe
herabhängen. — Ganz ähnlich ist die Sala de los Embaza=
dores, welche die Sala de la Barka, wie eine Art Vorhalle
mit dem Patio de la Alberca verbindet. Die Sala del
Tribunal, in welche man durch einen der Erker des Löwen=
hofes tritt, bildet nicht wie die vorigen ein Quadrat, son=
dern ein Oblongum. Drei Pforten führen in die Säulen=
halle des Patio de los Leones.“

„Die Bäder der Alhambra gleichen denen des Eski
Seraï zu Constantinopel, die ihr Licht von oben durch die
durchbrochenen Muster ihrer Marmorkuppeln erhalten. An
die Baños reiht sich der Theil des maurischen Palastes,
den Carl V. und die katholischen Könige zu ihrem Gebrauch
haben herstellen lassen. Durch eine offene Gallerie gelangt
man zu dem anstoßenden Tocador de la Reyna, der thurm=
artig gegen den Abgrund vorspringt. Man nennt ihn hier
den Erker Kaiser Carl's. Von diesem Gemach, dessen
Wände mit Arabesken in raphaelischem Geschmack geziert
sind, hat man ein wundervolles Panorama der Gegend.
Die vielen Bogenfenster zerschneiden es in einzelne reizende
Bilder. Das Fenster mit dem Generalife gefiel mir am
meisten.“ —

Die Alhambra bildet eine kleine Stadt für sich. Hin=

ter dem unvollendeten Kaiserpalaſt ziehen ſich Häuſer und Gäßchen fort. Eine nette, reinliche Fonda, die ſeit kurzem hier oben entſtanden war, wurde von den Reiſenden ſogleich in Beſchlag genommen. — Auch an einer Kirche fehlte es nicht.

Den Sonnenuntergang genoß man von der Torre de la Vela, dem Thurme der Alcazaba, auf dem zuerſt die chriſtlichen Banner aufgepflanzt wurden. — Von hier hat man die herrlichſte Ausſicht auf Granada und die Ebene, die Alhambra und den Generaliſe mit der hohen Sierra Nevada im Hintergrund.

Se. Königliche Hoheit ſchreibt in ſeinem Tagebuche: „Jahrhunderte ſind verfloſſen, ſeit die Araber das paradie= ſiſche Thal von Granada verlaſſen, doch der Alhambra haben ſie ihren Stempel feſt und unverwüſtlich aufgedrückt. Wer ſie betritt, fühlt ſich mit einem Zauberſchlage in den Orient verſetzt, in jenes Land ſchwärmeriſcher Träume, in das Land unnennbaren Sehnens, in das lieblich=ernſte Mor= genland. Ein glücklicher Jugendtraum war mir der Orient. In der Alhambra, — in Granada träumte ich ihn noch einmal. Das Morgenland iſt romantiſch und phantaſtiſch, wie die erſte Liebe! Wer es in der Jugend geſehen, dem ſteht's mit Roſenlicht übergoſſen noch am Ende ſeiner Tage vor der Erinnerung. Mich zieht's immer wieder dahin. — Von den Zinnen der alten Maurenfeſte ſenkt ſich jener Hauch des Morgenlandes auf Granada und das ganze Thal herab." —

Von der Torre de la Vela ging's hinab auf die Ala=
meda. Leider war es zu spät, um die Schönheiten Gra=
nada's zu treffen. Daher wurde das Theater besucht und
dort ein Akt aus Lucia di Lammermoor gehört.

Am nächsten Morgen ging es nach dem Generalife.
Der erste der kleinen Gärten im Innern des Palastes ist
denen der Alhambra ähnlich. Das dem Eingange gerade
gegenüber liegende Gebäude enthält eine schöne maurische
Pforte, die in eine gewölbte Halle führt. An der Decke
und den Wänden dieses Saales findet man dieselben sticke=
reiartigen Verzierungen und herabhängenden Tropfen. —
Linker Hand faßt den Garten ein gewölbter Gang mit
Arkaden und Fenstern nach Außen ein. Die Aussicht aus
diesem Bogengang auf die Alhambra ist wunderbar schön.
Ihre Thürme und Zinnen ragen aus dem Laubwald am
jenseitigen Rande eines kleinen, trennenden Thales hervor.
Der Generalife schließt noch einen zweiten, weniger eigen=
thümlichen Hof oder kleinen Garten in sich. Hier stehen
die beiden Cypressen, unter denen, der Sage nach, jenes
romantische Liebesverständniß entdeckt und so der Grund zu
dem Morde der Abenceragen gelegt ward. — An dem Ab=
hang über dem Generalife ist ein kleiner, moderner Pavillon
erbaut, der eine noch umfassendere Aussicht gewährt. Um
die Alhambra herum, zu ihren Füßen, gruppirt sich Gra=
nada. Schaut man hinter sich, so sieht man die Sierra
Nevada über den Gipfel des Berges hereinragen. — Ge=
gen Süden zeigte man den Reisenden jene Höhe, von der

die scheidenden Mauren den letzten Blick auf Granada warfen; — man nennt sie noch heute: „el ultimo suspiro de los Moros" (der letzte Seufzer der Mauren).

Den übrigen Theil des Vormittags brachte Prinz Adalbert mit Zeichnen in der Alhambra zu. Die Hitze war unerträglich. Am Nachmittage setzten sich die Reisenden zu Pferde, um die Merkwürdigkeiten Granada's in Augenschein zu nehmen. — Zuerst besahen sie die Cathedrale, die sehr große Aehnlichkeit mit der von Malaga hat. Der Chor liegt auch hier in der Mitte. Die Wände der Capilla de San Miguel sind mit dem schwarzen Marmor der Sierra Nevada ausgestattet. In der Capilla San Bernardo befindet sich ein schönes Altarbild von Boca Negra. Das hohe Gitter der Capilla Real, welches den Hochaltar und die Königsgräber von dem übrigen Theil der Capelle scheidet, war leider schon geschlossen, und keine Möglichkeit vorhanden, noch heute Einlaß zu erhalten. Man zeigte ihnen das Heiligenbild: Nuestra Señora de la Antigua, welches dem Heere vorgetragen wurde, das Granada einnahm. Ferdinand und Isabella schenkten es der Stadt. — Zu der Kirche San Juan de Dios war es ebenfalls schon zu spät. Sie ritten daher zur Cartuja. Der Weg führte über die Plaza del Triumfo, in deren Mitte die Statue der „Virgen de Pilar" steht. Links an der Mauer eines Gartens sah man zwei Palmen; es waren die ersten seit Malaga. Die Plaza de Toros befindet sich auf derselben Seite. Rechts auf den Höhen gewahrt man

die beiden hintereinander liegenden maurischen Thore: la
Puerta del Vira und la Puerta de Monarca in dem Bar-
rio de Albassin. — Zwischen hohen Mauern gelangt man
zur Cartuja. Der Kirchhof derselben ist ein schöner, mit
Chpressen bepflanzter Garten. Die Kirche enthält einige
Kostbarkeiten und Kunstschätze, namentlich vier Murillos
und mehrere Bilder von Cano. In der Capilla Santa
Santorum befindet sich eine Auswahl prächtiger Marmor-
arten. Die Sacristia bewahrt zwei schöne Nonnen von
Murillo. Die Schränke oder hohen Kommoden an den
Wänden sind alle mit Schildpatt und Elfenbein eingelegt.

Von der Cartuja ging's hinauf zur kleinen Capelle
San Miguel el Alto, die auf den Höhen liegt, an denen
Granada sich hinaufbaut. Beim Hintritt hatte man die
Sierra Nevada vor sich. Die Reisenden kamen gerade zu
rechter Zeit bei der Capelle an, um den Sonnenuntergang
von diesem herrlichen Punkte aus genießen zu können.
Links unter sich, durch ein tiefes Thal von ihnen getrennt,
hatten sie den Generalise und die braunrothe Alhambra
mit ihren abgestumpften Thürmen. Der steile, bewaldete
Berg, den sie krönen, greift wie eine Landspitze in das ihn
umgebende Granada vor. Am Abhange des Berges, auf
dem man stand, ziehen sich Aloëhecken hin, auch läuft die
alte arabische Stadtmauer daran fort, die man bis unten
in die Stadt verfolgen kann. An Granada schließt sich die
weite, grüne Ebene mit Wäldern und Feldern, von lichten
parallelen Hügelreihen begrenzt. Wie eine Insel erhebt

sich in ihr der schwarze Monte Santo, dessen Zacken noch mehr durch die dahinter niedersinkende Sonne hervortraten.

Von San Miguel ging es durch das tiefe Thal hinüber zur Alhambra, und auf dem Pfade, auf dem die Abencera= gen vom Generalife zur Alhambra gelangten, den Berg hin= auf. Wild und romantisch klimmt er in der Schlucht eines murmelnden Waldbachs zur Feste auf. Eine kleine Wasser= leitung bleibt zur Seite. Durch ein Hinterpförtchen ritt man in die Burg ein. Alle Bewohner der Alhambra hatten sich im Gärtchen der oben erwähnten Fonda versammelt, um den Tänzen einer Bande ·von Gitanos (Zigeuner) zu= zusehen. Sie machten keinen befriedigenden Eindruck. Die Zigeuner von Granada sind nicht reinlicher, als die, welche Prinz Adalbert in Moskau sah. Vor dem Schlafengehen machte man noch eine Ronde in den Höfen und Sälen der Alhambra.

Auf der Altane der Torre de la Vela brachte der Prinz am folgenden Tage bei Sonnenuntergang die letzten Augenblicke vor seiner Abreise zu. Es war um acht Uhr Abends, als man durch das hohe, gewölbte, maurische Thor ritt und hinab durch das Wäldchen, den in der Dämme= rung so viel besuchten, dunklen Spaziergang, in die Stadt hinein und noch einmal vor die Cathedrale. Der Küster war bestellt, die Gräber in der Capilla Real zu zeigen, doch leider war er schon wieder fortgegangen und nicht mehr aufzufinden. So ritt man denn an der Alameda vor= über in die sternhelle Nacht hinein. — Auf den Feldern außerhalb der Stadt leuchteten mehrere große Feuer; es war Unkraut, das man verbrannte. Der Weg führte durch ein Paar Ortschaften, die wie Vorstädte aussahen.

Die Reisenden mochten einige Stunden geritten sein, als sie die Höhe „el ultimo suspiro de los Moros" erreichten, wo auch sie Granada ihr letztes Lebewohl sagten. Von hier erblickte man noch am Fuß der schwarzen Berge den langen Streif seiner Lichter; einmal die Höhe passirt, sieht man es nicht wieder!

Hinter dem nächsten Oertchen wurde ein Schluck aus dem birnförmigen, ledernen Schlauch genommen, den man in Granada angeschafft hatte. Die Limonade schmeckte unausstehlich nach Leder. Allmälig ging's wieder eine Höhe hinauf. Oben trennte ein Maulthierzug die Reisenden von ihrem Führer. Sie waren sich eine Zeitlang selbst überlassen, und zwar auf einem so schlechten Wege, daß sie zuletzt absteigen mußten. Endlich war der Verlorne wiedergefunden, worauf sie in das Dorf la Mala einritten, das jenseits der Höhen lag. Erst in einem noch entfernteren Dorfe wurde einen Augenblick bei einem Bäcker angehalten, der lange nicht öffnen wollte. Neu gestärkt ging es nun über die Ebene weiter. Das Terrain war wie gemacht für einen tüchtigen Trab, und ein Trab von zwei bis drei Stunden konnte die Reisenden nach Alhama, dem Ziel ihres Nachtmarsches, bringen. Wollte indeß Prinz Adalbert nicht den unberittenen Treiber des lahmen, hohen, braunen Packpferdes nach spanischer Art zu Fuß nebenhertraben

laffen, fo konnte überhaupt von einer schnelleren Gangart
keine Rede fein. War auch der Treiber ein baumstarker
Mann, der vielleicht die Ausdauer des Zagal's der malagaer
Diligence besitzen mochte, so widerstand es dem Gefühl des
Prinzen doch, einen Menschen wie ein Pferd anzustrengen.
Er hatte vorausgesehen, daß es so kommen würde, und
demzufolge hatte sich der Arriero verpflichten müssen, einen
berittenen Knecht zu stellen. Er hatte aber nicht Wort
gehalten, und so sahen sich die Reisenden verurtheilt, die
ganze Nacht im Schritt zu reiten.

Dies war jedoch nicht der einzige Vorwurf, welcher
den Führer traf. Schon am vorhergehenden Tage hatte
man die Pferde für den heutigen Ritt probirt und da sich
dieselben als gut bewährten, dem Arriero die hohe Forde=
rung dafür zugestanden. Jetzt aber fand es sich beim Auf=
steigen, daß er statt der gestrigen Pferde lauter Mähren
gebracht hatte. Der Prinz war der einzige, welcher den
ausbedungenen Rappen erhielt. — Ebenso waren sämmtliche
Sättel umgetauscht. — Bis hierher hatte die Caravane
ihren gerechten Zorn unterdrückt; jetzt aber brach er hervor,
da man den Nachtmarsch durch den Betrug des Führers
um viele Stunden verlängert sah.

Mitternacht mochte vorüber sein, als Graf Oriolla
sich erbot, bei dem Fußgänger zu bleiben, damit die übrige
Gesellschaft vorantraben könne. — Dieses uneigennützige
Anerbieten ward sogleich dankbar angenommen, und davon
ging's im Galopp und Trab in die Nacht hinein. — Bald

aber wurde, wegen des schlechten Weges, aus dem Trabe
ein sausender Schritt! Man schlief fast vor Müdigkeit auf
den Pferden ein, als man sich plötzlich abzusteigen genöthigt
sah, denn es ging hier einen steilen Abhang in ein weites
Thal hinunter. Da lag eine Venta am Wege; dies war
zu einladend für die Ermüdeten, — sie traten ein, und bald
war die Außenwelt in sanftem Schlummer vergessen.

Aus der halben Stunde, die man ruhen wollte, ward
eine Stunde und mehr. Von hier zog man quer durch
das Thal. Ein Bach, Fuente de Baños genannt, durch=
fließt dasselbe. Der Tag graute, als man an dem gegen=
überliegenden Thalrand hinritt. Hier wurde Graf Oriolla
eingeholt, der während des Schlafes der übrigen Gesellschaft
in der Dunkelheit mit seinem Schutzbefohlenen an der
Venta vorübergezogen war. Das Thal der Fuente de
Baños verlassend, betrat man ein Plateau oder einen
breiten Rücken.

Die aufgehende Sonne beleuchtete eine völlig griechische
Gegend, eine mit Thälern nach allen Richtungen durchzo=
gene Hochebene, ohne Baum und Strauch, mit einem schön
geformten, scharfen Bergrücken, dem Monte del Nevazo, im
Hintergrunde, der auf das Herrlichste dunkelblau und violet
gefärbt war. Auch die Sierra Nevada war noch sichtbar.
In bläulichem Nebelflor lag sie links hinter den Reisenden.
Ihre Umrisse waren fast genau die umgekehrten von denen,
die sie von Granada aus zeigte. Da senkte sich das Pla=
teau, auf dem man ritt; ein steiniger Weg führte sehr all=

mälig hinab in eine tiefe Schlucht. Am Ende derselben
erhob sich, hoch oben auf einem senkrecht aus dem Thal
aufsteigenden Kalkfelsen, ein weißes Städtchen — Alhama,
welches ganz wie ein griechischer Ort aussah. — Der Weg
führte an mehreren gepflasterten Tennen vorüber, auf denen
im Freien das Getreide gedroschen wird.

Sehr zerschlagen und zerstreut ritt die Caravane in
Zickzacks den Fels hinan. Weit hinter ihr folgte dem lah=
men Saumthier der gleichfalls lahme Knecht des Arriero,
dem sein hoher Stock nicht mehr forthelfen wollte. Eine
Unmasse von Maulthieren und Eseln war in Bewegung;
der Markt wimmelte von bewaffneten Bauern. Endlich,
um sieben Uhr früh, war die Posada erreicht. — Hier
verging den Reisenden der Tag sehr schnell. Eine Anzahl
andalusischer Bauern hatte sich im Hause versammelt, in
ihrem pittoresken Nationalcostüm: den kurzen mit Knöpfen
besetzten Hosen, den aufgeschnittenen Lederkamaschen, dem
kleinen Filz= oder schwarzen Sammethut mit den beiden
Pompons an der Seite. Alle saßen in Hembsärmeln, die
Jacken über die Schulter geworfen, um den Tisch herum.
Die braunen, kriegerischen, verbrannten Gesichter belebten
sich beim Glase Wein und muntern Gesprächen. Sie be=
sahen sich die Pistolen der Fremden, vor allem aber staun=
ten sie das feine Pulver an. Dann holte einer nach dem
andern seine altmodische Flinte mit ausgeschweiftem Kolben
herbei, und öffnete die rund um den Leib laufende, bunt=
lederne Patrontasche, um sein Pulver zu zeigen. Sie rühmten

sich alle, in dem letzten Kriege mitgefochten zu haben. Ein
alter Kerl war darunter, mit einem dunkelrothen Gesicht
und einem unförmlichen, mit blendend weißen Zähnen besetzten Munde, der ihm von einem Ohr bis zum andern reichte.
Er brachte eben einen Gefangenen-Transport nach Granada.
„Ich behandle meine Gefangenen stets gut,“ sagte er,
„denn,“ setzte er hinzu, „wie leicht könnte auch ich einmal
in der Hitze einen kalt machen, und dann würde ich vielleicht selbst transportirt.“ Den Todtschlag hält der spanische Bauer überhaupt nur für ein sehr unbedeutendes
Vergehen. Der andere Begleiter des Transports sah so
nobel aus, wie ein griechischer Palikar.

Was den Arriero anbetrifft, so war dieser bald nach
der Ankunft in Alhama mit einer anderen Gesellschaft urplötzlich auf und davon gegangen. Er expedirte zuerst seine
neue Caravane, während er für seine Person bis zum letzten Augenblick zurückblieb. Den Rappen des Prinzen, das
einzige schnelle und noch muntere Pferd, hatte er wohlweislich dabehalten; es stand unten gesattelt im Stall.
Graf Oriolla merkte, daß der kleine, tückische Mann nichts
Gutes im Schilde führe, und war eben im Begriff
mit ihm zum Alcaden zu gehen; doch in dem Augenblick,
als er dazu einen andern Rock anziehen wollte, entwich der
Uebelthäter, und der Rappe trug ihn pfeilschnell davon!

Graf Oriolla und Herr Brinkmann, welcher der
spanischen Sprache etwas mächtig war, brachten es nach
stundenlangem Abmühen in der drückendsten Hitze endlich

dahin, einen neuen Arriero ausfindig zu machen, der aber nur ein Maulthier und die nöthige Anzahl Esel stellen konnte.

Um fünf Uhr Abends hielt die Gesellschaft ihren Aus= zug aus Alhama, viel frischer und heiterer als sie eingerückt war. Ihr erstes Ziel war Velez=Malaga. — Gleich hinter Alhama erstieg man wieder das kahle Plateau. Hinter den Reisenden lag die Sierra Nevada, vor ihnen der schroffe Monte del Nevazo mit seinen scharfen Umrissen, den jetzt allmälig die untergehende Sonne zu beleuchten anfing. Der Weg führte sie rechts um diesen, wie man sagt, silberhal= tigen Berg herum in ein liebliches Thal mit Olivenbäumen, das seinen Fuß umgiebt. Vor ihnen lag eine sonderbar geformte Bergkette. Als sie diesen Kamm in einer Ein= senkung überschritten, bedeckte schon die Nacht das Thal zu ihren Füßen; — nur in weiter Ferne vor ihnen fiel der letzte Tagesschein auf die im Nebel verschwimmende See. Im Nu ward es stockfinster. — Die allmälig aufgehenden Sterne vermochten nicht den steil absteigenden, holprigen Pfad genugsam zu erleuchten. Die Colonne war weit aus= einander. Graf Oriolla ließ, bei dem schnellen Schritte seines Maulthieres, Alles weit hinter sich zurück. Der junge muntre Knecht des Arriero hatte mit dem Packesel die Spitze des Zuges genommen, am Ende ritt der Arriero. Zuweilen vernahm der Prinz einzelne, abgebrochene Töne des schwermüthigen Liedes, das der Arriero hinter ihm sang. Nach dem kaum hörbaren Klang dieser nie wechselnden, ächt nationalen Weise mußte er sehr weit zurück sein. Anfangs, gleich hinter Alhama, schritt der Führer munter einher, die Flinte über der Schulter; jetzt aber fing er allmälig an nachzulassen. Hombre! Hombre! rief häufig der Alte über die Reisenden hinweg, in die Nacht hinein seinem jungen Genossen zu, indem er die langgezogene letzte Sylbe melodisch verhallen ließ; — und ebenso schallte es zurück. Der Schall gab das Maaß für die Ausdehnung der Caravane.

Hombre ist ein gewöhnlicher Ausruf der Spanier, und bedeutet Freude, Schmerz und Schreck, wie „Herr Jesus" im Deutschen; seltener wird es als Anrede gebraucht.

Man fing eben an den dunklen Abhang hinabzureiten, als der Arriero seine Stimme lauter erschallen ließ, um die Tete zum Halten zu bewegen. Als endlich die Caravane aufgerückt war, gebot der ältere Führer der Gesellschaft beisammen zu bleiben, weil sie hier wahrscheinlich von Räubern angegriffen werden würden. Graf Oriolla setzte seine Pistole auf und eilte, seinem Thier die Zügel lassend, unaufhaltsam vorwärts in die Nacht hinein. Die beiden Spanier riefen ängstlich nach der Mula des Grafen. Von Zeit zu Zeit nannten sie halblaut die wohlklingenden Namen der Esel, auf denen man ritt, um sie zum Vorschreiten zu bewegen. Der Abhang war steil, die Steine spitz. Graf Birh, der sich gleichfalls kampffertig gemacht, d. h. sich die Pistolen mit einem rothen Schnupftuch um den Leib gebunden hatte, schoß, vom Schlaf überwunden, über den

Hals seines Esels herab, bekam ihn aber bald wieder ein.
Der Weg war schmal unten im finstern Thale; man passirte
mehrere kleine Trupps von Maulthieren, auf denen einzelne
bewaffnete Landleute saßen. Der junge Brinkmann hatte
sich für's allgemeine Beste zu sehr angestrengt und seit
Granada kein Auge zugethan. Jetzt überwältigte ihn die
Ermüdung; man hielt daher bei einem einzelnen Hause an,
um Wasser zu trinken, denn die Nacht war warm.

Ein kurzer Marsch, der aber den Reisenden dennoch
lang vorkam, brachte sie zur nächsten, wirklichen Venta.
Zahlreiche hohe Cactus, so wie hohe Aloëstämme stiegen
kurz vor dem Hause in den Nachthimmel auf; ein Zeichen,
daß man in's Küstenland eintrat. In der Venta lagerte
sich die Gesellschaft auf einen Haufen von Mehlsäcken, und
schlief ein, während beständig Maulthiertrupps außen vor=
beizogen. Prinz Adalbert hatte seinen krummen Reben=
stock, der sechs Jahr und mehr sein treuer Reisegefährte
gewesen war, draußen auf der Bank liegen lassen, fand ihn
aber beim Erwachen nicht mehr vor. Der Prinz hatte diesen
Stock auf einer Parthie in Schlesien von seiner Mutter
zum Geschenk erhalten; er sollte Afrika und Amerika noch
sehen und dann in der Ecke des Zimmers auf seinen Lor=
beeren ruhen, — nun mochte sich irgend Jemand seiner be=
mächtigt haben und wer weiß, wo er in Andalusien noch
umherirrt!

Bald lag die Venta hinter den Reisenden; das Reiten
ohne Bügel auf dem Sack, der den Sattel des Esels vor=

5

stellte, ward allmälig zu beschwerlich, und einer nach dem andern stieg ab und ging zu Fuß. In einem engen Thale überschritt man einen Bach und kam später an das Dorf Binuela. Es war wie ausgestorben, — nur in einem Hause brannte Licht, und eine Menge Leute, namentlich Frauen, saßen davor. Darin lag ein Todter, wie man erzählte. Am Ausgange des Dorfes, hart rechts am Wege, war ein starker Bivouac; einzelne Feuer glimmten noch. Der erste Gedanke war: es sind Räuber oder Gi= tanos; doch es waren nur Landleute, die zum Erndtemachen von einem Ort zum andern zogen.

Das Thal wurde immer wilder und enger; unter sich sah man in einen schwarzen Abgrund hinein; so ging's lange Zeit fort. Allmälig begann der Tag zu dämmern.

Während der Morgenkühlung gingen die Reiter hinter ihren Thieren, diese vor sich hertreibend. Da ward es hell. Das liebliche Thal war von einem dichten, duftenden Orangen= walde ausgefüllt; hoher Cactus, blühende Aloë, blühender Oleander und hohes Rohr faßten den breiten, ebenen Weg ein. — Die Berge zu den Seiten bildeten viele hohe Kup= pen, ähnlich denen um Malaga. Der schönste rosige Morgen= duft lag auf der Landschaft und der seltsam geformten Sierra, die man beim Eintritt der Nacht passirt hatte und welche jetzt hinter den Reisenden über dem Thale stand. — Eine Drehung des Weges zeigte in geringer Entfernung Velez=Malaga, aus dem sich, wie eine Akropolis, das alte maurische Schloß erhebt.

In Velez wurde während einer kurzen Ruhe gefrüh=
stückt und dann ein Wagen bestiegen, der die Gesellschaft nach
Malaga führen sollte. Der Rückblick auf das Städtchen
und das grüne Thal war ungemein anmuthig. Sieben präch=
tige, hochstämmige Palmen erheben sich über die Häuser,
und hinter der maurischen Feste erblickt man die scharfen,
seltsamen Linien der hohen Sierren. — Der höchste Berg
darunter ist die sanft gerundete, weit sichtbare Sierra Tejeda.

Da lag die ersehnte See wieder vor den Blicken der
Reisenden, und ein frischer Ostwind schwellte die Segel der
Schiffe. — Man folgte nun dem sandigen Strande, gegen
den das hohe Land zum Theil in Hügeln, zum Theil in
Felsen abfällt, die mehr oder weniger der See sich nähern.
Auf jedem der vielen Vorsprünge, die man passirte, stand
ein Thurm, wie sie sonst gegen die Mauren dienten. —
Außerdem sind zwei Forts zwischen Velez und Malaga.

Endlich war die letzte Spitze umfahren; — da lag der
San Michele draußen auf der Rhede, und am Fuße der
Berge, die gegen den Strand abfallen, Malaga. — Man
nahm Abschied von den beiden Hamburgern und kehrte
an Bord zurück. — Am Nachmittag wurden alle Vorbe=
reitungen getroffen, um am folgenden Morgen unter Segel
gehen zu können.

III.

Die Straße von Gibraltar.

Prinz Adalbert fuhr aus dem Schlafe auf. Ein Garde=
marine hatte ihn geweckt, denn man näherte sich dem Anker=
platze. Obwohl der Tag kaum zu dämmern begann, war
schon Alles Leben und Bewegung auf dem Verdecke des
San Michele. Drohend, gleich einem schwarzen Riesen,
stand der Fels von Gibraltar da und sendete, wie ein
Wüthender, seine Böen herab. Die schlanken Maste der
Fregatte bogen sich unter der Wucht seines Zornes. Europa
und Afrika bildeten, in tiefes Dunkel gehüllt, noch eine
einzige zusammenhängende Masse, und lange dauerte es, ehe
der Prinz bemerkte, daß er sich schon in der Bai von Al=
geziras befinde. Er warf einen Blick nach oben: die
Marssegel waren gestrichen, und dennoch krachte das mäch=
tige Schiff in allen seinen Fugen. Alles Volk war ver=
sammelt, die Offiziere auf ihren Posten, die Manöver=Di=
visionen um den Fuß der Maste gruppirt. Der Bootsmann
und die Bootsmann=Maate hatten die silbernen Pfeifen
angesetzt. Alle Blicke waren nach der Schanze gerichtet.
Hier stand der Capitain, das Sprachrohr in der Hand,

des Augenblicks harrend, wo sich die düstere Stirn des drohend entgegen schauenden Felsens aufheitern würde. Der Stoß war vorüber, die Böe ließ nach. Der schwere Rumpf der Fregatte richtete sich langsam auf, sie athmete freier und fühlte sich wieder in ihrer vollen jugendlichen Kraft. Monsieur d'Arcollière ließ die Marssegel wieder setzen, und das Schiffsvolk, in langen Zügen an den Mars= fallen gereiht, bewegte sich nach dem Takte der schrillenden Pfeifen bunt durcheinander; ein Chaos von Matrosen, Tauen und Soldaten, in dem der Laie nur Verwirrung erblickt, während gerade in diesem dicht gedrängten, geschäf= tigen Gewühle Alles geregelt, Alles Ordnung ist. Die Offiziere feuerten die Leute zur Eile an, und kaum waren die Marssegel gefüllt, so hieß es auch schon: das Schiff wenden; denn es galt, in kurzen Schlägen zum Ankerplatz hinauf zu kreuzen. Kurz mußten sie sein, da man aus Unbekanntschaft mit dem Fahrwasser sich nicht allzuweit westlich gegen Algeziras wagen wollte; an den Fels selbst aber, oder in seinen Strich getraute man sich gleichfalls nicht, der heftigen Böen wegen, die er in Stößen herab= sendete.

Endlich brach der Tag an. Zwei Linienschiffe, der Thunderer und der Formibable, lagen auf der Rhede und setzten, der einlaufenden Fregatte zu Ehren, schon vor Sonnenaufgang ihre Flaggen, sowie die Festung die Union. Jetzt sah man auch hinter sich in blauer Ferne, am Ein= gange der Bucht, die Berge Afrika's, passirte hart am

Spiegel des Thunderer vorüber, und ankerte um 6½ Uhr Morgens.

Der Fels von Gibraltar ist schon aus weiter Ferne den Schiffern kenntlich. Zuerst erblickte ihn der Prinz am Morgen vorher, zwischen acht und neun Uhr, nachdem man eben Cap Mulinos aus dem Gesicht verloren hatte. Die schönen Gebirge Spaniens senkten sich nach und nach immer mehr gegen Westen und Süden herab, bis sie sich zu einer kaum sichtbaren Ebene verflachten. An diese reiheten sich neue Hügel, an deren Ende Gibraltar als ein kleiner, weißer Fels inselartig in die blaue Fluth vorsprang. Hart dabei, nur durch ein kleines Stück Seehorizont, die Straße, ge= trennt, stieg, einer abgestumpften Pyramide ähnlich, der Affenberg, in lichten Duft gehüllt, aus den Fluthen empor, während die anstoßende Küste Afrika's sich links wie der Schimmer einer Höhe fortsetzte, bis sie sich bald darauf im Nebel verlor. — So begrüßte Prinz Adalbert gleichzeitig mit den Säulen des Herkules zum ersten Male in seinem Leben die Gestade Afrika's. Wenige Augenblicke später schob sich der weiße Fels von Gibraltar vor jene niederen Hügel Andalusiens, die letzten Ausläufer der Sierra Ronda oder Vermeja, bis er sich endlich um vier Uhr des Nachmittags wieder deutlich davon absonderte. Jetzt schien er eine voll= kommene Insel zu bilden, da der „Neutral=Ground", die flache Landzunge, die ihn mit Spanien verbindet, noch nicht sichtbar war. — Der Fels von Gibraltar hat, von dieser Seite gesehen, die Gestalt eines Trapezes, auf dessen

geradem Rücken rechter Hand, nach Norden zu, ein kaum
merklicher Höcker aufgesetzt ist, während links, zu seinen
Füßen, „die Spitze von Europa" als ein kurzer, flacher
Absatz aus seiner steilen Südwand in die Straße vorspringt.

Viele Schiffe kreuzten, gleich der Fregatte unserer
Reisenden, unter dem Schutze Gibraltar's gegen den westlichen Wind, den günstigen Ostwind erwartend, der sie dem
Ocean zuführen sollte, während bereits andere, jenseit der
unsichtbaren Landzunge, in der Bucht von Algeziras vor
Anker lagen. Auch der Affenberg trat immer deutlicher
hervor und schien, da man schräg in die Straße hineinsah,
durch einen kleinen Höhenzug, den man bald für den Theil
der Küste zwischen diesem Berge und Tanger erkannte, mit
Gibraltar zusammenzuhängen. Abends um sechs Uhr sah
man Alles noch klarer, noch gesonderter; Afrika und Europa
waren wieder deutlich geschieden. Links vom Affenberge
erblickte man Ceuta mit seinem hoch gelegenen Castell.
Plötzlich kam der Abendnebel herauf, zerschnitt den Felsen
von Ceuta, wie mit dem Messer, und riß zuletzt ein ungeheures, horizontales Loch mitten hinein, was einen wunderbaren Anblick gewährte. Bald darauf ward es Nacht,
das Licht an der Spitze von Europa leuchtete, ein heller
Stern in der Dunkelheit, der erst, wenn der Tag zu dämmern beginnt, erlischt.

Gleich einem herrlichen Panorama überschauten die
Reisenden jetzt von dem Ankerplatze aus die weite, tief in's
Land greifende Bucht von Algeziras, zwischen dem, seiner

Felsriffe wegen, gefürchteten Cap Carnero in Westen und dem stolzen Gibraltar in Osten. Auf der West- und Nord- seite ist sie von braunen, verbrannten Hügeln umgeben, die, mit der Westspitze beginnend, sich bis zu der sanft anstei- genden Pyramide des kleinen Berges ziehen, der die Fläche des „Neutral-Ground", gegen die er steil abfällt, in Nor- den begrenzt, und den die Engländer mit dem Namen „the Queen of Spains chair" bezeichnen. Unfern vom Cap Carnero steigt der weiße Ort Algeziras aus der blauen Fluth auf. Eine kleine Insel, Isla Verde genannt, liegt davor, und eine große spanische Kriegsbrigg befand sich gerade auf der Rhede. Mehr gegen Osten, auf einem Hügel, erhebt sich San Roque. Die sandige Landzunge des „Neutral-Ground" und der aus ihr wie ein langgezerrter, ruhender Löwe senkrecht aufsteigende Fels von Gibraltar bilden die Ostseite der Bai. Er hat, gleich den übrigen Höhen, welche den Golf einfassen, das bräunliche, verbrannte Colorit Malta's und der griechischen Küsten, vertauscht es aber im Frühjahr mit einer karmoisinrothen Färbung, wenn nämlich das Cyclamen neapolitanum, welches ihn ebenso überzieht wie die Tufffelsen in der Nähe Neapel's, in Blüthe steht.

Die Stadt dehnt sich längs der See, am Fuße des Felsens, von der nordwestlichen an den „Neutral-Ground" anstoßenden Ecke desselben beginnend, bis etwa zu der Mitte seiner Westseite aus, an der sie bis zu einem Drittel seiner Höhe ansteigt. Gibraltar erscheint schon von Weitem

reinlich und nett, und macht dabei einen ziemlich großstädtischen Eindruck. Gegen die „Spitze von Europa" hin
ziehen sich grüne Anlagen, Cottages und einzelne größere
Gebäude, meist Kasernen, Magazine u. s. w. Ebenso erkennt
man, von der Rhede aus, sehr deutlich die Linien der
Stadt- und Küstenbefestigung und einen Theil der Scharten
der berühmten „Excavations", der Gallerien, welche in
mehreren Reihen übereinander oben an der Nordwestecke
in den Felsen gesprengt sind. Von der Spitze Europa's
schweift der Blick frei über den weiten, azurblauen Bogen
des Mittelmeeres an dem Hügel von Ceuta vorbei, der,
in leichten Nebelflor gehüllt, inselartig dazwischen auftaucht,
zu der Kette des Affenbergs hinüber, welcher im Süden
das Panorama schließt.

Gleich nach der Ankunft erhielt der Prinz einige Besuche, sodann begab er sich an Land. Man durchschnitt eine
ziemlich bedeutende Anzahl von Schiffen, welche auf der
Rhede lagen; ebenso viele kleinere Fahrzeuge, namentlich
Mistics, Boves und andere Küstenfahrer mit lateinischen
Segeln, die in zahlloser Menge den Winkel beim „Neutral-Ground" auszufüllen pflegen. Dieselben treiben
den Schmuggelhandel von Gibraltar nach Spanien im
Großen, den England nicht allein gewähren läßt, sondern
sogar beschützt. Das kleine Regierungs-Dampfboot, „the
Lizard," liegt zu dem Ende stets bereit, um auf das erste,
oben vom Felsen herab gegebene Signal jedem von den
spanischen Guardias Costas gejagten Schmuggelschiff zu

Hülfe zu eilen. Die Lizard bugsirt den Schmuggler ent=
weder nach Gibraltar zurück, oder schiebt sich zwischen ihn
und den Spanier, damit dieser, den britischen Wimpel er=
kennend, nicht zu feuern wagt.

Man landete bei der „Water=Port" am Nordwestende
der Stadt. Ein kleiner Auflauf von Arabern und Spaniern
hatte sich gebildet. Diese beiden Nationen, untermischt mit
englischen Matrosen und Soldaten, bilden die Bewohner
der reinlichen, hübsch gebauten Stadt, in welcher sich die
spanische Bauart mit englischem Comfort paart. Die ver=
schiedenartigen Costüme der zahlreichen Orientalen sind zum
Theil recht schön. Einige trugen karmoisinrothe Mäntel,
die meisten aber den leichten, weißen Burnu, oder ein
gleiches Gewand von fast ebenso leichtem, dabei aber sehr
festem, weiß und schwarz oder dunkelbraun gestreiftem Zeuge.
Den charakteristischen weißen Turban sah man häufig, doch
gingen auch viele in bloßem Kopf. Außer den Arabern
und Berbern giebt es in Gibraltar noch viele Juden aus
Afrika, die in einer ihren polnischen Glaubensgenossen ähn=
lichen, dabei aber bunteren Tracht einhergehen. Die eng=
lischen Truppen sind hier den Sommer über in Jacken
gekleidet. Von spanischen Costümen sieht man dieselbe
Auswahl wie in Malaga. Die Frauen gehen hier fast
alle spanisch gekleidet, bis auf die Jüdinnen, welche schar=
lachrothe, breit mit schwarzem Sammet besetzte Mäntel nebst
Capuchon tragen.

Der Gouverneur Sir Alexander Woodford empfing

den Prinzen auf's Zuvorkommendste und gab ihm den Obersten Brown, den Kommandeur der Artillerie von Gibraltar, bei, der mit ihm die „Lower = Batteries", d. h. die ganze Küsten = Vertheidigung von der Stadt bis Europa=Point bereiten sollte.

Kaum hatte man die Stadt passirt, so starrte neben den beiden Reitern der riesige Kalkfels, gleich einer kolossalen Pyramide, zu dem dunkelblauen Aether empor. An seinen Fuß schloß sich das horizontale Plateau von „Windmill=Hill", das mit einer senkrechten Wand von 330' gegen eine zweite kurze Fläche, Europa=Point, abfällt, die ihrerseits mit einem Absturz von 105' gegen die See endet. Auf dieser Spitze liegt eine Batterie, in der die Union weht; dicht dabei, doch etwas mehr nach N.=O. zu, steht der für die Schifffahrt so heilbringende neue Leuchtthurm. In den grünen Sträuchern und zwischen den Oliven, die sich von der Stadt gegen „Europa=Point" hinziehen, erblickt man einzelne nette Häuser und ächt englische Cottages; ja sogar ein kleines Dörfchen. Von Punta de Europa aus ritt man an der hübschen Cottage des Gouverneurs vorüber, ein kleines Stück die Ostküste entlang, bis zu der Stelle, wo der Fels, eine ungeheure Wand, senkrecht in die See abstürzt. Auf dem Rückwege ging es über „Windmill=Hill" und durch die neuen Anlagen, wo die Büsten des Herzogs von Wellington und des Generals Elliot aufgestellt sind; hier zeigte man dem Prinzen unter vielen andern exotischen Pflanzen den Pfefferbaum. Dicht dabei be=

findet sich der Parabeplatz, der hier „the Almeida" genannt wird. Am Abend dinirte der Prinz bei dem Gouverneur, wobei die Land=Offiziere, wie es hier üblich, statt der klei= nen Uniform, kurze, rothe Uniformjacken, die Artilleristen aber dergleichen von blauer Farbe, mit weißen Westen und großen Civil=Cravatten trugen.

Als der Prinz bei einbrechender Nacht an Bord zurück= kehrte, nahm der schwarze Fels von Gibraltar genau die Gestalt eines liegenden, riesigen Löwen an, an dessen Bauch unzählige Lichter flimmerten, gleichsam als habe schon vor Jahrtausenden die Natur darauf hindeuten wollen, daß sie den Löwen Britaniens zum dereinstigen Wächter des Mit= telmeeres erkoren. Diese Gestalt hat er nur nahe an der Water=Port. Je mehr man sich der Rhede nähert, je mehr wird dieses Bild unförmlich auseinander gezerrt.

Den andern Morgen (14. Juli) ging der Prinz schon um 5½ Uhr an Land, um mit dem Obersten Brown den noch übrigen Theil der Festungswerke zu bereiten. Der Weg führte, an dem zu dem alten maurischen Schloß gehörigen, über dem nördlichen Ende der Stadt gelegenen Thurme vorbei, zu den schon oben erwähnten „Excavations". Diese außeror= dentlich geräumigen Gallerien beginnen über dem Nordende der Stadt, legen sich in mehreren zusammenhängenden Etagen um die Nordwestecke des Felsens herum und ziehen sich dann an der senkrechten Felswand hin, mit der Gibral= tar gegen den „Neutral=Ground" abfällt. Durch diese Gallerien gelangte man zu der darüber liegenden „Rock=

Gun-Battery" und von da, auf einem schmalen Reitpfade, zum „Signal-House". Das Signalhaus liegt auf dem Rücken des Felsens, in einer Höhe von 1255' über dem Meere. Ein kleiner Mast mit einer Raa zum Hissen der Signale steht davor. Der alte Artillerie-Unteroffizier, der diese einsame Station bewohnt, und dessen Beruf es ist, nach Falkenart alles zu erspähen, was tief unter ihm auf den Wassern vorgeht, um es dann durch bunte Flaggen weiter zu verkünden, mit einem Wort: das Auge des Löwen von Gibraltar, weiß sich und Andern den Aufenthalt hier oben angenehm zu machen. Der muntere Alte kredenzte von seinem vortrefflichen Porter, erklärte die Aussicht und verkaufte dem Prinzen kleine Kanonen, die er selbst aus dem Gestein des Felsens verfertigt. Dieses besteht aus Jurakalk, d. h. aus dichtem, mit Kalkspath-Adern durchzogenem Kalkstein, der eine so schöne Politur wie Marmor annimmt. Sowohl an den Felslehnen, als in den Geröllen sind hier große Vertiefungen und durch und durch gehende Löcher eingewaschen. Zwischen diesem Gestein wächst eine Zwergpalme, welche ordentlich, gleich anderen Palmen, einen kleinen Stamm hat.

Die Aussicht von hier oben herab gewährt bei klarem Wetter einen wundervollen Anblick; leider war an diesem Tage die Ferne in einen weißlichen Nebelflor gehüllt, so daß der Prinz weder die Gebirge Granada's, noch die Küsten des nahen Afrika's zu unterscheiden vermochte. Dieser Umstand tritt gewöhnlich bei Ostwind ein, und zwar zuweilen in solchem Maaße, daß schon Schiffe den Affenberg für Gibraltar gehalten, und dadurch Schiffbruch gelitten haben. Dagegen konnte man den Felsen mit fast allen seinen Befestigungen deutlich übersehen. Den größten Theil der Werke hatte der Prinz unter der einsichtsvollen Leitung des Obersten Brown auf seinem heutigen und gestrigen Ritt kennen gelernt. Denn der Oberst ließ es sich angelegen sein, dem Prinzen nicht allein alles für die Vertheidigung Wichtige zu zeigen, und jede seiner Fragen in Bezug darauf gern und mit Offenheit zu beantworten, sondern er verstand es auch ein allgemeines Bild, einen klaren Ueberblick über das Ganze zu geben.

Der Fels von Gibraltar bildet oben einen scharfen Grath, der von Nord nach Süd streicht; — doch hält diese Linie nicht genau die Mitte zwischen der West= und Ostseite, sondern nähert sich mehr der letzteren. Gegen Süden fällt der Berg terrassenförmig ab, und zwar zuerst senkrecht gegen das Plateau von „Windmill=Hill", dann ebenso gegen das von „Europa=Point", und zuletzt steil gegen die See. Die Form seiner Basis wäre einem langgezogenen Dreieck nicht unähnlich, dessen sehr kleine Grundfläche die kurze Nordseite bildet, während die ausgedehnteren Ost= und Westseiten sich unter einem sehr spitzen Winkel in der Süd= spitze vereinigen, wenn nicht beim „New=Mole" auf der Westseite, und auf der Ostseite neben dem „Sugar=Loaf" (Zuckerhut) zwei Vorsprünge einem solchen Vergleich wider= sprächen. Anfangs laufen die Ost= und Westseiten parallel

6

von Nord nach Süd, bis die Westküste sich etwa in ihrer
Mitte, eben bei dieser Ausbauchung der neuen Mole, scharf
nach Südost gegen die abgestumpfte „Punta de Europa"
wendet, an die sich die fast geradlinige Ostküste mit einer
unmerklichen Abschrägung anschließt. Die Nordseite ist eine
senkrechte Felswand. Die Westseite hat dagegen von dem
eigentlichen Grath des Felsens an eine Böschung von 20
bis 30°, stürzt dann 80—100' senkrecht ab, und verläuft
mit einer sanften Neigung gegen die Küstenlinie hin.

Dies hat die Möglichkeit gegeben, diese Seite des
Felsens zu kultiviren und hier eine Stadt anzulegen. Der
englischen Beharrlichkeit ist es sogar gelungen, hie und da
Bäume zu pflanzen, die, der Unfruchtbarkeit des Bodens
zum Trotz, fortkommen. Aber auch hier sind die beiden
letzten Drittel des Berges, seiner Steilheit wegen, nicht
bebaut. Auf der Ostseite erstreckt sich, als Fortsetzung des
Plateaus von „Europa=Point", ein kleines Stück flachen
Strandes unter „Windmill=Hill" fort und zwar bis dahin,
wo sich die Küstenlinie aus ihrer anfänglich mehr nord=
nordöstlichen Richtung gerade nach Norden wendet. Hier
stellt sich wieder der senkrechte Fels ein, der an einigen
Stellen in einen steilen Abhang übergeht. — Die kurze
Landfront ist diejenige, der die Engländer die meiste Auf=
merksamkeit gewidmet haben, denn von dieser Seite sind sie
bei der berühmten Belagerung von 1779—1783 am hart=
näckigsten, und zwar aus den Batterien beschossen worden,
welche der Feind auf der sandigen Landzunge angelegt hatte.

Auf diese Erfahrung gestützt, wurde als Hauptgrundsatz aufgestellt, man müsse sich die Spanier so weit als möglich auf der Landzunge vom Halse halten, theils weil von dieser Seite allein eine regelmäßige Belagerung möglich ist, theils um nicht zu eng von der Landseite eingeschlossen zu werden, und sich ein Débouché offen erhalten zu können. Dies führte schon im Jahre 1789 zum Bau der „Excavations", welche der Artillerie den so nöthigen Schutz versprechen, und ihr ein weites, dabei aber stellenweis sehr tief liegendes Feld der Wirksamkeit gewähren. Sechs Jahre reichten hin, dieses Riesenwerk zu vollenden.

Die enormen, in den Fels gesprengten Schaarten, aus denen die Kanonen der „Excavations" feuern, haben schon zu manchem Unglücksfall Anlaß gegeben. Einst stürzte ein englischer Offizier, der für eine Dame Blumen pflücken wollte, aus einer solchen Schaarte herab, — daß er nicht lebendig unten ankam, kann man sich vorstellen; ebenso wenig auch die sechs oder acht Artilleristen, die ein anderes Mal beim Zerspringen eines eisernen Geschützrohrs durch eine derartige Oeffnung herabgeschleudert wurden.

Interessant war es dem Prinzen, die zwei Postenlinien der Engländer und Spanier von hier oben herab zu sehen, welche den „Neutral-Ground" quer durchschneiden; die schwarzen Schilderhäuser der ersteren und die weißen der letzteren, mit den Wachthäusern hinter beiden, im Hintergrunde „the Queen of Spains chair". Die Garnison von Gibraltar exercirt häufig auf dem neutralen Terrain zwi-

6*

schen beiden. Innerhalb der englischen Postenkette, gegen die Land-Port zu, ist ein Garten mit dem besten Brunnen; in der Stadt selbst befinden sich auch einige, dennoch herrscht eher Mangel, als Ueberfluß an Wasser. Die fremden Kriegsschiffe holen daher das ihrige öfters zu Algeziras. Die vor Tanger stationirte französische Escadre thut dies zum Beispiel sehr häufig, und bedient sich dabei folgender Kriegslist, um der strengen spanischen Quarantaine zu ent-gehen. Sie segelt erst nach dem gegenüber liegenden Gi-braltar, bleibt hier etwa fünf Minuten auf der Rhede, um sich mit Papieren zu versehen, die dies bezeugen, und geht dann erst nach Algeziras. Obgleich nun die spanischen Behörden es bequem aus ihrem Fenster sehen können, wie lange sich die Franzosen zu Gibraltar aufgehalten haben, so ertheilen sie ihnen dennoch die Practica, weil ja dieselben nun nicht mehr direct aus Afrika kommen, und mithin dem Buchstaben des Gesetzes genügt ist; — daher keine Schwie-rigkeit mehr, denn die Gesundheits-Atteste sind in Ord-nung! — Hart vor dem Thore liegt an der Bai von Al-geziras die Werft für Kauffarteischiffe.

Man verließ das „Signal-House", ritt den Berg hinab und unter seinem Kamm fort. „Saint Michels Cave," die Höhle, von der man einst fabelte, sie stände unterirdisch mit Afrika in Verbindung, und durch sie seien die Affen aus jenem Welttheil herüber gekommen, hatte der Prinz wegen Kürze der Zeit aufgegeben, weil sie nur bei sehr umständlicher Beleuchtung gesehen werden kann. Als er so

auf Sir Alexander's schwarzem, spanischem Pony voran=
ritt, hörte er einen ihm unbekannten schrillenden Ton; er
blickte auf, und vier hellbraune Affen, von welchen der eine
sein Junges auf dem Rücken trug, flohen schreiend den
Berg hinan.

Von Gibraltar's dürrem Felsen, von seinen sonnen=
durchglühten, schattenlosen Gestaden, ja selbst von dem
heimathlichen Bord des S. Michele, schweifte der Blick des
Prinzen unaufhörlich hinüber zu den in lichten Nebelflor ge=
hüllten Bergen Afrika's. Und mächtig zog es ihn an, diesen
Schleier zu lüften, den Welttheil endlich zu betreten, den
er nun bereits tagelang vor Augen hatte. Es war jedoch
keinesweges leicht, ein solches Vorhaben in's Werk zu setzen.

Man schlug dem Prinzen vor, er solle sich zuerst nach
Tanger, dem Haupthafen des maroccanischen Kaiserreichs
wenden, und von dort quer durch's Land nach Tetuan reiten,
was mit Escorten möglich sei. Tetuan, sagte man, gäbe
dem Reisenden recht eigentlich die beste Idee von einem
maurischen Orte, und der Gouverneur von Gibraltar, der
vor einiger Zeit seinen maroccanischen Collegen daselbst
besucht hatte, erbot sich den Prinzen mit den besten Empfeh=
lungen zu versehen. Den Befehlshaber von Tetuan schil=
berte er als einen freundlichen Mann, der ihn sehr gastlich
aufgenommen und ihm zu Ehren sogar ein glänzendes
Jeridspiel von seinen Reitern habe ausführen lassen. Von
Tetuan sollte nach Ceuta gesegelt werden, wo die arabischen
und spanischen Vorposten sich gegenüber stehen.

Doch wie anziehend auch dieser Plan in jeder Beziehung war, so erforderte er doch im glücklichsten Falle mindestens drei Tage. In dieser Zeit konnte sich indeß der Ostwind leicht in Westwind verwandeln, und die Fregatte dann 8 bis 14 Tage zu Gibraltar festhalten; dies aber glaubte der Prinz nicht verantworten zu können. Hierzu gesellte sich noch der Umstand, daß es gänzlich an einer Gelegenheit zur Ueberfahrt mangelte. Die Lizard, der einzige, kleinere britische Kreuzer, war gerade abwesend, und die spanischen Seeleute der Küstenfahrer machten Schwierigkeiten der Quarantaine wegen, der sie bei der Rückkunft in andalusische Häfen ausgesetzt wären. — Während dies Alles nun reiflich erwogen wurde, lud Capitain Ponsonby vom „7th of foot", durch freundliche Vermittelung des Capitain Morittes, eines Adjutanten des Gouverneurs, den Prinzen zu einer Lustfahrt nach Ceuta in seiner Yacht ein.

Freudig und dankbar wurde dies Anerbieten angenommen, und der 15. Juli zu diesem Ausfluge, der nur einen Tag erforderte, bestimmt.

Um 10 Uhr Vormittags sah der Prinz Mr. Ponsonby's Cutter aus der königlichen Dock heraussegeln und sich vergebens abmühen, in die Nähe der Fregatte zu gelangen; — er schien wie fest gebannt im Schatten des Felsens von Gibraltar, wo Böen und Windstille ihn fesselten. Der Prinz ließ daher ein Boot bemannen, welches die Reisenden schnell an Bord des Cutters brachte, der, noch auf seinen Eigenthümer wartend, von den heftigen Windstößen alle Augenblicke unsanft auf die Seite gelegt wurde.

Kaum war Capitain Ponsonby mit noch einigen Freunden angelangt, so steuerte man zuerst, einen großen Bogen gegen Algeziras hin beschreibend, durch die Bucht, und dann gerade auf den bläulichen Berg mit dem Castell von Ceuta zu. Rechts sah man in die Straße hinein, in welcher der Leuchtthurm von Tarifa *), der südlichste Punkt von Europa, inselartig heraufstieg, während links, im Hintergrunde, der Fels von Gibraltar allmälig mehr und mehr die Gestalt einer Pyramide annahm. Der stärkste Strich der oceanischen Einfluthung, durch glatteres Wasser leicht zu unterscheiden, war bald passirt. Lange, dunkelblaue Wogen begannen, obgleich man noch kein Reef in das große Segel genommen, den Cutter fast auf unangenehme Art hin und her zu werfen. Die Berge Afrika's gingen allmälig, da sie alle bewaldet, aus einem lichten Blau in ein dunkles Grün über; auch traten die Felsen deutlicher an ihnen hervor. Die malerische Kette des über 2000' hohen, wolkenbedeckten Affenberges, des Djebel-Zatute der Araber (Mons Abyla der Alten), — zeichnet sich durch schöne Umrisse wohlgefällig aus. Aus der Insel von Ceuta ward allmälig eine Halbinsel, denn ein hügeliger Rücken verband sie mit den Ausläufern des Affenberges. Auf diesem Rücken

---

*) Das Feuer von Tarifa ist ein Blick-Feuer, das sich in bestimmten Zeiträumen um seine eigene Axe dreht, sich regelmäßig dem Blick entzieht und dann wieder zum Vorschein kommt.

bemerkte man einzelne schwarze und weiße Punkte, von
denen stets zwei neben einander standen. Durch das Fern=
rohr sah man sehr bald, daß es die Hütten der sich gegen=
über stehenden spanischen und maurischen Posten waren.
Hart an der Küste, hinter dem rechten Flügel der spani=
schen Linie, lag ein für ein Piquet bestimmter Stall. Im
Rücken der arabischen Posten gewahrte man dagegen die
Ruinen einer alten, mit Thürmen versehenen Mauer.

Seit Jahrhunderten besteht hier ein halber Kriegs=
zustand, der bei der geringsten Veranlassung in offene Fehde
überzugehen droht. Die maurischen Bewohner dieser Küste
sind als die wildesten und feindseligsten ihres Stammes
bekannt. Kein Boot wagt es daher in ihrem Bereiche zu
landen. Ja, die jagdlustigen Engländer müssen sich sogar
das Vergnügen versagen, die zahlreichen wilden Schweine
zu jagen, die sich in den Wäldern des Affenberges aufhal=
ten, denn die Mauren schießen auf jeden Europäer, der sich
ihrem Gebiete nähert, gleichviel ob Spanier oder nicht.
Erst kurz vorher hatte es eine Jagdgesellschaft aus Gibraltar
versucht, sich über diese Fährlichkeiten hinwegzusetzen, sie
hatte die Yacht verlassen, die sie hinüber geführt, ein Boot
bestiegen und war in eine einsame Bucht hinein gesteuert.
Hier erhielt sie jedoch einen so warmen Gruß aus den
Flintenläufen einiger im Versteck liegender Araber, daß sie
sehr froh war, ihren Cutter ohne weiteren Verlust wieder
zu erreichen.

Die Unwirthlichkeit dieser Gestade war mit ein Grund,

weshalb man auf die Verlängerung dieses Ausfluges bis zum nahen Tetuan von Hause aus verzichten mußte. Den Landweg von Ceuta dorthin hielt man deshalb für unmöglich, weil der Einfluß des friedliebenden Gouverneurs von Tetuan sich nicht auf das zwischenliegende Gebiet erstreckt.

Schon waren die Schiffenden Ceuta so nahe gekommen, daß sie der Berg mit dem Castell fast im Haken umfaßte. Zwischen diesem links in die See vorspringenden, oben abgerundeten, 300—400' hohen Hügel und den Ausläufern des Affenberges war nach und nach eine Reihe von sieben bis acht kleinen, in der Wurzel zusammenhängenden Kegeln entstanden, an denen sich das schneeweiße, ächt spanische Ceuta, eine flache Einbuchtung im weiten Halbkreise umschließend, fast großstädtisch hinaufbaute.

An die sieben Hügel der Stadt schließt sich, das verbindende Glied zwischen ihr und den höheren, dunkleren Bergen rechter Hand bildend, jene verbrannte Höhe an, die Christenthum und Islam scheidet. Da die stumpfen Thürme fast gar nicht hervortreten, so bildet von allen Gebäuden Ceuta's das rothe Lazareth oder Hospital mit seinem spitzen Giebel die auffallendste Erscheinung. Die Hügel über der Stadt sind zum Theil mit Laubholz bedeckt, zum Theil ziehen sich Reihen von hoch in die dunkelblaue Luft ragenden Aloëstengeln auf ihren Rücken hin. Im Orte selbst entdeckte man zwei Palmen, jedoch nicht ohne einige Mühe. Es fehlt Ceuta nicht an Leben, denn hinter der niedrigen Mauer am Quai sah man viele hundert gefesselte Galeeren-

sclaven, in mehrere Haufen gesondert, sich bewegen. Sie
scheinen unstreitig den größeren Theil der Bevölkerung aus=
zumachen. Nach einer Ueberfahrt von 2¼ Stunde ankerte
der schnellsegelnde „Hornet" auf der Rhede neben dem
kleinen Cutter „Aline", auf welchem Capitain Morittes
bereits vorangeeilt war.

Mr. Morittes und Graf Oriolla begaben sich gleich
nach der Ankunft an Land, um alle Vorbereitungen zu
treffen. Während dessen ward ein allgemeines Launching
in der hübschen und comfortablen Cajüte des „Hornet"
servirt, was die verschiedenen Seekranken wieder völlig her=
stellte. Nach dem Frühstück wurde sogleich das kleine Boot
bemannt, und die fünf bis sechs Landungslustigen preßten
sich hinein. Der Prinz steuerte auf eine Art Brücke zu,
an der rechter Hand die Stelle lag, wo man aussteigen
konnte.

Afrika's Boden war kaum betreten, als man auch schon
der nahe gelegenen Alameda fröhlich zueilte. Von diesem
kleinen, auch hier, wie überall, mit Bäumen eingefaßten
Spaziergange aus, ja schon früher zwischen den Häusern
durch, hatte man einen Blick auf das an der Bucht jenseits
der Landzunge von Ceuta nach Tetuan zu gelegene Cap
Negro. Dann gingen die Reisenden hinunter auf einen
kleinen Platz. Hier hielt ein spanischer Artillerie=Offizier,
ein wahres Bild des Elends; auch eine Anzahl Chasseur=
pferde stand bereit, die man hier, wie die Esel in Ems,
zu billigen Preisen miethen kann. — Für ein Geringes

durfte die Gesellschaft sie besteigen. Der militairische Führer in einem abgetragenen, dunkelblauen Uniformsrock, einen schabigen, runden Filzhut auf dem Kopf, eine Reitgerte in der Hand, die den Mangel an jeglicher Waffe ersetzte, ritt vorauf, und so ging es theils im Schritt, theils im Zuckeltrab auf den plumpen Caballeriepferden durch die Stadt den Vorposten zu.

Die Straßen Ceuta's sind, wie man es so häufig in Holland sieht, mit ganz kleinen Steinen gepflastert, welche allerhand Arabesken oder Blumen darstellen. Die Stadt liegt auf einer von West nach Ost streichenden, stark nach Süden ausgebogenen Landzunge. Die schmale, aus zwei bis drei vor einander liegenden Linien schlecht flankirter Werke bestehende Landfront hat ein starkes Profil und einen nassen Graben, der Ceuta zur Insel macht. Mithin betraten die Reisenden das feste Land von Afrika eigentlich erst, nachdem sie über die ausgesucht holperige Zugbrücke mit ihren schwerfälligen Thieren glücklich hinüber gestolpert waren.

Hart vor der Landfront steigt die verbrannte, sehr dominirende Höhe an, auf der sich, die Zunge in ihrer Wurzel abschneidend, die spanischen Vedetten hinziehen. Der Stall, den man schon von der See aus gesehen, blieb rechts am Wege, in einer Vertiefung unfern des Strandes der nördlichen Bucht. Das Chasseur-Piquet lag in einem halben Bivouac; denn nur ein Theil der Pferde war untergebracht, die übrigen standen draußen gesattelt. Das Piquet

hat drei Posten vor sich, denen eben soviel maurische gegen=
über stehen.

Man wandte sich links im Galopp die Höhe hinan zu
der mittelsten Vedette. Der Chasseur, denn die spanischen
Posten stehen einzeln, nicht wie die Araber zu zwei und
zwei, war abgesessen und stand vor dem bedeckten Stande
seines Pferdes; — natürlich hatte er nicht gezogen. Etwa
zwanzig Schritte ihm gegenüber lag die zeltförmige Hütte
der Mauren; der beste Beweis für das gute Vernehmen,
das zwischen beiden Theilen herrscht.

An der Thüre der Hütte stand ein unbewaffneter, in
einen langen, weiten, mit Aermeln versehenen Mantel von
wollenem, schwarz oder braun und weiß gestreiften Zeuge
gehüllter, hager aussehender Araber mit bloßem Haupt.
Er hatte sehr schwarze Augen und einen schwarzen, aber
nicht sehr starken Backenbart. Vor der Hütte lag ein
weißer, sackartiger Klumpen mit einer kegelförmigen Spitze
an der Erde. Erst nach einigen Augenblicken entdeckte
Prinz Adalbert, bei näherer Untersuchung, unter dem
spitzen Capuchon ein altes Gesicht mit weißem Barte, das
ganz von demselben beschattet war, während der weiße
Burnu alles Uebrige bedeckte. — Der Prinz fing an zu
zeichnen, was den jüngeren Mauren neugierig zu machen
schien. Diesen Umstand benutzte der Prinz, sich ihm zu
nähern. Jener sah die Zeichnung an, und nun versuchte
man, sich, so gut es ging, auf türkisch, spanisch, italie=
nisch u. s. w. zu verständigen. Auf des Prinzen Frage,

wie ihm die Zeichnung gefiele, antwortete er als guter
Moslim, denn es waren Menschen darauf abgebildet, sehr
gerade heraus mit einem kurzen „No“, und setzte, weil er
dies noch nicht für hinreichend hielt, auf gut türkisch ein
deutliches „Jock“ hinzu. —

Ermuthigt durch diese liebenswürdige Offenheit, folgte
ihm der Prinz in seine Hütte. Das Loch zum Hineinkriechen
war allerdings etwas niedrig ausgefallen; die Hütte war
klein, aber dafür auch sehr reinlich, kühl und schattig.
Einige fein geflochtene, länglich-ovale Strohmatten, die zur
Unterlage dienen, ebenso ein paar tellerförmige, welche als
Kopfkissen gebraucht werden, lagen am Boden; dazu kamen
noch mehrere breite Bretter von Kork, deren Gebrauch der
Prinz anfangs nicht zu enträthseln vermochte. In dem
hintersten Winkel lehnten die türkischen Flinten, dabei
kauerten zwei winzige, schwarze Hündchen. Es amüsirte
den Araber, daß der Prinz mit ihnen spielte, und das
Wörtlein „Kütschück“ reichte völlig hin, ihm den Grund
klar zu machen, weshalb sie dem Prinzen so sehr gefielen.
Linker Hand, gegen die Wand zu, noch ziemlich im Bereich
der beiden jugendlichen Köter, lag eine Laute am Boden.
Auch standen mehrere irdene Gefäße an der Erde, von
denen eins mit Milch gefüllt war. Neben einer der Flinten entdeckte der Prinz einen alten englischen Säbel mit
schwarzer Lederscheide und „George Rex“ auf dem Korbe,
was den Engländern vielen Spaß machte.

Ebenso, wie aus den Hütten der Maroccaner, ließ sich

auch aus den Anstalten ihrer Gegner auf das Dauernde
in dieser Vorpostenaufstellung schließen, die gewiß seit un=
denklichen Zeiten nicht verändert worden ist. Das Pferd
des Spaniers stand unter einem schmalen, hölzernen Dache,
zu dessen Seiten Strohmatten bis zur Erde herabhingen;
für ihn selbst war, dicht vor dem bedeckten Stande seines
Thieres, ein hölzernes Schilderhaus aufgestellt.

Die Aussicht von dem spanischen Posten war sehr
malerisch und eigenthümlich. Im Vorgrund die arabische
Hütte mit ihren originellen Bewohnern, dahinter, am Fuße
der Höhe, die Ruinen der vorerwähnten alten Mauer mit
ihren verfallenen Thürmen, dann die dunkele, blaugrüne
Kette des Affenberges, die sich rechts in die See erstreckte,
während man links an ihren Hängen ein einsames mau=
risches Oertchen gewahrte.

Von dieser mittelsten Vedette ging es in vollem Ga=
lopp zu dem spanischen Posten des linken Flügels, hart
über der südlichen Bucht nach Tetuan zu. Die Aussicht
von hier ist der eben beschriebenen ziemlich ähnlich. Das
Dörfchen am Berge hat man gerade vor sich, links springt
Cap Negro in's Mittelmeer vor. Die maurische Hütte, in
allem der vorigen gleich, lag hier ebenfalls nur zwanzig
Schritte von dem spanischen Chasseur entfernt. Das Dach
dieser zeltförmigen Behausung war, statt mit Stroh, mit den
Wedeln derselben Zwergpalme bedeckt, die man schon so
häufig bei Girgenti und Selinunt findet. Hier sollte Prinz
Adalbert auch den Zweck jener breiten Korkbretter kennen

lernen. Sie dienten zweien Arabern zum Sitze, die sich
vor der Hütte auf ihnen niedergelassen hatten. Beide tru=
gen weiße Burnus; der eine, ein magerer Greis mit
schwachem, weißem Barte, hatte den Capuchon übergezogen,
der andere einen weißen Turban um den Kopf gewickelt.
Da der Alte durch Zeichen aus dem Prinzen herauszubrin=
gen suchte, ob derselbe nicht ein kleines Messer bei sich
habe, so zog Prinz Adalbert sein Federmesser hervor und
zeigte ihm, auf welche Art er die Blätter aus seinem
Zeichenbuche herauszuschneiden pflege. Jetzt verlangte es
der Alte, der Prinz gab es ihm, und nun entblößte er
seinen linken Arm, um begreiflich zu machen, wie nützlich
dies Instrument zum Aderlassen sei. Nach einer Weile ver=
mißte es der Prinz — der Alte hatte es noch; ganz natür=
lich, denn er hatte es ja hübsch gefunden, und was der
Türke lobt, das wünscht er zu haben; eine so zarte, und
doch so deutliche Bitte darf der höfliche Moslim nicht ab=
schlagen, — so will es die Sitte.

Was jedoch den Prinzen anbetrifft, so wollte er dies=
mal die orientalische Sitte nicht anerkennen, sondern ver=
langte sein Messer zurück. Der Alte mochte wohl, seltsamer
Weise, eine Ahnung davon gehabt haben, daß sein orienta=
lischer Rechtstitel nicht so leicht volle Geltung bei einem
Europäer finden würde, denn er hatte das Corpus delicti
weislich bei Zeiten versteckt, und half nun dem Prinzen
danach suchen; — natürlich, daß es nicht zu finden war.

Da die maurischen Vorposten so wenig wachsam aus=

ſahen, was noch der Umſtand beſtätigte, daß auch in dieſer
Hütte die Waffen in einer friedlichen Ecke ſtanden, ſo
konnten die Reiſenden der Luſt, einen Verſuch zu machen,
ob man ſie wohl einige Schritte in das maroccaniſche
Gebiet hineinlaſſen würde, nicht widerſtehen. Eine Heerde
weidete gerade hart hinter der Linie, — auf dieſe ritten
ſie zu. Aber noch hatten ſie dieſelbe nicht erreicht, da trat
der Hirte, mit der Flinte auf dem Rücken, hinter einer
Höhe hervor, und die mauriſchen Poſten nahmen die Ge=
wehre zur Hand und folgten der Cavalcade mit den Blicken.
Nachdem die Reiſenden ſich auf dieſe Weiſe durch den
Augenſchein von den Schwierigkeiten, das Innere Afrika's
zu erforſchen, überzeugt hatten, ritten ſie nach Ceuta zurück,
und begaben ſich an Bord der Yacht, die gleich darauf den
Anker lichtete.

Der anfangs ſchwache Wind ward allmälig wieder
friſcher und ſchwellte bald anmuthig die hohen Segel der
beiden leichten, gefälligen Cutter, die ſich graciös von den
heranrollenden, langen Wogen ſchaukeln ließen. Auf der
Felſenpyramide von Gibraltar ruhte noch immer jene düſtere
Wolke, das ſichere Zeichen des herrſchenden und ſelbſt des
herannahenden Oſtwindes. Zu den Füßen des Felſens
leuchtete das Feuer des Thurmes von Europa=Point, jenes
ſtrahlende Denkmal der Königin Adelhaid, entgegen, das
den aus fernen Meeren kommenden Schiffer durch die her=
kuliſchen Säulen ſicher geleitet. Nach und nach kam der
Mond herauf, und wie ein Silberband erglänzten die Waſſer

der Straße, die Fluthen jenes Meeresarmes, der, eine trennende Kluft, zwei Welttheile spaltend, zugleich die azurne Brücke von einem Meere zum andern wölbt. — Eine Fahrt von etwa zwei bis drei Stunden führte die Reisenden von Ceuta an Bord des S. Michele zurück.

Um den günstigen Ostwind nicht ungenützt vorübergehen zu lassen, nahm der Prinz noch an demselben Abend vom Gouverneur von Gibraltar und seiner liebenswürdigen Familie Abschied. Beim prachtvollsten Mondschein trug ihn das Boot mit kräftigen Ruderschlägen in wenigen Minuten an Bord zurück.

Es war schon völlig Tag, als man sich unter Segel befand. Die ersten Strahlen der Morgensonne trafen das freundliche Städtchen Algeziras und die spanische Kriegsbrigg bei Isla Verde. Den Hügel von Cap Carnero mit dem Thurme darauf und die Perla umschiffend, und an der spanischen Küste hinsteuernd, um der Gewalt der Strömung zu entgehen, richtete jetzt die Fregatte ihren Lauf dem Ocean zu. — Da fiel der Wind fast gänzlich.

Die Strömung in der Straße von Gibraltar, diese beständige Einfluthung der Wasser des Oceans in das Mittelmeer, ist bekanntlich eine Abzweigung der nordafrikanischen Strömung, die ihrerseits gewissermaßen als der Schluß des großen atlantischen Strömungs-Cyclus betrachtet werden kann, der großartigen Wasserbewegung, die, aus dem indischen Ocean kommend, die Agulhas-Bank überfluthet und unter dem Namen des Capstroms in den atlantischen

7

Ocean tritt, sich dann längs Afrika's Gestaden nördlich wendet, auf einige Zeit verschwindet und später in den Tropen als reißende Aequatorial-Strömung wieder auftaucht, ihre warmen Wasser an Cap Roque, an den Mündungen des Amazonenstroms und Orinoco vorüber, durch's caraibische Meer in den Golf von Mexico führt, aus dem die Masse warmen Wassers durch die Bahamastraße als Golfstrom wieder heraustritt, pfeilschnell längs den Vereinigten-Staaten und gegen den Südrand der Bank von Newfoundland hinschießt, und sich dann wie ein Füllhorn gegen die Azoren ausschüttet. Man wird sich ferner erinnern, daß wir nördlich und östlich des Golfstromes, als Fortsetzung der allgemeinen östlichen Meeresbewegung, die arctische, die nordatlantische Strömung und den Wirbelstrom Rennell's finden, jene merkwürdige, rücklaufende Strömung, welche die biscayische Bucht durchzieht, und dann in nordwestlicher Richtung gegen die irische Küste zurückfluthet.

In dem südöstlichen Winkel dieser allgemeinen Bewegung des nordatlantischen Oceans, gegen den 45° nördlicher Breite, mit der sich die kalten Fluthen des Polarwassers vereinen, das wärmeren Regionen zueilt, und zu der sich zu Zeiten auch die überfluthenden Gewässer des Golfstromes gesellen, entsteht jene große Wasseranhäufung, aus der die nordafrikanische Strömung hervorgeht. — Zwischen dem Meridiane der Azoren und den Küsten Portugal's beginnend, läuft sie an den Gestaden Afrika's in südlicher Richtung hin, bis sie als Guineaströmung in dem Cul de sac des

Golfs von Benin und der Bai von Biafra, dem Schluß=
stein der allgemeinen Meeresbewegung, ihr Ende findet.

Ein Theil der Gewässer dieses südlichen Stromes wird
im Vorüberfluthen durch die Straße von Gibraltar abge=
lenkt, und wendet sich dem Mittelmeere zu, um das durch
Verdunstung entweichende Wasser desselben zu ersetzen, und
sich mit dem bei diesem Prozeß zurückgelassenen Salze zu
vereinigen. Nach Rennell beginnt dieser Zug der ocea=
nischen Wasser gegen das mittelländische Meer, etwa
130 Seemeilen westlich von den Küsten Europa's und
Afrika's, zwischen dem 30 und 40° nördlicher Breite. Bei
Cap St. Vincent soll er schon so stark sein, daß man einen
frischen, günstigen Wind bedarf, um dasselbe zu umschiffen.
In der Straße beträgt seine Schnelligkeit nach Spix und
Martius 4 bis 5, und nach Capitain Smyth R. N. 2,4
bis 4,8 Knoten in der Stunde. Und wie manchen guten
Segler hat schon der Strom bei Tarifa, wo seine Gewalt
am größesten, gewendet, wenn es dem Winde an Kraft ge=
brach, ihm durch die Enge hindurch zu helfen!

Im mittelländischen Meere erstreckt sich die Strömung
bis gegen Cap de Gata; noch auf der Rhede von Malaga
ist ihr Einfluß sehr fühlbar.

Durch die Vereinigung der salzigen Fluth des Oceans
mit dem bei der Verdunstung im Mittelmeere zurückbleiben=
den Salze würde eine zu große Salzanhäufung in diesem
Binnenmeere entstehen, wenn nicht für einen regelmäßigen
Abfluß gesorgt wäre. Dieser Abfluß, der die nothwendige

Ausgleichung zwischen dem größeren specifischen Gewichte des Mittelmeeres (1,03384) und dem geringeren des Oceans (1,02944) bewirkt, scheint beständig, und zwar als eine submarine Gegenströmung, durch die Straße stattzufinden. Als Beweis für die Richtigkeit dieser Annahme führt schon Drinkwater in seiner „history of the late siege of Gibraltar etc." das Factum an, daß das Wrack eines bei Tarifa von einem Caper in den Grund gebohrten Holländers später auf der Rhede von Tanger wieder aufgetaucht ist, und daß man, wahrscheinlich dieser submarinen Strömung wegen, mit dem Senkblei in der Meerenge noch keinen Grund gefunden hat. — Schon das Gesetz der Rotation spricht für das Dasein einer westlichen Strömung, ebenso wie das Einströmen des schwarzen Meeres, das unausgesetzt im nordöstlichsten Winkel des Mittelmeeres durch den Bosphorus und die Dardanellen stattfindet, und der Druck, den die beständig zufließende Wassermasse der vielen Ströme ausübt, die sich in dieses große Binnenmeer der alten Welt ergießen. — Ja, man nimmt sogar an, daß bei dem ersten Durchbrechen der Säulen des Herkules das Mittelmeer sich in den Ocean ergossen hat; denn Europa und Afrika scheinen hier durch eine Landenge, ähnlich wie Afrika und Asien bei Suez, zusammengehangen zu haben, was man aus der Identität des Gesteins der Felsen von Gibraltar und Ceuta schließen will. Aber nicht allein in der Tiefe, sondern auch auf der Oberfläche bemerkt man eine, wenn auch nur sehr schwache Gegenströmung, die zum Theil eine

Nebenwirkung der Hauptströmung zu sein scheint, und an=
dererseits auch dem Einflusse von Ebbe und Fluth zugeschrieben
wird. Der Hauptstrom der oceanischen Einfluthung, der
nur die eine Bewegung gegen Osten kennt, hält bei einer
Breite von 2,8 Seemeilen die Mitte der Straße, ihn be=
gleitet auf beiden Seiten eine schmale, zwei Seemeilen
breite Zone, deren Wasser schon dem Einfluß des sechs=
stündigen Fallens und Steigens ausgesetzt sind, das täglich
an den Rändern des Oceans wahrgenommen wird, und an
diese Zone reiht sich das Wasserband, welches die Küsten
der beiden Welttheile bespült, wo Ebbe und Fluth in voll=
ständiger Regelmäßigkeit herrschen.

Um von dieser schwachen Gegenströmung Nutzen zu
ziehen, halten sich die Fahrzeuge, welche dem Ocean zu=
steuern, wie es auch die Fregatte unserer Reisenden that,
in geringer Entfernung vom Lande. Im Allgemeinen soll
der Zug der Gewässer die Schiffe mehr gegen die Mitte,
als gegen die Ränder des Canals treiben, wodurch viele
Unglücksfälle vermieden werden.

Kein Schiff mit vierkantigen Segeln ist bei Gegenwind
im Stande die Strömung in der Straße zu überwinden.
Nur kleinere Fahrzeuge, mit Saffel= oder lateinischen Se=
geln, ermöglichen es außer den Dampfschiffen, da sie bis
zu zwei Strich näher am Winde liegen, als Raasegler,
und mithin, einen spitzeren Winkel mit der Strömung bil=
dend, derselben bedeutend weniger Fläche darbieten. Bei

Westwind kann daher keine Flotte aus dem Mittelmeere
die Meerenge paſſiren.

Die Längenausdehnung der Straße von Gibraltar von
Weſten nach Oſten beträgt 32′ 20″ = 8¹/₁₂ deutſche Meile,
ihre Mündung in das Mittelmeer zwiſchen Ceuta und der
Spitze von Europa, 12′ 10″ = 3¹/₂₄ deutſche Meile, und
ihre breite Oeffnung nach dem Ocean zu, zwiſchen Espar-
tel und Trafalgar, 23′ 10″ = 5¹⁹/₂₄ deutſche Meilen. Etwa
in der Mitte der ſpaniſchen Küſte ſpringt die Halbinſel von
Tariſa, die unter 36° 0′ 50″ N. B. gelegene wahre Süd-
ſpitze Europa's, gegen die Mitte der Straße vor. Von
Tariſa nach Cap Alcazar ſind es 8′ 20″ = 2¹/₁₂ deutſche
Meile. Oeſtlich von dieſer Linie bis zu der Linie zwiſchen
Punta de Europa und Punta de la Almina (bei Ceuta) liegt
die eigentliche Enge; gegen Weſten erweitert ſich letztere
dadurch bedeutend, daß die ſpaniſche Küſte nach Trafalgar
hin plötzlich zurücktritt. — Die Stelle, wo Europa und
Afrika ſich am meiſten nähern, iſt zwiſchen Punta de Ca-
nales und Punta Cires; hier beträgt die Entfernung von
Welttheil zu Welttheil nur 7′ 20″ = 1⁵/₆ deutſche Meile.
Während die Südküſte der Straße ihrer Riffe wegen gefürchtet wird, iſt es die Nordküſte wegen der Sandbänke.
Dieſe Bänke bilden zwei Gruppen; die eine liegt ſüdlich
zwiſchen Punta Paloma und weſtlich von Tariſa, die andere
zwiſchen Trafalgar und Conil.

Wir kehren wieder an Bord des S. Michele zurück. —
Einige Stunden waren vergangen, da wehte es wieder

frisch aus Osten, und mit einer Schnelligkeit von 12,3 bis 12,5 Knoten flog die Fregatte an dem südlichsten Punkte Europa's, an dem unter einem schräg ansteigenden Kegelberge gelegenen Oertchen Tarifa vorüber, quer nach Tanger zu, dessen Rhede man sich aus dem Grunde näherte, um die vor dem ersten Hafen des Reiches liegenden fremden Kriegsschiffe besser zu unterscheiden, welche, dem Kaiser von Marocco gegenüber, den Forderungen ihrer Mächte durch ihre imponirende Gegenwart den gehörigen Nachdruck geben sollten.

Die Küsten Europa's hüllten sich in bläulichen Nebel, während das dunkelgrüne, bergige Afrika immer klarer, und seine schönen Umrisse immer schärfer und deutlicher wurden. Die beiden Säulen des Herkules, das weit vorspringende Gibraltar und die abgestumpfte Pyramide des Affenberges verschwanden in nebliger Ferne, und es zeigte sich dafür in Nordwest das hellblaue, sanft gewölbte Cap Trafalgar, wie eine flach gebogene, längliche Insel in den Ocean hineinragend.

Hinter der bewaldeten Küste Afrika's erhoben sich in weiter Ferne die letzten blauen Spitzen des Atlas. Man segelte an den Wäldern von Cala Baca vorüber und erblickte hinter Cap Malabata den weiten Bogen der steilen, sandigen Küste, in deren Mitte sich das weiße, auf der Westseite der Bucht gelegene Tanger den Abhang hinauf zieht. Auf der den Nord= und Nordostwinden ausgesetzten Rhede sah man die fremden Kriegsschiffe. An der Stadt

ziehen sich viele Strandbatterien hin, während eine hohe
Mauer sie auf der Nordseite abschließt, welche von dem
Gipfel der Höhen an den Strand hinab führt.

In Tanger selbst, das ganz europäisch aussieht, sind
weder Kirchen, Moscheen noch Minarets zu unterscheiden;
doch entdeckte Prinz Abalbert auf den Höhen hinter der
Stadt die Kuppeln einer Gruppe von Meschebs oder
muselmännischen Capellen. Aber der Ostwind blies die
Fregatte blitzesschnell an Tanger und dem in's Meer sich
senkenden, grünen Hügel von Cap Spartel vorüber zur
Straße hinaus. Bald waren Spartel und Trafalgar unter
den Horizont hinabgesunken, da fühlte man zum erstenmal
die langen Wogen, welche die Fregatte in jene langsame,
sanft schaukelnde Bewegung versetzten, die so gänzlich verschieden von der im mittelländischen Meere, den Eintritt in
den atlantischen Ocean verkündete. Durch die Fenster der
Cajüte sah der Prinz hinter sich den weißen Schaum auf
den azurblauen Wellen, die schon anfingen dem Schiff in
langen, zusammenhängenden Linien zu folgen.

Um Mittag (16. Juli) befand man sich in 36° 29'
N. B. und 6° 18' 36" W. L. von Greenwich. Nachdem
man auf diese Weise ein Stück westlich gesegelt, um die
Bänke von Trafalgar und Conil sicher zu umschiffen, nahm
die Fregatte ihren Lauf direct auf Cabiz.

Kaum mehr als eine Stunde war vergangen, als man
Cap Trafalgar wieder zu Gesicht bekam. Ein grader, kurz
und steil in die See abfallender Berg lag es rechts hinter

den Schiffenden, während die flache, sandige Küste Spanien's, mit einzelnen, niederen, bläulichen Bergen im Hintergrunde, sich in einer langen, eintönigen Linie, rechts
neben ihnen und rechts vor ihnen, ähnlich den baltischen
Küsten, ausdehnte, mit dem schneeweißen Cadiz endend, das
mit seinen thurmartigen Giebeln oder burgartigen Häuser-
aufsätzen, seinen meist stumpfen, wenig hervorragenden
Thürmen und der hohen, in der Mitte der Stadt sich
moscheenartig emporwölbenden, gelben Kuppel seiner Cathedrale, den weißen Leuchtthurm vor sich, aus der dunkelblauen Fluth aufzusteigen schien.

IV.

Ein Sonntag in Cadiz.

Es war Sonntag, der 17. Juli. Ein Boot der Fregatte trug den Prinzen schon um 10 Uhr zum nahen Thunderer hinüber, wo er dem Gottesdienste beiwohnen wollte. Derselbe frische Ostwind, welcher die Reisenden am 15. nach Ceuta hinübergeführt, hatte den Thunderer in sieben Stunden von Gibraltar bis vor Cadiz geblasen. Bei seiner Ankunft fand der Prinz die Mannschaft überall durch das ganze Schiff in einem Gliede aufgestellt. Diese Musterung, welche regelmäßig jeden Sonntag, und auf vielen Schiffen auch außerdem noch einmal in der Woche Statt findet, nennen die Engländer: „Mustering by Divisions." Auf diese Weise zeigte Capitain Pring dem Prinzen zugleich mit den weiten Räumen seines schönen Zweideckers seine auserlesene, 750 Köpfe starke Mannschaft, die, ausschließlich eines jüngst hinzugekommenen Zuwachses von 100 Mann, an der Beschießung von Akre und dem Angriffe auf Sidon (Seyda) thätigen Antheil genommen hatte. Das Schiff war durch und durch in einer musterhaften Ordnung und in einem kampffähigen Zustande, und noch im Laufe der

Woche hatte der Prinz bei einer Schießübung Gelegenheit, sich von der artilleristischen Geschicklichkeit der Bemannung des Thunderer zu überzeugen. Es wurden sechs Lagen auf 700 und 800 Yards (860 und 1000 Schritt) verfeuert, und auf jeder Entfernung einmal die Zieltonne mit der kleinen Flagge in den Grund gebohrt. Dabei schlugen die meisten Kugeln so dicht bei dieser Tonne auf, daß dieselbe fast jedesmal bespritzt wurde. „So etwas von richtigem Treffen,“ bemerkt Prinz Adalbert in seinem Tagebuche, „eine so gute Richtung, eine so genaue Linie, ist mir nur selten vorgekommen. Ja, es fehlte nicht viel, daß man in Wahrheit sagen konnte, sie schossen fast so richtig mit Ka= nonen, wie mit der Büchse.“

Nach beendeter Musterung sang der Bootsmann mit rauher Stimme, unter schrillender Begleitung des silbernen Pfeifchens: „All Hands rigg Church“ („Alle Mann auf, takelt die Kirche zu“)! und alsobald strömte das Schiffsvolk aus allen Luken herzu, und trug zusammengeklappte Bänke herbei, welche in vielen Reihen hinter einander, mit der Front gegen den auf dem „Quarter-deck“ placirten Altar, aufgestellt wurden. Der Prinz und seine Begleiter setzten sich mit den Offizieren zu beiden Seiten desselben, und gegenüber nahm die Mannschaft auf den Bänken Platz. Grell sonderte sich, wie ein abgezirkeltes, viereckiges Beet, das Detachement der zugeknöpften Rothröcke von dem blauen Felde der ungezwungen da sitzenden „blauen Jacken“ ab, die sich in ihrem einfachen und bequemen Sonntagsstaate recht behaglich zu fühlen schienen.

Es war ein schöner Sonntags-Morgen, kein Wölkchen am tief blauen Himmel, zu dem die dunklen Riesenmaste des mächtigen Thunderer emporstarrten. Die blendende Sonnenscheibe sandte ihre brennenden Strahlen auf die blondgelockte Schaar herab, die baarhaupt aufgereiht saß, den Blick auf das Gebetbuch gesenkt, Responsorien hersagend. Das Deck unter den Füßen erglühte; eine erdrückende Schwüle lag auf der, von flachen Küsten umsäumten Bucht von Cadiz, doch hie und da regte sich, kaum merklich, ein kühlendes Lüftchen, der erste Vorläufer des herannahenden, erquickenden Seewindes! — Leider ließ das undeutliche Organ des Caplans und sein breiter, schottischer Dialect den Prinzen nur sehr wenig von der Predigt verstehen. Nach einem vortrefflichen Frühstück bei Mistriß Pring kehrte er an Bord des S. Michele zurück.

Die Bai von Cadiz kann man sich als ein kleines Haff vorstellen, wie wir deren so viele, doch in größerem Maaßstabe, an unseren Küsten besitzen; nur denke man sich ein Haff mit schöner Wassertiefe und mit einer sehr breiten, nach Westen sich öffnenden Mündung, an deren Südseite Cadiz und ihm gegenüber das Oertchen Rota liegt. Cadiz selbst taucht am Ende einer flachen, sandigen Nehrung aus der blauen Fluth auf, einer Landzunge, die sich vom Festlande in der Richtung von Süden nach Norden, oder richtiger von S.-S.-O. nach N.-N.-W. erstreckt, und sich dann unter einem scharfen Winkel nach Westen wendend, mit einem kleinen Haken in den Ocean vorspringt. Diesen Haken bedeckt die Stadt Cadiz mit ihren Festungswerken. Als Fortsetzung in westlicher Richtung schließt sich ein Riff daran, auf dem das niedere Fort San Sebastian mit dem Leuchtthurme vorgeschoben ist. Die schmale Landfront besteht aus einer Courtine mit zwei halben Bastionen mit vorliegendem Ravelin und Contregarden in trocknem Graben. Die Stadt umgiebt eine, dem Terrain angepaßte, zusammenhängende Casematte mit einer sehr breiten Plateforme für Geschützaufstellung darüber. Doch sah der Prinz nur sehr wenige, schlecht gehaltene Geschütze darauf stehen; sie dient als allgemeiner Spaziergang.

Da, wo die Nehrung mit dem Festlande zusammenhängt, und sich die „Torre Gorda", der erste der acht Thürme, welche sich längs der Küste bis Algeziras fortziehen, erhebt, beginnt die flache Südseite der Bai, eine große Ebene, von einem System künstlicher Gräben durchzogen, die durch stehengelassene schmale Erdstreifen in ein Gewebe zusammenhängender, durch kleine Schleusen unter einander verbundener Quadrate verwandelt sind. In diese Quadrate wird das Seewasser hineingelassen, und dann die Schleuse zugedämmt. Das Wasser verdunstet; schon etwa nach vier Wochen schöpft man das reine Salz ab und lagert es auf den stehengebliebenen Zwischenräumen. Außerdem finden sich hier noch große Salzniederlagen in Form hoher, weißer Trapeze.

Mitten in diefer, der Salzgewinnung gewidmeten Ebene erheben fich auf einer plateauartigen Oafe die Städte Isla de Leon oder San Fernando, berühmt durch feine Stern= warte, lieblich gelegen zwifchen einigem Laubholz und ein= zelnen Palmengruppen, und San Carlo oder la Nueva Poblacion, diefes in der Geburt erftickte Riefenproject. Drei hohe Gebäude, welche neben einander auffteigen, eine große Kaferne, eine unvollendete Kirche und ein enormes Regierungsgebäude mit einer Säulenhalle davor — ftehen leer! — Deftlich davon liegt das See=Arfenal „la Carraca", am jenfeitigen Ufer eines breiten und tiefen Seearmes, der, dem füdöftlichften Winkel der Bucht entftrömend, einen ftarken Bogen nach Süden und Often befchreibt, ehe er bei der Infelfefte Santi Petri in den Ocean mündet. Diefer Rio de Santi Petri macht das Terrain, auf dem San Fernando und San Carlo liegen, und an das fich die Land= zunge von Cadiz reihet, zur Infel. Den Puente Zuasco, öftlich von Isla de Leon, den einzigen Uebergangspunkt über diefen Haupt=Canal, vertheidigt ein auf dem diesfei= tigen Ufer gelegenes gefchloffenes Werkchen, eine Art ge= mauerter Tambour, während über die Brücke hinaus drei, ebenfalls in Stein aufgeführte Redouten vorgefchoben find. Jenfeits diefer Werke trifft man auf einen fchmalen und kurzen Nebenfluß des Seearmes, den der Puente de Espar= tero überbrückt. Ein verfallenes, fchwaches Erdwerk bildet hier den Brückenkopf. Ueber diefe Brücke führt der Weg zum nahen Ciclana, dem Sommeraufenthalte der „Gade=

8

tanos", hinter dem sich ein Höhenzug erhebt, welcher den Prinzen unwillkürlich an die Potsdamer Hügel erinnerte. Zu beiden Seiten des Rio de Santi Petri zieht sich die weite Salzebene hin, welche mit ihren unpassirbaren, sehr breiten und tiefen Gräben mit schlammigem Grunde die Insel, an deren letztem Ausläufer Cadiz gelegen, im Verein mit dem sie umgürtenden Seearm, von der Landseite unangreifbar macht. Vermittelst eines Fahrwassers von mindestens 24 Fuß Tiefe (eine einzige kleine Stelle ausgenommen, wo man nur 21' hat) gelangt man von der Rhede zu dem, nahe der Mündung des Santi Petri in die Bucht gelegenen See-Arsenal, „la Carraca," das einem mit seinem Gewirr von verfallenen Gebäuden wie der verödete Palast eines herabgekommenen, verschuldeten Großen erscheint. Mitten in dem breiten Canal lag, ein wahres Bild des Jammers, der alterschwache „Soberano" von 74 Kanonen — eines der wenigen Trümmer, die Spanien aus dem Schiffbruche seiner vergangenen Größe gerettet hat — wie ein Kranker, der des Arztes harrt.

Die „Dry-Dock", welche ihn aufnehmen sollte, war die nämliche, in der man das französische neunzig Kanonenschiff, „le Suffren", ausgebessert hatte, nachdem dasselbe in Gemeinschaft mit fast allen Kauffahrern auf der Rhede von einem jener heftigen Windstöße, welche zuweilen in die Bai von Cadiz hineinstürmen, auf den Strand gesetzt worden war.

Diese „Dry-Dock" ist die einzige, deren Schleuse sich

noch in brauchbarem Zustande befindet; die der beiden an=
deren sind verfault. Nur der Granit der drei Bassins hat
den Stürmen der Zeit widerstanden. Der Prinz zählte
etwa fünf Bauplätze für große Schiffe. Sie waren ohne
Bedachung (Cuffs), deren man in diesem warmen Klima
nicht bedarf, wodurch bedeutende Unterhaltungskosten erspart
werden. Einige wenige Geschütze lagen in guter Ordnung
aufgereiht, und einiges Nutzholz im Schlamme eines Canals
zur Aufbewahrung; außerdem schienen nur wenige oder gar
keine Vorräthe vorhanden. Vor der Eingangspforte in die
„Carraca" hielt ein zerlumpter, barfüßiger Matrose mit
entblößtem Entermesser Wacht, wie denn überhaupt die
wenigen Individuen, welche diese Einsamkeit noch einiger=
maßen belebten, mit dem kläglichen Zustande des Ganzen
seltsam harmonirten.

Während, vom Ankerplatze aus gesehen, die flache
Südseite der Bai von Cadiz mit ihren drei Ortschaften in
blauem Nebel verschwamm, trat die Ostküste derselben desto
deutlicher hervor. Auf dieser Seite wird die Bai, die
mehrere kleine Einbuchtungen macht, von ächt märkischen
Sandhügeln, die zum Theil bewaldet sind, umzogen. An
diesen Hügeln liegen die Städte Puerto Real und Puerto
de Santa Maria. Zwischen Santa Maria und Rota, das
an dem letzten Ausläufer der im Bogen nach S.=W. strei=
fenden Sandhügel weiß, wie alle diese Orte, entgegenleuch=
tete, ziehen sich einzelne Strandbatterien hin, unter denen
das an einem Vorsprunge liegende Castillo de Santa Cata=

8*

lina das einzige bedeutendere ist. Hart bei Puerto Real springt eine ganz niedrige, daher von der Rhede nicht unterscheidbare Sandfläche nach Südwesten gegen die gegenüber liegende Nehrung vor, die Bucht zu einem Canal einengend, und so das Haff in ein südlicheres, kleineres und gleichzeitig seichteres, und in ein nördliches, größeres theilend, das die eigentliche Rhede bildet. Diese flache Halbinsel ist der berühmte Trocadero, der durch eine Linie schwacher Erdwerke, wie es dem Prinzen schien, vom festen Lande getrennt wird.

In der Kehle des Trocadero befindet sich das kleine, geschlossene Castillo de Matagorda, und ihm gegenüber, jenseits des vier bis sechs Faden tiefen Cánals, auf einem Vorsprunge der Nehrung, das Castillo de Puntales. Wenige hundert Schritte südlich davon durchschneidet das in der Kehle geschlossene, starke Fort San Fernando queer die von hier an immer schmaler werdende Nehrung ziemlich in der Mitte ihrer Längenausdehnung. Der schmale Grath der Landzunge erhält durch einen gemauerten Damm, der die Straße trägt, welche an der „Torre Gorda" vorüber über San Fernando landein führt, einen festeren Halt, obgleich sich bei Erdbeben die Fluth dennoch über ihn hinweg in die Bucht ergießt. Um wenigstens für Fußgänger die Communication so lange als möglich offen zu erhalten, ist hier der Weg von breiten, drei bis vier Fuß hohen, auf offenen Bogen ruhenden Mauern eingefaßt.

Wendet man sich von dem weiten Cyclus der, die

Bai von Cabiz umfassenden Küsten zu ihrer Einfahrt, so
findet man auf der Nordseite der Stadt eine Gruppe von
Bänken und Riffen, welche sich mehr als die Hälfte des
Weges nach dem jenseitigen Ufer hinüber erstreckt. Die
Gefahren der Puercas, der Cochinos, des Frayle, der
Galera und des Diamante standen dem San Michele noch
bevor; sie mußten durchkreuzt werden, ehe die stolze Fre=
gatte frei die Flügel schwingen konnte, die sie über den end=
losen Azur zu der neuen Welt hinübertragen sollten.

Sehr verschieden von dem Vormittage war der Nach=
mittag des heutigen Tages. Schon um halb vier Uhr be=
gab sich der Prinz mit seinen Reisegefährten an's Land, um
einem Stiergefechte beizuwohnen. Sie durchschnitten queer
die Mitte der Stadt, dem Gewühle folgend, und sehr bald
gelangten sie von der Bai an das Ufer der See, wo der
offene, achteckige, ungeheure Circus steht, der für diese
grausamen Spiele bestimmt ist. Die spanische, die weiße
englische, die französische und die portugiesische Flagge
weheten darauf.

Es war noch früh, als die Reisegesellschaft auf ihrer Bank,
ziemlich in den obersten Sitzreihen, Platz nahm. Welch bun=
tes Gewühl hatte die amphitheatralischen Sitze eingenommen,
oder drängte sich, zum Theil noch unten, auf dem sandigen
Schauplatz! Was für ein unaufhörlicher Lärm, was für
ein gellendes Geschrei! In der Torriba gebehrdet sich das
Volk wild und zügellos, und will allein das Regiment
führen; die armen Nationalgarbisten haben wenig mitzureden.

Hat irgend ein harmloses Individuum das Unglück, dem Publicum aufzufallen, so wenden sich alle Blicke nach dem Punkte der Sitzreihen hin, wo es sich zeigt, — Alles gafft von unten herauf, und ein fürchterliches Geschrei und ein schrecklicher Lärm beginnt, bis man sich endlich beruhigt. Die Spanier wollen hier ganz Spanier sein; fast alle Männer, gleichviel aus welchem Stande, tragen hier Jacken, bunte, elegante Jäckchen mit Schnüren und breitem, farbigem Besatze, schwarze Jacken mit Schnüren von Schmelz, oder einfache weiße und gestreifte Zeugjacken, wie die niederen Klassen, und dazu stets den nationalen spanischen Hut. Die gemeinen Leute tragen die rothe Binde um den Leib. —

Das Publikum hat hier, wie gesagt, seine Launen; einmal, erzählte man dem Prinzen, zwang es einen Fremden, die gelben Glacee-Handschuh auszuziehen, und einen andern, sich zu entfernen, weil ihm sein eleganter Frack nicht zusagte. Heute fehlte es nicht an Fremden, denn von den Kreuzern auf der Rhede hatten sich die Offiziere zahlreich eingefunden. Am vollzähligsten und kräftigsten war der Thunderer repräsentirt, denn außer einem großen Theile seines Stabes, Capitain Pring an der Spitze, hatte sich auch eine gehörige Anzahl vierschrötiger, britischer Matrosen bequem auf den Sitzreihen niedergelassen. Mistriß Pring durfte gleichfalls nicht fehlen, und zeigte sich an der Seite ihres Gemahls, nachdem sie nicht ohne Mühe ihre Zweifel über den entheiligten Sonntag niedergekämpft. Auch zwei

Franzosen befanden sich unter den fremden Zuschauern. Der Aspirant de première classe kam zuerst, setzte sich, zog die gelben Glacee=Handschuh an, ohne jedoch deshalb incommodirt zu werden, holte eine französische Zeitung aus der Tasche, versuchte zu lesen, ward durch den Lärm zerstreut, nahm endlich die Zeitung und setzte sich darauf. Der andere Franzose, der einen Ueberrock trug, litt sehr von der Hitze, zog ein gelbes Schnupftuch aus der Tasche, und hing es sich nach der Sonnenseite über den Kopf. Er wartete nämlich auf den Schatten, denn er hatte gleich dem Prinzen und dessen Gefährten sein „Schattenplätzchen" theuer bezahlen müssen; vorläufig kletterten einige Kerle mit Erfrischungen über sie hinweg.

Aber die Hauptschaulustigen, ohne welche eine Corrida nicht wohl denkbar ist, sind die Frauen. Auf den unteren Sitzreihen wimmelt es von rothen, gelben und verschieden= farbigen Shawls, doch die rothen herrschen vor; ein Ge= wirr von Fächern bewegt sich unaufhörlich vor ihnen hin und her, und eben so wenig bleiben die Köpfe, über welche die Tücher gezogen sind, einen Augenblick ruhig. Dies sind die Frauen der niederen Stände, die nicht selten kleine „Würmer" auf dem Arme tragen, welche so allmälig an dieses Schauspiel gewöhnt werden, und mit der Muttermilch gleichsam die Lust an diesem grausamen Vergnügen einsau= gen. Auf den obersten Bänken, von einem kleinen Dache beschattet, sitzen die zarten Schönen der höheren Cirkel; diesen zarten, ganz in schwarze Kanten gehüllten Wesen

mit den feurigen, dunklen Augen und dem glänzenden Ra=
benhaar, diesen Damen, die keine Fliege können töbten
sehen, ohne in Ohnmacht zu fallen, geht es nie toll genug
her, ja, sie können kaum einen Freudenschrei zurückhalten,
wenn der Stier dem armen Pferde den Bauch aufgeschlitzt,
so daß ihm alle Eingeweide blutend bis zur Erde herab=
hängen.

Welche Auswahl von Fächern sieht man in der Tor=
riba von den eleganten Abanicos jener zarten Schönen bis
zu den grellen, papiernen der niederen Klassen! denn selbst
die Bettelfrauen verstehen mit spanischer Coquetterie den
Fächer zu gebrauchen. Und Abanicos giebt es von allen
Größen; — der Prinz sah welche auf den unteren Sitz=
reihen bis zu 3 Fuß Höhe, so daß ganze Familien sich da=
hinter verbergen konnten.

Auf einer Tribüne hatten die ersten Municipal=Beam=
ten Platz genommen, und darunter auf ebener Erde ver=
sammelten sich, gleichfalls in einer abgeschlossenen Loge, die
„Espadas" in ihren reich mit Gold und Silber gestickten
spanischen Costümen und hellfarbigen Mänteln, Gestalten,
wie man sie häufig auf der Bühne erblickt.

Da hörte man plötzlich ein lautes Geklingel und ein
anhaltendes Lärmen; — unten räumte Alles den Kampf=
platz, und linker Hand öffneten sich die Schranken. Fünf
„Picadores", in zwei Gliedern formirt, die beiden Reserve=
Nummern im zweiten Gliede, lauter große, vierschrötige
Männer, alles Kerle von Stahl und Eisen, ritten in den

Kampfplatz ein, gefolgt von vier, mit roth und gelben
Fähnchen und Bändern gezierten Maulthieren, welche bestimmt sind, die todten Pferde fortzuschleppen. Gegenüber
traten die Espadas, den berühmten Montes, den „Ma-
tabor" an ihrer Spitze, mit den, gleich ihnen im alt-spa-
nischen Costüme mit Schuhen und Strümpfen gekleideten
„Bandelieros" in die Mitte des Platzes vor und verneig-
ten sich gegen die mittlere Tribüne, während die „Picadores" ihre, mit ganz kleinen Spitzen versehenen Lanzen
senkten. — Da schmetterten die Trompeten! Die Espadas
und die Bandelieros, mit den langen, bunten Tüchern unter
dem Arme, zogen sich hinter die hölzernen Blendungen zurück, die zur Deckung der vielen, zu den Sitzreihen führen-
den Thüren angebracht sind. Die Picadores mit den
enormen, breitkrämpigen, tellerförmigen Hüten von weiß-
grauem Filz mit kleinem, rundem Kopfe, in ihren reich gestickten Sammetjacken, haben die Beine ganz mit Eisen-
schienen umwickelt, und einen oder zwei eiserne Ringe um
den Leib; über dies Alles sind die, mit den gelbledernen
Stiefeln und großen Sporen ein Kleidungsstück bildenden
gelbledernen Hosen gezogen, was dem Untergestelle dieser
schweren Reiter eine unbeschreibliche Plumpheit verleiht.
Dazu denke man sich viereckige, große, blasse oder braune
Gesichter mit buschigen, schwarzen Augenbrauen! — Sie
ritten auf erbärmlichen, alten und häßlichen Mähren. Drei
Picadores mit eingelegter Lanze stellten sich rund herum,

den Rücken hart gegen die Bande, in gleichen Entfernun=
gen auf.

Die Trompeten schmetterten auf's Neue, die Thüre
unter der Tribüne öffnete sich, und in vollem Galopp
sprengte der Stier in den Kreis hinein. Einen Augenblick
stutzte er, dann lief er auf einen Picador zu, der ihn ruhig
erwartete, holte sich einen Lanzenstich, glitt am zweiten
Picador vorbei und warf den dritten in den Sand. So
ging das Spiel lange fort. Die Picadores haben einen
schweren Stand; wenn sie angriffsweise verfahren dürften,
so hätten sie es leichter. Denn mit dem Vieh aufgewachsen,
— ihre eigentliche Bestimmung ist nämlich, dasselbe, wie
die mit Spießen bewaffneten Bauern, welche nach Kosaken=
art die Campagna di Roma auf ihren muntern Rößlein
durchtraben, von einem Orte zum andern zu treiben, —
sind sie von Jugend auf gewohnt, mit den Stieren umzu=
gehen. Fällt aber einer dieser Leute, so kann er, der
Schienen wegen, schwer wieder aufstehen, und fast immer
liegt das Pferd auf ihm. Alsdann laufen die Bandelieros
flink in den Kreis und necken den Stier, der ihnen meist
wüthend folgt, mit ihren rothen oder bunten Tüchern. Da
er jedesmal gegen das Tuch stößt, so ist wenig Gefahr
dabei, sie müßten denn das Unglück haben, bei den schnel=
len und kurzen Wendungen zu fallen. Inzwischen zieht man
„den Mann von Stahl und Eisen" unter seinem Gaul
hervor.

Die Hauptbelustigung besteht darin, daß recht viele

Pferde drauf gehen. Das erste Schlachtopfer war ein un=
glücklicher Schimmel, der niedergeworfen wurde, noch ein
Weilchen zuckte und dann alle Viere von sich streckte. Ist
ein Pferd blessirt, d. h. ordentlich getroffen, so reitet der
Picador hinaus und läßt ihm die Augen verbinden; dann
geht es wieder weiter. So sah der Prinz einen armen
Schimmel, dem die Gedärme eine halbe Stunde hindurch
bis zur Erde hingen. Der Reiter spornte ihn immer, ohne
es vielleicht selbst zu merken, gerade in die Gedärme hin=
ein, so daß der Mist herumspritzte. Das arme Thier wit=
terte es jedesmal, wenn der Stier auf ihn zukam, und
versuchte sich den wiederholten Stößen des Gegners zu
entziehen; als aber dieser, — es war einer der letzten Stiere,
die heute in den Schranken erschienen, — selbst nicht mehr
angreifen wollte, so rückte der Picador ihm auf den Leib,
und hielt vor ihm still, um ihn zu reizen. Indeß, trotz aller
erneuerten Stöße, dauerte es doch eine geraume Zeit, ehe
der arme Schimmel endlich zusammenbrach.

Zum Glück für die unter's Pferd fallenden Picadores
theilen die Stiere den Fehler mancher Feldherren, und
verschmähen es oder verstehen es nicht, ihren Sieg zu ver=
folgen. Nur ein= oder zweimal sah Prinz Adalbert den
gehörnten Sieger wieder umdrehen, um seinem Schlacht=
opfer den Gnadenstoß zu versetzen; ein paar unglückliche
Braune traf dies harte Loos.

Auch die Bandelieros verfolgt der Stier nur ein paar
Schritt weit. Läßt seine Kampflust nach, so wird die

Menge unruhig, man hört klingeln, Alles lärmt durch einander, selbst die Damen ereifern sich und rufen „fuego"
und die Männer schreien: „noch einen paxito" (eine Para-
phrase für „Lanze"). Endlich bricht Alles in den allgemeinen Jubelruf aus: „der brave Stier!" Er hat sich
ermannt! Da liegt der Picador und der Gaul schleppt
sich nur noch auf drei Beinen. Doch mit diesem letzten
Stoß ist alle seine Wuth verraucht; mit dem Stiere will's
nicht mehr gehen, er hat alle Lust verloren, denn er blutet
heftig unter den Mähnen und am Halse. Da fällt die
Musik ein. Die Bandelieros haben sich mit kurzen Stöcken
bewaffnet, an deren einem Ende ein, mit einem Widerhaken
versehener Stachel angebracht ist. Diese, mit ausgeschnitte-
nem, weißem oder buntem Papier umwickelten Stäbe hoch
über dem Haupte schwingend, laufen sie gerade auf den
Stier zu, zwischen seine Hörner hinein, und stechen ihm
den Stachel von vorn in den Hals, in dem Augenblicke,
wo der auf's Neue zur höchsten Wuth entflammte Gegner
eben das Haupt zum Stoße senkt, um ihnen den Leib auf-
zuschlitzen. Der Stier läuft nun wie rasend vorwärts; indeß die Bandelieros haben den Körper weislich von der
Seite gehalten und springen hinter die Blendungen.

Zuweilen befestigen sie auch eine Art Schwärmer, so
wie glühende Stäbe im Fleische des Stieres, und diese
Marterwerkzeuge sind es, welche die aufgeregten Schönen,
von grausamer Lust entflammt, herbeiwünschen, wenn der
Ausruf „fuego, fuego!" ihren Rosenlippen entströmt, wäh-

renb ihre funkelnden, schwarzen Augen Flammenblicke voll
Zorn und Verachtung auf den entkräfteten gehörnten Helden
der Arena hinabsenden.

Immer neue Bandelieros sind bereit, sich diesen schö=
nen Augen gefällig zu zeigen, und die vom Stier abge=
schüttelten Stacheln durch neue zu ersetzen, damit seine
Wuth nicht zu schnell verraucht.

Zum dritten Male erschallt die Musik! der dritte und
letzte Act hebt an. Montes, der berühmte Montes,
der Liebling des spanischen Volkes, der Erste unter allen
Espadas der Halbinsel, tritt, in grüner Jacke, dem Stier
mit gezogenem Degen entgegen, und hält ihm seinen krapp=
rothen, mit weißer Borte verbrämten Mantel vor; in dem
Augenblick, wo das wüthende Thier den Mantel annehmen
will, stößt er ihm den Degen zwischen die Hörner, da, wo
die Mähnen aufhören, in den Kamm hinein. Der Stier
sinkt auf's Hintertheil zusammen, fällt dann auf die Seite,
und Montes, der Erste seiner Kunst, wird mit Beifalls=
bezeigungen überschüttet. Die schwarzen Mantillas wogen
hin und her, die begeisterten Damen wehen mit den Schnupf=
tüchern, und die Herren werfen dem Sieger, während er
herumgeht, sich gegen das Publicum zu verbeugen, von den
obersten Gallerien ihre Hüte zu, die er sehr geschickt auf=
fängt und mit großer Gewandtheit ihren Eigenthümern
wieder hinaufwirft. Montes selbst hatte, ehe er den
Stier aufsuchte, sein schwarzes Sammetbarett einem Be=
kannten zugeworfen und erhielt es jetzt zurück.

Gleich darauf wurde ein zweiter Kämpe mit breiter
Stirn und mächtigem Gehörn, doch von kleinem Körperbau,
in die Arena gelassen, und dasselbe Stück wiederum durch=
gespielt, bis endlich auf solche Weise acht Schlachtopfer ge=
fallen waren. Die Mehrzahl derselben waren schwächliche
Thiere, und selbst das kräftigste darunter würde in Deutsch=
land noch immer für kein sehr starkes gehalten worden sein.

Mit jedem neuen Stiere wuchs die Spannung der
fremden Zuschauer. Bald war der Prinz auch im Stande,
jedem neu auftretenden Stiere sofort seinen Charakter an
der Stirn anzusehen. Das spanische Publicum war übri=
gens durchaus nicht befriedigt; denn die Thiere wollten
nicht recht anbeißen, oder wußten vielmehr nicht, was sie
aus dem Ganzen machen sollten. Einige Male volontirte
Montes als Bandeliero mit großem Muth und Geschick.
Er stellte sich vor den Stier hin und sah ihn an, und der
Stier schien sich wirklich vor ihm zu fürchten. Ein ander
Mal hielt er sich an seinem Schweife fest und ließ sich
von ihm herumzerren oder gab ihm einen Fußtritt von
vorn zwischen die Hörner. Aber nur bei den kräftigeren
Stieren trat Montes mit dergleichen Späßen hervor, bei
den schwächeren blieb er davon. Einmal hätte das wüthende
Thier ihn beinah erfaßt, denn Montes strauchelte und
fiel; doch durch ein glückliches Geschick brach in demselben
Augenblick auch der Stier in Folge eines Fehltrittes hinten
zusammen.

Als die Torrida beendet war, lagen drei todte Pferde

im Circus; im Ganzen aber wurden funfzehn Pferde das Opfer des heutigen Spieles. Dessenungeachtet zeigte sich das Publicum sehr mißvergnügt, denn es hatte sich ja auf wenigstens vierzig Schlachtopfer dieser Gattung Rechnung gemacht.

Im Anfange zitterte Prinz Adalbert für das Leben der Picadores, denn er wußte nicht, daß sie gepanzert seien; doch sah er bald, daß ihnen nichts geschah, mit Ausnahme von zweien, die abgeworfen, indeß nur so leicht verletzt wurden, daß sie, ruhig an der Wand lehnend, dem fernern Treiben der Torrida zusehen konnten. — Man erkennt bald, daß sich hier das ganze Vergnügen hauptsächlich um ein Pferdegemetzel dreht, daß Stier und Menschen aber nur Nebensachen sind.

Das Stiergefecht macht im Ganzen einen unangenehmen Eindruck auf das Gemüth; man ärgert sich, sagt Prinz Adalbert, unwillkürlich über das grausame Spiel, und das nach Blut lechzende Volk, das gierig auf dasselbe hinab= starrt und sich dabei oft wie ein Besessener gebärdet, widert einen an. Dies Gefühl des Unwillens, des Abscheus, das im ersten Augenblick die ganze Seele erfüllt, stumpft sich allmälig ab; das Mitleid wird nach und nach von der auf= regenden Spannung überboten, in die einen der tobende Kampf versetzt; man nimmt Partei für und wider, ja man kann sich von einem gewissen krampfhaften Interesse, das einen momentan erfaßt, nicht ganz freisprechen, von einem Interesse, das leicht in ein Wohlgefallen übergehen könnte.

— Doch das bessere Gefühl gewinnt wieder die Oberhand und man schaudert zurück vor diesen sich immer auf's Neue wiederholenden Scenen blutdürstigen Gräuels, die in dem pochenden Busen der feurigen Spanierinnen eine, mit jedem Augenblicke sich convulsivisch steigernde, fast an Wolluft grenzende Sympathie erregen. Mit fieberhaft glühenden Wangen und sprühenden Blicken schauen sie aus dem schwarzen Rautenrahmen ihrer, über das Haupt gezogenen Mantillas heraus; alles um sich her vergessend, stürmen sie abwechselnd Beifall, — ermuntern den Stier durch lauten Zuruf, oder träumen sich mitten in den Gefahren der Arena an die Seite ihrer Helden; jeder Stoß des Unthiers, auf den gefeierten Matador gerichtet, macht sie erbeben, und dennoch können sie der folternden Luft nicht widerstehen, hinab und immer wieder hinabzublicken, bis der Stier, von der sichern Hand des Espada getroffen, sich dort unten zu ihren schönen Füßen wälzt! —

Durch enge Straßen und über kleine Plätze folgten Prinz Adalbert und seine Gefährten der Menge zur Alameda, welche, von schönen Bäumen beschattet, sich am Ufer der Bai hinzieht. — Die Trachten, welche man in Cadiz sieht, sind von denen im übrigen Spanien durchaus nicht verschieden; doch gehen auffallender Weise alle Landleute der hiesigen Gegend völlig unbewaffnet. Zwischen den schlanken, schwarzen Frauengestalten und ihren Majos, welche die Promenade belebten, zwischen dem südlich lebendigen Gewühl, lustwandelten, nach den Nationen getheilt, die See-

Offiziere in ihrer einfachen blauen, fast bürgerlichen Tracht,
die allen denen gemeinsam ist, welche, dem schwankenden
Element angehören, und sich auf festem Boden mehr als
Fremdlinge fühlen. Von den Soldaten in ihren bunten
Uniformen, nach französischem Schnitt, sah man wenige,
wie überhaupt in Cadiz, was auch nicht zu verwundern,
denn die ganze Garnison gab man, außer der Miliz, auf
ein einziges Infanterie-Bataillon von 600 Mann an, eine
Zahl, die zu der Größe und Wichtigkeit dieses Platzes in
starkem Mißverhältniß steht. —

Wer aber ahnt wohl unter den jungen, eleganten
Herren im modischen Frack, die den allgemeinen Spaziergang durch ihre Gegenwart zieren, eben jene Studenten,
welche jetzt, zur Zeit ihrer Ferien, eine Stunde des Tages
daran wenden, in abenteuerlichen Costümen die Straßen
von Cadiz zu durchziehen, welche öffentlich an den Straßen-
ecken nach dem Tacte des Tambourins, von Haufen gaffen-
den Volks umstanden, groteske Tänze aufführen, und dann,
wie gemeine Bänkelsänger, im Kreise herumgehen, um sich
auf diese Weise das Geld für ihre Studien zusammen zu
betteln! —

Ein Theil der schwarzverhüllten Damenwelt hatte sich
auf den Seitenbänken, unter dem Schatten der Bäume,
niedergelassen, um die Abendkühlung zu genießen, ungestört
flüstern und ruhig beobachten zu können, oder sich von den
Vorübergehenden bewundern zu lassen. Die Abanicos
jener Donnas waren in beständiger Bewegung, und die

andalusischen Augen hinter denselben wetteiferten an Feuer
mit den goldenen Strahlen der Abendsonne, welche das
leichte Laubdach der Bäume, das die Alameda und ihr
Getreibe überschattet, die See und die fernen Küsten von
Santa Maria mit glühendem Purpurlicht übergossen hatte.
— Dies Augen= und Fächerspiel, bei welchem die spanischen
Damen eine so ungemeine Grazie entwickeln, ist auf allen
Alamedas dasselbe: in den breiten Alleen Malaga's, unter
den schattigen Bäumen und den sprudelnden Springbrunnen
Granada's, in dem herrlichen Thale zu den Füßen der
Nevada, oder zu Sevilla. In dem romantischen Sevilla,
wo beim Silberschein des Mondes die schönen, schwarzen
Frauengestalten, auf hohem Balcone, oder in den offenen
Hausthüren sitzend, den Reden ihrer Anbeter lauschen,
während man durch die Gitterthüre und den schmalen Flur
in den kleinen erleuchteten Hof dahinter blickt, mit der
Säulenreihe ringsum, wo die Hausbewohner beim Plätschern
der Fontaine gesellig bei einander sitzen, und hie und da
der Ton einer Guitarre zu unseren Ohren bringt!

Die Alameda von Cadiz hat indeß noch einen eigen=
thümlichen Reiz; denn neben dem bunt wogenden Gewühl
der Menge gewährt sie gleichzeitig den Blick auf das Meer,
auf das beständig wechselnde Element, das brausend heran=
wogt, und sich am Fuße des Bollwerks bricht, auf dem man
wandelt. Das Rauschen der Brandung, dieser harmonische
Klang, dem man Stunden lang lauschen kann, ohne seiner
müde zu werden, dieses Geflüster des Oceans, das in zür=

nendes Toben und Donnern überzugehen droht, und dann
wieder in sanften Schwingungen kaum hörbar zu uns
bringt, — das Rauschen der Brandung schlägt an unser
Ohr und fesselt uns mitten in dem Gewühl, wie eine ge=
liebte Stimme, die zum Herzen bringt!

Von der Alameda begab sich der Prinz in's Theater,
die Oper „Lucretia Borgia" italienisch zu hören. — Es
macht einen sonderbaren Eindruck, daß alle Logen des nicht
sehr geräumigen Hauses, namentlich der Holzplafond dersel=
ben, scharlachroth angestrichen sind.

Der herrlichste andalusische Mondschein versilberte be=
reits die Spiegelfläche der Bai, als die Reisenden auf die
Rhede zurückkehrten.

V.

Die Desertas und Madeira.

Die Sonne war bereits im Sinken, als um 6 Uhr Abends (am 29. Juli) die vier einzelnen Berge Porto Santo's in N.=W. 17° W. rechts vor der Fregatte, im Abstande von 38 Seemeilen, aus den Fluthen auftauchten, in welche sich vor vier Tagen das dunkle Cap Trafalgar, jener niedere, scharfe Vorsprung — das letzte Land Europa's — mit Einbruch der Nacht begraben hatte, während gerade das Geläute des Vesperglöckleins die Mannschaft zur Abendandacht rief. Zwei dieser Berge waren klein und spitz, und machten bunte Reihe mit den beiden andern, welche größer und mützenförmig erschienen. Im Süden begann der Reigen mit einem Hügel der ersteren Gattung, um im Norden mit einem mützenförmigen Berge zu schließen. Die beiden mittelsten Erhebungen verbanden sich bald darauf durch einen Rücken, der zwischen ihnen dem Ocean entstieg. — Da tauchte die goldene Sonnenscheibe in's Meer hinab und übergoß Porto Santo mit glühendem Abendroth, während das niedere Land der Desertas, welches sich vor den Schiffenden ausbreitete, eine blaue Färbung annahm. Zwischen beiden senkte sich ein dunkles Gewölk auf den Horizont herab, in welchem man Madeira zu unterscheiden glaubte.

Bei angenehm kühler Luft, und nachdem es am Morgen ein wenig geregnet, war der Himmel überhaupt heute reich an schönen Wolkenbildungen, die, nach dem beständigen blauen Himmel im mittelländischen Meere, einen eigenen Reiz gewährten. Kurz darauf, nachdem man um vier Uhr Nachmittags den ersten Schimmer Porto Santo's vom Vormars entdeckt, wurden Vögel sichtbar, diese Vorboten des nahen Landes, welche auch Spix und Martius die Nähe Madeira's verkündet hatten.

Des Prinzen erster Blick fiel am folgenden Morgen (30. Juli) auf die schroffen, langgestreckten Felsinseln der Desertas, welche, eben von der aufgehenden Sonne beschienen, im prachtvollsten, rosigen Colorit rechts neben der Fregatte riffartig aus der dunkelblauen See emporstarrten. Hinter ihnen zeigte sich das duftig blaue Madeira, wie ein flach gewölbter, länglicher Berg mit etwas ausgezacktem Gipfel, der allmälig von der Rechten zur Linken hinter den Desertas fortzurücken schien. Mit der aufsteigenden Sonnenscheibe verlor sich das liebliche Rosenroth, welches über diese starren Felsen ausgegossen war, und verwandelte sich in jene eigenthümliche dunkelrothe Färbung, welche diese Inseln auf so merkwürdige Weise charakterisirt.

„Denke Dir," sagt Prinz Adalbert in seinem Tagebuche, zwei colossale, längliche Rubine, an die sich ein kleinerer schließt, in einer Reihe von S. nach N. in die Saphir-

.schale des Ozeans gestreut, so hast Du das Bild der Desertas, wie es den Bewohnern der höheren Regionen erscheint, welche auf ihrer luftigen Bahn aus unsern kalten
Zonen Hesperiens Gefilden zufliegen; das Bild des Rubin-
geschmeides, das sich vor unseren Blicken hinzog, bespült
von der saphirnen Fluth, welche unser Kiel durchfurchte!"

Bogia (Bujio), die südlichste dieser Inseln, hat von
allen Seiten große Aehnlichkeit mit Capri. Ein Canal von
60 bis 300 Faden Tiefe und 1 bis 1½ Seemeilen Breite
trennt Bogia von der größesten der drei Desertas. Obgleich
frei von Klippen und Untiefen, ist diese Durchfahrt dennoch
gefährlich, da das überhöhende nördliche Ufer den Schiffen
den Wind benimmt. Die größere Insel bildet einen langen,
langen, scharfen Grath, der, bis auf einzelne kleine Einschnitte
und Unebenheiten, in einer ganz geraden Flucht fortstreicht.
Durch einen zweiten, aber schmaleren Canal geschieden,
taucht, in einer Linie mit den beiden anderen Inseln, das
kleine flache Eiland Ilheo Chao, gleich einer tafelförmigen
Felsplatte kaum über die Oberfläche des Meeres empor.

Nördlich davon, mithin rechts daneben, erblickte Prinz
Adalbert ganz deutlich vom Verdeck aus ein Schiff, welches auf die Fregatte zuzukommen schien. Allerdings bewegte es sich nicht, allein dies war bei der herrschenden
Windstille nicht auffallend. Bald aber erfuhr der Prinz,
daß es eine Täuschung; in Wirklichkeit war es nichts anders,
als ein pyramidenförmiger Felsen!

Die ganze Ausdehnung der Desertas beträgt etwa zwei

deutsche Meilen. Madeira stand jetzt bereits mit seinem abgerundeten, sanft ansteigenden Berge über dem Canal zwischen den beiden Hauptinseln; um sieben Uhr schob es sich hinter Bogia, und um acht Uhr trennte es sich linker Hand völlig von den Desertas ab.

Da das schwache Lüftchen, welches sich zu Zeiten, die Stille unterbrechend, aus W.-N.-W. vom Lande her erhob, den San Michele eher noch in seinen Fortschritten hemmte, als seine Reise nach Funchal begünstigte, so schlug Capitain d'Arcollière, in der Hoffnung auf eine reiche Ausbeute an Vögeln und Fischen, eine Expedition nach Bogia vor, deren Südspitze die Fregatte unterdessen doubliren sollte, um die Gesellschaft jenseits derselben wieder aufzunehmen. Freudig wurde der Vorschlag angenommen — da erklang das silberne Pfeifchen, und der Ruf des Bootsmanns erscholl: „Arma il terzo Canotto!" Der dritte Cutter ward ausgehißt, Flinten, Zeichenbücher, Schroot, Wein, Trinkwasser, Leinen zum Fischfang, Brot, Apfelsinen, Patronen u. s. w. wurden in das Boot hinabgeschickt, und der Capitain, Prinz Adalbert nebst seinen beiden deutschen Gefährten, sowie der Zoolog der Gesellschaft, Hauptmann Bellegarde von den Regi Navi (Marine-Infanterie) sprangen, sogar das tägliche Frühstück verschmähend, hastig nach. Der Cutter stieß ab, und steuerte mit kräftigen Ruderschlägen der Insel zu. Es schien Ebbe zu sein, denn aller Anstrengung zum Trotz blieb das Boot fast auf derselben Stelle, wie von unsichtbarer Macht gebannt. Glücklicherweise gebrach es nicht an Zeit, da auch die Fregatte, ungeachtet sie alle Leinwand beigesetzt hatte, nur kaum merklich auf ihrem weiten Bogen um Bogia fortrückte.

Das Boot ruderte und ruderte, und dennoch kam man der Insel nicht näher, deren dem Cutter zugekehrte, schmale Seite sich als ein zerklüfteter Fels darstellte. Jetzt zeigten sich eine Menge Seevögel, meist Möwen, über dem Schiff und fern über der Insel, oder ließen sich von den langen Wogen des Oceans schaukeln, auf denen sie sich behaglich niedergelassen hatten. Einen entenartigen Vogel dieser letzteren Gattung, Peterel genannt, schoß Graf Bismarck; außerdem fielen einige weiße Seeschwalben mit hellrothem Schnabel und Füßen als Opfer des heftigen Kleingewehrfeuers, das vom Cutter aus auf sie gerichtet wurde. Alles drängte sich in dem schwankenden Boot oder stieg auf den Bänken herum, um seinen Schuß anzubringen. In eine Rauchwolke gehüllt, näherte man sich dem Felsgestade. Endlich, endlich langte man unter den hohen Felsen der Desertas an. Welch ein Anblick! Welches Bild vulkanischer Kraft und Thätigkeit, vulkanischer Hebung und Entstehung! Welchem schauerlichen submarinen Feuerschlunde, welcher Spalte der Erdrinde waren diese ausgeglühten Lavariffe entstiegen, die so starr, so zerklüftet dastanden, als seien sie eben erst erkaltet, und so roth gebrannt, als glühten sie noch.

An mehreren Stellen stürzte der Fels in carmoisin- oder zinnoberrothen Lavawänden senkrecht ab. Auf diesen

prachtvollen, rothen Mauern ruhten, ohne alle Regelmäßig=
keit lagernd, dunklere oder schwarze Horizontalschichten,
welche ihrerseits oft wieder durch vereinzelte Streifen einer
orangefarbenen, erbigten Masse getrennt wurden. An ande=
ren Stellen waren die Felswände bis unten schwarz gefärbt.
Hier bestanden sie aus einem Gemenge schwarzer Körner,
das ebenso sandähnlich schien, wie jene orange Schichten.
Oft bildete der Fels nur eine hohle, schlackige Kruste, deren
Oberfläche ab und zu eingestürzt war. Durch die so ent=
standenen Löcher drang das Tageslicht von oben in die
Höhlen hinab, in welche gleichzeitig von unten die See hin=
eintrat. Doch nicht allein am Fuße des Felsens, sondern
auch hoch oben, wo die zerklüfteten Wände in den blauen
Aether hineinstarrten, erblickte man ähnliche röthliche Krusten,
welche in sich zusammengebrochen erschienen, wie denn Alles
hier zerglüht aussah und zerschmolzen, so recht wie die aus=
gebrannten Schlacken vulkanischen Wirkens.

An vielen Stellen waren schmale, graue Adern in
diesen feuerfarbenen Massen hinaufgestiegen, und hatten sich,
eine dicke, immense Kruste bildend, über die Oberfläche der
Insel ausgegossen. Dieses graue, harte Gestein schien dem
Prinzen dieselbe Lava zu sein, mit der Rom und Neapel
gepflastert sind: so basaltähnlich, daß man nicht weiß, ob
man Lava oder Basalt vor sich hat. Einige der grauen
Adern waren fast säulenartig zerklüftet; es fehlte nur die
Regelmäßigkeit der Seiten. — Große graue Basalt= oder
Lavablöcke mit eingesprengtem Olivin lagen über den Strand

ausgestreut; an einigen derselben glaubte der Prinz Figuren
eines schwarzen schlackenartigen Ueberzuges zu entdecken.

Kaum war das Boot gelandet, als sich diese vulkanische
Einöde auf mannigfache Weise zu beleben begann; denn
einmal angekommen, fand Jeder genug zu thun. Das blanke
Messer in der Hand, verfolgten die Matrosen zwischen den
Blöcken allerhand Seethiere, unter andern rothe Crustaceen,
auf italienisch Granchi, die sich schnell davon machten, und
kleine, schwarze, stachelige chatons de mer, während Einige
von der Gesellschaft überall am Strande herumstreiften,
und in den Klüften hinaufkletterten. Unterdessen schossen
die Andern Seeschwalben oder fingen Fische, von denen es
auf dem klaren Grunde, 10 bis 20 Fuß unter dem Boote,
in reichster Fülle und Farbenpracht wimmelte. Da sah
man rothe und gelbe, ganz kleine und etwas größere Fische
sich regen und durch einander schillern im schönsten magi=
schen Schmuck. Doch die herrlichste Ausbeute des Fanges
war, außer einem großen, aalartigen Fisch (Muraena) ein
buttähnliches, lila Fischlein, dessen Flocken so wundervoll
blau gefärbt waren und ganz so metallartig glänzten, wie
die Flügel der blauen Kolibris auf dem Berliner Museum.

Der Prinz hatte sich vom Strande abgewandt, und
war in der Hoffnung, den von Möven umschwärmten
Gipfel des schroffen Felseilandes zu erreichen, in einer
steilen Schlucht über loses Geröll aufwärts geklettert, als
ihn einige Schüsse auf Seekälber wieder hinab riefen.
Leider gingen sie fehl und verscheuchten die Thiere; statt

ihrer sah der Prinz nur die schwarze Flosse des Hahfisches
aus der See hervorragen, dieses geschwornen Feindes der
Menschheit, der sogar, wenn er dem Schiffe eben nur folgt,
nach dem Glauben der Seeleute, Schwerkranken den Tod
bringt. Wohl ein Dutzend Hahfische zeigten sich kurz nach
einander, doch von jedem kam immer nur die Rückenflosse
zum Vorschein. So oft geschossen wurde, tauchten sie unter.

Nachdem man ihnen eine Zeit lang die Kreuz und
Quer mit dem Boote gefolgt war und nun wieder der Fre=
gatte zuruderte, wurde plötzlich ein Schrei vernommen.
Allgemeine Stille. — Ein zweiter Ruf! — Alles lauschte
gespannt. — Länger konnte aber Prinz Adalbert dem
Drange seines Herzens nicht widerstehen, und schnell brannte
er zur Antwort seine beiden Flintenläufe ab. Die Matrosen
behaupteten zwar, die Seekälber seien es, die so geschrieen
hätten; allein es war ganz deutlich eine menschliche Stimme.
In der Erwartung, einen abschreckenden, halb verhungerten
Robinson Crusoe, ein wahres Bild des Entsetzens, vom
sichern Tode zu erretten, wurde das Boot gewendet und
man steuerte der Küste wieder zu. Der Prinz durchspähte
mit seinem elfenbeinernen Opernglase alle Klüfte, alle
größeren und kleineren Höhlen des Felsens — aber leider
vergebens. Endlich entdeckte er zuerst einen und dann zwei
Menschen unten in einer sehr entfernten Höhle am Ufer. —
Die vermeintlichen Menschen waren jedoch, wie sich bald
herausstellte, nichts weiter als ein Paar weiße Felsen. —
Da hörte man wiederum rufen! — Welcher Unglückliche

mochte auf dieses wüste, unwirthbare Eiland verschlagen sein, welcher Zufall ihn hergeführt haben! —

Bogia hatte wieder die Gestalt verändert; eine Fels= pyramide trat links an der Insel hervor, als wäre es die von Capri, und schon färbte der Spiegel der hohen Felsen die See wieder blutig roth, da wurden plötzlich zwei Schaafe sichtbar, welche hoch oben an der Felswand entlang gingen, bald noch ein drittes, und dann zwei weiß gekleidete Männer ganz oben in einer Höhle. — Nun erkannte man, daß es Hirten waren, welche den Reisenden vermuthlich nur nach= gerufen hatten, um sie zum Besten zu haben; denn jetzt ließen sie dieselben ruhig nach der Fregatte rudern, ohne sie weiter zu belästigen. — So war man denn um eine interessante Robinsonade gekommen! — Es ist übrigens schwer zu begreifen, wovon die Schaafe hier fett werden, da sich fast gar keine Spur von Vegetation auf der Insel findet, außer ein paar Hände voll herba glaciata, jenem Eiskraut, dessen geriebenen Saamen die Guanches als Sur= rogat für Mehl benutzten, und einige weiße Blümchen.

Als sich das Boot der völlig still liegenden Fregatte näherte, warf sich Graf Oriolla, den Hayfischen zum Trotz, in's Meer und schwamm an Bord. Bald darauf ward die heutige reiche Ausbeute an Fischen bei heiterem Mahle verzehrt. Der Mittag wurde am Lande zugebracht, und die Wärme war nicht so drückend schwül, wie in Spa= nien und Italien. Bei Sonnenuntergang hatte man die Desertas hinter sich und Madeira nördlich, während die

Fregatte sich am Mittage unter 32° 19′ 2″ nördlicher Breite und 16° 29′ 25″ westlicher Länge von Greenwich befunden hatte. Die Nacht war wundervoll, eine herrliche Sternennacht. Durch die Kanonenpforte in seiner Cajüte erblickte Prinz Adalbert die Cassiopeja ganz tief am Horizont — auch das langgestreckte Madeira unterschied er in duftiger Ferne. Einzelne Gestirne spiegelten sich in der See, die zuweilen stark leuchtete — sie war vollkommen glatt, kein Lüftchen regte sich. Es ist auffallend, daß in der Nähe dieser Inselgruppe die Windstillen so häufig sind, obgleich man jeden Morgen die Wolken sich über Madeira thürmen sieht, die den Landwind bringen; allein sie senden ihn nur drei bis vier Meilen in See, so daß er die Fregatte hier nicht erreichte. Eben diese Windstillen waren der Grund, weshalb der Capitain sich südlich der Desertas hielt, denn in dem Canal zwischen den Inseln und Madeira können sie leicht, in Verbindung mit den herrschenden Strömungen, bei der Nähe des Landes gefährlich werden; um so mehr, da unter den senkrechten Wänden beim „Brazenhead" (Cabo do Garagão, d. h. des Seevogels) und an vielen andern Stellen der Küste kein Ankerplatz zu finden ist.

Am 31. Juli Morgens war Messe und das Wetter so still, daß man den Vormittag ungefähr auf derselben Stelle zubrachte, wie gestern, und sich am Mittage noch in 32° 5′ 15″ nördlicher Breite und 16° 39′ 36″ westlicher Länge von Greenwich befand. Erst etwa zwischen vier und fünf Uhr wurde das Schiff von dem Landwinde erreicht, gegen den man nun ankreuzte. Madeira wurde nach und nach deutlicher, man unterschied schon die Risse, Einschnitte und Thäler in den Gebirgen. Bereits gestern waren einzelne Häuser an den Bergen sichtbar gewesen, sie vermehrten sich jetzt, und noch vor Sonnenuntergang konnte man Funchal erkennen.

Schon in aller Frühe, am 1. August, steuerte die Fregatte grade auf den Ankerplatz bei Funchal zu. Etwa um sieben Uhr wurden die Bramsegel geborgen, man warf das Loth, und hielt sich fertig, den Anker fallen zu lassen. Da wurde der Wind plötzlich still, der S. Michele hatte die Grenzlinie zwischen dem schwachen See- und Landwind erreicht, und befand sich jetzt auf dem Punkte, wo beide sich gegenseitig paralysirten. Man blieb daher in einem unaufhörlichen Brassen; denn kaum war gebraßt, so drehte der Wind, die Segel lagen back, und es mußte umgebraßt werden. Der Capitain des portugiesischen Acht-Kanonen-Schooners „Esperanza", der sardinische und der preußische Consul kamen während dessen an Bord. Um halb zehn Uhr endlich führte ein günstiger Windstoß das Schiff grade auf den gewünschten Ankerplatz, welchen der portugiesische Capitain bezeichnet hatte.

Der Prinz hatte hinlänglich Zeit das paradiesische Eiland von der Rhede aus anzustaunen, denn erst um zwölf Uhr erwartete er den Militair- und den Civil-Gouverneur der Insel, welche sich hatten ansagen lassen. Die vorlie-

genbe Gebirgskette trug ganz den Charakter der Gebirge
Genua's und der Seealpen bei Villefranche und Bentimiglia;
die pittoresken Bergformen, die scharfen Umrisse, die vielen
Schluchten, Wasserrisse und kleinen Thäler, die sich zum
Theil jäh bis an den Strand hinabsenken, — Alles er=
innerte den Prinzen an die reizenden Hänge der „Riviera",
nur mit dem Unterschiede, daß das frische Grün hier fast
bis zu den rauhen Gipfeln hinanreicht.

Am Fuße des Gebirges, und zum Theil schon am
Anberg, liegt — beherrscht von seiner Citadelle, dem Forte
do Pico, das im Nordwest von steiler Höh' auf die Stadt
hinabblickt — das hübsche, reinliche Funchal, welches sich
unten am Strande der flach geschweiften Bucht weit aus=
dehnt. Es zeichnet sich durch das viele Grün zwischen den
spitzen, nordischen Dächern aus; hier und da ließ das
Fernrohr eine schwarze Cypresse, die Krone einer vereinzel=
ten Palme, oder, eine neue Erscheinung, das hellgrüne
Riesenblatt der Banane, zur Seite des rothen, baumartigen
Oleander, erkennen. Hoch an den Bergen hinauf reichen
die einzelnen weißen Häuschen, als wären die Hänge mit
unzähligen hellen Pünktchen bestreut. Doch über Alles er=
haben, wie auf der Spitze einer Pyramide, liegt in dem
letzten Grün das weiße Kirchlein Nossa Senhora do Monte
mit seinen beiden Thürmen, auf dem schmalen, gewölbten
Grath, zwischen zwei scharf eingeschnittenen Schluchten.
Mitten aus der Stadt ragt unten der dunkle, viereckige
Thurm der Cathedrale, mit scharfer Spitze, hervor, während

sich unter den Häusern am Strande ein großes, weißes
Gebäude, der Gouvernements-Palast, auszeichnet, leicht
kenntlich an dem aus der Mitte der Mauer vorspringenden,
nicht einmal die Höhe des Daches erreichenden Thürmchen.
Nicht weit davon steht ein hoher, dünner, cylindrischer
Thurm, welchem man seine prosaische Bestimmung, als
Krahn zu dienen, kaum ansehen kann.

Auf der Westseite der Stadt sondert sich der „Loo-rock"
(Forte do Ilheo), ein schwarzer Fels im Meere, mit der
darauf liegenden Batterie, von dem kurzen Absturz, mit dem
die sich links über Funchal sanft wölbenden grünen Hügel
und abgerundeten Kuppen gegen die See endigen. An diesem
Absturz der Ponta da Cruz sind die ribbenförmigen Basalt-
säulen deutlich zu erkennen. Noch weiter links, im fernen
Westen, über dies Cap hinaus, sieht man die dunkle, senkrechte Wand, die colossale, schwarze Mauer der Ponta do
Sol vorragen, mit welcher der Kamm der hohen Gebirgskette Madeira's sich jählings in den Ocean stürzt. Eben
so ist der hohe, waldgekrönte, gewölbte Berg, der sich rechts
von Funchal in Osten erhebt, senkrecht gegen die See abgeschnitten. Auch hier steht der rothe Fels zu Tage und
senkt sich in Terrassen als Cap Brazenhead gen Osten in's
Meer hinab. Die Strandbefestigung Funchal's beginnt mit
einer Batterie von ein paar Geschützen schon westlich des
betaschirten Forte do Ilheo. Im Ganzen erkennt man, den
„Loo-rock" abgerechnet, durch das Fernrohr fünf Küsten-

batterien, die am Ostende der Stadt mit dem auf drei Terrassen liegenden Forte S. Jago endigen.

Funchal wurde zu Anfang des funfzehnten Jahrhunderts von einem der beiden Entdecker Madeira's (zu deutsch Holz, ein Name, welchen die Insel wegen ihres Reichthums an Holz empfing), João Gonsalvez Zarco, gegründet. Da die Dichtigkeit des Gehölzes den Anbau sehr erschwerte, so ließ er die in der Nähe Funchal's gelegenen Wälder anzünden. Der Brand griff um sich und verzehrte nach siebenjähriger Dauer fast alles Holz der Insel; aber die Asche befruchtete das Land. Das Getreide trug im Anfange sechzigfältig, und mit dem vom Brande verschonten Holze, das von vorzüglicher Beschaffenheit war, wurden Portugal und noch manche andere Länder versorgt.

Nach dem Besuche der beiden Gouverneurs begab sich Prinz Adalbert an Land, um seinen Gegenbesuch zu machen. Trotz des von ihm ausgesprochenen Wunsches, das Incognito zu halten, und obgleich die preußische Flagge nicht gehißt war, bemannte der portugiesische Schooner die Raaen, und feuerte mit der Loo=rock=Batterie gleichzeitig den Salut. Viel Volks hatte sich am Strande versammelt und begleitete den hohen Reisenden bis zu dem bastionirten Eingange des Gouvernementsgebäudes, wo die Wache im Gewehr stand. Beide Gouverneurs kamen dem Prinzen bis zur äußeren Treppe entgegen und führten ihn durch den den Saal, in dem die sämmtlichen Portraits ihrer Vorgän=

ger aufgehängt waren, in ein kühles Gemach, in welchem
das Bild der Königin hing.

Auch zurück geleitete den Prinzen ein großer Volks-
haufe bis zu dem Hause des Herrn Hasche, eines Ham-
burgers, der zur Zeit das preußische Consulat verwaltete.
Hier traf Prinz Adalbert mit einigen Offizieren der Fregatte zusammen, um nach Nossa Senhora do Monte zu
reiten.

Zwischen Mauern steigt der Saumweg kühn den jähen
Hang hinan, an dem hoch oben das weiße Kirchlein entgegen leuchtet. Von der Mittagssonne hell beschienen, glänzt
es wie ein heller Stern am kühlen Waldessaum; schaut
mild und friedlich hinab auf das lachende Thal, auf die
grünen Weinberge, auf die Pergolas und Rebendächer,
welche den Abhang beschatten, auf die reizenden Gärtchen,
die in tropischer Ueppigkeit prangend sich am Fuße der Lehne
unter das frische Grün des Weins mischen, auf die vielen
Landhäuser, die reizenden Quintas, die weiß wie die Flocken
des ersten Schnees hinein geschneit sind mitten in diese duftigen Gefilde und in den rankenden Pflanzen zu hängen
scheinen — auf die Villa manches reichen Briten, neben
welcher der Fächer einer Pinie sich in der Seebrise ent-
faltet, oder die dunkle Cypresse sich feierlich ernst erhebt —
und endlich auf das liebliche Funchal, welches, den Fuß des
Berges säumend, sich in den Fluthen des azurnen Oceans
zu baden scheint, des Saphir-Meeres, in dem der glühende
Himmel des Südens sich spiegelt.

Was aber vor Allem den Blick so magisch fesselt, und
den Wanderer wie ein Traumbild aus fernen Wunderlanden
anblickt, das ist die Fülle der Bananen, die in den Gärten
zur Seite des Weges wuchern und der Gegend einen nie
gesehenen Reiz verleihen. In Gruppen dicht gedrängt sieht
man sie bei einander stehen, diese Repräsentanten der Gi-
ganten-Vegetation der heißen Zone, wie Fremdlinge, die
fern der Heimath brüderlich zusammenhalten. Ihre schild-
förmigen Blattcolosse bilden ein immenses, saftig grünes
Dach, das tiefe Schatten auf den Boden wirft. — Doch
sie bewegen sich, diese Schatten, der frische Seewind rauscht,
labende Kühlung fächelnd, in diesen Blättern, sie in viele
Federchen bis zu den Blattstielen spaltend. Zuweilen
wechseln die Mauern, die sich am Wege entlang ziehen,
jedoch das freie Umschauen nie behindern, mit Hecken ab.
Und was für Hecken! Rothe Hecken von Rosen, Fuchsia
und duftendem Heliotrop. Wenn sich auch dann und wann
der Brombeerstrauch unter sie mengt, wird man doch reichlich entschädigt durch den prachtvollsten, baumartigen Oleander, der in nie gesehener Schönheit an der Straße prangt.
Hie und da hing, wie ein Thautropfen, die weiße Glocke
der lieblichen Datura zwischen den Ranken, oder neigte sich
voll Anmuth auf die Wandernden herab! — Sogar Passionsblumen waren in dieser Blumenpracht zu entdecken.

Mit jedem Schritte, den man höher kommt, nimmt
die Aussicht an Schönheit und der Bergpfad an Steilheit
zu. Man ließ den Rößlein die Zügel, und sie klommen

emsig bergan, wenn auch zuweilen der Hinterhuf auf dem glatten Lavapflaster ausglitt. Zwei hohe Drachenbäume standen vor den aufwärts Steigenden, und daneben erhoben, am Eingang in den schattigen Garten des Consuls, eine Menge blauer Hortensien ihr kugelförmiges Haupt. Man ritt daran vorüber, und gelangte in einen Wald von Kastanien, Nußbäumen und Ahorn, dessen kühlender, erfrischender Schatten reiche Erquickung gewährte. Diese Waldeskühlung, belebt durch den erfrischenden Seewind und das murmelnde Bächlein, wehte die Reisenden so heimathlich an, daß sie sich wieder nach ihrem lieben Deutschland versetzt glaubten. — An dem Kirchlein Nossa Senhora do Monte wurde Halt gemacht und man eilte die Stufen der breiten Treppe zur Terrasse hinan, um von hier aus der herrlichen Aussicht zu genießen. Den lieblichen Abhang hinunter gleitet der Blick auf die freundliche Stadt und die weite Bucht mit dem Loo-rock in einer Tiefe von 1774 Fuß, während am fernen Meereshorizont ein matter Schimmer die Desertas verkündigt.

Das bescheidene, stille Kirchlein verlassend, dem die Engländer den Namen „the Mount-church" beigelegt haben, wandten sich die Reisenden wieder der heimathlichen Kühlung des nahen Waldes zu. Nach wenigen Minuten gelangten sie zu dem wahrhaft paradiesischen Garten des Mr. J. D. Webster Gordon, eines reichen Kaufmanns und Chefs eines der ersten Handlungshäuser von Funchal. Schon der reinliche, gut gehaltene Fußpfad verkündete die

Nähe des Engländers, dessen Sorgsamkeit und Pflege sich
bis in's kleinste Detail hinein aussprach, sobald man die
leichte Einzäunung passirt hatte, welche den Garten vom
Waldsaume sondert. — Die Söhne des Hauses gesellten
sich zu den Fremden, und ihr Erzieher, der jugendliche
Mr. Andrew Picken, ward der Führer der Gesellschaft,
welche sich hier von dem prachtvollsten Blumenflor und der
reichsten Auswahl seltener Pflanzen umgeben sah. Bäume
aus allen Welttheilen faßten die frischen, das Auge erquik=
kenden „Greens" ein, oder stiegen aus ihnen in malerischen
Gruppen und Bouquets auf. Europa hatte seine Edeltanne
und seine Eichen geliefert, Neuholland eine Fülle von groß=
artigen Banksias, und Amerika war gleichfalls nicht zurück=
geblieben. Alle hatten würdige Repräsentanten ihrer Flora
gestellt, die den Rahmen zu der herrlichen Aussicht bildeten,
welche der der Mount=church an Schönheit nichts nachgiebt.
Mistriß Gordon empfing die Gäste sehr zuvorkommend in
ihrem comfortablen Landhause, dem reizenden „Mount=
house", und setzte ihnen von dem vortrefflichen Obst ihres
Gartens, nebst Wein und Wasser vor. Dabei zeigte sie
ihnen ein schönes Werk über Madeira, welches Mr. Picken
herausgegeben, und ihr als Anerkenntniß für die wohlwol=
lende Aufnahme gewidmet hatte, die er in ihrem Hause er=
fahren. Vor vier Jahren nämlich war Mr. Picken todt=
krank an der Schwindsucht auf Madeira angelangt, wie
denn überhaupt diese Insel schon seit Jahren, namentlich im
Winter, ein Zufluchtsort für brustleidende Engländer ist,

die von dem herrlichen, gleichmäßigen Clima ihre Heilung erwarten, eine Hoffnung, die bei dem jungen, talentvollen Künstler auch sehr bald in Erfüllung ging, so daß er den Unterricht der Kinder des Hauses übernehmen und die schönen Zeichnungen machen konnte, welche er später selbst mit Meisterhand auf den Stein übertrug. — Man giebt die Zahl der Kranken, welche sich durchschnittlich hier auf= halten, sehr verschieden, zwischen vier= und achthundert an.

Nach Funchal zurückgekehrt, fanden die Reisenden im Hause des Consuls ein treffliches Mahl bereitet, dem weder der berühmte Ort Madeira noch der Malvasier der Insel fehlten. Auch Bananen setzte ihnen Herr Hasche vor; es waren die ersten, welche Prinz Adalbert genoß, allein sie wollten ihm durchaus nicht behagen; bekanntlich muß man sich an diese Frucht erst gewöhnen, ehe sie mundet.

Nach dem Diner wurde ein zweiter Ritt, und zwar nach dem bewaldeten Berge auf der Ostseite der Stadt unternommen, wobei man Funchal in seiner ganzen Länge durchziehen mußte. Die Bauart der Häuser ist sehr ver= schieden von der der spanischen Städte, und erinnerte den Prinzen an die Ansichten von Rio de Janeiro, welche der General=Consul Theremin herausgegeben hat. Die Dächer sind spitz, und die Balcons, obgleich sie häufig vorkommen, scheinen doch kein ganz nothwendiges Erforderniß. Das Straßenpflaster besteht, wie in Ceuta, aus kleinen Steinen und bildet Arabesken vor den Hausthüren. Dabei herrscht überhaupt große Reinlichkeit im Orte. An einigen Stellen

wird die Stadt, wie Meſſina, von ausgetrockneten Berg=
ſtrömen durchſchnitten; ſchattige Alleen, meiſt von Ahorn,
faſſen ſie ein.

Die Tracht der Bewohner Madeira's iſt höchſt einfach.
Die Männer gehen in Hemdsärmeln, Tuchweſten und
leinenen Hoſen einher, den Wirbel bedeckt ein höchſt komi=
ſches Käpplein von dunkelblauem Tuche, deſſen, einem
Rattenſchwanze nicht unähnliche Spitze, einige Zoll hoch
ſchopfartig in die Luft ragt, was dem Ganzen einen fabel=
haften, faſt chineſiſchen Anſtrich verleiht. Die Frauen tra=
gen daſſelbe Käppchen, und dazu große Pelerinen von dun=
kelblauem oder ſcharlachrothem Tuche. Dagegen ſieht man
bei den Landleuten häufig dunkelbraune, geſtrickte Mützen.
— Die Geſichter der Einwohner zeichnen ſich meiſt eben
nicht ſehr vortheilhaft durch ſtarke Backenknochen aus. Auch
die Frauen ſind von dieſem Fehler nicht frei und haben in
der Regel auffallend ſtarke Lippen. Sie können daher mit
den ſchönen Spanierinnen keinen Vergleich aushalten.
Wenn auch die Bettelei hier faſt ſo gang und gebe iſt, wie
in Italien, ſo nimmt auf der andern Seite wieder die
außerordentlich zuvorkommende Höflichkeit der Bewohner für
dieſelben ein. Sie ziehen ſtets, ſo oft man ihnen begegnet,
freundlich das Käpplein; ja es geht ſo weit, daß, wenn ein
Einwohner einen Fremden, gleichviel ob Herr oder Diener,
zu Fuß antrifft, er ihm ohne weiteres ſein Pferd anbietet.

Die einzigen Fremden, denen unſere Reiſenden heut
Nachmittag begegneten, waren einige kranke Engländer, die

von den Bergen herabkamen. Der starke Verkehr mit England macht sich in jeder Beziehung geltend. Essen und Lebensart sind ganz englisch, eben so ist die englische Sprache fast von allen Classen der Einwohner gekannt. Ja selbst die Uniformen der Garnison erinnern, ihrem Schnitte nach, an die britischen Truppen. Das elfte Linien-Bataillon war dunkelblau mit gelben Kragen, die Artillerie dagegen dunkelblau mit roth. Nach der Zeit hat auch die ganze portugiesische Infanterie rothe Kragen und Aufschläge er= halten.

Die Pferde gingen sicher und schnell den Berg hinan, denn es hieß tüchtig zureiten, wenn die Gesellschaft das Ziel ihrer Excursion noch bei Tage erreichen wollte. Da= bei keuchte neben jedem Miethsgaul ein, mit einem hohen Alpenstock mit eiserner Spitze bewaffneter Insulaner einher, sich abwechselnd an dem Schweife des Thieres haltend, um sich mit fortschleifen zu lassen. Wenn auch, bemerkt Prinz Adalbert, diese Leute eine staunenswerthe Ausdauer und eine beneidenswerthe Lunge besitzen, wovon sie am heutigen Nachmittage gewiß eine vollgültige Probe ablegten, so kostet es einem doch jedesmal da, wo diese unglückliche Gewohn= heit herrscht, eine Ueberwindung, ehe man sich zu einer schnelleren Gangart entschließt.

Ein lustigeres Bild, als ihre schweißtriefenden Beglei= ter, gewährten die munteren, aus allen Weltgegenden zu= sammengeschneiten Rosse der heiteren Cavalcade. Graf Bismarck tummelte einen schönen, feurigen, arabisch aus=

sehenden Falben, Graf Virh thronte auf einem langen,
aber hübschen, englischen Braunen, ein Anderer riß, ohne
sichtlichen Erfolg für die Verkürzung der „pace“, an den
starren Kinnladen eines heftigen Grauschimmels aus New=
York, während der Prinz seinen rothen Stock aus Sevilla
auf dem Rückgrabe eines spanischen Pony's tanzen ließ, der,
nicht ohne Mühe mit den hochbeinigen Gefährten wetteifernd,
seinen Reiter dennoch öfters siegreich an ihnen vorbei trug.
— Der breite Saumweg, welcher ziemlich steil bergan
führte, gewährte überall einen freien und wundervollen
Rückblick auf Funchal und die Rhede.

Die Region der Bananen hörte bald auf, der Wein,
die Aloë, der Cactus stellten sich ein; doch erreichen die
beiden letztgenannten in Sicilien eine größere Höhe. Die
Aloë soll namentlich hier gar nicht zum Blühen kommen,
ja man erblickte auf Madeira nicht e i n e n ihrer großarti=
gen Blüthenstengel. Dagegen sah man links am Wege
eine Agave americana, eine, der Jucca ähnliche Pflanze,
mit einem enormen Blüthenstengel, und tiefer unten, am
Ausgang der Stadt, eine brasilianische Fichte. Hie und da
zeigte sich das Zuckerrohr, welches einst einen Haupthan=
delsartikel Madeira's ausmachte, und auch die Kaffeestaude
fehlte nicht.

Nach einem scharfen Ritte von etwa einer Stunde
wurde der waldbedeckte Rücken jenes Berges erreicht, der,
im Osten der Stadt, ein Zweig des Hauptgebirgsstocks der
Insel, weit gegen die See vorspringt. Hier oben, mitten

in ächt deutschen Wäldern von Tannen, Buchen, Eichen,
Kastanien und Ahorn, die hier in kräftigster Fülle gedeihen,
liegt, etwa in gleicher Meereshöhe mit der „Mount-church",
der Palheiro, das Ziel des Ausfluges, der Park des Don
João da Camara, eines Nachkommen des oben genann=
ten Zarco. Von diesem Berge herab erblickte man Fun=
chal unter sich. Vor ihm in der See lag der „Loo=rock".
Dicht dahinter entdeckte Prinz Abalbert einen zweiten,
kleineren Fels im Meere, zu welchem eine Art Mole von
der Küste hinüberführt, so daß hinter dem Loo=rock ein
kleiner Hafen entsteht, der das Landen der Böte sehr er=
leichtert. Auf der Rhede ließ sich im letzten Dämmerlichte
die Fregatte erkennen. Die andere Aussicht nach Osten
über ein bewaldetes Thal, ebenfalls auf die See, ward
durch die plötzlich eintretende Dunkelheit sehr gestört.

Der Ritt nach Funchal hinab durch die kühle Nacht
war prächtig — wahrhaft romantisch. Besonders schön
nahmen die Lichter sich aus, die hoch hinauf an den schwar=
zen Bergen wie unzählige Glühwürmchen flimmerten. Oben
beim Abreiten war es so kühl, daß die Reiter, wie in
unserem Norden, die Kleidungsstücke zuknöpfen mußten; doch
je tiefer sie kamen, je milder, je tropischer wurde die Luft.
Hie und da schlug einer der friedlichen Insulaner in der
offenen Thüre seines Hauses die Laute. Um neun Uhr
erreichte man den Strand, wo das Boot der Fregatte lag.
Die See leuchtete etwas bei der Rückfahrt an Bord. Von

der Rhede gesehen, nahmen sich die Lichter an den Bergen fast noch malerischer aus, als vorher vom Lande.

Der folgende Tag (2. August) ward zu einer Excursion nach dem Curral das Freiras bestimmt, einem tiefen Felsenkessel, der, im Nordwesten von Funchal, ziemlich in der Mitte der vulcanischen Bergkette liegt, welche den Grath der Insel bildet. An dem jenseitigen, nordöstlichen Rande dieser kraterartigen Vertiefung steigt der, von Funchal nicht sichtbare, Pico Ruivo, der höchste Berg Madeira's, nach Bowdich's Messung, zu der Höhe von 5788 Fuß über dem Meere an, während der Pico Arriero im Osten desselben sich nur bis zu 5110 Fuß Höhe erhebt.

Auf allgemeines Anrathen hatte Prinz Adalbert die zeitraubende und weniger lohnende Besteigung des Pico Ruivo aufgegeben und sich zu dem Ausfluge nach dem gepriesenen Curral entschlossen, der denn auch in aller Frühe, von dem herrlichsten Wetter begünstigt, angetreten wurde.

Es war ein schöner, frischer Morgen, kühl wie in Deutschland, als man am Landungsplatze die Pferde bestieg und die Stadt durchstreifte. Unter dem Forte do Pico fortreitend, hatten die Reiter das Freie bald erreicht. Die Ansicht von Funchal mit dem steilen Pic-Fort im Vordergrunde war ungemein malerisch. Auch hier auf der westlichen Seite ist die Vegetation so schön wie auf der andern; doch schien es, als könne das Land noch regelmäßiger angebaut werden, als bisher. Auf den grünen Hügeln glänzten auch hier, doch mit Strohhütten abwechselnd, kleine, weiße, zerstreut liegende Häuser freundlich entgegen.

Was für ein paradiesisches Eiland, schreibt Prinz Adalbert in seinem Tagebuch, ist dieses Madeira, wo das herrliche, wunderbar gleichmäßige Clima die üppigste Vegetation, die prachtvollste Pflanzenfülle der verschiedensten Zonen dem vulcanischen Boden entlockt! — wo am Strande des dunkelblauen Meeres ein mildes, durch den Seewind gemäßigtes Tropen-Clima herrscht, das mit jeden Hundert Fuß verticaler Erhebung an labender Kühlung gewinnt, bis man, in den Schatten deutscher Wälder gelangt, die energische, Geist und Körper erfrischende Luft des Nordens einathmen, und erquickt und gehoben durch den heimathlichen Eindruck der nächsten Umgebung, von nordischer Kraft auf's Neue belebt und durchrieselt, den Blick auf Bananen, Palmen, Cactus, Agaven und Oleander hinabstreifen lassen, während der reichste, üppigste Weinbau an den zerrissenen, fruchtbaren Lavahängen wuchernd zu uns hinanklimmt! —

Nachdem man die ersten Hügelreihen, den Rücken des Pico da Cruz, überschritten, gelangt man bei Camara dos Lobos an das tief eingeschnittene Thal der Ribeira dos Soccorridos, eines jener ausgetrockneten Bergströme, dessen wild zerrissenes Bette, gleich einer jähen Schlucht, wie mit eisernem Finger in die Hänge des Gebirges hineingekrallt erscheint. Beim Hinabreiten zu der neuen, steinernen Brücke, die sich kühn über den Abgrund wölbt, blickt man rechts, zwischen hohen Felswänden, in das obere, enge Flußthal hinein, das im Hintergrunde von einem schwarzen, zackigen Felsgebirge geschlossen wird, während zur Linken das Auge die Ribeira dos Soccoridos durch den lachenden Theil des Thales gegen die See hin begleitet, wo die Thalsohle mit Wein, hohem Rohre, mit Yams, einem der Hauptnahrungszweige der Bewohner Madeira's, und massigen Bananengruppen dicht bewachsen ist. Da, wo der nackte Fels nicht zu Tage steht, sind auch die Thalwände mit Pergolas von Wein überzogen. Aeußerst malerisch nahm sich dazwischen eine reizende Gruppe von Bananen aus, die wie ein ungeheures Bouquet aus einer hochgewölbten, schwarzen Felshöhle am jenseitigen Abhange hervorquoll. Das frische Grün der colossalen Blätter, die in pittoresker Verwirrung und dennoch voller Grazie wild durch einander wucherten, contrastirte ganz eigen mit der schweren, finsteren Decke, die darüber hing.

Kaum hat man die Brücke passirt, so steigt man jenseits zu der Höhe des Estreito auf, wo Ortschaften den gepflasterten Saumweg einfassen. Auf den Balcons, an den Fenstern, unter den Weinbächern, drängten sich die Neugierigen zusammen, die Caravane zu sehen.

Ueberall um Funchal und bis hier hinauf findet man schön gefaßte, sprudelnde Quellen und Brunnen, die den Reisenden erquicken. — Hat man den Saum des Kastanienwaldes erreicht, wo der Weg sich zum schmalen, holprigen Fußsteig verengt, da sieht man zwischen den Schatten

der Bäume hindurch eine Lehne vor sich. Kaum ist auch
diese erstiegen, so erblickt man jäh unter sich einen Abgrund,
einen kraterförmigen, großen Kessel, grün und schroff, lieb=
lich und grausig, recht wie das schönste Schweizerthal —
dies ist der Curral! Dort drüben, unten auf grüner Matte,
am Felsvorsprunge, liegt ein Nonnenkloster.

An der waldigen Lehne wurde gefrühstückt, und zur
Feier des Geburtstages Sr. Königlichen Hoheit des Prin=
zen Waldemar von Preußen dessen Gesundheit getrunken,
worauf man nach Funchal zurückritt. Graues Regengewölk
hatte die Gesellschaft von dem Rande des majestätischen
Abgrundes vertrieben, dem die Ribeira dos Soccorridos
entströmt; einige Regentropfen ereilten sie dennoch; aber
bald wölbte sich der blaue Himmel wieder in ungetrübter
Heiterkeit, und die Küste breitete sich im vollsten Glanze
ihrer Lieblichkeit zu den Füßen der Wanderer aus.

Am Nachmittage belebte die Ankunft zweier kleiner,
britischer Kreuzer die Rhede. Kurz zuvor, ehe man sich im
S. Michele zu Tisch setzte, ankerte die Achtzehn=Kanonen=
Corvette „the Satellite", deren Bestimmung der stille Ocean
war, hart neben der Fregatte, und kaum war die Tafel
aufgehoben, als neuer Kanonendonner die Ankunft der
Sechzehn=Kanonen=Brigg „the Albatros" verkündete, die
nach West=Indien ging.

Ein Besuch an Bord des, gleich der Brigg überfüllten
Satellite, und ein vortreffliches Luncheon, das Capitain
Fitzgerald Gambier seinen Gästen vorsetzte, füllte den

Vormittag des 3. August angenehm aus. Das höfliche Anerbieten des Letztgenannten, dem Prinzen mit der Corvette bis Rio das Geleit zu geben, wurde von diesem sehr gern angenommen. Es war dem Prinzen ein erneuter Beweis für die große Zuvorkommenheit, welche er überall auf seiner Reise von Seiten der britischen Befehlshaber erfuhr. Am Nachmittage gesellte sich ein drittes englisches Kriegsschiff zu den bereits auf der Rhede ankernden, die Cleopatra von 26 Kanonen, welche den neuen Gouverneur, General Sir William Gomm, nach Mauritius bringen sollte. Auch dieses Schiff wollte Rio berühren. Endlich darf auch ein französisches Kriegsdampfboot nicht unerwähnt bleiben, welches eine große Anzahl wilder Thiere vom Senegal nach Frankreich führte, und das die Fregatte schon bei ihrer Ankunft hier vorfand. — So lagen denn sechs Kriegsschiffe vor Funchal und nur vier Kauffahrer! — ein Beweis, wie sich fast alle Course zu den verschiedensten Flottenstationen hier schneiden.

Später, gegen Abend, ging der Prinz auf der Ostseite der Stadt an Land, wo ihm zwei Palankins begegneten. Dieselben haben die Form einer mit Vorhängen versehenen Wiege ohne Räder; Frauen und Kinder saßen darin. Wagen kennt man hier gar nicht. Zum Transport bedient man sich statt ihrer ganz kleiner, mit Ochsen bespannter Holzschlitten, welche vortrefflich über die kleinen Pflastersteine hingleiten.

Bei der Rückkehr an Bord fand Prinz Adalbert

das Verdeck des S. Michele wie umgewandelt. Herren und Damen aus der Stadt hatten sich zu einem improvisirten Balle eingefunden, der sich allerdings mit dem prachtvollen Feste nicht messen konnte, welches der Admiral Graf Birh dem Prinzen vor dessen Abreise von Genua am Bord der Fregatte gab, wo das breite Verdeck mit Flaggen und Lampen so reich verziert war, daß es manchen Ballsaal an Pracht und gewiß jeden andern an eigenthümlichem Reiz und romantischem Schimmer übertraf. Der Tanz war schon in vollem Gange, und allgemeine Heiterkeit herrschte trotz der allgemeinen Sprachverwirrung. Bei den meisten der schönen Insulanerinnen (ein Prädicat, auf welches nur wenige dieser Damen mit einigem Scheine von Recht Anspruch machen konnten) kam man mit englisch, französisch oder italienisch durch; einzelne verstanden nur die wenigen spanischen Brocken, deren die Fremden mächtig waren; andere, selbst auch diese nicht fassend, wollten portugiesisch angeredet sein, beschieden sich aber gern in Ermangelung dessen, wenn man nur recht anhaltend mit ihnen um die Gangspill, dieses große Hinderniß, mit Glück, Ausdauer und Geschick herum zu walzen verstand, oder in den Touren des Contretanzes nicht fehlte. — In die harmonischen Klänge der fröhlichen Tanzmusik mischte sich das Gerassel der schweren Ankerkette eines großen Ostindienfahrers, der in der finstern Nacht neben der Cleopatra nach weiter Reise den Anker fallen ließ. — Um halb elf Uhr stieß das Bootgeschwader, welches die heiteren Besucher und die fröhliche Damenwelt

Funchal's ihren Behausungen wieder zuführen sollte, vom Bord der Fregatte ab.

Das lang ersehnte „Lisbon=Packet", dessen verzögerte Ankunft die Reisenden mehrere Tage hier zurückgehalten hatte, war endlich in der verflossenen Nacht, und zwar ohne Briefe für sie, angelangt. Sie verließen daher noch an demselben Tage, den 4. August, die Bucht von Funchal. Trotz ihrer guten Ankerplätze, die namentlich während des in den Sommermonaten vorherrschenden Nordostwindes den trefflichsten Schutz gewähren, ist die Rhede dennoch den heftigen Südost= und Südweststürmen ausgesetzt. Diese gefährlichen Winde wehen vom November bis Anfangs März, und zwar am unheilbringendsten für die Schiffe vor Funchal in den ersten beiden der genannten Monate. Eine schwere See pflegt ihnen voranzugehen, welche gegen die Küste, begleitet von umspringenden Böen, heranrollt. Dann ist es gerade noch Zeit, das Schiff unter Segel zu bringen und das Weite zu suchen, um nicht von dem nachfolgenden Sturme an den Felsen Madeira's zerschellt zu werden.

VI.

Der Pic von Teneriffa.

Kaum 24 Stunden waren verflossen, seit man die Insel Madeira aus dem Gesicht verloren hatte, als schon der Abend des 5. August die Gebirge Teneriffa's ahnen ließ. Nachdem die Reisenden nämlich am Morgen in der Entfernung von 19 Seemeilen an den Pitons und Salvages, und zwar ohne sie zu sehen, vorübergesteuert waren, und sich am Mittage in 29° 33′ nördlicher Breite und 16° 23′ 36″ westlicher Länge von Greenwich befunden hatten, erblickten sie, nach einem für die Mannschaft des San Michele höchst ergötzlichen, durch einen ergiebigen Scomber-Fang ausgezeichneten Tage, kurz vor sechs Uhr die Luft unter dem weißen Gewölk, auf das sie zusteuerten, etwas trüber gefärbt. Mit dem Glase konnte Prinz Adalbert, wenn auch nur undeutlich, einen Abhang erkennen, der sich aus den Wolken von rechts nach links auf die Meeresfläche hinabsenkte. Der schwache nord=nord=östliche und östliche Wind, der die Fregatte hergeführt, verließ sie, und das Schiff schlingerte nun, durch die schlaffen Segel nicht mehr gehalten, etwas stärker als gewöhnlich; die See leuchtete.

Schon am frühen Morgen des 6. August war der Abhang, den man gestern kaum geahnt hatte, jetzt, wo er sich dunkel gegen den Nebel absetzte, ganz deutlich für den Abfall eines Berges zu erkennen. Bald darauf zeigte sich ein anderer, westlich vom vorigen, der sich ebenfalls in die See senkte.

So hatte man denn nun wirklich die mit Wolken bedeckten Gebirge Teneriffa's vor sich; — ein warmer, brauner Duft lag auf dem großartigen Felsgebirge, dessen Formen nach und nach immer deutlicher hervortraten; hoch darüber breitete sich hochaufgethürmtes Gewölk aus, das als eine einzige, compacte Masse mit der schroffen Bergkette, auf der es lastete, den Fluthen des Oceans entstiegen zu sein schien. Man näherte sich der Küste. Es war das Land bei Punta de Anaga (Punta bi Naga), der Nordostspitze der Insel. Unfern derselben starrte ein pyramidaler Fels, la Mancha, aus der See empor, während zwei der drei „Rocas de Anaga (bi Naga)" dahinter zum Vorschein kamen. Gleichzeitig schimmerte, hoch an den Bergen, ein einzelnes, weißes Haus entgegen, welches der Prinz bald für die Vigie von „Atalaya" erkannte. — Das Gebirge, auf dem es gelegen, beginnt im Nordost der Einsattelung von Laguna, und zeichnet sich, wie Herr v. Buch sehr richtig sagt, durch seine „abenteuerlichen Formen" aus. Besonders gilt dies von seinen südlichen und südöstlichen Abfällen, zwischen Atalaya und la Santa Cruz. Es ist unmöglich, sich bizarrere Gebirgsformen zu denken, als die

Natur sie hier vorführt. Man sieht hier die sonderbarsten Kegelberge, spitze, zackige Grathe, die wie Messerrücken die scharf und tief eingeschnittenen Schluchten trennen, und sich, unter einander parallel laufend, in die See senken.

Der Bananenhain an der Mündung des Thales von Igueste entging schon um deswillen den Blicken des Prinzen nicht, da er diesem durch das schätzenswerthe Werk seines berühmten Landsmanns (L. v. Buch) über die canarischen Inseln als ein Repräsentant der Vegetation Ostindiens wohl bekannt war. Obgleich dem Auge dieser Hain selbst nur wie ein kleiner, grüner Fleck erschien, so ließen sich dennoch die Riesenblätter der Bananen durch das Fernrohr deutlich unterscheiden. Auch erblickte man bald darauf San Andrea an der Mündung einer jener Schluchten. Während es mit den wenigen Bananen, die es beschatten, und mit dem kleinen Thurmfort, das es schützt, ebenfalls an Steuerbordseite der, die Ostküste entlang segelnden Fregatte liegen blieb, begann man vor sich la Santa Cruz zu unterscheiden, das sich mit seinen beiden hohen Thürmen, seinen Forts und flachen Dächern als ein ächt spanisches Städtchen darstellte.

Noch war der scharfe Grath Teneriffa's, die Cumbra, in Nebel gehüllt, noch lagerte schweres Gewölk auf ihr und verdunkelte den Horizont; — da plötzlich durchbrach eine weißliche Pyramide diese auf einander gethürmten Massen, und hoch, hoch aus den Lüften, von seiner hehren, düsteren Wolkenburg herab, schaute, fast wie ein dreieckiger Hut ge=

ſtaltet, der obere Kegel des coloſſalen Pic de Tehde ſtolz und mächtig hernieder; jener dem Ocean entſtiegene Rieſen= vulcan, der die Kraft des Paſſats bricht und ihn aus ſeinen Wegen lenkt! — Links vom Pic ragte ein kleines Stück des Circus wie ein ſchwarzer Rücken über den Wolken hervor.

Dieſes herrliche, längſt erſehnte Schauſpiel dauerte nur einen Moment, — im Nu war es wieder verſchwunden. Santa Cruz ward deutlicher — endlich wurde der Anker geworfen.

La Santa Cruz macht, von der Rhede aus geſehen, gleich allen ſpaniſchen Orten, einen reinlichen Eindruck. Dicht an der Stadt zeigt ſich einiges Grün, dazwiſchen ge= wahrt man einzelne Bananen, während neben dem einen der beiden Hauptthürme eine hohe, ſchlanke Palme weit über die Dächer hervorragt. Unfern davon ſteht ein weißes Haus, auf dem die ſpaniſche Flagge weht; dicht davor liegt eine Batterie, welche an die kurze Mole ſtößt. — Im Gan= zen zählte der Prinz fünf bis ſechs Batterien oder einzelne, zur Küſtenvertheidigung beſtimmte Werke, von denen ein Thurm und noch ein anderes kleines geſchloſſenes Werk auf der Nordſeite der Stadt erſt nach dem verunglückten Angriff Lord Nelſon's angelegt worden ſein ſollen. Die= ſer, trotz der hingebendſten Tapferkeit der britiſchen See= leute und Soldaten fehlgeſchlagene Landungsverſuch am 25. Juli 1797 iſt geſchichtlich merkwürdig durch die großen Opfer, die er forderte; Nelſon ſelbſt wurde, als er, aus

dem Boot an's Land springend, den Degen zog, der rechte
Arm zerschmettert.

Auf der Landseite hat la Santa Cruz keine Vertheidi=
gung. Hinter der Stadt, gegen Laguna, erhebt sich allmälig
das Terrain. Einige Mühlen krönen diese Höhen. Laguna
selbst ist von der Rhede aus nicht zu entdecken, dagegen
erkennt man ganz deutlich das an dieser sanft ansteigenden
Lehne gelegene Nuestra Señora de Gracia. Das Colorit
dieser sanften Hänge ist ganz das warme, verbrannte Braun
Malta's und Malaga's, während die oft erwähnten, sonder=
baren Gebirge in Nordost, durch den spärlich auf ihnen
wachsenden Cactus, eine dunklere, mehr grünliche Färbung,
ähnlich den Bergen der schottischen Hochlande, annehmen.
Gegen Osten verdeckte jenes heiße, das Auge blendende,
weißliche Gewölk, das seit Gibraltar fast als ein Vorbote
der Nähe Afrika's erschienen, Canaria und die übrigen
Inseln. Dazu kam noch eine drückende Hitze, wie man sie
in Madeira nicht empfunden hatte; das reaumursche Ther=
mometer zeigte auf der Rhede + 20°,o im Schatten.

Als der Prinz am Nachmittage auf einige Stunden an
Land ging, um die Stadt zu durchstreifen und ein wenig in
ihrer Nähe zu zeichnen, badeten sich bei dem Molo eine
Anzahl nackter Jungen im schwarzen Schlamm der Ebbe
und wateten im seichten Wasser um das Boot der Fregatte
herum. — Der Blick von dem Kopf der nur wenige Schritte
langen Mole auf die sonderbaren Gebirge in Nordost ist
sehr eigenthümlich. — Die Hauptstraßen der Stadt sind

reinlich; von den entlegneren läßt sich jedoch nicht dasselbe
rühmen. Die meist einstöckigen Häuser haben größtentheils
flache Dächer; spitze sieht man seltener. Balcons sind
nicht so allgemein, wie in Spanien; statt ihrer laufen um
einzelne Gebäude hölzerne Gallerien herum, was lebhaft
an den Styl der Schweizerhäuser erinnert. Sehr abson=
derlich, aber nicht eben sehr geschmackvoll, ist die Tracht
der Frauen des gemeinen Volkes. Auf ein weißes, nicht
immer ganz reines Tuch, das auf Schultern und Nacken
herabfällt, stülpt sich ein runder Männerhut von Stroh
oder schwarzem Filz, der nicht im Stande ist, den Gesichtern
dieser rohen und zänkischen Weiber etwas von ihrer Häß=
lichkeit zu benehmen.

Eine unvermuthete Erscheinung waren dem Prinzen
einige abgemagerte Kameele mit einem Höcker, die ihm in
den Straßen begegneten. Zu L. v. Buch's Zeiten existir=
ten sie nur auf Lanzerote. — Außerhalb der Stadt sieht
es etwas wüst aus, doch in den Gärten dicht um dieselbe
stehen einzelne hübsche Palmen und Bananen, auch blühen=
der Oleander. Man scheint hier viel Cactus anzubauen;
aber er kam kaum über der Erde hervor. In einer Schlucht
an den Bergen lag ein Haus sehr malerisch zwischen Zy=
pressen. — Mit Eintritt der Dunkelheit kehrte Prinz
Adalbert an Bord zurück. Die Nacht war schön und
sternhell.

Der prächtige, kühle Morgen des 7. August, welcher
die wohlgefälligen, langen Linien der Cumbra völlig von

Wolken befreit, in leichtem, grau-violettem Duft zeigte,
schien ein guter Vorbote für die heutige Expedition über
Orotava auf den Pic, deffen höchste Spitze kaum merklich,
eben nur wie ein kleiner, weißer Punkt, über jenem Grath
hervorblickte. Bereits um halb fieben Uhr ging der Prinz
an Land, und gleich nach Richardson's Hotel, wo sich
die kleine Gefellschaft in dem Bananenhofe mit dem Springbrunnen verfammelte. An dem Ausfluge nahmen Theil
vom S. Michele: Graf Birh und Lieutenant Mantica,
und von der Satellite: Lieutenant Egerton, Dr. Foster
und der kleine Volontair von der erften Claffe, Mr. Scowell. Der Doctor hatte als Arzt des „black Eagle" Se.
Majeftät den König von Preußen jüngft auf deffen Ueberfahrt nach England begleitet.

Nach kurzem Verweilen zog die Gefellschaft durch die
noch unbelebten Straßen von la Santa Cruz hinaus in die
verbrannte Ebene, die allmälig fanft gegen die Einfattelung
von Laguna hinanfteigt. Die breite, gepflafterte Straße
überschreitet bald hinter der Stadt den Baranco de Los
Santos, und begleitet ihn dann ein Stück weit. Unter
Baranco (fprich Waranco) verfteht man hier das tief in
den Fels gewafchene Bett eines Bergwaffers oder eine
fcharf eingefchnittene Schlucht, einen ravin. In diefer
Jahreszeit waren die Bäche in derfelben meift ausgetrocknet.
Vom Waffer glatt abgewafchen lag der Bafalt in dem
Grunde des Baranco des los Santos klar zu Tage. Die
fchöne Straße hört an dem Lavaftrome auf, der aus den

Kegeln über Laguna am Ende der Cumbra kommend, sich
hinab gegen die See wendet. Obgleich die Lava weniger
uneben war, als die des Vesuvs, mußten sie die Pferde
gleichwohl vorsichtig und mühsam überschreiten.

Am Anfang dieses Lavafeldes steht eine Mühle, und
daneben ein ganz kleines, schwach besetztes, gemauertes Fort
ohne Kanonen, das, wie es scheint, die Bestimmung hat,
im Fall einer überlegenen feindlichen Landung, der zum
Abzug gezwungenen Garnison von Santa Cruz eine letzte,
vortheilhafte Stellung auf der Ostseite der Insel zu ge=
währen und eventuell ihren Rückzug über das Gebirge nach
Orotava zu decken. Jenseits des Lavastromes beginnt die
breite gepflasterte Straße auf's Neue.

Die Vegetation nimmt etwas zu, wenigstens im Ba=
ranco de los Santos, wo Cactus und Aloë die Seiten=
wände überziehen. Auch stehen nahe am Wege einige von
den geraden stockähnlichen Cactus, die jedoch, ebenso wenig
wie die anderen Stauden dieser Gattung, die gewohnte
Höhe erreichen. Es ward allmälig grüner und die ersten
Bäume zeigten sich wieder, seit den Gärten von la Santa
Cruz. — Einzelne Häuser stehen am Wege. — Man ritt
an der Kirche Nuestra Señora de Gracia vorüber, wohin
eben die Einwohner der umliegenden Gehöfte wallten,
denn es war Sonntag. Einige Buben waren davor aufge=
schlagen, der Prinz verstand die Arrieros: „es sei heute
das Fest der Kirche." — Die Gegend wurde immer eigen=
thümlicher; rechterhand hatte man in sechs bis sieben sich

hinter einander fortziehenden Reihen jene Berge von aben=
teuerlichen Formen und verschiedener Färbung, die sich gegen
die See und die Einsattelung senkten, sowie gegen die Ebene,
in welcher, vorwärts, Laguna lag; links erhoben sich die
Eruptionskegel am Ende der Cumbra, deren Ausbrüche
wahrscheinlich der Erhebung des Pic vorhergingen.

Man ritt in das 1620 Fuß über dem Meere gelegene
Städtchen Laguna ein, das einen freundlichen, belebten Ein=
druck machte. — Die Sonntags=Costüme sind sehr originell;
der hohe, runde Hut herrschte bei beiden Geschlechtern
wieder vor, doch hatten die Frauen heute Kopf und Nacken
in feine, glänzende Tücher von weißer oder zeisiggelber
Wolle, mit breitem, weißen Seidenbesatz gehüllt, und ge=
streifte, reinliche Kleider angezogen. Die Männer dagegen
schienen es kalt zu finden, obgleich die Sonne schon hoch
am blauen Himmel stand, denn sie hatten noch ihre wolle=
nen Decken um, die oben mit einer Schnur um den Hals
anschließen, und unten, wie die Bettdecken, mit einem schma=
len Streifen von dunkler Farbe durchwirkt sind; während
wieder Andere lange Pelzjacken oder schwere, zum Theil
mit Pelzkragen versehene Mäntel trugen, wie sie bei uns
gebräuchlich sind. Weniger frostig zeigten sich die Bauern
oder Arrieros, welche bereits die Decken abgeworfen hatten.
Ein weißes Hemd, eine bunte, meist roth und schwarz ge=
streifte Weste, leinene Hosen, deren eines Bein bis auf die halbe
Lende heraufgestreift war, oder bunte, nach spanischer Sitte
an der Seite aufgeschnittene Beinkleider bildeten ihren ein=

fachen Anzug. Ein paar elegante Spanierinnen in schwar=
zen Mantillas gingen eben in die Kirche. — Die Frauen
sind hier hübscher, als in la Santa Cruz, eine Bemerkung,
die sich überhaupt auf der ganzen Nordwestseite Teneriffa's
aufdrängte. — Laguna hat meistens einstöckige Häuser mit
hölzernen Balcons oder Gallerien. Auf einigen flachen
Dächern waren auch hie und da einzelne Hauslauch=Pflan=
zen, vielleicht die Ueberbleibsel jener „Sempervivum-Dächer"
zu sehen, die L. v. Buch hier antraf.

In der Ebene, ein kleines Stück außerhalb der Stadt,
wurde Halt gemacht, um zu frühstücken. Der Platz war
gut gewählt. Auf der einen Seite hatte man die Cumbra=
Abfälle, über welche eben die Spitze des Pic hervorblickte,
und auf der andern, mitten in dem sanften, flachen Kessel
oder der Terraintülle, welche die Cumbra von den aben=
teuerlichen Gebirgsketten im Nordost der Insel trennt, das
Dertchen Laguna mit seinem hohen dunklen Thurm und der
langen Reihe von Windmühlen mit Segeltuchflügeln rechts
daneben. Ueber die Höhen, hinter Laguna fort, sah man die
See und, ganz leicht hingeworfen, die schönen Umrisse von
Gran Canaria.

Jene lange Reihe von Windmühlen erwähnt Leopold
v. Buch, weil an ihnen sich im October die Verwandlung
des Nordostpassats in Nordwestwind deutlich kund giebt.

Von hier ging der Ritt durch eine kahle Gegend oder
sparsame, grüne Maisfelder, um die Abfälle der Cumbra
herum. Rechts vor sich sieht man den Ocean und die andere

Küste Teneriffa's, während man unter sich, am Ende der gegen die See geneigten Ebene, die kleinen Orte Tacaronte und Tegueste erblickt, bis man zu dem Brunnen von „Agua Garcia" gelangt, wo die Pferde getränkt werden. Hinter dem trogartigen Brunnen öffnet sich eine enge, dunkle Schlucht, der das klare Bergwasser entströmt. Das jenseitige hohe Ufer des Baches wird von schönem Laubholz, zwischen dem einzelne Palmen das stolze Haupt erheben, beschattet. Je mehr man sich der Nordwestküste nähert, je üppiger wird die Vegetation.

Schon lange hatte der Prinz das hohe Haidekraut gesucht, von dem ihm Herr v. Buch einst erzählte; jetzt erst bemerkte er, daß Alles, was er für junge Fichten gehalten hatte, Haidekraut war. Auf den Rändern eines Baranco, in den er hinab sah, standen dicht neben einander oft 20 Fuß hohe Erica-Bäumchen.

Der Abhang von der See bis zu den bewölkten, waldigen Bergen der Cumbra ist mit Wein, Feigenbäumen, einzelnen Orangen und Lorbeerbäumen bedeckt, während gegliederte Euphorbien die Ränder des Weges überziehen. Die Vegetation nimmt bis Matanza mit jedem Schritt an Fülle und Mannigfaltigkeit zu. Hier erst erreicht sie ihren Gipfel, indem unzählige, schlanke Palmenstämme zwischen den andern Bäumen und Sträuchern einzeln empor steigen und sie mit ihren reichen, graciösen Kronen überragen — „ein Wald von Palmen ist es nicht," bemerkt Prinz Adalbert, doch wollte man sie vereinigen, so könnte man einen

12

großen, schönen Wald aus ihnen machen! Madeira möchte ich die Bananen-Insel, Teneriffa dagegen die Palmen-Insel nennen". — Obgleich grausamer Weise einzelnen Palmen die Kronen abgehauen oder ihnen die Zweige über dem Kopfe zu einem in die Höhe stehenden Bündel zusammen= gebunden sind, fehlt es bennoch nicht an den prächtigsten, vollsten Kronen.

Man überschreitet mehrere Barancos, an deren Wän= ben die Tosca, der Tuff, deutlich zu erkennen, reitet durch das Dorf la Vittoria, von da wieder hinab und abermals durch einen Baranco, bis man die Lehne von Santa Ursula erreicht. Eine Allee 20 Fuß hoher, gelbblühender Aloës faßt den Weg ein, der zu dem Palmenhügel hinauf führt, auf welchem das Dorf liegt. —

Bisher war das Auge nur der wenig gekrümmten Küstenlinie bis Puerto Orotava gefolgt; — jetzt wendete der Weg sich scharf links, um den Ausläufer jenes Berges herum, der bisher alle weitere Aussicht benommen hatte, und plötzlich, an den Rand eines steilen Abfalls gelangt, blickte Prinz Adalbert in die lachende, blühende Ebene hinab, die sich zu seinen Füßen ausbreitete. An ihrem Saum, gegen das im Osten in die Wolken aufsteigende 6 bis 7000 Fuß hohe Gebirge der Cumbra und des Circus, er= glänzte, von der glühenden Mittagssonne freundlich beschie= nen, das weiße Städtchen Villa Orotava. Die jungen, frischen Arrieros der Reisenden ließen jetzt ihre melancho= lischen, spanischen Lieder schweigen, und Alles rief: „la Villa,

la Villa!" Im Norden wird die herrliche Fläche gleichfalls
durch jenen Berg begrenzt, der hoch oben in der Cumbra wur=
zelnd, sich von einer ihrer Kuppen, dem 5658 Fuß hohen Pe=
rexil, wie eine grade Linie schräg gegen Santa Ursula herab=
senkt, während er, von Süden gesehen, als ein steiler, ungeheurer
Absturz erscheint. Ihm gegenüber, die reizende Ebene im
Süden einfassend, erhebt sich der schroffe Tigahga, der sich
ebenfalls, gleich einer colossalen Mauer, aus den Wolken
gegen die azurne Fluth hinabzieht, welche den Westrand des
lachenden Thales bespült. — Hier liegt Puerto Orotava
zu den Füßen zweier Eruptionskegel, die von Weitem fast
wie Maulwurfshaufen erscheinen; auf seiner Rhede schau=
kelten sich zwei bis drei Schooner.

Man stieg in die Ebene hinab. Wenn auch hie und
da sich unter das unbeschreiblich frische Grün gelbe Mais=
felder mischten, — denn seit Agua Garcia war der Mais
nicht mehr grün, wie bei Laguna, — erschien dennoch die
prächtige Ebene mit ihren lachenden Fluren, ihren endlosen,
schattigen Pergolas, die fast unter der Last des wuchernden
Weines erliegen, ihrem Kastanien= und Lorbeersaum, der
sich gen Osten an den sanfteren Hängen der Gebirge
hinanzieht — wie der reichste, üppigste Garten. Brombeer=
hecken fassen den Weg ein, ein paar kräftige Repräsentanten
des Pinus canariensis stehen zur Seite und werfen ihre
Schatten über ihn hin. Sind auch die Palmen in dem
lieblichen Thale verschwunden, um in den Gärten Orotava's
erst wieder zu erstehen, so findet der Reisende doch reich=

12*

lichen Erſatz dafür in den abenteuerlichen, höchſt ſonderba=
ren Geſtalten einiger großen und ſchönen Drachenbäume,
an denen er vorüber reitet.

Zwiſchen Gartenmauern nähert man ſich der Stadt
Orotava, die ſich maleriſch einen ſanften Hügel hinanbaut.
Prachtvolle Bananen, die erſten, die man ſeit Santa Cruz
wieder zu Geſicht bekam, überragen dieſe Mauern mit ihren
Rieſenblättern und beugen ſich in hohen, ſchattigen Bogen
darüber hin. Es war drei Uhr des Nachmittags, als die
Reiter in dem engen Hofe der „Fonda‟, nahe bei der
Kirche, von ihren müden Pferden abſaßen. — Prinz Abal=
bert machte noch vor dem Eſſen einen kleinen Spaziergang
und hatte die Freude, einen ungeheuren Drachenbaum im
Garten der „Caſa Franqui‟ zu entdecken; eine gewaltige
Palme ſtand als Pendant an der andern Seite des Hauſes;
Büſche von dunkelrothen Roſen und rothem Oleander im
Vorgrund, untermiſcht mit dem friſchen Hellgrün der ſchön=
ſten Bananenblätter, gaben dem Bilde ſeine Vollendung.

Nach dem Diner wurde die wenig belebte Alameda
beſucht, eine breite, von ſchönen Bäumen beſchattete Terraſſe.
Der Blick auf die Stadt hinab iſt ſehr maleriſch; leider
war die Sonne bereits untergegangen und der Pic, der
dem Ganzen die Krone aufſetzen muß, verſchleiert. Den
Reſt des Abends verlebten die Gefährten des Prinzen in
dem Cirkel der ſchönen Doña Ines de Lobo, bei welcher ſie
der Oheim der Dame, ein gewiſſer Don Balthaſar, ein
Mitbewohner der Fonda, eingeführt hatte. Sie unterhielten

sich vortrefflich und tanzten bis spät in die Nacht hinein.
Der Prinz, so wie der kleine Mr. Scowell, hüteten das
Haus.

Der durchschwärmten Nacht zum Trotz wurden bereits
am andern Morgen (8. August) um halb sieben Uhr die
Thiere bestiegen. Prinz Adalbert war allein seinem
muntern Isabellen treu geblieben. Die übrige Reisegesell=
schaft hatte sich heute sämmtlich mit Maulthieren beritten
gemacht. So zog die kleine Caravane durch die blühende
Ebene Orotava's, aus der die erquickendsten Morgendüfte
in den blauen Aether aufstiegen, dem Pic zu, dessen gelb=
lichweiße Spitze zur Linken hinter dem Gipfel des Tigayga
hervorragte. Weiter links benahmen die seitwärts sich hin=
ziehenden Berge der Cumbra alle Aussicht. — Kurz hinter
Orotava wurde der breite Barauco de San Antonio durch=
ritten, welcher aus den Kastanienwäldern der bis zum Gipfel
grün bewachsenen Cumbra herabkommt. Hohe Kastanien=
bäume, Erica und Lorbeer beschatten die Ränder dieser
von senkrechten, schwarzen Wänden eingefaßten Schlucht.
Der Rückblick auf Orotava, — auf die lachende Ebene,
begrenzt durch den steilen Berg von Santa Ursula, der sich
von der See bis an die Cumbra heranzieht, gehört zu den
malerischsten, die man sich denken kann.

Von hier an führt der Weg längere Zeit schräg auf
die Berge zu, über Felder und an Weinbergen fort, an
einzelnen Gruppen kleiner Hütten vorbei, bis zum Saum
des Gehölzes. Es ist ein niederes Gehölz, in das man

tritt, von Erica= und Lorbeersträuchern, die kaum die Höhe eines Mannes zu Roß erreichen, sehr verschieden von den schattigen, hochstämmigen Wäldern, in denen der Baranco de San Antonio seinen Ursprung nimmt. Doch das frische Grün des Lorbeer erfreut das Auge und entschädigt für Vieles. — Man reitet lange darin fort, und überschreitet manchen kleineren oder größeren Baranco.

Die Luft ward nach und nach kühler. Ohne es zu merken, war man bereits ein gutes Stück gestiegen; statt des verschwundenen Lorbeers mischte der duftende Brezo sein fahles Grün mit dem dunkleren der immer niedriger werdenden Ericasträucher. Da kamen allmälig die der Meeresfläche entstiegenen, jetzt frei im Raume schwebenden Nebel und Wolken an dem Tigayga hinauf; der Prinz sah sich um: eine riesenhafte, dunkle Wolkenwand stand senkrecht einige tausend Schritt weit hinter ihm. Ihr unterer Rand berührte die Ericawaldung an der Berglehne zu seinen Füßen und entzog die sanft ansteigende Ebene Orotava's und die See seinen Blicken. Hoch oben am Saum der riesigen Wolkenwand sah hie und da ein schmaler dunkel= blauer Streif vor, in welchem man, obgleich nicht ohne Mühe, den durchschimmernden Seehorizont erkannte. Je höher man stieg, je mehr gewann man die Aufsicht auf ein ähnliches, wolliges oder welliges Wolkenmeer, wie es sich jüngst auf dem Aetna zeigte. Der schmale Reitpfad führt an den oberen Hängen der Cumbra unter einem theil= weis zusammengestürzten Kegel von rothem und gelbem

Bimsstein fort, welchen die Führer „Hajar" nannten, und gelangt, allmälig ansteigend, kurz ehe er die obere Grenze der Erica-Zone erreicht, zu einem Geröll wild über einander gestürzter Lavablöcke. Auf diesen von der Sonne warm beschienenen Blöcken sitzend, wurde das Frühstück einge= nommen.

Zum ersten Mal sonderte sich der Pic deutlich von dem Tigayga. Ein riesenhafter Kegelberg, an Gestalt dem oberen Kegel des Aetna ähnlich, an Größe ihn aber bei weitem übertreffend, ragte der Teyde hoch über die mit Lavageröllen übersäete, vor den Reisenden sich erhebende Lehne empor. Seine Seitenwände steigen sanft an, wie die des Schneekoppenkegels; die linkerhand rundet sich ein wenig nach oben zu und markirt dadurch den Absatz, wo der Piton, jenes Kegelchen von weißlichem Bimsstein, be= ginnt, das von hier wie ein auf den großen Kegel gesetztes, weißes Käpplein erscheint. Die rechte Wand des Piton bildet dagegen mit der rechten des Pic eine zusammenhän= gende Linie, die nach ihrer Basis zu schroffer herabfällt, als senkte sie sich in eine durch die vorstehende Lehne ver= deckte Schlucht. Weiter rechts, durch einen Zwischenraum von der Basis des Pic deutlich geschieden, erhebt sich mit einer kurzen Ansteigung, als sei er demselben Thale ent= stiegen, der Tigayga, der, je mehr man sich ihm nähert, ein um so schrofferes Ansehen gewinnt. — Während der mächtige Pic sich wie eine grünlich schwarze Masse, an der sich wieder Streifen und Risse von verschiedenen Nüancen herabziehn, dunkel und scharf gegen den Aether absetzt, senken sich linkerhand, damit grell contrastirend, jene Fel= der gelben Bimssteins an dem unteren Theile seines großen Kegels in breiten Streifen herab, sich gleichsam ausschüttend über den runden, sandigen Rücken des Monte Trigo, der sich hier an den Fuß des Berges lehnt: blendend, wie Ströme weißen Sandes, die sich in ein Sandmeer ergießen.

Bei brennender Hitze ward nach einer halben Stunde wieder aufgebrochen. Bald hatte man das jetzt kaum noch drei bis vier Fuß hohe Haidekraut hinter sich; mit ihm verschwand alle Vegetation bis auf die Retama blanca der Cumbra, die von jetzt an die einzige Begleiterin der Auf= steigenden ward. — Sie mußten sich in der Gegend des Portillo befinden; doch die Arrieros, welche Prinz Adal= bert danach fragte, wollten von einer solchen Benennung nichts wissen. Bald war kein Zweifel mehr; es mußte be= reits passirt sein, denn der Llano de las Retamas, zu den Cañadas gehörend, war erreicht. Eine weite, gelbe Bims= steinebene breitete sich aus, aus welcher der dunkle Pic de Teyde immer riesiger in die tiefblaue Luft emporstieg. Er hatte eine andere Gestalt gewonnen. Ein schroffer, oben breit abgestumpfter 4 bis 5000 Fuß hoher Kegel mit steilen Seitenwänden ragte er in colossaler Majestät über das wogende Bimssteinmeer herein, dessen feinkörniger, sonnen= durchglühter Sand vom Weiß, durch Gelb in's Braune, ja bis in's helle Roth spielte. — Alles, ja der schwarze Pic selbst, hatte hier einen wärmeren Ton angenommen; so brannte die Sonne auf dem Llano in einer Höhe von 6 bis 7000 Fuß über dem Ocean.

Gleichwie das geblendete Auge auf großen Schnee= flächen leicht den Maaßstab für Hohes und Tiefes verliert, so ließ sich auch die Höhe der blendenden Bimssteinwellen nicht ermessen, von denen man umgeben war. Aehnlich den langen Schaumlinien, die sich oft auf dem Gipfel der heran= rollenden Wogen des bewegten Oceans bilden, zogen sich zusammenhängende Grathe von rothen, zackigen Lavafelsen auf dem Rücken dieser Bimssteinhügel hin, während hie und da spitze Kegel von verworrenem Lavageröll gleich er= starrten Spritzern aus dem Sandmeer hervorragten. Von der ausgeglühten Fläche, von der vulcanischen Basis des Teyde, schweifte unwillkürlich der geblendete Blick an dem colossalen Vulcan in den Aether aufwärts, sich an dem magischen Dunkelblau des Himmels zu laben.

Man reitet, so schien es dem Prinzen, zwischen erkal= teten Lavaströmen hin, deren Thäler der Bimsstein ausfüllt. Der Piton, der Anfangs hoch aus der oberen Abstumpfung des Kegelberges heraustritt, wird, je mehr man sich ihm nähert, und je mehr dadurch die Breite der oberen Fläche des Vulkans zunimmt, immer kleiner, bis er endlich ganz darin untertaucht. Jener sandige Rücken, welchen die Ge= sellschaft von ihrem Frühstücksplatz aus links am Fuße des Pic gesehen hatte, lag, nach und nach zum Hügel, ja fast zu einem Berge geworden, vor ihr. Man hatte ihn bald erreicht, und die ermüdeten Thiere klommen an seiner

Bimssteinlehne hinan; einzelne, große Basaltblöcke lagen zur Seite. Jetzt endlich stand man an dem Fuße des schwarzen Kegelberges. In Zickzacks, zwischen scharfen, schwarzen Obsidianglasblöcken, wie sie L. v. Buch bezeich= net, den Kegel hinaureitend, gelangte man, mit einer letzten Ansteigung von kaum ein paar hundert Fuß, um halb drei Uhr zu der Estancia be los Ingleses, dem bekannten, von schwarzen Felsblöcken wohl geschützten Bivouacsplatz. Da= mit war das heutige Tagewerk vollendet.

Beim Hinaufreiten hatte Prinz Adalbert wohl be= merkt, wie mit dem Betreten der Bimssteinebene sich die Berge der Cumbra hinter den Wandernden schlossen und sich an andere reihten; eben so wenig war es ihm entgan= gen, daß man den Ursprung, die Wurzel des Tigahga um= ritten hatte, und doch war ihm der Circus, welcher den Fuß des Pic auf der Südwest=, Süd= und Ostseite ring= förmig umgiebt, noch nicht so klar vor Augen getreten, als es der Prinz der Karte nach erwartet hatte. Er stieg daher noch am Nachmittage ein Stück an dem schwarzen Kegel aufwärts und genoß eine eben so eigenthümliche wie groß= artige Ansicht.

Sein Blick fiel hinab auf den langen, violetten Rücken der Cumbra, der mit seinen Auszackungen links und rechts Buchten und Vorgebirge in dem weißen, wolligen Wolken= meer bildete, während er sich sanft gegen den Llano be las Retamas herabsenkte. Rechts an diese sanften Cumbra= Hänge reihte sich — die Einfassung der Bimssteinebene

fortſetzend — eine lange, oben gerade abgeſchnittene, felſige
Wand. Mit jedem Schritt, welchen der Prinz höher zwi=
ſchen den Obſidianen des Kegels aufſtieg, ſah er den nahe
an 2000 Fuß hohen Mauercoloß ſich mehr und mehr um
die Baſis des Pic herumbiegen, während ſein oberer Um=
riß, die gerade Linie verlaſſend, einzelne Kuppen zu bilden
begann. Er erkannte den Circus — das mächtige, halb=
kreisförmige Stück des Erhebungskraters, das allein allen
ſpäteren Ausbrüchen des Rieſenvulcans getrotzt — er
ſah deutlich darin die horizontalen Schichten, die zu=
weilen wie kleine Terraſſen, richtiger noch wie ſchmale
Stufen, erſcheinen, und hoch oben an ſeiner Wand ſich hin=
ziehend, das ſchmale, weiße Trachytband, den Silberſtreifen
von Angoſtura.

Der Prinz ſenkte das Auge. Schnell glitt der Blick
die jähe Lehne hinab, auf welcher er ſtand, über das groß=
artige, ſchwarze Gewühl der ſpitzen, glaſigen Obſidianblöcke
fortgleitend, das ſich tief unten zu ſeinen Füßen in wilder
Verwirrung auf zwei abgerundete Rapillkuppen ausſchüttete.
Mit dem Saume des ſchwarzen Obſidianfeldes grell con=
traſtirend, wölbten ſich, aus dem Gelben in's Röthliche
ſpielend, dieſe Hügel hart an der Baſis des Pic aus der
tiefer liegenden, gelben Bimsſteinebene empor. Dieſe untere
Fläche, der Boden des Erhebungskraters, dem einſt der
Teyde entſtiegen, iſt mit ſchwarzen Blöcken und rothen
Lavafelſen überſäet; überall ſtarren Grathe und Kegel aus
ihm auf, zwiſchen denen ſich einzelne Lavaſtröme durch=

winden. Rechts unten, hart unter dem höchsten Absturz des Circus, stehen noch die dunkelrothen, im Vorfließen erkalteten Wellen eines mächtigen Stromes, denen man das Streben nach Vorwärts noch anfühlen kann. Ueber diesen schauerlichen Heerd vulcanischer Schrecken, über diese Rie= senmauer hinweg, die sich einst aus der bodenlose Tiefe des Oceans erhob — weit über dies Alles fort, warf der rie= sige Pic mit sinkender Sonne seinen bläulichen Schatten, gleich einer colossalen Pyramide, über die Nebel hin, die an die Stelle des Meeres getreten.

Noch hatte der wunderbare Schattenriß jenes herrliche, blaue Gebirge nicht erreicht, dessen Fuß sich in dem Nebel verlor; noch lagen die prächtigen, alpinischen Formen der Kette Gran=Canaria's — desselben Eilandes, das einst achtzig Jahre lang der spanischen Weltherrschaft ruhmvoll getrotzt — in schönster Klarheit ausgebreitet!

Doch je höher Prinz Adalbert, einen Streifen schwarzen Gerölls benutzend, an dem Kegel aufstieg, je mehr erhob sich der gespenstige Begleiter auf seinem Nebel= meer, bis dieser König der Schatten selbst Canaria gänzlich bedeckte. Da ward es Nacht. — Die Feuer der Estancia waren der Fanal, welcher dem Prinzen auf seinem ab= schüssigen Felspfad entgegen leuchtete und ihn zu den Ge= fährten zurückführte.

Noch aber wurde Graf Oriolla vermißt. Derselbe hatte, wie alle übrigen der Gesellschaft mächtig angezogen von der schauerlich großartigen Natur, am Nachmittage

gleichzeitig mit dem Prinzen die Estancia verlassen, und
dieser hatte ihn, während er oben am Abhange zeichnete,
bald aus dem Gesicht verloren. Kühn und ausdauernd
war der Graf den Kegel hinangeklommen, die Geheimnisse
des Berges zu erforschen. Um halb acht Uhr, kurz nach
Sonnenuntergang, erreichte er den Kraterrand. Aber der
Rückweg war nicht so leicht; fast die ganze Nacht irrte er
zwischen den Geröllen und scharfen Felsblöcken in der Finsterniß umher; jeder Fehltritt konnte ihm in den zerklüfteten
Laven verderblich werden. Wie groß war daher seine
Freude, als er, an den Steinen umhertappend, die erste
Spur der Vegetation wieder unter seiner Hand fühlte.
Dies erste Stückchen Moos, diesen ersten Hoffnungsschim-
mer, steckte er zu sich, um ihn zum Andenken an diese
grausige Nacht zu bewahren. Er kam immer tiefer und
tiefer am Kegel herab; schon hatte er es aufgegeben die
Gefährten wieder zu finden, da erblickte er hoch über sich
die helllodernden Feuer. Es war halb ein Uhr, als Graf
Oriolla bei der Gesellschaft eintraf. Auf's höchste er-
mattet von seiner einsamen Picbesteigung — eine der abenteuerlichsten, die je unternommen worden — sank er neben
den Gefährten nieder. Ihre Freude war groß; denn all
ihr Rufen war umsonst gewesen, und den Verirrten in der
Dunkelheit noch in den Obsidian= und Lavafeldern des Pic
aufzusuchen, war durchaus unmöglich.

Die Sterne funkelten so wundervoll am Himmelszelt,
wie in jener Nacht, als man den Aetna hinanritt. Das

Feuer neben dem Prinzen warf, dem Verlöschen nahe, seinen matten Schein auf die Gefährten, welche in tiefem Schlaf um ihn her lagen, und auf die Felsmassen, die wie die Wände eines Gemaches die Reisenden umgaben, während einsam, wie eine Oase in der Wüste, der Beleuchtungskreis einer zwischen den nahen Blöcken emporlodernden Flamme die regungslose Gruppe der, in ihre wollenen Decken ge= hüllten Practicos und Arrieros beleuchtete, und so den ein= zigen, hellen Punkt in der umgebenden Finsterniß bildete. Feierliche Stille herrschte in der Natur! — Es war eine herrliche Nacht, 7756 Fuß über dem Oceane! Die Luft war kühl, aber durchaus nicht kalt.

Nach kurzer Nachtruhe wurde bereits um zwei Uhr (am 9. August) geweckt, und um halb drei bei Sternenschein der Marsch zu Fuß angetreten. Leider war Graf Oriolla zu erschöpft und zu sehr der Ruhe bedürftig, um die Ge= sellschaft begleiten zu können. Diese folgte anfangs ruhigen Schrittes, im losen Bimsstein ansteigend, den Zickzacks eines Fußpfades, und gelangte etwa nach einer Stunde nach Alta vista, demselben Punkte, wo Prinz Adalbert am vorher= gehenden Abend den Tag hatte scheiden sehen. Alta vista liegt 9753 Fuß über dem Meere, am Rande des Malpahs del Teyde, jenes großen Feldes wild über einander gestürz= ter Obsidianblöcke, das sich, hoch oben am Kegel des Pic beginnend, bis zu dem Bimssteinberge unter der Estancia herabsenkt.

Hier hört jede Spur eines betretenen Pfades auf.

Von Block zu Block, über unzählige Spalten und Klüfte
springend, rückte die Gesellschaft, einer dem andern dicht
folgend, nur sehr langsam über das schwarze Meer der
Obsidiane vorwärts. Man sah nicht, wo man hintrat.
Unzählige Male glitt der Fuß auf den Spiegelflächen der
Laven, oft galt es, sich auf der glasigen Kante eines wankenden Blockes schwebend zu erhalten, bis der Vordermann
festen Fuß gefaßt oder einen neuen Sprung gewagt hatte,
der ihm dann nachgethan werden mußte. Man mußte öfters
einen Augenblick anhalten, um sich von der Anstrengung zu
erholen. Sie war doppelt fühlbar, da eine beständige Anspannung dazu gehörte, um nicht zwischen die schneidenden
Obsidiane hinein zu gleiten. Allmälig begann der Tag am
östlichen Himmel zu dämmern, und mit ihm wurde das
Klettern auf den Blöcken leichter, denn jetzt wußte man
doch, wo man den Fuß hinsetzen konnte.

Ein großes Stück des riesigen Kegels war bereits erklommen, da schimmerte, während die Sterne noch an dem
hellblauen Himmel standen, hoch über dem colossalen Circus der rosige Streifen der Morgenröthe. Dicht über
diesem rosenfarbenen Saume zog ein Stern die besondere
Aufmerksamkeit des Prinzen auf sich. Statt nämlich, etwa
wie eine Sternschnuppe, senkrecht herunter zu fallen, blieb
er in einer ruckweisen, schnellen Bewegung in horizontaler
Richtung. Als der Prinz seine Gefährten darauf aufmerksam machte, sahen diese das sonderbare Phänomen jetzt eben
so, wie es ihm erschien. Man blieb stehen. Durch's

Fernrohr betrachtet, wurden aus dem einen zwei durch einen geschlungenen Schweif verbundene Sterne, deren Bewegung ganz dieselbe war, wie sie sich dem bloßen Auge darstellte. Auch an anderen Sternen entdeckte man durch das Fern= rohr eine ähnliche, aber schwächere Schwankung, die jedoch dem bloßen Auge nicht sichtbar war. *) — Außerdem sah man in dieser Nacht eine Anzahl Sternschnuppen fallen, an denen jedoch kein solcher Schweif bemerkt wurde, wie er oft in diesen Breiten an ihnen sichtbar sein soll. — Uebrigens war das Hin= und Herfliegen jenes Sterns in

---

*) Alexander v. Humboldt, im 3. Bande des Kosmos S. 73, erwähnt einer optischen Erscheinung, die er, auf allen seinen Bergbestei= gungen, nur einmal, und zwar vor dem Aufgang der Sonne, den 22. Juni 1799 am Abhange des Pic von Teneriffa, beobachtete „Im Malpays" (heißt es a. a. O.) „ohngefähr in einer Höhe von 10,700 Fuß über dem Meere, sah ich mit unbewaffnetem Auge tief stehende Sterne in einer wunderbar schwankenden Bewegung. Leuch= tende Punkte stiegen aufwärts, bewegten sich seitwärts und fielen an die vorige Stelle zurück. Das Phänomen dauerte nur sieben bis acht Minuten und hörte auf lange vor dem Erscheinen der Sonnenscheibe am Meerhorizont. Dieselbe Bewegung war in einem Fernrohr sichtbar und es war kein Zweifel, daß es die Sterne selbst waren, die sich be= wegten. Gehörte diese Ortsveränderung zu der so viel bestrittenen lateralen Strahlenbrechung? Bietet die wellenförmige Undulation der aufgehenden Sonnenscheibe, so gering sie auch durch Messung ge= funden wird, in der lateralen Veränderung des bewegten Sonnenrabes einige Analogie dar? Nahe dem Horizont wird ohnedies jene Bewe= gung scheinbar vergrößert. Fast nach einem halben Jahrhundert ist dieselbe Erscheinung des Sternschwankens, und genau an demselben Orte im Malpays, wieder vor Sonnenaufgang, von einem unterrichte= ten und sehr aufmerksamen Beobachter, dem Prinzen Adalbert von Preußen, zugleich mit bloßen Augen und im Fernrohr beobachtet worden."

der Nähe des Horizontes durchaus nicht mit den Bewegungen einer Sternschnuppe zu vergleichen.

Endlich war das steile Obsidianfeld überstiegen. Ein Fußsteig führte zwischen demselben Gestein durch eine kleine, kraterförmige Vertiefung hindurch; an den jenseitigen Rand derselben auf das schmale Plateau, die Rambleta, gelangt, stand man, nach Berthelot's Angabe 10,992 Fuß über dem Meere hart am Fuße des hell entgegen leuchtenden Piton's. Es war dreiviertel auf fünf Uhr. Sollte der Gipfel des Pic noch vor Sonnenaufgang erreicht werden, so durfte man nicht weilen. Ohne sich also die kleinste Rast, die geringste Erholung von den Anstrengungen des Malpahs zu gönnen, nahmen die Steigenden einen tüchtigen Anlauf, diesen letzten 800 Fuß hohen Kegel zu erklimmen. Trotz des mit jedem Tritt nachgebenden, losen Bimssteins, in welchem das Ansteigen in ähnlicher Weise beschwerlich ist, wie das auf dem Vesuv, gelangten sie in einem Zuge — Dank sei es den einzelnen, kaum über dem Bimsstein vorsehenden Grathen trachytischen Gesteins — bis zur halben Höhe des Piton. Hier hielten sie erschöpft an, um die Sonnenscheibe aus der See auftauchen zu sehen, da es nicht mehr möglich war die Spitze des Vulcans vor ihrem Aufgange zu erklettern.

Obgleich das Thermometer in diesem Moment noch + 3°,9 R. zeigte, fühlte man dennoch etwas Kälte an den Fingern. Die Luft dagegen kam dem Prinzen beim Ersteigen des Aetnakegels feiner vor, als sie es in diesem

Augenblick war; doch hatte sie ihm um „Alta vista" und ein Stück von da aufwärts etwas dünner als hier oben geschienen.

Etwa eine Viertelstunde nach Sonnenaufgang, um halb sechs Uhr, erreichte man den Kraterrand und erstieg sogleich die auf der Nordostseite gelegene höchste Spitze desselben. — Hier war die Wärme bereits auf +5°,0 R. gestiegen. — Des Prinzen erster Blick fiel über den unbedeutenden Krater, eine kleine, flache Vertiefung mit felsigen, richtiger steinigen Rändern, hinweg auf das Wolkenmeer im Norden und Westen der Insel, über das sich der scharf begrenzte, pyramidenförmige Schatten des Riesenvulcans in unermeß= licher Ausdehnung erstreckte.

Das Tagebuch Sr. Königlichen Hoheit giebt folgende Schilderung des großartigen Anblicks:

„Denke Dir die „Schaafe", die Du so oft hoch am blauen Himmel über Dir siehst, denke sie Dir 4 bis 5000 Fuß zu Deinen Füßen, aber dicht zusammen geschoben zu einer weißen, wolligen oder kleinwelligen Fläche, deren Ränder sich am Saume der dunklen Azurkuppel des Him= mels bis zum Niveau Deines Auges erheben, und Du hast einen Begriff von jenem Wolkenmeer, über das der Teyde seinen schwärzlichen Schatten warf, dessen großartige Um= risse sich heute noch schärfer und deutlicher markirten, als gestern. Der lange, obere Grath der röthlich beleuchteten Felswand von Palma hatte das Wolkenmeer durchbrochen, während die übrige Insel sich unsern Blicken entzog. La

Gomera war nur zur Hälfte sichtbar, und erschien als ein flacher, länglicher, dabei scharf articulirter Hügel mit gebogenem Rücken, während ein leichter, ihre westliche Hälfte verschleiernder Wolkenflor wieder den Uebergang zu jenem weißen, wolligen Gewölk bildete. Noch über die Gomera hinaus, kam, dem Auge kaum kenntlich, ein unbestimmter, dunkelbläulicher Grath in weiter Ferne aus den Wolken hervor — das war Ferro! Ferro, diese Erinnerung aus der Kindheit, Ferro, das so innig verschmolzen ist mit unseren ersten geographischen Eindrücken und Begriffen! Dieses kleine Eiland im weiten Ocean, von dessen Meridian oft noch heute unsere Geographen die Länge beginnen lassen, wenn es auch für alle anderen Nationen und für die nomadisirenden Bewohner des Oceans bereits in das Meer der Vergessenheit getaucht, schon längst den Sternwarten der beiden Weltstädte hat weichen müssen."

„Senkte man das Auge und folgte mit den Blicken dem grün bewachsenen, welligen Westabhang des Teyde mit seinen strahlenförmig auslaufenden Riesen oder Schluchten bis an's blaue Meer, oder blickte man an dem Abfall des Tigayga hinab nach Icod el alto, so sah man den florartigen, untern Saum des massigen Wolkenmeers, bald Puerto und Villa Orotava verschleiernd, bald sie auf Momente unserm Anblick freigebend, mit der Küstenlinie Teneriffa's spielen. Doch blieb die Gegend von Garachico, der einst so blühenden Hauptstadt, mit ihrem von der Lava verschütteten Hafen, dem einzig guten der Insel, durch graue

Nebel unsern Blicken hartnäckig entzogen. Der azurblaue, in's Violette spielende, scharf gegliederte Grath Teneriffa's, die Cumbra, lag in ihrer ganzen Länge, tief zu unsern Füßen, frei über dem Gewölk und den Nebeln stehend, wie gestern. Nach la Santa Cruz zu blickte man wieder ein Stück schräg unter die Nebel, und auf dem kleinen Fleck blauen Wassers, der frei blieb, erkannten wir deutlich die Fregatte und die Corvette unter den andern auf der Rhede liegenden Schiffen! — Unsern Blick nach der Gegend erhebend, wo eben die Sonne aufgetaucht war, sahen wir von edlen, aus langen Linien und scharfen Ecken und Kanten zusammengesetzten Umrissen umzogen, den grathartigen Rücken der blauen Gebirgskette Canaria's hoch über die grauen Nebel hervorragen, die in einzelnen Flocken, in abgerissenen, kleineren oder größeren Feldern auf der tief blauen See im Osten Teneriffa's schwammen. Unten, am Fuß des Pic, blickten wir hinein in den weiten Halbkreis der Felswände des Circus und auf die Bimsstein= und Lava=Ebenen der Cañadas, die den Fuß des Vulcans auf dieser Seite umgeben. — Darüber hinweg folgte unser Auge der Küstenlinie der Insel um Punta de Abona, Punta Roxa und Punta Rasca herum zu den steilen, in der Richtung auf die Westspitze Punta de Buenavista gelegenen Bergen jenseits San Jago. Wenige Schritte nach Westen, den Kraterrand umgehend, schauten wir hinab in den größeren und etwas tieferen Krater des 9276 Fuß hohen Chahorra und auf den uns zugekehrten, von den Bims=

steinen des Pic wie mit gelbem Sande bestreuten Abhang dieses Zwillingsvulcans, wie ihn L. v. Buch bezeichnet, den nur eine kleine Einsattelung von dem Teyde trennt."

„Es war ein herrliches Panorama, das uns umgab! Der Centralvulcan, auf dem wir standen, zu seinen Füßen das Feld der Verwüstung, dem er entstiegen, umsäumt von den lachenden Fluren des lieblichen Teneriffa, und im Kreise ringsum all' die vulcanischen, einzeln dem Ocean entstiegenen Inseln, die alle in ihm, in dem Teyde, ihren gemeinsamen Herrscher erkennen. Er ist der Fixstern, sie sind die Monde! Ihr Feuer, ihre Eruptionen sind alle sein Werk!"

„Warum ergreift es uns noch so viel gewaltiger hoch oben am Kraterrande eines mächtigen Vulcans, als wenn wir den schwindelnden Gipfel einer Alpe betreten? Gehoben fühlen wir uns hier, wie dort — Alles ist großartig und majestätisch um uns her, der Erde sind wir entrückt, dem Himmel, dem unendlichen, dunklen Azur, dem reinen Aether fühlen wir uns näher, denn wir athmen die reine, verdünnte Luft, zu rein fast für uns unvollkommene Wesen — allen diesen wonnevollen Gefühlen können wir uns auf der Spitze des Urgebirges, auf der Firne ungetheilt hingeben, während auf dem Gipfel des Vulcans warme Schwefeldämpfe diese Wonne trüben. Diese beständig unsere Wange streifenden Abgesandten einer schauerlichen, unterirdischen Macht erinnern uns jede Minute, daß wir auf der dünnen Kruste einer von den Feuern der Tiefe aufge-

blähten Blase stehen, uns auf dem Gipfel einer sich über
den Schauern und Schrecken eines Feuerschlundes wölben=
ten Glocke befinden! die Alpe ist todt — der Vulcan
lebt!" —

Nach der Ansicht des geistreichen Geognosten Leopold
v. Buch über die Entstehung des Pic, stieg zuerst, von
den vulcanischen Kräften im Schooße unseres Planeten ge=
hoben, der ringförmige Circus als voller Kreis aus den
Tiefen der Erde durch's Meer empor. Keine Spalte in
der bedeckenden Kruste findend, waren nämlich die hier
wirkenden, unterirdischen, einen Ausweg suchenden, durch
den Widerstand der oberen Basalt= und Conglomeratschich=
ten nur noch verstärkten Kräfte zur unaufhaltsamen Riesen=
gewalt angewachsen, welche sich, jetzt selbst die Erdrinde
spaltend und die auf dem Meeresgrunde lagernden basalti=
schen und Conglomeratschichten mit sich empor an die Ober=
fläche reißend, diesen gewaltigen Erhebungskrater schuf,
durch den sie entwich. Betrachtet man den Circus näher,
so scheint er im Trachyt aufgebrochen zu sein, und die be=
deckenden, basaltischen Schichten auf die Seite geschoben zu
haben. Diese große, erhobene Masse fiel aber wieder zu=
rück und verschloß bald die nur für eine solche Kraftäuße=
rung gebildete Oeffnung. Es entstand kein Vulcan; noch
war die fortdauernde Verbindung des Innern mit der At=
mosphäre nicht eröffnet. Diese herzustellen, den Dämpfen
einen regelmäßigen Abzug zu geben, erhoben sich nun aus
dem colossalen Erhebungskrater der Pic de Teyde und der

Chahorra, vereint als ein einziger, in einen Basaltmantel gehüllter, ungeheurer Trachytdom, die ganze Masse auf einmal, wie ein Gewölbe über innere Kräfte, welche sich hier den Ausweg bahnen und ihn endlich auch durch die Krater finden. Alle Bestrebungen aus dem Innern sind nach dieser Esse gerichtet, und da der zusammenstürzende, obere Theil derselben leicht mehr Widerstand leistet, als einzelne Punkte am Abhang, besonders wenn in die Höhe gehobene Lavamassen die Oeffnung, wie ein Zapfen, verstopfen, so brechen dort die Dämpfe, Rapillen und Laven am Umfang heraus.

Auf der Nordwest- und Nordseite haben solche Seiten-Ausbrüche den Circus niedergerissen, Obsidianströme sind in ungeheuren Massen auf der Nordwestseite nach Icob los Vinos hinab in's Meer geflossen, während man im Westen, am Fuß des Chahorra, jene braunen Eruptionskegel bemerkt, von denen Cordier ungefähr 80 in der Richtung auf Garachico zählte.

Der Krater des Pic ist kein Feuerschlund mehr, sondern nur noch eine Solfatara von etwa einer halben Stunde im Umfang und einer zwischen 100 und 160 Fuß wechselnden Tiefe. Fast beständig entsteigen Schwefeldämpfe diesem warmen Becken oder brechen an den Seiten des Kegels hervor, jedoch nicht in stärkerem Maaße, als bei dem Aetna. Dennoch haben diese schwefelsauren Dämpfe den rosenroth gefärbten, den Kraterrand bildenden Trachytfelsen, die jedoch, wie oben bemerkt, kaum Felsen zu nennen sind, ihre Härte benommen. Im Innern des Kraters findet man abge-

bröckelte Steine und Felsstücke, welche sie von den Rän=
dern abgelöst zu haben scheinen. An allen Gegenständen,
die man hier oben berührt, macht man sich die Finger weiß
mit einer klebrigen Auflösung, welche Alles überzieht, und
die ebenfalls wohl den Einflüssen dieser Dämpfe zuzuschrei=
ben sein mag. Der Boden der Solfatara ist warm, an
einzelnen Stellen sogar heiß; dessenungeachtet kann man
bequem überall darin umhergehen. — Das ganze Becken
hat eine gräulichgelbe Färbung, woran gleichfalls der Schwe=
fel Schuld zu sein scheint, der hier häufig in den schönsten
Crystallen anschießt.

Den Felsblock auf der höchsten Spitze des Kraterran=
des im Nordost ersteigend, trank die ganze Gesellschaft,
Einer nach dem Andern, auf das Wohl der drei Herrscher,
deren Unterthanen sich hier oben vereinigt hatten: auf das
Wohl der Königin von England, des Königs von Preußen
und des Königs von Sardinien, — in einer Höhe von
11,430 Fuß (nach Borda's trigonometrischer Messung)
über dem Meere, während der Westwind der obern Regio=
nen, der Gegenstrom der östlichen Passate des Oceans,
ihnen den Dampf entgegentrieb. Der Wind kam über
Palma her, und vielleicht ein klein wenig nördlich davon,
so daß man ihn mit dem Aufgangspunkte der Sonne, dem
Ostpunkt vergleichend, für West=Nord=West hielt, während
in la Santa Cruz Nordost oder noch etwas nördlichere,
also dem Passat sich nähernde Winde wehten. So hatte
man denn auch dieses bekannte, wenn auch nur von Weni=

gen erlebte Phänomen practisch kennen gelernt — es an der eigenen Wange erprobt.

Um nicht dem losen Bimssteinsande sich preiszugeben, wurden wieder für den Rückweg die kaum hervorstehenden, einzelnen Grathe trachytischen Gesteins benutzt, die auch hinauf geholfen hatten. In einer halben Stunde war der Fuß des Piton erreicht, und von da stieg man, in der brennendsten Sonnenhitze vom Durst gequält, wohl eine Stunde lang über das schräge, schwarze Feld glasiger Ob= sidianblöcke, „el Malpahs," hinunter, bis endlich die Stimme der „Practicos" weithin erschallte: „la Cueva, la Cueva, agua, agua!" —

La Cueva del Hielo oder de la Niebe ist eine 20 Fuß tiefe Höhle in dem Obsidianglasfelde, in der man immer frisches Wasser, Eiswasser findet, denn an den Rändern war die Eiskruste deutlich zu sehen. — Als man sich hier erfrischte, bemerkte man, daß einer der Gesellschaft, der junge Graf Birh, sich zwischen den schlüpfrigen Blöcken verirrt hatte. — Die Führer waren ungehalten, daß der „Caballerito" allein vorangegangen, standen aber dem Grafen Bismarck bei, ihn zu suchen. Er ward auch sehr bald wieder aufgefunden.

Etwas tiefer als die „Cueva" hören die Blöcke auf, und mit ihnen die Leiden des Malpahs; man findet einen Fußsteig und die ersten Retamas. Einige Leute aus Oro= tava, die Eis in der 9321 Fuß über der See gelegenen Cueva suchten, um es nach la Santa Cruz zu bringen,

kamen der Gesellschaft entgegen. Bald darauf — um neun
Uhr — langte dieselbe wieder bei der Estancia de los In=
gleses an, wo sie ein gutes Frückstück, sogar ein Theil der
für die Expeditionen im Innern Brasilien's bestimmten
cadizer Chocolade im gekochten Zustande erwartete. —
Schon am Abend vorher war Capitain Fitzgerald Gam=
bier, der Commandeur des Satellite, in der Estancia er=
wartet worden; derselbe hatte von la Santa Cruz aus auf
einem kürzeren Wege, und zwar über die Cumbra, dahin
gelangen wollen; da er indeß auch noch jetzt nicht einge=
troffen war, so mußte jede Hoffnung seines Anschlusses an
die Gesellschaft aufgegeben werden. Der Verabredung ge=
mäß wollte man nach der gemeinsamen Picbesteigung sämmt=
lich den Rückweg über die Cumbra einschlagen. Dieser
erste Plan konnte jedoch nicht ausgeführt werden, da die
Führer der Gesellschaft den Weg nicht kannten und die
des erwarteten Capitains dem Uebelstande nicht abhelfen
konnten.

So gern man den Weg über den langen, basaltischen
Rücken kennen gelernt hätte, so fügte man sich doch um so
leichter darin, da dieser Pfad bei der brennenden Hitze,
nach der eben vollendeten Excursion zum Krater, und bei
seiner viel bedeutenderen Länge, weit beschwerlicher gewesen
wäre, als der kürzere, gemächlichere Rückweg nach Orotava,
der jetzt eingeschlagen wurde. Der Capitain der Corvette
hatte, wie man später erfuhr, den Weg über die Cumbra
aus ähnlichen Gründen aufgebend, schon am gestrigen Abend

Orotava erreicht. Hier fand er jedoch weder Maulthiere, noch Führer für seine weitere Reise, und hatte sich daher genöthigt gesehen, von der Besteigung des Pic gänzlich ab= zustehen.

Die Sonne brannte heiß, der Himmel war dunkelblau, der Pic stand in seiner ganzen Majestät, „ein Gebirge auf dem Gebirge," hinter den Wandernden, als diese, den Saum der Erica=Waldung erreichend, von ihm und dem schönen, heitern Tage Abschied nehmend, sich unter das feuchte Wolkenmeer hinabsenkten, das von nun an schwer über ihrem Haupte hing. — Es war vier Uhr, als Prinz Adalbert, welcher sich auf dem Llano de las Retamas beim Zeichnen aufgehalten hatte und dann in Begleitung des Grafen Oriolla der Gesellschaft folgte, in Villa Oro= tava anlangte.

Am andern Tage, den 10. August, ging es schon früh um sieben Uhr aus Orotava, und munter trabte man über die Ebene, denn heute brauchten die Reisenden, mit dem Wege bekannt, sich nicht an die Arrieros zu binden. Von der Höhe von Sta. Ursula erkannte der Prinz, am Nord= westende der Insel, deutlich die lichteren Berge Gomera's, die wie ein Vorgebirge über den Ausläufern des Tigahga hinweg, sich rechts in die See vorschoben. Palma, die regnigte Insel unter den Canarien, war dagegen mit sei= nen 7000 Fuß hohen Bergen im Nebel wieder verschwun= den, obgleich es unmittelbar vor Orotava in geringer Ent= fernung liegt; — nur vom Gipfel des Pic sah man seinen felsigen Rücken die Wolken durchbrechen. Man freute sich wieder der schönen Palmen und blühenden Aloës an den reichen Abhängen nach Matanza zu, und wie das erste Mal ward Agua Garcia zum Haltepunkt erwählt. Heute gingen die Reisenden dem klaren Bächlein nach bis in die enge Schlucht hinein, wo dickstämmige, 30 bis 40 Fuß hohe Ericabäume, durch Lianen verschlungen, sich mit stattlichen Lorbeerbäumen vereinen, ein reizendes, kühles und schattiges Fleckchen zu schaffen, das vielleicht nur in den Urwäldern des neuen Continents seines Gleichen finden mag. — Dr. Foster und des Prinzen Diener, welcher die nothwendigen Medicamente mit sich führte, fanden hier Gelegenheit, einen übermüdeten Arriero wieder in's Leben zurückzurufen.

Hinter Laguna begegnete man mehreren Zügen von Kameelen. Auf einigen saßen zwei oder drei Reiter; dabei gingen die Thiere einzeln, d. h. sie waren nicht durch Stricke, wie man es so häufig in den Straßen Smyrna's sieht, mit ihrem Vorder- und Hintermann in der File verbunden. Obgleich vielen von der Gesellschaft die Kameele keine neue Erscheinung mehr waren, so hatte doch keiner je auf einem solchen gesessen; daher wurde die erste Gelegenheit ergriffen, diesen Wunsch zu befriedigen. Es ritten Alle ein Stückchen auf diesem Schiffe der Wüste, und zwar immer drei auf einmal, einander in Ablösungen folgend. Im Bananenhofe von Richardson's Hotel zu la Sta. Cruz trennte sich die kleine Reisegesellschaft.

Merkwürdig war die drückende Hitze, die. in der Stadt und in der Umgegend herrschte, während man auf der Nordwestseite der Insel fast gar nicht davon gelitten hatte. — Ein Diner, welches Prinz Adalbert dem Commandeur und den Offizieren des Satellite an Bord der Fregatte gab, beendete den Tag. Eine ziemlich schlecht aussehende spanische Kriegsbrigg hatte sich in der Zwischenzeit auf der Rhede eingefunden; sie schien zur Zeit der einzige königliche Kreuzer in den Gewässern Teneriffa's zu sein.

Am folgenden Morgen, den 11. August, ward um ein viertel auf sieben Uhr der Anker gehoben. Die Corvette wartete schon unter Segel. — Man steuerte nach S.-S.-O., bis nach sehr kurzer Zeit ein frischer Nordostwind die Schiffe schnell längs der Südostküste Teneriffa's hinführte. Gran Canaria war auch heute von der See nicht zu sehen. Dagegen schien Teneriffa eine lange, hohe, zusammenhängende Gebirgslinie zu bilden, über die der zugespitzte Kegel des Pic nur eben hervorsah. Himmel und See wetteiferten in den verschiedensten Nüancen der blauen Farbe; der Himmel spielte fast in's Graublau, so hell war er heute; der Ocean dagegen erschien im tiefsten Azurblau. Ein gräulicher Lilahauch übergoß, fast in's Röthliche spielend, die Gebirge der Insel, die, je südlicher man kam, sich desto mehr zu einer flachen Pyramide zusammenschoben, deren Spitze der Pic bildete, welcher nun, in dem alles überziehenden Dufte, mit der vorderen Kette nur einen Berg auszumachen schien. —

Wenige Stunden noch, und jede Spur des Landes war verschwunden. Die stolze Fregatte fühlte sich in ihrem Element und durchschnitt es schnell; um Mittag waren bereits 56 Seemeilen zurückgelegt.

VII.

Rio de Janeiro.

Am Morgen des 5. September wurde Prinz Abalbert schon vor fünf Uhr durch das Geplätscher einer Welle geweckt, die in die Stückpforte seiner Schlafcajüte hereinspritzte. Mit einem Sprunge von der Hangematte auf den schwankenden Boden hinab, beeilte er sich das Fenster zu schließen, damit sich dieser nasse Gruß, der erste, welcher dem Zimmer des Prinzen bisher zu Theil geworden, nicht wiederholen möge.

Auf dem Verdeck hatte man eben zwei Reefe in die Marssegel gestochen und die Bramsegel festgemacht, auch steuerte man wieder den alten Cours. Nachdem nämlich bereits am vorhergehenden Tage, oder eigentlich schon in der Nacht vom dritten zum vierten, ein ost-nord-östlicher, später nord-östlicher, ja nord-nord-östlicher, mit einem Worte der um Cabo Frio herrschende Wind, an die Stelle des Süd-Ost-Passats getreten war, — änderte man, um sich vom Lande, dessen Nähe jetzt für gewiß galt, zu entfernen, noch vor Mitternacht den Cours und machte bei frischem Winde und wogender See bis früh um vier Uhr einen Schlag nach Süden.

Alles war gespannt, Cabo Frio zu sehen. Schon bei Sonnenaufgang glaubten Einige Land zu entdecken; der erste Schimmer desselben zeigte sich jedoch erst zwischen zehn und elf Uhr. Nach und nach kamen die Conturen einer Bergreihe, obschon ganz verwischt, zum Vorschein; später schloß sich links, gegen Westen, ein Kegelberg daran; Cabo Frio dagegen war nicht zu unterscheiden; — nur ein dunkler Schimmer, der gegen Osten das Gebirge fortsetzte, bezeichnete die Gegend, wo diese scharfe Ecke des großen Continents von Süd-Amerika gesucht werden mußte.

Das Schiff befand sich am Mittag des 5. September in 23° 20′ südlicher Breite und 42° 40′ 15″ westlicher Länge von Greenwich; die Entfernung bis zur Einfahrt in die Bai von Rio in N.-W. betrug noch 38 Seemeilen; im Abstande von vierundzwanzig lag, in fast nördlicher Richtung, die Bergkette, an welcher man hingesteuert war, das Gebirge bei Cabo Negro, wie sich ergab.

Wind und See hatten sich gelegt. Die Temperatur der Luft und der See waren beide auffallend niedrig, und die letztere hatte ihr Azurblau gegen ein lichtes und fahles Grün vertauscht. Ein milchiger, bläulicher Nebel benahm der Atmosphäre in der Nähe des Horizontes einen Theil ihrer Durchsichtigkeit; man sah die hohe Küste nur wie durch einen Schleier.

Die Essensstunde, — ein wichtiger Moment an Bord,

— war heute früher gelegt worden als sonst, denn um vier Uhr konnte man ja schon vor der Einfahrt sein! — Ein Theil der Mannschaft vertauschte sodann die bunten und die Tuchhemden mit weißen Hemden und Hosen, und alles war beschäftigt, dem Takelwerk das Ansehen der Reise zu benehmen, die Decks abzufegen, alles Metall glänzend zu putzen, die Kanonen zum Salutiren in Stand zu setzen und den Anker klar zu machen. Die Offiziere erschienen einer nach dem andern in voller Uniform, so daß das Deck des S. Michele vor all dem ungewohnten, festlichen Glanze kaum wieder zu erkennen war. Prinz Adalbert gesellte sich zu einer Gruppe Neugieriger, die sich um und auf den Bugspriet und vorn auf der Schanzverkleidung eingenistet hatten; ja selbst hoch auf den Raaen des Fockmastes saßen noch einige weiße Gestalten.

Alles starrte die sonderbaren Formen der bergigen Küste an, die in ungeheurer Ausdehnung, von West nach Ost ausgebreitet dalag. — Ganz zur Linken stieg aus der See ein kleiner Kegel als Insel herauf; daran reihten sich rechts ein paar andere Inselchen, wie Punkte, und dann folgte das wunderbare Gebirge, dessen Umrisse einen auf dem Rücken liegenden Riesen nachzuahmen schienen. Der Riese dient den Schiffen nach langer Reise zum sichern Merkmale der Einfahrt in den Hafen von Rio, diesen Kö=nig unter den Häfen! —

Den Kopf des „Gigante" mit ungeheurer Habichtsnase und aufgesperrtem Munde bildet der steile Fels, die „Ga=

via" (das Marssegel) genannt, dem die brittischen Seeleute den weit bezeichnenderen Namen „Lord Hood's Nose" beigelegt haben. Die Hände sind über den Magen gefaltet: die beiden Spitzen der Tijuca, den Pico do Papagayo und die andere, rechts daneben, welche zusammen: „os dous Irmãos" (die beiden Brüder) genannt werden, nimmt man als solche an; doch heute verschwanden sie fast im Nebel. Die emporstehende Kniescheibe ist der spitzige „Corcovado" (der Bucklige), und den immensen Fuß bildet der „Zuckerhut", „Pão de Assucar", ein mächtiger Felskegel, der seinem Namen Ehre macht. Rechts zu den Füßen des schlafenden Wächters, hart an der steilen Wand des „Pão de Assucar", liegt die schmale Einfahrt, vor der sich die kleinen, rundlichen Inseln vorschieben, auf deren einer, der „Ilha Raza" (flachen Insel), ein Leuchtthurm steht. Hinter dieser Gruppe läuft eine steile, schroffe Bergreihe fort, oder vielmehr eine Reihe einzeln stehender, an ihrem Fuß zusammengewachsener Berge, von den sonderbarsten, aber stets schönen und edlen Formen, gebogene Rücken, isolirte Kegelberge oder zwei durch einen Grath verbundene Kegel, welche, die Küstenlinie gen Osten fortsetzend, sich in der Richtung nach Cabo Frio zu im Nebel verlieren. — Einige Schooner kreuzten vor der Küste.

Zuerst nur dem Fernrohr sichtbar, doch sehr bald auch mit dem bloßen Auge zu erkennen, lagen die Wunder der Tropen=Vegetation ausgebreitet. Wohin man nur blickte, waren alle Gebirge mit dichtem Walde bedeckt. Folgte das

Auge ihren Umrissen, so zeigten sich hoch, hoch über den
Wald emporragend, einzelne schlanke Palmen; Baumformen
traten über die riesige Pflanzendecke der Berge hervor, wie
der Europäer sie nie gesehen: Bäume mit vollen, gigan=
tischen Kronen, oder solche, welche leicht aufgeschossen, die
dünnen Arme ausbreitend, bizarre Zweige, gleich Schier=
lingsstauden in die Luft streckten; — unmöglich aber ist es,
sich einen Begriff von der Grazie der Gebirgs=Conturen zu
machen, welche durch jene pittoresken, gen Himmel streben=
den Riesenbäume beständig auf das anmuthigste und wun=
derbarste unterbrochen werden! Glatte, schwarze Felswände
bilden an einzelnen Stellen die hohen, steilen Seiten der
Berge, oder ragen als starre Spitzen und Kegel in die
Luft. Ein schmaler Saum weißen Sandes zieht sich, von
der See bespült, am Fuße der Berge hin.

Jene vor der Einfahrt des Golfes gelegenen Inseln,
jetzt dicht neben der Fregatte, so dicht, daß man das Rau=
schen und Brüllen der Brandung am Strande hören konnte,
welche an die schräg ansteigenden, weißen Felsplatten hinan=
rollte, die diese Eilande umgürten, sind mit dichtem Laub=
holz bedeckt; wundervolle Palmen stehen darauf und aller=
hand Gesträpp und Pflanzen dazwischen, die dem Prinzen
noch neu waren. — Auf diesen lieblichen Inseln trat ihm
erst die ganze Fülle und Pracht der Tropen=Natur näher.
Es war ein Pflanzengewirr, ein Dickicht, von welchem
Einer, der nie bis zur heißen Zone gedrungen ist, keinen
Begriff hat. — An den Bergen des festen Landes konnte

man dagegen nach und nach ganze Palmenwälder entdecken, deren Kronen der Passat nach Westen gebeugt hatte; ja einzelne Berge waren durchgehends mit hochstämmigen Palmen überzogen, während an den nackten Felsen die dünnen Cactusstangen hinauflommen. Canoas mit Negern darin ruderten an den Inseln hin. Ein großer schwarzer Vogel, der erste Urubú (Cathartes-A-Ura), der den Reisenden zu Gesicht kam, flog mit ausgebreiteten Flügeln schreiend hoch über ihnen fort. — Alles, bemerkt Prinz Adalbert, alles war neu, alles anders, als wir es je gesehen! — Nur einen Gedanken hatten wir, nur ein Gefühl durchzuckte unser Innerstes: daß dies Land vor uns nicht Europa sein konnte; — eine innere Stimme rief es uns zu: war es Indien, war es Brasilien, gleichviel, doch Europa war es nicht. — Dies war der erste Eindruck Amerika's: Alles, alles schien uns fremdartig und wunderbar!

Man segelte zwischen der oben angeführten Inselgruppe hin; das gab ein schönes Bild! die Berge der Küste rechter Hand, — darunter namentlich ein steiler Berg, eine schroffe, schwarze Felswand, an der man sogar schon die Wasserrisse erkannte, — verschoben sich mit jenen Inseln zu einem reizenden Gemälde, voll der herrlichsten, üppigsten Tropen-Vegetation. — Kaum war die Inselgruppe durchschnitten, als sich ganz deutlich die Einfahrt in die Bai aufthat.

Die Gebirge rechter Hand senkten sich allmälig als schroffer Felsgrath von Ost nach West gegen dieselbe hinab.

Am Ende des Rückens, doch durch eine schmale Felsspalte
von ihm gesondert, springt das weiße Fort Sta. Cruz in
die Einfahrt vor. Ihm gegenüber steigt der glatte Fels=
coloß des Pão de Assucar fast senkrecht aus den Fluthen
auf; hinter demselben kommt eine kleine, grüne, inselartige
Landspitze, mit einer Biegung im Rücken, zum Vorschein;
doch sind die Forts S. João und S. Theodosio, welche sie
trägt, kaum zu erkennen. Im Hintergrunde der Bucht ist
das Ufer flach und stellt sich als eine Reihe niedriger,
bläulicher Inseln dar. — Etwas links, in der westlichen
Ecke des Golf, erkennt man auf einem weiten, mehrere
Terrassen bildenden Vorsprunge die Stadt Rio de Janeiro,
rechts dahinter den Mastenwald der im Hafen liegenden
Schiffe, und noch weiter rechts, mehr gegen die Mitte der
Bai, die Kriegsschiffe auf der Rhede.

Die sardinische Flagge wehte schon lange von der
Gaffelspitze des S. Michele; jetzt erkannte man mit dem
Fernrohr auch auf Sta. Cruz das grüne Banner Brasilien's,
mit dem auf der Spitze stehenden gelben Viereck darin. —
Der immer schwächer werdende Wind und der ausgehende
Strom ließen die Segelnden nur allmälig vorrücken. Vor
der Stadt unterschieden sie bereits zwei kleine, hinterein=
ander liegende, befestigte Eilande; das nächste war das
Fort Lagem, das andere, größere: Villegagnon. — Die
Stadt und die Rhede wurden deutlicher. — Ein amerika=
nischer Schooner, der britische Commodore und der Mala=
bar waren zu erkennen, bald auch der Gefährte des S. Mi=

chele, der Satellite, der, schon vor Anker, eben den Salut feuerte.

Die Sonne war im Sinken; der Zuckerhut stand, grade wie ein aufrechtstehender Daum, riesenhaft links neben dem Schiff, während die Gebirge der westlichen Seite, aus denen er gegen die Einfahrt hervortrat, sich in ein Gewirr der abenteuerlichsten Formen zusammengeschoben hatten. Ein dunkles, kräftiges Blau färbte die Kegel, Nadeln und Spitzen in den vordern Reihen, während die dahinter liegenden einen mehr grauvioletten Ton angenommen hatten. — Jene sonderbaren Bergformen aber lassen sich gar nicht beschreiben, — sie machten, sagt der Prinz, denselben Eindruck, wie die Decorationen zu einer Zauberoper, bei denen sich jeder sagt: „so etwas kann in der Natur nicht vorkommen"!

Es war etwa fünf Uhr, als die Brise die Segelnden dicht am Fort Sta. Cruz verließ. Man befand sich schon nahe genug, um die Kanonen und Soldaten genau unterscheiden zu können. Auch die Häuser in Rio wurden schon deutlicher. Jeder der beiden terrassenartigen Absätze in der Stadt endete rechter Hand mit einem länglichen Gebäude mit zwei Thürmen, den Klöstern Sta. Thereza und S. Bento. Der Zuckerhut, zur linken Seite, nahm seine frühere Form wieder an, nur sah es aus, als hätte man oben an der senkrechten Wand ein Stück herausgeschlagen. — Ein kleines brasilianisches Dampfschiff, welches aus der Bucht hinausfuhr, und mehrere mit Negern besetzte Fischer-Canoas, die hinein gingen, kamen am S. Michele vorüber. Schreiende

weiße und schwarze Wasservögel zogen über dem Schiffe fort.
— Da sank die blutige Sonnenscheibe hinter dem mit feu-
riger Glut übergossenen Gebirge des Corcovado hinab, und
warf einen kupferrothen Schein auf die Wasserfläche an der
Einfahrt. Der britische Commodore feuerte den Retraite-
schuß, und die Escadre strich die Flaggen und Bramraaen.

Um diese Zeit stellten sich der sardinische und bald nach
ihm der preußische Consul, Herr Theremin, an Bord der
Fregatte ein. Den Letzteren hatte der Prinz kurz vor seiner
Abreise in Berlin kennen gelernt. — Rio war die zweite
Vaterstadt Herrn Theremin's, da er hier den größten
Theil seiner Jünglingsjahre verlebt, und, nun zum Mann
gereift, die frühern Consulatsgeschäfte seines Vaters bereits
seit zehn Jahren übernommen hatte. Nach der ersten Freude
des Wiedersehens drückte er sein Bedauern aus, daß der
Prinz, bei dem herrschenden Nebel, eine der Hauptschön-
heiten des prächtigen Golfes nicht sehe, da derselbe die
3 bis 4000 Fuß hohe Serra dos Orgãos den Blicken entzog, welche mit ihren zackigen Gipfeln den Hintergrund des
großartigen Gemäldes der Einfahrt bildet. Also das ganze
Orgelgebirge fehlte noch, um das Bild zu vollenden. —
Doch dessen bedurfte es nicht; denn der Gesammteindruck
des heute Geschehenen, der näheren Umgebung der Bai, war
schon so überwältigend, daß die glühendste Phantasie kaum
mehr hinzu zu denken vermochte. „Nie hat ein Anblick,"
sagt Prinz Adalbert, „mich so mächtig ergriffen; — selbst
der des lärmenden, großartigen Neapels, mit seinem wun-

dervollen Golfe, verschwindet dagegen; selbst die orientalische
Herrlichkeit Constantinopels, wo weiße Kuppeln und schlanke
Minarets stolz auf reizenden Hügeln thronen, wo Chpressen=
wälder die Gräber der Moslim beschatten, und das alles
belebende blaue Band des Bosphorus, von Serais, Hissars
und zahllosen Ortschaften gesäumt, sich lieblich zwischen
Asien und Europa hindurchschlängelt, — selbst Constantino=
pel riß mich nicht so hin, wie der erste Eindruck von Rio
de Janeiro! — Weder Neapel, noch Stambul, noch irgend
ein Ort der mir bekannten Erde, selbst die Alhambra nicht,
kann sich an magisch=phantastischem Zauber mit der Einfahrt
und dem Golfe von Rio messen! — Es enthüllen sich
Wunder vor unseren Augen, die wir auf Erden nicht ge=
ahnt. Jetzt war es uns klar, warum einst die ersten Ent=
decker diesem Lande den Namen „die neue Welt" gegeben!"

Man erwartete den Wind, um den nahen Ankerplatz
zu erreichen. Alles stand bereit an den Brassen, denn schon
längst war das Commando: „Divisioni a posto" gegeben.
— Graf Oriolla und der Consul Theremin gingen eben
mit dem dritten Cutter nach Rio ab, — da ward es plötz=
lich finster. Kein Wind war zu spüren, doch auf den leise=
sten, kaum merklichen Hauch erging stets das Commando
zum Brassen, und der gellende Ton der begleitenden Pfeife
gab das Maaß dazu an. An einem etwas weiter in die
Bai hineinliegenden „Hulk", dem brasilianischen Wachtschiff,
erkannte man endlich, daß die Fregatte sich vorwärts bewege.
Alles war gespannt auf den Moment des Ankerns, Alles

gelangweilt durch den schwachen Hauch, welcher das Schiff
auf Augenblicke ganz zu verlassen schien. Da vernahm man
die Musik am Bord der englischen Escadre, und das dumpfe
Geläut der Glocken — der erste Ton, der vom Lande her-
überklang, schlug feierlich ernst an das Ohr der Lauschenden.
— Hoch über den gespenstigen Bergen zur Linken standen
die vier Sterne des südlichen Kreuzes, unter den beiden
funkelnden, die es so leicht finden helfen. — Auf der linken
Seite, im Vordergrunde, zog sich eine helle Illumination
hin; Licht an Licht reihte sich hier längs des Ufers von
Botafogo nach Rio. Vorwärts war dunkle Nacht, mehr
rechts erblickte man die lange Reihe der Lichter von
Praya grande. Der Geruch des Landes drang bis in
das Schiff. — Ein dumpfer Lärm, das Geräusch der
Stadt, wurde mehr geahnet, als gehört. Der Hulk lag
schon ein Stück hinter der Fregatte, aber die Nacht war
so dunkel, daß noch immer von den Schiffen auf der
Rhede nichts zu sehen war — da hörte man plötzlich die
Stimme des Capitains Scoffiero; die Pfeifen klangen,
und alle Segel wurden auf einmal gegeit — „Fondo!"
— doch ein „Stopper" hielt noch den Anker — das Beil
half nach, mit einem lauten Krach stürzte er hinab, und
hellauf leuchtete der Schaum, den sein Fall erzeugt hatte.
— Auf: „arriva Gabbieri" drängte sich alles die Wandten
hinauf, die Segel zu bergen. Es mochte etwa acht Uhr
sein, als die Fregatte in 18 Faden glücklich vor Anker lag.
Nach einer Viertelstunde waren die Raaen parallel gebraßt,

unb alles so weit in Ordnung, daß man die Mannschaft auseinander gehen lassen konnte. — Der Prinz eilte hinunter, die lang ersehnten Briefe zu lesen, und kam erst um elf Uhr wieder auf's Verdeck, sich an dem schönen Sternenhimmel zu erfreuen.

Als Prinz Abalbert am Morgen des 6. September erwachte, fiel sein erster Blick auf das Fort Boa Biagem,*) welches auf der Ostseite der majestätischen Bai von Rio de Janeiro, einen pittoresken Felsvorsprung, einen Felsblock krönt, der inselartig, hart am Strande der lieblichen, weit sich öffnenden Bucht „Sacco be S. Francisco" wie in das Wasser hinein gebrockt erscheint. Im Hintergrunde zogen sich jene sonderbaren Kegelberge der Ostküste fort, hinter denen sich gerade die feurig glühende Sonnenscheibe eben so blutig, wie sie gestern untergegangen, die hellgrünen Fluthen der Bai mit einem schillernden Orangeschein übergießend, erhob. — Aber so schön, so lieblich dieses Bild auch war, dessen Rahmen die Kanonenpforte in der Schlafcajüte des Prinzen bildete, so trieb es ihn doch aus dem engen Zimmer hinauf in das Freie.

Die Fregatte lag dicht neben dem Fort Villegagnon, das sich auf einer glattgewaschenen Felsplatte erhebt, an der die schäumende Brandung rauschend hinanrollt, neben

---

*) So genannt nach einer darauf befindlichen Wallfahrtskirche für Seeleute: „Nossa Senhora be Boa Biagem," was so viel bedeutet, als: Notre Dame du bon voyage.

dem reizenden Eilande, wo über den Festungswerken und Häusern hinweg die riesigen Wedel der Cocos-Palmen sich voll Grazie neigen, mithin so recht im Mittelpunkte, um all' die Herrlichkeiten dieses Wundergolfes überschauen zu können.

Es war ein prachtvolles, entzückendes Panorama, welches sich vom Verdeck des S. Michele den Blicken darbot. Die Bai von Nitherohy *) (Nictheroy), so lautet ihr jetzt wieder eingeführter, alter, indianischer Name, erstreckt sich 20 See- oder 5 deutsche Meilen, in der Richtung von S. nach N. in's Land hinein, sich birnförmig bis zu der Breite von 18¾ See- oder etwa 4¾ deutschen Meilen erweiternd. Gegen Süden verengt sie sich dagegen zu einem schmalen, etwa 4 See- = 1 deutschen Meile langen Sunde, vermittelst dessen sie, wie durch einen Hals, mit dem Ocean in Verbindung tritt. Alle diese pittoresken Bergformen, zwischen denen man gestern hindurch gesegelt, gruppirten sich jetzt, die hohen Ufer jenes Sundes bildend, auf das malerischste um die Einfahrt, die sich nun weit hinter der stolzen Fregatte zusammenschob. Auf der Westseite begann die Gruppe mit der zweiköpfigen Tijuca, welche, von der Rhede aus gesehen, sich in südwestlicher Richtung, vom Ufer des Golfes, auf breiter Basis langsam ansteigend, im Hintergrunde erhebt. An diese reiht sich der schön geformte, gebogene Rücken des vorwärtsstrebenden Corcovado mit seinen Vorbergen, hinter

---

*) Das Wort bedeutet: „verstecktes Wasser;" hy, Wasser; nithero, versteckt.

benen man die Gavia, mit dem horizontal abgeschnittenen Felsblock auf ihrem Gipfel, entdeckt. Dann folgt der Zucker= hut als Schlußstein dieses Gebirges, das man sich wohl im Allgemeinen als zusammenhängend mit der, die Südküste Brasilien's begleitenden, Serra do Mar vorstellen kann, welche sich aus S. Paulo in die Provinz Rio de Janeiro, sich mannigfach verzweigend, hinüberzieht. Diesem westlichen Gebirgsstock (denn im engern Sinne ist seine Erhebung mehr als eine isolirte zu betrachten) treten auf der Ostseite des Sundes die letzten Ausläufer des östlichen Hochlandes der Provinz Rio de Janeiro entgegen. Unter den vielen Kuppen und Kegeln auf dieser Seite der Einfahrt macht sich besonders ein hoher, steiler Bergrücken, der an den En= den von zwei Kegeln (Pico und Lyons Head) überragt wird, bemerkbar. Er erhebt sich über dem Fort Sta. Cruz, und trägt das verfallene Fort do Pico, welches jenem gegen das Land den Rücken deckt. Diese Erhebungen im Osten er= strecken sich bis zu dem Flusse Parahyba do Sul. Ihr Abfall nach der See folgt der Küste nur bis zur Lagoa de Saquarema. Von hier ab begleitet er dieselbe in grö= ßerer Entfernung, bis er in der Gegend zwischen S. Fide= lis und Campos dos Goahtacazes den untern Lauf jenes Stromes erreicht. Westlich dieser Linie breitet sich dieses Hochland, im Norden stets durch den Parahyba begrenzt, weit über den größten Theil der Provinz Rio de Janeiro aus. — Auf der Nordseite der Bai steigt die Serra dos Orgaôs an, den Golf von Rio von dem Parahyba schei=

bend, an deſſen linkem Ufer bereits das gold- und diaman-
tenreiche Gebirgsland von Minas Geraes beginnt, deſſen
höchſte Berge ſich bis zu etwa 5600 Fuß über das Meer
erheben. Die maleriſche Kette des Orgelgebirges bildet
dagegen die höchſte Erhebung in dem Hochlande der Provinz Rio de Janeiro, und ſtreicht, entſprechend der allgemeinen Richtung deſſelben, von S.-W. nach N.-O. Von
ihren Hängen fließen dem nördlichen Ufer der Bai von
Nitherohy zahlreiche Bäche zu; doch ergießen ſich die Haupt-
zuflüſſe, der Rio Macacú und Rio de Iguaſſú, in die nord-
öſtliche und nordweſtliche Ecke des Golfes, wo zwei breite
Ebenen an denſelben herantreten, welche die Orgaos von
den anderen Erhebungen der beiden Ufer eine Strecke weit
ſcheiden.

Auch heute entzog ſich, da die Luft immer noch neblig
war, die Serra hartnäckig den Blicken, ſo daß die Nordſeite
des Golfes wie geſtern als eine Fläche mit ſehr vielen vorliegenden Inſeln erſchien, unter denen man deutlich den langen
Rücken der Ilha do Governador erkannte. Und dennoch
waren alle anderen Berge und Hügel, welche die Bai umgeben, im ſchönſten Morgenduft, vom Ankerplatz der Fregatte aus in voller Klarheit zu überſchauen.

Doch der eigentliche Glanzpunkt des Gemäldes findet
ſich am Strande ſelbſt. — Am nordöſtlichen Fuße des
Gebirges, überragt von dem Corcovado und der Tijuca,
die gleich luftigen Phantaſiegebilden von ſteiler Höhe herab-
ſchauen, da, wo die Weſtküſte der Bai, ihre anfangs nörd-

liche Richtung verlassend, sich scharf gegen Westen wendet, mit anderen Worten, da, wo der schmalere Sund endet, und die Erweiterung des mächtigen Golfes ihren Anfang nimmt, erhebt sich das großartige Rio de Janeiro (a muita leal e heroica Cidade de São Sebastião do Rio de Janeiro) mit seinem Meer von Dächern, von Kirchen, Klöstern und Thürmen, die pittoresken Terrassen, die flachen, kurz und steil abstürzenden Plateaus, und die felsigen Vorsprünge dieser scharfen Ecke überdeckend, dabei gleichzeitig ein weites, liebliches Thal, eine lachende Ebene landeinwärts zwischen anmuthigen Hügeln ausfüllend, — wahrhaft wie eine ächte Kaiserstadt, voll huldvoller Anmuth und hehrer Majestät!

Mit seinen zahlreichen Vorstädten umklammert Rio fast auf mehr als zwei Seiten (der Nord= und Ostseite) den pittoresken Corcovado, in dessen Schluchten selbst die sich anschließenden Ortschaften malerisch hinansteigen. Längs des Strandes sehen wir von der Hauptstadt bis zum Zuckerhut sich Haus an Haus reihen und in den Fluthen der Bai sich spiegeln; es ist das weiße Band der Vorstädte Largo da Ajuda, Praha da Gloria, Cattete und Praha do Flamengo, welches sich bis zu dem reizenden Botafogo ohne Unterbrechung fortzieht, das jene romantische Bucht umgiebt, deren schmale Mündung sich hart am Fuße des Zuckerhuts öffnet. Unter den Hügeln zunächst der Stadt und nahe am Strande springen der Signalberg und der liebliche Bananen= und Palmenhügel, mit dem weißen Kirchlein, Nossa Senhora da Gloria, am meisten in's Auge. Der

Signalberg, auch Morro do Castello genannt, ist ebenfalls mit Bäumen und Häusern besetzt, darunter die älteste Kirche von Rio, S. Sebastiaõ. Fast beständig steigen bunte Flaggen, an dem auf den Gipfel des Hügels gepflanzten Maste und seinen Raanocken, auf, die ankommenden Schiffe zu signalisiren.

An der Nordspitze von Rio taucht die befestigte Schlangeninsel, Ilha das Cobras, aus den Fluthen auf. Sie erscheint wie ein steiler Felsvorsprung, auf dem sich große Gebäude erheben, und bildete, vom S. Michele aus gesehen, mit der übrigen Stadt, und namentlich mit der dahinter liegenden steilen Höhe von S. Bento, nur eine einzige Masse. In dem Winkel zwischen der Ilha das Cobras und der Ostseite der Stadt befindet sich der Ankerplatz für die Küstenfahrzeuge; hinter diesem Eilande, d. h. auf seiner Nordseite, ist die Rhede für die Kauffahrer; auch ragten einige hohe Maste, welche Kriegsschiffen anzugehören schienen, darüber hervor. Das Seearsenal, vor dem sie geankert waren, befindet sich auf der Nordseite von S. Sebastiaõ, am Fuße des Klosters S. Bento; das Landzeughaus liegt dagegen hart an der Südostecke der Stadt, an der in die Bai vorspringenden Ponta do Calabonço, fast am Fuße des Morro do Castello. Zwischen dem S. Michele und der Stadt ankerten die englischen Kriegsschiffe, und zwar auf der eigentlichen Rhede. — Zweimastige Postboote, „Falúas" genannt, mit hohen lateinischen Segeln, und mit Schwarzen bemannt, durchkreuzten die Bai nach allen Richtungen, auch

lange Canoas, von Negern gerudert, oder ganz kleine der=
gleichen, in denen höchstens ein bis zwei Farbige sich schau=
keln ließen, belebten im Verein mit den vielen ein= und
ausgehenden Schiffen und den taktmäßig rudernden Booten
der fremden und brasilianischen Kreuzer, auf das mannig=
fachste die schöne Wasserfläche des Golfes. Alle Stunden
geht ein kleiner Dampfer, und unzählige Male des Tages
segeln Faluas nach dem gerade gegenüber liegenden, 3½ See=
meile (noch keine deutsche Meile) entfernten Nitherohy hin=
über, einem freundlichen Städtchen, welches sich· am Fuße
lieblicher Hügel längs des Strandes der kleinen, flachge=
schweiften Bucht von Praya grande ausbreitet. *)   Die
Spitze mit dem Fort Gravatá bei S. Domingos, welche,
den Sund bis auf etwa zwei Seemeilen (etwa eine halbe
deutsche Meile) verengend, gegen Rio vorgreift, trennt die
Bucht von Praya grande von dem südlich gelegenen, an=
muthigen Golfe, „Sacco de S. Francisco" oder „the Three
Fathoms Bay" genannt, über welchen der Prinz aus seiner
Cajüte die Sonne hatte aufgehen sehen. — Noch schmaler
als zwischen Rio und Gravatá ist der Sund bei der Ein=
fahrt zwischen Sta. Cruz und S. Theodosio, wo seine Breite
nur 1⅕ Seemeile (also etwas über eine viertel deutsche
Meile) beträgt.   Nahe der Einfahrt, doch ein wenig nach

---

*) Praya grande (großer Strand) ist der Collectivname für sämmt=
liche Ortschaften, welche sich längs des Strandes dieser Bucht hinziehen.
Nitherohy bildet mithin einen Theil von Praya grande und wurde eine
Zeitlang „Villa real da Praya grande" genannt.

innen zurückgezogen, liegt das Inselfort „Lagem" mit seinen submarinen Gefängnissen, während Villegagnon etwa 2½ Seemeile (⅝ deutsche Meilen) von Sta. Cruz, und noch keine ganze Seemeile von der Stadt entfernt ist. Unter den übrigen Eilanden — denn der Golf von Rio enthält einen Archipel von etwa 80 Inseln, welche, wie die umliegende Küste, in dem herrlichsten, frischesten Grün prangen — sind noch die Ilha do Governador, die größte, und Paquetá, die viel besuchte, besonders bemerkenswerth.

Schon vor neun Uhr Morgens setzte die auf der Rhede liegende brasilianische Kriegsbrigg die preußische Flagge, und salutirte dieselbe mit dem üblichen königlichen Gruß von 21 Kanonenschüssen. Etwa eine Stunde darauf ward vom Offizier der Wache das Boot gemeldet, welches den Prinzen an Land bringen sollte. Man stieß ab. Der S. Michele und das britische Geschwader bemannten die Raaen, die Kanonen krachten ihren schallenden Gruß, in den sich das Hurrah-Geschrei und das „E viva!" der Mannschaft mischte; hoch auf wirbelte der Pulverdampf, überragt von Kreuz und Adler auf weißer Flagge, die hoch in den Lüften flatterten, während zwischen den vor der Seebrise fliehenden Rauchsäulen hindurch die liebliche, von duftigen Bergen überragte Küste in immer wechselnden Bildern entgegen lächelte.

Prinz Adalbert stieg unweit des kaiserlichen Schlosses bei Rua fresca, hart am Largo do Paço dem Hotel Pharoux gegenüber, an's Land; der hohe, obeliskartige Brunnen

„Cßafariz do Largo do Paço" blieb zur Rechten. Einige
Neugierige hatten ſich eingefunden, die Wagen ſtanden bereit,
und ſchnell rollte man davon. Unterwegs waren faſt nichts
als Neger und Mulatten zu ſehen, welche augenſcheinlich
die überwiegende Zahl der Einwohner bilden. Dieſe Maſſe
von Schwarzen, in Gemeinſchaft mit der zahlloſen Menge der
gemiſchten Menſchenracen, drücken dem Ganzen einen höchſt
eigenthümlichen Stempel auf.

Im ſtarken Trabe wurden einige ſehr belebte, ziemlich
breite Straßen durchflogen, deren Häuſer mit ihren hohen
Dächern an Madeira erinnerten.

Nachdem man erſt ein Stück mitten durch die Stadt
gefahren war, wandten ſich die Wagen links gegen Süden,
längs der oben angeführten Häuſerreihe am Strande ent=
lang, immer den Vorſtädten folgend. Ueber die Garten=
mauern am Wege ragen die ungeheuern Kronen der Cocos=
Palmen und die Rieſenblätter der Bananen herüber, während
man durch die Gitter und Gartenthüren den reizendſten
Blumenflor erblickt. — Doch eben dieſe Gärten benehmen
bald die Ausſicht nach der See. — Der ſchroffe Zuckerhut
lag gerade vorwärts, zur Rechten der Corcovado. Da bog
man rechts ab in ein Gartenthor hinein; eine kurze, dunkle
Mango=Allee, deren dicke Kronen ſich faſt zu einem Laub=
gewölbe mit einander verbanden, führte bis an die gemauerte
Terraſſe, auf der ſich, an einen buſchigen Hügel gelehnt,
das hübſche, elegante Gartenhaus erhob, welches für den
Prinzen gemiethet worden war.

Es ist unmöglich, sich eine reizendere Lage vorzustellen, als die der „Chacara das Mangueiras" oder „a Mangueira", wie diese Villa nach den prächtigen, schwarzgrünen Mangos genannt wird, die ihrem Eingange jenen eigenthümlichen Stempel des Ernstes verleihen. Der Blick von der Terrasse, von der mit vielen Fenstern versehenen Veranda oder dem nach Osten und Norden gerichteten Eckbalcon herab, ist unübertrefflich schön. Zwei schwarze, massige Cypressen erheben sich auf der Terrasse, da, wo die Treppe nach der Mango-Allee hinabsteigt. An den Ecken stehen zwei Lauben; Blumenbeete, zwischen denen sich schmale Pfade schlängeln, füllen den übrigen Theil dieses engen Plateau's aus. Ueber Gärten, Häuser und Bäume hinweg erblickt man den schmalen, lang gedehnten, blauen Streifen der Bai. Zwischen den beiden Cypressen hindurch, und über den dunkelgrünen Teppich der hochgewölbten Kronen der Mango-Allee fort, zeigt sich, wie in einen dunklen Rahmen gefaßt, der es von der übrigen Aussicht trennt, das Bildchen, auf dem das Auge so gern ruht: der Fels von Boa Viagem, mit ein paar lichtblauen Hügeln dahinter und einer kleinen und größeren Palme davor, die das Haupt voll Grazie beugen. Zur Rechten der südlichen Cypresse übersieht man die bergige Ostküste bis über Sta. Cruz hinaus. Daran schließt sich die Halbinsel von S. Theodosio, wo der kleine Wasserspiegel der Bai von Botafogo seinen Anfang nimmt; daran der Felskegel des Pão de Assucar, der über den von schlanken Palmen und allerhand anderen hochstämmigen Bäumen

unterbrochenen Contur des Morro do Flamengo hervorragt,
deſſen bewaldete Hänge wiederum zum Theil in Felswän=
den gegen das schmale Thal, ſüdlich neben dem Landhauſe,
herabſtürzen. Zur Rechten des Zuckerhuts kommt, ebenfalls
über den Kamm jenes vorliegenden Hügels, der schön ge=
formte Rücken eines Berges zum Vorſchein, der durch einen
Sattel mit dieſem Kegelberge ſelbſt zuſammenhängt. Das
enge Thal im Süden iſt mit Häuſern ausgefüllt, deren
Dächer und Giebel zwiſchen den Laubbäumen und den ſon=
derbaren, gleich umgekehrten Palmenwedeln hoch in die
Luft ſtrebenden, vom Winde bewegten Zweigen der nord=
amerikaniſchen Fichten hervortreten. Im Vorgrunde, neben
den zu der Villa gehörenden Stallungen, prangt, im friſche=
ſten Grün, eine dichte Bananengruppe; dagegen fehlen hier
die Palmen faſt ganz.

Wendet man nun den Blick wieder gen Oſten zu den
dunkeln Cypreſſen, und folgt von Boa Viagem der jenſei=
tigen Küſte, der Bai gegen Norden, ſo zeigt ſich uns zuerſt
Praya grande, eine lang gedehnte Reihe weißer Häuſer
vor lichtblauen Hügeln, gleich einer Perlenſchnur auf Tür=
kis=Grunde, begrenzt durch den Morro da Armaçaõ. Wei=
ter links verschwindet der Azurſpiegel des Golfes hinter
den hohen Häuſern und Bäumen des dieſſeitigen Ufers,
zwiſchen denen ſich niedere Hügel anmuthig wölben, die Rio
größtentheils unſern Blicken entziehen, und der Hauptſtadt
den erfriſchenden Hauch der Viraçaõ, der kühlenden See=
briſe rauben, welcher in dieſen heißen Gegenden nicht allein

als ein Labsal, sondern fast als ein Lebenserforderniß, we=
nigstens für den Europäer, betrachtet werden kann. Nur
der Signalberg, dem bei völlig klarem Wetter die blauen
Orgäos als Hintergrund dienen, sieht über einer Einsatte=
lung zwischen diesen Hügeln hervor, aus denen ein hoher,
langer Bergkamm steil aufsteigt, der sich an die Hänge des
Corcovado schließt, und das wundervolle Thal im Norden
einfaßt, das, links neben der Mangueira mündend, im Sü=
den von den waldigen Hängen begrenzt wird, auf deren
letztem Ausläufer jenes Landhaus erbaut ist. — Auch diese
Hügel gehören zu den Vorbergen des Corcovado, der, mit
seiner scharfen, felsigen Spitze Alles überschauend, im Hin=
tergrunde des Thales steht, während seine Wälder sich bis
auf die Sohle desselben herabsenken. An diese schließt sich
eine Wiese; dagegen füllt den übrigen Raum bis zur Mün=
dung des Thales ein überaus prachtvoller Bananenhain
aus. — Jener lange Bergrücken, der dieses liebliche Thal
im Norden begrenzt, bildet, obwohl nur wenig geschweift,
dennoch eine edle Linie, über welche die so oft erwähnten
sonderbaren Baumformen, und namentlich viele einzelne
Palmen, sich scharf gegen den dunkeln Tropenhimmel ab=
setzend, hervorragen. Seine Lehne ist nur zum Theil be=
waldet; hie und da stürzt sie in Felswänden oder maleri=
schen Absätzen und Terrassen ab, auf denen einzelne, zum
Theil recht stattliche Gebäude sich zwischen frischen Gärten
erheben. Unten aus dem Bananenhain steigt eine hohe,
prachtvolle Palme auf; mehrere andere erheben ihr Haupt

dagegen nur zu geringerer Höhe. Doch vor allem belebt
auf wunderbare Art die hochgewölbte, gleich einer colossalen
Blume im röthlichen Violet, ja fast in dem herrlichsten
Carmoisin prangende, alles überragende Krone eines mäch=
tigen Baumes dieses zauberische Bananenthal, das sich in
all' seiner exotischen Herrlichkeit und tropischen Fülle an
der Nordseite der Villa hinzieht, und ein Bild gewährt,
welches kaum zu beschreiben ist.

Kaum war ein gemeinschaftliches zweites Frühstück ge=
nommen, als sich der Minister der Auswärtigen Angelegen=
heiten, Aureliano de Souza e Oliveira Coutinho,
und der Mordomo des Kaisers, Paulo Barboza da
Sylva, einstellten, um den Prinzen im Namen Sr. Ma=
jestät zu morgen um zehn Uhr zur Audienz und gleichzeitig
zu der an demselben Tage stattfindenden Feier des Jahres=
tages der Unabhängigkeit Brasilien's einzuladen. Als sich
die Herren entfernt hatten, konnte Prinz Adalbert dem
Triebe, all' die vielen Wunderdinge in der Nähe zu schauen,
nicht mehr widerstehen — es zog ihn zu mächtig hinaus
in's Freie! Der kleine Hügel hinter dem Hause war im
Nu erklettert, und die Aussicht zeigte sich von hier oben fast
noch schöner, als die aus der Villa, denn sie ließ das Ein=
und Auslaufen jedes Schiffes bis tief in die Bai hinein
verfolgen.

Der Prinz wollte hineindringen in das Dickicht, in das
Gestrüpp, das die hinter ihm ansteigende Lehne bedeckte,
um an die Palmen und alle die bizarren Bäume zu gelan=

gen; doch umsonst! — Höchstens zehn Schritte ließen ihn
die Schlingpflanzen vorwärts thun, und so kam er nur bis zu
einem völlig behaarten Baume, der ihn nicht wenig in Staunen
versetzte. Er raffte einen Knüttel auf und stieg auf die Wiese
hinab, die unten an die Bananen stieß. Sie war von kleinen
Berieselungsgräben durchschnitten, in deren Schlamm, um sie
zu reinigen, ein Trupp nackter Neger herumwatete, während
ein daneben sitzender fauler Weißer, mit großem Strohhut
und einem Stock in der Hand, ein Gesicht dazu machte,
als thue er noch zu viel bei der Mittagswärme. — Mitten
auf der Wiese erhob sich eine Gruppe sonderbarer Bäume
mit einem kleinen Gärtchen dabei. Dort flatterten die
schönsten großen Schmetterlinge herum, darunter ein schil=
lernder, azurblauer, mit schwarzer Einfassung, Aërnauta
nestor (Granatensegler). — Dann trieb es den Prinzen
zu jenem rothen Baume, der etwa da steht, wo der Weg
nach Laranjeiras abgeht, und dessen Blätter karmoisin und
dessen Tausende von Blüthen violet waren.

Auf dem Wege zur Vorstadt von Rio kam der Prinz
an vielen halbnackten, schwarzen, in einem Bache stehenden
Wäscherinnen vorbei. Viele Neger begegneten ihm, auch
viele mit Maulthieren bespannte Miethswagen, von schwar=
zen oder braunen Kutschern in blauem Rock mit rothem
Kragen und hohen Stiefeln geführt. Diese Livree erinnert
an die alte preußische, und ist auch preußischen Ursprungs,
denn der Major a. D., v. Suckow, der Besitzer aller dieser
Fuhrwerke, stand früher im Kaiser Franz Grenadier=Re=

giment. Er verließ nach den Kriegsjahren den preußischen
Dienst und trat in die deutsche Legion in Brasilien über,
nahm dann den Abschied, als sich dieselbe auflöste, und zog
sich nach Rio zurück, wo er dies Miethsfuhrwerk errichtete
und den ganzen Pferde = und Maulthierhandel der Haupt=
stadt an sich brachte: — daher keine Reise in's Innere,
keine Fahrt in der Stadt, kein Spazierritt, ohne Herrn
v. Suckow! — Häufig trugen die vorübergehenden Neger
Glaskasten mit Krämerwaaren darin zum Verkauf auf dem
Kopfe; oft auch Zuckerrohrbündel. Sehr sonderbar, fast
lächerlich sind die singenden und brüllenden Töne, mit denen
sie ihre Waaren ausbieten. —

Nach dem Diner ging der Prinz mit Herrn There=
min den Caminho novo, zu dem die oben beschriebene Villa
gehört, entlang, und folgte ein Stück weit der Straße, die
derselbe kurz vor Botafogo bildet, bis sie durch eine Bie=
gung links bei der Häuserreihe von Praya do Flamengo
an die Bai gelangten. Hier lagen ein paar aus ausge=
höhlten Baumstämmen gefertigte Canoas, mit denen die
Neger die Bucht beschiffen. Vom Strande aus erstiegen
sie dann den kleinen Hügel, hinter welchem der Zuckerhut
hervorragt, den Morro do Flamengo, an dessen Abhange
ein Steinbruch, Pedreira de Botafogo genannt, in den glim=
merreichen Granit gesprengt ist. Negersklaven waren be=
schäftigt, einen großen Stein vermittelst schwerer Eisenstan=
gen zu bewegen. Sie sangen dazu ein Lied, um den
Rhythmus anzugeben: aber dies schien die Hauptsache zu

sein, denn die halbe Zahl europäischer Arbeiter hätte ohne die mindeste Anstrengung dasselbe geleistet. Am Abhange des Morro do Flamengo standen eine Masse ananasartiger Pflanzen (Tillandsien), doch ohne Früchte, und einzelne hohe, eckige Cactusstangen. Der Blick von seinem Gipfel auf den Golf von Rio de Janeiro ist wundervoll.

Dort, in der Tiefe, öffnete sich die schmale Einfahrt in die Bai von Botafogo, die, einer ungeheuren Spalte gleich, den Morro von der gegenüber stehenden schroffen Wand des Pão de Assucar trennt. Auf steilem Pfade stiegen die beiden Wandernden an das Ufer dieser kleinen, abgeschlossenen Bucht hinab. Still und romantisch lag sie da, ein wahres kleines Paradies! Ein Halbkreis von eleganten Landhäusern, mit schönen, blumenreichen Gärten, faßt sie auf der Nord- und Westseite ein, während sie auf den anderen Seiten von der üppigsten tropischen Waldnatur und den schönsten Bergformen umgeben ist. Im Osten steigt der Zuckerhut wie ein riesiger, gen Himmel weisender Finger auf; ihm gegenüber schaut die überhängende Nadel des Corcovado drohend von schwindelnder Höhe auf den ruhigen, einem Landsee gleichen Spiegel der Bucht hinab. Botafogo ist ein europäischer Badeort am Rande der Urwälder, ein Seebad, und der Sommeraufenthalt der Diplomaten.

Der Rückweg wurde angetreten. In demselben Augenblick als die blutige Sonnenscheibe hinter den Bergen hinab sank, schlossen sich die Blätterchen einer hohen, am Wege

stehenden Mimose, während der Kanonenschuß des Commo=
dore, mit dem die britische Escadre in demselben Moment
Flaggen und Bramraaen strich, von der Rhede herüberdrang
— ein schlagender Beweis für die erstaunenswerthe Regel=
mäßigkeit in allen Natur=Erscheinungen der Tropen.

Der kurze Weg zu dem Landhause führte abermals
durch die Straße des Caminho novo. Orangefarbne Blu=
men, hier Trombetas genannt, überzogen stellenweis, kleinen
Feuerlilien gleich, die hohen Gartenmauern, hinter denen
wieder die Kronen der Palmen und die zerrissenen Bana=
nenblätter zum Vorschein kamen. Fast vor allen Häusern
steht der gerabstämmige Melonenbaum, Mamoeira (Carica
Papaya), ein Baum, der eine Menge grüner und gelber,
runder Früchte trägt, die fast wie ein Traubenkartätschen=
schuß aussehen, beschattet von einem kleinen, gewölbten Dach
großer, handförmiger Blätter.

Obgleich man von Botafogo bis zu dem Hause des
Prinzen keine Viertelstunde zu gehen hatte, war es doch
bereits finster, und die Cicaden schrillerten schon, als die
Heimkehrenden in der Chacara das Mangueiras ankamen.
Der Ton, den diese brasilianischen Sängerinnen von sich
geben, zerreißt das Ohr, und kann nur, versteht sich en
miniature, mit dem unangenehmen Pfeifen eines abgehenden
Dampfwagens auf Eisenbahnen verglichen werden.

Vor dem Schlafengehen trat der Prinz nochmals auf
die Terrasse hinaus und durchstreifte die Mango=Allee, um
die fliegenden Leuchtkäferchen zu sehen, die auf den Wiesen

an beiden Seiten des Weges in solcher Menge flogen, daß
die Wiese das Aussehen einer phosphorescirenden See
hatte.

Den 7. September früh, bald nach neun Uhr, langte
ein viersitziger, kaiserlicher Staatswagen, mit vier Maul=
thieren bespannt und mit gallonirter Dienerschaft, vor dem
Landhause des Prinzen an. Die kaiserliche Livree ist grün
mit Gold, die Vorreiter tragen steife Stiefeln und dreieckige
Hüte, die Zügel und Leinen sind ebenfalls grün mit gol=
denen Sternchen. Ein Zug Linien=Cavallerie in dunkel=
blauen Collets mit rothen Kragen stellte sich auf, um die
Eskorte zu bilden, und der Kammerherr de Werna Ma=
galhaës kam, Se. Königliche Hoheit zur Audienz zum
Kaiser zu begleiten. Schnell rollte der Prinz auf demselben
Wege, auf welchem er gestern gekommen war, zur Stadt.
Die hohen doppelten Bogen der Wasserleitung, die ihm von
des General=Consuls Theremin Zeichnungen her bekannt
waren, wölbten sich über die Straße vor ihm; ebenso er=
kannte er die schönen, zwischen den Häusern wuchernden
Bananen, über welche der großartige Aquaduct hinwegführt.
Dann ging's im flottesten Maulthiertrabe unter der Wasser=
leitung fort, mitten in die Stadt hinein. Das Gewühl
auf den Straßen zeigte den großen Festtag an, den Tag,
an dem sich vor zwanzig Jahren Brasilien frei gemacht
hatte. — Die Cavallerie der Nationalgarde, grün mit gel=
ben Kragen, formirte sich schon in den Straßen, während
einzelne Reiter eben erst mit Hülfe ihres Negers aufsaßen.

Jetzt gelangte man an den weiten, etwas wüsten Platz Sta.
Anna, auch Campo da Honra oder Campo da Acclamaçaõ
genannt, derselbe, auf dem Dom Pedro I. zum Kaiser von
Brasilien proclamirt wurde. — Allmälig kam man aus der
Stadt wieder heraus. Die schöne Chaussee führt über
einen weiten Sumpf und durch Schilffelder, die von bewal=
deten Hügeln eingefaßt sind. Große, schwarze Urubús um=
kreisten die Sümpfe. Dieses Wiesenthal wird von kleinen
Seearmen oder Canälen bewässert, in welche das Wasser
der Bai hineintritt, deren Spiegel auch nach einer Weile
rechter Hand in einer offenen Gegend sichtbar wurde. Auf
einem steilen Absturz am Ufer erhebt sich ein großes weißes
Gebäude, das Hospital „dos Lazaros" genannt. — Bald
befindet man sich wieder zwischen Häusern und Gärten, und
allerhand sonderbare Tropengewächse fesseln von Neuem die
Aufmerksamkeit. Ein gewisser hoher Strauch, der sehr oft
mehr wie ein stämmiger Baum erschien, zog wegen der
prächtigen, scharlachrothen Blumen, die er trägt, und die
selbst unsere Rosen noch an Größe übertreffen, besonders
die Aufmerksamkeit des Prinzen auf sich: — es war eine
baumartige Camelia. Die auf chinesischen Tapeten abge=
bildeten Malereien fabelhafter Bäume und Blumen waren
hier zur Wahrheit geworden.

Ein mit Flaggen gezierter, grüner Platz lag links am
Wege, ein großes Zelt stand darauf, und ein zahlreiches
Publikum hatte sich eingefunden; dasselbe harrte einer Feier=
lichkeit, welcher der Kaiser in Person beiwohnen wollte, und

zu welcher Prinz Abalbert gleichfalls geladen war, näm=
lich: der Grundsteinlegung zu einer kaiserlichen Stiftung für
die verwaisten Töchter treuer Staatsdiener, welche etwa in
einer Stunde stattfinden sollte. Einen Augenblick später
bog der Wagen des Prinzen in das Gitterthor eines Parks
ein. Eine kurze Allee führt gerade auf das kaiserliche Schloß
von S. Christovao zu; dasselbe ist ein zweistöckiges Gebäude
mit zwei im Bau begriffenen Flügeln, — wohl ein Beweis,
daß der Palast für die Bedürfnisse der kaiserlichen Residenz
nicht ausreicht, — davor ein großes Bassin mit einem
Springbrunnen. Zwei gebogene, äußere Treppen, auf denen
sich Massen von Uniformen und Gallaröcken gruppirten
oder herabbewegten, führen zum Haupteingange hinauf.
Die sämmtlichen Minister und der Hof kamen dem Prinzen
bis unten an den Wagen entgegen, und geleiteten ihn durch
einige Zimmer zum Kaiser, der, in der Mitte des Audienz=
saales stehend, den hohen Gast sehr huldreich empfing.

Prinz Abalbert übergab Sr. kaiserlichen Majestät
das Schreiben seines allergnädigsten Königs und Herrn
nebst den Insignien des schwarzen Adler=Ordens. Der
Kaiser nahm den Orden mit sichtbarer Freude entgegen, und
drückte seinen Dank für das königliche Geschenk mit kurzen
Worten aus: wie glücklich ihn dieser Beweis der Freund=
schaft seines königlichen Bruders mache; worauf Se. Ma=
jestät außerordentlich gnädiger Weise hinzufügten, daß Sie
Se. Königliche Hoheit hiermit zum Ritter Allerhöchst Ihres
Ordens vom südlichen Kreuze ernennten. Voll Freude über

diesen großen Beweis kaiserlicher Huld legte der Prinz den neuen Orden und das blaue Band sogleich an, und folgte dann dem Kaiser in ein entfernteres Zimmer, wo Se. Majestät sich mit ihm niederließ, um sich auf die freundlichste Weise über den Zweck seiner Reise zu unterhalten.

„Dom Pedro II.," bemerkt Prinz Adalbert in seinem Tagebuch, „für sein Alter geistig außerordentlich vorgeschritten, dagegen körperlich vielleicht bis jetzt weniger entwickelt, ist von kleiner Statur, und trotz seiner Jugend eher stark zu nennen; sein Kopf groß, das Haar blond, die Züge wohlgebildet; sein blaues, sprechendes Auge drückt Ernst und Wohlwollen aus. Erst siebzehn Jahr alt, war sein Wesen gesetzt, wie das eines gereiften Mannes; dabei zeigte er viele Freude an der Wissenschaft, und hat in jeder Beziehung sehr gründliche Studien gemacht. Vor allem liebt er die Geschichte; aber auch andere Zweige des Wissens umfaßt er mit Interesse, unter andern die Botanik. Selbst in der Kunst, namentlich in der Malerei, leistet der junge Fürst bereits etwas Tüchtiges. Auch hierin spricht sich sein ernster Charakter, sein Interesse an allem Großen und Edlen aus, denn er pflegt die Portraits der großen, in der Geschichte berühmten Regenten, deren Vorbilde er nacheifert, zum Gegenstand seiner Darstellung zu wählen."

„Schon um sechs Uhr Morgens steht der Kaiser auf, um sich mit allen Kräften den Staatsgeschäften zu widmen. In der Zeit, welche ihm übrig bleibt, beschäftigt der junge Monarch sich besonders mit Lesen, wobei ihn sein vorzügliches Gedächtniß trefflich unterstützt. Es liegt ein schönes, edles Streben in dem jugendlichen Gemüth des Herrn, sich immer mehr für seinen hohen, aber schweren Beruf auszubilden, — ein Streben, dem man Achtung und Bewunderung zollen muß. Welch' ein Glück für dieses schöne Land, einen Regenten an seiner Spitze zu sehen, der seine Bestimmung richtig erkennt, und den ernsten Willen hat, seine Völker glücklich zu machen! Möge der Himmel ihm dazu seinen Segen verleihen!" —

Der Kaiser trug eine auf allen Näthen gestickte, dunkelblaue Uniform, mit gleichfarbigem Kragen und Aufschlägen und weißem Unterfutter, darüber nach portugiesischer Sitte ein aus mehreren verschiedenen Ordensbändern zusammengesetztes Band mit dem südlichen Kreuz daran, auf der Brust drei Sterne, und das goldene Vließ mit großen Brillanten um den Hals, und zwar außen um den Kragen. Die goldenen Epauletts mit schweren, sehr langen Bouillons, waren mit dem Wappen Brasiliens geziert; an der Lende hing, an einer weiß und goldenen Koppel, ein goldenes Schwert herab, mit hellblau emaillirtem Griff, und darauf das südliche Kreuz in Brillanten. Die carmoisinrothe, seidene Schärpe war ganz von der Degenkoppel verdeckt, nur die goldenen Quasten hingen vorn herunter auf den in Gold gestickten ungarischen Knoten am Latze der an den Seiten mit breiten goldenen Streifen besetzten, langen Beinkleider von weißem Casimir. Ein schwarzsammetner, dreieckiger Hut vollendete das Costüm.

16

Nach beendigter Unterredung hatte der Kaiser die Gnade, den Prinzen selbst zu seinen Schwestern zu führen und denselben vorzustellen. Beide Prinzessinnen sind blond wie der Bruder, doch etwas älter, beide hübsch, namentlich die jüngere, Dona Francisca, jetzt vermählte Prinzessin von Joinville. Sie trugen grün und goldne Roben, mit kleinen Sternen und Weltkugeln darauf gestickt, und brillantene Vögel im Haar. Beide hatten den Stern vom südlichen Kreuz an, und dazu ebenfalls ein, aus verschiedenen Bändern zusammengesetztes Ordensband. Ihre Damen trugen ähnliche Schleppkleider, wie denn hier überhaupt Alles in Grün und Gold gekleidet ist: die Kammerherren, die Minister 2c., ja der ganze Hof vom Ersten bis zum Letzten. — Nach einem Weilchen verfügte man sich nach dem vorderen Theil des Schlosses. Die Staatskarossen fuhren vor. Des Prinzen sechsfenstriger Wagen war der erste, dann kam Dona Francisca's, dann Dona Januaria's, dann der des Kaisers. In dieser Reihefolge setzte sich der Zug, an den sich eine Schwadron Nationalgarde, als Escorte des Kaisers, und viele Hof-Equipagen anreihten, nach dem Platze der Grundsteinlegung in Bewegung. Unter dem Zelt war bereits das ganze diplomatische Corps, die Geistlichkeit, die höheren Land- und See-Offiziere, die Municipalität u. s. w. versammelt. Als der Kaiser erschien, begann eine kurze kirchliche Handlung. Seine Majestät wies dem Prinzen den Platz zu seiner Rechten an, und nahm seine beiden Schwestern nach dem Alter links neben sich. Diese

Ordnung blieb für alle Ceremonien als feststehend. Der Bischof von Chrysopolis, der frühere Erzieher Sr. Majestät, weihte den an eleganten Flaschenzügen hängenden Grundstein. Der Kaiser selbst mauerte ihn ein.

Von hier bewegte sich der Zug, nun bedeutend verstärkt, in derselben Ordnung langsam nach der Stadt zu. Umkreist von den colossalen Urubús, begrüßt und angegafft von den Negersklaven, von einzelnen europäisch gekleideten, braunen Indianern und den schwarzen Führern der Ochsenwagen mit den pfeifenden, massiven Rädern, zog der feierliche Wagenzug mit allem europäischen Pompe an den klaren Bächen, in denen die plumpen, halb nackten Sklavinnen wuschen, an den schlanken Palmen, den Bananen mit ihren enormen Blättern, den Bäumen mit rothen Blumen, an all' den sonderbaren, exotischen Gewächsen und den anmuthigen, waldigen Hügeln, in dichte, unleibliche Staubwolken gehüllt, bei der glühendsten Sonnenhitze vorüber.

Die Straßen Rio's waren mit Menschen gefüllt; an allen Ecken bildeten die schwarzen Sklaven dichte Gruppen; alle Farben sah man hier vereinigt, um den Kaiser zu begrüßen, vom Neger und Mulatten bis zu dem halbbraunen und weißen Elegant. Aus den Fenstern und über den halben, wenige Fuß hohen Thüren, welche den Eingangsflur der Häuser schließen, hingen carmoisinrothe seidene Tücher, und darüber meist noch kleinere von weißem Zeuge herab. Im Hintergrunde standen die geputzten, fetten Mulattinnen, die schwarzen Kinderfrauen und die eleganten weißen Damen

Rio's, die meist von der Natur eben nicht stiefmütterlich behandelt worden zu sein scheinen. Schwarzes Haar und schwarze Augen herrschen vor, nur nahm zuweilen das Weiß der schönen Gesichter eine etwas zweideutige, fast bräunliche, mehr als gelbliche Tinte an.

Auf dem Campo de Sta. Anna waren mehrere Bataillone der Nationalgarde aufgestellt und präsentirten; die Musik spielte. Weiße, Mulatten und freie Neger standen in den Reihen, ja machten fast bunte Reihe. — Endlich war der Quai erreicht; alle Kauffahrer, die Küstenfahrzeuge und die Kriegsschiffe draußen auf der Rhede flaggten. Der Zug hielt vor dem Schlosse, auf dem Largo do Paço, dem Platz am obeliskartigen Brunnen. Im Vestibül standen Hofchargen, Kammerherren und grün- und gold-gekleidete Archeiros (Archier-Garden), mit hohen Hellebarden, dichtgedrängt, den Kaiser zu empfangen, welcher, eben angelangt, in ein hellblaues Zimmer trat, von dessen Balkon man den schönsten Blick auf die Rhede hat. Unter den von der Viração entfalteten Flaggen bemerkte Prinz Abalbert mit Freuden auch die preußische.

Nach einer kurzen Pause begab sich der Kaiser in die Messe. Der Weg zur Schloßkirche führte durch mehrere Säle und Zimmer und lange Gänge. Statt der Portieren in den Thüren dienen hier, wie zu S. Christovão, brasilianische Flaggen in Tuch gewirkt, oder richtiger, grüne, tuchene Vorhänge mit dem brasilianischen Wappen, nach altportugiesischer Weise darauf gestickt. Im Allgemeinen sind die

Gemächer des kaiserlichen Palastes in einfachem Stile ge=
halten. In früheren Zeiten war dieses Gebäude der Sitz
der portugiesischen Vicekönige, jetzt wird es nur immer auf
kurze Zeit von Sr. Majestät bewohnt, auf wenige Tage,
da der Kaiser fast ausschließlich zu S. Christovão residirt.
— Beim Eintritt in die Kirche wies man den Prinzen an,
den brasilianischen Prinzessinnen in die rechte Seitentribüne
zu folgen. Die Loge war mit einem carmoisin seidenen
Vorhang verhängt, der sogleich aufgezogen ward, als die
beiden hohen Damen sich hinter ihren, zum Knieen dienen=
den Kissen aufgestellt hatten; gleichzeitig trat der Kaiser,
von dem ganzen Hofe gefolgt, in die Kirche ein, knieete vor
dem Altar nieder, und stellte sich dann unter den Thron=
himmel seinen Schwestern gegenüber. Die Messe las der
Bischof von Chrysopolis, unter Begleitung von Vocal= und
Instrumentalmusik. Als sie beendet, ging der Zug denselben
Weg bis zu dem Thronsaal zurück. Der Kaiser näherte
sich dem Fenster. Auf dem Platze vor dem Schlosse und
im Haken rechts um den Palast herum war die National=
garde aufgestellt. Als sich der Kaiser zeigte, wurden Honneurs
gemacht und „Viva o Imperador!" gerufen. Darauf hörte
der Prinz, zu seinem nicht geringen Erstaunen, einen wohl=
bekannten Klang, nämlich das preußische Signal zum Char=
giren, auf welches von der Infanterie drei Bataillonsalven
gegeben und von der aus sechs Geschützen bestehenden
Batterie 21 Schuß gethan wurden. Nach jeder der drei

Bataillonsjalven gab der Kaiser durch Winken mit dem Schnupftuche das Zeichen zum Stopfen.

Die Uniformen der Infanterie haben einen ähnlichen Schnitt wie die der englischen Jäger; sie sind dunkelblau mit hellgrünen Halbkragen und gelben Aufschlägen, die Cza= kots und Flinten dagegen ganz englisch; auch tragen die Offiziere dunkelrothe seidene Schärpen. Die Cavallerie und Artillerie der Nationalgarde sind in dieselben Farben ge= kleidet; die Linien=Artillerie hat jedoch schwarze Kragen mit carmoisinrothem Vorstoße. Die Nationalgarde sah sehr sauber aus, und zeigte, als Miliz betrachtet, eine hinreichend gute, militairische Haltung und einen genügenden Grad der Ausbildung. Sie versah im gegenwärtigen Augenblick allein den Garnisondienst in Rio de Janeiro, da die Hauptstadt fast gänzlich von Linientruppen entblößt war. Dieselben befanden sich zur Zeit in den Provinzen Minas und Rio grande do Sul vereinigt, um die dort ausgebrochenen Auf= stände zu dämpfen. Auch hatte der Prinz schon heute Ge= legenheit, Sr. Majestät den Glückwunsch zu einem Siege aussprechen zu können, den jüngst die kaiserlichen Waffen in Minas unter dem General Baron Caxias erfochten hatten und dessen Folgen sich bald als entscheidend herausstellten. — Ein Vorbeimarsch in Zügen beendete die kurze Revue. Der Kaiser verließ jetzt das Fenster und stellte sich mit seinen beiden Schwestern auf die oberste Stufe unter den grün sammetnen Thronhimmel, während der Hof sich längs der Wände rangirte, worauf der englische Gesandte den

neuen Gouverneur von Mauritius, General Sir William
Gomm, präsentirte, welchen der Prinz in Madeira kennen
gelernt hatte. Dann erschien Mr. Hamilton abermals,
an der Spitze des diplomatischen Corps, und hielt im Na=
men Aller die Anrede an den Kaiser, um Sr. Majestät zu
der Wiederkehr des heutigen, wichtigen Tages Glück zu
wünschen. Nachdem der Kaiser die Rede beantwortet, ent=
fernte sich das diplomatische Corps, und zwar bis zur Thür
rückwärts gehend, wie es auch in England Sitte ist. Nun=
mehr kamen Militair und Civil corpsweise zum Handkuß
herein, wobei es sich besonders seltsam ausnahm, als ein
alter Negeroffizier (in Rio unter dem Namen „Bonaparte"
bekannt) und außerdem noch mehrere Mulatten die weißen
Hände der Prinzessinnen küßten. Zum Schluß erschien die
zahlreiche Deputation einer wissenschaftlichen Gesellschaft. —
Sobald diese, bei der Tropenhitze etwas angreifende Cere=
monie vorüber war, begab sich der Kaiser in das hellblaue
Zimmer zurück. Hier trennte man sich auf ein kleines hal=
bes Stündchen, dann wurde mit dem Hofe zusammen dinirt.
Das Eis bei diesem Diner war aus Nord=Amerika gekom=
men, und hatte demnach die Linie passirt. Erst seit vier
bis fünf Jahren war das nordamerikanische Eis hier gäng
und gebe.

Auf dem Rückwege von der Stadt nach seinem Land=
hause sah der Prinz einen Brunnen, an welchem die Neger
mit ihren Krügen und Eimern, unter Aufsicht eines Polizei=
Beamten, in zwei Reihen arrangirt standen. Als Grund

für diese Maßregel gab man an, daß zur Zeit kein Ueber=
fluß an Wasser in der Stadt herrsche.

Bereits um acht Uhr Abends fand sich Prinz Adal=
bert wieder im großen Theater, Theatro de S. Pedro de
Alcantara, ein, wo der Kaiser erwartet wurde. Sobald
Se. Majestät eintraf und sich, mit seinen Schwestern zur
Linken, auf der kleinen, für die Stühle der höchsten Herr=
schaften bestimmten Estrade an der Brüstung aufgestellt
hatte, wurde der verdeckende Vorhang der Loge auseinander
gezogen, während die Musik die Nationalhymne anstimmte
und laute Beifallsbezeigungen begannen. Kaum waren die=
selben verstummt, als sich ein Herr im schwarzen Frack aus
seiner Loge herauslegte, und ein Gedicht auf den Kaiser,
mit besonderer Beziehung auf das heutige Fest, mit großem
Feuer ablas; seinem Beispiel folgten noch vier Andere, von
denen jedoch Einige nicht besonders memorirt zu haben
schienen. Zuletzt declamirte ein reitender Nationalgardist
seine poetischen Ergüsse vom höchsten Rang=Logen herab;
— dann begann die Ouvertüre. Nach dem ersten Theil
derselben setzte sich der Kaiser, und als sie beendet war,
zog sich Se. Majestät mit dem ganzen Hofe in einen
Nebensaal oder Foyer zurück, um dort Conversation zu
machen. Die Prinzessinnen gingen ab und zu. Erst zu
dem Ballet, am Schlusse der Vorstellung, verfügte sich der
Kaiser wieder in die Loge und nahm auf der Estrade Platz.
— Das Haus ist groß und war hell erleuchtet, das Ballet
befriedigte weniger.

Den folgenden Morgen (8. September) um zehn Uhr überraschte der Kaiser den Prinzen mit einem äußerst gnädigen Besuche, und blieb gegen anderthalb Stunden bei ihm, meist in der Veranda sich sehr freundlich und huldreich über die verschiedenartigsten Gegenstände unterhaltend. Se. Majestät hatten außerdem noch die große Güte, Seiner Königlichen Hoheit zwei sehr hübsche, von einem fremden Künstler aufgenommene Daguerreothyp-Ansichten von S. Christovaõ zu geben.

An diesem Tage sollte Prinz Abalbert seine erste, traurige Erfahrung in Bezug auf die Unzuverlässigkeit und Saumseligkeit der Neger machen. Schon vor acht Uhr früh war ein Schwarzer zum S. Michele geschickt worden, um zu bestellen, daß Seine Königliche Hoheit das Offiziercorps des britischen Geschwaders, welches sich hatte ansagen lassen, um zwei Uhr an Bord der Fregatte zu empfangen beabsichtige. Als aber der Prinz kurz vor der festgesetzten Zeit von Praya do Flamengo aus an Bord anlangte, war der Bote kaum eine Viertelstunde vor ihm eingetroffen. Wenn man die größtmögliche Zeit annimmt, die zur Zurücklegung dieses Weges erfordert wurde, so hätte er höchstens zwei bis drei Stunden gebraucht; statt dessen war er mindestens fünf Stunden unterwegs gewesen! Ein Hauptgrund dieser Langsamkeit soll in der unwiderstehlichen Anziehungskraft liegen, welche die „Vendas de Caxaça" (Schnapsläden) auf jeden Schwarzen ausüben. Doch ist auch die ganze übrige

Eigenthümlichkeit des Negers der Beflügelung seiner Schritte und Handlungen eben nicht förderlich. —

Trotz der etwas verspäteten Einladung fanden sich die englischen Offiziere sehr bald auf der Fregatte ein. Bei dieser Gelegenheit bot Commodore Purvis dem Prinzen die Dampffregatte „the Growler" zur Reise nach Pará an, da ihm bekannt war, daß Seine Königliche Hoheit diese Provinz zu besuchen beabsichtige. Der Antrag war um so willkommener, als sonst der Prinz genöthigt gewesen wäre, seine Pläne mit den Abgangszeiten der seit 1839 allmonatlich auf Pará fahrenden brasilianischen Dampfbote in Einklang zu bringen; er hätte dann vier Wochen auf einem vollen, langweiligen Packet unterwegs zubringen müssen, statt daß die Reise jetzt in funfzehn Tagen etwa, unter den interessantesten Verhältnissen, gemacht werden konnte.

Den heiteren, kühlen Morgen des folgenden Tages (9. September) benutzte der Prinz zu einem kurzen Spaziergange nach dem paradiesischen Botafogo; am Nachmittage ging er mit dem Consul Theremin in das enge Thal hinter dem „rothen Baume" hinein, Laranjeiras genannt, das sich bis zum Fuße des Corcovado hinzieht. Ein Bach, der Rio das Laranjeiras, in welchem viele Negerinnen unter dichten Bananengruppen wuschen, dann das Dörfchen Cosmo velho mit hübschen Häusern, von hohen Bäumen beschattet, und die dicht verwachsenen, mit hohen Stämmen untermischten, schon den allgemeinen Typus der Urwälder tragenden

Waldungen an den Abhängen, machen Laranjeiras zu einem reizenden Spaziergange.

In diesem Thale bot sich vieles Neue dar. Der hohe Reisende sah hier zum ersten Male den wohl einen Zoll breiten Zug einer winzigen braunen Ameise, welcher, aus einem Hause an der Straße kommend, seinen Lauf in schnur= gerader Richtung quer über den Weg nahm. Das war ein Gewühl, eine Thätigkeit! — Die schwer beladenen Thier= chen bilden verschiedene Ströme, die in entgegengesetzter Richtung neben einander herlaufen; ein jedes schleppt etwas, keins ist müßig — und so geht's immer geradeaus, durch alles hindurch, was ihnen gerade vorkommt. Schlimmer sind die kleinen weißen Ameisen oder Termiten, hier Cu= pim genannt; in der Mangueira fanden sie während der dreiwöchentlichen Abwesenheit des Prinzen ihren Weg in die Kommode desselben hinein, durch den größten Theil seiner Wäsche hindurch, und glücklich wieder heraus, so daß ihr Zug deutlich verfolgt werden konnte.

Gleich am Eingange in das Thal, bei den ersten ein= zelnen Häusern, ragten hohe Bäume mit in die Höhe star= renden Aesten und flach gewölbten Kronen, die nicht von Blättern, sondern allein aus gelben Blüthen geformt waren, hoch über das verwachsene Gebüsch am Rande der kleinen, grünen Wiese empor. Gleich darauf sah der Prinz auch die ersten Orchideen und die ersten ananasartigen Tilland= sien, die hoch oben auf den Aesten der großen Bäume sitzen, oder aus ihrem Stamm hervorzusprießen scheinen. An dem tief eingeschnittenen Bette des Rio das Laranjeiras, des Baches, der das Thal durchströmt, bot sich ein sonderbarer, abenteuerlicher Anblick dar, nämlich ein lang, ja zottig behaarter Stamm, der seine mächtigen Aeste über den Bach ausstreckte, von denen eine Art Tillandsien wie Pferdeschweife herabhing. Andere Bäume trugen gleichsam Bündel von Baumwolle, Bartmoosarten, auf den Zweigen. Blickte man hinan zum Saume der Urwälder des Corcovado, so zeigte sich hie und da ganz silbernes, glänzendes Laub zwischen dem Grün. Auch an Palmen und, wie der bloße Name des Thales schon lehrt, an Orangenbäumen (sie heißen auf portugiesisch „Laranjeiras"), fehlte es hier nicht. Der Spaziergang wurde noch etwas über den neuen, eisenhaltigen Brunnen am Ende von Laranjeiras, Aguas ferreas genannt, das Ziel der meisten Spaziergänge, hinaus fortgesetzt, und dann erst der Rückweg angetreten. Die Cicaden, welche besonders Abends bei Stimme zu sein scheinen, kreischten, und die Dunkelheit trat ein, ehe man „a Mangueira" erreichte. —

Am nächsten Morgen (10. September) befand sich Prinz Adalbert nebst dem Konsul Theremin schon früh im Sattel; sie ritten, den Vorstädten folgend, am Strande entlang, bis zum Anfange der Stadt, dem reizendsten Fleck am ganzen Gestade von Rio; dann, den anmuthigen Hügel der Gloria mit seinem Kirchlein, seinen prachtvollen Palmen und Bananen rechts lassend, unter dem Hügel von Sta. Thereza fort, der ihnen mit seiner weit sichtbaren Kirche

zur Linken blieb, bis zum „Aquebucto". — Hierauf ge=
wannen sie die Höhe, wo die doppelte Bogenreihe der
Wasserleitung in den Bergen wurzelt, und gelangten nun
an einen Fußsteig, welcher der niedrigen Mauer folgt, in
der das Wasser zu jenem antik aussehenden Aquaduct von
den Bergen herabgeführt wird. Prachtvoll war die Vege=
tation, die sich dem Auge unterwegs darbot: die schönsten
Palmen in Menge, Mimosen, Mamoeiras und unzählige
dem Prinzen noch neue Baumgattungen! Von außerordent=
licher Schönheit war ein häufig vorkommender Baum mit
sehr dunkelgrünem Laube und blauen Blüthen, wie Per=
venche (Sinngrün), nur ein wenig mehr in's Lila spielend.
Mit Ausnahme der nordamerikanischen Fichte, welche häufig
um Rio herum vorkommt, ist alles Laubholz, und dennoch
erscheint der größere Theil der Bäume wie Nadelholz, weil
dieselben vielfach die Form der Pinie haben. „So ver=
schiedenartiges Grün" bemerkt Prinz Adalbert, „findet
man in Europa nie bei einander!" —

Nach und nach tritt der Weg in's Dickicht hinein, und
man erblickt links unter sich den steilen Abhang nach Laran=
jeiras zu. Massen von Lianen hängen von den Zweigen
und an den Stämmen herab, und verschlingen die Bäume so
eng unter einander, daß der Wald undurchbringlich wird,
und das Gesträuch am Wege einem oft, wie eine feste
Mauer, alle Durchsicht raubt. Hie und da blickt eine
colossale Tillandsie aus dem dicken Gewirr hervor; nicht
wie die Blätter einer Ananas, nein, mächtig wie die einer

Agave, züngeln ihre schweren, spitzigen Blätter tief herab. Oeffnet sich endlich eine Durchsicht in's Thal, so erstaunt man über die riesenhaften Baumstämme, die kerzengerade bis zu uns heraufragen, deren leichte, pinienartige Kronen sich in gleicher Höhe neben uns wölben. Endlich, recht mitten im undurchbringlichen Dickicht, hört die Wasserleitung an der Felsplatte auf, aus welcher die frische Quelle hervorsprudelt. — Wunderschöne, große, bunte Schmetterlinge flogen umher! Dann führte der schlüpfrige Fußpfad — auf dem feuchten, rothen Lehmboden glitten die Pferde aus — durch dichtes, exotisches Gestrüpp, das wie ein Treibhaus lieblich duftete, zu den ersten Häusern von Laranjeiras hinab, und jene colossalen gelben Baumkronen, am Eingange in das Thal, leuchteten als alte Bekannte schon von weitem entgegen.

Der Prinz nahm zu Hause ein kleines, zweites Frühstück, und galoppirte dann nach Botafogo hinaus. Schon am Morgen zeigten sich viele Dünste in der Luft; jetzt war es allmälig noch nebliger geworden. Allein ein Ritt, ein Gang in's Freie belohnt sich stets, wo man am Wege selbst oft so viel Neues und Wunderbares sieht. Dem Halbkreise des Oertchens folgend, ging's um die kleine Bai herum, dann rechts ab auf dem geraden, mit Häusern besetzten Wege (Rua de S. Clemente), bis der Prinz, an die „Lagoa" gelangt, die Eile seines Rosses mäßigte. Einige Häusergruppen, von Palmen und Laubholz beschattet, die sich in dem kleinen See spiegelten, gewährten anmuthige Bilder.

Ohne es zu ahnen, ritt der Prinz am botanischen Garten entlang, und gelangte dicht dabei in eine sumpfige Gegend, wo wieder eine neue, freudige Ueberraschung ihn erwartete. Einzelne Rohrbüschel von 20 bis 30 Fuß im Umfange stiegen aus der Wiese empor, wie Bündel von 30 bis 40 Fuß hohen, nur wenige Zoll starken Lanzen, deren elastisch-wogende Gipfel sich mit unbeschreiblicher Grazie hin und her beugten. Wenngleich ihre Stämmchen so dicht zusammengepreßt standen, daß man keine Hand dazwischen bringen konnte, so wußten dennoch einzelne Palmenwedel, die, Gott weiß wie, mitten in dem Gedränge aus dem Boden sproßten, das Labyrinth von innen zu durchbrechen, und in hohem Bogen sich voll Anmuth aus den dunkelgrünen Rohrgarben hervor zu neigen. Zwischen diesen, sich oft mit ihren elastischen Gipfeln laubenförmig berührenden Garben erblickte man abwechselnd den glatten Spiegel der Lagune oder den pittoresken Corcovado, der über ihr steht. — „So sah ich," fügt Prinz Adalbert hinzu, „zum ersten Male das — Bambusrohr, ohne es zu erkennen, — darum studire Botanik, wer reisen will!" —

Von der Lagoa de Rodrigo de Freitas ritt der Prinz, sich mehr rechts wendend, den bewaldeten Höhen zu, durch ein reizendes, ansteigendes Thal; ein hoher Fels begleitete den Weg eine Weile linkerhand. Man reitet an zerstreut liegenden Meierhöfen im Dickicht vorüber und passirt einzelne Lehmhütten, wie sich deren schon heute Morgen einige gezeigt hatten. Sie werden hier „Casas de pao a pique" genannt.

Die Rähme, welche die Lehmwände durchziehen, sind von dünnem Rundholz und viel kleiner, als an den märkischen Bauernhäusern; sie messen nur einen Fuß im Quadrat. Bewaldete Berge und Höhen liegen zur Seite; am Wege selbst steht weniger hohes Holz, mehr Strauchwerk, auch jene Bäume von heute Morgen mit den pervenche=artigen Blüthen kamen wieder sehr häufig vor, aber nicht mehr als Bäume, sondern nur als hohe Sträucher. Bei zwei einsamen Häusern ersteigt man den Grath der Höhe, und blickt jenseits derselben hinab auf die See und die waldigen Berge, die bis zu der bewachsenen, kleinen Ebene am san= digen Strande reichen, weshalb dieser Punkt Boa Vista genannt wird.

Der Prinz stieg in die Ebene hinab und durchritt sie. Dichtes Gesträuch, mit Bäumen untermischt, stand am Wege, auch hie und da ein Haus mit Kaffeepflanzungen umgeben. In der Ferne trat das Gebirge, steil gegen die See abfallend, an die Küste heran, während zur Linken deutlich das Rauschen der Brandung vernehmbar war. Bei einem Häuschen fragte der Prinz, wo der Weg hin= führe? man erwiederte: „zu Dom Luiz Francez," und wies auf ein Haus oder Gehöft mitten im Walde, auf einer abgerundeten Höhe, einem Absatz der über der See anstei= genden Berge. Bald war der Fuß derselben erreicht, und Prinz Adalbert stieg nun längs jenes steilen Abhanges am Meere hinauf. Das Haus auf der Höhe vor ihm, über schrägliegenden, mit Agave americana überwucherten

Felsplatten, deren Fuß sich in einer lieblichen, kleinen Bananengruppe verlor; — sonst überall hochstämmiges Laubholz, mit den schönsten Palmen untermischt, an dem entgegenstehenden Abhange und links bis zu der tief unten brausenden grünen See hinab, in die eine Landzunge vorsprang, welche hinter dem steilen Wald- und Felsenufer kaum sichtbar war, während einige flache Inselchen in der Ferne auftauchten: — dies Alles zusammen machte ein reizendes Gemälde, das aber noch bei weitem von dem Bilde übertroffen ward, das sich dem Blicke darstellte, als der Prinz das Gehöft passirt hatte und, der Biegung des Berges rechts folgend, durch einen kleinen Bananenhain, mit Felsblöcken untermischt, heraustrat. Ein zweites, ähnlich gelegenes Gehöft, umgeben von der üppigsten Tropenvegetation, krönte die Höhe, welche, mit dem prachtvollsten Walde bedeckt, zuerst links steil abfiel, und mit einer Art Landzunge, einem malerischen Palmenhügel in die See vorsprang, über den hinweg man einen zweiten, ähnlichen in der Ferne gewahrte.

Der Prinz führte sein Pferd bis zu dem netten, einzelnen Häuschen hinauf, über das von den Höhen landeinwärts ein schwarzes Regengewölk herabhing. Eine Dame saß vor der Thür, welche seine, mit sichtbarer Anstrengung auf gebrochen portugiesisch hervorgestotterten Fragen durchaus nicht zu fassen vermochte. Endlich begriff ihn eine kleine Negerin, und von ihr vernahm der Prinz, er befinde sich bei Dom Luiz Francez, worauf er, wieder aufathmend,

die Conversation nun auf französisch fortsetzte. Jetzt erwie=
derte auch die Schöne mit unversiegbarer Suade seine Fra=
gen in einer langen, wohlgesetzten Rede, deren kurzer Sinn
war, daß dieses Haus hart unter der riesigen Wand der
Gavia läge, welche das düstre Gewölk völlig den Blicken
entzöge. So war der hohe Herr also auf dem Wege zu der
„Lagoa da Tijuca" bis unter das Haupt des „Riesen" ge=
langt. — Hier kehrte er um, und trat, seinem Verlangen
nach der schönen, wilden Natur nicht wenig Zwang anthuend,
den Rückweg an, denn heute Abend um halb sieben Uhr
schon sollte er, einer Einladung des Kaisers zufolge, in das
französische Theater fahren.

Das Gewölk senkte sich immer tiefer, und bald goß es
vom Himmel herab. Der Prinz war nur mit einer weiß=
leinenen Matrosenjacke bekleidet, die sich nicht lange gegen
den einbringenden Regen sperrte; dafür tröstete ihn aber
ein schöner, hellblauer Vogel, der an ihm vorüber flog.
Bald darauf begegnete ihm ein, in einen dunkeln Gummi=
mantel gehüllter Reisender, auf einem Maulthiere reitend,
und später sehr viele Neger, die Maulthierzüge trieben oder
kleine Lasten auf dem Kopfe trugen. — Der rothe Boden
war vom Regen schlüpfrig geworden; Prinz Adalbert
führte daher sein Roß über die Höhen, und hatte sein Ver=
gnügen daran, die Neger, welche des Weges zogen, zu be=
obachten, und sich an ihrer unverwüstlich guten Laune zu
erfreuen. Sie sind, bemerkt der Prinz in seinem Tagebuch,
ein curioses Volk! Gehen sie allein, so reden sie mit sich

selbst oder lachen laut für sich, pfeifen oder singen. Be=
sonders scheint das Singen, doch ohne in's Ohr fallende
Melodie, ihnen großes Vergnügen zu machen. Der Schwarze,
portugiesisch „o Preto", ist immer heiter, und „der Mund
steht ihm nie still". Ihr Selbstgespräch betrifft meist ihr
eigenes Verhältniß zu ihrem Herrn; oft fingiren sie wohl
gar einen lebhaften Wortwechsel mit ihm, bei dem derselbe
redend eingeführt wird, ihnen Vorwürfe macht, während
sie sich vertheidigen. Begegnen sich zwei Neger, so fängt
die Conversation oder das einfältige Gelächter schon auf
hundert Schritt an. Sehr selten gehen zwei Schwarze an
einander vorüber, ohne sich anzureden, wobei sie sich stets
abquälen, portugiesisch zu sprechen; ja, es geht so weit,
daß sie sogar ihre Selbstgespräche, statt in ihrer Mutter=
sprache, ebenfalls auf portugiesisch abzuhalten pflegen. Es
wird nämlich den Sklaven von ihren Herren verboten, un=
ter einander eine andere, als die portugiesische Sprache zu
reden, einestheils, damit sie desto schneller die Landessprache
erlernen, andererseits aber wohl auch, damit sie keine ge=
heimen Gespräche in ihrer Gegenwart führen können. Die
Gestalten der Neger sind oft hübsch und meist kräftig;
ihre Gesichter dagegen fast immer häßlich, besonders bei
den Frauen.

Kurz vor dem Dunkelwerden traf der Prinz in „a
Mangueira" ein, und fuhr dann gleich in die Stadt. —
Der Kaiser und die Prinzessinnen stellten sich, wie das erste
Mal, auf die Estrade in der Loge hinter dem grünen Vor=

hang auf. Er wurde auseinander gezogen, und die Ouver=
türe, bei deren zweitem Theil sich die Herrschaften erst
setzten, begann. Man gab „le Chevalier du Guet" und
„Lousiette". Die Truppe schien nicht vorzüglich zu sein;
dagegen waren die Decorationen höchst amüsant, denn die
Scenen auf dem Pariser Boulevard spielten unter dem
Schatten der prachtvollsten Palmen und Bananen, so daß
die Bewohner Rio's wohl einen sehr richtigen Eindruck von
der Hauptstadt Frankreichs mit nach Hause gebracht haben
werden! Das Theatro de S. Januario ist kleiner als
das, wo unlängst portugiesisch gespielt wurde. Da in dem=
selben an diesem Abende das Fest vom 7. September nach=
gefeiert wurde, so waren die Logen mit umeinander gewun=
denen Tüchern von verschiedenen Farben, welche die
verschiedenen Ränge abzutheilen schienen, geziert, sowie
ferner auch das Haus mit Wachslichtern in Glasglocken
hell erleuchtet war.

Der 14. September war wieder ein Regentag; doch
den eigentlichen tropischen Regen mit den großen Tropfen
hatte man immer noch nicht gehabt. Am Morgen sah der
Prinz mit Graf Bismarck aus dem Fenster die ersten
Colibris, die unter dem Dache herumflatterten, und dabei
wie Wespen summten. — Der Regen kühlte die Luft sehr
angenehm ab. Nur die ersten Tage, während des Aufent=
halts in Rio, namentlich der 7. September, waren warm,
doch drückte die Luft nicht so auf das Gehirn, wie in Malta,

Gibraltar, Sevilla, und vor allem wie in der Nähe der
afrikanischen Küste.

Von einem am Abende dieses Tages trotz des schlech=
ten Wetters unternommenen Ausfluge erzählt der Prinz:
Erst vor wenigen Tagen erstieg ich die Höhen hinter der
Mangueira, und drang tapfer in das Dickicht ein; anfangs
wand ich mich durch, so gut ich konnte, allmälig mußte ich
mich bücken, und zuletzt sah ich mich auf allen Vieren krie=
chend und von Dornen zerrissen. Um mich herum regte
es sich, Ameisen und allerhand unappetitliches Gewürm
schien hier einheimisch; die Cicaden schrillerten dicht neben
mir, ich sah nichts mehr, — selbst die hohen Tillandsien,
diese Verführer, die riesig von ihren kurzen, dürren Baum=
stummeln herabschauten, als winkten sie mir, und die mich
in diese Wildniß, in dieses Elend hinein gelockt hatten,
waren mir jetzt gleichgültig; — ich hatte nur den einen
Gedanken: „wie da wieder hinaus!" — Allein ringsum
kein Ausweg; — überall eine dichte Mauer von Lianen,
— ich sah keine zwanzig Schritt weit! Da ging mir mit
einem Male ein Licht auf; ich arbeitete mich mit allen
Kräften an den Pflanzen hinauf, sie gaben wohl nach, ich
trat viele nieder, endlich siegte die Ausdauer, ich sah den
Himmel über mir, um mich ein Meer von Gipfeln des
verwachsensten Gesträuchs, des dichtesten Buschwerks, und
vor und unter mir dieses Gewirr sich hinabsenken nach der
Bai von Botafogo; — ich war unweit des Abhanges. —
Doch die Pflanzen, die Büsche gaben nach; um nicht zu

finken, legte ich mich mit ausgebreiteten Armen und Beinen
platt auf den Leib, wie beim Schwimmen, und vertheilte so
die Last meines Körpers auf mehrere Sträucher; — das
half! — Doch mit dem Liegen allein war's nicht gethan;
wenn ich nach Botafogo hinunter wollte, mußte ich mich
fortbewegen, ich versuchte es in meiner Schwimmlage, und
siehe da, es ging! — Hin und wieder stürzte ich wohl
etwas unsanft zwischen die Büsche, Dornen und Steine
hinein; da hier unten aber meines Bleibens nicht war, so
arbeitete ich mich immer wieder in die Höhe und dann lie=
gend über die Gipfel weiter fort, bis ich endlich tiefer am
Abhange wieder Land unter den Füßen fühlte, und nach
einer halb= bis dreiviertelstündigen, tüchtigen Arbeit, wohl-
behalten an den Gärten Botafogo's anlangte, meine Toilette,
so gut es ging, reparirte, und dann wohlgemuth auf der
Chaussee nach Hause schritt!" —

Am folgenden Abend, den 15. September, nahm der
Prinz seine Richtung auf den Berg, der im Norden über
dem Bananenthale aufsteigt, und welchen er aus seinem
Schlafzimmer vor sich sah. — Anfangs folgte er schlüpfri=
gen Fußsteigen, zuletzt kletterte er wieder ohne Weg und
Steg an dem steilen Abhange die Kreuz und Quere in die
Höhe. Es regnete. Viele Vögel flogen in dem nassen
Dickicht umher, und kleine, metallische Stimmchen zwitscher=
ten um den Wanderer herum. Ein wahrer botanischer
Garten umgab ihn, eine staunenswerthe Mannigfaltigkeit
der Pflanzenwelt, keine Staude, kein Baum glich dem

andern! — An einem umgestürzten Stamme klebten große Schnecken, wohl einen halben Fuß im Durchmesser haltend. — Als er endlich den Kamm des Berges erreicht hatte, war die Aussicht nicht weniger lohnend. Zwischen unge= heuern Palmenwedeln hindurch sah er auf der einen Seite die Einfahrt in die Bai von Rio und die Bucht von Bota= fogo, auf der andern, tief unter sich, Rio de Janeiro mit seinen Vorstädten, die sich bis in die Thäler zu seinen Füßen hineinzogen, und den Rest der Bai mit der Ilha do Go= vernador und den Kriegsschiffen auf der Rhede.

Es war ein klarer, prächtiger Morgen, als die Reise= gesellschaft, am 16. September früh, um acht Uhr der Stadt zuritt. An den hohen „Minas=Stiefeln" konnte man es ihr ansehen, daß sie heute nichts Geringes im Schilde führte; und so war es auch, denn es galt ja einen Ritt von elf Legoas nach Sta. Cruz, einem Schlosse oder einer Fazenda des Kaisers, im Westen der Hauptstadt!

Man zog an der Gloria vorüber, warf einen Blick auf die mit Kriegsschiffen reich besetzte Rhede, ritt dann unter Sta. Thereza fort, durch die hohen Bogen der Wasserleitung, und so um ganz Rio herum. — Ein pracht= voller Ritt! — Die üppigste Vegetation, die prächtigsten Palmen, dunkle Mangos, Bananen im frischesten Grün 2c. gehen bis dicht an die Häuser heran. Man durchschnitt die Vorstädte Matacavallos, Catumby und Mataporcos, reizend gelegen am Fuße der bewaldeten Berge, und zum Theil in den kleinen Nebenthälern und Schluchten des Ge=

birges. — An malerischen Brunnen wurden die Rosse getränkt, dann ging es weiter.

Sobald man die Stadt hinter sich hat, überschaut man die weite Ebene, an deren Saume sich Rio erhebt, die Ebene, welche von der Bergkette, die vom Corcovado bis zu den graziösen Hörnern der Tijuca reicht, in Süden und Westen umschlossen wird, und sich gegen die Bai von Rio nach Osten und Norden weithin öffnet, während an heitern Tagen, im Norden und Nordosten, über dem fernsten Winkel dieser, einem Landsee ähnlichen Bucht, sich das duftig blaue Orgelgebirge in seiner ganzen Ausdehnung zeigt. In dieser weiten Ebene erheben sich einzelne grüne, bewaldete Hügel, so unter andern jener schon erwähnte Hügel nahe der Stadt, der sich bis zur Bai erstreckt, und mit einer großen, schiefen, grauen, von weißen Quarzadern durchzogenen Granitplatte gegen die Straße von S. Christovão abfällt. Am Fuße der pittoresken, aus den edelsten Linien geformten Bergkette steigt, das Wahrzeichen der Ebene, der oben abgerundete, schwarzbraune Felskegel von Engenho velho auf. Gänzlich isolirt dastehend, ist er von allen Seiten zu sehen. Von der Stadt bis zum Fels von Engenho velho und zu dem sanft über die duftende Ebene ansteigenden S. Christovão, sind überall Villen und weiße Landhäuser zwischen die lieblichen Gärten, die üppigen Wiesen und die hohen malerischen Baumgruppen ausgestreut. Ja, die ganze weite, lachende Ebene bildet einen einzigen tropischen Garten, den die breite Chaussee durch-

schneidet, welche den Kaiserpalast mit der Hauptstadt ver=
bindet. Aber sie führt noch weiter, diese Straße, — ihre
Verlängerung wenigstens führt, da die eigentliche Kunst=
straße nur zu bald aufhört, zu den Goldbergwerken und
den Diamantenwäschereien von Minas, und über Sta. Cruz
zu den heerdenreichen Campos von S. Paulo.

Die Gesellschaft ritt an dem Gitter des Schlosses von
S. Christovão vorüber, und durch das kleine Oertchen
gleiches Namens. Hier begegnete man den ersten Reisenden
aus dem Innern, welche gleichfalls — da diese Tracht die
zum Reiten in diesen Gegenden allgemein gebräuchliche ist,
in „Minas=Stiefeln" steckten. Diese Stiefeln sind von
braunem, ungewichstem Hirsch= (Viado=) Leder, lassen sich
bis zur halben Lende heraufziehen, beliebig herunterklappen,
oder auch in Falten zusammenschieben. — An den letzten
Häusern des Ortes hingen blaue Ponchos aus, mit Schar=
lachfutter. Der Poncho, das Hauptkleidungsstück des „Mi=
neiro", ist ein sehr einfacher Mantel, der aus einem großen,
viereckigen Stücke Tuch, einer Decke, besteht, mit einem
runden Loch in der Mitte, um den Kopf durchzustecken.
Der Brasilianer versteht es vortrefflich, sich mit dem Poncho
zu drapiren; bald wirft er ihn malerisch über die eine
Schulter, bald schlägt er ihn so über der Brust zusammen,
daß die Arme (denn Aermel hat er nicht) völlig unbedeckt
sind und das rothe Futter nach außen kommt, was sehr
hübsch und eigenthümlich aussieht. Dieser Mantel ist leicht,
lustig und schützt gegen den Regen, ist daher für das hiesige

Klima sehr zweckmäßig; er läßt sich bequem verpacken und
transportiren, dient auch als Mantelsack, wenn man seine
Habe darin einschlägt, oder bietet eine warme Decke und
ein weiches Kissen dar. — Die schönsten, reichsten Ponchos
soll man in Buenos-Ayres finden. — Außerhalb der Stadt
tragen alle Classen hier Jacken, meist von Leinwand, auch
wohl von Tuch; der Strohhut ist die allgemeine Kopfbe-
deckung, und der Chili-Strohhut von Palmstroh am meisten
geschätzt; bei den Arrieiros sieht man häufig den grauen,
breitkrämpigen Hut, mit niederem, etwas spitzem Kopfe;
auch tragen sie zuweilen den „Lasso", jenen langen Lederriemen zum Einfangen der Pferde und Ochsen, wie einen
Gurt um den Leib geschlungen. An einem Schirm gegen
Sonne und Regen, „einem Sonnen-Parapluie" im wahren
Sinne des Wortes, läßt es der Reisende selten fehlen, er
ist ein wesentliches Stück seiner Ausrüstung.

Jetzt, nachdem die Wandernden die buschige Höhe hinter S. Christovão überstiegen hatten, lag die Tijuca links
neben ihnen. Ihre Form hatte an Grazie und Abwechselung in den Linien gewonnen, die beiden Hörner („os dous
Irmãos") traten höher hervor, die scheidende Einsattelung
hatte sich tiefer gesenkt. Wahrer Urwald bedeckt dieses
Gebirge, dessen hohe Stämme, über den edlen Contur her-
vorragend, ihn articuliren. — Rechts am Horizont dehnte
sich ganz deutlich das blaue Orgelgebirge aus, das sich heute
zum ersten Male völlig klar und wolkenlos zeigte. Die
Felsbildung am östlichen Abfall der Serra dos Orgãos, die

derselben den Namen gab, ist höchst bizarr und wunderbar, man glaubt wirklich eine Reihe absteigender Orgelpfeifen zu sehen. Diesen Abfall oder Abhang abgerechnet, bildet der Umriß des Gebirges eine sanft gewölbte, lange Linie. —

Bei der Brücke von Praya pequéna lagen in dem schmalen Flüßchen Maracaná einige Deckboote mit Schooner=takelage, und dicht dabei erblickte man die Mündung dieses Canals in die Bai, die hier eine starke Einbuchtung macht, „Bahia de Inhaúme" genannt. Der Weg führt nun eine Weile über eine hügelige Ebene fort. Gleich hinter „Venda grande" biegt die Straße über Nossa Senhora de Irajá nach Minas rechts ab. Die Gesellschaft ritt aber gerade aus. Einzelne Häuser, oder richtiger Gehöfte, liegen auf den sanften Hügeln seitwärts des Weges, und gewähren, nament=lich auf der Seite der Tijuca, höchst malerische Ansichten. Fazendas kann man dieselben nicht nennen, dazu sind sie zu unbedeutend; denn nur hie und da sieht man kleine Man=dioca= oder Zucker= und Kaffeeplantagen in sehr verjüngtem Maßstabe in ihrer Nähe, während von dem Begriffe der Fazenda große Pflanzungen unzertrennlich sind. Für kleine Gehöfte, wie die in der Gegend hinter S. Christovão, ist der Ausdruck „Sitio" wohl der richtigere, während man die eigentlichen Gartenhäuser, wie sie in der Nähe der Stadt vorkommen, mit dem Worte „Chácara" bezeichnet.

Hinter dem Dorfe Pedregulho wird aus dem niedern Gesträpp am Wege allmälig hohes Gesträuch mit einzelnen Bäumen untermischt. Von der Dichtigkeit eines solchen, durch Tausende von Lianen verschlungenen Gesträuchs kann sich der Nordländer schwer einen Begriff machen. Auf den Baumstämmen haben sich große Orchideen, mannshohe Tillandsien und allerhand langhaarige Moose festgesetzt, schweben wie durchsichtige, kugelrunde Vogelnester hoch in den Gipfeln eines abgestorbenen Strauches, oder hängen wie Roßschweife und Perrücken von den Aesten herab. — Hie und da sieht man auch wohl hoch oben auf den Bäumen einzelne rothe, lila oder gelbe Blumen und Blüthen, während wilde Ananas, mit rother, kernreicher Frucht am Wege stehen. Auch an schlanken Palmen fehlt es im Dickicht nicht, und an Gruppen jener kleinen Palmen, oder jenes großen, palmenartigen Rohrs mit an einander gereihten Stacheln, die wie schwarze Ringe sich um den Stamm herumlegen; eben so wenig mangeln jene gewaltigen Palmenzweige, die so kurze Stämme haben, daß sie aus der Erde oder dem Gebüsch hervor zu sprossen scheinen. Oft sehen die großen Laubbäume, mit ihren weit ausgebreiteten Aesten und den fast regelmäßig darauf wachsenden Orchideen, wie ungeheure Candelaber aus. Die Mannigfaltigkeit der Schlingpflanzen und der graziösen Formen und Umrisse, die sie den Büschen geben, ist höchst anziehend und eigenthümlich. Der schwarze, papageiartige Anú, der kleine, gelbe Bemtevi (der beständig seinen Namen „Bemte=vi", d. h. „ich sah dich wohl", ruft), und eine Gattung brauner Vögel mit gelben Flügeln, belebten das Dickicht, ebenso auch eine Anzahl schöner Schmetterlinge. — Mit dem Zwitschern der Vögel vermischte sich das Zirpen der Cicaden.

Der Weg ist sehr breit durch das Dickicht gehauen, vortrefflich zum Reiten geeignet, und sogar in früheren Zeiten bisweilen von dem Kaiser und den Prinzessinnen zu Wagen zurückgelegt worden. — Von Zeit zu Zeit trifft man Häuser zur Seite desselben, meist mit einem kleinen Gärtchen, selten mit einer ordentlichen Pflanzung umgeben. Zuweilen kommt man an eine Stelle, wo das Dickicht eben abgebrannt worden ist. Wenn nämlich hier ein Stück Land urbar gemacht werden soll, so fällt man zuerst den Urwald und brennt ihn nieder; hierauf wird der Boden, je nach der Frucht, die man aussäet, längere oder kürzere Zeit zum Ackerbau benutzt. Dann läßt man ihn meist eine Weile unbebaut liegen, um ihn nicht zu sehr zu erschöpfen. In dieser Zeit der Ruhe nun, wo das Land sich selbst über-lassen ist, sproßt Buschwerk und neues junges Holz auf; so entsteht die „Capueira", der junge Wald, im Gegensatze zu dem Urwalde, „Mato virgem". Dasselbe Verfahren wie-derholt sich später begreiflicher Weise, und so findet man denn um Rio fast nur solches Gesträuch und solche Wälder, die schon einmal oder öfters niedergebrannt worden sind. Nur die Wälder der Tijuca und ein Theil der Waldungen des Corcovado sind vom Feuer verschont geblieben und da-her noch jetzt Urwälder. Die Regierung wacht nämlich über ihre Erhaltung, weil diese hochstämmigen, undurch-bringlichen Urwälder die Wolken auf die Bergspitzen herab-

ziehen, wo sich die Quellen befinden, welche Rio mit Trink=
wasser versorgen, und weil dieselben die Wasserleitung auf
dem größten Theile ihres Laufes mit ihrem kühlenden Laub=
dache beschatten.

Allmälig tritt man wieder in eine weite, offene Ebene
ein. Linkerhand begleiten die Straße hohe, bewaldete Hü=
gel, die, von der Tijuca ausgehend, sich bis zu der bald
sichtbaren „Serra Barata" hinziehen. Rechts vor sich hat
man den langen, walbigen Rücken der „Serra do Campo
grande", welche sich im Westen an die „Serra dos Orgãos"
anreiht. Schon auf dem ganzen Wege, etwa von S. Chri=
stovão an, begegneten den Reitern viele, von Negern getrie=
bene Maulthierzüge, jene „Tropas", welche die Waaren
aus dem Innern Brasiliens nach den Küsten bringen. Auch
an Reisenden fehlte es auf dieser Straße nicht, da jedes
Haus am Wege hier zugleich ein Wirthshaus, eine „Venda"
ist. Die Hitze hatte sich allmälig eingestellt, und eben
äußerte Herr Theremin, heute sei ein rechtes Schlangen=
wetter, eine stechende Sonne nach vorhergegangenen Regen=
tagen, als man auch gerade eine fast drei Fuß lange, dünne,
grasgrüne Schlange, und zwar von einer durchaus unschäd=
lichen Gattung, sich mitten im Wege recht behaglich sonnen
sah; sie verzog sich aber pfeilschnell, als sie die Reisenden
gewahr wurde. — Vor dem beinahe vier Legoas von der
Stadt gelegenen Dorfe Campinho reitet man unter einem
felsigen Hügel vorüber, der, von den schönsten Palmen=

gruppen beschattet, vielleicht den malerischsten Fleck auf dem ganzen Wege nach Sta. Cruz bildet.

Etwa um zwölf Uhr wurde, bei brennender Mittags=sonne, Campo grande erreicht, ein großes, ungefähr auf dem halben Wege nach Sta. Cruz gelegenes Dorf, wo man in der Venda „as Creolas oder Briziba", fünf und eine halbe Legoa von Rio, einkehrte. Sie hat eine offene „Varanda", einen Vorbau, wie alle Häuser an der Straße, und ebenso nur ein einziges Stockwerk. — In dem Zimmer, das man den Reisenden anwies, standen einige leicht gear=beitete hölzerne Bettstellen mit Strohmatten, „Esteiras," und darauf lagen Matratzen und Kopfkissen. Wenn man auch nicht in jeder brasilianischen Venda alle diese Bequem=lichkeiten findet, so fehlen doch die Bettstelle und die „Esteira" selten oder nie. Auch das Diner war recht gut, sogar kein Mangel an Brod, das man sonst auf ein paar Legoas von Rio stets vermissen soll. Statt dessen wird das Mandioca=Mehl, die „Farinha", zu Allem gegessen. Der Prinz ver=suchte es heute zum ersten Male, konnte es aber kaum herunter bekommen; dagegen schmeckte ihm die getrocknete „Goyabada" vortrefflich.

Die Lage von Campo grande auf der weiten Ebene, zwischen der gleichnamigen Serra und der von Barata, ist recht freundlich; aber bald hinter dem Orte wird die Ge=gend noch weit hübscher, indem sich drei hohe, dicht bewal=dete Hügel vor die Serra do Campo grande schieben, doch so, daß dieselbe dadurch nicht versteckt wird. Hierauf kommt

man wieder durch hohes, zum Theil mit schönen Bäumen
untermischtes Gesträuch. Links am Wege liegt das Schloß
oder große Gehöft des Oberst-Lieutenant Bangu, wo der
Kaiser in der Regel übernachtet. Große Lachen von Regenwasser hatten sich auf der Straße gebildet; auch waren
die Bäche, welche dieselbe durchschnitten, etwas angeschwollen.
Links und rechts führten Wege in's Dickicht; man sah, daß
dies alles zu einer bedeutenderen Besitzung gehören mußte.
Einen Augenblick später erblickte man auch linkerhand eine
andere große Fazenda, „Casa Viega," mit größeren Zucker-
anpflanzungen, Kaffeeplantagen und Wiesen, auf denen
Heerden weideten.

Bei Santissimo, einem unbedeutenden Dorfe von eini-
gen wenigen Häusern, unter denen sich die auf einer kleinen
Anhöhe gelegene Kirche auszeichnet, überblickt man das
Thal wieder freier. Die prachtvolle Agave americana
mit ihren geraden, schmalen, gleich gezückten Klingen zum
Himmel strebenden Blättern, bildet Büsche am Wege, so
hoch, daß ein Mann zu Pferde sich dahinter verbergen kann.
Nahe bei der Kirche liegt eine kleine Verschanzung für zwei
Kanonen, die zum Signalisiren der Ankunft des Kaisers
dienen, wenn derselbe nach Sta. Cruz reist; ein Flaggstock
steht daneben. Kurz vor dem Oertchen S. Antonio, dessen
Kirche ebenfalls eine Anhöhe krönt, traf man den ersten
Rancho, eine große Bedachung zur Aufnahme der „Tropas".
Eine Menge von Sätteln standen darunter, während die

Maulthiere, an Pfähle gebunden, mitten auf dem breiten
Wege bivouakirten.

Etwas Aehnliches, doch schon in größerem Maßstabe,
war bald darauf zu Curral falso zu sehen. Hier wurde
der Prinz an dem Eingangsthor in das Territorium der
kaiserlichen Fazenda von dem Verwalter derselben empfan=
gen und in der Dämmerung durch eine, wohl eine halbe
Meile lange schöne Allee, über mehrere Brücken zum
Schlosse geleitet, auf welches eine sehr breite, von zwei
Reihen einstöckiger Häuser gebildete Straße zuführt, die an
das Ende der Allee stößt. — Dies ist das Negerdorf, in
welchem der größte Theil der 1700 kaiserlichen Sklaven
wohnt, die zu der Besitzung gehören. Die ganze schwarze
Jugend war auf den Beinen. Man führte den Prinzen
durch die weiten Räume dieses, für Brasilien gewiß recht
großartigen Schlosses, in die für Se. Königliche Hoheit
eingerichteten Gemächer, wo ein treffliches Diner der
Reisenden harrte. — Das Schloß wurde von den Jesuiten
erbaut, die es sammt den dazu gehörigen, bedeutenden
Ländereien bis zu ihrer Vertreibung aus diesem Lande
ungestört besessen haben, worauf es dann von der Krone
in Beschlag genommen worden ist.

Als der Prinz am folgenden Morgen (17. September)
an's Fenster trat, sah er jenseits der Wiesen die Serra de
Itaguahy (Taguahy) stückweis aus den grauen Nebeln auf=
tauchen, und die hohen Wälder davor. Hart unter sich,

am Fuße der Mauer, gewahrte er eine kleine Baumwollen=
pflanzung; es war die erste, die ihm zu Gesicht kam.
Außer den, fruchtartig an den Zweigen hängenden, weißen
Baumwollenflocken, trugen die Stauden schöne, gelbe Blü=
then, die ihnen ein freundliches Ansehen gaben.

Da man heute auf eine reichhaltige Vogeljagd hoffte,
und gleichfalls auf Jacarés (Krokodile) zu Schuß kommen
sollte, so zog die kleine Gesellschaft schon am frühen Mor=
gen über die Wiesen, an den Viehheerden vorüber, der Ca=
pueira zu. Mit dem ersten Schuß hatte Prinz Adalbert
das Glück einen Anú, jenen schwarzen papageiartigen Vo=
gel, zu treffen. Sie sind hier sehr häufig und scheinen
wenig scheu zu sein. — Gleich darauf passirte man auf
einer steinernen Brücke einen Canal oder einen Nebenbach
des Taguahy, in der Nähe einer großen kaiserlichen
Ziegelei.

Der nahe Wald war bald erreicht. Hier saßen die
Reiter ab, denn nur zu Fuß konnte man, wie gesagt wurde,
an die „Lagoa“, den See oder Teich gelangen, in welchem
sich die· ersehnten Krokodile aufhalten sollten. Eine Anzahl,
mit langen Messern (Faccões) bewaffneter Neger ging voran,
den verwachsenen Fußpfad gangbar zu machen, und den
Jägern den Weg in den kühlen, prachtvollen Wald zu
bahnen. Hohe, schlanke Stämme mit colossalen Orchideen
auf den mächtigen Zweigen, ehrwürdige Bäume, von einem
dichten Gewebe von Schlingpflanzen umgarnt und umspon=
nen, dazwischen prachtvolle Gruppen von Heliconien, „Ba=

nanas bravas" (wilden Bananen), mit ihren dichtgedrängten Blättermaffen, die voll Grazie das Haupt neigen, endlich wirkliche Bogengänge von großen Palmenwedeln gebildet, unter deren Schatten man eine Weile fortwandelt: — dies Alles, sagt Prinz Adalbert, denke man sich vereint und zugleich belebt durch unzählige bunte Vögel, — und man hat nur ein schwaches Bild des Waldes, den wir durch= streiften!

Nach einigen Minuten stutzten die Schwarzen, man stand an einer tiefen Lache von etwa zwanzig Schritt im Durchmeffer, von hohen Laubbäumen und Palmen beschattet, lange Schlingpflanzen hingen bis zu dem kleinen Waffer= spiegel herab. — Die Jagdlustigen waren zur Stelle und dies — die Lagoa, so unglaublich es ihnen schien; — sie sahen sich bitter getäuscht, denn wie konnten sie hier wohl ein ihrer Jagdlust würdiges Opfer vermuthen! — Die Neger mußten in's Waffer hinein und schwimmend oder watend ein Netz durch die Lache hindurchziehen, in dem die Jacarés sich fangen follten. Was für Riesen diese Kroko= dile fein mochten, konnte man sich hiernach leicht vorstellen. Diese ganze Vorrichtung versprach wenig und das Ende davon war auch, daß kein Jacaré gefangen wurde, daß man die Krokodiljagd aufgab, und nunmehr gegen andere unschul= digere Creaturen, namentlich bunte Vögel, zu Felde zog. So entstand eine Jagd ohne Ordnung, die das Feld ihres Wirkens zum Theil im Urwald, zum Theil in der Capueira

18*

und auf der Wiese fand, wo sich in der Ferne das Schloß
Sta. Cruz auf einer sanften Ansteigung erhebt. — Elf
Vögel, — ein Anú, zwei Bemtevi, drei Piasoccas, eine
Tié, ein Sabiá, ein Picapao, ein Peruinho do Campo und
ein Gaviaŏ, — fielen von der Hand des Prinzen. Der
schönste Vogel, der heute Vormittag erlegt wurde, war ein
Tié=fogo, das Männchen der Tié. Sein Bauch ist von dem
prachtvollsten Roth.

Nach dem Diner wurde der Schloßgarten besucht, und
der wundervolle, 1185 Fuß lange, dunkle Laubengang von
mehr als 30 Fuß hohem und 1 bis 1½ Zoll dickem Bam=
busrohr durchwandelt, von wo man wieder zu großen, an
den Garten stoßenden Wiesen gelangte, auf denen der
„Coral", eine, für die Aufnahme wilder Pferde bestimmte,
geräumige Einzäunung liegt. Man hatte hier eine große
Anzahl derselben zusammengetrieben, damit die Reisenden
sehen sollten, wie die Negersklaven des Kaisers den „Lasso"
und die „Bolas" werfen. Der „Lasso" ist ein sehr langer,
von Leder geflochtener Strick, an dessen einem Ende ein
eiserner Ring befestigt ist. Durch diesen Ring wird das
andere Ende genommen, so daß sich eine Zugschleife bildet.
Während nun der Neger das Ende des Lasso in der linken
Hand hält, schwingt er mit der Rechten die Schleife hoch
über seinem Kopfe, und läßt dieselbe dann so geschickt
schießen, daß sie dem Pferde um den Hals oder um das
Bein fliegt, welches er „lassiren" will. Hierauf zieht er
die Schleife dadurch zu, daß er sich mit beiden Händen am

Ende des Lasso festhält und sich schleifen läßt. Die Kraft, die er auf diese Weise äußert, ist so groß, daß das Pferd, nachdem es ihn ein paar Schritte mit sich fortgerissen hat, meist zusammenbricht. — Oft werfen mehrere Neger zwei bis drei Lassos auf einmal nach dem Halse oder den Beinen des wilden Pferdes, und reißen es auf diese Weise um, worauf sogleich eine Menge anderer Neger herzuspringen, um das Pferd an den Lassos zu halten, das alle erdenklichen Anstrengungen macht, springt, sich bäumt und auf unerhörte Art zu bocken anfängt, um sich wieder frei zu machen. Geht es nicht anders, so wirft man es abermals vermittelst der Lassos nieder, und legt es auf die Seite, um es fester zu binden und ihm die Freiheit der Bewegung zu erschweren. Ist dies geschehen, so läßt man das Pferd wieder aufspringen und sattelt es.

Der Bock des „Lumbilho", des Sattels, ist dem des deutschen Sattels ähnlich; die Ledergurte sind dagegen ganz nach Art der Strickgurte des ungarischen Bocks gemacht. Ueber den Sattel kommt eine Decke von Fell, und auf diese, damit der Neger festsitzt, noch ein kleines Schaaffell. Darauf legt man dem, vor Ungeduld stampfenden und schäumenden Thiere eine Halfter auf, bindet die Zunge mit einem dünnen Strick an den Unterkiefer fest, und befestigt wieder an diesen einen dickeren Strick von Hanf oder Pferdehaaren als Zügel. Jetzt tritt der „Péão", der schwarze Bereiter, heran. Lange Rittersporen an den nackten Fersen machen ihn kenntlich, und geben seiner ganzen Figur einen komischen

Anstrich. Ein anderer Neger hält beim Aufsteigen dem
Pferde das Auge mit dem dicken Zügel zu, der Reiter
schwingt sich in den Sattel, und schlingt sich das lange
Ende der Halfter, welches ebenfalls auf den Unterkiefer
wirkt, mehrmals um den Leib. Nun macht man die Lassos
los, und davon bockt der wilde Gaul, sich in Hechtsätzen
erschöpfend. Jetzt ist die Aufgabe des Reiters, das Pferd
in Gang zu bringen, was, falls es glückt, d. h. wenn der
Schwarze nicht vorher abgeworfen wird, — und dergleichen
unfreiwillige Trennungen kamen heute zum öfteren vor, —
stets in Durchgehen ausartet, bis es nach fünf bis zehn
Minuten von selbst stehen bleibt. Mit dem um den Leib
geschlungenen Halfterstricke wird nun der Gaul durch Bie=
gungen des Körpers unbarmherzig zusammengeringelt und
geschraubt, bis er den Kopf gezwungen auf die eine Seite
beigiebt. — In der Regel setzt man bei dem eben einge=
fangenen Pferde diese Art der Bearbeitung, im Verein
mit rastlosem Abjagen, so lange fort, bis dasselbe vor
Müdigkeit nicht mehr fort kann, und, sich nach und nach
in sein Schicksal ergebend, allmälig ein williger Schüler
wird. —

Man zeigte der Gesellschaft auch noch eine andere Art
die Pferde einzufangen; ein alter, schwacher Neger warf
nämlich nach Buenos=Ayresischer Weise die „Bolas“, doch
nur ein Mal mit Glück, und wohl zehn Male ohne Erfolg.
Er quälte sich redlich, aber Kraft und Geschick schienen ihm,
wenigstens für heute, den Rücken gekehrt zu haben. Die

Bolas bestehen aus einem Strick, an dessen einem Ende eine kleine Kugel befestigt ist, während das andere Ende sich gabelartig in zwei kurze, gleich lange Stricke theilt, an denen zwei schwerere Kugeln sitzen. Diese Kugeln nun werden dem Pferde so zwischen die Beine geworfen, daß sie sich von selbst fest um dieselben herumschlingen, wodurch das Pferd am Laufen verhindert wird und niederstürzt. — Die Race dieser Thiere ist weder besonders kräftig, noch hübsch; sie sind meist klein, doch giebt es auch größere darunter. —

Der Prinz hatte am Abend, vor Eintritt der Dunkelheit, noch das Vergnügen, fünf grüne Honigsauger, eine größere Art Colibris, mit wahrhaft metallischen Farben, von den Orangenbäumen herabzuschießen. Als er wieder in das Schloß trat, brachten die Jäger zwei lebende Jacarés, eines etwa vier Fuß, das andere, ein Junges, einen Fuß lang, welche sie in dem Flüßchen Taguahy gefangen hatten. Der Unterschied zwischen diesen Jacarés und den eigentlichen Krokodilen soll nur in den Zähnen liegen, weniger in der Größe; denn für die Gemahlin Dom Pedro's I. hat man z. B., wie erzählt wurde, hier einmal ein sieben bis acht Fuß langes Krokodil gefangen.

Am Morgen des 18. September, als die Gesellschaft ihren Auszug durch die lange Allee hielt, sah sie die Serra de Itaguahy völlig wolkenlos. Auf ihrem Rückritt begegnete sie bei S. Antonio dem Friedensrichter in seinem Wagen, mit dem gelben und grünen Bande über der

Schulter, und sah die Wähler der Kirche zureiten und
sich an derselben versammeln, da heute hier die Deputirten=
wahl stattfinden sollte. Der Tag war ungemein schön, und
dabei nicht allzu warm. Zu Campo grande ward wieder
dinirt. — Der Mond spiegelte sich bereits in den Fluthen
der Bai und gab der Gloria und den Ufern des Gol=
fes ein feenhaftes Ansehen, als man in der Mangueira
anlangte.

Der 19. September, Doña Januaria's Namenstag,
wurde durch ein Diner mit dem Hofe und einen großen
Ball in dem Schlosse von Rio gefeiert. An dem einen
Ende des Ballsaals war eine Estrade errichtet, auf welcher
der Kaiser und die höchsten Herrschaften Platz nahmen.
Der Prinz wurde nach einander von beiden Prinzessinnen
sehr artiger Weise durch Senhor Paulo Barboza zuerst
zu einem Contretanz und dann zu einem Walzer aufgefor=
dert. Die Hitze war vollkommen tropisch zu nennen, so
daß auch der Kaiser zuweilen den Ballsaal verließ, um in
einem Nebenzimmer frische Luft zu schöpfen. — Um Mitter=
nacht ging es zum Souper, wobei Kammerherren dem Kaiser
und den Prinzessinnen die Speisen servirten. Die Etiquette
ist äußerst strenge am Hofe von Rio de Janeiro, und iso=
lirt die kaiserliche Familie vielleicht noch mehr, als dies in
anderen Ländern der Fall ist; so durften z. B. die Prin=
zessinnen, wie man dem Prinzen erzählte, bis zur Anwesen=
heit des Prinzen von Joinville nur mit den fremden
Prinzen oder mit Damen tanzen, wenigstens walzen; seitdem

ist die Bahn gebrochen, indem es ihnen überhaupt für die Dauer der Anwesenheit eines fremden Prinzen am brasilianischen Hofe gestattet war, mit Herren zu tanzen. Doch außer dieser Zeit ging damals noch das Walzen mit den Hofdamen seinen Gang fort!

Die auf den 21. angesetzte Excursion auf die Orgaos war schon Tags zuvor aufgegeben worden, weil an diesem Tage kein Dampfschiff nach Magé ging. Statt dessen wurden der Reise nach Cantagallo einige Tage zugelegt. — Um den schönen Morgen nicht unbenutzt vorübergehen zu lassen, unternahm man einen Ritt nach dem Corcovado. Der Weg führt durch das schon beschriebene, reizende Thal von Laranjeiras. Am Ende des Dorfes reitet man auf steilem Pfade in der dichten Capueira und zwischen wildem Kaffee hergan, bis man nach und nach in den Schatten des prächtigsten Hochwaldes tritt, wo das Auge mit Bewunderung von einem Stamme zum andern schweift. In der Regel läßt man die Pferde in einem Gehöft, eine kleine halbe Stunde unterhalb des Gipfels, zurück. Bis hieher ist der Weg so vortrefflich gehalten, überall mit so guten, neuen Brücken und Stegen versehen, daß man sich in dem prächtigsten Parke der Welt glauben könnte; aber von jetzt an wird er steiler. An mehreren hohen Stämmen war eine Art kurzer, dünner, brettartiger Strebepfeiler auffallend, die unten aus dem Stamme, gleich auf die schmale Kante gestellten Brettern, herauswuchsen. Ebenso trifft man auf diesem Wege eine große Mannigfaltigkeit von Palmen an.

Vor allem aber zog eine sehr schöne Schlange, die zur Seite des Weges lag, die Aufmerksamkeit auf sich. Sie war nicht groß, doch von dem prachtvollsten Scharlachroth und schwarzgeringelt.

Der Gipfel des Corcovado besteht aus zweien, durch eine schmale Spalte getrennten Felsen. Früher führte von der Platte des ersten Felsens eine Brücke hinüber zu dem höheren, abgesonderten Felsen, der senkrecht über dem Thale steht. Diese Brücke ist jetzt eingestürzt, so daß man den eigentlichen Gipfel nicht wohl besteigen kann; doch ist die Aussicht schon von der Platte aus ganz wundervoll, da der unbesteigbare Felskegel nur wenig von der Landschaft verdeckt. Man überblickt tief unten die Schlucht von Laranjeiras, dann Rio und die ganze Bai. Leider war heute die Serra dos Orgãos den Blicken durch den milchigen Nebel entzogen, der an hellen Tagen auf dieser Seite den duftigen Hintergrund des Gemäldes bildet. — Auf der anderen Seite der, das Panorama zerschneidenden Spitze schaut man auf die Lagoa de Rodrigo de Freitas und auf die fruchtbare Ebene hinab, die sie von der Bucht von Botafogo trennt; daran reiht sich der Zuckerhut, jenseits liegen die Einfahrt, Sta. Cruz, und die im Nebel verschwimmenden Inseln, wie auf einer Landkarte ausgebreitet. Wendet man sich um, so erblickt man das Waldgebirge mit der darüber hervorragenden Gavia und Tijuca, lauter Berge, die schon das wahre Gepräge des Urwaldes an sich tragen. —

Bereits um zwölf Uhr am 23. September war die Gesellschaft nach einem Ausfluge zum Frühstück zurück, und schon um halb zwei Uhr im britten Cutter des S. Michele nach dem Fort von Sta. Cruz unterwegs.

Diese Festung liegt auf einer flachen Landzunge an der Ostseite der Einfahrt, und ist durch eine Felsspalte von einem steilen Hügel getrennt, einem Grath zwischen zwei Kegeln, auf dessen Kamm das alte Fort do Pico stand, das in Kriegszeiten ohne große Mühe wiederhergestellt werden kann; ein wichtiger Umstand, da die Veste sonst von diesen Höhen leicht im Rücken genommen werden könnte. Sta. Cruz zählte, nach der Angabe des Commandanten und des Artillerie-Offiziers vom Platze, zwischen 111 und 130 Geschütze, während die Angabe der Kriegsbesatzung zwischen 800 und 1200 Mann schwankte.

Das Fort Sta. Cruz auf der Ostseite, Lagem in der Mitte, S. Theodosio und S. João auf der Westseite der Einfahrt, kreuzen ihr Feuer und bilden einen Halbkreis, in den jedes feindliche Schiff, das die Einfahrt in die Bai von Rio forciren will, hineinsegeln muß.

Von Sta. Cruz trug die Reisenden ihr schnellrudernder Cutter zu dem, auf der Nordseite von Rio de Janeiro unter der Höhe von S. Bento gelegenen See-Arsenal hinüber. In demselben schien wenig Leben zu herrschen. „Drybocks" waren nicht vorhanden, eben so wenig Bedachungen für die in der Construction befindlichen Schiffe; auch wurde nur an einem einzigen Dampffahrzeuge von geringer Größe gebaut. Die eben vollendete Corvette „Euterpe" von zwanzig Kanonen befand sich gerade in der Armirung. — Das Vierundsiebzig-Kanonenschiff „Dom Pedro II.", worauf sich die Marineschule befindet, die Fregatten „Principe Imperial" und „Constituiçaõ" von sechzig Kanonen, eine zweite und noch eine dritte, äußerst kleine Corvette, welche letztere zu Uebungsfahrten jener Schule bestimmt ist, und außerdem noch ein paar kleine Dampfschiffe, waren vor dem Arsenal geankert, während auf der Rhede einige Kriegsbriggs lagen. — Der Prinz besuchte, von der Euterpe kommend, die Constituiçaõ, an deren innerer Einrichtung man sehr eifrig arbeitete, da sie bestimmt war, die Braut des Kaisers abzuholen.

Durch seine geographische und politische Lage scheint Brasilien von der Natur zur Seemacht bestimmt zu sein. Seine prachtvollen Häfen: Sta. Catharina, Santos, Rio de Janeiro, Bahia und viele andere mehr, können die größten Flotten bergen, und die 900 deutsche Meilen lange Küste des Reichs bietet, für die Operationen seiner Geschwader, für die freie Bewegung seiner Kreuzer und Kaper eine immense Basis dar. Aber das größte Hemmniß, welches Brasiliens Seemacht entgegen tritt, ist unstreitig der Uebelstand, daß, obgleich die Küstenplätze zu den bevölkertsten des Landes gehören, sie doch nicht Seeleute in hinreichender Anzahl liefern, um die Kriegs- und Handelsflotte damit bemannen zu können, weshalb man denn beinah nur schwarze oder farbige Leute — meist Sklaven — auf den brasilianischen

Schiffen antrifft. Besonders gesucht sind die Indianer, welche, wie behauptet wird, großes Talent zum Matrosen= handwerk besitzen, und theilweise selbst auch tiefer aus dem Innern des Landes zum Seedienst herangezogen werden sollen.

Die Bemannung der Flotte besteht aus 234 activen und 283 Offizieren dritter Classe (b. h. solchen, welche zwar in Ruhestand versetzt sind, ohne Pension zu beziehen, und kein Recht auf Beförderung haben, aber dennoch zu ver= schiedenen Commissionen verwendet werden); ferner aus 3 bis 4000 Seeleuten, und aus einem Marine=Artillerie= Corps von 36 Offizieren und 1166 Mann.

Der Admiral, der seinen hohen Gast in dem See= Arsenal umhergeführt hatte, brachte ihn hierauf in einer eleganten „Barge", nach dem an der Ponta do Calabouço gelegenen Land=Zeughause hinüber, wo der Prinz von dem Kriegsminister José Clemente Pereira empfangen wurde. Außer diesem Etablissement existiren noch fünf Arsenaes de Guerra in den Provinzen. — Die Waffenfabrikation steht hier auf derselben Stufe wie bei den großen europäischen Armeen.

Bevor der Prinz das Zeughaus verließ, übergab ihm zu seiner großen Freude der Minister, auf Befehl des Kaisers, eine vollständige Sammlung der kaiserlich brasilia= nischen Waffen. Vor allem nahm die ächt nationelle Aus= rüstung eines Reiters von Rio grande do Sul, welche dem kaiserlichen Geschenke beigefügt war, das ganze Interesse Seiner Königlichen Hoheit in Anspruch. Es befand sich dabei unter andern ein dunkelblauer Poncho mit hellblauem Futter, und ein runder, mit Wachstaffet überzogener Hut; auch fehlten der Korbsäbel, die Schußwaffen nebst der Kartusche und endlich ein ächter Lumbilho nicht.

Bei den noch gährenden Aufständen in den Provinzen war die Hauptstadt von Linientruppen gänzlich entblößt, und die bespannten Batterien ebenfalls abwesend, so daß sich der Prinz durch Selbstanschauung weder von der brasilianischen Armee, noch von der Artillerie derselben ein eigenes Bild zu machen im Stande war.

Die Armee ist an und für sich nicht groß, noch nicht 23,000 Mann stark, und scheint fast mit dem immensen Areal des Landes im Mißverhältniß zu stehen; doch ist hier ein anderer Maßstab anzulegen, als bei den europäischen Armeen, deren Hauptbestimmung der große Krieg ist. In Brasilien fällt diese Rücksicht ganz fort, indem sich die Kriegführung mehr auf partielle Unternehmungen beschränkt. Es bleiben demnach für die brasilianische Armee folgende drei Hauptaufgaben, deren Erfüllung sie hinsichts ihrer Stärke und Organisation gewachsen sein muß: Ruhe und Sicherheit im Innern aufrecht zu erhalten, die zugänglichen Punkte der Landgrenzen, deren nur wenige sind, zu bewachen, und zur Vertheidigung der ausgedehnten Seegrenze mitzuwirken.

Nachdem Prinz Adalbert am Morgen des 24. Sep=
tember in großer Generals=Uniform dem Todtenamt für
Dom Pedro I. beigewohnt hatte, das in der Kirche Nossa
Senhora da Gloria in Gegenwart des Kaisers und des
Hofes stattfand, fuhr er nach der Stadt und ging von
dort an Bord der preußischen Bark „Charlotte", Capitain
Reintrof. Sie war ein hübsches, neues Schiff, und
war mit sechszehn kräftigen Leuten bemannt, die leider
eben so wenig wie ihr jugendlich frischer, blondgelockter
Führer die Heimath wiedersehen sollten; denn nachdem die
Bark Rio verlassen, hat man nie wieder etwas von ihr
gehört. Mit ihr verlor der Prinz auch, zu seinem großen
Leidwesen, die Waffen und Armaturstücke, welche ihm der
Kaiser bei seinem Besuche im Zeughause durch den Kriegs=
minister hatte übergeben lassen. Nicht lange nach dem
Verschwinden dieses preußischen Schiffes fand auch ein
anderer Landsmann, der preußische Gesandtschaftsprediger
Neumann, welchen der Prinz ebenfalls in Rio kennen
gelernt hatte, den Tod in den Wellen. Er hatte den
Ocean glücklich durchschnitten, als ihn in dem Augenblicke,
wo er im Begriff stand, in die Arme einer geliebten
Braut zu eilen, im Angesicht der heimischen Gestade, und
zwar in der Elbmündung, die schon so Manchen verschlun=
gen, das harte Loos traf, Schiffbruch zu leiden. —

Von der „Charlotte" ging Prinz Adalbert zu der
königlichen Seehandlungsbrigg „der Kronprinz", Capitain

Siebert, hinüber, von deren großem Top der preußische
Kriegswimpel wehte, den bekanntlich die Seehandlungs=
schiffe nur südlich der Linie zu führen das Recht ha=
ben. *) — Zuletzt besuchte noch der Prinz den schönen
Hamburger Dreimaster „Johns". Sämmtliche deutsche
Schiffe flaggten, als die Anwesenheit des hohen Reisenden
auf der Rhede bekannt wurde. —

Am 26. September Morgens galoppirte der Prinz be=
reits um halb zehn Uhr der Stadt zu, und folgte dann,
wo es irgend anging, dem Ufer der Bai. Er gerieth da=
bei in alle mögliche Winkelgassen Rio's hinein, die aller=
dings nicht immer so ganz hauptstadtmäßig aussahen. Längs
der Küste des Golfes hinreitend, erreichte er die kleine
Bucht, „Bahia de Jnhaume" genannt, an der, auf einer
Anhöhe, sich jenes große weiße Gebäude, das Hospital dos
Lazaros, erhebt. Mehrere Palmeninseln tragen sehr zur
Verschönerung dieser lieblichen Bucht bei, die sich bei dem
himmlischen Wetter wahrhaft paradiesisch ausnahm. Der
Prinz hatte die Absicht, seinen heutigen Ritt, längs dem
Westufer der Bai, einige Legoas gegen Norden auszu=
dehnen; allein er wurde bald zu seinem Leidwesen gewahr,

*) Der königlichen Corvette „Amazone" war es vorbehalten, den
preußischen Wimpel zwei Jahre später, zum ersten Male wieder nach
einem Zeitraume von weit über hundert Jahren, in den Gewässern der
nördlichen Hemisphäre, außerhalb des baltischen Meeres, zu
entfalten.

daß sich auf dem eingeschlagenen Wege, wegen mannigfacher
Hindernisse, auf die man in Brasilien sonst selten zu stoßen
pflegt — nämlich Hecken und Zäune — nicht vorwärts
kommen ließ, und wandte sich daher nach S. Christovãõ,
von wo er, den vereinigten Straßen von Minas und
Sta. Cruz folgend, bis „Venda grande" gelangte. Hier
bog der Prinz, noch ehe die Straße nach Minas rechts
abgeht, unter einem scharfen Winkel rechts aus, und
ritt dann, parallel mit dem nahen Ufer des Golfes,
dessen Spiegel sich jedoch den Blicken entzog, durch
niedere Capueira fort, in welcher einzelne hohe Cactus=
stämme emporstiegen.

Kurz vor dem kahlen Felsen der „Penha", mit dem
Kirchlein darauf, ward die Capueira höher und duftiger,
— einzelne herrliche Urwaldbäume ragten aus ihr, gleich
Riesen, ernst und dunkel in die Tropenluft empor, während
die Hügel, welche den Prinzen von der großen Straße an
zur Linken begleitet hatten, sich hinter der Penha rechts
vor ihm fortzogen. — Nach und nach trat die Waldung
näher an den Weg, den sie in einen schattigen Laubgang
umwandelte. Dann ward allmälig das Terrain wieder
offener, wenn auch hügeliger. Prinz Adalbert hielt an
einem Bache in der Nähe einiger Fazendas an. Ein
Viehhändler mit hohen, schwarzlackirten Stiefeln, der, von
jenen Häusern herkommend, an ihm vorüber ritt, sagte
ihm auf gut französisch, er (der Prinz) sei auf dem Wege
19

nach Porto da Eſtrella, und wies ihm die Fortſetzung deſſelben.

Die Sonne glühte, der Prinz war hungrig, und ſein Pferd ſo ermüdet, daß er abſitzen und daſſelbe führen mußte. Faſt nach ſtundenlangem Umherirren gelangte er auf einem endloſen, in ſchnurgerader Richtung durch die Capueira gehauenen Wege zu einigen Häuſern, die einen viereckigen Platz einfaßten, an deſſen einer Seite eine Kirche ſtand. Ein junger, ſehr beredter Pariſer zeigte dem hohen Herrn das Wirthshaus, wo derſelbe ſich mit Brod und Orangen erfriſchte, und dann ſeinen Weg gegen die Straße nach Minas zu, und auf dieſer nach Venda grande fortſetzte. — Das ganze heute durchzogene Terrain war hügelig und mit Capueira bedeckt; auch waren mehr Palmen, als auf dem Wege nach Sta. Cruz zu bemerken.

Nach vier Uhr hatte der Prinz Venda grande wieder erreicht und kehrte hier ein, um eine Weile zu ruhen. Nachdem er ſich mit Hülfe einiger portugieſiſchen Brocken Kaffee beſtellt hatte, und nun nach ſeinem müden Gaule ſehen wollte, hörte er beim Ueberſchreiten des Hofes, wie die Wirthin ihre Tochter auf gut deutſch tüchtig herunter= machte. Man kann ſich das freudige Erſtaunen des Prin= zen vorſtellen! Die gute Frau, die ihren Zorn nun ganz vergaß, ließ die Bewirthung ihres Gaſtes ſich ſehr an= gelegen ſein, und erzählte ihm dabei, daß ſie eine Badne= rin und ſchon längere Zeit hier etablirt ſei.

Es mochte etwa sieben Uhr sein, als der Prinz wieder zu Hause anlangte. Er ging, vom heutigen Ritte auszuruhen, früh zu Bette, denn morgen mit Tagesanbruch sollte eine längere Excursion durch die Provinz Rio de Janeiro angetreten werden.

VIII.

Der Ritt zu den Ufern
des
Parahyba do Sul.

In der Absicht, mit dem ersten Dampfboot nach Praya grande überzusetzen, fuhr der Prinz mit seinen Gefährten, am 27. September, schon um halb sechs Uhr Morgens in die Stadt; sie betraten aber leider das Embarcadère gerade in dem Augenblicke, als das Fahrzeug abging. Eine „Feluga", eines jener großen, offenen Boote mit zwei lateinischen Segeln und sechs schwarzen Ruderern, führte sie statt dessen in sehr kurzer Zeit nach der Ostseite des Golfes hinüber. Wundervoll war der Rückblick von Praya grande über die Bai nach Rio, das in seiner ganzen Ausdehnung dem Auge vorlag. Die lange Häuserlinie wird anmuthig unterbrochen durch den Hügel der Gloria, den Signalhügel und die hohe Ilha das Cobras, während die duftig-blaue Kette des Corcovado und der Tijuca, von den edelsten Umrissen umzogen, den prachtvollen Hintergrund dazu bildet. —

Es war acht Uhr, als die kleine, aus vier Herren und zwei Dienern bestehende Schaar, zum Theil auf Pferden, zum Theil auf Maulthieren beritten, aus Praya grande zog. Zwei Arrieiros führten mit den beiden Packthieren und dem Reserve-Maulthier, denen sie noch zwei Pferde hinzugefügt hatten, die sie auf eigene Rechnung in Campos verkaufen wollten, den Zug an. Den muntern Schimmel des Prinzen ausgenommen — den „Botocuden", wie ihn sein hoher Herr selbst getauft hatte — war die Cavallerie nur sehr mangelhaft zu nennen. Die Thiere, meist mager und abgetrieben, schienen wenig Ausdauer zu versprechen, doch überstanden sie die Beschwerden des Marsches besser, als anfangs zu vermuthen war. Graf Bismarck ritt ein steinaltes Maulthier, Herr Theremin und ein Arrieiro hatten ebenfalls dergleichen Thiere bestiegen, wogegen Graf Oriolla, die beiden Diener und der andere Arrieiro die Pferde vorgezogen hatten. Die Caravane zählte mithin fünf Pferde und sechs Maulthiere; dazu die beiden Pferde gerechnet, die den Arrieiros gehörten, im Ganzen dreizehn Thiere.

Der meist von Hecken eingefaßte Weg folgt anfangs dem Ufer der Bucht, dann wendet er sich rechts (östlich) in das waldige Hügelland hinein. Die Formen dieser Hügel sind abgerundet; Wald und Gebüsch, unter das sich einzelne Palmen mischen, tragen unverkennbar den Charakter dichter Capueira. Das Land ist vorherrschend mit Bananen, Mais und Mandioca angebaut; auch fehlt es nicht an Wiesen, eben so wenig an einzelnen Dörfern (Aldeas), und von Distance zu Distance findet man Vendas am Wege.

Der heutige Tag, obgleich schön, war nicht frei von

jenem milchigen Nebel, der seit der Ankunft des Prinzen in
Rio fast ununterbrochen mit Regenwetter wechselte. Er
verhüllte auch heute die Orgaos, wenigstens konnte man sie
trotz ihrer Nähe nur mit großer Mühe erkennen. — Das
Packthier (Carga) und das ledige Maulthier wetteiferten
mit den beiden muntern Braunen der Arrieiros, die Geduld
der Gesellschaft auf die härtesten Proben zu stellen. Alle
fünf Minuten durchbrachen sie die Hecken am Wege und
liefen auf die Wiesen, kehrten in die Vendas ein, oder ga-
loppirten sausend die Bäche aufwärts. Wollte man sie
wieder auf den richtigen Weg zurücktreiben, so vertheidigten
sie sich durch wiederholtes Ausschlagen. Besonders umsich-
tig zeigten sich die beiden Maulthiere bei solchen Excessen,
indem sie stets durch List das durchsetzten, was die Pferde
durch Kraft allein erreichen wollten, — und dabei ist eine
„Mula" nicht zu berechnen; sie läuft z. B. eine Stunde
lang geduldig wie ein Lamm vor dem Treiber her, dann
besinnt sie sich mit einem Male eines andern, und urplötzlich
schlägt sie aus aller Kraft nach demselben. —

Allmälig wird das Terrain ein wenig offener. Man
überschreitet den Rio de Alcantara, einen breiten Bach, auf
einer festen Brücke, von der herab man nach beiden Seiten
einen sehr hübschen Blick auf das Flüßchen hat, das zwischen
dichtem, mit Palmenwedeln untermischten Gesträuche dahin
fließt. — Hart jenseits der Brücke gewahrt man eine Venda
in der Capueira, am Fuße eines buschigen Hügels, die gemeinschaftlich mit einigen versteckt liegenden Häusern den

Namen „Alcantara" führt. — Hier wurde abgesessen, um
ein einfaches aber reinliches Mahl einzunehmen, während
die Thiere Capim (eine Art Gras) und Milho (Mais)
bekamen.

Um halb zwölf Uhr war man angekommen, und um
zwei Uhr wurde weiter gezogen. — Die Gegend ward
ebener, die Capueira höher, bis sie zuletzt in den Wald
überging, der den Namen „Mato do Gamba" trägt; durch
seine hohen Stämme hindurchblickend, überzeugt man sich ab
und zu, daß das Terrain noch theilweis hügelig ist; auch
zeigte sich zuweilen die Serra dos Orgaos linkerhand wie
ein schwacher Schimmer. An schönen Palmen und an hohen Stämmen mit großen Kronen fehlte es hier nicht.
Der Fahrweg hatte schon lange, etwa seit dem Rio de Alcantara, aufgehört, und man ritt jetzt auf einem Fußsteige,
der oft von Ricks, die quer über den Weg gehen, unterbrochen ward. Die Straßen in Brasilien haben sich nämlich meist dadurch gebildet, daß derjenige, der eine neue
Fazenda anlegt, sie durch einen Fußsteig (Picada) mit der
seines Nachbarn verbindet, und aus einer Kette solcher einzelner Verbindungs-Fußsteige entsteht zuletzt die Landstraße,
die denn allerdings meist nichts Anderes als ein schmaler
Fußpfad ist; obgleich sie den hochtrabenden Namen „Estrada",
oder sogar „Estrada real", im Gegensatze zu der „Picada",
zu führen pflegt. Jene Ricks, die so häufig den Weg
durchschneiden, sind eine Eigenthümlichkeit dieser Gegend;
sie gehören nicht immer zu den Umschließungen der Fa-

zendas, sondern werden auch häufig von den Tropeiros er=
richtet. Da nämlich die Maulthierzüge meist an, oder
richtiger auf der Estrada bivouakiren, so schließen die Trei=
ber die Straße, als die einzige Verbindung auf beiden
Seiten, vermittelst dieser Zäune ab, damit die Thiere nicht
fortlaufen können, während die dichte Capueira meistentheils
den Rest der Einzäunung ersetzt. —

Als die Reisenden gegen Abend aus dem hohen Holze,
das einzelne feurige Tié=fogos anmuthig belebten, heraus=
traten, lagen zwei Terrainwellen vor ihnen, und auf der
zweiten das Oertchen S. João do Itaborahy, das man um
sechs Uhr, gerade noch vor dem Eintritt der Dunkelheit,
erreichte. Das Oertchen besteht aus einem Platze und etli=
chen ganz kurzen Straßen. Auf dem Platze steht die Kirche,
neben der man in einem engen Gäßchen in einer Venda
abstieg. Von dem Eingange der Kirche aus übersieht man
die ganze Gegend: lauter parallele Hügelreihen hinter ein=
ander, bis zum Horizont. —

Am andern Morgen (28. September) saß man schon
um sieben Uhr wieder zu Pferde, und ritt bei sehr zwei=
deutigem Wetter in die Capueira hinein. Einer von den
Arrieiros wurde angewiesen, in starkem Schritt mit den
Packthieren zu folgen, während man mit dem andern schneller
voranreiten wollte, um nicht gar zu spät in die Nacht hin=
ein zu gerathen; denn eine Tagereise von etwa zwölf Legoas
stand heute bevor, während man gestern deren nur acht
zurück gelegt hatte. Als sich nach kurzer Zeit Regen ein=

stellte, boten Graf Bismarck und Graf Oriolla in ihren
scharlachroth gefütterten Ponchos eine pittoreske Erscheinung
dar. Dazu denke man sich noch, um das Bild zu vollen=
den, hohe Stiefeln à la Wallenstein, von rohem Veado=
leder, schwarze Rittersporen und endlich graue, haubenartige
Marseiller Hüte mit breiten Krämpen, die grell gegen die
braunen bärtigen Gesichter und das schwarze Haar abstachen
und schon auf allen spanischen Alamedas, wegen ihrer Aehn=
lichkeit mit den Hüten der Picadores, die allgemeine Auf=
merksamkeit auf sich gezogen hatten. Auch Herr Theremin,
den sein unverwüstlicher Chili=Strohhut kenntlich machte,
hatte sich in seinen blauen Civilmantel gehüllt, und die
Reiterstiefeln, die er sonst, gleich dem Prinzen, herunter zu
klappen pflegte, ebenfalls herauf gezogen.

Prinz Adalbert war außer den beiden Dienern der
Einzige von der Gesellschaft, welcher die Flinte auf dem
Rücken und die gefüllte Patrontasche um den Leib geschnallt
trug. Er hatte sein für das Durchhauen durch die Urwäl=
der viel zu zartes, blau angelaufenes Facaō zusammen
geklappt in den kleinen Mantelsack von schwarz lackirtem
Leder gesteckt, der alle seine Sachen enthielt. Ihm war
daher der Vorschlag des Arrieiro, über Porto das Caixas zu
reiten, da es (was freilich falsch war) durchaus kein Umweg
sei, ganz erwünscht, denn dort hoffte er, ein Stück Wachs=
leinwand auftreiben zu können, um einen seiner größten
Schätze, seine blaue Jacke, vor dem Platzregen darin bergen
zu können; dieselbe hatte nämlich in dem gedachten Mantel=

fack keinen Platz mehr gefunden und unter den gegenwärti=
gen Umständen seinem „Peajacket" weichen müssen, der bei
der lauen Luft allein schon fast zur Last war.

Durch niedriges Moorland, zwischen Hecken und Ge=
büschen, über die Campos von Marabu hinziehend, gelangte
man an den genannten kleinen Hafen. Der Regen strömte
von den wenigen Dächern des Oertchens Porto das Caixas
herab, die Pferde glitten auf dem Lehmboden aus und ver=
sanken fast in dem Schmutze, der an den Mineirosstiefeln
hinauf spritzte. Einige, vom Regen glatt und glänzend
gewaschene, große, offene Kähne mit einem kleinen „Reef"
nahe am Spiegel, lagen im Flüßchen Macacú, das ganz
in der Nähe hier in die Bai von Rio mündet, und zeugten
von dem ziemlich lebhaften Verkehr, der zu Porto das
Caixas herrscht, und den eine Anzahl größerer Vendas —
denn die Venda ist nicht allein Wirthshaus, sondern auch
Laden — bestätigten. An jeder Venda wurde nach Wachs=
leinwand gefragt; doch alle, von der ersten bis zur letzten,
täuschten die Hoffnung. Dagegen trat einer von der Reise=
gesellschaft dem Prinzen das Gewünschte ab.

Der Weg, welcher seit S. Joaõ de Itaborahy meist
ein breiter Fahrweg gewesen war, führte auch jetzt noch in
der Breite eines Wagengeleises durch die niedere Capueira,
und später in Form eines Dammes über eine weite, sumpfige
Wiese, aus der unzählige Papyrusstauden das Haupt er=
hoben. Am Ende des Dammes, den viele schmale, über=
brückte Wasserarme durchschneiden, liegt auf einem etwas

erhöheten Platze das kleine Dorf Macacú, von Palmen und niederem Laubholz beschattet. — Hinter Macacú wechselt Capueira mit Anpflanzungen ab. Ueberall sieht und passirt man Einhegungen. Auch ein paar Bivouaks von Tropas begegnete man. Die Maulthiere waren an hohe Pfähle gebunden, während die Tropeiros die Lastkörbe, welche den Kaffee enthalten, und die Sättel auf einen viereckigen Haufen zusammen getragen hatten. Darüber waren Felle ausge=breitet, die, auf der einen Seite überstehend, und durch Pfähle gestützt, die Hütte für die halb nackten Leute abga=ben, während sie auf dem Marsch dazu dienen, über die Waaren gebunden zu werden. Davor hatten die Tropeiros drei Stangen, in der Art wie man die Gewehre zusammen=setzt, aufgerichtet, zwischen denen der Kochkessel über dem Feuer hing. Mehr Bequemlichkeit brauchen diese Leute nicht, die meist Sklaven sind, und zwar Neger und Mu=latten; doch trifft man hie und da auch einige Indianer unter ihnen.

Nach und nach wird das Terrain offener; man reitet über große, von Hügeln begrenzte Campos, unter denen besonders eine Wiese die Aufmerksamkeit fesselte; sie war rings von Bäumen eingefaßt, die ganz mit großen weißen Blumen übersäet schienen, während dem sumpfigen Grase ebenfalls weiße und gelbe Blumen entsproßten, wodurch der waldumsäumte Blumenteppich sammt seiner Einfassung ein eigenthümlich harmonisches Ganzes bildete, das dem Auge außerordentlich wohlthat. — Von hier ging es im munteren

Trabe über den drei und eine halbe Legoa von Porto das Caixas und eben so weit auf direktem Wege von S. João entfernten Campo do Collegio fort, an dessen Ende das in eine große Fazenda umgeschaffene Jesuiter=Collegium, von prachtvollen Bäumen umgeben, sichtbar wurde. Hinter jenem Campo stieg rechter Hand eine Bergkette in das dicke Re= gengewölk hinauf: die Serra do Rio de S. João.

Man war schon eine gute Weile zugetrabt, und noch immer wollte sich das fünf Legoas von Porto das Caixas gelegene Sta. Anna noch nicht zeigen; lange Zeit hindurch antwortete jeder, dem man begegnete, es sei noch eine Legoa ab; und war man dann über eine Stunde geritten, so hieß es: noch eine halbe Legoa.

Inzwischen hatte sich ein Neger auf einem großen, müden Gaule zu den Reisenden gesellt, der ihnen als Lootse beim Durchreiten der tiefen, vom Regenwasser gebildeten Lachen diente. Alles was, außer Flüchen über die Faulheit seiner Rosinante, aus ihm herausgebracht werden konnte, war, daß er zum „Tenente=Coronel" reite, am „runden Berge". — Plötzlich trat man aus der Capueira heraus auf eine große Wiese, aus der drei colossale Sapucajas, das stolze Haupt gleich rothen Riesenblumen vom pracht= vollsten Carmoisin erhebend, gegen den schwarzen Regen= himmel aufstiegen, und über die einige einzelne Häuser ausgestreut waren: — das lang ersehnte Sta. Anna lag vor Augen! — Der Macacú blieb den Reitern zur Linken, die bewölkte Serra zur Rechten. Jene Wunderbäume, welche das trübe Gemälde auf so eigene Art belebten, machten einen wahrhaft magischen Eindruck. — Rechts von der Straße abbiegend, ritt man vor das Haus eines Herrn Boulanger, der Fazendeiro und Gastwirth in einer Person ist, und gleichzeitig mit eigenen Fahrzeugen den Macacú beschifft und nach Rio handelt. Es war gegen halb zwei Uhr, als die Reisenden nach dem angestrengten Ritt und ziemlich durchnäßt von ihren müden Thieren absaßen. Monsieur Boulanger führte sie sehr zuvorkommend und freundlich in ein reinliches, großes Zimmer hinauf, und schon nach wenig Minuten stand die dampfende Suppe auf dem Tisch — ein schlagender Beweis, daß man es hier nicht mit der langsamen Bedienung der brasilianischen Vendas zu thun hatte! —

Jetzt kam der Arrieiro, dem sein Gewissen keine Ruhe ließ, mit dem Geständniß heraus „daß sein Collega, der mit den Packthieren zurückgeblieben sei, den Weg durchaus nicht kenne". Die Gesellschaft sah sich daher genöthigt, den sie begleitenden Arrieiro dem zurückgebliebenen entgegen zu senden, und gab diesem zweiten Schildknappen ein Rendez-vous zu Neu-Freiburg auf morgen Abend.

Als man wieder aufgesessen war, und der Prinz die Colonne sammelte, um abzumarschiren, — denn schon seit heute Morgen war strenge militairische Ordnung eingeführt — ward ein so eben eingefangener „Mulo" für den Neger herbeigebracht, welcher den Weg in's Gebirge zeigen sollte. Doch bald darauf kam Monsieur Boulanger selbst seinen

Gästen nachgetrabt, um sie nach den fünf Legoas entfernten Agoas Compridas zu Monsieur Darieux in's Nachtquartier zu geleiten. Er hatte sein Hauscostüm mit einer weiten braunen Jacke, ein paar großen Stiefeln und einem blauen Mantel oder Poncho vertauscht, den er nach brasilianischer Art sich um den Leib geschlagen.

Es war bereits vier Uhr; der Regen hatte nachge= lassen, und die Sonne fing schon an zu sinken, als man unter angenehmen Gesprächen mit dem gefälligen Wirth, der durchaus kein französischer Schwätzer war, in einen wahrhaften Zauberwald eintritt. Die Bäume mit den schö= nen Blumen, besonders diejenigen, welche ihr reicher Blü= thenschmuck lila zu färben schien, übten eine magische An= ziehungskraft. Ein Gewirr von Schlingpflanzen hing von ihnen herab. Hie und da verhüllten große, schildförmige (Pothos- oder Calladium-) Blätter, gleich einem glänzend grünen Schuppenharnisch, die schlanken Stämme. Wilde Bananen (Heliconien) entsproßten, nebst vielen andern, dem Auge des Europäers neuen Pflanzen, dem sumpfigen Boden, und gaben diesem Gehölz einen eigenthümlichen Reiz. Da, wo sich das Sumpfwasser zu kleinen Lachen zur Seite des Weges angesammelt, oder wo Quellen hervorsprudelten, hatten sich kleine Einbuchtungen, schattige Nischen in den Laubwänden des Waldes gebildet, in denen der kleine Wasserspiegel, den sie voll Grazie einfaßten, durch seine erfrischende Nähe die Vegetation zu einer Fülle und Kraft steigerte, die wahrhaft an das Unglaubliche grenzte. Wie

20

bebauert man da, bemerkt Prinz Abalbert, nicht Maler zu sein, um den bezaubernden, das Herz erquickenden Frieden wiedergeben zu können, der an solchen einsamen Wassern abseits des Weges herrscht! — Eigentliche Capueira war dieses Gehölz schon nicht mehr, auch wohl noch kein wahrer Urwald; — der Brasilianer nennt solche waldige Niederungen mit Morastpflanzen „Brejo". —

Leider war das Wäldchen bald durchritten, und vorwärts im trüben Gewölk suchten die Blicke nun die in der Richtung von Neu-Freiburg liegende Serra, in die man heute noch hineinkommen sollte. — Nach einem Ritt von dreiviertel Legoas zeigte sich an den dunkeln Waldbergen rechts des Weges ein einsames Kirchlein, Capella da Conceiçaõ genannt, während der dunkelbraune Macacú hart zur Linken am Wege dahinrauschte. Da wandte man sich plötzlich diesem Flüßchen zu, und, Monsieur Boulanger an der Spitze, ward es durchritten. Hierauf folgten die Reiter, durch niederes Buschwerk ihren Weg nehmend, dem rechten Ufer des Macacú aufwärts. Die Dämmerung trat ein, und mit ihr setzte die Gesellschaft sich in einen flotten Trab, da ihr Begleiter sie nicht gern in der Dunkelheit über den schlechten Theil des Weges führen wollte. Bei einem großen, nicht hohen Gebäude, das man passirte, dem Engenho do Coronel Ferreira, wies der gefällige Führer die Stelle, wo der Macacú aufhört schiffbar zu sein, da hier die Strudel anfangen und unzählige Steine im Flußbette liegen. Wo die Verbindung zu Wasser aufhört, schien

dafür der zu Lande mehr Aufmerksamkeit gewidmet werden
zu sollen, denn auf einer Strecke von einigen hundert Schritt
hatte man eine Landstraße zu chaussiren angefangen, die
man nach Neu-Freiburg fortzuführen beabsichtigte. Unmit=
telbar auf dieses Stückchen Chaussee folgte aber, als krasser
Gegensatz, der schlechteste Theil des ganzen heutigen Weges.

Die Reisenden merkten jetzt, daß sie in die Berge
hineinkamen, denn der kothige Weg ward steiniger; auch
hatte der Lehmboden seit dem Engenho eine rothe Eisen=
ocherfarbe angenommen. — Der Macacú rauschte rechts in
der Tiefe, und sein Bett schien immer mehr und mehr
neben dem Wege zu sinken. Es war völlig dunkel gewor=
den. Monsieur Boulanger's Mula kletterte über das
Geröll voran in die Dunkelheit hinein, des Prinzen großer
Grauschimmel folgte ihren Fußtritten mit gespannter Auf=
merksamkeit, und dahinter glitten die Pferde der Nachfol=
genden über die Steine. — Die Vögel sangen, die Cicaden
zerrissen das Ohr mit ihren unangenehmen hellen Tönen,
die Leuchtkäfer erhellten die Nacht mit ihrem bläulichen
Licht, und hie und da schlugen die Zweige den Reitern in's
Gesicht, um sie daran zu mahnen, daß sie in die Wälder
der Serra gelangt seien.

Da plötzlich senkte sich der Pfad gegen den Macacú —
Monsieur Boulanger stutzte; Alles schloß auf. „Suivez
les pas de ma mule, Messieurs!" sagte er, und setzte hinzu:
„Ce passage est dangereux, plus d'un cavalier y a disparu
avec sa bête!" Beim Durchreiten des Flusses fühlte man

recht die Gewalt der Strömung; es war, als wollte sie dem Reiter das Pferd unter dem Leibe fortreißen. Endlich hatte die ganze Colonne den Macacú glücklich passirt, und, etwa um sieben Uhr, hielt man vor einem Häuschen. — Darieux, der kleine Gastwirth, öffnete auf Boulanger's Rufen die Thür, zuckte die Achseln, als er die große Gesellschaft gewahrte, und rief hinaus: „La maison est pleine comme un oeuf!" — Doch die Thür blieb offen. Die Reiter saßen ab, führten die Pferde hinter das Haus, wo sie die Nacht über bleiben sollten, und traten ein. — Darieux hatte nicht übertrieben; denn in der That: la maison était pleine comme un oeuf! —

Ein Franzose in einer hellblauen, faltenreichen Blouse zog zunächst durch seine Suade die Aufmerksamkeit auf sich. Die noch sehr junge Frau des Wirths war eine Schweizerin aus Freiburg und sprach französisch. Ein kleines, blondes, deutsches Mädchen ging ihr in der Wirthschaft zur Hand. Einige Brasilianer saßen im Nebenzimmer am Tisch, und außerdem war noch ein blonder „Stralsunder" da, der jetzt als Zimmermann reiste. Er war Seemann gewesen, und hatte, in Rio für einen kaiserlichen Kreuzer gepreßt, den Krieg gegen Buenos-Ayres mitgemacht.

Bei Tisch — es wurde gut soupirt — gewährte besonders der kleine französische Holzhändler in der Blouse, der sich auf seinen reinen pariser Accent große Stücke einbildete, viel Ergötzen.

Der Prinz und seine drei Reisegefährten erhielten ein

Stübchen für sich, und jeder ein Bett. Das Licht ward ausgelöscht; noch eine Weile vermischte sich das französische Gespräch in der Nebenstube mit dem Rauschen des Macacú, — bald aber folgte ein fester Schlaf den Beschwerden des Tages.

Am andern Morgen (29. September) ward es neun Uhr, ehe man wieder zu Pferde saß. Vor dem Hause lag ein ungeheurer Baumstamm, der mit Orchideen übersäet war; dahinter stieg eine Berglehne an. Am untern Theil derselben hatte man den Wald bereits abgehauen, doch ragten die Stumpfe noch weit über das hohe Kraut und Gras hervor, während einzelne Stämme, die dem Beil und dem Feuer getrotzt hatten, der Rinde beraubt, gegen das schwarze Regengewölk anstrebten. Höher an der Lehne zog sich der dunkle Urwald hin, gegen dessen tiefe Schatten sich die weißen, schlanken Stämme grell absetzten. — Der Weg führte das Thal des Macacú aufwärts, der rechts tief un= ter den Füßen der Wandernden rauschte; dabei sahen sie hinüber auf die gewölbten Gipfel der Urwälder jenseits des Flüßchens mit den mannigfaltigen Schattirungen von Grün, von einer Abwechselung, wie man sie in europäischen Wäl= dern vergebens suchen würde. So weit das Auge reichte, sah es nur Wald. — Doch bald waren die kühlen Schatten der Urwälder erreicht, und damit ging die Uebersicht über die Gegend verloren. — Kurze Zeit darauf, an einer Berg= lehne, wurde der Weg freier; eine Anzahl einzelner Häuser lag auf halbem Abhang zur Seite; der Wald war gelich=

tet, und Kaffeepflanzungen überzogen die Hügel. — Alle
diese Häuser hinter Agoas Compribas führen den gemein=
schaftlichen Namen „Registro", obgleich der Registro (Zoll)
selbst nur etwa hundert Schritt von jenem Wirthshause liegt.
— Viele Tropas, deren Führer meist aus Indianern be=
standen, begegneten den Reitern, während sie den Abhang
umritten, auf dem schmalen, schlüpfrigen Bergpfade. Doch
bald umgab sie wieder der Urwald! — Das Tagebuch
Seiner Königlichen Hoheit schildert den eben so mächtigen
wie eigenthümlichen Eindruck desselben mit folgenden Worten:

„Früher hatten wir immer auf unsern Ritten gefragt:
ob dies oder jenes Urwald sei; nun fragten wir nicht mehr
— denn wir wußten es jetzt! — Jener feierliche Schauer,
jenes heilige Gefühl sagte es uns, das einen jeden befällt,
der zum ersten Mal in einen Urwald eintritt. Anfangs
starrten wir hinein in jenes Labyrinth von hohen, schlanken
Stämmen, die wie Riesen neben uns aufstiegen, und in
das uns umgebende Gewirr von Schlingpflanzen; wir blick=
ten hinauf zu jenem leichten Laubdach, das den Himmel
über uns nur wie durch einen Flor erkennen ließ, ohne
daß wir uns aber irgend Rechenschaft geben konnten von
dem, was wir sahen. Man male sich einen Urwald mit
der glühendsten Phantasie zu Hause aus, — man wird
dennoch seine kühnsten Erwartungen übertroffen finden, so=
bald man wirklich den Fuß in einen solchen Wald hineinsetzt.
Alles ist hier colossal, — alles scheint der Urwelt anzuge=
hören; wir selbst, mit unsern Rossen und Thieren, kommen

uns außer Proportion vor und fühlen, daß wir einer ganz andern Zeit angehören. — Zuerst ist es der ungeheure Maaßstab, der uns in Staunen versetzt; bald aber erregt die gänzliche Verschiedenheit der Pflanzenwelt dieser Wälder von der unseres Welttheils unsere Verwunderung in noch höherem Grade. — Wenn wir in der Heimath einen Strauch, oder hie und da einen Obstbaum in anmuthiger Farben= pracht blühen sehen, so finden wir hier Baum=Colosse in Blüthe, deren Höhe die der unsern um das Doppelte, Dreifache übertrifft, während ihre Blüthen den größten Blumen unserer Gärten an die Seite gestellt werden können, und dazu in solcher Fülle hervorsprossen, daß das ganze Laubdach des Baumes sich oft in ihre Farben zu kleiden scheint, wie wir es schon von den rothen Sapucajas ange= führt haben, an denen in dieser Jahreszeit meist jede Spur von Grün verschwindet. Heute waren es vor allem jene Bäume mit prachtvollen, großen lila, und jene mit weißen Blüthen, die besonders viel zur Zierde der Wälder beitru= gen, indem sie mit den so verschiedenen Nüancen des um= gebenden Grüns auf das lebhafteste und anmuthigste contra= stirten. Hatte sich der unstät umherschweifende Blick an all' der Farbenpracht sattsam gelabt, so suchte er wieder die tiefen Schatten auf, die ernst und melancholisch sich uns zwischen den Riesenstämmen zur Seite des Weges erschlossen. Da leuchtet plötzlich mitten in dem dunkeln Laube die fuß= hohe, feuerfarbene Blüthe einer Tillandsie gleich einer Riesen=Ananas oder einer colossalen Erdbeere auf. Dann ziehen uns wieder die reizendsten Orchideen ab, die theils an den kerzengerade aufgeschlossenen Stämmen hinanklettern, theils die Zweige wild und malerisch überwuchern, welche selten tiefer als 60 bis 80 Fuß von der Erde ihre Ausbreitung beginnen. Die große Fruchtbarkeit des Bodens, will es scheinen, läßt zu viel Bäume auf einmal neben einander aufschießen, so daß anfangs die Aeste keinen Raum finden, sich auszubreiten, und daher ein Stamm den andern zu überragen strebt, um sich nach oben Luft zu machen. Da, wo kleinere Aeste sich von jenen größern abzweigen, oder da, wo letztere einen Auswuchs haben, pflegen die Tillandsien sich gern einzunisten, und oft colossal, gleich einer mannshohen Aloë, schauen sie von dieser schwindelnden Höhe, sich voll Grazie niederbeugend, auf den Wanderer hinab." —

„Zwischen all' diesen mannigfachen Pflanzen, die den Aesten zu entsprießen, oder sich auf denselben zu balanciren scheinen, erblicken wir jene Moose, die als Alongeperrücken oder Roßschweife an den Zweigen der colossalen Orchideen- und Tillandsien-Träger herabhängen, oder in Gestalt von langhaarigen Bärten den Riesen der Urwälder das Ansehen ehrwürdiger Greise geben, welche die Last eines Jahrtausends nicht zu beugen vermochte. — Hierzu denke Dir die Tausende von Lianen, die von oben herab dem Boden zustreben, oder in den Lüften hängen, ohne denselben zu erreichen; denke sie Dir meist mehrere Zoll stark, ja häufig so dick, wie ein Mann im Leibe, dabei, gleich den Aesten

der Bäume, mit Borke überzogen; — doch vergeblich wirst
Du Dich bestreben, Dir alle die unzähligen bizarren, an's
Fabelhafte streifenden Verschlingungen auszumalen, in denen
sie sich uns zeigen. Oft kommen sie wie gerade Stangen
herab, und sind in die Erde gewachsen, so daß man sie bei
ihrer Stärke selbst für Bäume halten könnte; oft bilden sie
große Schleifen und Ringe von 10 bis 20 Fuß im Durchmesser, oder schlingen sich so umeinander, und legen sich
dabei so ineinander, daß sie mit Ankerthauen wirklich zu
verwechseln wären. Zuweilen schnüren sie den Baum ordentlich ein, von Distance zu Distance; oft ersticken sie ihn
ganz, so daß er alles Laub verliert und seine abgestorbenen
Riesenarme gleich ungeheuren weißen Korallenzweigen starr
in das frische Grün des Waldes hineinstreckt, gleich wie der
Tod oft schauerlich mitten in's blühende Leben hineinragt;
oft auch geben sie dem alten Stamme statt des geraubten
Schmuckes ein neues Laubdach, daher es zuweilen scheint,
als besäße ein und derselbe Baum drei bis vier verschiedene
Gattungen von Blättern." —

„Ueberhaupt ist das Laub unendlich mannigfaltig; doch
sind die Blätter meist sehr fein und klein, und das Dach,
das sie bilden, nicht von großem Umfange, dabei aber sehr
oft pinienartig gewölbt. Nie habe ich Nadelholz in den
Urwäldern gefunden; dagegen sieht ihm häufig das Laubholz wegen seiner dunkeln Farbe täuschend ähnlich. Sehr
eigenthümlich nahm sich eine Gruppe Imbaibas aus, deren
dünne, glatte, weiße Stämme, auf einer Anhöhe zur Seite

des Weges wurzelnd, hoch aus dem Dickicht aufschoffen, und deren kleine, aus großen ausgezackten Blättern gebildete Dächlein sich malerisch aneinander schloffen oder gegenseitig überragten. Nicht weniger zog ein anderer, der Imbaiba in mancher Hinsicht ähnlicher Baum mit silbergrauen, an ihrer unteren Seite weißen Blättern, meine ganze Aufmerksamkeit auf sich, dem ebenfalls die regelmäßige Weise, wie seine Aeste, gleich Candelaber-Armen, ansetzen und sich nach oben überbiegen, ein so eigenthümliches Ansehen giebt."

„Den höchsten Reiz aber im Urwalde gewähren, wenigstens mir, jene leichten, graziösen Palmen, die der leiseste Wind hin und her beugt. Ihre dünnen, schlanken Stämme sind fast mit der Hand zu umspannen, und doch reichen sie bis zur halben Höhe der hohen Laubholzstämme hinauf, und haben daher oft eine Länge von mehr als 60 bis 70 Fuß. Gleich einer Puschel, auch einem Busche herabhängender Federn nicht unähnlich, wölbt sich hoch oben die aus den äußerst zartgefiederten Wedeln gebildete, ganz kleine Krone, überragt von einer scharfen, hellgrünen Spitze, die dieser reizenden Palme oft das Ansehen einer dünngeschäfteten Lanze, oft auch das eines schwankenden Rohres giebt. Nie habe ich etwas Graziöseres gesehen! Kommen sie einmal vor, so beugen sich stets eine Menge dieser Palmen, ganze Büschel, aus dem Laube hervor, lassen sich von jedem Lüftchen schaukeln, oder schütteln sanft das liebliche Haupt, und grüßen voll Huld und Anmuth hernieder. Die Palmen scheinen die Geselligkeit zu lieben; nicht die hochauffchie-

ßenden schlanken allein, sondern auch jene mit den Dornen
und den großen Kronen, so wie auch noch viele andere
hohe Palmen mit stärkeren Stämmen, und die aus dem
Boden sprossenden, stammlosen Palmsträucher pflegen sich
strichweise im Urwalde zusammen zu halten. Oft reitet man
eine lange Strecke weit, ohne etwas Palmenartiges zu
sehen, und dann begleiten einen die Palmen wieder stun=
denlang." —

„Anfangs zogen wir stumm unseres Weges, bald aber
folgte Ausruf auf Ausruf, denn mit jedem Schritt nahm
unser Erstaunen zu, — mit jedem Schritte zeigte sich uns
ein neues Bild! — Hier ist Alles wunderbar und ganz
anders, wie wir es uns in unserm kalten Norden vorstellen!
Wo sieht man wohl das Große und Erhabene mit dem
Sonderbaren, das Schöne mit dem Lieblichen zu einem so
harmonischen Ganzen vereinigt, als gerade in den tropischen
Urwäldern der neuen Welt!" —

„Doch über meine schlanken, biegsamen Palmen hätte
ich fast die baumartigen Farrnkräuter vergessen, die allein
an Grazie mit ihnen wetteifern können. Sie sind wirklich
mit kleinen Palmen zu vergleichen, nur erscheint ihr leichtes,
elastisches Blätterdach flach und weniger buschig, als eine
Palmenkrone; dabei lassen sie die Blätter mehr hängen,
ohne dieselben, gleich den Palmenwedeln, zu wölben. Gar
lieblich sieht es aus, wenn diese enormen, 10 bis 15 Fuß
langen und gewiß mehr als fünf Fuß breiten Farrnkraut=
blätter von dem leisesten Lüftchen angehaucht, bei ihrer

an's Aetherische grenzenden Leichtigkeit, sich auf's graziöseste wiegen, und diese anmuthigen, sanften Schwingungen in's Unendliche fortsetzen." —

„Mäuschenstill ist es aber im Urwald nicht, wie man sich das wohl so denkt, denn die Vögel und Cicaden verstummen keinen Augenblick. Einige der ersteren, und unter ihnen namentlich ein schöner, großer brauner Vogel fesselte unsere Aufmerksamkeit; auch erkannte Herr Theremin das Geschrei des weißen Ferrador oder Araponga, den wir jedoch nicht zu sehen bekamen. — Nach Affen spähten wir fleißig umher, allein umsonst." —

Der Weg ward immer steiler, und nach und nach bekamen die Reiter wieder eine Aussicht linkerhand auf die Wälder zu ihren Füßen. Dort, in jenen Urwäldern hören alle Wege auf, und in der Richtung kann man sich vielleicht tagelang mit seinem Facao durch das Holz durchhauen, ehe man wieder zu Menschen kommt. — Doch unserer Reisegesellschaft ging es besser, denn oben, auf Serra alta, auf dem höchsten Punkte des Passes, vier Legoas von Agoas Compridas, kam sie nicht allein zu Menschen, sondern sogar zu ehrlichen Deutschen. Wilhelm Eller aus Darmstadt nahm sie herzlich und freundlich auf, und bewirthete sie, so gut er es vermochte. — Bei dem reinen Darmstädter Dialekt seiner Jugend konnte man es fast vergessen, daß man sich hier mitten im Urwalde, auf der unwirthbaren Serra befand. Es war wahrhaft rührend zu sehen, wie der „Wilhelm" noch an Deutschland, das er doch schon vor achtzehn Jahren verlassen, und an allen alten Erinnerungen hing, und welche Freude er hatte, daß seine „Buben" mitten in den Urwäldern ebenso deutsch und frisch heran= wuchsen, als wären sie in der Heimath der Eltern erzogen worden. Er wußte viel von bunten Vögeln zu erzählen, die in manchen Jahreszeiten seine einsame Wohnung besuch= ten; so führte er unter andern an, daß die Araras sich oft auf die Zweige ganz nahe vor dem Hause niederließen. Auch von einer Onça (einem Tiger), die sein Haus einige Wochen lang umkreist hatte, war er einmal heimgesucht worden. — Ein anderer Deutscher, Heinrich Vogler aus Braunschweig, hielt sich beim „Wilhelm" auf; er war Soldat in der hiesigen deutschen Legion gewesen, und schien mit seinem Aufenthalt in Brasilien nicht besonders zufrie= den. — Die aus Bingen gebürtige Wirthin brachte unseren Reisenden, die bald wieder aufbrachen, das Essen. Aus dem, was die Leute forderten, zeigte sich, daß sie auch hierin ebenso einfach und bieder geblieben waren, als wenn man in Deutschland bei ihnen eingekehrt wäre. — Wie doch die Leute manchmal an Kleinigkeiten hängen; so frag= ten sie den Prinzen gleich: „ob das ein deutscher Stock sei," und es that ihnen leid, daß er es nicht war, denn sie hatten ihn mit Freude in die Hand genommen. —

Etwa um zwei Uhr saß die Gesellschaft wieder auf, und stieg nun auf der andern Seite, einem Bache folgend, die Serra hinab, jedoch nicht so tief, als sie auf jener Seite aufgestiegen war. Urwald bedeckte die beiden Thal=

ränder; näher am Wege standen weniger hohe Stämme, doch fehlte es nicht an jenen lieblichen Palmen und luftigen Farrnkräutern; — da trat etwas Neues hinzu, was dem Ganzen ein durchaus verändertes Ansehen gab, nämlich das hohe Rohr, Taquara assú. Außer auf dem Spazierritte zum botanischen Garten bei Rio, hatte Prinz Adalbert das brasilianische Bambusrohr noch nirgends angetroffen. Gleich 30 bis 60 Fuß hohen, dunkelgrünen Lanzen ragte dasselbe über ziemlich hohe Bäume hinaus, und beugte sich meist, gleich elastischen Speerbüscheln, im hohen Bogen über den Weg. Am untern Ende erreicht es oft Manns-stärke; es ist regelmäßig durch Ringe gegliedert; zuweilen erscheint es ganz glatt, und häufig entsprossen ihm leichte Blättchen an dünnen, kaum sichtbaren Zweigen. — Auch dieses Rohr kommt, gleich den Palmen, fast immer in grö-ßeren Massen beisammen vor.

Die Thalsohle schien an vielen Stellen schon mit Ca-pueira bedeckt zu sein; die Berglehnen waren theilweis ab-gebrannt, nur einzelne versengte Palmen standen noch hie und da auf der Blöße und ließen ihr gelbes Haupt trau-ernd hängen, — mit einem Worte: die Kultur hatte bereits angefangen, den Urwald zu säumen. Dies fiel den Reisen-den schon auf bei Claire, dem Schweizer, dessen Gehöft sie bald unterhalb des „Wilhelm" durchritten, und je weiter sie hinabstiegen, je mehr nahm der Anbau zu.

Jetzt erweiterte sich das Thal zu einem hübschen grü-nen Kessel zwischen Hügeln, auf denen man noch den letzten

Urwald erblickte. Hier lag am klaren Bach ein einzelnes Haus, da ging's hoch her, und viele lustige Deutsche waren dort versammelt. Gleich darauf kam dem Prinzen und seinen Begleitern etwas auf einem Schimmel nachgearbeitet, und der Bäckermeister Grippe — unter diesem ominösen Namen stellte sich nämlich die Gestalt vor — machte ihnen Vorwürfe, daß sie nicht beim Schott angehalten hatten. Er schien etwas des Guten zuviel gethan zu haben, und ritt bei einem heftigen Regenschauer, welcher die Reitenden fast die Lehmhügel hinabspülte, mit ihnen bis zu seiner Behausung. — Der Regenguß benahm alle Aussicht, außerdem war auch schon die Sonne zur Ruhe gegangen, als man auf einer Wiese, zwischen Hügeln eingeschlossen, die Colonie Neu-Freiburg, auch Morro queimado (verbrannter Hügel)*) genannt, vor sich sah. Es war bereits fünf Uhr, als die kleine Gesellschaft, nach einem Tagemarsche von sieben Legoas, in dieses, etwa sechzig bis achtzig, mit kleinen Gärten umgebene Häuser zählende Oertchen einritt und bei Mistreß Gould abstieg.

Der Rest des Abends wurde dazu angewendet, genaue Erkundigungen über die Jagd einzuziehen. Natürlich hoffte man auf alle möglichen Ungethüme, die man in Rio zugesagt erhalten hatte. „Antas (Tapirs)," hieß es dort, „werden Sie mit Leichtigkeit in der Serra bei Neu-Freiburg

---

*) Die Hügel und Berge um Neu-Freiburg sehen in den kälteren Monaten verdorrt, herbstlich, aus; daher der Name „Morro queimado".

schießen; Tiger sind nicht gerade so häufig, aber warum sollte nicht auch eine Onça vorkommen!" — Die Jagd= passion des Prinzen, welche sich bisher nur auf bunte Vö= gel und wilde Thiere beschränkt hatte, war, wenn auch in verjüngtem Maßstab, ebenso gespannt, wie die der beiden Grafen. — Herr Besecke, an den man sie gewiesen hatte, bedauerte jedoch sehr, daß für morgen nur eine Rehjagd möglich sei, und daß die Reisenden erst übermorgen auf die Antenjagd mehr in die Berge hineingehen könnten. — Den Kopf voller Tapire, Tiger, bunter Vögel, voll Schling= pflanzen und riesenhafter Orchideen=Träger aus dem Ur= walde, schliefen sie ein. —

Ehe sie am andern Morgen (30. September) in den Wald zogen, gingen sie einen Augenblick zu Herrn Besecke, dem Nimrod, welcher sich jetzt aber bei näherer Bekannt= schaft als Vogel= (Balg=) Händler und Ausstopfer kundgab. Derselbe beschäftigt nämlich über dreißig Schützen, die er zum Theil mit Gewehren ausgerüstet hat, und denen er das Wild abkauft. Seine hübsche Frau hilft ihm des Abends die Ausbeute dieser Jagden ausstopfen, eine Arbeit, der sie sich mit vielem Geschick und vieler Grazie unter= zieht, die aber dessenungeachtet nicht für Frauenhände ge= macht zu sein scheint. Gegenwärtig zählte Herr Besecke 35,000 Vögel auf seinem Lager, worunter sich die pracht= vollsten Colibris befanden, deren schillernde Brustfedern in Rio zu Federblumen verwendet werden, und mithin den Haupthandelsartikel bilden. Dieser Pseudo=Nimrod hatte einen großen Theil der flüssigen Decke unseres Planeten beschifft, aber Europa nie gesehen, obgleich er ganz fertig deutsch sprach. Sein Vater, ein geborner Berliner, war, wie der Sohn erzählte, nach Nord-Amerika ausgewandert, er selbst mithin als Bürger der Vereinigten Staaten geboren. Der junge Besecke schien die Unstätigkeit des Vaters geerbt zu haben, denn er hatte schon sehr jung eine Reise nach der Küste von Mozambique unternommen, und war von da auf einem Sklavenschiffe nach Brasilien gelangt, wo er sich bereits seit Jahren niedergelassen hatte.

Auf der heutigen, durchaus erfolglosen Jagd war nur von „dem Reh“ die Rede, als dem einzigen Repräsentanten aller Quadrupeden in den Wäldern um Neu-Freiburg. — In diesem bescheidenen Wild vereinigten sich mithin alle noch jüngst so hoch gespannten Wünsche der Jäger; ihm waren fortan alle ihre Anstrengungen gewidmet. Während sie nun mit der lobenswerthesten Ausdauer eben an einer Berglehne im hohen Bambusrohre auf dem Anstand lauerten, und mit der größten Anspannung horchten und spähten, spielte ihnen das Reh keinen übeln Streich, indem es, zur Freude der Jugend, mitten durch die breite Gasse von Neu-Freiburg trollte, und zwar gerade auf die Dienerschaft der Reisenden zu, als wollte es derselben in die Arme laufen; statt dessen aber entzog es sich ihr mit einer geschickten Wendung und verschwand.

Als es nun mit dem Reh aus war, ging der Prinz mit einem deutschen Knaben in die Capueira, um Colibris zu schießen. Anfangs weigerte sich der Knabe, deutsch zu sprechen, und ließ sich erst durch vieles Bitten dazu bereden das Portugiesische aufzugeben. Wie sie auf dem schlüpfrigen Pfade so hinter einander hergingen, fragte ihn der Prinz unter anderm: „wo seine Eltern her seien?" „Aus Deutsch= land," antwortete er. „Aber aus welchem Lande in Deutsch= land, aus welchem Orte?" fragte der Prinz weiter, denn nach des Sohnes Sprache zu urtheilen, mußten sie vom Rhein herstammen. „Aus welchem Orte?" entgegnete er, „aus Europa, sagen meine Eltern." — Dann wollte er sich todt lachen, daß es in Deutschland keine Colibris gäbe, und begriff nicht, „wie man nur solche ganz gewöhnliche Vögel schießen könne! Amseln und Tauben seien ja viel schöner und seltener!" —

Am 1. October wurde zum großen Leidwesen des Prin= zen abermals nichts aus der Tapirjagd, denn bei solchem Regenwetter, sagten die Jäger, sei es unmöglich, die Anten im nassen Dickicht der Urwälder aufzujagen, auch hätten die Hunde „keine Nase"! — Der Prinz ging daher mit seinem jugendlichen Gefährten abermals auf die Colibrijagd. —

Die erste Anlage der Schweizer=Colonie Novo=Friburgo fällt in die Zeit der Regierung Dom João's VI. (1820), der eine zusammenhängende Reihe kleiner Häuser aufrichten und den ersten Colonisten durch's Loos Stücke Landes, so= genannte Nummern, austheilen ließ, die sich auf zwei bis drei Stunden im Umkreise um Morro queimado erstrecken. Die Colonie schreitet nur langsam vorwärts, hauptsächlich

wohl wegen ihrer mangelhaften Verbindung mit der Haupt=
stadt, die auf schlechten, in der Regenzeit sehr aufge=
weichten Wegen, vermittelst theurer Tropas besorgt wird.
Frische Butter, ein sehr seltner Artikel in Brasilien, Kar=
toffeln und andere europäische Produkte, die bei dem kalten
Klima der Serra gut gedeihen, werden nach Rio abgesetzt,
und dagegen Salz, Wein und Manufakturwaaren wieder
zurückgebracht. Außer den Schweizern haben sich sehr viel
Deutsche hier niedergelassen; auch Franzosen und Englän=
der findet man in Neu=Freiburg, überhaupt Repräsentanten
fast aller Nationen. Es wird eben so viel deutsch als fran=
zösisch gesprochen; die Jugend bedient sich dagegen meist
der portugiesischen Sprache, wenigstens außer dem Hause.
Der protestantische Prediger, mit Namen Sauerbrunn,
ist ein geborner Homburger.

Im Allgemeinen, bemerkt Prinz Adalbert, scheinen
die Leute hier nicht sehr zufrieden mit ihrem Aufenthalt
und sehnen sich zurück; doch nicht alle, denn vielen scheint
es besser zu gehen. Zu Zeiten soll Neu=Freiburg sehr ge=
sellig sein, namentlich wenn die vielen Fremden, besonders
Engländer, aus Rio kommen; ja, es wird dann bei Mistreß
Gould, vielleicht zum Zeitvertreib ihrer drei bis vier jun=
gen Pensionairinnen, sogar getanzt, und von diesen Bällen
spricht man bis zu den Ufern des Parahyba. Auffallend
kühler war es hier auf der Serra, als in Rio, und des
Nachts fror unsre Reisenden sogar. —

21*

Am folgenden Morgen (2. October) früh um sechs Uhr, als es eben Tag geworden, verließen sie die Colonie. Sie ritten schräg über die breite Straße oder den großen Platz, den Neu=Freiburg bildet, an ein paar prachtvollen brasi= lianischen Fichten am Ausgange des Oertchens vorüber, und traten dann in die umgebende Capueira hinaus, aus der die nackten, abgerundeten Felswände, die den Kessel von Morro queimado einschließen, in das dicke Gewölk aufstei= gen. Der Weg führte eine Zeit lang durch dieses, mit einzelnen schönen Urwaldbäumen untermischte Gehölz, und senkte sich hierauf allmälig in ein liebliches Thal, an dessen rechtem Rande man fortzog. Drüben, am jenseitigen Ufer des murmelnden Baches, welcher links in der Tiefe dahin= floß, kletterte der Cactus an jenen Felswänden kühn hinan, die sich linkerhand immer noch fortsetzten, während rechts, hart am Wege, bereits der schattige Urwald begann.

Die Reisenden waren hier schon in das Stromgebiet des Parahyba eingetreten; das unschuldige Bächlein dort unten wird nach und nach zum reißenden Bergwasser, — ja es hat bereits einen Namen, freilich einen weit prächti= geren, als es verdient, denn man nennt es: „o Rio grande." Hie und da liegt ein Haus daran. — Die „Estrada real" ist hier ein Fußsteig, der sich an einer Berglehne hinzieht, und zwar ein so schmaler, daß unsere Reisenden durch die Tropas, denen sie begegneten, nicht selten wegen des fehlen= den Raumes zum Ausbiegen in große Verlegenheit gesetzt wurden. Dadurch, daß ein Maulthier immer in die Fuß=

tapfen des andern tritt, haben sich in dem tiefen aufge=
weichten Lehmboden lauter ein bis zwei Fuß tiefe Löcher
gebildet, wahrhafte Schmutzbehälter, zwischen denen stets
ein Stück Erde stehen geblieben ist, über welches das Thier
nur mit Mühe hinwegschreiten kann.*) Mit den Vorder=
und den Hinterfüßen stürzt es zuweilen so tief in diese
Löcher hinein, daß es die zwischenliegende Stufe festen Erd=
reichs mit dem Bauche berührt, wodurch dieselbe zu einem
fast unübersteiglichen Hinderniß wird. Bei lange anhalten=
dem Regenwetter — und dies gehört hier eben nicht zu den
Seltenheiten — sollen die erschöpften Maulthiere häufig in
diesen schrecklichen Wegen ihr Grab finden, was auch ein=
zelne Maulthierknochen, die hie und da am Wege lagen,
bestätigten. Der Reisende ist daher stets genöthigt, sich mit
Reserve=Maulthieren zu versehen. — In dieser Gegend war
es auch, wo sich zuerst die, der Gattung Cassicus eigen=
thümlichen Nester zeigten, die wie grüne Bouteillen von den
Zweigen der hohen Urwaldbäume herabhängen. —

Um neun Uhr erreichte man unten im Thale die ein=
zelnen Häuser, „Banquetta" genannt, und passirte daselbst
vermittelst einer sehr baufälligen Brücke den Rio Grande.
Die Abhänge zu beiden Seiten sind hier bereits von Wald
entblößt; nur einzelne hohe Urwaldstämme haben dem ver=

---

*) Diese Löcher nennen die Tropeiros „Calbeiras", auch „Cal=
beirões". Calbeira bedeutet im Portugiesischen eine um einen Baum
gegrabene Furche, in welcher sich das Wasser sammelt; auch bedeutet
Calbeira: ein Kessel, Calbeirões: große Kessel.

heerenden Feuer Trotz geboten. Doch nach und nach be=
ginnt am Wege die Capueira wieder, während höher hinauf
sich der Urwald hinzieht. Auch die Felswände haben all=
mälig aufgehört; statt ihrer erscheinen unten im Thale ein=
zelne malerische Felsen in den Büschen.

Nicht weit hinter Banquetta machte Herr Theremin
auf das Geschrei der Papageien aufmerksam. Dasselbe ist
oft so laut, daß man, anfangs leicht dadurch irregeführt,
sich schnell umschaut, und die Papageien dicht neben oder
hinter sich wähnt, während man sie erst nach langem Um=
herspähen, dem Auge kaum sichtbar, in ungeheurer Höhe
und weiter Ferne entdeckt. — Während die Gesellschaft an
den reizenden Ufern des Rio grande hinzog, ließ sich ein
ganzer Schwarm dieser Vögel auf einen hohen Baum dicht
am Flusse nieder. Die Jagdlustigen saßen ab, luden ihre
Flinten, schlichen sich unter den Baum, und gaben eine
Salve unter die Papageien. Ein paar davon stürzten in
den Bach hinab, der sie leider schnell mit sich fortführte;
doch hatte man auf diese Weise wenigstens Gelegenheit, ihr
schönes Farbenspiel zu bewundern; denn oben in den Lüften
setzen sie sich meist dunkel gegen den blauen Himmel ab,
während sie auf den Bäumen, vom Fluge ausruhend, ihrer
grünen Farbe wegen, schwer vom Laube zu unterscheiden
sind. Aus diesem Grunde sind sie auch nicht so leicht zu
schießen, als man es bei der ihnen eigenthümlichen Sorg=
losigkeit denken sollte; dagegen verrathen sie dadurch, daß
sie nicht einen Augenblick still sein können, leicht den Ort,

wo sie sitzen, oder den Ast, auf dem sie gravitätisch einher=
wandeln. Sobald man unter sie schießt, kreischt der ganze
Schwarm noch zehnmal toller als vorher, fliegt im Kreise
umher, und setzt sich meist wieder ganz in der Nähe auf
einen andern Baum. Dadurch gelang es dem Grafen
Bismarck, noch einen Papagei zu schießen, der mitgenom=
men wurde.

Nach einigen Stunden, etwa um ein Uhr Mittags,
ward „Bomjardim", ein einzelnes, Monsieur Maulaz ge=
hörendes Haus erreicht, welches sechs Legoas von Neu=
Freiburg liegt und gleichzeitig Venda ist. Das Thal ist
hier weniger wild, als höher hinauf, da von hier ab bereits
der Kaffeebau beginnt. Eine Tropa hatte ihr Lager dicht
bei dem Hause auf dem Wege aufgeschlagen. Auch an
anderem Besuch fehlte es nicht; ein junger Schweizer von
den Ufern des Parahyba kommend, und ein Savoyarde
gaben hier ihren Thieren Ruhe. Der letztere war schon
seit einigen Stunden, etwa seit Banquetta, mit der Gesell=
schaft geritten, den Schweizer hingegen hatte sein gedrücktes
Maulthier schon einige Tage hier festgehalten. Beide wuß=
ten viel von Antas und Unzen zu erzählen, die hier in den
Wäldern hausen sollten. Eine Hauptrolle spielte in diesen
Geschichten ein Fels, an dem man heute früh vorbeigeritten
war. Die interessanteste Begebenheit aber, von der sie
berichteten, betraf einen Act weiblichen Heldenmuths, welchen
sie mit den lebhaftesten Farben schilderten. Vor nicht lan=
ger Zeit nämlich sollte eine Frau hier in der Nähe, wäh=

renb der Abwesenheit ihres Mannes, ihr Haus gegen einen Tiger vertheidigt haben.

Wirth und Wirthin schienen schon bessere Zeiten gesehen zu haben. Monsieur Maulaz, ein Schweizer, von guter Familie, hatte sein ganzes Vermögen durch die Juli-Revolution eingebüßt. Er und Madame Maulaz, eine Französin, aus Burgund gebürtig, hatten beide lange in Paris gewohnt, wo ihre älteste Tochter, ein hübsches, fast erwachsenes Mädchen, geboren war. So dürftig die Eltern einhergingen, so ordentlich sahen ihre vier Kinder aus. Alles war äußerst reinlich, und das Essen sehr gut; dafür hatte man aber auch mehrere Stunden darauf warten müssen, so daß die Reisenden erst nach vier Uhr in Begleitung des Sardiniers Bomjardim verlassen konnten.

Es war ein heiterer Nachmittag; kreischende Papageien-Schwärme kreisten hoch in den Lüften über den mit Kaffee und Milho bepflanzten Hügeln, welche das Thal einschlossen. Die Kaffeepflanzungen an den Berglehnen gaben der Gegend ein eigenthümliches Ansehen; es sind dunkelgrüne, abgerundete Büschchen, die, obgleich regelmäßig gepflanzt, dennoch dem Auge einen wohlthuenden Anblick gewähren. — Viel bunte Vögel flogen umher, und zweimal ließ sich Prinz Adalbert verleiten, abzusitzen und Feuer auf sie zu geben, doch jedesmal ohne Erfolg. — Der Weg war besser geworden, die Sonne bereits im Sinken, und ein großes Stück Tagewerk war noch übrig, weshalb man sich in einen flotten Trab setzte. Ein reizendes Wiesenthal mit Urwald-

gruppen und der, zwei Legoas von Bomjarbim entfernten
Fazenda „a Penha", ward umritten. Der Sardinier kehrte
dort ein, ohne Abschied zu nehmen; die Arrieiros aber mit
den Packthieren waren schon von Bomjarbim an voraus=
geschickt worden; demnach waren die Reisenden jetzt ganz
sich selbst überlassen, und zwar auf völlig unbekannten Pfa=
den. Die Dunkelheit trat jetzt so plötzlich ein, daß es in
wenigen Minuten ganz finster ward; keine Spur vom Wege
war mehr zu sehen.

Der Prinz wußte sich nicht anders zu helfen, als die
Maulthiere vorzunehmen, zu deren Orientirungs=Sinn er
schon seit lange viel Vertrauen hatte. Graf Bismarck
setzte sich zuerst an die Spitze, auf seinem grauen, steinalten
Thiere, und so ging es getrost in die Nacht hinein. Die
Urwälder, oder was sonst die Reiter umgeben mochte, er=
klangen von alten deutschen Liedern, während die wegwei=
sende Mula, ihrer wichtigen Aufgabe sich bewußt, sicher
vorwärts schritt. Einer folgte dicht auf den Andern; Graf
Oriolla beschloß den Zug. Die Cicaden schwirrten in
ihrer kreischenden Weise, und hie und da gab eine Unke
jene melancholischen Klagetöne von sich, die sich gerade wie
ein menschliches Stöhnen anhören, während der Paukenfrosch
einen Lärm vollführte, als würde Holz gefällt. Keiner sah
den Andern; doch glaubte der Prinz zuweilen einen Schim=
mer von Graf Bismarck's lichtem Ueberrock oder seinem
hellgrauen Thiere zu ahnen. — So verging eine lange,
lange Zeit! Kreuzwege kamen; es wurde berathschlagt; —

die Mula entschied! denn die Reisenden wußten ja nichts
von den Fußsteigen in diesen fernen Landen! — Oft glaub=
ten sie — eine dunkle Ahnung sagte es ihnen — an Ab=
hängen hinzureiten; dann glitten die Thiere wieder im auf=
geweichten Lehmboden, der Körper fiel nach vorn: es ging
bergab — das fühlte man wohl, wenn auch die schwarze
Nacht jede Spur des Weges den Blicken entzogen hatte.
Dann und wann hörten die Reiter wohl einen Schlag; —
doch ihr „Prinz Eugenius", oder der „Dessauer" und das
„Mantellied", verstummten darum keinen Augenblick! Erst
später erfuhren sie dann, wer gestürzt war. — Interessant
war es, die Pferde die Tiefe des Wassers erproben zu sehen,
das hie und da den Weg überschwemmte. — Da mit einem
Male erblickte man vor sich ein Licht! — Der Weg führte
lange darauf zu. Das Ohr lauschte mit gespannter Auf=
merksamkeit, und hörte gar viel: — die Klagetöne, das
Holzfällen, alles schien auf Menschen zu deuten. Allein,
was war es? Ein fliegendes hellleuchtendes Glühwürmchen!
— Auf solche Weise ließen sich die Reisenden noch ein paar
Mal anführen.

Plötzlich stießen die Thiere auf Stangen, welche den
Weg abzusperren schienen, und kletterten mühsam darüber
fort; ein Feuer leuchtete entgegen, Stimmen wurden deut=
lich: — man hielt am Biocuak einer Tropa, auf einer
naßkalten Wiese! — Welche Freude! Dieser Weg war der
richtige: man befand sich wirklich auf der Straße nach Can=
tagallo. — „Cantagallo ist noch zwei Legoas von hier,"

entgegnete auf die Fragen der Reiter das Wesen, welches ihnen das Stacket hinter dem Bivouak öffnete. — Neu erfrischt ging's weiter. Herr Theremin mit seiner Mula löste Graf Bismarck von seinem gefährlichen Posten ab. — Da begann es zu blitzen, und wie! — Einen Moment sah man den Weg sich durch eine Berggegend schlängeln, und dann war plötzlich wieder alles schwarz! — Zuweilen riefen Stimmen vom Ende des Zuges den Vorderen zu, zu halten; — es mußte irgend Jemand gefallen sein; — einen Augenblick, und Alles schloß wieder auf. Auf einmal gab's eine General=Confusion; man stutzte: — jede Spur des Weges war verloren! — Ein Theil der Gesellschaft hielt beim nächsten Blitz oben auf dem Rande eines Hohl= weges, der Rest unten, und es vergingen wohl zehn Mi= nuten, bis die Marschordnung wieder hergestellt war. — Bei einer solchen Gelegenheit verlor Graf Oriolla seinen Poncho. — Noch lange ging es so fort, da beleuchtete ein neuer, heller Blitz zwei sich trennende Wege. Man schwankte, wohl wissend, daß der falsche Weg nicht nach Cantagallo, sondern höchstens in einen nassen Bivouak führen würde, denn der Regen goß schon lange in Strömen herab. — Da erschien, urplötzlich, als ein wahrer Helfer in der Noth, der Sardinier, und übernahm die Führung der Colonne. Gleich darauf wurde ein breites Wasser durchritten, dessen Tiefe Herr Theremin das Vergnügen hatte näher zu er= forschen, indem er über den Kopf seines Maulthiers herab= fiel. — Doch damit war's noch nicht genug! Bald nachher

ritt man nämlich wieder in einen Hohlweg hinein, wo es
denn abermals lange dauerte, bis diejenigen glücklich her-
unterkamen, die, statt dem Fußsteig zu folgen, auf den
Rand hinaufgerathen waren. Zu diesen letzteren gehörte
auch Herr Theremin, der einen Augenblick von seinem
nassen Thiere abgesprungen war. Kaum aber hatte man
ihm zugerufen, „sich in Acht zu nehmen, er stehe oben auf
dem Rande," als er, nicht ahnend auf welcher Seite der
Abhang sei, getrost einen Schritt vorwärts in die schwarze
Nacht hinein that, und mit einem tüchtigen Gepolter den
Anderen vor die Füße rollte. Da gab's denn viel zu
lachen, und es dauerte geraume Zeit, ehe der Consul sein
treues Thier dazu bewegen konnte, zu ihm herabzusteigen.
— Kaum war Herr Theremin wieder im Sattel, so ging
es auf schlüpfrigen Pfaden weiter, und zwar, wie es schien,
an Abhängen hin. Da plötzlich hielt man vor der Thür
eines Hauses! — Es war das Haus von Monsieur Friaux
zu Cantagallo. — So hatte denn die Gesellschaft endlich
nach halb elf Uhr den Ort ihrer Bestimmung glücklich
erreicht, wenngleich, ohne die Fata des Consuls zu rechnen,
Graf Oriolla siebenmal mit seinem braunen struppirten
Stutzschwanze gestürzt war, und der Diener des Prinzen
dreimal mit seinem steifen Schimmel. Nun wurde gut
soupirt, und nicht lange so ruhte Alles in festem Schlafe.

Der nächste Morgen (3. October) bot ein trauriges
Erwachen, denn das langweilige, eintönige Geplätscher des
herabträufelnden Regens, die naßgewaschenen Fensterscheiben,

das trübe Dämmerlicht in dem engen Stübchen: — Alles deutete auf einen jener hartnäckigen Regentage, die man so häufig im Gebirge antrifft. Als Prinz Adalbert an das Fenster trat, überblickte er das Ende eines grünen Thales, das wie ein Sattel mit flacher Einsenkung vor ihm lag. Zwei sanft ansteigende, mit Kaffeebüschen bepflanzte Lehnen schienen sich vor ihm aus einer Schlucht zu erheben, deren Sohle seinen Blicken dadurch entzogen war, daß sich der Fuß des Hügels rechterhand vor den des andern schob. Am rechten Thalrande war ein breiter, kothiger Weg eingeschnitten, der sich in den Büschen etwa da verlor, wo der Giebel eines Hauses in das dicke Gewölk hineinragte, welches, den breiten Ausschnitt zwischen beiden Lehnen gänzlich ausfüllend, den einzigen Hintergrund des Gemäldes bildete. Ein nahes Dach, über das der Regen herabrieselte, und welches dem Prinzen die Aussicht auf die nähere Umgebung fast gänzlich benahm, so daß nur ein Haus und einige Bananen linkerhand unten im Thale sichtbar wurden, bildete, im Verein mit einem hohen Schornstein, der sich gerade vor seinem Fenster erhob und das Bild in zwei Hälften theilte, den traurigen Vordergrund. Außer diesen wenigen Häusern bekam man überhaupt nichts von Cantagallo zu sehen, da die Witterung nicht eben dazu einlud, im Uebrigen aber die Zeit knapp zugemessen war, und der eigentliche Ort, der sogar eine Promenade in sich schließen soll, auf der andern Seite des Thales liegt, die man gar nicht berührt hatte.

Kurz vor dem Abreiten, das bei sehr zweideutigem
Wetter um halb elf Uhr stattfand, hatten sich einige Deutsche
bei Monsieur Friaux eingestellt, um die Reisenden freund=
lich zu bewillkommnen. — Jener oben erwähnte Weg führte
die letzteren das Thal entlang, welches sich jenseits der
Einsattelung bedeutend erweiterte. Nach wenigen Minuten
begegneten sie dem Dr. Troubas, einem von den drei
Besitzern der nahe gelegenen großen Fazenda, „Albea" ge=
nannt, deren Besuch sie gerade beabsichtigten, weil man sie
ihnen als höchst interessant in Bezug auf den Kaffeebau
geschildert hatte. Der Doktor, welcher, auf dem Ritt zu
der Arm=Amputation eines, von einer Schlange gebissenen
Negers begriffen war, wobei er assistiren wollte, gab seinen
Patienten auf und kehrte mit den Fremden um.

Albea liegt in jenem weiten Wiesenthale, das der
„Rio Negro", ein breiter Bach, den man vor der Fazenda
passiren muß, durchfließt. Den rechten Thalrand ziehen
sich Kaffeepflanzungen hinan, während links zum Theil noch
Urwald steht. — „In jenes vereinzelte Stückchen Urwald
dort links," sagte Monsieur Troubas, „haben sich die
Affen geflüchtet, als ich ringsum den Wald niederbrannte,
da, wo Sie jetzt die große Blöße sehen; es sitzt dort ganz
voll davon! — Sehen Sie dahinter wohl die waldigen
Hügel? — da drin giebt's „Unzen" und „Anten!"" —

In dem hübschen Blumengarten, den vor allem eine
prachtvolle Laube von Passionsblumen zierte, stiegen die
Reisenden von ihren Thieren ab, und traten in das geräu=

mige Wohnhaus, und zwar in einen ächt französischen Zir-
kel ein, der, aus den Damen Henry und David und den
Herren Troubas und David bestehend, einen eigenen
Contrast mit der nahen Wildniß bildete, und einen „sehr
eleganten" Eindruck machte. Allein die schwarze Bedienung
und einige „Negrinhos (Negrillons)", die mit den weißen
Kindern spielten, erinnerten gar bald daran, daß man sich
nicht in Europa befand. Die Unterhaltung schweifte nach
kurzer Zeit von den Beschwerlichkeiten des Reisens in Brasilien und den kothigen Wegen auf die Neger hinüber, die
man hier nur als eine Mittelstufe zwischen Mensch und
Thier anzusehen scheint, da selbst die Damen, als auf dieses
Kapitel die Rede kam, behaupteten: „Ils ne sont pas à la
hauteur du mariage," — und meinten, „aus diesem Grunde
ließe man auf der Fazenda keine Neger-Heirathen zu!" —

Gestärkt durch einen kleinen Imbiß, trat nun der Prinz
in Begleitung des männlichen Theils der Gesellschaft seine
Runde durch die verschiedenen Etablissements der Fazenda
an, um sich durch eigene Anschauung einen Begriff von dem
Hergange der Kaffeegewinnung zu verschaffen. — Der Kaffee
erfordert das beste Land, namentlich die Sonnenseite, und
wird in der Regel auf frisch niedergebrannten Urwald gepflanzt; nur in seltenen Ausnahmefällen baut man ihn auf
alte, d. h. mindestens zwanzigjährige Capueira, deren Asche
dann das einzige Düngungsmittel abgiebt. Er trägt zehn
bis funfzehn Jahre hindurch gute Früchte; dann haut man
ihn ab, worauf er aus der Wurzel wiederum ausschlägt,

und nach zwei Jahren schon wieder reichlichen Gewinn bringt. Auf 1000 bis 1500 Kaffeebäume rechnet man gewöhnlich einen Neger; zu „Albea" zählte man deren 170, ohne die Kinder, mit denen 250,000 solcher Bäume bewirthschaftet wurden. Wie einträglich diese Cultur sein muß, ergiebt schon der Umstand, daß bereits die Summe von 110,000 Milreis beinahe abbezahlt war, für welche die drei Herren, der Dr. Troubas, der ehemalige Weinhändler David und der Modewaarenhändler Henry aus Rio, diese Fazenda mit etwa 130 Negern vor fünf Jahren von dem aus dem Hannöverschen gebürtigen Herrn Friedrich Fröhlich gekauft hatten.

Sobald der Kaffee von den Negern gepflückt ist, werden die Bohnen auf dem „Terreiro", einem freien Platze vor dem Hause — einer Art Tenne von geschlagenem Lehm — getrocknet; hierauf bringt man sie in großen Kasten in die durch Wasser getriebene Stampfmühle, und endlich in die Kaffeesege, wo sie zweimal ausgestäubt werden. Dann erst ist der Kaffee so weit vorbereitet, um auf die Tropas verladen und versandt zu werden. — Außer diesen Anstalten zeigte man den Gästen noch eine mißglückte Dampf-Trockenanstalt für den Kaffee, und einige Einrichtungen, die auf den Unterhalt der Neger abzwecken, und von dem Begriff der Fazenda unzertrennlich sind. So sah der Prinz hier unter anderm das erste Engenho, eine Zuckerrohrpresse, zur Bereitung des Branntweins. Eine solche Presse ist sehr einfach eingerichtet, wie überhaupt das ganze Maschinen-

wesen in diesen Gegenden. Das Zuckerrohr wird nämlich zwischen drei senkrecht stehende Walzen gesteckt, die sich in entgegengesetzter Richtung umdrehen. Der auf diese Weise aus dem Zuckerrohr gepreßte Branntwein „Agua ardente de Cana", ist von besserer Qualität als die aus dem Abfall beim Zuckersieden, aus Syrop, verfertigte „Caxaça".

Doch ein anderes Haupterforderniß einer Fazenda, der Schweinestall, zu dem die Fremden sogar zuerst geführt worden waren, darf nicht vergessen werden. Er bestand aus zusammengelegten Baumstämmen, war oben offen, und sehr reinlich, was ihm die Herren jedoch zum großen Vorwurfe machten, da diese Viehgattung am besten im Schmutze gedeihe. Das Schweinefett, meinten sie, sei zur Bereitung der Negerspeisen unentbehrlich.

Während sich Prinz Adalbert mit den Damen des Hauses unterhielt, ergriffen seine Gefährten die Gelegenheit, die Negerwohnungen in Augenschein zu nehmen, die sich in einem langen, schmutzigen Gebäude von nur einem Stockwerk befanden, das im Aeußern sehr viel Stallartiges hatte. — In dem Lazareth, welches die Herren zuerst sahen, fanden sie die Zimmer, sowie die Wohnzimmer selbst, für beide Geschlechter getrennt. Eine Negerin lag auf der Binsenmatte mit ihrem „Negrinho" an der Brust, den sie in der vergangenen Nacht geboren hatte. „In ein paar Tagen wird sie wieder arbeiten," bemerkte der Doktor zum Grafen Bismarck. In der Männerstube waren vier bis fünf Kranke, lauter zufällig Beschädigte. Dann kam die Waschstube an die Reihe, wo ein jeder Schwarze ein, mit einer Nummer versehenes Fach hat. Alle Sonntage wird zu Albea den Männern eine reine weißleinene Hose und ein Hemd, den Frauen ein Rock und ein Hemd verabreicht. — Hierauf durchwanderten die Herren einen langen Corridor, aus dem sie in die Wohnungen der Neger, kleine, vom Rauch geschwärzte Zimmer, eintraten. Alle Abend nämlich nach der Arbeit zünden die Bewohner Feuer in denselben an, um das sie stundenlang, selbst nach der schwersten Tages= arbeit, herumsitzen; dabei plaudern sie und rauchen, sowohl Männer als Weiber, ihren Tabak, der ihnen wöchentlich zugetheilt wird.

Die Arbeit beginnt auf der Fazenda bereits um vier Uhr Morgens, nachdem sämmtliche Sklaven Kaffee mit Zucker genossen haben. Um zehn Uhr nehmen sie ein zwei= tes Frühstück ein, bestehend aus Mandioca=Mehl und ge= kochtem Reis oder Mais. Um zwei Uhr wird Mittag ge= macht, wobei es „Carne secca‟ (gedörrtes Fleisch, das meist aus Buenos=Ayres kommt) nebst Reis und Farinha giebt, obgleich in der Gegend von Cantagallo die Neger meist nur Schweinefleisch und Fett als gewöhnliche animalische Nah= rung zu erhalten pflegen, da der Transport der Carne secca von Rio hierher zu kostspielig ist. Dann geht die Arbeit wieder bis sieben Uhr Abends fort. Von sieben bis neun Uhr wird Abendbrod gegessen, das wieder aus Reis, Man= bioca= oder Mais=Mehl besteht, und von neun Uhr an ist eigentlich Schlafenszeit; doch statt dessen zieht sich die ge=

sellige Abend = Unterhaltung meist bis zwölf, auch ein Uhr
in der Nacht hin. — In den Zimmern liegen sie zu sechs
bis acht zusammen, jeder hat seine Binsenmatte, und außer=
dem haben sich die meisten in der Stube noch kleine Hütten
aus Baumzweigen und Brettern zusammengezimmert, in
denen sie bei weitem lieber liegen, als auf den Esteiras:
ein Ueberbleibsel ihres früheren Lebens in der Wildniß,
gegen das sich sehr schwer ankämpfen läßt, obgleich es, wie
der Doktor ganz richtig bemerkte, ihnen viel zuträglicher
wäre, wenn sie nicht in diesen engen Kasten schliefen. —

Nachdem unsre Reisenden so eine Anschauung von dem
Leben der Neger auf den Plantagen gewonnen hatten, setzten
sie endlich — es war bereits zwei Uhr — ihre Wanderung,
und zwar bei dem schönsten Sonnenschein, fort. Dicht hin=
ter Alvea sahen sie unter einer Brücke einen kleinen Fall
des Rio Negro, auf den man sie schon vorher aufmerksam
gemacht hatte. Die Arrieiros, die übrigens nicht besser
Bescheid wußten als die Fremden, waren wieder vorausge=
schickt worden, und die Reisenden sich daher abermals selbst
überlassen. Bald nahm sie der kühlende Schatten eines
reizenden Urwaldes auf. Obgleich es darin nicht an schlan=
ken Palmen und schönen Bäumen fehlte, so machten doch
vor allem die rothen Blüthen der Tillandsien diesen Wald
besonders anziehend. Dazu gesellten sich, um den Eindruck
zu einem wahrhaft feenhaften zu steigern, ganze Schwärme
von bunten, in den prachtvollsten Farben schillernden Schmet=
terlingen, die sich mitten auf dem Wege niedergelassen

hatten, und erst dann wichen, wenn die Vorderfüße eines
Pferdes unter sie traten, während ein Volk grüner Papa=
geien, deren Gefieder, von einem hellen Sonnenstrahle ge=
troffen, wundervoll erglänzte, dicht neben den Reitern auf=
flog, und die Luft von seinem gellenden Geschrei ertönen
machte. — Dann wieder zog das Schnauben und Stutzen
des Schimmels, welchen der Prinz ritt, seinen Blick auf
den Weg hinab, wo eine zusammengeringelte Schlange sich
behaglich, nach langem Regen, sonnte, und plötzlich scheu
auffahrend und vor dem Hufschlage fliehend, in anmuthigen
Bogensätzen das Dickicht gewann. Von den drei Schlan=
gen, welche man an diesem Nachmittage sah, schien keine
über fünf Fuß lang zu sein, dagegen befand sich die berüch=
tigte, giftige Jararaca unter ihnen; sie war eben so dünn
wie die beiden andern. Zweimal hörte man außerdem noch
das Rauschen einer Schlange, ohne ihrer jedoch ansichtig
zu werden. — Inzwischen erregte ein schöner bunter Vogel,
den Prinz Adalbert für einen Toucan (Pfefferfresser) hielt,
seine Aufmerksamkeit; er schoß ihn glücklich herunter, doch
da derselbe in das undurchdringliche Dickicht ·fiel, so war,
aller Mühe ungeachtet, keine Spur von ihm aufzufinden.

Ueber alle diese Herrlichkeiten hatten die Wandernden
ihres Weges ganz vergessen, als sie mit einem Male, aus
dem Dickicht des Urwaldes heraustretend, in ein langes,
breites, mit Kaffeepflanzungen bedecktes Thal blickten, welches
sich vor ihnen ausbreitete. Linkerhand ragten mit Cactus

bewachsene Felsen über den Wald hinaus, während zur Rechten in der Höhe wieder der Urwald begann.

Es erhoben sich immer mehr und mehr Zweifel gegen die Richtigkeit des Weges; Graf Oriolla zog seine Taschen-Boussole hervor: das Thal strich nach Nordost, mithin in der geraden Richtung auf Sta. Rita, und somit ging es fröhlich im flotten Trabe das Thal abwärts.

Aus diesem „Kaffee-Thale" ward bald ein „Bananen-Thal", worin einzelne Fazendas lagen. Wo man in Brasilien Bananen sieht, kann man stets auf menschliche Wohnungen rechnen. Beides bedingt sich fast; doch eine solche Masse von Bananen war bisher noch nicht vorgekommen. — An einem Hause, das man passirte, glaubte der Prinz zu verstehen, sie seien auf dem halben Wege nach Sta. Rita; doch waren sie in der That schon weiter vorgerückt. Jetzt ging's eine sanfte Anhöhe hinauf, und dann im Urwalde auf einem Bergrücken fort. Seit vielen Tagen hatten sie, nur Wälder und grüne Thäler durchziehend, nicht einen Blick in die Ferne gethan; da genossen sie endlich wieder, von hier oben herab, die erste Aussicht auf ferne blaue Berge, die sich vor ihnen ausdehnten, und auf denen noch hie und da einige Wolken ruhten, die letzten Ueberreste der vielen Regentage. — Es war ein wundervoller Abend! —

Bald darauf senkte sich der schlüpfrige Bergpfad wieder links hinunter in's Thal des Rio Negro. Wie, auf welchem Wege dieser Fluß von Albea bis hierher gekommen war, wußten die Reisenden nicht zu sagen, denn sie hatten nicht viel von dem Terrain übersehen können; aber in dem Kaffee= und in dem Bananen=Thale floß er gewiß nicht, davon hatten sie sich überzeugt. Unten ging's an ein paar Häusern, der Fazenda des Senators und ehemaligen Kriegs= und Justiz=Ministers Clemente Pereira, vorüber, dann unter hohen Bäumen fort, die sich über den Fluß beugten. Rothe Tié=fogos flogen hin und her. — Sta. Rita mußte nahe sein. Doch, wo sollte man einkehren? —

Da dem Prinzen bekannt war, daß Monsieur de Luze, aus dem Fürstenthum Neuenburg, ein Verwandter des Seiner Königlichen Hoheit so befreundeten Grafen Pourtalès, dicht hinter Sta. Rita wohnend, eine große Anhänglichkeit an Preußen bewahrt hatte, so entschied sich der Prinz, ihn aufzusuchen und seine Gastfreundschaft in Anspruch zu nehmen. Herr Theremin, der früher Monsieur de Luze als Besitzer einer Fazenda auf dem reizen= den Orgelgebirge gekannt, die derselbe erst seit wenigen Jahren mit der Fazenda dos Tanques vertauscht hatte, flog auf seiner grauen Mula im sausenden Galopp voran, die Gäste anzukündigen.

Dicht vor Sta. Rita ist ein kurzer Abhang; dann muß man wieder zu dem, aus einigen armseligen Häusern be= stehenden Orte aufsteigen, der auf einer Höhe am rechten Ufer des sich hin und her krümmenden Flüßchens liegt, welches man vorher noch zweimal zu durchreiten hatte. Beim Passiren des Oertchens fragte der Prinz einen Blond= kopf auf gut Glück in deutscher Sprache nach dem Wege,

und siehe da, er zeigte ihn auch sogleich, so weit man sehen konnte. Dennoch ritt die Gesellschaft an dem Ort ihrer Bestimmung vorüber; bemerkte aber bald ihren Irrthum und kehrte um. Durch diesen Abweg lernte man noch ein Stückchen Urwald kennen, das auch die kühnsten Phantasien übertraf. Jene, von den lieblichsten Sumpfpflanzen und großblättrigen Heliconien umgebenen Quellen, die, im Schatten der prächtigsten, von Orchideen und Schlingpflanzen überwucherten Bäume, so reizende stille Fleckchen in den Wäldern zu bilden pflegen, — sie waren es, welche die Blicke hier vor allem anzogen.

Die Reisenden kehrten darauf in das grüne, bebaute Thal nahe bei Sta. Rita zurück, wo sie denn bald, wenige hundert Schritt vom Wege, Monsieur de Luze's Fazenda dos Tanques fanden, auf einer mit Bananen besetzten Wiese, die rings umgeben war von Kaffeehügeln, deren Gipfel Urwald krönte. Monsieur de Luze nahm den Prinzen mit der größten Gastfreundschaft und der zuvorkommendsten Höflichkeit auf. Die Gäste zogen sich um, schlüpften, nach brasilianischer Sitte, in die Holzschuhe, und setzten sich auf Bänken um den großen schweren Tisch herum in der Wohnstube, dem größten der Räume, in welche das kleine Haus durch Lehmwände, die jedoch nicht bis an die Decke reichten, abgetheilt war.

Der Nachbar ihres freundlichen Wirthes, Dr. Dennewitz aus Wernigerode, der Nimrod der Gegend und Pastor Sauerbrunn's von Neu-Freiburg Schwiegersohn, trat

gleich darauf in das Zimmer, und setzte sich voller Freude
zu ihnen. Tausend alte Erinnerungen aus der geliebten
Heimath und aus den Kriegen tauchten in ihm auf; auch
versprach er den Jagdlustigen gleich einige Jagden auf die
Thiere des Urwaldes. — Drei herausgeputzte Negerinnen,
die stets zusammen agirten, bewegten sich stumm und leise
an einem Schenktische in der Ecke des Zimmers herum,
trugen das Abendbrod auf, und bedienten die Gesellschaft
auf ihre unendlich langsame und gleichgültige Art, ohne
einen Moment ihre sonderbare faule Gravität zu verleugnen.
— Als das Gespräch nach und nach auf Schlangen kam,
erzählte Monsieur de Luze: ein Neger liege hier im
Hause an einem Schlangenbiß sehr gefährlich krank; wie
denn auch der Schwarze, den Monsieur Troubas heute
amputiren helfen sollte, von einer Schlange gebissen worden
sei; „und ich selbst" setzte er hinzu, „habe dergleichen
Creaturen hier schon in meinem Bette gefunden!" —

Die Gesellschaft trennte sich erst spät Abends. Herr
Theremin schlief mit dem freundlichen Wirthe in der
Kammer; der Prinz und seine andern Reisegefährten hatten
ein Zimmer zusammen. —

Frühmorgens am andern Tage (4. October) führte
Monsieur de Luze den Prinzen auf der Fazenda herum,
zeigte ihm ganz ähnliche Einrichtungen wie zu Aldea, und
brachte ihn dann an eine Stelle, wo im rothen Lehm Stein=
adern durchsetzen, die gold= und eisenhaltig sind. Der
Granit der Serra von Neu=Freiburg und Cantagallo hört

nämlich bei Sta. Rita auf; und hier beginnt der Kalkstein und reicht bis einige Legoas über den Parahyba hinaus. Das Erscheinen von Kalksteinfelsen war schon gestern aus der Ferne an jenen blauen Bergen aufgefallen, die man kurz vor Sta. Rita zu Gesicht bekam. — In dieser Kalk= stein=Formation findet man Gold und Eisen. Quarzstücke mit eingesprengtem Eisen hob Prinz Adalbert selbst an jener Stelle auf; von dem gefundenen Golde dagegen empfing er einige Proben als ein Geschenk seines zuvorkommenden Wirthes.

Nach dem Frühstück ging's mit Herrn Dennewitz in den nahen Urwald auf die Jagd. Man hoffte auf Antas; auch Veados *) sollte es hier geben. Die Hunde wurden losgelassen und liefen die Höhe hinan, während die Jäger in der gespanntesten Erwartung unten auf der Blöße zwi= schen hohen umgestürzten Baumstämmen standen. Dem Prinzen zur Seite befand sich ein geborner Königsberger, der früher Schiffszimmermann gewesen und jetzt Monsieur de Luze's Faktotum war; die übrigen Schützen standen weit ab, zum Theil tiefer unten am walbigen Hange rech= terhand.

Die Jagd ist in diesen Gegenden sehr einfach und auf den Umstand basirt, daß das Wild, wenn es gejagt wird, sich gern in den Bächen oder Lachen abkühlt. Die Aufgabe

---

*) Veado heißt auf portugiesisch „Reh". In Brasilien, wo diesem Worte ein weit ausgedehnter Sinn untergelegt wird, versteht man dar= unter ein Thier mit zweigereichem Geweih.

der Hunde ist daher, das Wild aufzujagen, es von den
Höhen herab an das Wasser zu treiben, und durch ihren
Laut dem Jäger den Ort zu bezeichnen, wo er sich im
Boote oder zu Fuß einzufinden hat, um das Wild in dem
Augenblick zu erlegen, wo es in das Wasser tritt.

Leider jagten die Hunde statt des ersehnten Tapirs ein
Veado auf, das außer Schußweite passirte und von den
Negern im Rio Negro erschlagen ward, nachdem sie es mit
der Flinte gefehlt hatten. — Die Jagdgesellschaft ging hierauf an den Fluß hinab zu Lauterio, dem Portugiesen,
welcher ihr mit brasilianischer Gastfreundschaft Fische und
Kaffee vorsetzte. Endlich, nach langem Warten, brachten
die Neger das Veado, welches sich als eine Hirschkuh aus-
wies, in der Canoa an.

Ein paar Vögel wurden noch heruntergeschossen, und
dann der Rückweg angetreten; doch kaum in Bewegung gesetzt, stellte man sich wieder an. Die Hunde durchstöberten
das Dickicht unten am Abhange, und der Prinz so wie Graf
Bismarck drangen, ihnen folgend, mit dem blanken Messer
in das Gebüsch hinein. Hier stießen sie sehr bald auf ihre
Neger, die eben den Hunden ein „Quati“ (Cuati-Monde,
Nasenthier, Rüsselthier) abgenommen hatten. — Als die
Jäger, sehr ermüdet durch die Hitze und die wilden Fußsteige, auf denen man oft über umgestürzte Riesenstämme
hinwegklettern oder darunter durchkriechen mußte, nach Hause
kamen, traten ihnen Monsieur de Luze und Herr Theremin in der heitersten Laune mit einer „Paca“, einer kleinen

Art wildem Schwein entgegen, das sie im Scherz für ihre Jagdbeute ausgaben, obgleich es von den Negern der Fazenda erlegt worden war.

Das Diner war vorzüglich, und konnte nur noch von dem Appetit der Gäste übertroffen werden; auch lernte man dabei einige ächt brasilianische Gerichte kennen. Den Hauptgegenstand der Unterhaltung bildeten wieder die Neger und die Art, sie zu behandeln. Obgleich eine Auswahl von Züchtigungs-Instrumenten jeder Art und Größe an der Wand des Zimmers herabhing, so scheinen doch die Neger in Brasilien im Allgemeinen weniger gemißhandelt zu werden, als man es bei uns denkt; auch sehen sie in der Sklaverei nicht die Härte, die uns darin zu liegen scheint, da dieselbe in ihrem Vaterlande ebenfalls heimisch ist, und sie also daran von Jugend auf gewöhnt sind. Die Schwarzen verlangen eine strenge, aber gerechte Behandlung, und das eigene Interesse des Fazendeiro erheischt es, sie gut zu halten, damit sie bei Kräften und gesund bleiben. Auch scheinen sie mit Arbeiten nicht gerade überladen zu werden, wenigstens strengen sie sich dabei nie übermäßig an. — Lange Jahre hatte Monsieur de Luze ganz allein unter seinen Sklaven gewohnt, jetzt waren er und der „Königsberger" die beiden einzigen Weißen unter siebzig Negern. Die geladenen Flinten und Pistolen, die in seinem Schlafzimmer hingen, bewiesen aber hinlänglich, wie wenig er dem Frieden traute; denn mehr als einmal war er genöthigt gewesen, seinen Negern mit dem geladenen Gewehr drohend entgegen zu treten.

Um acht Uhr wurde die Neger-Glocke gezogen, welche die Schwarzen in ihre Wohnung consignirt. — Der Abend war merkwürdig kühl, denn um neun Uhr zeigte das Reaumur'sche Thermometer nur noch $+ 12^{\circ}$. — Nachdem man noch lange in dem interessanten Stammbuche des gastfreundlichen Wirthes gelesen hatte, zogen sich Alle in ihre Schlafzimmer zurück. —

Am 5. October früh um acht Uhr ging die Gesellschaft zu dem nahen, malerisch am Ufer des Flüßchens gelegenen Hause des Dr. Dennewitz hinüber, wo ein sehr reichliches Frühstück eingenommen wurde, dessen Hauptstück das Veado ausmachte. Nach dieser vortrefflichen Mahlzeit erschien Madame Dennewitz, aus Meisenheim gebürtig, auf einen Augenblick mit ihren Knaben; dann wurde aufgesessen, und um zehn Uhr in Begleitung der Herren de Luze und Dennewitz die Weiterreise nach dem, sieben Legoas entfernten „Aldea da Pedra" angetreten, welches man gern noch vor Einbruch der Nacht erreichen wollte, und wo morgen an den Ufern des Parahyba gejagt werden sollte.

Bei dem prachtvollsten Wetter wurde wieder jenes reizende Stück Urwald durchritten, in welches man schon bei der Ankunft einen, zwar unfreiwilligen und vorschnellen, aber um so lohnenderen Blick gethan hatte. — Ein schmales, mit Capueira bewachsenes Thälchen, von niedern, sanften

Hügeln eingefaßt, schob sich zwischen den Urwald hinein,
der sich immer noch eben so schön fortsetzte, bis man um
Mittag, an einen Abhang, an die „Serra da Agua quente"
(d. i. vom heißen Wasser) gelangt, die blaue Bergkette
jenseits des Parahyba vor sich erblickte, die sich mit ihren
sonderbaren Kuppen, unter denen sich vor allem der „Morro
da Pedra" auszeichnete, weithin ausbreitete. Vor diesen
fernen Bergen zogen sich noch einige parallele, mit Wäldern
bedeckte Hügelreihen hin, während tief unten in dem lieb=
lichen Thale zu den Füßen der Wanderer die „Fazenda da
Agua quente" sich zeigte, zu der ihr Pfad steil hinab=
führte. Links vor ihnen senkten sich die abgeholzten Hänge
der Serra, auf denen einzelne Urwaldbäume mit, bis fast
zur Erde hängenden Bärten in die dunkelblaue Luft empor=
stiegen, von der Linken zur Rechten herab die weite, hüge=
lige Ebene auf dieser Seite einrahmend, die sich nach vorn,
und auch noch ein großes Stück zur Rechten ausdehnte.

Prinz Adalbert hatte sich mit Zeichnen aufgehalten
und mußte nachreiten; Monsieur de Luze erwartete ihn
unten im Thale, und vorwärts ging's, was die Riemen
halten wollten! — In der Capueira hörte man Schlangen
und große Eidechsen rauschen, und im darauf folgenden
hohen, ernsten Urwalde mußte man einige Mal an schlüpfri=
gen Stellen aufwärts klimmen. Hier wurden auch die vor=
ausgesandten Arrieiros mit den Packthieren überholt. Beim
schnellen Ausweichen brach einer der erstern in dem sumpfi=
gen Boden neben dem Wege ein. Die Reiter warteten

indeß nur so lange, bis er sich glücklich wieder herausge-
arbeitet hatte; dann flogen sie im sausenden Galopp davon.

So gelangte man wieder zu lieblichen Thälern mit
Capueira und Fazendas, Bächen und Wiesen; dann führte
der Weg abermals durch den Urwald in ein schönes, breites, von hohen, urwaldbedeckten Lehnen eingeschlossenes
Thal, aus dessen, mit Gestrüpp bewachsener Sohle sich
einzelne Stämme erhoben. Kaum waren hier endlich
die Gefährten eingeholt, als Papageien‑Schwärme den
Prinzen verleiteten, abzusitzen und das Gebüsch zu durchstreifen, in der Hoffnung, sich heute bei der Jagd auf
diese schönen Vögel mehr auszuzeichnen als das erste Mal;
allein er fehlte wieder, und abermals gewannen die Andern
einen gewaltigen Vorsprung. Durch diese schlechten Erfolge
tief gekränkt, hatte Prinz Adalbert eben die Doppelflinte
wieder umgehängt und seinen milden Schimmel bestiegen,
als sich Monsieur de Luze's Neger zu ihm gesellte, der
ein willkommner Wegweiser wurde, und nun ging's fort,
was das Pferd traben konnte, das Thal entlang und durch
die Wälder hin, bis man wieder mit der Gesellschaft in
einem andern, eben so schönen Thale, wie das zuletzt durch-
rittene, zusammentraf. Hier wurde gleich darauf bei Pierre
Davoine, dem Neuchâteller, ein Halt gemacht.

Die guten Leute waren so erfreut über den Besuch des
Prinzen, daß sie nichts annehmen wollten, sondern schon
glücklich waren, ihre Gastfreundschaft und ihre Anhänglichkeit an das Preußische Königshaus in diesen fernen Landen

durch die That beweisen zu können. Nachdem die Reisen=
den einige braun und gelbe Piasoccas (eine Art Schnepfen)
geschossen und den Kaffee eingenommen hatten, nahmen sie
mit vielem Händeschütteln von den lieben Landsleuten Ab=
schied, und dann ging's im gestreckten Galopp davon, nach=
dem man den Herren de Luze und Theremin einen
kleinen Vorsprung gegeben hatte, damit sie voraneilen konn=
ten, um in Albea da Pedra Quartier zu machen. Die
Andern saßen ihnen jedoch tüchtig auf den Fersen.

Mitten in diesem hohen Urwalde traf man auf das
kleine grüne Thal der „Ribeira das Arcas" (Sandbach).
Hier hielt Dr. Dennewitz vor dem Hause eines der besten
Jäger der Gegend an, und beschied denselben zur Jagd auf
morgen nach Albea da Pedra. Gleich nach diesem kleinen
Intermezzo befand sich die Gesellschaft wieder mitten im
Walde. Ihre beiden vorausgesendeten Freunde waren bei=
nahe eingeholt, als sie auf einmal in den Schatten des
Waldes verschwanden. Man spähete nach ihnen umher, —
da schimmerte plötzlich, wie ein Silberstreif, der Parahyba
durch die hohen dunklen Stämme zur Linken! — Die Rei=
senden näherten sich dem Ufer, und sahen ihn dahinfließen
zwischen Urwäldern: ein prächtiger ·Strom, in welchem
buschige Inseln auftauchten, und über dessen Spiegel, —
sonderbarer Anblick! — einzelne Sträucher ihr Haupt er=
hoben, als wären sie von seinen Fluthen überschwemmt. —
Jenseits ragte der Kopf des dunkeln Morro da Pedra, wie
ein, oben gerade abgeschnittener Kegel, über die dichten,

unburchbringlichen Wälber brüben und bie walbigen Hügel
herbor, hinter benen eben bie Sonne, mit ihren letzten,
glühenden Strahlen ben Parahyba mit orangem Schimmer
übergießenb, hinabsank. — Die Breite bes Stromes betrug
etwa bie bes Rheins bei Coblenz. —

Ein Zug geschlossener Regersklaven bewegte sich auf
bem schmalen Pfabe an ben Reisenben vorüber; bann begegneten sie einem schon civilisirten Inbianer (Caboclo).
Balb barauf ließen sie einige Lehmhäuser ober Hütten
bieser Inbianer, bie nur schwer von ben übrigen Wohnungen in ber Gegenb zu unterscheiden sinb, zur Linken, unb
ritten längs des Flusses über eine nasse Wiese auf bas
Dertchen Albea ba Pebra zu, bas mit seinen wenigen Häusern eine, gegen ben Parahyba vorspringenbe Höhe krönt,
über ber sich rechterhanb eine Kirche erhebt. Die Dunkelheit stellte sich eben ein, als sie um breiviertel auf sechs
Uhr vor ber Venba bes Louis Dépanier absaßen, ber
sich sogleich als ein ehemaliger preußischer Solbat zu erkennen gab, welcher im Garbe = Schützen = Bataillon ge-
bient hatte.

Balb nach seiner Ankunft empfing ber Prinz ben Besuch bes Ortsgeistlichen, eines Franziskaners aus Florenz,
Frei Florido. Er war ein gar freunblicher Mann, unb
versprach bie Reisenben selbst zu ben Inbianern jenseits bes
Parahyba zu führen, mit benen er häufig verkehrte, ba er
viele hundert Inbianer von biesen wilben Stämmen getauft
unb ihre Ansiebelung in bieser Gegenb bewirkt hatte.

Dr. Dennewitz versammelte noch spät am Abend die Jäger des Orts, und es ward beschlossen, daß morgen eine Tapirjagd stattfinden solle, und daß man übermorgen die Indianer jenseits des Parahyba besuchen wolle, von denen der freundliche Mönch gar viel zu erzählen wußte. — Tiger, Anten, Indianer, Papageien, Wälder und Ströme im Kopf, ging man schlafen. —

Beim Erwachen am folgenden Tage (6. October) waren die Jagdaussichten schlecht; erst morgen, hieß es, sei eine Jagd auf Antas zu arrangiren. Doch morgen wollte man ja die Indianer aufsuchen, und das ging vor! Schon in aller Frühe besuchte der Prinz den Pater, dessen geräumige Wohnung auch zur Aufnahme von Fremden eingerichtet war. Der Geistliche zeigte ihm viele Gegenstände, welche er von den Wilden erhalten hatte, und gab einige derselben dem hohen Gast als Andenken mit. Darunter befand sich unter andern: ein hölzerner Engel, den die Indianer mit einem Stein ausgearbeitet hatten; das Fell eines Wasserthiers, das der Pabre von einem 140 Jahr alten Indianer erhalten hatte, der es selbst geschossen und sich nicht erinnerte, je ein ähnliches Thier vor= oder nachher gesehen zu haben; auch hat es bei den Indianern keinen Namen; — ferner ein Stück eines, durch die Indianer von den Bäumen gewonnenen schwarzen Honigs, das, wenn man einen Docht hindurchzieht, eine ganze Nacht über brennen kann; außerdem ein aus demselben Honig zu Campos verfertigtes Licht; endlich eine große Feder von einem Vogel, der ein Horn

23

auf der Nase hat, und einen Baumschwamm, den der Mönch als Rarität von den Indianern erhalten hatte.

Bei ungeheurer Hitze kam noch eine Jagd auf Veados zu Stande. Man schoß keins, dafür aber einige Vögel und holte sich gleichfalls auf der Jagd einen vortrefflichen Appetit. — Der Pater aß mit den Reisenden und begleitete sie dann nach dem einsamen Kirchlein hinauf. Die Aussicht von dort war wundervoll: man übersah den ganzen Lauf des Parahyba mit seinen vielen Inseln und Steinblöcken, und das jenseitige Ufer mit dem dunkeln, felsigen Morro, prachtvoll beleuchtet von der untergehenden Sonne.

Von hier führte sie der Pater zu einer Indianerhütte dicht unter der Kirche. Dieselbe bestand aus einem, auf vier Pfählen ruhenden Strohdache, und war von einer Coroado=Familie bewohnt. Zwischen den Pfählen hingen vier netzartige kleine Hangematten nahe über dem Boden. Eine alte achtzigjährige Frau saß halb nackt auf einer solchen und spielte mit einem kleinen, ganz nackten Mädchen. In der Mitte der Hütte glimmten einige Kohlen, an denen die Alte sich die bloßen Füße wärmte; — Schaalen von Sapucaja standen nahe daran. An die Hütte schloß sich ein kleiner, nach Art des Landes aber nur noch leichter aufgeführter Lehmbau. In diesem dunkeln Raume machte sich eine hübsche junge Indianerin, Joaninha, welche vor den Fremden Scheu haben mochte, beständig etwas zu thun, und kam nur näher, um die vom Grafen Oriolla ihr dar= gebotenen Glasperlen in Empfang zu nehmen. —

Den Abend verbrachte man wieder mit dem Pabre, welcher viel Interessantes über die Wilden und sein eigenes Wirken unter ihnen mittheilte. Die gegenwärtig um Albea da Pebra lebenden Coroados sind, wie er erzählte, durch die Puris vom jenseitigen Ufer des Parahhba vertrieben worden, während diese selbst von den kriegerischen, jetzt am Rio Doce wohnenden Botocudos gedrängt wurden. Der Häuptling (Capitao) dieses letztern Stammes war von Frei Florido selbst getauft worden, und hatte sich dann nach Rio zu dem „Gran Capitao", d. i. zum Kaiser, begeben, um sich Ackerwerkzeuge zu erbitten. Der Pabre gab an, im Ganzen etwa 900 Indianer getauft zu haben, und zwar von den Coroados 650, von den Puris 140 Seelen, von den Coropós 20 Familien, und außerdem eine Anzahl Botocudos, so daß jetzt, mit Ausnahme des letztgenannten wilden Stammes, die Indianer der drei erstgenannten wenig zahlreichen Stämme durchgehends getauft wären. Seit sechzehn Jahren lebte und wirkte Frei Florido nun schon in Albea da Pebra, und doch mußte er noch ein ganzes Jahr hier ausharren, um der strengen Regel seines Ordens zu genügen, bevor er hoffen durfte in sein schönes Vaterland zurückzukehren. Der erste Missionar vor ihm war erst im Jahre 1804 nach Albea gekommen; dagegen ist S. Fidelis schon seit 1779 ein Missionsplatz.

Als man sich, nach Entfernung des Mönches, auf die Esteiras hinstreckte, hatte Monsieur de Luze die Güte, dem Prinzen den ersten „Bixo" (Pulex penetrans) aus dem

Fuße zu ziehen. Diese Gattung Erdflöhe setzt sich gern unter die Nägel, dringt oft tief ein, legt dann Eier unter der Haut, und vermehrt sich häufig dergestalt, daß schon manchem Neger, der in gewohnter Sorglosigkeit das kaum sichtbare Thierchen nicht bei Zeiten entfernt hatte, ein Arm oder ein Bein hat abgenommen werden müssen. — Die Unterhaltung über dergleichen unbequeme Gäste, die sich darauf kurz vor dem Einschlafen entspann, schien sie allmälig heraufbeschworen zu haben, denn kaum war das Licht ausgelöscht, als ein „Carapato" die Nachtruhe nicht allein auf eine höchst störende Art unterbrach, sondern sogar die ganze Venda in Alarm brachte! —

Mit einem allgemeinen Bade in dem Parahyba begann der folgende Tag (7. October), welcher die Reisenden unter des Padre Geleit in die Mitte der Puris führen sollte. Mit großem Leidwesen nahmen sie von Monsieur de Luze, ihrem freundlichen Wirthe, und Dr. Dennewitz herzlichen Abschied. Der Doktor feuerte ihnen noch einen Schuß nach, als ihre, aus einem einfachen ausgehöhlten Baumstamme bestehende Canoa schon mit der reißenden Strömung des Parahyba kämpfte, während ihnen Monsieur de Luze in seiner heitern Laune zurief: „Nous manquons de poudre pour les vingt autres!" — Die unbequeme hockende Stellung abgerechnet, die man in dem sitzlosen Kahne, den die kleinste Bewegung aus dem Gleichgewicht bringen konnte, einzunehmen sich genöthigt sah, war diese Ueberfahrt zwischen den buschigen Inseln hindurch wahrhaft reizend zu nennen.

Aus dem Gebüsch, das sich laubenartig überbeugte, streckten sich einzelne Baumstämme fast horizontal weit über das Wasser hervor, während in den Strom gestreute Blöcke, von denen die am jenseitigen Ufer schon aus Granit bestanden, ihn aufschäumen machten. Man mußte lange auf die hierher bestellten Miethspferde warten, wie man denn überhaupt in Brasilien das Warten lernen kann; — dann wurden die eigenen Sättel, welche die Gesellschaft mitgenommen hatte, auf die Thiere aufgepaßt, und fort ging's, in den Urwald hinein. — Voran zog der Padre, dessen gelber, thurmartiger Chili=Strohhut grell gegen sein freundliches, dunkelrothes Gesicht mit langem, rothblonden Bart abstach. Dabei gab ihm die übermäßige Hitze einen fast leidenden Ausdruck, und die Schwere seines Körpers schien unverhältnißmäßig auf ihm zu lasten. Statt der braunen Kutte hatte er einen Mantelkragen von derselben Farbe umgeschlagen, an dessen unterem Saume allerhand bunte Gewänder zum Vorschein kamen, die er in die bis über's Knie reichenden braunen Minas=Stiefeln gesteckt hatte. Er ritt auf einem weißen, kräftigen Maulthier, das trotz der Last, die auf ihm ruhte, die langen Ohren listig hin und her bewegte. Der rechte Arm des Mönchs hielt eine dünne Ruthe, die er kraftlos herabhängen ließ: ein sicheres Zeichen, daß man wohl heute nicht übermäßig viel Terrain gewinnen würde. — Es war ein rechtes Bild aus dem dreißigjährigen Kriege: der Mönch mit der ihm folgenden kleinen Schaar, die in hohen Stiefeln à la Wallenstein, mit der Flinte über dem Rücken, und zum Theil mit 'grauen, breitkrämpigen Marseiller Hüten auf dem Haupte, die füg- lich mit des Padre Strohhut an Originalität wetteifern konnten, dahinzog. Mit diesem Bilde stimmten jedoch zwei andere Personen, die sich der Reisegesellschaft angeschlossen hatten, durchaus nicht überein, nämlich der Neger des Padre und ein großer Jagdliebhaber hiesiger Gegend, von dem die Pferde und Maulthiere für den heutigen Tag ge- miethet worden waren.

Zwischen den Urwald schoben sich kurz nach einander zwei Thäler hinein; das erste ganz schmal, mit Capueira, Bananen und verwildertem Kaffee bepflanzt, das zweite ein von Urwald umschlossenes Wiesenthal mit einer Fazenda. Kaum merkliche Höhen umgaben die Wandernden; wunder- volle carmoisinrothe Sapucajas erhoben sich am Waldrande. Da bog man auf der Wiese links ab, und stand plötzlich — eine Stunde mochte verflossen sein, seit man das Ufer des Parahhba verlassen — unter hohen Bäumen am Grenz- flusse von Minas Geraes, dem Rio da Pomba (Tauben- Fluß), einem Flüßchen, das, höchstens so breit wie die Spree, in einer Canoa passirt wurde, in welcher man die Sättel mitnahm, während Pferde und Maulthiere hinüber schwammen. — Das etwas höhere jenseitige Ufer, auf dem ein paar dürftige, von einigem Anbau umgebene Häuser standen, sprang vor, während eine Waldblöße dahinter sanft anstieg. Auch hier erhoben wiederum prachtvoll blühende

Sapucajas das Haupt, gleich colossalen Blumen, — ein wundervoller Anblick!

Drüben angelangt, ward wiederum gesattelt und auf= gesessen, um unter dem Geleit des dicken Besitzers der nahe gelegenen Häuser abseits des Weges einige Hütten solcher Indianer aufzusuchen, die im nahen Thale für Geld arbei= teten. Auf dem Ritt dahin begegnete man der hundert= jährigen Johanna, die ihre braunen Reize unter einer einfachen, aber schmutzigen Hülle verborgen hatte. Sie führte zwei Kinder, vielleicht ihre Ur=Ur=Enkel, an der Hand. — Der Padre erklärte die hundert Jahre der Alten daraus, daß sie angab, vier bis fünf Generationen erlebt zu haben. Es befanden sich sogar, nach seiner Aussage, einige Indianer unter diesen Stämmen, die sich sechs ver= schiedener Generationen erinnerten, woraus er ein Lebensalter von 140 bis 160 Jahren herleitete. Das Leben ohne alle Aufregung und Gemüthsbewegung scheint, im Verein mit der einfachen Nahrung, eine solche ungewöhnliche Lebens= dauer zu begünstigen. In Apathie versunken, thun diese Stämme des südlichen Brasiliens nichts als schlafen; sie essen, jagen und fischen nur dann, wenn der Hunger sie dazu treibt. Diejenigen, welche noch mitten in den Wäldern hausen, pflücken die Früchte und suchen die Wurzeln des Waldes, um sie in Asche gebraten zu genießen, während diejenigen, welche in der Nähe der Fazendas und Aldeas leben, bereits etwas Mandioca und Bananen pflanzen und sich sogar, wie hier, als Arbeiter auf den Roças verdingen.

Man gelangte sehr bald zu der Roça, welche man suchte. Coloffale Stämme lagen wild auf der vom Urwalde eng eingeschlossenen Pflanzung umher, in deren Mitte sich eine Hütte erhob, die von dem Besitzer des Landes für die Indianer gebaut zu sein schien; denn von außen hatte sie ein durchaus europäisches Ansehen, während sie inwendig ganz indianisch eingerichtet war. Zuerst kam den Reisenden eine völlig unbekleidete Frau zu Gesicht, die jedoch, sobald sie nur den Missionar von weitem witterte, schnell das Hemd anzog, und wieder in die Hangematte schlüpfte. Nicht so der greise Methusalem, der Aelteste unter allen bekehrten Eingebornen der Gegend; — dieser blieb ruhig im vollkommnen Stande der Unschuld in seiner Hangematte liegen, stierte die Nahenden theilnahmlos an, und zog ein Gesicht, als sei er wo möglich noch weniger angenehm überrascht von dem Besuch, als seine Gefährtin. Etliche dargereichte Kupfermünzen schienen gleichwohl einigen Eindruck auf ihn zu machen: er nahm sie in die Hand, drehte sich dann aber um, und würdigte die Fremden fortan keines Blickes mehr. Nach und nach sammelten sich mehr Puris, von der Waldblöße herkommend, am Ausgange der Hütte, wo, nach den umhergestreuten rothen und blauen Federn zu schließen, eben ein bunter Arara (Ara) gepflückt worden sein mußte.

Die Farbe der Eingebornen ist ein dunkles Braun; ihre Gesichter sind, ohne gerade häßlich auszusehen, etwas kalmückisch gebildet, mit hervorstehenden Backenknochen, und

haben einen stupiden Ausdruck; das schwarze Haar — nur
bei einigen Kindern spielte es etwas in's Blonde — hängt
struppig auf den Nacken herab, und ist, wie bei den russi=
schen Bauern, vorn und hinten gerade abgeschnitten. Die
Puris und Coroados sind meist klein und nicht eben schlecht
gebaut, wenn auch ihr Leib in der Regel etwas stark her=
vortritt. Fast alle hatten irgend ein Kleidungsstück angelegt.
Unsere Reisenden handelten Bogen und Pfeil, auch ein
„Rede" (Hangematte) von diesen Leuten ein, und besuchten
dann, nachdem sie mit in der Asche gebratenen Sapucaja=
Nüssen bewirthet worden waren, im nahen Dickicht des
Urwaldes eine andere, ächt indianische und höchst malerisch
gelegene Hütte. Dieselbe bestand aus einem einfachen Ge=
stell von Stangen, das mit Wedeln von jenen oft erwähnten
stechenden Palmensträuchern überdeckt war, und ein läng=
licheres Viereck bildete als die Hütte der Coroados, die
man gestern gesehen hatte; dabei war sie auch viel größer
als jene. Auch hier hingen die Bast=Hangematten einen
bis anderthalb Fuß hoch über dem Boden; ebenso fand
man ganz dieselben Gefäße wie gestern. Einige Indianer
in Hosen, zum Theil auch außerdem noch mit Hemden be=
kleidet, hockten um das Feuer. Pfeile und Bogen standen
an einem Pfahl; auch eine Flinte war vorhanden. Draußen
neben der Hütte hatten die Bewohner zwei dünne Bäumchen
umgeknickt. Ueber eines derselben war Wäsche gehangen,
während auf dem andern ein paar zahme Papageien gravi=
tätisch einherwandelten. In die Behausung eintretend, sah

die Gesellschaft eine Frau und einen nackten, wild aussehen=
den Mann in ihren Hangematten liegen, wie denn überhaupt
das Liegen in diesen schaukelnden Bastnetzen die Lieblings=
beschäftigung der Indianer zu sein scheint, wobei sie den
Eindruck machten, als schämten sie sich gewissermaßen, be=
sucht zu werden.

Im Allgemeinen entsprachen die Puris der Roça den
Erwartungen des Prinzen nur in sehr geringem Maße, denn
sie schienen schon dem Naturzustande ziemlich entfremdet zu
sein, was unter anderm aus dem Umstande erhellte, daß sie
nicht allein Kupfermünzen, sondern selbst Papiergeld den
dargereichten Glasperlen vorzogen. Man wandte ihnen da=
her bald den Rücken, und beschloß, eine noch als völlig un=
kultivirt geschilderte Horde dieses Volks an der fünf bis
sechs Stunden entfernten Serra das Freßeiras aufzusuchen;
zu diesem Ende kehrte man von dem kleinen Abstecher wie=
der zum Ufer des Rio da Pomba zurück.

Dem Mönche liefen bereits die Schweißtropfen über
das Gesicht herab; er sprach schon von dem Mittagessen zu
Aldea da Pedra, und meinte, die Indianer „an der Serra"
seien so weit entfernt, daß man sie heute doch nicht mehr
erreichen könne, woraus er den Schluß zog: man müsse erst
frühstücken und dann umkehren; denn zu Hause, setzte er
mit Sehnsucht hinzu, erwarte sie ein heute früh gefangener
„Surubim", der schmackhafteste aller Fische des Parahyba.
Man kann sich leicht vorstellen, welche Mühe es dem guten
Padre kostete, sich mit christlicher Ergebung in den Wunsch

seiner Begleiter zu fügen: das köstliche Mahl in spe für heute aufzugeben und jene gutwillig bis zur Serra zu begleiten, wo sie die Nacht unter den Indianern zubringen wollten. — Frei Floriba überwand seinen Appetit, und ergab sich zuletzt wie ein Held in sein schweres Schicksal: ein großes Glück für die Reisenden, denn ohne den geistlichen Führer würden die scheuen Indianer wohl schwerlich Stich gehalten haben.

„Die Indianer der Serra", so hieß von nun an die Losung, und vorwärts ging's im Trabe nach der nahen Fazenda das Freyeiras, um sich vorher ein wenig zu stärken. — Die Lage dieses einzelnen Hauses, auf einer Wiese, mit von Urwald beschatteten Hügeln umgeben, und der Blick auf die ferne Serra das Freyeiras, die sich hellblau über den Baumwipfeln erhob, ist sehr freundlich und ansprechend. Der Besitzer der kleinen Fazenda gab der Gesellschaft nicht allein noch einige Zuthaten zu ihrem mitgebrachten kalten Frühstück, sondern noch außerdem Mäntel und Decken für die Nacht mit auf den Weg, und so ritt man denn getrost. in der Richtung auf die Serra, das Ziel der Reise, den Wäldern zu. Dadurch, daß man jetzt bereits die, dem Parahyba abgewandte Seite des Morro da Pedra hinter sich erblickte, war es möglich sich zu orientiren. — Bevor man an den Wald kam, fingen der Besitzer der gemietheten Thiere und der Neger des Padre ein Pferd von der Weide für den Grafen Oriolla ein, welcher dafür seinen alten,

steifen Schimmel hier zurücklassen mußte. — Allerdings ein
sehr einfaches Verfahren! —

Auf einer schmalen Picada ritt der Prinz mit seinen
Begleitern in den schönsten, großartigsten Wald hinein, den
man sich denken kann; so bedeutend wie der Unterschied
zwischen den Urwäldern des Corcovado und denen der
Serra von Neu = Freiburg war, eben so groß erschien auch
der Abstand zwischen diesen und dem majestätischen Urwalde,
welchen man jetzt durchzog. Zum ersten Male empfing man
den Eindruck einer ganz wilden Gegend, denn die gewissen
tiefen Pferde=Fußstapfen hörten nach wenigen Minuten auf,
und bald darauf verschwanden auch die letzten Pferde=Spu-
ren überhaupt. Man konnte jetzt nur noch mit Mühe vorwärts kommen, indem die niedrigen Zweige und die Schlingpflanzen zu beständigem Bücken und Beugen zwangen,
während viele dicke, umgefallene Baumstämme, die quer
über den Pfad hingestürzt lagen, den Thieren hinreichend
Gelegenheit gaben, ihre große Geschicklichkeit in Ueberschreitung solcher Hindernisse zu zeigen. Oft stieß man auch auf
ungeheure Bäume, deren colossale Wurzeln vom Sturm
aus dem Boden gerissen waren, während ihre Stämme,
von einem Gewirr von Schlingpflanzen gehalten, den Reisenden schräg über dem Haupte hingen. Die Schlingpflanzen (Cipos) waren bald wie Stricke gewunden, bald sahen
sie aus wie mit Leder überzogene Ketten, oder wanden sich
wie Schlangen um einander; und dann hingen sie wieder
wie ausgezackte (languettirte) Barben von den höchsten

Zweigen bis zu dem dichten Pflanzengewirr herab, das be=
ständig den Boden dem Auge entzog. Die hochstämmigen
Bäume dieses Waldes schienen fast alle von riesenhafter
Höhe, selten unter 100 bis 120 Fuß, und machten, trotz
ihrer Dicke, dennoch den Eindruck eines schlanken Wuchses.
Nicht lange, nachdem dieser zauberische Urwald die Gesell=
schaft in seine Schatten aufgenommen hatte, zeigte sich links
im Dickicht unter den prachtvollsten Stämmen eine luftige,
aus Palmenwedeln gebildete Indianerhütte, und bald
darauf eine andere, eben so malerisch gelegene zur Rechten.
Dann hielt man einen Augenblick unter einem Baume an,
von dem man eine große Menge „Jabuticabas", eine unsern
schwarzen Kirschen sehr ähnliche Frucht, herunter schüttelte,
die angenehm kühlte. Weiterhin wurde ein schattiger
Bogengang durchritten, eine wundervolle Allee mehr als
20 Fuß hoher Heliconien, deren große Blätter, Kühlung
fächelnd, sich über die Reiter beugten.

Auf Augenblicke wurde diese reizende einsame Wildniß
durch Waldblößen unterbrochen, welche die Besitzer durch
halbcivilisirte Indianer in Roças umwandeln ließen; ja
auf einigen derselben lag wohl gar ein Häuschen, woraus
man denn mit Leidwesen erkannte, daß man sich noch nicht
in einer ganz wilden Gegend befand. Doch mit dem
Wiedereintritt in den Wald begann die angenehme Täu=
schung auf's Neue. — Aber auch jene Waldblößen hatten
ihren erhabenen Reiz, denn sie gewährten durch das Ge=
wirr von gefällten Riesenstämmen, die mit ihren colossalen,

aus dem Boden geriſſenen Wurzeln wild durcheinander ge-
ſtürzt waren, ein Bild ungeheurer Verwüſtung, das ſeinen
Eindruck auf den Beſchauer nicht verfehlte. Dabei war es
für die deutſchen Jagdreiter nicht ohne Intereſſe, ihre
Thiere einen umgehauenen Stamm nach dem andern mit
der größten Ruhe überklettern zu ſehen, über den ihre
hitzigen Jagdpferde zu Haus ſchwerlich hinüber zu bringen
geweſen wären.

Eine dieſer freien Stellen gewährte einen prächtigen
Blick auf die Serra das Freyeiras, die ſich, von der Abend-
ſonne röthlich beſchienen, links aus den Wäldern erhob.
Bald darauf wurde das Gehölz zum Theil wieder dichter,
bis man, kurz vor dem Eintritt der Nacht, auf einer großen
Blöße hart am Fuße dieſes kleinen Gebirgsſtocks angelangt,
bei einem einzelnen Lehmhauſe mit zwei daran gebauten
Lehmhütten ſtillhielt. Man war zur Stelle!

So ſehr der wundervolle Ritt die Reiſenden bisher
befriedigt hatte, ſo ſehr ſahen ſie ſich jetzt in ihren Hoffnungen getäuſcht, denn ſtatt mitten in ein großes Indianer-
Lager hineinzukommen, wie ſie erwartet hatten, ſagte ihnen
ſchon der dürftig am Waldrande vor ihnen aufſteigende
Rauch einiger Feuer genugſam, was ſie Großes hier zu
erwarten hätten. Dennoch brannten ſie darauf, dieſe Indianer aufzuſuchen; aber der arme Padre war zu erſchöpft,
um ſie gleich dahin zu führen. Alle ſeine Gedanken waren
jetzt nur damit beſchäftigt, wie er ſich am ſchnellſten von
den Qualen des Hungers befreien könne; denn ſchon mehr-

mals hatte der Arme unterwegs unter schweren Seufzern und schweißtriefend ausgerufen: „Ah! aquelle surubim!" (Ach! der Surubim!) Auf einmal wurde er nun ganz Thätigkeit. Er störte den Neger im Hause und die indianischen Mägde in ihrem stillen Asyle auf, und hieß dann seinen eigenen Neger spornstreichs davon galoppiren, um in der Nachbarschaft Früchte und Kaffee zu holen. Jetzt, nachdem diese ersten Anordnungen getroffen waren, ließ er sich auch dazu bewegen, die Wißbegierigen zu zwei Indianerhütten in der nahen Capueira zu führen, die jedoch ganz wie die eben beschriebenen aussahen. Auf dem Wege dahin trafen sie den Capitaõ des Stammes — je 40 bis 50 Familien haben einen solchen gemeinsamen Häuptling — der, ganz wie ihn Gott geschaffen hatte, in einiger Entfernung an der Gesellschaft vorüber ging. Frei Florido rief ihm zu, worauf er sich auch einstellte, aber vorher noch in aller Eile in ein paar Hosen hineinschlüpfte. Hierauf theilte ihm der Pater unumwunden mit, daß heute Nacht ein Tanzfest beabsichtigt würde, und gebot ihm, seinen Stamm dazu vor dem Hause zu versammeln; dann eilte er voraus, das Souper zu beschleunigen. —

Die Sonne war eben untergegangen und der Mond begann aufzusteigen, als man, wieder dort angelangt, den Padre, welcher die Zeit nicht erwarten konnte, vor der Thür stehend fand, wie er mit eigner Hand ein Huhn pflückte, das er schon jetzt mit seinen Blicken zu verschlingen schien. Hierauf folgte der erste Akt des Soupers, während dessen

der Besitzer der Miethsthiere und der Neger aus dem Hause,
— der schwarze Thrann und Verwalter der Fazenda, dem
selbst der indianische Capitaõ unterthänig war, — ein
großes Feuer anmachten. Allmälig versammelten sich auch
die Indianer, worauf sie unweit des großen Feuers sich
kleine glimmende Kohlenfeuer, wie in ihren Hütten, anmach=
ten, um welche sie herumhockten, oder an denen sie sich die
Füße wärmten. — Es beburfte vieler Aufmunterungen von
Seiten des Padre und vieler scherzhaften Bemerkungen von
Seiten des Pferdeverleihers, bevor endlich drei Männer
gesenkten Hauptes — als schämten sie sich — zu tanzen
anfingen. Der Capitaõ tanzte voran, die beiden andern
seitwärts hinter ihm. Der Tanz bestand in einem Hin=
und Herwackeln, wobei sie einen eintönigen Gesang, sehr
durch die Nase, anstimmten. Er sollte den Kampf eines
Anú gegen einen Ochsen bildlich darstellen; ein späterer
dagegen machte die Beschreibung des Caitetu, des wilden
Schweins, wenn es in den Wäldern umherschweift; — so
erklärten wenigstens die Puris selbst diese Art Improvisa=
tionen. Die indianischen Damen, die sämmtlich mit einer
Art Hembe oder Tunica bekleidet waren, hielten sich sehr
zurück, blieben bei ihren Kohlenfeuern, und wollten durchaus
nicht am Tanze theilnehmen. Ein alter nackter Greis saß
mitten unter ihnen. Graf Oriolla spendete, da alles
Zureden nichts half, Branntwein, was noch ein paar Män=
ner bewog, sich dem eintönigen Tanze anzuschließen; auch
stellten sich endlich einige Frauen hinter den Männern in

einer Reihe hinter einander auf, — doch dabei blieb's, sie rührten keinen Fuß! — Nach dem nun folgenden zweiten Theil des, vom Pater fast hergezauberten Soupers, wurden bunte Glasperlen unter die braune Damenwelt vertheilt, die aber doch Graf Oriolla's Flasche bei weitem vorzuziehen schien. — Keins von diesen Puri-Weibern war so hübsch, wie das coroadische Mädchen zu Albea da Pebra, obgleich auch nicht so abstoßend häßlich, wie sie der Prinz nach der Abbildung des Tanzfestes der Puris bei Spix und Martins vermuthet hatte. —

Graf Oriolla blieb die Nacht in der Hütte des Häuptlings, während die Andern sich in dem Hause einquartierten. Hierbei gaben die Sättel treffliche Kopfkissen ab, wozu sie von jetzt an fast allnächtlich gemißbraucht wurden. —

Kaum graute der Tag (8. October), als man sämmtlich bereits auf den Füßen und mit den Vorbereitungen zum Abmarsch beschäftigt war. Vor allem kam es darauf an, die Pferde in der Capueira wieder einzufangen, was aber bei der im Walde noch herrschenden Dunkelheit so lange aufhielt, daß man erst um sechs Uhr abreiten konnte. Es wurde nun ganz derselbe Weg eingeschlagen, auf dem man gestern gekommen war; das anfangs zweifelhafte Wetter klärte sich nach und nach völlig auf, so daß man wiederum den Anblick des wahrhaft entzückenden Urwaldes genoß, der auch von keinem andern Walde auf dieser ganzen Reise übertroffen worden ist. Hier sollte der Prinz zugleich seine erste

24

Bekanntschaft mit den Araras machen; ein Schwarm dieser Vögel flog unter fürchterlichem Gekreisch hoch über den Gipfeln der die Gesellschaft umgebenden Riesen= bäume fort.

Kurz vorher, ehe man den Saum des Waldes erreichte, ward links vom Wege abgebogen und eine jener Indianer= Hütten aufgesucht, welche man gestern zwischen den Stäm= men hatte hindurchschimmern sehen. Statt einer fanden sich aber deren zwei, auf einem kleinen Fleck unter hochstämmi= gen, mit Schlingpflanzen durchwachsenen Bäumen dicht bei= sammen liegend, die ein zu eigenthümliches Bild gewährten, als daß man sie nicht in aller Eile hätte skizziren sollen. — Am ersten Rick, das hinter der Fazenda das Frexeiras den Weg sperrte, ward auch Graf Oriolla's gestern zurück= gelassene Mähre angetroffen, die bei ihren Versuchen, nach Hause zu laufen, hier aufgehalten worden war. Der Pferdetausch ging hierauf zum zweiten Male vor sich. Dann nahmen unsere Reisenden, indem sie über den Rio da Pomba setzten, während gerade ein von Indianern ge= führtes Floß vorübertrieb, von der Provinz Minas Abschied.

Um elf Uhr stiegen sie, wenn auch nicht ganz befrie= digt von ihrer Excursion zu den Wilden, bei der Venda des „Garbeschützen" zu Aldea da Pedra wieder an's Land. Sogleich wurden die Maulthiere bepackt, und dann versam= melte sich die Gesellschaft zum Diner, bei welchem der Mönch präsidirte. Jetzt endlich ward der lang ersehnte „Surubim" aufgetragen, gefolgt von noch einem andern

Fische des Parahyba, einem „Piabanha", nebst verschiedenen Gerichten, die der Padre in seinem Hause hatte zubereiten lassen. In den Zügen des geistlichen Vorsitzenden sprach sich die Wonne des Genusses und die endlich befriedigte lang gehegte Sehnsucht seines rebellischen Magens so deutlich aus, daß sie den Prinzen unwillkürlich an die reizende Arie: „Mir hat das Mahl trefflich behagt", aus Auber's Oper: „der Gott und die Bajadere," erinnerten. —

Mit dankbarem Herzen nahmen die Reisenden von dem freundlichen Manne Abschied, und dann, es war inzwischen ein Uhr geworden, verließen sie Aldea da Pedra im vollen Galopp und in der heitersten Stimmung. Doch wurde noch einen Augenblick außerhalb des Ortes angehalten, um die kleine Colonne zu sammeln, und diese Zeit dazu benutzt, die Richtung der Serra das Frexeiras mit dem Compaß zu bestimmen. Man fand, daß sie gerade in N.=O. von Aldea liegt. Hierauf wurde der Ritt nach dem acht Legoas entfernten S. Fidelis längs des Parahyba=Ufers fortgesetzt. Anfangs führte die zum Fußpfade gewordene Estrada real durch ein Stückchen Urwald, in welchem Prinz Adalbert zum ersten Male einen dichten Büschel stangenförmiger Cactus von etwa 25 Fuß Höhe erblickte. Nur selten entfernte sich der Weg so weit vom flachen Flußufer, daß man den Spiegel des Parahyba nicht durch die Bäume schimmern sehen konnte. Der Urwald ging bald wieder in Capueira über, die sich zwischen den hohen Wald und den Strom hineinschob. — Hier umkreisten die Wandernden einige

Papageienschwärme, und der Diener des Prinzen war zuerst
so glücklich, ein Mitglied der fliegenden Gesellschaft zu
tödten, worauf gleichfalls sein hoher Herr den ersten
Papagei heruntersoß.

Nicht lange, so erreichte man eine enorme Waldblöße,
die sich längs des Parahyba hinzog, welcher hier einen
höchst eigenthümlichen und malerischen Anblick gewährt.
Parallele, von einzelnen Steinblöcken gebildete und mit
Sträuchern bewachsene Felsstreifen folgen, Längenrisse bil=
dend, der Richtung des breiten Stromes, und wechseln ab
mit den reizendsten, meist länglich geformten Inseln, die
man Zaubereilande nennen möchte, so magisch nehmen sich
die prachtvollen Palmen und die colossalen carmoisinrothen,
in's Violete spielenden Sapucajas aus, welche die schweren
Laubmassen überragen, die diese Inseln beschatten. Den
Hintergrund bildet eine schöne, mit hohem Urwald be=
wachsene Bergreihe jenseits des Flusses, während auch die
diesseitigen Wälder von Hügeln durchzogen sind. Einige
Tropas lagerten am Stromufer, und viele Wasservögel,
namentlich braun und gelbe Piasoccas, flogen in großer
Anzahl umher, oder ruhten auf den Stümpfen der gefällten
Bäume.

Nach und nach wird die Gegend freier. Die erste
große Zuckerplantage zieht sich am Flusse hin, mit einem
Engenho in der Mitte; der Urwald hört auf dieser Seite
des Parahyba ganz auf; die Hügel rechterhand sind mit
Gras bekleidet. — Diese offene, freie Gegend gewährte

um so größere Freude, als nun die Reisenden seit vielen
Tagen zum ersten Male wieder um sich sehen konnten; denn
so wunderbar schön die Wälder hier sind, so vermißt man
doch etwas in ihnen, nämlich: „die Gegend!" und diese ist
dem Auge und der Phantasie Bedürfniß. Heut Abend nun
war sie wahrhaft reizend, indem sich mit jedem Augenblick
die schönen Bergformen jenseits des großartigen Stromes
besser übersehen ließen; auch konnte man dazu keinen schö-
neren Vordergrund wünschen, als gerade jene Palmen-
Inseln. —

Schnell trabte man über große Wiesen hin, in der
Absicht, den, durch die Vereinigung des Rio Grande und
des Rio Negro gebildeten „Rio dos dous Rios" (Fluß der
zwei Flüsse) wo möglich noch vor Eintritt der Dunkelheit
zu überschreiten. Von nun an lösten die gelben Bemtevis,
mit ihrem unaufhörlichen Ruf: „Bem-te-vi," die Piasoccas
ab. — Das Bett des Parahyba wurde bald schmaler, bald
breiter; auch machte der Strom ein paar starke Krümmungen, bei denen der gerade fortlaufende Fußpfad ihn auf
Augenblicke verließ. Dann traten wieder waldige Hügel an
ihn heran. — Plötzlich standen die Reisenden an einem
Scheidewege; der Weg rechterhand war der richtige. Ihm
folgend, wandten sie dem Parahyba den Rücken und setzten
über das schmale Flüßchen „dos dous Rios" auf dieselbe
Art, wie sie den etwa eben so breiten Rio da Pomba überschritten hatten. Am jenseitigen Ufer stand ein einzelnes
Häuschen, das einem Schweizer gehörte; dahinter erhob sich

über dem Urwalde ein von den letzten Strahlen der Sonne
braunröthlich gefärbter Berg. Der Aufenthalt, den das
Durchschwimmen der Pferde und das Ausschiffen und Auf-
legen der Sättel veranlaßte, war die Ursache, daß sie erst
nach dem Eintritt der Dunkelheit in den unbekannten Wald
einzogen. Wie auf dem Nachtritt von Neu-Freiburg nach
Cantagallo, hatten sie wiederum Niemanden bei sich, welcher
des Weges kundig gewesen wäre; doch fanden sie heute
leichter ihren Weg, da der aufgehende Mond ihnen bald zu
Hülfe kam.

Beim Ausgang aus dem Walde kamen sie auf einen
Bergrücken; dort sahen sie auch den Parahyba wieder, und
stießen gleich darauf ganz unvermutheter Weise in einem
grundlosen, an einzelnen Häusern hinführenden Wege auf
ihre vorangeschickten Packthiere; einen Augenblick später befanden sie sich schon in der Hauptstraße von S. Fidelis,
einem etwas größeren Oertchen als Aldea da Pedra, wo
ihnen endlich nach vielem Umherfragen ein enges Nachtquartier zu Theil wurde.

Am 9. October, um sechs Uhr, eben als der Tag anbrach, hielten sie ihren Auszug aus S. Fidelis. Die Gegend nimmt hier einen ganz vaterländischen Charakter an;
wie ein deutscher Strom fließt der Parahyba durch ein von
Hügeln eingefaßtes Wiesenland hin. Nur eine kleine Kaffee-
pflanzung gleich zu Anfang, und hie und da einzelne oder
in Reihen gepflanzte Cocospalmen erinnern, mit ihrem
großen Heiligenschein von Zweigen und ihrem kurzen, dicken,

schuppigen Stamme, im Verein mit einzelnen, von spinne=
webartigen Parasiten nebst ihren zahllosen goldenen Früch=
ten umsponnenen Orangenbäumen, den Reisenden auf Augen=
blicke daran, daß er sich unter den Tropen befindet, ohne
jedoch den Haupteindruck schmälern zu können. — Sehr
bald hinter S. Fidelis ward der „Rio Preto", etwas
oberhalb seiner Mündung in den Parahhba, durchritten.
Hier tritt an's jenseitige Ufer dieses Flusses eine schöne
Serra heran; ein schroffer, der Wand des Hammersteins
am Rhein ähnlicher, doch mit Wald gekrönter Berg, an
den sich, dem Lauf des Parahhba folgend, eine ganze Reihe
kleiner „Hammersteine" anschließen. Auch begann jetzt das
Ufer, an welchem man hinritt, sich zu erheben, so daß der
Strom hart unter dem schlüpfrigen, schmalen Fußpfade
ging, der, oft kaum sichtbar, über glatte Felsplatten hin=
führte. — Und das, ruft Prinz Adalbert aus, nennt man
hier eine „Estrada real"! —

Nicht lange nachher schnitt der Weg eine morastige,
von dem Parahhba umflossene Landspitze ab. In diesem
Sumpfe spähte man fleißig nach Krokodilen umher, doch
leider vergebens. — Dann wurde eine mit Capueira be=
wachsene Höhe überschritten, und jenseits an einer Wiesen=
lehne zu den Zuckerrohrfeldern am Strome wieder hinab=
gestiegen. Hier hielten die Reisenden einen Augenblick,
etwa um neun Uhr, bei einer Venda an, und setzten dann
nach kurzer Rast, durch Wasser und Goßabada erfrischt und
gestärkt, ihren Ritt bei großer Hitze fort. — Die Inseln

des Parahyba hatten allmälig ihren Zauber verloren: Capueira und niederes Gesträpp waren an die Stelle der
Palmen und Sapucajas getreten, während der Sand an
ihren Ufern zu Tage kam. Nach vorn breitete sich eine
weite, fruchtbare Ebene aus; linkerhand bildete ein spitzer,
und rechts drei runde Hügel die letzten Ausläufer der Gebirge, welche die Ufer des Parahyba weiter oberhalb so
anziehend machten. Große Zuckerfelder mit Fazendas, den
ersten, mit Fenstern versehenen Häusern, die man seit vielen Tagen wieder zu Gesicht bekam, wurden durchritten;
dann folgten große Wiesen mit weidendem Vieh, — mit
einem Wort, man war in die „Campos dos Goahtacazes"
eingetreten. Der Fahrweg fing an, d. h. ein Geleis zwischen zwei, dreißig Fuß weit auseinander stehenden Hecken,
führt durch das offene Land hin. Große schwarze Urubús,
wie bei Rio, flogen umher und ließen sich auf dem breiten
Wege nieder. Jetzt endlich verlor der Lehmboden seine,
seit dem Macacú fast unbestrittene Alleinherrschaft, indem
er von nun an das Terrain mit dem Sande theilen mußte.

Die Thiere der Reiter waren dermaßen erschöpft, daß
sie trotz aller angewandten Hülfe nicht mehr im Trabe erhalten werden konnten. Dabei ward die Hitze immer
drückender, so daß die Sehnsucht nach der, zehn Legoas
von S. Fidelis entfernten „Cidade", nach S. Salvador dos
Campos dos Goahtacazes, das sich jedoch beharrlich den
Blicken entzog, mit jedem Augenblick zunahm. Auch den
Parahyba verlor man lange Zeit hindurch aus dem Gesicht.

Mit ihm verschwand der letzte Reiz der eintönigen ebenen
Gegend, die überhaupt den Wandernden nicht recht behagen
wollte; denn die Berge fingen an ihnen zu fehlen, und
mit Leidwesen vermißten sie hier auch die prächtigen Urwald=
bäume. — Endlich stießen sie wieder auf den Fluß, dessen
Ufer eine Häuserreihe einfaßte: — es war die Vorstadt
der Cidade, in die der kleine Trupp, trotz der siebzig Le=
goas, die er mit denselben Thieren zurückgelegt hatte, in
guter Ordnung Nachmittags um halb vier Uhr seinen Ein=
zug hielt.

Campos, obgleich nach heimischen Begriffen ein kleines
Städtchen, machte dennoch einen gar stattlichen Eindruck.
Auf dem Quai ist viel Handel; Venda reiht sich hier an
Venda. In einer derselben fand man ein Unterkommen,
und in einer andern wurde dinirt. — Sobald die Behör=
den von der Anwesenheit des hohen Reisenden Kenntniß
erhalten hatten, begaben sie sich, trotz seines Incognito's,
zu ihm, um die Wohnung des Xefe de Policia ihm zur
Verfügung zu stellen. Der Prinz lehnte das so höfliche
Anerbieten zwar dankend ab, machte dafür aber dem Xefe
de Policia noch kurz vor der Abreise spät Abends einen
Besuch, und verweilte bei demselben, nachdem er Thee bei
ihm eingenommen, bis die beiden Canoas bereit waren, die
ein Bewohner von S. Salvador mit ächt brasilianischer
Gastfreundschaft Seiner Königlichen Hoheit zur Weiterreise
stromab bis zur nahen Barre des Parahyba angeboten
hatte. Es war nämlich die Absicht der Reisegesellschaft,

sich dort auf dem Dampfboote, welches morgen früh um acht Uhr nach Rio abgehen sollte, einzuschiffen, weshalb man auch bereits die Pferde, und zwar so vortheilhaft als möglich, in Campos verkauft hatte.

Um neun Uhr Abends stießen die beiden Canoas ab, zwei immense, ausgehöhlte Baumstämme, über deren hinterer Hälfte Thierhäute vermittelst Ruthen dachförmig ausgespannt waren. Ein Neger steuerte mit einem „Riemen" und zwei andere ruderten vorn, oder stießen die Fahrzeuge fort, wo dieselben an flache Stellen kamen. Eine solche Canoa geht etwa sechs Zoll tief und kostet an funfzig Milreis.

Auf den Abendregen war heller Mondschein gefolgt, welcher die eigenthümliche Nachtfahrt auf dem prächtigen, ächt amerikanischen Strome mit romantischem Schimmer übergoß. Fortwährend quer über den Fluß hinüber und herüber kreuzend, gaben die Schiffenden, um sich desto besser treiben zu lassen, die breite Seite des Bootes der Strömung preis, wobei sie natürlich alle Augenblicke hörbar über die Sandbänke hinschurrten, und sogar momentan auf denselben festsaßen. Wenn sie dann dem Ufer näher kamen, unterschieden sie zuweilen die den Strom begleitenden Wälder; oft aber sahen sie nichts, als den hart neben dem Boote steil aufsteigenden Sandrand, welcher den Parahyba einfaßt.

Es war am 10. October zwei Uhr Morgens, als am rechten Ufer zu S. João da Barra (auch S. João do

Parahyba oder da Praya genannt), sieben Legoas von Campos, angelegt wurde. Bereits um halb fünf Uhr wurden die Schlummernden von den Ortsbehörden aus ihrem sanften Schlaf auf dem mit Matten bedeckten Boden der Canoa, die, wie alle Boote dieser Gattung, gar keine Bänke hatte, aufgestört, und der Prinz mit seinen Begleitern in ein sehr elegantes Haus geführt, wo die Reisenden einen Moment ruhten, sich wuschen und sodann ein reichliches Frühstück einnahmen. S. Joaõ ist der Hafen von Campos, von welchem Orte Kaffee, Zucker und Holz, besonders Jacaranda, in großen Quantitäten verschickt wird. Außerdem landen hier und in der Nähe die Sklavenschiffe häufig ihre Schwarzen, worauf diese Unglücklichen meistens noch weiter landeinwärts getrieben und auf eigenen Neger=Auctionen an sicheren Orten verkauft werden.

Da man dem Prinzen hier auf das bestimmteste versicherte, daß die Abfahrt des Dampfschiffes nicht um acht, sondern um neun Uhr stattfinden werde, so setzte sich die Gesellschaft getrost erst um sieben Uhr mit den beiden Canoas nach der nahen Barre in Bewegung. Eine große Krümmung zwischen einer an Zuckerpflanzungen reichen Insel und dem rechten Ufer war bald zurückgelegt. In der Breite der Elbe bei Glückstadt und Stade strömte der Parahyba majestätisch der See zu, während seine grünen waldigen Ufer den Prinzen lebhaft an die Elbe bei Dessau und Torgau erinnerten. — Zur Rechten, dicht längs dem Ufer, das hier mit niederem Gestrüpp bewachsen ist, lagen

die Kauffahrer in einer langen Linie geankert; doch das
ersehnte Dampfboot, welches hier ebenfalls zu finden sein
sollte, wurde vergebens gesucht — es war bereits ausge-
laufen! — Ein Seemann, der sogleich auf den großen
Topp einer Handelsbrigg hinaufgeschickt wurde, sah noch
den Dampf! Einen Augenblick hoffte man, daß das Schiff
nur vor der Barre kreuze; allein auch dieser letzte Hoff-
nungsschimmer schwand, als der Mann herabrief: „Es
steuert Cours!" — Da saß man nun! — und zwar ganz
ohne eigene Schuld, denn um dreiviertel auf acht Uhr war
der Offizier mit dem Dampfer gesegelt, also Fünfviertel-
stunden früher, als er es den Behörden angezeigt hatte,
um acht Uhr aber war die Gesellschaft zur Stelle gewesen,
mithin eine Stunde früher, als sie es eigentlich nöthig gehabt hätte.

Jetzt galt es, ein Schiff nach Rio aufzutreiben. Zum
Glück brauchte nicht lange danach gesucht zu werden, denn
die brasilianische Sumaca „o Novo Tejo" sollte vielleicht
schon morgen dahin abgehen. Während Graf Oriolla
den Capitain dieses Fahrzeugs am Lande aufsuchte, fuhr
der Prinz mit Graf Bismarck ein wenig in der Canoa
den Fluß hinab, bis sie das Brechen der See auf der
Barre deutlich sehen konnten. Dicht oberhalb derselben
schmeckte das Wasser noch ganz süß. Hierauf ruderten sie
wieder dem Novo Tejo zu. An Bord desselben konnte sich
der Prinz durch den Augenschein davon überzeugen, wie
der Dienst auf diesen brasilianischen Küstenfahrern gehand-

habt wird. Der Steuermann ließ nämlich gerade einige
Arbeiten vornehmen, die auf eine schleunige Abreise deuteten,
wobei die paar Weißen zusahen und die Neger alles allein
thun mußten.

Nicht lange darauf kam Graf Oriolla wieder zurück,
und alles schien sich nach Wunsch zu ordnen. Bei dem
Mangel an Raum in der Sumaca wurde jedoch vorgezogen,
in einer Venda nahe am Ausgange von S. João da Barra
zu diniren, wo man, nach einem kleinen Spaziergang, sich
auch schlafen legte, nachdem noch kurz zuvor die Nachricht
eingegangen war, daß der Novo Tejo nicht so bald segeln
könne, daß sich statt seiner aber der Schooner „o Judeo"
gefunden habe.

Am andern Morgen früh (11. October) hörten die
Reisenden von einer Wetterveränderung, die sie bestimmte,
den Weg nach Rio lieber zu Lande als zur See zurückzulegen. Der Wind war nämlich mehr nach Osten und Süden umgegangen, wogegen nach Horsburgh der Südost-
Passat sich in dieser Hälfte des Jahres bei südlicher
Strömung in einen continuirlichen N.-O. und O.-N.-O.-
Wind verwandeln soll, während vom März bis September
der allgemeine S.-O.-Wind nur zuweilen mit einer kleinen
Abweichung nach S.-S.-O. sich bei nördlicher Strömung
bis zur brasilianischen Küste erstreckt. Der Delegado fügte,
nach Rücksprache mit den Lootsen und aus eigener Erfahrung, noch hinzu, daß der Wind im April und October,
statt aus N.-O. und N.-N.-O. zu wehen, öfters auf drei

bis vier Tage nach S.-O. umsetze, und daß heute der
Wolkenzug die wahrscheinliche Dauer dieser Windverände-
rung für einen solchen Zeitraum noch mehr zu bestätigen
scheine. Daraus folgte denn allerdings, daß die Landreise
kürzer sein würde als die zur See, das Warten mit eingerechnet; um so mehr, da die im gegenwärtigen Augenblick
sehr unbedeutende Tiefe des Fahrwassers leicht noch eine
längere Verzögerung hätte verursachen können. Es kam
aber dem Prinzen gerade jetzt besonders darauf an, nicht
unnütz Zeit zu verlieren, weil er glaubte, daß ihn der
Growler bereits in Rio erwarte, welchen Prinz Adalbert
ohne Noth nicht zu lange in Anspruch nehmen und seinem
eigentlichen Dienste entziehen wollte.

Wo nun aber in der Geschwindigkeit Pferde herbe-
kommen zu dem beschlossenen Ritte, da die Gesellschaft die
ihrigen bereits verkauft hatte? — Das war keine geringe
Verlegenheit, indeß ihr sollte bald abgeholfen werden.
Antonio, der Bruder des Capitains des „Judeo", stellte
sich nämlich ein, und erbot sich, die Reisenden in drei bis
vier Tagen zu Lande nach Rio zu schaffen; doch mußten
sie dafür auch harte Bedingungen eingehen. Alles Gepäck
wurde an Bord des Judeo zurückgelassen, der Novo Tejo
erhielt sämmtliche für die Seereise eingekaufte Lebensmittel,
dem „Juden" aber blieb, um auch seiner Mannschaft von
diesen Hochgenüssen etwas zukommen zu lassen, das Schwein!

Nachdem diese ersten Anordnungen getroffen waren,
trat der Prinz um zehn Uhr mit dem Delegado José

Martim und einem Herrn Faria eine kleine Fahrt den Parahyba aufwärts nach einer, auf der oben erwähnten, an Zuckerpflanzungen reichen Insel gelegenen Fazenda an. Jene Aehnlichkeit des Stromes mit der Elbe war heute wiederum sehr auffallend; selbst die wenigen, am jenseitigen Ufer oder auf den Inseln wachsenden Palmen versteckten sich fast unter den andern Bäumen, so daß sogar der Unterschied der Vegetation gegen die vaterländische, vom Flusse aus gesehen, nur gering erschien. Gegen die Barre zu bedeckt niederes Gesträpp die Dünen; eine höhere Art Zwergpalmen, hohe, ananasähnliche Pflanzen und einzelne Agaven wachsen dazwischen. — Den Fluß befahren, außer den beschriebenen, noch eine eigenthümliche Art Canoas, große, mit Schwarzen bemannte Boote, die ein enormes Raasegel tragen. — Doch nun zur Zucker-Fazenda, und zwar zur Beschreibung des Engenho.

Unter einer leichten Bedachung trieben vier im Kreise herumlaufende, an lange Hebel gespannte Ochsen ein einfaches Rad, welches wiederum drei mit Eisen beschlagene, aufrecht neben einander stehende Walzen, wie zu Aldea, in Bewegung setzte. Auf einem der Hebel saß ein Negerknabe, der die Thiere vermittelst einer langen Stange lenkte. Zwei andere Schwarze waren beschäftigt, das Zuckerrohr durch die beiden verschieden großen Zwischenräume der Walzen mit der Hand hindurch zu ziehen, und zwar zuerst durch den größern, und dann durch den kleinern. Der ausgepreßte Saft wird in den ersten und größten der drei neben einander stehenden Kessel geleitet, in welchem derselbe gekocht und darin mit der sogenannten „Quaba" vermischt wird, einer Flüssigkeit, die entweder aus Guararema und Wasser oder Kalkwasser, oder aus Guararema und Kalk besteht. Von diesem ersten und größten Kessel wird die Masse in den zweiten und dann in den dritten Kessel, den kleinsten von allen, vermittelst Cocosschaufeln übergeschöpft, wo man sie wieder umkochen läßt, bis sie immer dicker und dicker wird. Im ersten Kessel hat die Zuckermasse eine schwefelgelbe, im zweiten nimmt sie eine dunkelgelbe, und im dritten eine braune Farbe an. Der überkochende Schaum eines jeden Kessels wird zur Caxaça- oder Brannt-wein-Fabrikation verwendet. Vom dritten Kessel kommt der dickflüssige Zucker, der „Meláço", in einen ausgehöhlten Baum, das Kühlfaß, worin er mit einem Holz hin und her geschoben wird. Hierauf füllt man den Meláço in Holz- oder Thontrichter, deren Boden einen Abfluß nach unten hat, der aber anfänglich zugestopft ist. In diesen Gefäßen krystallisirt der Zucker, während über die vollen Trichter eine Lage nassen Thons gestrichen wird, welche, die braune Farbe des Zuckers anziehend, ihn weiß macht. Der Abfluß kommt wieder der Caxaça-Bereitung zu gut, die darin be-steht, daß der abgeschöpfte und abgelassene Zuckersaft zuvör-derst in Fässer gefüllt wird, in denen er mit der Zeit in Gährung übergeht, und daß man ihn dann in das Kühlfaß bringt. Zu Albea mischte man den Zuckersaft noch mit Hefe, um die Gährung zu erhöhen. Das ausgepreßte

Zuckerrohr endlich wird als Brennmaterial benutzt, während nur das frische zum Viehfutter dient.

Nach Besichtigung des Engenho nahm die Gesellschaft eine nahe Zuckerrohrpflanzung in Augenschein. Der obere Theil des Rohrs dient als Steckling zur Fortpflanzung. Während in gutem Boden das Zuckerrohr wohl funfzehn Jahre lang in der Erde bleibt, da der Wurzelstock immer neue Schößlinge treibt und die ausgezogenen Stümpfe nur stellenweis nachgepflanzt zu werden brauchen, muß es dagegen in gewöhnlichem und schlechtem Boden, wie es namentlich auch hier der Fall war, alle Jahr (nach Andern alle zwei Jahr) neu gepflanzt werden. In einem Jahre gelangt das Zuckerrohr zur vollständigen Reife; das Unkraut wird nur anfangs ausgejätet, indem später die heranwachsende Canna selbst es erstickt.

Von der Fazenda kehrte man wieder nach S. Joaõ da Barra in die Venda zurück, wo ein paar Herren aus dem Städtchen bei Seiner Königlichen Hoheit aßen. Abends brachten einige Bewohner von S. Joaõ, Senhor Faria an der Spitze, dem hohen Reisenden ein Ständchen; dann erschienen noch mehrere Deutsche, an die sich auch ein Holländer angeschlossen hatte. Man ließ sich sämmtlich auf die große Bank an dem schweren Tische in der Wirthsstube nieder, und ein allgemeiner Thee machte den Beschluß des Tages, worauf sich der Prinz in sein einsames Kämmerlein zurückzog und bald sanft auf seiner Esteira einschlief. —

25

Um zwei Uhr Morgens (12. October) wurde geweckt, und kurz nach drei Uhr gingen die Reisenden, in der Finsterniß den Hof aufzusuchen, wo Antonio sie mit den Pferden erwartete, die sie nach dem, seinen Angaben zufolge, 66½ Legoas (55 deutsche Meilen) entfernten Rio de Janeiro tragen sollten.*) Das Satteln und Packen dauerte aber so lange, daß die Gesellschaft erst um vier Uhr, und zwar bei gelindem Regen, in die ägyptische Finsterniß hineinritt.

Als der Tag anbrach, befanden sie sich auf einer großen Wiese, mit einzelnen hohen Büschen bewachsen, in denen enorm hohe, stangenartige Cactus das Haupt erhoben; eine andere Art Cactus mit großen weißen Blumen war so schön, wie sie bisher noch keine gesehen hatten. Der Parahyba floß zur Rechten, vor ihnen lagen die Berge nach Albea da Pebra zu, und rings um sie her weidete das Vieh; auch konnten sie jetzt erst ihre eigenen Thiere deutlich unterscheiden. Es waren neun kleine Pferde mit langen, nach neuester Mode gerade abgeschnittenen Schweifen, darunter sieben Reitpferde für die Gesellschaft, ihre beiden Diener und den Führer, außerdem ein lediggehendes braunes Reserve- und Packpferd. Vier von den Pferden schienen gut zu sein, unter andern konnte der kleine Rothschimmel des Prinzen mit einigem Recht auf dieses Prädikat Anspruch machen. Dasselbe galt von Antonio's braunem Paßgän-

*) Diese Entfernung war jedoch um etwa zehn deutsche Meilen zu hoch angegeben.

ger, dem man fämmtlich in fehr verkürztem Zuckeltrabe
folgte. Diefe Gangart wurde faft unausgefetzt bis wenige
Legoas vor Rio beibehalten; was bei einem anhaltenden
Ritt von gegen fünfundvierzig deutfchen Meilen etwas fagen
will! Um jedoch den Growler, den man fchon in Rio
vermuthete, nicht ohne Noth warten zu laffen, hatte der
Prinz befchloffen, möglichft in derfelben Zeit die Reife da=
hin zu Pferde zu machen, die es ihn gekoftet haben würde,
wenn er mit dem Dampffchiffe gegangen wäre. Daher
hatte Antonio fich verpflichten müffen, die Reifenden in
drei bis vier Tagen nach der Hauptftadt zu fchaffen, wofür
fie dagegen ihrerfeits fich zu allerhand fehr unbequemen
Bedingungen verftehen mußten, ohne deren gewiffenhafte
Erfüllung der mit dem Führer abgefchloffene Vertrag null
und nichtig war. So hatten fie unter andern dem Arrieiro
das Recht zugefichert, daß er allein führen, und das An=
halten, die Zeit der Ruhe, die Nachtquartiere, ja felbft die
Gangarten beftimmen dürfe. Sie hatten verfprochen, fich
in jede feiner, auf den Marfch Bezug habenden Anordnun=
gen willig zu fügen, und auf diefe Weife auf ihren eigenen
Willen für die drei bis vier Reifetage faft gänzlich verzich=
tet. So harte Opfer mußten gebracht werden, um eine
fcheinbare Unmöglichkeit dennoch möglich zu machen!

In einer dicht aufgerückten Colonne zu Einem bewegte
fich die kleine Schaar über die Wiefen: — Antonio, in
feiner blauen, mit den Adler= und Ankerknöpfen der ameri=
kanifchen Marine befetzten Matrofenjacke und herunterge=

25*

klappten Reiterstiefeln, den einen der beiden losen dünnen
Braunen hinter sich nachziehend, zuckelte schweigend vor den
Uebrigen her in die feuchte, neblige Morgenluft hinein,
und Pferd auf Pferd trat in die Fußstapfen, die sein brau=
ner Paßgänger dem schlüpfrigen Pfade aufbrückte. — So
waren mehrere Stunden vergangen, als der Arrieiro um
dreiviertel auf sieben Uhr plötzlich still hielt und absaß.
Die Gesellschaft that ein Gleiches. — Die Pferde fanden
hier etwas Futter auf einem Stückchen Feld, und nach etwa
zehn Minuten ging es weiter. Bald darauf kamen die
Reiter an mehreren, am Flusse gelegenen Fazendas und
Zuckerplantagen vorbei; auch begegnete ihnen ein, wie auf
Madeira, von sechs Ochsen gezogener Schlitten. Die brau=
nen und die weißen großen Wasservögel, die man schon
früher gesehen hatte, zeigten sich jetzt immer häufiger. Das
bebaute und bewohnte Ufer wurde hie und da buschiger,
doch fehlten die Palmen fast gänzlich.

Endlich, nach elf Uhr, lag Campos wieder vor ihnen,
welches die Reisenden um so freudiger begrüßten, als sie,
und noch mehr ihre Thiere, bereits einen Anflug von Mü=
digkeit verspürten; auch hatte Herrn Theremin's schmäch=
tiger Rehbrauner schon früher ausgespannt und war durch
einen der beiden losen Braunen ersetzt worden. — Von
dieser Seite nahm sich das Städtchen viel hübscher aus,
als von der entgegengesetzten, denn man sah die blauen
Berge dahinter. Man ritt theils durch, theils um den
Ort herum, der, nach dem Umwege zu urtheilen, zu welchem

er nöthigte, nicht so ganz klein sein kann. Jenseits dessel=
ben wurde in einer Venda eingekehrt und eine Hühnersuppe
gegessen, während die Pferde Milho und Zuckerrohr erhiel=
ten; auch erstand man hier zwei Paar schwere messingne
Rittersporen, um nöthigenfalls die fehlende Ambition bei
den Rößlein zu ersetzen. — Bis ein Uhr wurde gerastet,
dann ging es weiter.

Mit großem Interesse sah der Prinz, wie vortrefflich
Antonio seinen Weg durch den tiefen, aufgeweichten Bo=
den fand, wie er die schlimmen Stellen zu vermeiden wußte,
und wie er nie einem Stückchen Wasser aus dem Wege
ging, um die Füße der Pferde zu kühlen, wobei er ihnen
stets Zeit zum Saufen ließ. — Anfangs ging der Ritt
zwischen Hecken auf einem breiten Fahrwege über Wiesen
und Weiden hin und durch Buschwerk fort, an Zuckerplan=
tagen und Fazendas vorüber, dann wurde auf einer Brücke
das Flüßchen Imbé passirt, und ebenso gleich darauf das
größere, Ururahi genannt. Hierbei diente von Campos an
beständig der „Morro da Lagoa de Jesus", ein Zobtenberg
im verjüngten Maßstabe, als Fanal, hinter welchem später,
gegen Abend, die Serra do Imbé im blaugräulichen Regen=
gewölk zum Vorschein kam. Die Urubús und die weißen
sowie die braunen großen Wasservögel, die über den Rei=
tern kreisten, zeigten die Nähe der Lagoa an. Auf den
Wiesen war es höchst unterhaltend, die schwarzen Anús
(Crotophaga major) zu beobachten, wie sie sich immer vor
den weidenden Kühen, Pferden oder Schweinen niedersetzten

ober vor denselben herliefen, als wollten sie ihnen das Futter zeigen. Man sah auch am heutigen Nachmittage die ersten, zwei bis drittehalb Fuß hohen, aus schwarzer Erde gebildeten Termitenhaufen, die sich am Wege erhoben, — wahrhafte Riesenwerke für ihre Erbauer, die winzigen weißen Ameisen! — Der Lehmboden, der allmälig in jene schwarze Gartenerde übergeht, verwandelt sich zuletzt in Sand. Ein großer Sumpf linkerhand schien der Rand der Lagoa de Jesus zu sein; auch wurde die Fazenda da Lagoa de Jesus um vier Uhr erreicht, und hier zehn Minuten angehalten.

Um halb sechs Uhr in die Nähe der, etwa eine Legoa von der Lagoa Feia gelegenen Fazenda Palmitar gelangt, kam die Gesellschaft mit Antonio etwas aneinander, weil derselbe plötzlich erklärte: er könne sie nicht in der versprochenen Zeit nach Rio bringen, indem sie bereits ein übermüdetes Pferd hätten, nämlich Herrn Theremin's ersten Braunen. Der eigentliche Grund war aber ein anderer. Als der Arrieiro den Kontrakt abschloß, mochte er überzeugt gewesen sein, die Fremden würden den ermüdenden Ritt nicht aushalten, und ihn selbst bitten, noch einige Tage zuzugeben. Jetzt war er aber durch den Augenschein belehrt, daß sich die Gesellschaft noch ganz frisch fühlte, und von einem Nachgeben ihrerseits schwerlich die Rede sein würde. Hierbei glaubte er nun wohl seine Rechnung nicht zu finden; auch krümmte er sich schon seit einigen Stunden auf seinem Pferde, und in der That schien seine schwache Brust für dergleichen forcirte Ritte nicht

gemacht zu sein. Gleichwohl mußte er diese Art des Rei=
tens sehr gewohnt sein; denn, ein geborner Portugiese,
hatte er während der Regierung Dom Miguel's nach den
Azoren flüchten müssen, von wo er sich später auf einem
amerikanischen Wallfischfänger nach Brasilien einschiffte.
Seit seiner Ankunft in diesem Lande hatte nun sein Ge=
schäft darin bestanden, sobald Sklavenschiffe in S. Joaõ da
Barra ankamen, nach Rio zu reiten und die Eigenthümer
davon zu benachrichtigen. Niemand kannte daher besser als
er diesen Weg, den er selbst, nach seiner eigenen Angabe,
schon öfter in drei Tagen zurückgelegt hatte.

Die Reisenden kehrten in Palmitar ein, wo der Ar=
rieiro ein anderes Pferd für das ermüdete einhandeln
wollte; aber es kam nicht dazu. — Man ruhte hier bis
um neun Uhr, während Strohmatten beschafft wurden, um
sie statt der fehlenden Unterdecken unter die Sättel zu legen,
da Antonio bei der Eile der Abreise fast lauter zu weite
genommen hatte, wodurch leider schon jetzt einige der armen
Thiere stark gedrückt waren. Um namentlich das ermüdete
Packpferd zu erleichtern, mußte jeder sein Päckchen auf's
eigene Pferd nehmen, und so ging es um halb zehn Uhr
in der erfrischenden Kühle der Nacht weiter. Sehr bald
war der kleine, noch nicht eine Legoa von Palmitar ent=
entfernte Rio Macabú erreicht, über welchen eine Fähre
schnell hinüberführte. Jetzt kam man durch Gestrüpp auf
eine glatte Ebene hinaus; zur Linken dehnte sich die Lagoa
Feia völlig wie der Spiegel des Meeres aus, mit rauschen=

der und schäumender Brandung; einzelne wundervolle Pal=
men standen daran, und der helle Mond spiegelte sich in
ihren Fluthen. Es war ein wahrhaft feenhafter Anblick!
— Die Pferde wurden matter. — Rechterhand war die
Serra noch immer sichtbar, als die Reiter nach einem Ta=
gemarsche von angeblich zwanzig Legoas um Mitternacht vor
einer Venda zu Quixamá (Guizaman), unweit der Lagoa
Feia, hielten. Antonio klopfte an; nach einigem Zögern
ward geöffnet und der Gesellschaft angekündigt, daß sie end=
lich ihr Nachtquartier erreicht habe. —

Quixamá hat sogar eine Kirche, hinter welcher sich in
geringer Entfernung die Serra erhebt; bis an den Fuß
derselben erstreckt sich eine weite Ebene. — Ein einäugiger
Grauschimmel, der am nächsten Morgen (13. October) ein=
gehandelt wurde, hielt die Reisenden bis dreiviertel auf acht
Uhr in der Venda zurück. Der sandige Boden, in welchen
ihre Pferde bis über die Fesseln einsanken, war von hier
an mit so wenig dichtem, so wenig verschlungenem Gesträuch
bewachsen, gerade so wie man es bei uns sieht; oft bedeckte
ihn nur niederes Gestrüpp von Zwergpalmen. Mit dem
besser werdenden Erdreiche wurde auch das Gesträuch höher,
und ging allmälig in Urwald über. — Schon anfangs hatte
Antonio einen kleinen, schmächtigen Braunen, der sich nicht
mehr schleppen konnte, am Wege stehen lassen, als man
gerade an einem weißen Mann vorüber trabte, dem er den=
selben empfehlen konnte. Später wurde auf einer Roça
im Urwald eine Viertelstunde angehalten, bei einem Sitio,

der vier Legoas von Quixamá entfernt ist, und mithin auf dem halben Wege nach Macahé liegt. Der Weg durch den Urwald vor und nach dem Halt war breit, die Bäume schön, auch fehlte es nicht an blühenden Sapucajas. Nächstdem folgten Capueira, Fazendas und Kaffeeplantagen; Zucker= pflanzungen dagegen waren in dieser Gegend fast gar nicht zu sehen. Bei dem Engenho Curibatiba, welches früher eine Verbrecher=Colonie gewesen sein soll, jetzt aber nur wenige Häuser zählt, wurde die Ebene durch leichte Terrain= wellen unterbrochen; auch war sie außerdem mit spitzen kleinen „Mamelons", oder Aufwürfen, von fünf bis sechs Fuß Höhe, bedeckt, die von den Ameisen herrühren sollen, von denen sich jedoch keine Spur mehr vorfand.

Der Sandweg durch die nun folgende Capueira und die immer drückender werdende Hitze ermüdeten den Schim= mel, welchen der Diener des Prinzen ritt, dermaßen, daß der Reiter absitzen und sein Streitroß vor sich her treiben mußte. — Die ermüdeten Thiere nöthigten den Führer, noch vor Macahé, bei der Venda do Barreto anzuhalten. Hier ward dinirt und auf das Wohl der durchlauchtigen Mutter Seiner Königlichen Hoheit getrunken, deren Geburts= tag heute war.

Als die Gesellschaft um fünf Uhr ihre Reise auf einem breiten Wege durch die Capueira fortsetzte, in der sich wie= der hohe Cactusstangen zeigten, hörte man das Rauschen der See hinter den Büschen; darauf öffnete sich ein Durch= blick auf das Meer und auf einige Inseln; dann wieder

war alles rings umher Capueira, bis zur Fähre von Ma=
cahé. Hier angelangt, sahen die Reiter einen sandigen
Strand mit flachen Dünen vor sich ausgebreitet, von der
Mündung des Rio Macahé durchbrochen, auf deren anderer
Seite das gleichnamige Städtchen beginnt, das sich am
Fuß einer niedern, gegen die See vorspringenden und durch
drei kleine Inseln im Meere scheinbar fortgesetzten Hügel=
kette hinzieht, die eine sich weit öffnende Bucht umschließt.
— Nachdem Antonio in Macahé wiederum ein Pferd
zurückgelassen, trabte man um sieben Uhr, durch kühlende
Getränke erfrischt, auf dem von Büschen eingefaßten Sand=
wege munter weiter, während zur Linken das Rauschen der
See vernehmbar war. Dazu schien der Mond hell, und
spiegelte sich bald darauf in der Lagoa de Boacica, die
man umritt. Auf der Landseite ist dieselbe von bewaldeten
Hügeln eingefaßt, nach der See zu dagegen sind ihre Ufer
kahl; nur hohe Aloës und Cactus starrten hier zu dem
Nachthimmel empor. — Die Pferde glitten auf dem
schlüpfrigen Boden, den das Wasser der Lagoa bespülte.
Ein kleiner, schmaler Arm derselben wurde durchritten, ehe
man den „Mato de Boacica" (Boassica), einen schönen Ur=
wald, erreichte, durch den der Weg endlich die sehr Ermü=
deten nach dem, zwischen jenem See und dem kleinen Rio
das Ostras gelegenen einzelnen Hause Frexeiras führte,
das etwa um zwei Uhr, nach einem Ritt von elf und einer
halben Legoa, erreicht, und wo das Nachtquartier aufge=
schlagen wurde.

Um halb sieben Uhr, am 14. October, setzte sich der
Zug wieder in Bewegung, und bereits nach etwa hundert
Schritten wurde der ewige Zuckeltrab wie alle Tage angenommen. Der Ritt ging über eine weite, sandige, mit
leichtem Buschwerk und Zwerg- oder Feldpalmen bewachsene
Ebene. Zu ihrer Rechten hatten die Reiter wieder eine
blaue Hügelkette, vor sich aber einen einzelnen charakteristischen Hügel, den Morro de S. João. Die drei und
eine halbe Legoa nach Barra do Rio de S. João kamen
ihnen bei der brennenden Sonnenhitze allerdings etwas lang
vor, wenigstens dem Prinzen, der sich seinen schweren „Peajacket" hatte umhängen müssen, weil er sein vielfach gedrücktes Rößlein sehr durchzuscheuern anfing.

Das kleine Oertchen liegt am linken Ufer des kleinen
gleichnamigen Flusses, welcher an seiner Mündung völlig
den Eindruck einer Lagoa macht, die durch eine flache sandige Nehrung von der See getrennt zu sein scheint. Mitten
aus jenem begrenzenden Sandstreifen glaubt man einen
schwarzen Fels, mit einem Hause darauf, sich senkrecht erheben zu sehen, während man links davon ein Kirchlein
auf einem Sandhügel gewahrt, an welches das Oertchen,
das Haff auf der Nordseite umschließend, sich anreiht.
Ueber die Nehrung hinweg erblickte man eine Bergreihe,
die in weiter Ferne am Seehorizont aufstieg, und davor
ein paar Briggs und einen Schooner, vor dem Winde segelnd und gerade auf die eben beschriebene Nehrung zu-
steuernd, als wollten sie geflissentlich auf den Strand setzen.

Da holte plötzlich der Schooner an den Wind, und, o
Wunder! segelte mitten durch den Sand hindurch, und zwar
hart diesseits am Fuße des Felsens vorüber, halsete, und
ließ den Anker neben einer in der vermeinten Lagoa gean=
kerten Sumaca fallen. Die beiden Briggs folgten in seinem
Kielwasser, unseren Reisenden so die Mündung des Rio de
S. Joaõ zeigend, die ihnen sonst ein Räthsel geblieben
wäre. — Darauf passirten sie den Fluß in Booten, während
die Pferde hindurchschwammen, und ein Ritt von einigen
Stunden durch tiefen Sand und niedern Urwald oder Ca=
pueira mit schönen blühenden Orchideen, brachte sie nach
dem drei und eine halbe Legoa entfernten Campos novos
oder Fazenda del Rey. Auf einer großen Wiese erhebt
sich, eine sanfte Anhöhe krönend, die ansehnliche, mit einem
dicken, zugespitzten Kirchthurm gezierte Fazenda, zu deren
Füßen eine Menge kleiner, dazu gehöriger Häuser der
grünen Matte entsprießen. In einem derselben wurde Mit=
tag gemacht und dann, neu gestärkt, um fünf Uhr der Ritt
fortgesetzt, bis zu einem, eine Legoa entfernten, aus Lehm=
wänden im charakteristischen Baustyle der Provinz Rio de
Janeiro aufgeführten, unter Orangenbäumen anmuthig gele=
genen Hause. Hier tauschte Antonio einen guten Roth=
fuchs gegen einen großen, sehr ermüdeten Gelbbraunen ein,
was um so nöthiger war, als auch der übrig bleibende
Braune, „das Reh" titulirt, sich fast nicht mehr schleppen
konnte. Nach abgeschlossenem Handel ging's im Sande
fort und wieder durch Capueira. Mit Eintritt der Dunkel=

heit erreichte man, unweit Albea de S. Pedro, das Ufer
der großen Lagoa d'Araruáma, und erfrischte sich in einer
Venda durch einen Poncho, ein sehr kühlendes, aus Wasser,
Caxaça, Zucker und Citrone bereitetes Getränk.

Der Zug wandte sich jetzt, nachdem man von Campos
an fast unausgesetzt nach Süden geritten war, plötzlich nach
Westen, und trabte, der veränderten Richtung der Küste
folgend, bei prachtvollem Mondschein noch mehrere Stunden
lang auf dem festen Sande, am flachen, von Wald entblöß=
ten Ufer der Lagoa hin, welche nach der See zu durch eine
Dünenreihe begrenzt wird, die sich scheinbar gegen das Meer
öffnet. Allerdings hat das Haff eine solche Oeffnung, einen
Zusammenhang mit dem Ocean, aber nicht auf seiner Süd=
seite, welche jetzt gegenüber lag, sondern im Osten, bei der
Villa do Cabo Frio (Assumpçaõ); denn die Lagoa d'Ara=
ruáma ist der „Inlet", die Bucht, welche Cabo Frio zur
Halbinsel macht. — Das stolpernde „Reh" führte die Co=
lonne, aufgemuntert durch die Schläge, mit denen es stets
einer der beiden Diener antreiben mußte, welche dabei selbst
ihre letzten Kräfte erschöpften. Auf den antreibenden
„Knappen" folgte Antonio, niedergedrückt durch den Ge=
danken, das Versprechen, welches er hinsichts der schnellen
Beförderung gegeben hatte, schwerlich halten zu können;
und dann kam die stets muntere, singende Reisegesellschaft
in „einem Gänse=Marsch", den wiederum ein anderer schwer=
müthiger Diener beschloß.

Einige Male verließ der Pfad das Ufer der Lagoa,

um einige Legoas weit ein buschloses, freies Terrain zu durchschneiden und dann wieder zu dem Haff zurückzukehren. Da lag auf einmal um die Mitternachtstunde ein dichter Nebelstreif vor den Reitern, auf welchem eine Kirche zu schwimmen schien. Sie ließen dieselbe rechterhand, und hielten gleich darauf an einer Lache, in die Einer nach dem Andern hineinritt, um, nach Antonio's Anordnung, sein Pferd zu tränken. Es war daraus zu schließen, daß man noch einen weiten Weg vor sich hätte; um so größer war daher die Ueberraschung, als einige Minuten darauf eine Fazenda, de Parath genannt, am Ufer der Lagoa erreicht wurde und Antonio der Gesellschaft in deren Nähe ein Unterkommen in einer kleinen Venda, einer Art Scheune, verschaffte, wo sie die Nacht auf einem, in der Ecke des Zimmers aufgeschütteten Haufen türkischen Korns zubrachte. — Nach seiner Angabe hatte man heute funfzehn Legoas zurückgelegt.

Am 15. October, früh um fünf Uhr, wurde der Aus= zug aus der Fazenda de Parath gehalten, doch ohne „das Reh", welches hier zurückbleiben mußte, worauf man anfangs wieder, dem Ufer der Lagoa d'Araruáma folgend, eine klare Aussicht auf den abgerundeten Berg von Cabo Frio genoß, so wie auf den am Fuße desselben aufsteigenden kleinen, kegelförmigen Hügel. Dann gelangte man, der endlosen, nur mit Cactus und Aloë umsäumten Lagoa Lebewohl sa= gend, zuerst in Capueira, und bald darauf, mit dem besser werdenden Boden, in schönen Urwald, wo die prachtvollsten

Tillandsien den Blick fesselten, von einer Größe und Schönheit, wie sie Prinz Adalbert, außer auf diesem Ritt durch
den Küstenstrich der Provinz Rio de Janeiro, sonst nirgends
in Brasilien gesehen hat. Nach und nach geht diese waldige Ebene in ein mit Kaffee bebautes Hügelland über.
An der Venda Aternado hielten die Reiter, im Angesicht
der niedern, waldbedeckten Serra de Bacaxa, einen Augenblick an, und nicht lange danach bei einem andern Wirthshause, wo Antonio zufällig einen Fazendeiro traf, bei
welchem er früher einmal gedient hatte. Den traurigen
Zustand der Pferde gewahrend, und die Verlegenheit des
Arrieiro richtig würdigend, saß der freundliche Fazendeiro
sogleich ab, und lieh ihm auf der Stelle seinen dicken
Schimmel.

Der heiße Vormittag wollte gar nicht enden, und die
Zeit wurde herzlich lang, um so mehr, da man fast die
ganze Lagoa de Saquaréma (Sequaréma) umreiten mußte,
wobei die, auf einer Sanddüne nach der See zu gelegene
Kirche der gleichnamigen Freguezia mehrere Stunden lang
im Gesicht blieb, indem sie den Mittelpunkt des Bogens
bildete, den das Haff zu beschreiben nöthigte. Die ermüdeten Pferde kamen kaum mehr von der Stelle, und die
Reiter selbst fingen vor Müdigkeit an, im Eifer des Antrei-
bens zu erschlaffen.

Endlich wurde ein schmaler Uebergangspunkt und eine
Fähre gefunden, welche die Reisenden schnell auf's andere
Ufer der Lagoa führte, dem sie nun, Saquaréma den Rücken

kehrend, folgten, im Angesicht der Serra do Mato Grosso, einer anmuthigen Bergkette, welche sich jenseits des schönen Wasserspiegels hinzieht. Etwa nach einer Stunde war die Fazenda Mandetiba oder Manietiba erreicht, woselbst sie zu Mittag aßen und ihren müden Thieren einige Stunden Rast gönnten. — Als erste Gesundheit dieses, der ganzen Gesellschaft und dem Prinzen speciell, in so vieler Beziehung werthen Tages, wurde die des geliebten Königs von Preußen voll freudiger Dankbarkeit ausgebracht, um so mehr, da man seiner Gnade auch diese so höchst interessante Reise zu verdanken hatte. Dann folgte die der durchlauchtigsten Schwester Seiner Königlichen Hoheit, der Königin Marie von Baiern, und noch mehrere andere.

Nachdem Antonio sämmtliche Sättel gewechselt und jedem Pferde einen andern Reiter zugetheilt hatte, verließ man Mandetiba und trat den Weiterritt an, der heute Nachmittag durch die schönste Gegend führte, welche die Gesellschaft seit Campos gesehen hatte. Es ging nämlich durch ein breites, reizendes Thal der Serra do Mato Grosso zu, an deren Berghängen zur Seite sich die höchsten Urwaldstämme erhoben, während man unten im Thale nur kleine Urwaldstriche passirte, die sich namentlich durch die großen rothen Blüthen der in Gruppen beisammen stehenden Heliconien auszeichneten. Hierauf ward die Serra zu Fuß überschritten. Oben auf dem höchsten Paß angelangt, blickten die Reisenden von dem Rücken der Serra in ein ähnliches breites Thal hinab, wie das, welches sie eben verlassen hatten, und entdeckten an dessen Ende, obgleich nicht ohne einige Mühe, die Lagoa von Maricá, und dahinter in weiter Ferne die See.

Als sie am jenseitigen Fuße des Berges wieder aufgesessen waren, beschien die untergehende Sonne statt des wohlgeordneten Trupps ein über das ganze Thal zerstreutes Häuflein. Auch ging sehr bald der von ihnen längst verwünschte Zuckeltrab in eine Gangart zwischen Schritt und Stillhalten über, und mehrere Pferde lahmten entschieden, eine Erscheinung, welche glücklicherweise auf der ganzen dreiwöchentlichen Tour seit Rio noch nicht vorgekommen war. Mit einem Wort, es schien hohe Zeit zu sein, daß man Maricá erreichte. Dies leuchtete auch dem Arrieiro ein, dem die Gesellschaft es überlassen hatte, ob er sie diese Nacht noch bis Praya grande führen wollte, was eigentlich geschehen mußte, wenn er seinen Kontrakt pünktlich erfüllen wollte, oder ob er es vorzog, hier zu übernachten. — Er wählte das Letztere, und nicht zum Schaden der Reisenden, die in Maricá, nach einer Tagereise von zwölf Legoas, ein vortreffliches Nachtquartier, eine gut bereitete Mahlzeit und, seit Monsieur de Luze's Fazenda, wieder die ersten ordentlichen Betten fanden; denn bisher hatten sie entweder in Bettstellen auf Matten oder auf der Erde geschlafen, wobei ihre gewöhnliche Nahrung aus „Gallinha com arroz" (Huhn mit Reis), aus „Feijões" (schwarzen Bohnen), aus „Rosca" (einer Art harten Brodes) und aus hamburger Bier oder Ale bestanden hatte. Die Pferde erhielten dagegen während der ganzen Zeit nichts als Milho und Capim oder Angola = Gras. —

Ein frischer Duft lag auf dem Wiesenthal von Maricá, das sich in seiner ganzen Schönheit vor den Reisenden aus= breitete, als sie, am 16. October, bei Sonnenaufgang ihren letzten Marschtag nach dem nur noch sieben bis acht Legoas entfernten Rio begannen. — Eben jene zusammenhängende Reihe sonderbarer Kegelberge, die sich den Schiffen, welche Rio ansegeln, im N.=O. zeigen, während die letzteren im Norden den sogenannten Riesen „machen", dehnen sich im Osten bis an diese Wiesen aus. — Zwischen diese Kegel nun bog man in's Land hinein, und trat in einen schattigen Urwald ein, wo ein Bach längs des Weges dahinfloß, den ein dichter Busch von prachtvollen Daturas (Datura arbo- rescens, die auch bei uns viel in Töpfen gezogen wird), mit schneeweißen Glocken, anmuthig einfaßte; auch war an anderen schönen Blumen hier kein Mangel. An diesen Urwald schlossen sich Kaffeepflanzungen an; dann folgten Wiesen mit Fazendas. Hierauf ging der Fußsteig in einen Fahrweg über; — noch eine Stunde, der Weg bog links um eine Ecke, und der Kegelberg im Norden von Praha grande, Morro da Armação genannt, lag der Gesellschaft vor Augen. Es war Mittag, als sie in das Städtchen ein= ritten, entzückt und auf's neue hingerissen von dem herrlichen Anblick der Bucht von Rio de Janeiro mit dem weiten prachtvollen Panorama der Stadt, nebst der dahinter in anmuthiger Herrlichkeit sich erhebenden Kette des Corcovado

unb ber Tijuca. — Am Eingange von Nitherohh begegneten
sie Monsieur Boulanger, ihrem freundlichen Wirth aus
Sta. Anna, der mit einem hier eingehandelten Füllen so
eben heimkehren wollte.

So hatten sie denn glücklich die fünfundvierzig deutsche
Meilen in vier und einem halben Tage zurückgelegt; dafür
kamen aber von den neun Pferden, mit denen sie aus S.
João do Parahyba ausgezogen waren, nur vier bis Praha
grande, da die fünf anderen nach und nach unterwegs hatten
zurückgelassen werden müssen.

Während das kleine Dampfboot die Heimkehrenden
schnell nach der Hauptstadt hinüberführte, vermißten sie den
„Malabar", der die Rhede verlassen hatte und, wie man
ihnen erzählte, nach Montevideo abgegangen war; auch suchten
sie vergebens den von seinem Kreuzzuge gegen die Sklaven=
schiffe noch nicht zurückgekehrten „Growler".

Dies waren die ersten in die Augen fallenden Neuig=
keiten. — Im Hotel Pharoux nahm man ein sehr heiteres
Diner ein, während dessen Briefe aus Europa anlangten,
was natürlich die gute Laune noch bedeutend erhöhte. Dann
fuhr der Prinz mit seinen Reisegenossen nach der reizenden
Mangueira hinaus. —

Ungeachtet der Growler schon zwei Tage nach der
Rückkehr des Prinzen auf der Rhede von Rio eintraf, so
vergingen dennoch zehn Tage, bis derselbe von neuem segel=
fertig war, und die Abreise zog sich dadurch bis zum
30. October hin. Ueber die Erlebnisse in dieser Zwischen=

26*

zeit erfahren wir aus dem Tagebuche Seiner Königlichen Hoheit Folgendes:

„Vor allem," bemerkt der Prinz, „muß ich des 19. Octobers erwähnen, als des kaiserlichen Namenstages, der mir gewiß unvergeßlich sein wird. Am Morgen desselben fuhr ich bereits vor zehn Uhr nach S. Christovão zur Gratulation. Seine Majestät waren von einem leichten Unwohlsein noch nicht völlig wieder hergestellt, empfingen mich aber dessen ungeachtet sehr huldvoll, und hatten die große Güte und Gnade, mir, mit den freundlichsten und herzlichsten Worten, ein von Ihnen selbst in Oel gemaltes, sehr gelungenes Portrait Friedrich's II. zu schenken. Dieses mir so theure Andenken ziert jetzt meinen Salon in Monbijou, und so oft ich es ansehe, gedenke ich mit inniger Dankbarkeit des freundlichen Gebers, durch dessen huldvolle Aufnahme mir der Aufenthalt in dem schönen Brasilien noch um so viel lieber geworden ist."

Am folgenden Morgen ritt Prinz Adalbert, ohne eine bestimmte Absicht, schon früh der Stadt zu. Unter der Wasserleitung fortreitend, schlug er die Richtung auf S. Christovão ein, bog aber bald links ab, und erstieg den vereinzelten, bereits früher erwähnten Fels von Engenho velho. Die berühmte Aussicht, deren man hier oben genießt, verdient ihren Ruf vollkommen, denn unstreitig gehört sie zu den schönsten um Rio. Die eine Hälfte des prachtvollen Rundgemäldes bildet die luftige Kette des Corcovado und der Tijuca, während auf der anderen Seite die lachende

Ebene, welche den einzeln stehenden Fels gleich einem para=
diesischen Garten umgiebt, sich weithin erstreckt, gen Norden
und Osten umsäumt von dem reizenden Golfe von Nithe=
rohy, der, von hier oben gesehen, wie ein lieblicher Landsee
erscheint. Das Häusermeer der prächtigen Hauptstadt schiebt
sich, mit den Höhen, die es umgeben, gegen die Bai vor,
dieselbe scheinbar in zwei ungleiche Arme theilend. Jenseits
des kleineren gewahrt man die Berge bei Praya grande,
und dahinter die nach Maricá und dem Macacú zu gelege=
nen Hügel und Kegel, welche der Prinz jetzt als alte Be=
kannte begrüßen konnte. Je weiter nach Norden, um so
mehr erweitert sich der glatte Spiegel des Meerbusens.
Hier steigt am jenseitigen Ufer das Orgelgebirge, gleich
Orgelpfeifen, an, später einen langen, durchsichtig=blauen
Rücken bildend, während am diesseitigen Strande sich das
Lazarus=Hospital, jenes große, hochgelegene Gebäude, vor
allen auszeichnet, und S. Christovão sich kurz vor dem Ende
der Bai am Rande der großen Ebene erhebt.

Von Engenho velho schlug der hohe Herr den Weg
nach den Tijuca=Fällen ein, welcher sich anfangs in dem
Thale zwischen dem Corcovado und der Tijuca fortzieht.
Doch er war kaum zehn Minuten geritten, als er, der
großen Hitze wegen, einen Augenblick in eins der vielen
Häuser, welche die Straße einfassen, in eine Venda links
am Wege einkehrte, deren Wirth sich sehr bald als ein
Spanier zu erkennen gab. Während des Prinzen Pferd
seinen Hunger stillte, stärkte er selbst sich durch Orangen,

Brod und Bananen, und erzählte seinem Wirthe von Gra=
nada, Cadiz und Sevilla, was viele theure Erinnerungen
in ihm zu wecken schien. Darauf zeigte ihm der Prinz
seinen rothen Stock aus Sevilla. Er ergriff denselben mit
sichtbarer Rührung, trug ihn in's Nebenzimmer, und sagte,
als er ihn wiederbrachte, er hätte nicht unterlassen wollen,
den Stock gleichfalls seiner Frau zu zeigen, die eben so
glücklich gewesen wäre, ihn in die Hand nehmen zu können,
als er selbst. —

Nicht lange, so galoppirte Prinz Adalbert wieder
das Thal aufwärts und ritt, kurz bevor er den Sattel er=
reichte, der die Tijuca mit den Ausläufern des Corcovado
verbindet, etwa hundert Schritt weit durch schöne Urwald=
Vegetation, die beim Zurückblick einen herrlichen Rahmen
zu dem schmalen, prachtvollen Gemälde von Rio de Janeiro
bildete, welches sich jetzt erschloß. — Auf die Höhe des
Passes gelangt, trifft man wieder einige Häuser. Hier ist
die Wasserscheide, welcher einerseits der Rio Maracaná ent=
strömt, der hier oben rechterhand des Weges nach der Ti=
juca zu den sogenannten „kleinen" Wasserfall bildet, derselbe
Bach, an dem der Weg von Engenho velho aufwärts führt,
während nach der entgegengesetzten Richtung ein anderes
Wasser der mit dem Meere verbundenen Lagoa da Tijuca
(Lagoa de Comorim) zueilt, auf halbem Wege etwa unter
dem Namen des „großen" Tijuca=Falles über Felsblöcke
herabstürzend. Geradeaus reitend folgte der Prinz diesem
letztern Bache in das Thal, welches sich zwischen der﹐sel=

figen Gavia und dem südöstlichen Hange der Tijuca hinab=
senkt. Vor sich hat man die Lagoa, und hinter ihr dehnt
sich die See aus; doch so schön das Thal selbst ist, so we=
nig belohnend zeigt sich der Wasserfall. — Es war schon
lange dunkel, als der hohe Reisende, auf dem nämlichen
Wege heimkehrend, wieder in der Mangueira eintraf.

Tages darauf wiederholte der Prinz den Ritt nach der
Tijuca, und zwar in Begleitung seiner Reisegefährten, die
diese Parthie noch nicht kannten; auch besuchte er heute den
höher gelegenen kleinen Wasserfall, welchen er gestern we=
gen Mangels an Zeit nicht gesehen hatte. Diesmal nahmen
sie den Weg längs der See, wobei sie die Gavia umritten.
Zuerst gelangten sie über Botafogo zum Jardim botanico,
welchen sie näher in Augenschein nahmen. Eine Allee von
neuholländischen Casuarinas führt den Fremden in den mit
vielem Geschmack gepflanzten Garten ein, dessen Lage unter
der senkrechten Wand des Corcovado wahrhaft reizend zu
nennen ist. Man zeigte ihnen hier unter andern den Brod=
baum, die Gewürznelke, den Muscatnußbaum, den Zimmt=,
den Kampfer= und den Cacaobaum, ferner eine große Thee=
pflanzung, die einst auf Veranlassung des Ministers Conde
de Linhares durch hierher berufene Chinesen eingerichtet
worden war, und außerdem noch verschiedene, dem Prinzen
neue Palmenarten. — Vom botanischen Garten wurde der
Weg nach Luiz Francez eingeschlagen, der Seiner König=
lichen Hoheit schon durch einen am 10. September unter=
nommenen Ritt bekannt war; aber die Gegend zeigte sich jetzt

in einem ganz andern Lichte, als das erste Mal, wo schwe=
res Regengewölk die colossale Wand der Gavia, welche heut
die schon an sich anmuthige Küstengegend zu einer der
schönsten um Rio machte, den Blicken entzogen hatte. Die
Gavia umreitend, und der grünen See, welche die Reiter
so lange zur Linken begleitet hatte, den Rücken wendend,
stiegen sie zur Lagoa da Tijuca hinab. Hier schifften sie
sich in Canoas ein und gelangten, während die Pferde
schwammen, an die Mündung des Thales, in welchem der
große Fall der Tijuca liegt. — Nach dem Mittagessen, das
in einer nahen Venda eingenommen wurde, machten sie sich
wieder auf den Weg; die Paßhöhe war bald erreicht, und
dann bogen sie links ab nach dem kleinen Falle, der übri=
gens bedeutend höher und viel malerischer als der große
ist, und höchst romantisch in einem engen, vom schönsten
Urwalde umschlossenen Kessel liegt. — Es war wieder Nacht
geworden, als die Gesellschaft in die Mongo=Allee ihrer
freundlichen Chacara einritt.

Da die Zeit Seiner Königlichen Hoheit leider keinen
Ausflug mehr auf die Orgaos gestattete, so wollte der Prinz
wenigstens einen Versuch machen, dies merkwürdige Gebirge
etwas mehr in der Nähe zu sehen, und fuhr, in Begleitung
des Herrn Theremin, am 24. October auf dem kleinen
Dampfer nach Piedade, bis an das äußerste Ende des
Golfes. Zu großem Leidwesen aber entzogen sich gerade
heute die Orgaos, die in dichtes Regengewölk gehüllt waren,
wiederum den Blicken. Ohne diesen malerischen Hintergrund

verlieren aber die vielen, nach dieser Richtung liegenden Inseln sehr an Reiz. Auch Paqueta, welches man anlief, sonst ein Lieblings-Vergnügungsort der Bewohner Rio's, machte unter diesen Umständen einen traurigen Eindruck. Zu Piedade, von wo man wenigstens einen freundlichen Blick auf die Bai, die Berge an der Einfahrt und auf die Hügel der Ostseite genoß, ward der Prinz von Herrn Moritzsohn aus Danzig sehr freundlich und herzlich aufgenommen. Derselbe hatte so eben in Minas seine Frau verloren, die ihm ein paar schöne, frische Knaben hinterlassen hatte. — Auf dem Rückwege stellte sich heftiges Regenwetter ein.

Am 28. Abends nahm Prinz Adalbert von dem reizenden Botafogo Abschied. Vierundzwanzig Stunden später fuhr er in der großen Staats-Karosse zum Ball nach S. Christovão, welchen Seine Kaiserliche Majestät, um Ihrem hohen Gaste noch einen letzten Beweis Ihrer Gnade zu geben, zur Feier des Geburtstages Seiner Königlichen Hoheit veranstaltet hatten. — Nach dem Balle empfahl sich der Prinz beim Kaiser, welcher ihn außerordentlich freundlich und huldvoll entließ. Dann rollte der Prinz zum letzten Male der Stadt zu. — Mitternacht war lange vorüber, als er an Bord des „Growler" anlangte.

Am 30. October ward es frühe Tag. Um 5 Uhr 40 Minuten wurde der Anker unter den muntern Klängen eines „scotish reel", den der Pfeifer aufspielte, gehoben. Es war ein schöner Sonntagsmorgen. Noch einmal zeigte

sich die Bai in voller Pracht. Um sechs Uhr setzten alle
Batterien und sämmtliche Kriegsschiffe die Flaggen und
salutirten die preußische, die vom großen Topp des Growler
wehte. Eigen war es, daß auch gerade das erste Schiff,
dem man heute draußen unter Segel begegnete, eine preu=
ßische Bark war, die kurz vorher Rio verlassen hatte.

Bald lagen Sta. Cruz und der Zuckerhut hinter den
Scheidenden; nun dampften sie zwischen den reizenden Pal=
meninseln do Pay und da May (Vater= und Mutter=Insel)
hindurch, und steuerten sodann, dem östlichen und südöst=
lichen Winde zum Trotz ihren Lauf gen Osten nehmend,
längs der Küste hin. Um 10 Uhr 30 Minuten folgte
„Mustering by Divisions", woran sich' der Gottesdienst
reihte, der darin bestand, daß in Ermangelung eines Geist=
lichen Capitain Buckle selbst eine Predigt las. Schon
während derselben bemerkte Prinz Adalbert, wie die
„Ausgucker" unruhig wurden, abwechselnd das Fernrohr
ergriffen und dasselbe auf einen Punkt am Horizont rich=
teten. Kaum war der Gottesdienst beendigt, als die frohe
Kunde von Mund zu Munde ging, das englische Packet,
das schon seit mehreren Tagen erwartet wurde, sei in
Sicht. Schnell stieg ein Signal in die Höhe, das ferne
Fahrzeug machte das Gegensignal, und alle Zweifel waren
gehoben, als es seine Nummer in der „Navy list" setzte,
sich auf diese Weise als Ihrer brittischen Majestät Brigg
„the Expreß" ankündigend. Den möglichen Fall dieser
Begegnung auf offener See voraussehend, hatte der eng=

lische Gesandte, Mr. Hamilton, die Gefälligkeit gehabt, dem hohen Reisenden die Erlaubniß zu ertheilen, seine und des Growler Briefe aus den Briefsäcken des Packets nehmen zu lassen; jedoch unter der Bedingung, daß letztere mit dem Siegel des Prinzen wieder zugemacht würden. — So steuerte man denn, bei größter Hitze, gerade auf die Brigg zu, die auf den Flügeln des Passats leicht daher gesegelt kam, und gab ihr das Signal, beizudrehen, was sie auch sogleich that. Der Growler stoppte die Maschine, und Capitain Buckle, der Prinz und seine Reisegefährten sprangen in das Boot, das sorglos neben dem schweren Rumpf des rollenden Dampfers tanzte, der es jeden Augenblick in die Fluthen hinab drücken zu wollen schien. Nun stieß man ab, und die Brigg, hinter welcher sich in der Ferne das Kirchlein von Saquaréma auf sandigem Strande erhob, war bald erreicht. Der Befehlshaber der Brigg, der ächte Typus des altgedienten englischen Schiffs-Lieutenants, trat den Reisenden höflich entgegen, obgleich etwas verwundert über das unerwartete Signal des Grow-ler. Seine Züge erheiterten sich aber merklich, als er in Capitain Buckle einen alten Freund und „Messmate" erkannte. Die Midhsipmen drängten sich neugierig um's Fallreep; der Mate fühlte sich in der Würde des „Zwei-ten im Commando", der Bootsmann hielt die Pfeife, jedes Winks gewärtig, an die Lippen, und die frische Mannschaft stand an den Brassen bereit, während die Passagiere, Herren und Damen, gesenkten Hauptes und mit langen

Gesichtern, gleich unglücklichen Schlachtopfern dastanden.
Ihre noch vor wenigen Minuten so kühnen Hoffnungen,
das lang ersehnte Ziel noch heute vor Einbruch der Nacht
zu erreichen, waren plötzlich zertrümmert, und unsere Rei=
senden die grausamen Barbaren, die sie von neuem in alle
Qualen und Gefahren der Seereise zurück gestürzt hatten.
— Gerührt von diesem wahrhaft herzzerreißenden Anblick,
ersuchte Prinz Adalbert den commandirenden Lieutenant,
seinen Cours fortzusetzen. Auf einmal war Alles Leben
an Bord des „Expreß", die Pfeife erklang, und mit einem
kräftigen Zuge ward vollgebraßt; — da plötzlich erheiterten
sich die Züge der Passagiere, und nun wurden sie ebenso
redselig, wie sie vorher stumm gewesen waren. — Doch
für den Prinzen und seine Begleiter war kein Bleiben
mehr auf dem Verdeck; sie eilten hinunter, die Briefsäcke
zu öffnen, welche bald aus allen Ecken des Schiffes herbei
geholt und auf dem Tische der Cajüte aufgestapelt waren.
Unter Lachen und Scherzen ging's an die Arbeit. Alle
Offiziere der Brigg setzten sich dazu und so war denn das
„Cabinet noire" in aller Form constituirt. „The Grow-
lers letter bag" wurde zuerst in Sicherheit gebracht; aber
nicht so schnell machte es sich mit den eigenen Briefen,
denn, wie es immer zu gehen pflegt, wenn man etwas
eifrig sucht, die an Prinz Adalbert und dessen Reisege=
fährten gerichteten Briefe fanden sich erst ganz unten auf
dem Boden des letzten Sackes.

Erst nachdem alle Briefsäcke auf das gewissenhafteste
wieder zugesiegelt waren, sagte der hohe Herr den freund=
lichen Offizieren und der fröhlichen Gesellschaft des Packets
Lebewohl, und ruderte dem Growler wieder zu, der, in=
zwischen ein paar Seemeilen zurückfahrend, die Brigg zur
Seite begleitet hatte. — Als nun die Reisenden, reich be=
laden mit Briefen und Zeitungen, wieder an Bord des
Dampfers anlangten, stellte sich allgemeine Heiterkeit bei
Offizieren und Leuten ein.

IX.

Amazonas und Xingú.

Wir entnehmen zunächst dem Tagebuche Seiner Königlichen Hoheit das nachfolgende oro-hydrographische Gemälde
von Süd-Amerika:

Der erste Blick, den wir auf die Karte von Amerika
werfen, zeigt uns zwei mächtige Continente, durch eine
schmale Landenge mit einander verbunden. Reich an großartigen Vulcanen und schneebedeckten Riesenbergen, bald in
einfacher Reihe, bald in mehrfachen, durch mächtige Knoten
verbundenen Ketten einen Raum von 2100 Meilen *) vom
Cap Hoorn auf Feuerland bis zur Mündung des Macken-
zie in das nördliche Eismeer, durchlaufend, — eine Länge,
die der Entfernung von Cap Finisterre in Galicien bis
zum Ost-Cap von Asien gleichkommt, bildet die anfangs in
geringer, später unter dem Namen der Oregon- oder Rocky-
Mountains in weiterer Entfernung an den Küsten des
Stillen Oceans hinziehende Felsenmauer der Anden den

*) Hier, wie auf den folgenden Seiten, sind unter Meilen stets
deutsche, funfzehn auf einen Grad, und unter Fuß stets pariser Fuße zu
verstehen.

Grath, an den die Neue Welt sich lehnt, und die Brücke,
welche ihre beiden Hälften verbindet. Obgleich sich die
höchsten Gipfel dieses Gebirges, des längsten der Erde, im
Freistaate Ecuador bis zu 20,000 Fuß, in Chili gegen
22,000 Fuß, und in Bolivien sogar gegen 24,000 Fuß erheben, so setzt dasselbe, nach kurzer Unterbrechung, doch nur
als niedere, unzusammenhängende Reihe von noch nicht
500 Fuß Höhe erreichenden Granitflügeln über den Isthmus von Panama und trotzt somit gerade in seinem niedrigsten Theile dem Andringen der zum Golfstrom vereinten
Wasser des Atlantischen Oceans, die diesen Riesendamm
hier an seiner schwächsten, nur 6¼ Meilen breiten Stelle
seit Jahrtausenden vergeblich zu durchbrechen trachten. —
Doch die Cordilleren stehen unbeweglich fest! Nicht umsonst scheint sich ihnen mithin ein Spalt in der Erdrinde
geöffnet zu haben, der, vom 55.° südlicher bis zum 68.°
nördlicher Breite aufklaffend, mehr als den dritten Theil
des Erdumfangs maß; denn heute noch erfüllen sie ihren
erhabenen Zweck: einem ganzen Welttheil als Stütze, man
möchte sagen als Rückgrat zu dienen. — Wenngleich jener
schmale Damm zwischen zwei Meeren allerdings an einigen
Stellen vollständig durchbrochen zu sein scheint, und wenn
es selbst Menschenhänden gelingen sollte, einen Canal durch
die Landenge von Darien hindurchzuführen, — der in diesem Jahrhundert des Dampfes und des Handels für die
Umschiffung unseres Planeten und den großen Weltverkehr
auf seiner flüssigen Decke von nie geahnter Wichtigkeit, ja

sogar einst zum Zankapfel der civilisirten Völker werden
kann, — so ist doch ein so unbedeutender Einschnitt, wie
dieser, nicht im Stande, die Grundvesten der Anden der=
gestalt zu erschüttern, daß man an ihrer ferneren Herrschaft
über die Meere irgend zu zweifeln berechtigt wäre.

Fassen wir jetzt die Gestalt Süd=Amerika's näher in's
Auge, so erscheint uns dieses Festland, abgesehen von seiner
isthmischen Verbindung mit Nord=Amerika, als eine Trina=
cria im Großen, indem es, die wenig bedeutenden Einbuch=
tungen abgerechnet, fast ein rechtwinkliges Dreieck bildet,
als dessen Spitzen wir Cabo de S. Roque, Cape Forward
(Froward) und die Punta de Gallinas nennen. Den rech=
ten Winkel finden wir bei dem erstgenannten Vorgebirge,
da, wo die Ostküste keilförmig mitten in die oceanischen
Strömungen vorspringt, die hier unausgesetzt den Saum
des Continents waschen, dessen convexe Configuration so
genau in die gegenüber liegende große Einbuchtung der
Westküste Afrika's zu passen scheint, als hätten beide ur=
sprünglich nur einen Welttheil gebildet.

Als Hypothenuse jenes rechtwinkligen Dreiecks tritt
uns ihre von Süden nach Norden streichende Westküste, ein
schmaler, etwa 1000 Meilen langer und 5 bis 15 Meilen
breiter, meist unfruchtbarer Küstensaum am Fuße der Anden
entgegen, gekühlt und gebadet von den kalten Wassern des
peruanischen Stromes, ein flacher Strand, der in Bolivien
sogar in die regenlose Wüste von Atacama, im Norden des
Busens von Choco dagegen in eine gold= und platinhaltige

27*

Ebene übergeht. Um ebenso viel etwa, als die Punta Pariña südlich von Guayaquil in den Stillen Ocean vorspringt, greift das Meer, eine starke Einbuchtung bildend, bei Arica in's Land hinein, so daß die Punta de Gallinas und Point Forward in der Magalhaẽs-Straße, die eigentliche Südspitze des festen Landes, fast unter demselben Meridian liegen, während anderseits die äußersten Punkte des Continents im Westen und Osten, die Pariña-Spitze und Cabo de S. Roque, deren directe Entfernung nur etwa zwei Drittel von der der beiden erstgenannten Spitzen beträgt, sich beinahe auch unter einerlei Breite befinden. Die beiden Katheten des Dreiecks sind nicht gleich lang; die südliche, zwischen Point Forward und Cabo de S. Roque, erreicht eine Länge von 850 Meilen, während die nördliche nur 600 Meilen lang ist. Ein Vergleich wird diese Zahlen anschaulicher machen. Der Flächeninhalt Süd-Amerika's, der bekanntlich etwa das Doppelte des europäischen Continents beträgt, läßt sich nämlich durch einen dreieckigen Raum ausdrücken, dessen Spitzen Cap St. Vincent in Portugal, das europäische Nord-Cap und die Stadt Bombay in Ost-Indien berühren, indem die Länge der südamerikanischen Westküste der Entfernung von Cap St. Vincent nach Bombay, die Länge der nördlichen Kathete der von Cap St. Vincent nach dem Nord-Cap, und die der südlichen der vom Nord-Cap nach Bombay gleichkommt.

Etwa in der Mitte einer jeden Kathete ergießt sich

einer der beiden Hauptströme mit weit geöffneter Mündung
in den Ocean, und zwar der von Westen kommende Rio
das Amazonas nach einem 770 Meilen, mithin mehr als
zweimal die Länge der Donau und über fünfmal die des
Rheins, den Ucahale als Quellstrom angenommen aber
850 Meilen betragenden, der directen Entfernung von Cap
St. Vincent bis Orenburg am Ural gleichen Laufe, und
der Rio de la Plata, nachdem er, wenn man den Pa=
raná als Quellstrom betrachtet, 480 Meilen von Norden
nach Süden fließend, zurückgelegt, was den Lauf der Donau
noch um die volle Länge des Niemen übertrifft.

Ein jeder dieser Riesenströme hat sein eigenes Tief=
land. Die Anden bilden von den Quellen des Magdalenen=
stromes bis zu dem Gebirgsknoten von Cuzco in Form
eines Kreisbogens, dessen Sehne nahe an 300 Meilen be=
trägt, die Basis des Tieflandes des Amazonas, *) das sich
allmälig gegen die Mündung hin bis zur Breite von
30 Meilen verengt. In seinem südwestlichsten Theile da=
gegen steht es durch den schmalen, nach Südost streichenden
Streif der Pampas von Moxos und Chiquitos im östlichen
Bolivien, mit dem länglich geformten Tieflande des Plata
in Verbindung, das bei den Xarahes=Sümpfen am oberen
Paraguay beginnt, und dessen Ostgrenze dem linken Ufer
dieses Stromes in geringer Entfernung folgt, während auf

---

*) Die Uferbewohner nennen fast allgemein den Rio das Amazonas
der Kürze wegen „o Amazonas“.

dem rechten Ufer des Paraguay und des Plata sich weite, heerdenreiche Grasfluren bis zum Fuße der Cordilleren erstrecken. Einen Augenblick zwischen der in den Anden wurzelnden Sierra de Cordova und den Bergen von Entre-Rios am untern Silberstrome bis auf 45 Meilen eingeengt, erweitert sich dieses mächtige Flachland in den Pampas von Buenos-Ayres auf's neue, um sich in Gestalt eines spitz zulaufenden Dreiecks, die Ostküste Patagoniens begleitend, bis zur Magalhaes-Straße auszudehnen.

Wenden wir den Blick wieder dem Amazonenstrome zu, so tritt uns auf seiner linken Seite vor allem die so höchst merkwürdige Verbindung dieses Flusses, vermittelst des Rio Negro und des Cassiquiare, mit dem dritten Hauptstrome Süd-Amerika's, dem 340 Meilen langen, die Donau mithin nicht ganz erreichenden, dafür aber um so wasserreicheren Orinoco, entgegen. Gleichwie die Flüsse selbst, so stehen auch die Ebenen im Westen und Norden dieser natürlichen Canalisation — die Llanos des Orinoco — mit dem nordwestlichen Theile des Tieflandes des Amazonas in Verbindung, das sie in Form eines gebogenen Schwanenhalses im Nord-Osten bis zum Delta des Orinoco fortsetzen.

So besteht denn die Mitte des gesammten Continents von Süd-Amerika aus einer zusammenhängenden Kette von Ebenen, die sich von der Mündung des Orinoco bis zu der des Rio de la Plata, ja bis zur Magalhaes-Straße, und vom Fuße der Cordilleren von Perú bis zur Mündung des Amazonenstromes erstrecken und ein einziges colossales Tiefland bilden, das drei Riesenarme nach dem Ocean ausstreckt, welche die genannten Ströme, gleich ungeheuren Pulsadern, ihrer ganzen Länge nach durchfließen.

Doch wie verschieden sind diese drei großen Becken von einander! Von frischer Manneskraft strotzt das Centralbecken Süd-Amerika's, das Tiefland des Königs der Ströme. Riesiger Urwald bedeckt es fast in allen seinen Theilen von einem Ende zum andern. Endlose Wälder von einer Pracht, Fülle und Ueppigkeit der Vegetation, wie sie nur dicht um den Erdgleicher anzutreffen sind, entsprossen hier, durch häufige Aequatorial-Regen erfrischt und befeuchtet, dem fruchtbarsten Boden unseres Planeten. Ein Waldland von 7000 Geviertmeilen, d. i. mehr als das Sechsfache der Oberfläche von ganz Deutschland, begleitet zwischen dem 2. nördlicher und dem 12.° südlicher Breite den Amazonenstrom 420 Meilen weit von den Cordilleren bis zur See, und ergießt sich, ein Meer von schattigen Baumgipfeln, durchbrochen von den Kronen leicht befiederter, schlanker Palmen, wie ein trennender Wald-Ocean zwischen die Grassteppen des Orinoco und des Plata hinein, die uns, und dies gilt vor allem von den erstgenannten, im krassen Gegensatz mit dieser üppigen Fülle bald an den Lenz, bald an den Herbst des Naturlebens erinnern, je nachdem uns die Grasflur, die sie während der Regenzeit deckt, an den ersten Flaum des Jünglings, oder die während des Sommers herrschende, alles Pflanzenleben ertödtende Dürre an

die letzten Tage eines dahinsterbenden Greises mahnen.
„Gleich der Wüste Sahara" sagt Alexander von Hum=
boldt, „liegen die Llanos, oder die nördliche Ebene von
Süd=Amerika, in dem heißen Erdgürtel. Dennoch erschei=
nen sie, in jeder Hälfte des Jahres, unter einer verschie=
denen Gestalt: bald verödet, wie das libysche Sandmeer,
bald eine Grasflur, wie die hohe Steppe von Mittel=Asien."
— Die Größe derselben kann man zu 8800 Geviertmeilen
annehmen, was dem Flächeninhalt des ganzen Königreichs
Spanien gleich sein würde, während der berühmte Reisende
den Ebenen des Silberstromes und Patagoniens, deren
Ausdehnung so wunderbar groß ist, „daß sie auf der nördlichen
Seite durch Palmengebüsche begrenzt und auf der südlichen
fast mit ewigem Eise bedeckt sind," 76,000 Geviertmeilen
giebt, was beinahe dem Siebenfachen von ganz Deutschland
gleichkommt, und wovon mehr als die Hälfte zum größten
Theil mit Gras bewachsen ist. Diese Savannen des Sü=
dens bilden eine endlose, mit Salz und Salpeter geschwän=
gerte Fläche, die an vielen Stellen mit Flugsand oder mit
Morästen bedeckt ist, in welche sich zum Theil die Flüsse,
aus Mangel an hinlänglichem Gefälle verlieren. Auf den
unermeßlichen Pampas findet der Reisende nichts als ver=
krüppelte Stauden oder ganze Büsche von Salzpflanzen,
während ungestüme Winde (namentlich der an der Mündung
des Plata so gefürchtete „Pampeiro") ihn anwehen; —
doch ist auf der andern Seite dieser sonst so unfruchtbare
Boden reich gesegnet durch die zahllosen Heerden von Pfer=

den und Rindern, die er trägt und ernährt. Jenseits des Paraguay dagegen erscheint das Land mit dichten Wäldern bedeckt, die sich durch das Hügelland des Paraná bis zu den Bergen der Provinz S. Paulo hinziehen.

Nachdem wir die Hauptflachländer des südamerikanischen Festlandes näher betrachtet haben, — deren Gesammtgröße etwa 154,800 Quadratmeilen beträgt, ein Flächenraum, der dem des ganzen europäischen Continents beinahe gleichkommt, — wollen wir jetzt ihren Complexus in großen Umrissen zu begrenzen versuchen.

Mit den beiden Ost-Caps der Insel Trinidad beginnend, scheiden die zwei Parallel-Ketten des Küstenlandes von Venezuela, von denen die nördliche zum Theil in den Fluthen begraben, in ihrem höchsten Gipfel, der Silla de Caracas die Höhe von 8100 F. erreicht, das südamerikanische Flachland von dem Caraiben-Meere. Dann folgt, als verbindendes Glied in der Kette, die Bergebene von Barquisimeto, eine niedere Schwelle, die den Weg anbahnt zu dem hohen, beeisten Rücken der Ost-Cordillere von Neu-Granada, dem östlichsten jener drei mächtigen Strahlen, die in dem Paramo de las Papas, dieser Grundveste, diesem Bollwerk des in die Lüfte ragenden Anden-Walles, wurzelnd, durch die Thäler des Magdalenenstromes und des Cauca getrennt, den Staat Neu-Granada durchziehen. Ebenso wie der westliche dieser drei Zweige, der merkwürdigerweise völlig von dem niedern Rücken der Landenge von Panama getrennt zu sein scheint, verliert sich auch die, den nördlichsten Vulkan Süd-Ame-

rifa's, den 17,200 Fuß hohen Tolima tragende Central-
Cordillere in den Planos des unteren Magdalenenstromes,
aus denen dagegen der riesige Bergkoloß von Sta. Marta,
wie ein in die Ebene an das Antillen-Meer gegen die Anden des Nordens vorgeschobener Posten des luftigen Firnen-
heeres der südamerikanischen Cordilleren, einsam aufsteigt,
als sollte er in finsterer Nacht Wacht halten zwischen den
Feueressen der Süd- und Nordhälfte der Neuen Welt, und
bei Tage, eine Warte von vielleicht 18,000 Fuß Höhe,
über's blaue Meer und den Isthmus ausspähen nach den
weißen, dampfenden Gipfeln der Vulkanreihe von Guatimala, nach jenen achtunddreißig Feuerbergen, die, einer
ungeheuren Querspalte der Anden entsprossen, den Isthmus
von einem Meere zum andern durchsetzen.

Doch kehren wir zurück zu dem Knoten des Paramo
de las Papas, zu dem Anfangspunkte der vorerwähnten
Dreispaltung, um von hier, auf dem Rücken der Cordilleren
gen Süden fortschreitend, die Westgrenze der unabsehbaren
Flachländer Süd-Amerika's weiter zu verfolgen. — Ueber-
all tritt uns auf dem großen westlichen Bogen, dessen
Scheitel bis an den Golf von Guayaquil, im Norden der
Pariña-Spitze, vorgreift, und dessen Südende wir in der
Gegend der tiefen Einbuchtung von Arica erblicken, die
eigenthümlich gegliederte Gestalt dieses gigantischen, den
zehnten Theil der Oberfläche Süd-Amerika's bedeckenden
Gebirgs-Systems, entgegen, die es unserm berühmten
Landsmann, Alexander von Humboldt, vorbehalten

war, zuerst zur Anschauung zu bringen. Innerhalb dieses, der kürzeren Nordhälfte der südamerikanischen Anden entsprechenden Raumes, reihet sich nämlich, von Bergketten auf den Seiten eingefaßt und durch mächtige Knoten und jähe Quergrathe an den Enden geschlossen, in der Richtung der Längen-Axe des Gebirges, ein großartiges Becken oder Längenthal an das andere. Von den beiden nördlichsten, zum Theil sehr hoch gelegenen Becken absehend, zählen wir, zwischen dem Knoten des Paramo de las Papas und dem von Porco und Potosi östlich des Hafens von Arica, sechs dergleichen Vereinigungspunkte, und mithin sieben Hauptglieder in der Kette.

An den Gebirgsstock von Papas reihen sich bis zu dem sich östlich der Pariña-Spitze erhebenden Knoten von Loxa vier, von zwei Bergreihen eingefaßte kleinere Becken, zu denen unter andern der berühmte, 9000 Fuß hohe, vom Aequator durchschnittene Bergkessel von Quito gehört. In diesem Theile des Gebirges steigen, bald in der östlichen, bald in der westlichen Kette, bald ganz getrennt von der Corbillere, die siebzehn Feueressen der Vulkanreihe von Quito, der nördlichsten jener drei Reihen, an, welche wir, durch weite Zwischenräume geschieden, in der Felsenmauer der südamerikanischen Anden wahrnehmen. Fünf Breitengrade liegen zwischen dem südlichsten Vulkan von Guatimala und dem vorgenannten Tolima, der unter 4° nördlicher Breite wiederum den Reigen eröffnet, und nur von zwei anderen Feuerbergen der sich bis zum 2.° südlicher Breite

erstreckenden Quitoreihe an Höhe übertroffen wird: nämlich
von dem Antisana und dem Cotopaxi. Keiner von beiden
erreicht jedoch die Höhe des nicht vulkanischen Chimborazo,
der den Schlußstein bildet dieser mächtigen Cordilleren,
und, wie Jedermann weiß, bei einer Höhe von 20,100 Fuß
über dem Spiegel des Stillen Oceans, längere Zeit
hindurch als der höchste Berg der bekannten Erde berühmt war.

Zwischen dem nahen Gebirgsstock der Berge von Loxa
(4° südlicher Breite) und dem bedeutenderen von Huanuco
und Pasco, der unter 11° südlicher Breite den Quellsee
des Amazonenstromes, den Lauricocha, enthält, finden wir
die Anden zum zweiten und letzten Male in drei Ketten
gespalten. Von den beiden hierdurch entstehenden Parallel-
Längenthälern wird das westliche von dem Tunguragua oder
obern Marañon (Amazonenstrome) durchströmt, das östliche
dagegen von dem Huallaga (Guallaga), dem ersten bedeutenderen rechten Nebenflusse desselben, der, später seinen
nordnordwestlichen Lauf nach Nord-Nord-Ost ändernd, die
Ost-Cordillere durchbricht, um sich darauf in dem Tieflande,
hier Pampas del Sacramento genannt, mit dem Amazonenstrome zu vereinigen.

Etwa in gleicher Höhe mit diesem Durchbruche ihrer
rechten Nachbarin, tritt bei der Centralkette eine Gabeltheilung ein, indem sich links (westlich) ein Zweig dem
Knoten von Loxa zuwendet, wo er sich, nachdem er seinerseits auf dem Wege dahin bei Jaën de Bracamoros von

dem Marañon durchbrochen worden ist, mit der Küstenkette
vereinigt, während der rechte Ast, nach Nord=Nord=Ost ab=
biegend, sich mit der Ost=Cordillere verbindet und dann im
Nord=Osten von Jaën an den Marañon herantritt, wo, wie
wir später sehen werden, seine nördlichen Ausläufer den
letzten Durchbruch dieses Stromes — die Felsenge Pongo
de Manseriché — veranlassen. Bemerkenswerth erscheint
der Umstand, daß hier, auf einer Strecke von etwa 100 Mei=
len nämlich, von dem Chimborazo bis zu dem auf der Höhe
von Truxillo in der Küstenkette ansteigenden Nevado de
Huaylillas, kein einziger Gipfel der Cordilleren die Grenze
des ewigen Schnees (etwa 15,000 Fuß) erreicht, und daß
diese Senkung des Gebirgskammes mit einem gänzlichen
Mangel aller vulkanischen Erscheinungen zusammentrifft,
welcher sich jedoch noch mehr als doppelt so weit nach Sü=
den ausdehnt.

In dem Knoten von Huanuco und Pasco wurzelt
wiederum eine zwiefache Kette, die, im Osten von Lima
hinziehend, sich an den mächtigsten aller Gebirgsknoten der
Anden, das die Schweiz fast um das Dreifache übertreffende
Bergland von Cuzco, anschließt, welches, von Westen nach
Osten gegen das Innere des Continents zurücktretend, eine
scharfe Kniebeugung bildet, die durch die Einbuchtung der
Küste bei Arica gleichsam nachgeahmt wird. Cuzco, die
alte Kaiserstadt, liegt am Ostende dieses Knotens, an den
sich das höchste und zugleich eins der größten Becken der
Andenkette, nämlich das 100 Meilen lange und 20 Meilen

breite Plateau der Laguna be Titicaca schließt: ein 12,000
Fuß über dem Meere gelegenes Tafelland, so groß wie die
beiden Königreiche Bayern und Böhmen zusammengenom=
men, mit einem See darin, dessen Spiegel der Oberfläche
des gesammten Großherzogthums Hessen ungefähr gleich=
kommt, und der sich merkwürdigerweise in einen weit klei=
neren, dabei völlig abflußlosen See ergießt, so daß dieses
amerikanische Tybet als ein Hochland ohne allen Abfluß
dasteht, ähnlich, wie Herr von Humboldt anführt, den
kreisförmigen, von hohen Bergen eingeschlossenen Becken,
die wir am Monde wahrnehmen.

Hier war bekanntlich einst der Sitz der ältesten süd=
amerikanischen Kultur, welche sich gern den kühleren Regio=
nen der Berge zuwandte, wie dies auch die aus einer spä=
teren Zeit herstammenden Reste auf der Bergebene von
Quito bezeugen. Hier ist es auch, wo in neuester Zeit, in
der östlichen der beiden, genau parallel laufenden Cordille=
ren, die diesen großen Salzwasser=Spiegel einfassen, die
höchsten Piks der Neuen Welt, der 23,690 Fuß hohe Ne=
vado de Sorata und der Illimani von 22,700 Fuß, aufge=
funden worden sind, von denen der erstgenannte den Chim=
borazo fast um 3600 Fuß übertrifft und sich dem Dhawalagiri
bis auf 2650 Fuß nähert. *) Hier endlich finden wir, nach

---

*) Diese Angaben sind jedoch neueren Forschungen zufolge zu be=
richtigen. Nach der von Pentland im Jahre 1848 zu London heraus=
gegebenen Karte von dem Becken der Laguna Titicaca mißt der Sorata
nur 19,972 und der Illimani nur 19,843 Fuß. (Vergl. Alexander
von Humboldt „Kleinere Schriften" Bd. 1. S. 165.)

einem Zwischenraum von 220 Meilen, die zweite Vulkan=
reihe der Südhälfte dieses Continents, die acht Feuerberge
von Bolivien und Ober=Perú, — darunter den Gualatieri
und den Nevado de Chuquibamba von 20,600 Fuß Höhe,
— die, ausschließlich in der West=Cordillere emporsteigend,
den Golf von Arica im weiten Bogen vom 16. bis 21.°
südlicher Breite umgeben.

Mit dem großen, durch seine Goldbergwerke berühmten
Knoten von Porco und Potosi endet die vielfach gegliederte
Nordhälfte der südamerikanischen Anden, und ihre längere,
noch wenig erforschte Südhälfte beginnt, die, den neuesten
Messungen des Capitain Fitz=Roy zufolge, in dem gegen
22,000 Fuß hohen Riesenberge Aconcagua, östlich von Val=
paraiso, den dritthöchsten Pик der Neuen Welt trägt, wäh=
rend man noch vor wenigen Jahren die Ansicht aufstellen
hörte: der Kamm des Gebirges scheine sich weniger zur
Grenze des ewigen Schnees zu erheben, als vielmehr diese
Linie sich, je südlicher, je mehr auf den Rücken der Cor=
dilleren herabzusenken. Neuere Forschungen haben ferner
im Abstande von 180 Meilen von den feuerspeienden
Bergen Boliviens, zwischen der Breite des vorgenannten
Hafens (33° S.) und der der Insel Chiloë, bereits eine Zahl
von elf Vulkanen als unzweifelhaft festgestellt, während man
mehr als die doppelte Anzahl von Feuerbergen in dieser
dritten Vulkanreihe Süd=Amerika's annehmen könnte, wollte
man alle die Berge hinzurechnen, denen die Reisenden ver=
schiedener Zeiten vulkanische Eigenschaft beigelegt haben.

Eben so wenig, wie diese Angaben über die feuerspeienden
Berge, stehen auch die Meinungen über die Gliederung des
Gebirges mit einander in Einklang, das, nach Pöppig's
Beobachtungen, in doppelter, nach der älteren Annahme da=
gegen in einfacher, schneebedeckter Kette längs der Westküste
von Chili und Patagonien fortzieht und, über das Feuer=
land hinstreichend, sich bis zu den Klippen von Diego Ra=
mirez ausdehnen soll. Schon der Name „Tierra del Fuego" läßt uns hier Feuerberge erwarten — und dies
bestätigt sich auch; denn erst neuerlich ist der 6378 Fuß
hohe Volcan nevado auf der Südseite der Insel, der bereits
dem Sarmiento, einem der ersten Erforscher der Magalhaës=
Straße bekannt war, und oft auch nach seinem Namen ge=
nannt wird, durch Capitain P. Parker King in Bezug
auf seine Lage und Höhe genau bestimmt worden.

So sehen wir denn jene 91 bis jetzt als notorisch zu
betrachtenden Vulkane des Anden=Systems, von denen 44
auf Nord=Amerika und den Isthmus, zehn auf die Reihe
der Antillen und 37 auf Süd=Amerika kommen, — so sehen
wir jene, oft durch weite Räume unterbrochene Kette von
Feuerbergen, die wir uns durch den letzten Sprößling des
Giganten=Geschlechts amerikanischer Nevados, den unter dem
Breitengrade von St. Petersburg, 16,760 Fuß über die
Schollen des nördlichen Eismeers sich erhebenden St. Elias=
berg und durch die glühenden Essen des eisigen Alaschka,
bis zu der dampfenden Reihe der Aleuten, bis zu der Brücke
fortgesetzt denken können, vermittelst welcher die in den

Gebirgen Kamſchatka's und den zahlreichen Inſelgruppen
an der Weſtſeite des Stillen Oceans aufflammende Vulka-
nicität nach der Neuen Welt hinüber ſchreitet, — ſo ſehen
wir endlich jenen, den Stillen Ocean umgebenden, vulkani-
ſchen, mit, gleich funkelnden Edelſteinen, bald einzeln, bald
in Reihen bei einander ſtehenden Feuerbergen beſetzten Gürtel mit dem Sarmiento enden, zu deſſen Füßen ſich die
ſchäumende Woge des Antarktiſchen Oceans bricht, während
jener eiſige Weſtſturm faſt unausgeſetzt gegen ſeinen Gipfel
wüthet, der die Eisberge in dieſen unwirthbaren Gewäſſern
zum Schrecken der Seefahrer in der Irre umhertreibt.

Wenden wir uns jetzt wiederum der Gegend zu, wo
die kalte Fluth des Stillen Oceans in der Breite von
Arica (18½° S.) gleichſam die Küſte ausgewaſchen hat,
und wo die Felſenmauer der Cordilleren in dem nach Oſten
zurücktretenden Knoten von Cuzco und dem anſtoßenden
Plateau des Titicaca eine vollkommene Kniebeugung dar-
ſtellt, ſo treten uns, zwiſchen dieſem Punkte und der Breite
von Valparaiſo, auf dem öſtlichen Hange der Anden weit
in die Ebene vorgreifende Hochländer, mächtige Terraſſen
entgegen, die ihnen gleichſam als Stütze dienen, und welche
die 14 bis 16 Meilen betragende Durchſchnittsbreite des Gebirges an einigen Stellen bis zu 75, ja 90 Meilen erhöhen.
Herr von Humboldt nennt uns drei dergleichen „Widerlagen oder Strebepfeiler (Contreforts)‟, wie er ſie ſehr an-
ſchaulich bezeichnet, nämlich, von Norden anfangend, das
Contreſort der 16,000 Fuß hohen Sierra Nevada de Cocha-

28

bamba, die in die Ebenen der Chiquitos abstürzt, und deren
Grath ausnahmsweise nicht in dem Fuße, sondern in dem
Rücken der Corbillere, die den Ostrand des Titicaca-Beckens
bildet, wurzelt; ferner die Sierra de Salta, und endlich die
Widerlage der Sierra de Cordova, die, wie wir bereits an-
geführt haben, in die Pampas von Buenos-Ayres gegen den
Paraguay vorspringt.

Nachdem wir das große Tiefland Süd-Amerika's auf
seiner West- und Nordseite begrenzt haben durch den zusammenhängenden Berggürtel der venezuelischen Küsten- und
der Andenkette, von der Insel Trinidad bis zur Magalhães-
Straße, kehren wir zurück in die Gegend der Orinoco-
Mündung, von wo wir ausgegangen waren.

Zwischen den Ebenen dieses Stroms und denen des
Amazonas erhebt sich, begrenzt durch den 3. und 8.° nördlicher Breite und den 60. und 67.° westlicher Länge von
Greenwich, in seinem nordwestlichen Theile aber von dem
Orinoco eng umgürtet, das Bergland von Guyana, den
großen Complex der Flachländer im Nordosten von dem
Atlantischen Ocean scheidend. Aus mehreren Hauptgruppen,
dem Parime-Gebirge im Westen, dem Pacaraima-Gebirge
in der Mitte, und dem Acarai-Gebirge im Osten, zusam-
mengesetzt, besteht dieses, die Schweiz achtzehnmal an Größe
übertreffende Gebirgs-System, dessen höchster Gipfel, der
Duida, nach den Messungen des Herrn von Humboldt,
eine Höhe von 7770 Fuß erreicht, etwa aus acht, durch
Thäler und Savannen von einander geschiedenen Ketten,

welche ebenso wie bie, durch eine schmale Ebene vom Ge=
birge getrennte Küstenlinie der allgemeinen Richtung von
N. 85° W. folgen und sich durch Widerlagen im Süd=
Osten bis Cabo do Norte und bis 15 Meilen vom linken
Ufer des Amazonenstromes fortsetzen, wo wir später noch
weiter südlich in der Serra de Almeirim oder de Parú,
der Xingú=Mündung schräg gegenüber, gleichsam ihre Vor=
schwelle erblicken werden.

Im Süd=Osten wird endlich der mächtige Central=
Kessel Süd=Amerika's von dem wenig erhabenen, aber desto
umfangreicheren Hochlande Brasiliens begrenzt, das sich
zwischen den Tiefländern des Amazonenstromes und des
Plata ergeht. Von der Mündung des letztgenannten Stro=
mes aber an läuft die patagonische Ebene, unbegrenzt von
Bergen, gegen den Süd=Atlantischen Ocean aus.

Die Gestalt des brasilianischen Hochlandes ist die eines
unregelmäßig geformten Dreiecks, dessen abgestumpfter, nie=
driger Scheitel, sich an dem obern Madeira und an den
Ufern des Guaporé erhebend, nur durch den schmalen Streif
der·Grasfluren von Moxos und Chiquitos von den Cor=
dilleren Boliviens geschieden ist, von wo es sich in unge=
heurer Ausbreitung bis zum Ocean erstreckt, dessen Küste
ihm von der Mündung des Parahyba do Norte, an der
Ostgrenze der Provinz Maranhão, bis nach Montevideo zur
Basis dient. Sein Flächeninhalt, angeblich gleich 93,000
Quadratmeilen, ist beinahe eben so groß wie das ganze
europäische Rußland; seine mittlere Höhe über dem Meere

aber beträgt nur 1000 bis 2000 Fuß. Auf dem Plateau
Brasiliens sind nun die höheren Gebirgszüge aufgesetzt,
deren allgemeine Richtung, so wie die ihrer Schichten, eine
nordsüdliche ist. An dem östlichen Rande des Hochlandes
erhebt sich, bald in größerer, bald in geringerer Entfernung
von der Küste, die Serra do Mar, die sich von dem in die
Lagoa dos Patos (29½° südlicher Breite) mündenden Jacuy
fast bis zur Bahia de Todos os Santos (13° südlicher
Breite) erstreckt, und nach der Meinung des Herrn von
Eschwege sogar durch niedere Rücken bis gegen Cabo de
S. Roque, das sich selbst jedoch, von der See aus gesehen,
als flaches Land darstellt, fortgesetzt wird. Seine bedeu=
tendste Höhe erreicht dieser Gebirgszug — zu dem wir auch
in weiterem Sinne die gesammte Erhebung der Provinz
Rio de Janeiro zwischen der Küste und dem Parahyba
rechnen müssen — in der 3 bis 4000 Fuß hohen Serra
dos Orgãos, welche wir bereits in der Nähe der Haupt=
stadt kennen gelernt haben.

Mit dieser Küsten=Cordillere beinahe parallel laufend
und in ihrem nördlichen Theile etwa 40 bis 50 Meilen
von derselben entfernt, dehnt sich, die Provinz Minas Ge=
raes in ihrer ganzen Länge von Nord nach Süd durchzie=
hend, eine zweite Gebirgskette, und zwar die bedeutendste
Brasiliens aus, indem sie den 5590 Fuß hohen Itambé, in
der Nähe des berühmten Diamanten=Districts von Tejuco,
und den Itacolumi, von 5400 Fuß Höhe, in der gold=
reichen Gegend von Villa Rica, trägt, in ihrem südlichen

Theile aber sich bis über 7000 Fuß erhebt. Hier nimmt
die Kette den Namen Serra da Mantiqueira an, und erstreckt sich als solche in südwestlicher Richtung bis in die
Provinz S. Paulo, wo sie sich entweder mit der Serra do
Mar geradezu vereinigt, oder doch wenigstens durch ein
bergiges Land mit derselben zusammenhängt. Während
Einige den Namen Serra da Mantiqueira auf diese ganze
Gebirgskette, die sich aus der Provinz Minas nördlich bis
in die von Bahia und Pernambuco, und südlich bis S. Paulo
und Rio grande zu erstrecken scheint, übertragen, nennt
Herr von Eschwege diesen Hauptgrad des brasilianischen
Berglandes weit bezeichnender: Serra do Espinhaço („Rück-
grat-Gebirge").

Westwärts dieser Gebirgskette, und zwar durch den
Rio de S. Francisko von ihr geschieden, in ihrem südlichen
Theile aber sich derselben nähernd und mit ihr durch Quergrathe verbunden, durchstreichen noch viele andere Bergreihen in der Richtung von Norden nach Süden das Hochland, die theils durch von Ost nach West gerichtete Berg-
züge verbunden sind, theils aber unter solchen Winkeln sich
vereinigen, daß dadurch ein allgemeiner Zusammenhang
zwischen denselben entsteht, so daß man einen gemeinsamen
Gebirgsrücken zwischen den Parallelen von 16° und 21° aus
diesem Chaos von Bergzügen heraus erkennen kann, der,
in ungeheuren Krümmungen die Provinzen Minas, Gohaz
und Mato Grosso, von Osten nach Westen durchziehend, die
Becken der beiden Hauptstrom-Systeme scheidet und, mit

dem breiten, sandigen Hügellande der Campos de Parecis
endend, sich gegen die Pampas der Chiquitos, dem mächti=
gen Contrefort der Anden, der Sierra de Cochabamba ge=
genüber, verliert. Herr von Eschwege faßt daher alle
diese Ketten unter der gemeinsamen Benennung der Serra
dos Vertentes (des „Wasserscheiden=Gebirges") zusammen,
während jede von ihnen, wie man sich leicht denken kann,
ihren besonderen Namen besitzt. Unter den von Norden
nach Süden gerichteten Zügen unterscheiden wir vor allem
die 4500 Fuß hohe, dem Itambé gegenüber liegende Serra
da Canastra, die höchste des gesammten Gebirgs=Systems,
ferner die anstoßende Serra da Marcella und die den S.
Francisco von dem Tocantins und dem Parahyba trennen=
den Serras de Tabatinga und Ibiapába; dann, zwischen
den beiden Stammflüssen des Tocantins, den unter dem
pomphaften Namen der Cordillera Grande bekannten Berg=
rücken, und zwischen dem Paraguay und dem Paraná die
2 bis 3000 Fuß hohe Serra de Maracayú, wogegen wir
von den von Ost nach West ziehenden Ketten hier nur die
Pyreneos und die Serra de Sta. Marta anführen wollen.

Man sieht demnach leicht ein, daß alle Gebirge Bra=
siliens unter sich verbunden sind, und daß sich dieser allge=
meine Zusammenhang von der Serra do Mar vermittelst
der Serra da Mantiqueira zu der Serra do Espinhaço
hinüber, und von dieser über die Serra dos Vertentes
bis zu den Campos de Parecis hinzieht, von wo man diese
große Wasserscheide zwischen dem 14. und 20.° südlicher

Breite bis zu dem Fuße der Anden verfolgen kann, indem sie als Grath, als Scheidungslinie zweier wenig geneigter Flächen, selbst die trennenden Pampas durchsetzt, ähnlich jener andern, kaum bemerkbaren Scheidungslinie, von welcher Herr von Humboldt nachgewiesen hat, daß sie, einzig von dem Cassiquiare durchbrochen, in der nördlichen Hemisphäre das südamerikanische Festland zwischen dem 2. und 4.° durchschneidet.

Nachdem wir so in großen Umrissen die Tiefländer dieses Continents und die sie begrenzenden Gebirge und Hochländer dem Auge des Lesers vorgeführt haben, lassen wir hier zur Vervollständigung des Gesagten eine kurze Uebersicht der räumlichen Verhältnisse beider in runden Zahlen folgen:

Tiefländer.

Die Llanos des Orinoco .	8,800 □M.	
Die Ebenen des Amazonenstroms	70,000	
Die Pampas des Rio de la Plata und die Ebenen Patagoniens .	76,000 „	
		154,800 □M.
Die Tiefebene des Magdalenenstr.	6,800 □M.	
Das Küstenland von Guyana .	2,100	
Die Küstenebene im Westen der Andenkette	11,300 „	
		20,200 „
	Zusammen	175,000 □M.

D. i. noch 7000 □Meilen mehr, als die Fläche von ganz Europa, mit Einschluß der dazu gehörigen Inseln.

Gebirgsländer.

Die Cordilleras de los Andes .	33,000 ▢M.
Die Küstenkette von Venezuela	1,100
Die Sierra Nevada de Sta. Marta	100
Das Hochland von Guyana .	15,000
Das Hochland von Brasilien	93,000 „
	Zusammen 142,200 ▢M.

Mithin kommen auf das Tiefland ⅚ und auf das Bergland ⅙ des Continents.

Es würde uns zu weit führen, wollten wir die tausend großen und kleinen Flüsse hier aufzählen, die dem brasilianischen Hochlande entströmen. Wir nennen daher hier nur die drei Stammflüsse des Plata: den Paraguay, den Paraná und den Uruguay, und unter den Küstenflüssen: den Parahyba do Sul, den Rio Doce, den Rio Grande de Belmonte, den mächtigen, 350 Meilen langen Rio de S. Francisco, den Parahyba do Norte und den Meary. Vom Madeira an entspringen auch alle südlichen Nebenflüsse des Amazonenstromes: der Tapajós, der Xingú, der Uanapú und der Tocantins, auf dem brasilianischen Hochlande, und zwar bildet die Mehrzahl unter den genannten Flüssen zahlreiche Stromschnellen und Katarakten, bevor sie in das colossale Tiefland des Königs der Ströme eintreten.

Der Amazonas selbst nimmt dagegen, wie bereits ange-

führt worden, seinen Ursprung in den Anden. Seine Quell=
flüsse — als welche wir den obern Marañon, den Huallaga,
den Ucayale, und wohl auch in weiterem Sinne, den Ma=
deira ansehen können — stellen nämlich ein großartiges
Strom=System dar, dessen Quellen sich von der Sierra
Nevada de Cochabamba bis zum Knoten von Pasco hin=
ziehen, und dessen allgemeine Richtung eine südnördliche ist,
während der aus ihrer Gesammt=Wassermasse hervorgehende
Hauptstrom, sich mit einem stark. gekrümmten Haken dem
Ocean zuwendend, von Westen nach Osten fließt.

Aus diesem Strom = Complex haben bekanntlich die
Geographen den westlichsten Quellfluß, den Tunguaragua,
der, wie wir oben näher nachgewiesen haben, dem auf dem
dreispaltigen Gebirgsknoten von Pasco zwischen dem 11.
und 12.° südlicher Breite und 25 Meilen nordöstlich von
Lima gelegenen Bergsee Lauricocha entströmt, erwählt, und
denselben, indem sie ihn „Marañon" tauften, zum Träger
des Namens gemacht, den die Spanier dem Hauptstrome
beigelegt hatten. Man wird sich ferner erinnern, daß der
obere Marañon das westliche der beiden Parallel=Längen=
thäler, die sich zwischen den Gebirgsstöcken von Pasco und
Loxa neben einander hinziehen, in nordnordwestlicher Rich=
tung, und zwar auf einer Strecke von 90 Meilen bis zur
Villa de Jaën de Bracamoros durchfließt, woselbst er,
nachdem er kurz zuvor den westlichen Ast der Central=Cor=
dillere durchbrochen, (zwar vorläufig nur für kleine, 5 bis
6 Fuß tief gehende Fahrzeuge) schiffbar wird und eine

norböstliche Richtung annimmt. Nach 60 Meilen weiteren
Laufes, die Krümmungen eingerechnet, wendet er sich bei
dem Einfluß des S. Jago ganz nach Osten, indem er sich
in dem Pongo de Manseriché gewaltsam seinen Weg durch
hohe Felsen, bekanntlich die Ausläufer des norböstlichen
Zweiges der Central=Corbillere, bahnt. In weniger als
einer Stunde führt der reißende Strom ein Fahrzeug durch
diese etwa anderthalb Meilen lange Kluft, welche sein frü=
her bereits 12 bis 20 Faden tiefes und 360 Schritt breites
Bett bis auf 60 Schritt einengt. Ihr Ausgang, der zugleich
den Punkt bezeichnet, wo der Marañon, in das Tiefland
eintretend, den Anden für immer Lebewohl sagt, um nun
gleichmäßig, ohne Fälle und Stromschnellen, dafür aber
unzählige größere und kleinere Inseln bildend, fortzuströmen,
liegt dicht oberhalb des Städtchens Borja, unter 4° 28‘
südlicher Breite und 76° 27‘ westlicher Länge von Green=
wich, und in einer Höhe von 1164 Fuß über dem Meere.
Mit dem Pongo beginnt zugleich die Hauptrichtung des
Amazonenstromes, die westöstliche, welcher derselbe, in
gerader Linie gerechnet, 420 Meilen weit bis zum Atlan=
tischen Ocean folgt, den er unter dem Aequator, zwischen
dem 48. und 50.° westlicher Länge von Greenwich, er=
reicht.

Als den ersten bedeutenderen Nebenfluß haben wir
den an seiner Mündung 2500 Schritt breiten Huallaga
bereits kennen gelernt, der sich, bald nachdem er die
Ost=Corbillere durchbrochen, mit ihm vereinigt. Etwas

weiter unterhalb mündet der mächtige, in seinem untern
Theile zwischen 1250 und 3750 Schritt breite, den Marañon um 80 Meilen an Länge übertreffende Ucayale,
der, in dem Gebirgslande Cuzco entspringend, lange Zeit
an dem Osthange der Anden hinströmt, sich dann ebenfalls,
wenn auch nur auf eine kurze Strecke im scharfen Winkel
nach N.=N.=O. wendet und nach einem, der Summe der
Längen der drei Flüsse: Weichsel, Oder und Weser gleich=
kommenden Laufe von 320 Meilen, den um die Hälfte brei=
teren, hier 1875 Schritt messenden Amazonas, schräg gegen=
über dem Städtchen Nauta und etwas oberhalb S. Juan
d'Omaguas, erreicht. Von der Huallaga=Mündung bis zu
diesem Orte beträgt nämlich die Durchschnitts=Breite des
Marañon 625 bis 1875 Schritt (1 Schritt = 2⅖ Fuß), an
einer Stelle aber sogar schon 1½ (6 See=) Meilen, wäh=
rend seine Tiefe vom Schiffs=Lieutenant Lister Maw zu
8 bis 12 Faden, an der Ucayale=Mündung aber zu mehr
als 35 Faden, angegeben wird. — Auf den Ucayale folgt
der von Norden kommende Napo, den wir, die anderen un=
bedeutenderen linken Nebenflüsse übergehend, nur seines
historischen Interesses wegen nennen, gleich wie wir uns
andererseits veranlaßt finden, den nächsten südlichen Zufluß,
den Javary, als Grenzfluß Brasiliens gegen die Republiken
Ecuador und Nord=Perú hier anzuführen. Seiner Mün=
dung gegenüber erhebt sich auf einem Hügel das Grenz=
Städtchen S. Francisco Xavier de Tabatinga, unter 4⁰ 33′
südlicher Breite und 70⁰ 10′ westlicher Länge von Green=

wich, das zur Zeit der Anwesenheit des Herrn von Spix durch ein, mit einigen Sechzigpfündern bewaffnetes hölzernes Fort schwach vertheidigt wurde.

Von der brasilianischen Grenze, wo der Spiegel des Amazonenstromes noch 630 Fuß über dem Meere liegt, bis zum Einfluß des Rio Negro führt nun der Marañon den Namen: „Rio dos Solimoës"; auch beginnt von der Mündung des Javary der große nördliche Bogen, der seinen mittleren Lauf charakterisirt, sich zu Fonteboa fast bis auf 2º dem Aequator nähert und erst bei dem Einfluß des Coary, unter 4º 9' südlicher Breite und 63º 3' westlicher Länge von Greenwich, endet, nachdem von der linken Seite der noch unerforschte Iça oder Eça (der Putumayo der Spanier) und der vielverzweigte, öfter eine Strecke von nahe an 80 Meilen Länge am linken Ufer des Hauptstroms überschwemmende Yupurá, — bis zu welchem Herr von Martius seine denkwürdigen Forschungen, sowie 280 Jahre vor ihm der Deutsche, Philipp von Hutten, seine Streifereien nach Schätzen ausdehnte, — und von rechts her der Jutah, Jurua und der bei Ega (Tesse) einmündende dunkelbraune Tesse, lauter höchst ansehnliche, aber fast ganz unbekannte Flüsse, diesem Könige der Ströme den Tribut ihrer Wasser dargebracht haben. Unterhalb seiner Vereinigung mit dem Coary schätzte de la Condamine die Breite des Solimoës bereits auf mehr als eine französische Lieue (2/3 Meilen), während Herr von Martius die des Purús, des nächsten bedeutenderen Nebenflusses rechter Hand, auf

1250 Schritt angiebt, und zwei Monate erforderlich sein sollen, nur um zu den Katarakten desselben zu gelangen. — Auf die Mündung dieses Stromes weißen Wassers folgt auf der entgegengesetzten Seite die stille, dunkelbraune, fast schwarze Fluth des mächtigen Rio Negro. Unter allen von Norden her dem Amazonas sich vereinenden Nebenflüssen der bedeutendste, erreicht der ebengenannte eine der Donau ungefähr entsprechende Länge von 360 Meilen. Seine Quellen liegen, wie bereits erwähnt worden, nicht gleich denen des Napo, des Iça und seiner übrigen früher genannten, von Norden kommenden Gefährten, in den Cordilleren, sondern an der Sierra Tunuhy, jener niederen Berginsel in den Llanos, von der er jedoch, gleich ihnen, in südöstlicher oder vielmehr ostsüdöstlicher Richtung herabströmt, um, — nachdem er auf seinem Laufe durch die Ebenen mit vielen 50 bis 60 Fuß tiefen Seen in Verbindung getreten und sogar, vermittelst der bekannten natürlichen Canalisation, von dem Orinoco einen Theil seiner Wasserfülle erhalten hat, — sich bei der unter 3° südlicher Breite gelegenen Fortaleza da Bara do Rio Negro in den Hauptstrom zu ergießen. — Seine Breite beträgt hier, an der schmalsten Stelle, noch 3600 Schritt, bei einer Tiefe von 18 bis 19 Faden. Die oft wechselnde Breite des Solimoës nimmt dagegen von der brasilianischen Grenze bis zu diesem Punkte von ¼ Meile bis zu 1⅛ Meile zu, wovon allein durchschnittlich gegen 2500 Schritt auf den Hauptcanal kommen, während sich als mittlere Tiefe des

Stromes von Omaguas an 14 bis 16 Faden zu ergeben scheinen.

Mit dem Einfluß des Rio Negro — bis wohin Schooner und Kriegsbriggs schon gelangt sind und, nach Lister Maw's Meinung, wohl auch Fregatten hinaufsegeln könnten — beginnt das, den Namen „Rio das Amazonas" (im engeren Sinne) führende, der Länge des Rheins gleichkommende untere Drittel des Marañon=Laufes, in welchem dieser erste Strom der Welt die bereits oben angeführten riesigen Zuflüsse zur Rechten in sich aufnimmt, die, mit Ausschluß gerade des ersten und bedeutendsten unter ihnen, dem brasilianischen Hochlande entströmen.

Der colossale, inselreiche, ungefähr 500 Meilen lange, mithin fast die Länge der Wolga erreichende Rio da Madeira („Holzfluß"), wegen der Menge seines Treibholzes so genannt, bei den Ur=Einwohnern dagegen unter dem Namen Cahary, der „weiße Strom", bekannt, entsteht nämlich, nach den neuesten Forschungen, aus der zwischen 8 und 9½° südlicher Breite stattfindenden Vereinigung dreier Flüsse, von denen zwei, der auf der Südseite der Sierra Nevada de Cochabamba entspringende Mamoré und der von der Schneekette des Sorata und Illimani herabkommende Beni, ihren Ursprung in den Anden nehmen, während die Quellen des dritten, des Guaporé, weiter östlich, in den Campos de Parecis, und zwar nur eine halbe Stunde von denen des Paraguay entfernt liegen, so daß man, da beide Flüsse fast bis zu ihrem Ursprunge für kleine Fahrzeuge schiffbar sind, schon daran gedacht hat, dieselben durch einen Canal zu verbinden: ein Unternehmen, das bei der geringen Erhöhung der Wasserscheide keine große Schwierigkeit finden, dagegen aber für den Binnen= Verkehr Brasiliens von unberechenbarem Vortheile sein würde. Das größte Hemmniß stellen jedoch die zahlreichen Katarakten, von denen fünf oberhalb und dreizehn unter= halb der Einmündung des Beni angetroffen werden, der Beschiffung des Madeira in den Weg, indem die kurze Strecke von 28 Meilen, welche sie einnehmen, allein den dritten Theil der neun bis zehn Monate in Anspruch nimmt, die eine Canoa braucht, um den 640 Meilen langen Wasserweg von Pará bis Villa Bella in Mato Grosso zurückzulegen. *)

Schon oberhalb der Fälle trifft man zu beiden Seiten des durchschnittlich 1700 bis 2000 Schritt breiten Stroms jene ihn begleitenden, und mit ihm und den nahe gelegenen Flußgebieten auf mannigfache Art verbundenen Seen, die charakteristisch bleiben für die Dauer seines ganzen Laufs, dessen Richtung vom Einfluß des Beni an bis zu seiner 15 Meilen unterhalb der Barra do Rio Negro stattfinden= den Vereinigung mit dem Amazonas, auf einer, zweimal die Länge der Oder betragenden Strecke von 240 Meilen, eine fast ganz gerade, und zwar ununterbrochen nordöstliche

---

*) Vergl. von Spix und von Martius, Th. III. pag. 1336. — Nach dem Diccionario geographico etc. Tomo II. pag. 12, wären nur drei bis fünf Monate dazu erforderlich.

ift. — An feiner Mündung stellt fich der gegen 2500 Schritt
breite und 23 bis 26 Fuß tiefe Madeira als eine trübe,
grüngelbe, zur Zeit der Stromleere aber weißlich gefärbte,
riefige Waffermaffe dar, die (nach von Spix' und von
Martius' Angaben) mit der geringen Schnelligkeit von 20
bis 26 Fuß (0,2 Knoten) träge und zögernd dahinfließt, als
widerstrebe es dem Stolze des mächtigen Stromes, frei=
willig den Nacken unter das Joch des Marañon, seines ein=
zigen Nebenbuhlers auf dem südamerikanischen Festlande,
zu beugen, um fortan dem Drange der erdfarbig gelben
Wogen seines Ueberwinders ohne eigenen Namen und Willen
zu folgen. —

Hier ist zugleich der Ort, um einen Rückblick auf das
ganze centrale Strom=Syftem Süd=Amerika's, dem kein
anderes auf der Erde an Größe gleichkommt, in seiner
Gesammtheit zu werfen, und um daffelbe noch einmal in
feinen Grundzügen zu erfaffen. Zwei Hauptftröme find es,
die fich uns darftellen: der aus dem oberen Marañon und
dem Ucahale gebildete, durch viele Nebenftröme, und unter
ihnen vor allem durch den auf feiner linken Seite einmün=
denden Rio Negro verftärkte Amazonenftrom, von We=
ften, und der mächtige Rio da Madeira, deffen Quell=
flüffe die Pampas, der Moxos und Chiquitos zwischen den
Cordilleren und dem brafilianischen Hochlande durchfließen,
von Süd=West herkommend. Beide vereinigen fich, unter
einem spitzen Winkel und gehen dann gemeinschaftlich in
einer folchen Richtung weiter, daß ihr fernerer gemeinfamer

Lauf, namentlich bis zu dem 50 Meilen entfernten Obydos, als die mittlere Proportionale aus ihrer beiderseitigen Masse und Geschwindigkeit angesehen werden kann, wonach es wohl gerechtfertigt erscheint, die beiden genannten Hauptströme als die eigentlichen Stammflüsse des Amazonas anzusehen.

Was nun ihre Länge betrifft, so beträgt die des Madeira, wenn man den Mamoré (und Guapehy) als seinen Quellstrom ansieht . 500 Meilen,

bis zur Mündung des Amazonas

in's Meer aber 640 Meilen;

die des Marañon oder Solimoës

dagegen, bis zur Mündung des

Madeira . . . 630 Meilen,

und bis zum Meere . 770 Meilen;

und endlich die des Ucayale 710 Meilen,

bis zur Mündung des Amazonas

dagegen 850 Meilen.

Mithin steht der Madeira dem Marañon nicht allein an Wassermasse, wie schon aus der weit geringeren Zahl und Mächtigkeit seiner Zuflüsse hervorgeht, sondern auch an Länge, bedeutend nach. Unterhalb des Zusammenflusses beträgt die Breite der vereinten Gewässer ⅔, und da, wo sie Inseln bilden, oft bis 1½ (5 bis 6 See=) Meilen, die Tiefe dagegen schon durchschnittlich 24 Faden. Auf dieser Strecke des Marañon=Laufes finden wir auch die 42 Meilen lange, 250 Quadratmeilen messende, also der Größe des

Königreichs Sachen nahe kommende Ilha dos Tupinamba-
ránas, gebildet durch den Amazonas und den aus dem Madeira sich abzweigenden Jraria, auf welche, wie bereits in
einem früheren Abschnitte erwähnt worden, sich die letzten
Ueberbleibsel des einst so mächtigen Volkes der Tupinambas
zurückgezogen haben.

Nicht lange nach der Vereinigung dieses Madeira-Armes
mit dem Hauptstrome, und zwar dicht unterhalb der nahen
Mündung des Rio das Trombetas, eines jener kurzen, ihm
von dem Grenzgebirge Guyana's zuströmenden Flüsse, bildet
der mächtige Rio das Amazonas die berühmte Enge von
Obydos, in der lingoa geral Pauxis genannt, jenen zweiten,
einer Meerenge gleichen „Pongo," der den ungeheuren
Stromkoloß, nach der trigonometrischen Messung der portugiesischen Grenz-Commission vom Jahre 1781, bis auf
2126 Schritte einengt. Inselleer, zu einem ungetheilten
Spiegel, zu einem einzigen Körper vereinigt, wogt, als wollte
er die engen Bande zersprengen, der stolze, prachtvolle König
der Ströme hier in seiner ganzen Riesenkraft und erhabenen
Majestät an den flachen, sich auf der Nordseite kaum zu
kleinen Hügeln erhebenden Ufern hin, die sein Bett begrenzen, das er, im ersten Gefühl einer fernen widerstrebenden
Macht, gleichsam in seinem Grimme bis zu einer noch un-
ergründeten, schauerlichen Tiefe ausgehöhlt hat. Bis hierher,
nämlich 90 Meilen den Marañon aufwärts, oder, mit dem
Rhein verglichen, so weit wie von der Nordsee bis oberhalb
Mannheim, und bis zur Höhe von 451 Fuß über dem

Meeresspiegel, bringt der Einfluß von Fluth und Ebbe. Herr von Martius schätzt nach ungefährer Annahme die Wasser=masse, die durch diese Pforte strömt, auf 499,584 Kubikfuß in der Sekunde, wobei wohl zu merken ist, daß von den Nebenflüssen des Amazonas drei, unsern Rhein an Größe weit übertreffende Ströme hierbei gar nicht in Betracht kommen, da sie erst später ihm ihren Tribut zuführen. — Von hier bis nach Pará hinab hat die flachste Stelle des Amazonas noch eine Tiefe von 5 Faden, selbst mit Ein=schluß der später im Westen von Marajó anzuführenden Canäle.

Sechzig Meilen unterhalb der Mündung des Madeira und zehn Meilen von Obydos, ergießt sich der dunkelgrüne, doch etwas heller als sein rechter Nachbar, der Xingú, ge=färbte Tapajós bei der Villa de Santarem, dem Haupt=handels= und Stapelplatz Amazoniens, in den Marañon. Von dem unter 9° 30′ südlicher Breite gelegenen Vereini=gungspunkte seiner beiden Stammflüsse, des Juruena und Arinos an, die unfern der Quellen des Guaporé und des Paraguay, an den Campos de Parecis entspringen, ist seine Richtung eine fast ganz gerade, und zwar nordnordöstliche, bis zu seiner Mündung, so daß er mit dem Arinos eine viel nähere, dabei, trotz seiner geringeren Tiefe, weniger gefährliche und deshalb weit besuchtere Wasserstraße nach Mato Grosso und Cujabá bildet, als der Madeira, auf welcher die Baumwolle, vor allem aber der Goldstaub und die rohen Diamanten des Hochlandes sowie die zahlreichen, von den wegen ihrer Betriebsamkeit, auch wegen ihres Federschmucks bekannten Mundrucús und Mauhés eingehandelten Naturprodukte des untern Uferlandes, dem Amazonas zugeführt und dafür an Erzeugnissen europäischen Kunstfleißes meistens solche schwere Gegenstände als Rückfracht genommen werden, die für den weitern Landtransport von den großen Seeplätzen des Südens nach dem Innern nicht geeignet erscheinen. Dennoch ist die Schifffahrt auf dem Rio Tapajós ebenso wenig frei von Schwierigkeiten, von Fällen und Stromschnellen, als die seines riesigen westlichen Gefährten, dessen größtem, 30 Fuß hohen Katarakt sein Salto grande an Höhe sogar völlig gleichkommt, so daß selbst im günstigsten Falle wenigstens sechs Wochen erfordert werden, um von Santarem stromaufwärts nach Cujabá zu gelangen.

Denkt man sich die Oder an die Weichsel geknüpft, so erhält man den etwa 250 Meilen betragenden Lauf des Tapajós; setzt man dagegen zwei Rheinlängen, vom Rheinwald-Gletscher bis zur Schleuse von Katwyk op Zee gemessen, an einander, so hat man erst die Länge des 300 Meilen durchfließenden, mächtigen, aber wenig besuchten Xingú, der 50 Meilen unterhalb des vorgenannten Stromes zu Porto de Moz dem Amazonas seine klaren Wasser einverleibt, die auf der Serra dos Vertentes, im Südosten der Campos de Parecis, zwischen dem 14. und 15.° südlicher Breite, und zwar beinahe auf halbem Wege von Cujabá in Mato Grosso nach Villa Boa, der Hauptstadt von Goyaz, entspringen. Der Lauf des Xingú von seiner Quelle bis zu seiner unter 1° 41' südlicher Breite gelegenen Mündung ist im Allgemeinen von Süden nach Norden gerichtet. In dem untern Theile desselben beschreibt er jedoch einen auffallend stark gekrümmten südöstlichen Bogen, der kurz vor der, oberhalb Souzel, der letzten von Weißen bewohnten Ort= schaft, gelegenen Einmündung des von Westen kommenden Tucurui endet.

Diese wenigen Andeutungen über den Xingú mögen vorläufig genügen. Ehe wir jedoch diesen Strom verlassen, möge hier noch einmal der unter 53° westlicher Länge von Greenwich, im Nordwesten von Porto de Moz gelegenen Serra de Almeirim oder de Parú Erwähnung geschehen, als der einzigen Erhebung, welche de la Condamine auf seiner vor hundert Jahren ausgeführten Stromfahrt, vom Fuße der Anden bis zum atlantischen Ocean, erblickte.

Schon im Westen der Xingú=Mündung erschien Herrn von Martius der Amazonas so breit wie der Bodensee. Unterhalb derselben erweitert sich aber der Strom, der bis hieher innerhalb des Tieflandes sich stets zwischen den Parallelen von 5° und 1° 30' südlicher Breite gehalten hat, bereits zu einem wahren Meeresarme, den viele große Inseln theilen. Der nördliche Hauptstrom fluthet, anfangs unter dem Namen Rio de Macapá, später als Canal de Braganza do Norte, von hier nach N. N. O., um sich zwischen Cap Magoari auf der Insel Joannes oder Marajó und Cabo do Norte mit einer 33½ (134 See=) Meilen breiten, durch die Inseln Caviana und Mexiana in drei Theile getheilten Mündung in den Ocean zu ergießen.

Ein zweiter, weniger bedeutender Arm, nach der dàran gelegenen Villa gleiches Namens o Rio de Gurupá genannt, fließt, durch Insel-Reihen (die Ilhas de Gurupá) von dem vorgenannten getrennt, eine Strecke weit in einer mehr östlichen Richtung als jener fort. Während sich einerseits diese südlichere Wassermasse im N. W. der Insel Marojó dem Canal de Braganza wieder anschließt, tritt 18 Meilen unterhalb der Xingú-Mündung ein Theil derselben in ein vielverzweigtes natürliches Canalsystem hinein, das die sumpfigen Gestade dieser Insel vom westlich gelegenen Festlande trennt, und durchströmt es in südöstlicher Richtung. Auf der Südwestseite der Insel Joannes vereinigt sich nun diese Fluth des Marañon mit den Gewässern des Uanapú (Anapú, Guanapú), des Pacajaz und des Jacundaz in einer weiten Inselbucht, die den bezeichnenden Namen des Rio (oder der Bahia) das Bocas führt, setzt dann, ein wahres Meer süßen Wassers, die Insel Marajó im Süden und Osten von der Terra firma scheidend, als Pará-Strom*) ihren Lauf nach Osten und Norden fort, und nimmt auf halbem Wege zum Meere den letzten der drei oft genannten Riesenströme, den olivenbraunen, etwa 400 Meilen langen, gangesgleichen Tocantins auf, um sich bald darauf, und zwar nach ihrer

*) „Pará" bedeutet Fluß oder Strom in der Sprache der Tupinambas.

Vereinigung mit den ebenfalls von Süden kommenden kur=
zen, aber wasserreichen Rios Mojú, Acará und Guamá,
(deren gemeinschaftliche Mündung in den Pará Bahia de
Goajará heißt), in einer Breite von 8⅝ (oder 34½ See=)
Meilen zwischen der Ponta de Tigióca und Cap Magoari
gegen den Ocean zu öffnen. Wenn dagegen von manchen
Geographen der Pará als nicht zum Stromsystem des Ma=
rañon gehörig, sondern als der, nur durch das beschriebene
Canalsystem mit demselben communicirende Ausfluß des von
ihnen als völlig für sich bestehend gedachten Tocantins be=
trachtet wird, so können wir, aus später zu entwickelnden
Gründen, uns dieser Ansicht nicht anschließen. Rechnen
wir daher die ungefähr 600 Quadratmeilen messende, von
dem süßen Wasser des Amazonas und seiner Nebenflüsse
umflossene Insel Marajó, die Sicilien an Größe gleichkommt,
zu dem Delta desselben, so erhalten wir für die ganze Breite
seiner Mündung, von der Ponta de Tigióca bis zum Cabo
do Norte, 24¼ (oder 177 See=) Meilen, was ungefähr der
Entfernung vom Monte Circello, an den pontinischen Süm=
pfen, bis Cap Gallo bei Palermo, anderseits aber auch der
größten Breite unserer Ostsee (zwischen der curischen Neh=
rung und dem Vorgebirge Torhamm=Odde) gleichkommt.

Der Tocantins, bei dem wir einen Augenblick verweilen
wollen, wird aus zwei fast gleich langen, bekanntlich durch
die Cordillera Grande geschiedenen Stammflüssen gebildet,
von denen der westliche bis zu ihrem unter 5° südlicher
Breite stattfindenden Zusammenflusse, Rio Araguaya, der

östliche aber von Anfang an Tocantins genannt wird. Die Quellen des letzteren liegen etwa unter 16° südlicher Breite in dem östlichen Theile der Serra dos Vertentes, auf deren Südseite die Gewässer dem Paraná zufließen, und zwar ganz nahe bei Villa Boa, wo die drei Haupthandelsstraßen des Innern Brasiliens sich vereinigen, die wir uns hier in aller Kürze zu erwähnen gestatten.

Die eine der drei Straßen führt von diesem Knoten= punkte quer durch Mato Grosso über Cujabá und Villa Bella nach Bolivien, wo sie sich bis zu dem berühmten, 12,520 Fuß über dem Meere gelegenen Anden=Thale von Potosi erhebt. Ein anderer ähnlicher Saumweg nimmt von Villa Boa aus eine nördliche Richtung nach Palma, in der Mitte von Gohaz, biegt von da nach Osten ab, um, die Gebirge quer durchschneidend, seine Waaren in Bahia ab= zusetzen, und vereinigt sich hier, an seinem Endpunkte, mit dem von Pará kommenden Landwege, der durch's Innere nach S. Luiz do Maranhaõ und dann abermals durch den Sertaõ (das Innere) auf dem mächtigen Bogen der Ostküste Brasiliens nach Bahia führt. Die dritte von Villa Boa ausgehende Handelsstraße vermittelt endlich die Verbin= dung mit dem Osten und Süden des Landes über Paracatú und Villa Rica, einerseits mit der Hauptstadt des Reiches, Rio de Janeiro, andererseits mit den Provinzen S. Paulo und Rio Grande.

Nach dieser kleinen Abschweifung wieder zu dem To= cantins zurückkehrend, finden wir die Quellen des Araguahá

faſt im Meridian von der des Xingú und 2° ſüdlicher als
die des öſtlichen, noch einmal ſo waſſerreichen Stammfluſſes,
der in ſeinem obern Laufe ein, im Anfange des vorigen
Jahrhunderts wegen ſeiner Goldminen bekannt geweſenes
Land durchſtrömt. Der mehr oder weniger breite Streif
der Katarakten bildet nämlich bei allen dieſen großen ſüd-
lichen Zuflüſſen des Amazonas zugleich die Scheide zwiſchen
ihrem unteren, durch die walbigen Ebenen, und ihrem
oberen, meiſtens durch hügelige Fluren („Campos‟) füh-
renden Laufe, wo ſich die Ufer-Vegetation nur zu den
niedrigen, krummäſtigen, minder ſaftiggrün belaubten Bäumen
des Minenlandes erhebt, die, gleich dem Geſteine, auf
Gold-Formation ſchließen laſſen. Beim Tocantins enden
die Fälle und Stromſchnellen nördlich des 4.° ſüdlicher
Breite. Hier tritt er mithin in das Tiefland ein. Beim
Xingú liegt dagegen dieſer Punkt des Eintritts in die Ebenen
erſt in 3½° ſüdlicher Breite, beim Tapajós aber ſüdlich
des 5.°, woraus ſich zugleich die Nordgrenze des braſilia-
niſchen Hochlandes ergiebt, welche dieſe Ströme, gleich einer
Terraſſe, quer durchſchneiden.

Wenige Meilen von der Mündung des Tocantins entfernt, erhebt ſich an ſeinem linken Ufer die Stadt Cametá,
auch Villa Viçoſa genannt, deren Bezirk etwa 20,000 Einwohner zählt, und die gewiß dereinſt recht blühend werden
kann, wenn der Handel, was ſehr zu wünſchen wäre, auf
dem ſchönen Strome noch mehr zunimmt. Ja, die Natur
ſelbſt ſcheint denſelben zur Handelsſtraße beſtimmt zu haben,

indem sie ihn durch natürliche Gabeltheilungen mit dem Jacundaz, seinem Nachbarflusse zur Linken, vereinigte, und anderseits seine Wasser, dicht an der Mündung, durch den Anapú, seinen rechten Nebenfluß, und den sich darin er= gießenden Igarapé=mirim beinahe auch mit dem Rio Mojú in Verbindung brachte, so daß ein kurzer Durchstich hin= gereicht hat, dieselbe völlig herzustellen. Auf diesem Wege gelangt man leicht und sicher aus dem Tocantins in die Bahia de Goajará und somit nach der Hauptstadt der Pro= vinz Pará, der Cidade de Sta. Maria de Belêm do Gráo Pará, die am Einflusse des Rio Guamá in diese Bucht des Parástromes, etwa 17 Meilen vom Meere entfernt, unter 1° 27′ südlicher Breite und 48° 30′ westlicher Länge von Greenwich, liegt.

Die Einfahrt in den Amazonenstrom ist wegen der großen Sandbänke, die sich vor seine beiden Münbungen gelagert haben, äußerst gefährlich. Außerdem tritt uns noch eine andere, leicht gefahrbringende, aber höchst wunderbare und noch nicht genügend erklärte Naturerscheinung, die be= kannte „Pororóca,“ am Ausflusse des Marañon entgegen, die sich beim Voll= und Neumond, zur Zeit der Springfluth, am heftigsten daher während der Aequinoxien (besonders im Frühjahr) einzustellen pflegt, und nicht allein im Haupt= strome, sondern auch in einigen seiner dem Meere zunächst gelegenen Zuflüsse, sowie in vielen nahe liegenden Küsten= flüssen wahrgenommen wird. Statt nämlich regelmäßig zu steigen, erhebt sich die, durch die stark ausströmende

Wassermasse des ungewöhnlich anhaltend ebbenden Flusses allmälig aufgestaute Fluth in wenigen Minuten zu ihrer größten Höhe, überwindet den ausgehenden Strom, drückt ihn in die Tiefe hinab, und wälzt sich dann über ihn fort und, einer Mauer gleich, den Fluß aufwärts, mit einem Getöse, welches anderthalb Meilen weit hörbar ist. Oft nimmt diese Alles verheerende Fluthwelle die ganze Breite des Stromes ein, zuweilen auch nicht. Da, wo sie auf Untiefen stößt, erhebt sie sich zu 12 bis 15 Fuß Höhe; an sehr tiefen Stellen senkt sie sich dagegen und verschwindet fast gänzlich, um später an einem seichteren Orte wieder aufzutauchen. Solche tiefere Stellen nennen die Schiffer „Espéras," Wartestellen, weil hier selbst kleinere Fahrzeuge vor der Wuth der Pororóca sicher liegen, namentlich wenn man die Vorsicht gebraucht, sie an einen Baum am Ufer zu befestigen, da ihre Ankertaue sonst leicht durch die Ni= veauveränderung des Flusses zerrissen werden. Je länger ferner das Ebben dauert, und je schneller es stattfindet, desto stärker erscheint die Pororóca; ebenso kräftigend wirken zahl= reiche Untiefen, Sand und Schlamm im Flußbett und Ver= engungen desselben, außer andern örtlichen Ursachen, auf dieses Phänomen ein. — Die meisten Beobachter wollen drei bis vier auf einander folgende derartige Wogen bemerkt haben, indem die hintere Anschwellung stets die sich über= stürzende vordere ersetzt. Hinter sich aber läßt die fort= ziehende Pororóca die Gewässer in demselben Zustande vollkommener Ebbe zurück, in dem sich dieselben vor ihrer

ephemeren Erscheinung befanden, die sich stets an drei auf
einander folgenden Tagen mit Eintritt der Fluth wieder=
holen soll.

Ebbe und Fluth sind überhaupt von großem Einfluß
auf die Beschiffung des Amazonas in dem ihrer Einwirkung
ausgesetzten Theile seines Laufes, indem sie sich theils als
Hemmniß, theils als Beschleunigungsmittel der Fahrt be=
merkbar machen. Gegen die Ebbe= und Fluthzeit rückt man
nur langsam unter Segel fort, und mit Rudern läßt sich
auf die Länge schwer dagegen ankämpfen. Aus diesem
Grunde liegt man meist während der ungünstigen Zeit still.
Ja, Ebbe und Fluth spielen bei der Beschiffung des Ama=
zonenstromes eine so wichtige Rolle, daß man sie sogar als
Maß für die Entfernungen auf demselben braucht, und nach
„Marés" rechnet, worunter man den Weg versteht, den ein
Fahrzeug mit einer Ebbe oder Fluth zurücklegen kann.

Die große Länge des Amazonenstromes macht, daß das
Anschwellen seiner aus dem tiefsten Innern des Continents
hervorströmenden Gewässer in verschiedenen Theilen seines
Laufes auch in sehr ungleiche Zeiten fällt. Während der
Marañon in Maynas, am Fuße der Anden, schon im Ja=
nuar stark anschwillt, fangen die Wasser des Solimões erst
im Februar an zu steigen; dagegen erreicht der Amazonas
unterhalb des Rio Negro nicht vor Ende März und An=
fangs April seinen höchsten Stand. Ferner ist der Zeitraum
zwischen dem Anschwellen und Fallen des Hauptstromes
aus dem Grunde verhältnißmäßig nur gering, weil seine,

theils in der südlichen, theils in der nördlichen Hemisphäre
entspringenden Nebenflüsse, was das Steigen und Fallen
derselben betrifft, natürlich eine sehr verschiedene Perio-
dicität zeigen. Die nördlichen Nebenflüsse haben keinen so
entschiedenen Einfluß auf den Amazonas, als die riesigen
Zuflüsse, die ihm von Süden her zuströmen, im November
zu steigen beginnen und sich schnell durch das Anschwellen
der Gebirgswasser füllen. Vor allem aber influirt auf den
Amazonenstrom sein wasserreicher Nebenfluß, der Madeira,
dessen höchster und niedrigster Wasserstand gleichzeitig mit dem
des Hauptstroms eintritt. Im Solimões und weiter östlich
steigt das Hochwasser des Binnenlandes bis zu 40 Fuß, ja,
Herr von Martius hat sogar einzelne Bäume 50 Fuß über
dem niedrigsten Stand des Stromes mit zurückgebliebenem
Flußschlamm überzogen gefunden! — Alsdann erscheint das
Land an den Ufern des Marañon, mit seinen hochstämmigen,
von dem reißenden Strome durchbrochenen Wäldern gleichsam ertrunken in den endlosen, sich unaufhaltsam fortwäl-
zenden Wasserfluthen. Die höchsten Bäume erzittern, und
unzählige Stämme werden von dem reißenden Flusse mit fortgeführt. Die Thiere flüchten auf die höher gelegenen Theile
des festen Landes, und Fische und Krokodile schwimmen an
den Stellen umher, wo jüngst noch die Unze und der Tapir
sich durch die Wälder Bahn brachen. Nur einzelne Vögel-
gattungen, die auf den höchsten Baumgipfeln horsten, unter
ihnen der Arára, lassen sich nicht von dieser Aufregung
der Elemente verscheuchen, die an die Stelle der stillen

Waldeinsamkeit getreten ist. Durch diese Ueberfluthung
entstehen und verschwinden jährlich unzählige Inseln; durch
sie erhalten die Ufer zuweilen eine ganz neue Gestalt, indem
der Strom an dem einen Ufer das ansetzt, was er an dem
andern abgerissen hat, und so oft aus einer größern Insel
mehrere Eilande bildet oder umgekehrt mehrere kleine Inseln
zu einer größeren vereinigt. Auch ist es nicht unwahrscheinlich, daß die zahllosen Seen, welche den Marañon,
gleich dem Madeira, auf dem größten Theile seines Laufes
begleiten und mit ihm in Verbindung stehen, vornehmlich
diesen Ueberschwemmungen ihr Dasein verdanken.

Die Durchschnitts-Geschwindigkeit des Amazonas schätzt
von Martius an den Ufern auf 0,75 Knoten, und in der
Mitte auf 1,5 Knoten. Lister Maw giebt dieselbe zwar
auf 4 Knoten an, bemerkt aber dabei, daß sie in der trocke-
nen Jahreszeit geringer ausfallen dürfte, was mit der
Angabe des Schiffs-Lieutenants W. Smyth und des
Mr. F. Lowe ziemlich übereinstimmt, nach deren Karte
man 3,3 Knoten als mittlere Schnelligkeit des Stromes
von der Mündung des Ucayale bis zu der des Rio Negro
erhält. Diese verschiedenen, sich zum Theil widersprechenden
Angaben rühren von der Schwierigkeit her, das Mittel aus
der so häufig wechselnden Geschwindigkeit des Amazonenstromes zu nehmen, die theils von der Gegend des Stromlaufes — so schätzte sie z. B. Lister Maw an einzelnen,
stark bewegten Stellen des Solimões sogar auf 5 Knoten;
fast dasselbe fand de la Condamine da, wo der Marañon

schiffbar wird —, theils von seinem Wasserstande, da z. B.
der Madeira bei hohem Wasserstande an seiner Mündung
fast still zu stehen scheint, theils, wie schon bemerkt, von
der Jahreszeit, und endlich auch noch davon abhängt, ob
dieselbe am Ufer, wo man sogar oft eine Rückströmung
wahrnimmt, oder in der Mitte des Stroms gemessen wird.
— Ganz dasselbe Verhältniß findet in Bezug auf die Messung der Tiefen statt. Da wir oben überall nur die
Durchschnittstiefe angegeben haben, so dürfte es nicht un-
interessant sein, wenn wir noch als besonders in die Augen
fallende Abweichungen von derselben anführen, daß de la
Condamine in der Gegend der Ucayale-Mündung, wo
man sonst durchschnittlich nur 8 bis 12 Faden hat, mit
80 Faden, und an einer Stelle unterhalb Coary, wo die
Durchschnitts-Tiefe 14 bis 16 Faden beträgt, mit 103 Faden
keinen Grund fand. Darin stimmen indeß alle Reisenden
überein, daß die Tiefe in der Enge von Obydos bisher
noch nicht genügend ausgemittelt, jedenfalls aber höchst bedeutend ist. Wenn der Einfluß von Ebbe und Fluth sich
durchschnittlich, wie wir bereits bemerkt haben, bis zu diesem
Punkte, 100 Meilen stromaufwärts erstreckt, — wir sagen
durchschnittlich, weil z. B. Smyth und Lowe ihn bei dem
höchsten Stande des Stromes erst in Gurupá verspürt
haben, — so behaupten dagegen einige Reisende, das süße
Wasser des Marañon schon auf 50 Meilen von seiner Mündung in See getrunken zu haben, was jedoch an Ueber-
treibung grenzt, indem, wie es scheint, die Salzfluth der

Aequatorial-Strömung sogar bis über die Ponta de Tigióca in den Fluß vordringt und sich hier erst nach Norden wendet, während anderseits das süße Wasser des Flusses, sich ganz an der westlichen Küste haltend, nur bis zum Cabo do Norte reicht.

Diese weite Bai, dieses Meer süßen Wassers, mit dem sich der Marañon in unabsehbarer Ausdehnung gegen den Ocean öffnet, hat, so erzählt man, auch die Veranlassung zu diesem Namen des ersten Stromes der Erde gegeben. Als nämlich im Jahre 1500 die ersten Entdecker, unter der Leitung des Vicente Yañez Pinzon in diese riesige Mündung vordrangen, sollen die Einen staunend: „Ist dies noch die See (Mar)?" gefragt, und die Andern „Nein!" (spanisch non, portugiesisch não) geantwortet haben, und aus der Zusammensetzung dieser beiden Worte der spanische Name „Marañon" und der portugiesische „Maranhão (Marahnão)" entstanden sein, indem man des Wohllauts wegen ein „a" zwischen die beiden Sylben hineinschob, oder nach der portugiesischen Leseart dem „Nein" ein „ach (ah!)" vorsetzte. Trotzdem, daß diese Erzählung auf die mannigfachste Art von den verschiedenen Schriftstellern gemodelt wird, bleibt sie immerhin die gebräuchlichste, wenn auch nicht gerade historisch festgestellte Ableitung des Namens.

Einunddreißig Jahre nach der Entdeckung versuchte der Spanier Diego de Ordas in die Mündung des Marañon und des Orinoco einzubringen, sah sich aber durch den Verlust eines seiner Schiffe bald genöthigt, das gefährliche

Unternehmen aufzugeben; doch was dem Genannten von dieser Seite nicht gelingen wollte, erreichte bald darauf ein Landsmann desselben, Francisco de Orellana, der erste, der, wie wir früher bereits angeführt haben, den Marañon von Westen her, von den Ufern des stillen Meeres kommend, auffand und, vom Einflusse des Napo an, ihn bis zu seiner Mündung hinabschiffte.

Die Veranlassung zu dieser denkwürdigen Reise war folgende. Kaum hatte der bekannte Francisco Pizarro, dessen Namen die Geschichte nur mit Abscheu nennt, im Jahre 1541 seinen Bruder Gonzalo Pizarro, der ihn an Grausamkeit wo möglich noch übertraf, zum Gouverneur der Provinz Quito eingesetzt, als sich derselbe bereits zu einem Zuge über die Anden anschickte. Was war es aber, das ihn dazu bewog? — Die Sage von dem „Dorado" (d. h. von dem vergoldeten Manne) war es, die ihn so mächtig anzog, die auch ihn in's tiefste Innere des Continents lockte, — jene, so manchem Spanier verderblich ge= wordene Sage, der so viele Conquistadores, gleich einem Gespenste, nachjagten, das, mit jedem Schritte tiefer in's Land hinein, immer weiter vor ihnen her floh, weil die Eingebornen, die Goldgier der Spanier geschickt benutzend, stets den Sitz der Mythe aus ihrer Nähe in eine entfern= tere Gegend versetzend, den eigenen Stamm der fremden Habsucht zu entziehen verstanden.

Jene Sage von dem Goldkönige, von seiner Wunder= stadt Manao, wo dreitausend Goldschmiede stets Arbeit fanden, und seinem fabelhaften Goldlande mit einem Gold=, einem Silber= und einem Salzhügel war es, die Gonzalo im Osten Peru's, von den Aussagen der Indianer verleitet, aufzusuchen sich auf den Weg machte. Kein Wunder, daß die Erzählungen von dem „Rey dorado" seine Phantasie aufregten, seine Neugier und seine Habsucht reizten! Wie reich an Schätzen mußte das Land jenes Königs sein, der sich jeden Morgen beim „Lever" mit wohlriechendem Oel oder Harz bestreichen und dann von seinen, mit langen Blasröhren bewaffneten Kammerherren sich ganz und gar mit Goldstaub überblasen ließ, den er jedoch, da diese Art von Kleidung den Fürsten am Schlafe hindern würde, jeden Abend abwusch, um an jedem Tage, gleich einer künstlich gearbeiteten Statue, frisch vergoldet zu erscheinen! — Diesem Phantasiegebilde also zog Gonzalo nach, von zweihundert Mann zu Fuß und hundert Mann zu Roß, außerdem von viertausend Indianern begleitet, die ihm als Lastträger dienten, und gefolgt von einer Heerde von viertausend Schweinen und indianischen Schafen. Nach vielen Widerwärtigkeiten, und nachdem er einen Zweig der Cordilleren, obgleich nicht ohne große Beschwerde, glücklich überschritten, gelangte er in das Thal Zumaque, woselbst er sich mit Francisco de Orellana, einem Ritter aus Truxillo, der ihm mit dreißig Pferden nachgezogen war, vereinigte.

Als endlich, nach vielen bestandenen Fährlichkeiten, der Caco (Coca), ein Nebenfluß des Napo, erreicht war, bauten die unerschrockenen Spanier an seinem Ufer eine Brigantine, die zum Transport der Kranken, auch zum Uebersetzen der Truppen von einem Ufer auf das andere dienen und das Expeditions-Corps, das längs des Ufers marschirte, auf dem Flusse segelnd begleiten sollte. Sie setzten auf diese Weise die Reise eine Zeit lang stromab fort, bis bei dem unausgesetzten Regen, bei dem häufigen Durchwaten von Sümpfen und überschwemmten Savannen, Hunger, Erschöpfung und Krankheit sich in so hohem Grade einstellten und die Reihen des kleinen Corps dermaßen zu lichten begannen, daß, nachdem bereits tausend Indianer als Opfer gefallen waren, Pizarro den Entschluß faßte, Orellana mit funfzig Mann in der Brigantine nach dem 80 bis 100 Leguas entfernten Vereinigungspunkte des Caco und des Napo hinabzusenden, um in dem dortigen, als fruchtbar geschilderten Landstriche Lebensmittel zu holen, die er dem zurückbleibenden Corps zuführen sollte.

Sobald Orellana den Napo erreicht hatte, ließ er, die Rückfahrt durch das unfruchtbare Land bei dem nahrungslosen Zustande der Seinen — die bereits gekochte Schuhsohlen und Lederriemen essen mußten — für unausführbar erkennend, sich von denselben zum unumschränkten Befehlshaber wählen, um darauf am 31sten December 1541 mit ihnen die Reise den Napo abwärts eigenmächtig anzutreten. — So führte ihn sein Schicksal in den mächtigen Paraná-guaçú*), wie die Eingebornen

---

*) Paraná-guaçú heißt: großes Meer.

bekanntlich den Marañon nannten. Oft waren die Ufer lange Strecken weit völlig unbewohnt; dann gelangte man wieder zu mehr oder minder zahlreichen Indianerstämmen, wo die halb verhungerten, zur Verzweiflung gebrachten Spanier bald gute Aufnahme fanden, bald in hartnäckige Kämpfe verwickelt wurden, aus denen ihre beiden Brigan= tinen, — es war nämlich bereits mit großem Zeitaufwande eine zweite erbaut worden, — stets siegreich hervorgingen. Auch verfehlte Orellana nicht, wo es irgend thunlich war, mit den herkömmlichen Ceremonien zum Staunen der Ein= gebornen von dem Uferlande im Namen des Königs von Castilien feierlich Besitz zu nehmen.

Schon lange hatten die kühnen Abenteurer von einem Volke von „Amazonen" gehört, das tief im Innern hausen sollte; doch erst am 22sten Juni 1542, nachdem sie nach ihrer Schätzung bereits 1400 Leguas auf dem Strome zu= rückgelegt hatten, kamen ihnen die ersten zehn oder zwölf dieser Heldinnen zu Gesicht, die an der Spitze des ihnen unterthänigen Volkes den Spaniern tapfern Widerstand leisteten. Der Grund der hartnäckigen Gegenwehr dieses Stammes war ein sehr einfacher, und bestand lediglich darin, daß die schönen Tyranninnen einen jeden der Ihrigen tödteten, der die Flucht ergriff.

Die Amazonen beschreibt Orellana als von großer Statur und weißer Gesichtsfarbe, mit langem, glattem Haar, das sie um den Kopf gewickelt trugen. Ihre einzige Be= kleidung bestand in einem Gürtel, und Bogen und Pfeil

waren ihre Waffen. Sieben bis acht dieser Schönen blie=
ben auf dem Platze, worauf das Volk die Flucht ergriff.
Doch bald erschienen wieder neue Indianer=Haufen, so daß
die Spanier sich ohne Beute an Bord ihrer Fahrzeuge zu=
rückziehen mußten. — Im Lande der Amazonen gab es ge=
mauerte Städte und mit Gold gedeckte Tempel, wenn man
dem trauen kann, was Orellana von den Eingebornen
erfahren haben will.

Nach zahllosen Schicksalen und nach einer Binnenfahrt,
deren Dauer fast acht Monate betrug, und deren Länge der
kühne Abenteurer auf 1800 Leguas schätzte, gelangten die
beiden Brigantinen endlich am 26sten August in die offene
See, und erreichten am 11ten September die Insel Cu=
bagua, von wo Orellana nach Spanien zurückkehrte.

Nachdem er hier volle Verzeihung für sein schwer zu
billigendes, eigenmächtiges Verlassen des Gonzalo Pi=
zarro, und sogar die Erlaubniß, die von ihm entdeckten
Länder, jedoch mit Schonung des portugiesischen Gebiets,
unter dem Namen der Provinz Nueva=Andalusia, für die
Krone Spanien förmlich zu erobern, erhalten hatte, unter=
nahm er bereits im Jahre 1544 eine zweite Reise nach der
Mündung des Amazonenstroms, um hier, nach monate=
langem Umherirren in diesem Süßwasser=Labyrinthe und
nach vielen vergeblichen Versuchen, in den Hauptstrom zu
gelangen, gleich vielen der Seinen, von Krankheit befallen,
den Tod zu finden. Sein Name wurde früher und wird
noch heute, nach dem Vorgange des berühmten Geschicht=

schreibers Southey, von einigen Schriftstellern dem Marañon beigelegt, eine Ehre, die der unerschrockene Spanier
gewiß wohl verdient hat. Wenn jedoch die Bezeichnung
„Rio das Amazonas" die beliebtere geworden ist, so hat
Orellana diesen Umstand sich selbst beizumessen, da seine
poetischen Beschreibungen des fingirten Amazonengeschlechts
dem Könige der Ströme einen eigenen mystisch-romantischen
Nimbus verliehen haben, der fortan von dem Gedanken an
denselben unzertrennlich wurde.

Bereits im folgenden Jahre (1545) tauchte die Ama-
zonen-Sage in einer etwas südlicheren Gegend wieder auf,
indem der Conquistador von Paraguay, Fernando de Ribeira, auf seinen Zügen von einem solchen Frauenreiche,
etwa unter dem 12.° südlicher Breite, gehört haben wollte.
Einige Zeit darauf folgte eine zweite Fahrt auf dem Marañon von den Anden bis zum Meere, die, überhaupt in
ein gewisses Dunkel gehüllt, kein neues Licht über diese
Sage verbreitete. Sechzehn Jahre nach Orellana's Tode,
1560 nämlich, versuchte Piebro de Ursua von Cuzco aus
zum Amazonenstrome zu gelangen, ward aber unterwegs
von dem schändlichen Lopez d'Aguirre ermordet, der die
Reise bis zum Ocean fortsetzte. — Etwas später jedoch,
(1595) erschien ein anderer Abenteurer, Sir Walter
Raleigh, der das Amazonenland an die Ufer des Tapajós verlegte.

Zwanzig Jahre danach sendete Alexandre de Moura,
nachdem er kurz zuvor S. Luiz do Maranhão erobert und

la Rivarbière mit der französischen Besatzung von dort
vertrieben hatte, den Francisco Calbeira de Castello
Branco mit drei Caravellen und 200 Mann aus, um das
Land an der Mündung des Amazonas, das die Portugiesen,
ebenso wie den Strom selbst, mit dem Namen Graõ=Pará
bezeichneten, zu erforschen, und unter dem Titel eines
Capitaõ = Mor in Besitz zu nehmen. Derselbe traf am
3ten December 1615 in der Gegend ein, wo der Mojú,
der Acará und der Guamá in den Parástrom münden, legte
hier ein Fort an und somit den ersten Grund zu der nach=
maligen Hauptstadt dieses weiten Landstrichs: Nossa Sen=
hora de Belêm*).

Gleich anfangs bekam Calbeira mit den Holländern
zu thun, die sich am nördlichen Ufer des Amazonenstroms
niedergelassen hatten und dort Handel trieben. Er ent=
sendete nämlich den kühnen „Alferes" Pedro Teixeira
gegen ein großes holländisches, etwa 40 Legoas von Belêm
vor Anker liegendes Schiff, welches derselbe, nach hart=
näckigem Kampfe, glücklich in Brand steckte.

Bald darauf gerieth der neue Capitaõ=Mor mit den
Tupinambas in Streit, die, durch ihre harten Schicksale in
der Provinz Pernambuco belehrt, zu den Waffen griffen,
um die Portugiesen zu vertreiben. Obgleich Calbeira
bald abgesetzt ward, so dauerte dennoch der Unfriede mit
den Indianern mit geringen Unterbrechungen auch bei seinen

---

*) Unsere liebe Frau von Bethlehem.

Nachfolgern fort, die theils durch Capitães-Mores, unter
den Befehlen des Gouverneurs von Maranhão und Ceará,
theils als selbstständige Gouverneure über die Provinz Pará
herrschten, und mittelbar oder unmittelbar die armen Eingebornen auf's grausamste verfolgten und bekriegten, ja es
zuließen, daß ihre Landsleute den schauderhaftesten Men-
schenhandel trieben, die unglücklichen Indianer zu Sklaven
machten und sie für ihre Rechnung auf dem Markte von
Belém verkauften. Ueberhaupt ist die Geschichte der Provinz Pará, die, bei der entfernten Lage dieses Landstrichs
sowohl von Lissabon, als von dem Sitze der frühern Gene-
ral-Gouverneure Brasiliens, Bahia und Rio de Janeiro,
fast zu allen Zeiten vereinzelt dasteht, ebenso arm an er-
freulichen, als an großartigen Ereignissen. Wir hören,
wenn wir sie verfolgen, von nichts als von der Absetzung
und Wiedereinsetzung von Capitães-Mores, von der Vertreibung und Rückkunft geistlicher Orden, von innern Zwistigkeiten und Rebellionen aller Art, von Zügen gegen die
Eingebornen und von unbedeutenden Kämpfen gegen die
Ansiedler anderer europäischer Nationen, vor allem der
Holländer, die sich ebenfalls am Amazonenstrome festgesetzt
hatten und auf demselben Handel trieben. — Wir wenden
uns daher von diesen politischen Wirren ab und einer interessanteren Art von Erscheinungen zu, indem wir einige
der berühmteren Abenteurer und Reisenden anführen, die
den größten Strom der Erde beschifften.

Nachdem zwei, zu einer aufgelösten Mission gehörende

Franziskaner in Begleitung von sechs Kriegsknechten, deren Hauptmann von den Indianern erschlagen worden, dem Beispiele des Orellana folgend, sich der Vorsehung überlassen hatten und so auf dem Napo und Marañon bis zum Ocean gelangt waren, wurde gleich darauf, im October 1637, die erste Expedition stromaufwärts nach Quito abgesendet, das damals bekanntlich während der Vereinigung beider Kronen demselben Herrscher huldigte. Pedro Teixeira unternahm diese Fahrt, die glücklich ablief und ohne die Landreise etwa zehn Monate dauerte, mit 70 Soldaten und 1200 Indianern, welche als Bogenschützen und Ruderer dienten, was mit den Weibern und Sklaven eine Gesammtzahl von nahe an 2000 Köpfen gab, die auf 45 Canoas eingeschifft waren. Der Hauptzweck dieses Unternehmens scheint die Unterwerfung der Uferstämme am Amazonas gewesen zu sein, die zum Theil eine entschiedene Neigung für die Holländer und Engländer an den Tag legten, deren Streben noch immer dahin ging, sich in diesen Gegenden festzusetzen, und von denen die erstgenannten ihre Handelsverbindungen sogar bereits bis zum Tapajós ausgedehnt hatten.

Im Jahre 1639 kehrte der kühne Portugiese auf demselben Wege von Quito, wo man ihn festlich empfangen und ihm zu Ehren nach der Sitte des Landes Stiergefechte veranstaltet hatte, nach Nossa Senhora de Belêm, und zwar in Begleitung des gelehrten Jesuiten Frei Cristoval d'Acuña, zurück, der die Reise umständlich beschrieben hat.

Nach diesen Reisen des Pedro Teixeira, — denen unter andern in den Jahren 1689 bis 1691 die des Pater Samuel Fritz, eines böhmischen Jesuiten, folgte, der eine Karte des Stroms veröffentlichte, — gehörte bald die Fahrt den Marañon hinab nicht mehr zu den Seltenheiten, da man, auf diese Weise die gefahrvolle Umschiffung des Cap Hoorn vermeidend, den Weg von Perú nach Europa sicherer zurücklegen konnte. Auch wurden von jetzt an der Amazonas und seine Nebenflüsse allmälig bekannter, und zwar kann man etwa das Jahr 1710 als den Zeitpunkt betrachten, wo die Portugiesen eine allgemeine geographische Ansicht von dem Laufe dieser Ströme bereits gewonnen hatten.

Im Jahre 1719 ward Nossa Senhora de Belèm, nachdem sich seine Bevölkerung im Jahre 1676 durch Einwanderer von der durch einen vulkanischen Ausbruch verheerten Insel Fayal vermehrt hatte, durch königlichen Beschluß zu einem Bisthum erhoben, das seine Gerichtsbarkeit über die portugiesische Guyana, Mato Grosso und Gohaz erstreckte; auch trat endlich unter dem Marquis de Pombal die Provinz Pará unter dem Namen Estado do Grão Pará definitiv in die Reihe der Capitanias ein.

Trotz der bekannten Fürsorge dieses Staatsmannes, sowohl in Bezug auf die Eingebornen, als auf die Colonisten, die ihm unter andern bereits (1755) die Gründung einer mit ausschließlichen Privilegien begnadigten Handelsgesellschaft in Pará und Maranhão verdankten, schien die unruhige Provinz doch erst befriedigt, als im Jahre 1759 auch hier die Vertreibung der Jesuiten erfolgte. Ueber die Reinheit der Absichten dieses Ordens und die Art, wie dieselben ausgeführt wurden, wollen wir hier nicht richten; doch soviel scheint festzustehen, daß die Missionen desselben für die Heranbildung der wilden Stämme des Innern, namentlich für die bürgerliche Erziehung, von großem Nutzen waren, und daß mit der Vertreibung der Brüderschaft Jesu der Verfall der „Aldeas" (Indianer-Dörfer) in Pará seinen Anfang nahm, obgleich Pombal sich von der Unterordnung dieser Wohnsitze unter weltliche Obere ganz andere Resultate versprochen hatte. — Gleichzeitig mit diesen Maßregeln wurden die kräftigsten Gesetze zur Aufhebung und gänzlichen Abschaffung der Sklaverei der unglücklichen Indianer erlassen; doch trat leider sehr bald die Einführung von Negersklaven an deren Stelle.

Etwa ein Jahrhundert nach der Reise Teixeira's, im Jahre 1743, fand die oft erwähnte wichtige Expedition de la Condamine's, von Jaën de Bracamoros den Amazonenstrom abwärts bis Pará, statt. So kurz ihre Dauer war — sie währte nur 2½ Monat, — so groß war die auf dieser Reise gewonnene Ausbeute für die Wissenschaft, namentlich für die Geographie des Marañon, die durch de la Condamine's Karte wesentlich bereichert wurde. Ueberall erkundigte sich der große Akademiker, obgleich er selbst jenen Erzählungen nicht vollen Glauben schenkte, nach der Amazonensage, und fand sie längs des

ganzen Stromufers noch im Munde des Volks. Alle Aussagen stimmten darin überein, daß die Amazonen schon vor
längerer Zeit ihren Wohnsitz veränderten, indem sie, von
Süden kommend, den Marañon überschritten und sich dem
Rio Negro oder einem der andern nördlichen Zuflüsse zugewandt hätten. Ja, in Coary erfuhr be la Condamine
sogar von einem Häuptlinge, daß sein Großvater diese
Frauen, die von dem Cayamé (einem sich hart unterhalb
des Teffe in den Amazonas ergießenden südlichen Nebenflusse) gekommen wären, an einer der Mündungen des
Purús (dem Cuchiuuara) auf ihrem Wege nach dem Rio
Negro habe vorüberfahren sehen, und daß derselbe vier von
diesen Amazonen selbst gesprochen habe. Anderseits theilte
ein alter Soldat der Garnison von Cayenne, der sich an
den Fällen des Oyapok niedergelassen hatte, dem berühmten
Gelehrten mit, daß er im Jahre 1726 mit einem auf Ent-
deckungen entsendeten Detachement zu einem mit langen
Ohren behafteten Volksstamme an den Quellen des Oyapok
gekommen sei, wo die Frauen grüne Steine (die bekannten
Amazonensteine) um den Hals getragen, und auf die Frage:
woher sie dieselben erhalten, geantwortet hätten: „von den
Frauen ohne Männer, die sieben oder acht Tagereisen weiter gen Westen wohnen." Nach andern Nachrichten sollten
sie am Flusse Irijó hausen, der zwischen Macapá und dem
Cabo de Norte in den Ocean mündet.

Southey giebt an: be la Condamine habe diesen
Nachrichten nur insofern Glauben beigemessen, als er nicht

an der einstmaligen, wohl aber an der gegenwärtigen
Existenz der Amazonen gezweifelt habe. Dessenungeachtet
glaubt sich aber der berühmte Geschichtschreiber nicht berechtigt, diesen Zweifel zu theilen, und hält vielmehr das
Dasein des Amazonen-Volkes nach den obigen Angaben, die
30 Jahre später durch die Reise des portugiesischen Astro-
nomen Ribeiro, außerdem aber durch den Missionair
Gili und noch Andere großentheils bestätigt wurden, nicht
für unwahrscheinlich.

Alexander von Humboldt, der bekanntlich auf
seinen denkwürdigen Wanderungen durch die Aequinoctial-
Gegenden des Neuen Continents in den Jahren 1799 bis
1804 sowohl den Rio Negro, vom Orinoco kommend, beschiffte, als auch den oberen Marañon besuchte, giebt ebenfalls die Möglichkeit zu, daß die Weiber eines oder des
andern Stammes, der drückenden Sklaverei überdrüssig, in
welcher sie von ihren Männern gehalten wurden, in die
Wildniß geflohen seien, und sich dort, gleich flüchtig gewordenen Negern, in Horden oder Palenquen vereinigt und,
zur Erhaltung ihrer Unabhängigkeit, nach und nach eine
kriegerische Lebensweise angenommen haben.

Herr von Martius, der in den Jahren 1819 und
1820 mit Herrn von Spix die in jeder Hinsicht für die
Wissenschaft ersprießlichste Reise auf dem Amazonenstrom
unternahm, — die bei einer Fahrt stromaufwärts von 4½
und stromabwärts von 3 Monaten sich zwar nur bis
Tabatinga erstreckte, dafür aber auch große Strecken auf

dem Yupurá und Rio Negro in sich faßte, — gehört in Bezug auf die Amazonensage zu den völlig Ungläubigen und macht kein Hehl daraus. Nach seiner Meinung lag der Fabel der, von den europäischen Abenteurern auf das mannigfachste verdrehte und ausgeschmückte Umstand zum Grunde, daß schon zu Orellana's Zeiten, wie es heut noch bei den Mundrucús der Fall ist, die Weiber ihre Männer in den Krieg begleiteten.

Ebenso wenig als der letztgenannte und ein anderer deutscher Naturforscher, der bekannte Professor Pöppig, der in 8½ Monat, vom August 1831 bis April 1832, die Reise stromab, vom Einflusse des Huallaga bis zum Meere vollendete, scheinen sich die englischen Reisenden Lister Maw, der 1828 in drei Monaten von der Huallaga-Mündung, und Smyth und Lowe, die 1835 in 2½ Monat von der Ucayale-Mündung bis Pará hinabschifften, für diese Mythe interessirt zu haben. Das neueste Zeugniß darüber legt Herr Richard Schomburgk, der im Jahre 1840 seinen ältesten Bruder, Sir Robert, auf dessen letz-ter Reise in Guyana begleitete, in den Monatsberichten der Gesellschaft für Erdkunde (Neue Folge. Bd. III. Berlin 1846) ab, ohne jedoch bestimmte Nachrichten über die Exi-stenz dieser fabelhaften Mannfrauen einziehen zu können.

Die Provinz Pará war die letzte Brasiliens, welche Dom Pedro I. als Kaiser anerkannte, und zwar erst im Jahre 1823, wo sich die Hauptstadt einer kaiserlichen Kriegsbrigg unter Capitain Grenfell ergab. Der kurz

nachher erfolgende Ausbruch einer Gegen-Revolution ward
schnell erstickt, und 253 Aufrührer wurden in ein Schiff
von 600 Tonnen eingesperrt. Als darauf die Gefangenen
einen Versuch machten, sich zu befreien, feuerte die Wache
durch die Luken auf sie, worauf die Unglücklichen, zur Verzweiflung gebracht durch die Hitze und die dicke, im Schiffs-
raume herrschende Luft, sich gegenseitig auf das unmensch-
lichste zu zerfleischen begannen. Hierzu gesellten sich sehr
bald alle Schrecken des Erstickungstodes, so daß am andern
Morgen von den 253 Mann nur noch vier am Leben
waren, die sich hinter einem Wasserfasse verborgen hatten!

Aehnliche Grenelscenen wiederholten sich zum Theil
in den nun folgenden Revolutionen (bis 1836), wo Tausende von Gefangenen in den Forts schmachteten, bis der
Tod sie daraus befreite, und auf dem Gefängnißschiff „Xin-
Xin" allein im Verlauf von 5 bis 6 Jahren an 3000 Menschen umgekommen sein sollen! —

Alle diese Wirren waren die Frucht der endlosen
Unterdrückungen, welche sich die weiße Bevölkerung von
Anfang an, und zwar hier noch mehr als in andern Theilen Brasiliens, gegen die armen Eingebornen erlaubt hatte.
— Nach solchen Vorgängen wird man sich nicht wundern,
daß die Einwohnerzahl der Provinz Pará im Allgemeinen
in den letzten Jahren eher ab- als zugenommen hat. Dies
gilt besonders von den aldeirten (in Dorfschaften vereinigten) Indianern, deren Zahl früher 60,000 betrug, jetzt
aber auf weniger als die Hälfte herabgesunken ist.

Während man die Größe dieses ungeheuren Land=
strichs, der einerseits vom Meere bis zur Grenze von
Perú, oder vom 46. bis zum 72.° westlicher Länge von
Greenwich, und anderseits vom 6.° südlicher bis 4° 10'
nördlicher Breite reicht, auf 50,000 Quadratmeilen, d. i.
zehnmal so groß wie der preußische Staat, annimmt, schätzt
man seine Bevölkerung, mit Einschluß von etwa 10,000 wil=
den Indianern, nur auf 200,000 bis 239,000 Seelen, oder
wenig größer als die halbe Einwohnerzahl Berlin's. —
Hiernach bildet der Flächeninhalt dieser einzigen Provinz
mehr als ein Drittel, beinahe zwei Fünftel des ganzen
Kaiserreichs (130,000 Quadratmeilen), während hingegen
ihre Bevölkerung, zu 200,000 Seelen angenommen, nur
den fünfundbreißigsten Theil der Gesammtbevölkerung Bra=
siliens (zu sieben Millionen gerechnet) ausmacht. In die=
sem Falle kommen in der Provinz Pará 4 Seelen auf die
Quadratmeile, während in dem ödesten Gouvernement Ruß=
lands, in dem von Archangel, das zur Hälfte in der eisigen
Polarregion liegt, noch durchschnittlich 16 Menschen auf
demselben Raume leben.

Außer den eingebornen Stämmen besteht die Popula=
tion der Provinz aus Weißen (brancos), aus Leuten von
gemischter Abkunft (cafusos), bei denen meist das india=
nische Blut vorherrscht, aus Negern und aus sogenannten
zahmen Indianern (Indios mansos), d. h. solchen Urein=
wohnern, welche sich zwischen der weißen Bevölkerung an=
gesiedelt haben. Die Schwarzen und die Mulatten finden

sich hier in geringerer Zahl als in andern Theilen des Reiches, weil bis zum Jahre 1755 die Eingebornen ausschließlich alle Sklavendienste thaten. Erst um diese Zeit gestattete ihnen König Jozé, nach freier Wahl selbstständig zu werden, und seitdem erst hat man, wie schon erwähnt, Negersklaven hier einzuführen begonnen.

Die Provinz Pará ist bei ihrem warmen, stets gleichmäßigen Aequatorial=Klima — das aber gemäßigt wird durch die Passatwinde, die vom Ocean durch die weit geöffnete Mündung in den Amazonenstrom hineinbringen, und durch die schattigen Waldungen, die den feuchten, fruchtbaren Boden gegen die glühenden Strahlen der Sonne schützen — mit Herrn von Martius zu reden, als Antipodin der Molucken, der Pflanzengarten Brasiliens. In der That kann keine Stadt des Reiches eine so reichhaltige Liste von Ausfuhrartikeln aufweisen, als die Hauptstadt dieser Provinz, indem sie deren nicht weniger als vierzig besitzt, worunter sich auch einige Erzeugnisse des Thierreichs befinden, die meist von der Insel Marajó stammen, wo viel Viehzucht getrieben wird.

Die ganze Breite des Parástroms zwischen dieser Insel und der Stadt beträgt 4¾ (19 See=) Meilen; doch dehnt sich eine Reihe waldiger Eilande, von denen die Ilha das Onças das bedeutendste ist, von der Doppelmündung des Rio Mojú und des Guamá bis zu der unterhalb Belêm gelegenen Bahia de S. Antonio aus, welche Marajo und den eigentlichen Strom den Blicken der Bewohner

Pará's entzieht, und wodurch jener kurze, 2 Seemeilen breite, von Süd nach Nord streichende Flußarm entsteht, der den Namen Bahia de Goajará führt, eine Bezeichnung, worunter auch zuweilen die Guamá-Mündung allein verstanden wird, während der Hauptcanal jenseits jener Eilande einen Wasserspiegel von 2½ (10 See-) Meilen Breite bildet.

Auf der Nordostseite einer hart unterhalb der Guamá-Mündung in den Parástrom vorgreifenden Spitze der Wälder des Festlandes dehnt sich die Cidade de Nossa Senhora de Belém aus, deren Bevölkerung sich, durch die wiederholten Rebellionen, seit dem Jahre 1819 von 24,500 Seelen bis auf 10,000 vermindert hat. Von der Rhede aus sieht man, an der scharfen Ecke nach dem Guamá zu, einen Hügel schroff aus den Fluthen aufsteigen, den eine dicht gedrängte Gruppe hoher Gebäude krönt, überragt von der zweithürmigen Kathedrale. Von hier an zieht sich die ziemlich ansehnliche Stadt eine Viertelmeile weit am flachen Ufer des Pará stromabwärts fort, bis dahin, wo sie sich unter einem stumpfen Winkel an die von Süd nach Nord streichenden Wälder der Terra firma wieder anschließt. Etwas oberhalb der Stadt liegt das kaiserliche See-Arsenal, woselbst Prinz Adalbert eine Fregatte sah, deren Rippen, obgleich sie bereits siebzehn Jahre auf dem Stapel stand, noch nicht einmal bekleidet waren. Von diesem Etablissement — das leider noch von sehr geringer Bedeutung ist, wenn es sich auch besser als irgend ein Punkt der Erde zur Werft eignet, weil ihm wohl in einem Jahrtausend das

Bauholz nicht ausgehen dürfte — führt eine prachtvolle, schattenreiche Mango=Allee zwischen zwei Canälen längs der ganzen hinteren Seite der Stadt durch Felder hin, die von zahlreichen, durch das Fluthwasser gespeisten Gräben durchzogen sind. Am andern Ende dieser herrlichen Allee liegt ein kleiner, freier Platz mit einer Kirche, neben wel= cher Fächerpalmen (Miriti, Mauritia flexuosa) in die Luft ragen. Dicht dabei ist schon alles Urwald. Das Innere der Stadt schien mir, bemerkt der Prinz, nicht besonders gut gehalten zu sein, und die zum Theil recht wohlgebauten steinernen Häuser, unter denen unstreitig der Pallast des Präsidenten — dasselbe Schloß, das einst Pombal zum dereinstigen Sitze eines portugiesischen Prinzen bestimmte — als Hauptgebäude genannt zu werden verdient, würden Belêm gewiß etwas Großstädtischeres geben, wenn nicht das häufig in den Straßen wachsende Gras den guten Eindruck einigermaßen wieder zerstörte.

Doch wenden wir uns wieder dem Flusse zu, dessen braungelbe, gleich der Farbe des Mains in's Röthliche hinüberspielende Fluthen bald von der Macht des Oceans zurückgedrängt werden, bald von der vereinten Kraft des Amazonas und Tocantins, des Mojú und des Guamá ge= trieben, sich in der Breite von 5000 Schritt zwischen der waldigen Unzen=Insel und den endlosen Urwäldern des Festlandes fortwälzen. Alles ist Wasser und Wald, soweit das Auge reicht; auch die kleinen Inselchen sind damit be= deckt, die sich in der Richtung nach dem Meere quer über

den Strom hinziehen und nur hie und da den Horizont
frei und unbegrenzt durchblicken laffen. Nur mit Mühe
hat man gleichsam der Tropen-Vegetation einen kleinen
Raum zwischen Fluß und Wald abgerungen, um die Haupt=
stadt einer riesig großen Provinz dazwischen hineinzuzwängen.
Wenn auch diese völlig ebene Gegend dem, der von Rio
de Janeiro aus dahin gelangt, etwas monoton erscheint,
und Para seinerseits auch als Stadt nicht gerade geeignet
ist, eine große Wirkung auf den Ankömmling hervorzu=
bringen, so nimmt es sich doch mit den endlosen Wäldern
dahinter, vom Fluffe gesehen, sogar recht stattlich aus.
Einen eigenthümlich fremdartigen Eindruck gewähren schon
die zahllosen, von halbnackten Indianern bewohnten Boote,
die längs des Strandes liegen. Dieser Eindruck steigert
sich aber noch für den, der den Süden Brasiliens kennt,
sobald er, in die Stadt eintretend, den auffallenden Mangel
an Negern und Mulatten gewahr wird, und die braune,
eingeborne Bevölkerung nebst den vielen Mischlingen,
bei denen jedoch stets der indianische Typus der überwie=
gende ist, so entschieden vorherrschen sieht. Im Allgemeinen
sind diese mit indianischem Blute gemischten Menschenracen
wohlgebildet, namentlich giebt es schöne Frauen darunter.

Zur Zeit der Anwesenheit des Prinzen Adalbert er=
freute sich Pará gerade keines zahlreichen Besuchs von
Kauffahrern; dagegen lagen außer dem Growler mehrere
Kriegsfahrzeuge auf der Rhede, unter andern die brasilia=
nische Brigg „Brasileiro" und die französische Corvette

„la Bergère," Capitain Blanc, nebst der Canonière-Brick „la Boulonnaise," geführt vom Schiffs-Lieutenant, nachmaligen Corvetten-Capitain, Tarbh be Montravel. Von dem letztgenannten Offizier erhielt der Prinz später dessen trefflich ausgeführte Karte des Amazonas, die derselbe während eines breijährigen Aufenthalts in den Gewässern jenes Stromes, den er bis zur Barre des Rio Negro mit seiner Brigg beschiffte, auf Befehl des französischen Marine-Ministeriums aufgenommen hat.

Die „Boulonnaise" war, um einen Anker für die Corvette von Cayenne zu holen, welche die ihrigen oder wenigstens einen derselben bei einer, in dieser Gegend leider nicht selten vorkommenden Berührung mit dem Rücken der Sandbänke in der Mündung des Pará eingebüßt hatte, bereits gesegelt, als unsere Reisenden sich anschickten, eine Fahrt den Strom hinauf zu unternehmen, die, bei einer Dauer von vier bis höchstens sechs Wochen, wo möglich bis zum Xingú ausgedehnt werden sollte. Seine Königliche Hoheit hatte sich diesen Zeitraum gesetzt, um möglichst gleichzeitig mit dem vom Plata kommenden S. Michele, welcher den Prinzen nach Europa zurückführen sollte, in Bahia eintreffen zu können; auch war in Pará von allen Seiten zu einem Ausfluge nach dem Xingú gerathen worden, da er nicht allein einer der am wenigsten besuchten großen Nebenflüsse des Amazonas sei, sondern weil man auch an seinen Ufern leicht zu ganz wilden Stämmen, namentlich zu den Jurúnas und Taconhapéz, gelangen

könne, während dies in der gegebenen Zeit am Hauptstrome selbst, den man höchstens bis Santarem an der
Tapajós-Mündung hinaufschiffen könne, nicht möglich sei,
indem die Ureinwohner sich in diesem Theile seines Laufes
zu weit vom Strome entfernt und in's Innere zurückgezogen hätten. Von dem weit näher gelegenen Tocantins
aber hatte man schon von Hause aus, wegen der damals
an seinen Ufern herrschenden Fieber, gänzlich absehen
müssen.

In ter unglaublich kurzen Zeit von acht Tagen wurden sämmtliche Vorbereitungen zur Reise unter der ebenso
thätigen als umsichtigen Leitung des Grafen Oriolla beendet, der sich in der That selbst übertraf und auf das
zuvorkommendste von den Behörden unterstützt wurde.
Auch gaben die letzteren der Gesellschaft Schreiben an
die Behörden aller Ortschaften mit, die berührt werden
sollten. Vor allem aber empfahlen sie den Reisenden den
Geistlichen von Souzel, Padre Torquato Antonio de
Souza, als den Mann, der ihnen bei ihrem Ausfluge zu
den Wilden am meisten behülflich sein könne, und versahen
sie daher ebenfalls mit Briefen an ihn.

Der zur Abreise bestimmte Abend des 22sten November war gekommen.

Entfernt von allen Schiffen, ankerte der Growler einsam in der Mitte des orangefarbenen Stroms, und neben
ihm das kleine, am Hintertheile mit einem Dach („Roof")
von Palmblättern versehene, offene Fahrzeug, welches die

Reisenden stromaufwärts tragen sollte. Dieses ihnen vom
kaiserlichen See-Arsenal überwiesene große Boot war eine
sogenannte „Igarité (Garité)", eines jener diesen Gewässern
eigenthümlichen Fahrzeuge, die eigens für die Beschiffung
des Amazonenstroms gebaut sind. Unbeweglich lag der
schwere Rumpf des Growler neben ihm auf dem Wasser,
während der Mast der Igarité unablässig, gleich einem
umgekehrten Pendel, hin- und herschwankte. Der „Roth-
rock" promenirte indessen mit geschulterter Muskete auf
dem Deck des mächtigen Dampfers, und trat zuweilen neugierig hinaus auf den luftigen Gipfel des Fallreeps, auf
dem sich einzelne Leute geschäftig treppauf, treppab bewveg-
ten, um die wenigen Habseligkeiten der Gesellschaft mittelst
eines kleinen Boots an Bord des Flußfahrzeugs zu schaffen.
Die letzte und schwerste Arbeit war vollendet: die gewich-
tigen Kisten des Dr. Lippold glücklich übergesiedelt; sie
beengten zwar nicht wenig den ohnehin so geringen Raum
der bescheidenen Barke, lieferten dafür aber ein um so
glänzenderes Zeugniß von dem Platze, welchen unsere Reisenden der Wissenschaft gern und willig bei ihrer Expedition einräumen wollten.

Da sank die glühende Tropensonne hinter Wald und
Strom hinab, und mit ihr das dunkelblaue Banner am
Flaggstock des britischen Kreuzers! — Die neue Bootsmannschaft, acht Seeleute des „Brasileiro", langte an Bord
des Growler an und rangirte sich mit „Bags" (Säcken)
auf dem Quarterdeck. Gleichzeitig wurde die Igarité an

die Treppe geholt. Am Spiegel dieser, von den braunen
Wellen des Pará geschaukelten kiellosen Arche, die von jetzt
an die schwimmende Behausung der Gesellschaft werden
sollte, stand, bereits das Steuer in der Hand, Jozé
Coelho de Albuquerque, ihr Lootse, ein braungebrann=
ter Portugiese und Xingú=Bewohner, nebst einem ebendaher
stammenden Indianer, welchen er sich als Gehülfen mit=
gebracht hatte. — Capitain Buckle begleitete die Reisenden
bis in's Boot, um sich durch eigene Anschauung zu über=
zeugen, ob sie auch „comfortable" wären; dann kehrte er
nach kurzem, aber herzlichem Abschiede an Bord zurück.
Das Boot stieß ab; der Growler aber bemannte flink die
Wandten und sandte den Scheidenden „three hearty cheers"
nach, die letztere aus allen Kräften beantworteten. Einen
Augenblick darauf umfing sie dunkle Nacht.

Jetzt galt es, die Nordspitze der, Pará gegenüber lie=
genden Ilha das Onças zu umschiffen. Man ging daher
anfangs mit der Ebbe stromabwärts, wobei jedoch der ent=
gegenstehende Seewind bedeutend aufhielt, da er im Kampf
mit der Strömung etwas See hervorbrachte; auch wurde
schon jetzt die traurige Erfahrung gemacht, daß bei der
allzu großen „Vorderlastigkeit," die das Fahrzeug durch
fehlerhaftes „Stauen" (Vertheilung der Ladung) erhalten
hatte, das Steuerruder fast ohne Wirkung war. — Lange
noch schienen die Lichter Pará's hinter dem Boot auf dem
Strome zu schwimmen; indessen setzte die Ebbe dasselbe
nahe an die Insel heran, so daß man längs des dunklen

Waldes dahinfuhr. Endlich, nach einer mehrere Stunden
langen, für die Schiffsmannschaft sehr anstrengenden Arbeit
mit den kurzen indianischen Rudern, erblickten die Fahrenden links vor sich ein Licht: der „Furo (Canal) da Ilha
das Onças," an der Nordspitze dieser Insel, hatte sich geöffnet, denn jenes Licht sollte von einer Fazenda auf der,
nördlich ihr vorliegenden Insel „Arapiranga" (Uarapiranga,
Guara-piranga)*) herrühren. Man steuerte gerade darauf
zu; links blieb die Ilha das Onças, von der sich eine
Bank in den Canal hinein erstreckt, und rechts das Inselchen
„do Fortim." Die kurze Durchfahrt war schnell zurückgelegt; dann wandte man sich links in den langen, wohl
3000 Schritt breiten, nach Südwest streichenden Canal
zwischen der Ilha das Onças und Arapiranga hinein.

Der Seewind begünstigte die Fahrenden jetzt so, daß
sie ihr Raasegel zum ersten Mal setzen konnten. Da ging
der Mond auf über den Wäldern der Unzen-Insel. Man
war nun im stillen Wasser und begann sich einzurichten
und zu conversiren. Der Lootse mischte sich mit Erzählungen aus den Wäldern in's Gespräch und machte der
Gesellschaft den Mund ganz wässerig mit seinen Unzen-
Geschichten. Nicht lange danach sahen die Reisenden in
schräger Richtung rechts vor sich etwas, das einer Bucht
glich, sich aber bald als die Einfahrt in den, nach unge-

---

*) Wahrscheinlich von dem rothen (piranga) Ibis (Guara) so
genannt.

fährer Schätzung 4—600 Schritt breiten Canal Barquaréna
zwischen Arapiranga und der großen Insel Mojú kundgab,
in welcher das Boot nun hineinlenkte. Kurz darauf schien
der Barquaréna eine Gabeltheilung zu bilden; allein es
war abermals nur eine Täuschung. Man hatte nämlich
den Punkt erreicht, wo er, den Namen Aroizal annehmend,
sich plötzlich rechts wendet; es ergab sich aber, daß der
linke Zahn der scheinbaren Gabel kein Canal, sondern nur
eine tief in's Land greifende Bucht war.

Der Prinz war gegen seine Absicht einen Augenblick
eingeschlafen, erwachte aber plötzlich, als die Leute auf ein=
mal aus Leibeskräften anfingen zu rudern, und bei hellem
Mondschein, sich links wendend, quer über den Canal
steuerten. Auf die Frage des Prinzen: was es gäbe, er=
folgte die ebenso lakonische als unklare Antwort: „hum
bixo," d. h. „ein Wurm" (ein Ausdruck, der hier von den
gemeinen Leuten auch für „Thier" gebraucht wird). Der
Prinz fragte noch einmal, worauf ihm der Lootse entgegnete,
so eben sei eine Unze über den Fluß geschwommen und
habe nur wenige Sekunden vor ihnen das Ufer erreicht.
Jetzt fuhr Alles auf, um zu sehen, — allein leider zu
spät! — Unsere Reisenden beruhigten sich mit dem Ge=
danken, daß das vermeinte Unthier wahrscheinlich nur ein
Phantasiegebilde der Schiffsleute gewesen sein würde.

Soviel sich bei dem trügerischen Lichte des Mondes
beurtheilen ließ, mochte der Aroizal eine Breite von etwa
2—300 Schritt haben. Zwischen den Bäumen am Ufer

konnten dennoch hie und da die dunklen Umrisse von Pal=
men unterschieden werden. Um 2 Uhr Morgens ward die
Igarité am buschigen Ufer linkerhand an einen Baum ge=
bunden.

Als der Tag anbrach (23. November), befand man
sich nahe an der Mündung des Aroizal in den Parástrom.
Die Ufer dieses Canals überraschten unsre Reisenden durch
ihren eigenthümlichen, für sie in jeder Beziehung neuen
Charakter. Ein dichter, undurchdringlicher Wald von Fächer=
palmen, den ein breiter Saum von braunstämmigem, groß=
blättrigem Caladium arborescens einfaßt, zieht sich an
seinen Ufern hin und spiegelt sich in seinen stillen Fluthen.
Da aber, wo dieser Caladium=Gürtel unterbrochen ist, blickt
man in ein Gewirr von kolossalen, unterwaschenen Wurzeln.

Um 6 Uhr Morgens ging das Boot wieder unter
Segel, und trat bald darauf aus der sich breit öffnenden
Mündung in den riesenhaften Pará ein, den es in west=
südwestlicher Richtung schräg durchsetzte. Gegen N.=O.,
nach dem Ocean zu, dehnte sich weithin die gerade Linie
des Seehorizonts aus; links zogen sich die gräulichblauen
Wälder der großen Insel Mojú (Carnapijo) in unabseh=
barer Ausdehnung hin, während rechterhand die flachen
Küsten Marajó's sich immer grüner und grüner färbten,
je näher man seinen waldigen Ufern kam. Vor den Fah=
renden, doch etwas links, lag die niedere Insel Abaïté
mitten in dem braungelben Strome, der auch nach dieser
Richtung sich gegen ein Meer zu öffnen schien. — Nur

zwei kleine Schooner und eine Canoa belebten dieses große, ungefähr 2 (8 See-) Meilen breite Wasser. An der Mündung des Aroizal traten schwarze Felsriffe deutlich aus den Fluthen hervor. Auch schienen ähnliche Riffe den Pará oberhalb jenes Eintrittspunktes fast in seiner ganzen Breite zu durchsetzen. Allein es ergab sich später, nachdem diese Täuschung selbst den trefflichen Fernröhren der Gesellschaft eine Zeit lang siegreich die Stirn geboten hatte, daß die vermeinten Riffe nichts als schwarze Schattenstriche gewesen waren, die von einer dunklen Wolke herrührten.

Inzwischen stellte sich, um 8 Uhr Morgens, die Seebrise sehr frisch ein und trieb das Fahrzeug schnell vor sich her. Eine halbe Stunde später konnte der Prinz folgende Peilungen nehmen: Abaïté S.-W., Cap Bacabal auf Marajó (das nach Angabe des Lootsen ungefähr in gleicher Breite mit Pará liegen soll) N.-W., die Einfahrt in den Aroizal O. — Bei dieser Gelegenheit bemerkt Prinz Adalbert in seinem Tagebuche, daß die meisten der in diesem Abschnitt vorkommenden Namen sich oft lediglich auf die Angaben der Lootsen oder der Eingebornen gründen und mithin nicht durchgehends verbürgt werden können. Viele dieser Namen, sowie auch ganze Inseln und Eilandgruppen waren auf den Karten Seiner Königlichen Hoheit gar nicht angegeben. —

Ihr nach W.-S.-W. gerichteter Cours brachte die Fahrenden nach und nach Marajó so nahe, daß sie den schönen Urwald mit seinen vielen Fächerpalmen bald ganz

deutlich unterscheiden und am Strande Sand und schwärz=
liches Gestein abwechseln sehen konnten. — Um 11 Uhr
Morgens steuerten sie in der Entfernung von etwa 500
Schritt an einer Spitze hin, der Albuquerque den Na=
men Malatta gab, während folgende Peilungen diesen Ort
um Mittag ergaben: Westspitze von Abaïté S.=S.=W., Ost=
spitze dieser Insel O.=S.=O., Cap Mandii auf Marajó
W.=S.=W.

„Wir kommen jetzt" — so lauten die eignen Worte,
mit denen der hohe Reisende in heiterer Weise die Zu=
stände der kleinen Gesellschaft schildert — „zu einem höchst
interessanten Abschnitte unseres ersten Reisetages, nämlich
zu dem Diner, nach dem sich unsere hungrigen Magen
schon lange gesehnt. Da wir die beiden Diener in Pará
zurückgelassen hatten, und die Seeleute bei der Arbeit und
der Bereitung des eigenen Mahles nicht stören wollten, so
sah sich unsere kleine Gesellschaft hinsichtlich des Kochens
auf sich selbst angewiesen. Einer meiner treuen Gefährten
hatte daher die Güte, sich täglich diesem Geschäfte zu unter=
ziehen, um mir, weil wir meist während dieser wichtigen
Begebenheit still zu liegen pflegten, Zeit zum Zeichnen zu
lassen. Heute aber blieb die Igarité unter Segel. Graf
Oriolla, der uns diesen Morgen schon durch seinen ge=
lungenen Kaffee eine sehr gute Meinung von seiner Kunst
gegeben, überwand die Regungen der Seekrankheit wie ein
Held, ergriff, nachdem alle Vorbereitungen getroffen, trotz
der Schwankungen unserer gebrechlichen Behausung, den

Kochlöffel, und stellte, oder richtiger balancirte sich, vor dem, aus einem mit Sand gefüllten Faſſe und darauf geſetzten Dreifuße gebildeten Heerde, auf welchem der Reis in einer Kaſſerolle über einem munter lobernden Feuer schwitzte, deſſen Dampf zu Zeiten den kochenden Grafen völlig unſern neugierigen Blicken entzog. — Als nach langem Harren endlich die Kaſſerolle vom Dreifuße abgenommen ward, verschwand, wie mit einem Zauberschlage, die letzte Anwandlung der Seekrankheit bei meinen Gefährten, während wir sämmtlich bereits mit gierigen Blicken den Inhalt des Kochtopfes verschlangen. Jetzt ging es an's Koften — doch welch' harter Schlag: der Reis war verſalzen und — angebrannt! Aller Jubel verſtummte; tiefe Stille und Niedergeschlagenheit trat an seine Stelle. Da riß uns unser Lehrer in der Kochkunſt, Dr. Lippold, aus der peinlichen Verlegenheit, und mit seiner, im ſtillen, häuslichen Kreise gemüthlicher, menſchenfreſſender Botocuden erlangten hohen Virtuoſität erhob er sich, eine zweite Auflage zu liefern*). — Sie gelang! O großes Wort!" —

„Aller Anfang ist schwer; — wer hätte nach diesem erſten, mißglückten Versuche wohl geahnet, daß Graf Oriolla nicht allein noch so große Fortschritte in dieser

---

*) Der Doctor hatte sich nämlich vor einigen Jahren auf dem erſten Dampfboot der Rio-Doce-Compagnie eingeschifft, in diesem Fluſſe Schiffbruch gelitten, und war in Folge davon zu den Botocuden in der Gegend von Linhares gelangt, bei denen er sechs Monate blieb, bis er seine Rückreise nach Rio de Janeiro antreten konnte.

eblen Kunst machen, sondern sie einst sogar in den Bergen des Himalaya mit großem Glück ausüben würde, wie er es drei Jahr später auf der Reise meines Bruders gethan! Vor allem aber erlangte Graf Bismarck, von trefflichen Naturanlagen begünstigt, eine hohe Meisterschaft, während Herr Theremin, dem ein tiefer, kritischer Blick in die Theorie der höheren Kochkunst gewiß nicht abzusprechen ist, mehr ein launisches („journalieres") Talent besaß, das einen Tag mit vielem, am andern mit geringerem Glück die Produkte der niedern Praxis darzustellen wußte, die aber stets den denkenden Künstler verriethen. Lang ist die Kunst — doch meine Kochkunst läßt sich in die wenigen Worte zusammenfassen: Lippold's Genie entwarf und gab das Maß an, und ich — rührte um!" —

„Da hier so ausführlich von der chemischen Verarbeitung von Rohstoffen die Rede gewesen, so wird der Leser vielleicht zu wissen wünschen, was eigentlich für derartige Stoffe, die unten auf dem Boden des Bootes oder in Fässern und Blechbüchsen noch der umwandelnden Hand des denkenden Menschen harrten, kurz, was für Lebensmittel überhaupt am Bord der Igarité vorhanden waren. Dieselbe war auf vier Wochen reich verproviantirt mit Reis, Feijões (schwarzen Bohnen), Zucker, Chocolade, Kaffee, Thee, Schiffszwieback, Salz, Schinken, holländischem Käse, hamburger Butter, Essig, Oel und Wein. Für die Leute war außerdem noch Farinha, Pivarucu (getrockneter Fisch, der in der Provinz Pará die Carne secca, das ge-

trocknete Fleisch, ersetzt), Honig, Meláço und Caxaça mit=
genommen worden. Auch fehlte es weder an Brennmaterial
(Holz und Steinkohlen), noch an dem nöthigen Küchen=
geräthe. — Um endlich auf alle Fälle gefaßt zu sein, war
selbst ein Blechkasten mit Medicamenten vorhanden."

„Zu unserer eigenen Bequemlichkeit hatte man die
Igarité, wie bereits erwähnt, im Arsenal mit einem etwa
4½ Fuß hohen Dache von Palmwedeln über dem Hinter=
theil versehen, aber auch ein ähnliches kleineres für die
trockene Aufbewahrung der Sachen der Mannschaft auf dem
Vordertheil angebracht, auf dem zugleich, außerhalb, der
Anker nebst dem Ankertau seinen Platz fand. Die hintere
Bedachung griff nicht über den Spiegel hinaus, so daß
der Lootse mit seinem Gehülfen frei darüber hinweg schauen
konnte, wenn er am Steuerruder stand. — Unter dem
„Roof" liefen Bänke, wie in den Booten der Kriegsschiffe,
im Viereck herum, die so breit gemacht worden waren, daß
man bequem darauf schlafen konnte. In der Regel lagen
des Nachts Drei von uns auf denselben, während die bei=
den Andern sich auf den Boden des Bootes, auf „Esteiras"
(Strohmatten), hinstreckten. Die vordere Querbank unter
den vieren wurde außerdem noch als Eßtisch benutzt, und
da sie für diesen Zweck zu schmal war, durch lose Planken
breiter gemacht, die man wie ein leichtes Deck querüber
von Bord zu Bord legen konnte. Unsere eigenen Hab=
seligkeiten, unser geringes Gepäck, unsere Waffen und
„Redes" (netzartige Hangematten) zum Schlafen in den

Wäldern, nahmen sehr wenig Platz fort, was auch nicht wohl anders sein durfte, da der kleine Raum unseres Fahrzeugs nur eben die funfzehn Köpfe fassen konnte, die darin eingeschifft waren. Die genannten Gegenstände fanden theils auf und unter den Bänken ihren Platz, theils wurden sie auch, namentlich die Flinten, an der innern Seite der Bedachung befestigt. Unter dem Fußboden dagegen ward die wohlverwahrte Munition, außerdem aber Teller, Tassen und Bestecke, auch die mir von Capitain Buckle freundlichst mitgegebenen Krüge mit Selterwasser, die oft in dem eingedrungenen zolltiefen Wasser umherschwammen, untergebracht. Der Raum zwischen dem hintern und dem vordern Palmendache war von vier Ruderbänken eingenommen, auf deren jeder zwei Mann, das Gesicht dem Vordertheil zugewandt, saßen, da sie, statt der „Riemen," nach indianischer Weise mit kurzen, schaufelartigen „Pagaien" (Petschen) versehen waren. — Endlich hatte die Igarité, wie schon angeführt, einen in der vordersten Ruderbank befestigten kurzen Mast mit einem Raasegel, aber keinen Kiel; Vorder- und Hintertheil waren abgestumpft." —

Wie dünn die Bevölkerung an diesen Küsten gesäet ist, kann man schon daraus abnehmen, daß die Reisenden vom Morgen bis zum Nachmittage nur zweier Wohnungen auf Marajó ansichtig wurden, während außerdem höchstens nur noch der in den Wäldern zu beiden Seiten des Pará aufsteigende Rauch auf menschliche Nähe schließen ließ. Das zweite dieser beiden kleinen Etablissements lag an einem

„Inlet" (Eingang, Oeffnung), vor dessen Mündung sich
zwei kleine grüne Eilande, die schönsten Palmen-Inseln,
die man sich vorstellen kann, vorschieben. Bald darauf
that sich links vor dem Boot die Mündung des Tocantins
auf, welcher, gleich einem dritten Meere mit unbegrenztem
Horizonte, den Reisenden zur Seite lag, während im Pará
das Auge stromauf- und stromabwärts, ebenso wie heute
Morgen, die See in der Ferne zu erblicken wähnte.

Nachdem man kurz zuvor die Mitte des Tocantins in
S. und seine Ostseite in S.-S.-O. gepeilt hatte, ward um
3 Uhr Nachmittags der kurze Canal zwischen Marajo und
der Insel Gohabal durchschifft. Eine Stunde später befand
man sich nahe an der Küste von Marajó (Ilha de Joannes),
mitten unter einer Gruppe reizender kleiner Palmen-Eilande,
die eine Bucht der zuletzt genannten Insel ausfüllen, welche
im N.-W. der Tocantins-Mündung, und zwar derselben
schräg gegenüber, liegt, und nach der Angabe des Lootsen
Bahia do Marajó genannt wird.

Zwischen diesen Inseln steuerte man beim prächtigsten
Abende hin. Auf einer derselben, welche links blieb, zeigte
sich im Vorübersegeln ein recht eigenthümliches Bild. Ein
großer brauner Greis mit langem, weißem Haar stand
nackt vor seiner Hütte, die in dem Dickicht der Fächerpalmen kaum zu unterscheiden war. Zu seinen Füßen lag,
in einer kleinen Einbuchtung in dem Caladium-Saume, eine
Canoa, die ein gleichfalls nackter Knabe für ihn zuzurichten
schien. — Einsamkeit, tiefe Stille ringsum! Im Nu war

das Bild wieder hinter einer vorspringenden Palmengruppe
verschwunden. —

Man lenkte darauf, sich mehr gegen die Mitte des
Pará wendend, zu einer andern Insel hinüber, an der
man, sie rechts lassend, den Rest des Abends hin-
segelte, während die übrigen Eilande dieses lieblichen Archi-
pelagus zur Linken blieben. Ihr Name ist Tucupi. Prächtige Palmen, reizende Einbuchtungen, ein schlechtes Häuschen,
eine Indianerhütte, einzelne braune Leute, eine Canoa mit
ein paar nackten Indianern, einige Papageienschwärme hoch
in den Lüften, deren Geschrei sich mit dem der „Guaribas"
(Brüllaffen) mischte, und einzelne „Botos" (Tummler), die
sich in der trüben Fluth kugelten, bildeten die Eindrücke
dieses Abends, die noch dadurch an Zauber gewannen, daß
die Mondscheibe sehr bald heraufstieg und die Tropenland-
schaft mit ihrem milden Silberlichte übergoß. Die Igarité
erklang inzwischen noch spät in die Nacht hinein von deutschen Liedern, bis die Gefährten des Prinzen endlich, von
dem „Sandmann" überwunden, sich auf ihrem harten Lager
hinstreckten, während die Seeleute munter fortruderten, sich
laut von Unzen und Jacarés (Krokobilen) unterhaltend. —
Erst zwischen 10 und 11 Uhr Nachts wurde das Boot an
die Sträucher des Ufers gebunden, um den Eintritt der
Fluth zu erwarten*).

---

*) Folgendes waren die Resultate der Temperatur-Beobachtungen
am heutigen Tage: Um neun Uhr Morgens Luft 22°,3. Wasser

Am 24. November früh um 4 Uhr gingen die Reisen=
den wieder unter Segel, und doublirten gleich darauf die
Südspitze von Tucupi. Sie befanden sich somit wiederum
auf kurze Zeit in dem Hauptstrom des Pará; doch lag be=
reits — wie denn heute überhaupt die Zahl der Eilande
sich eher vermehrte als verminderte — ein neues, die kleine
Ilha Paquetá, vor ihnen, welche sie bald darauf passirten.
Mit dem gestrigen Nachmittage waren sie nämlich in jenes
Labyrinth von größeren und kleineren Inseln eingetreten,
die der Pará von der flachen, sumpfigen Südküste des gro=
ßen Marajó abgerissen zu haben, und von denen er ein=
zelne zu Zeiten ganz, andere nur zum Theil zu über=
schwemmen scheint. Diese zahllosen Eilande erschwerten
hin und wieder den Ueberblick nicht wenig, indem sie den
breiten Strom häufig dem Blick entzogen, und nur selten
eine freie Durchsicht auf das Land von Marajó gewährten.

Allmälig hatte die herrliche Mondnacht dem in vollster
Pracht anbrechenden jungen Tage das Feld räumen müssen,
als man um 6 Uhr Morgens die Westspitze der Ilha da
Conceição S. z. O., die Westspitze der dahinter liegenden
Insel Tucumaiduba S. z. W., und ein kleineres Eiland
mitten im Pará S.=W. z. S. peilte. — Gleich darauf
wurde die Höhe von Assuranda, einer kleinen Fazenda auf
Marajó, erreicht. Vier Häuser liegen, von Cocospalmen

23°, 0. Um Mittag Luft 23°, 4. Wasser 23°, 2. Um 6¼ Uhr Nach=
mittags Luft 23°, 5. Wasser 23°, 5.

beschattet, am flachen Ufer; dahinter erhebt sich ein präch=
tiger Urwald, meist hochstämmiges Laubholz, welches sich
schon von weitem nicht allein durch seine Höhe, sondern
auch durch die größere Mannigfaltigkeit in den Umrissen
seiner sich oft unter einander überragenden Gipfel von den
niedern Fächerpalmen=Wäldern des gestrigen Tages unter=
schied, da die sphärischen Kronen der „Miriti" (Fächer=
palmen) sich in der Regel so dicht an einander schließen,
daß der obere Contur des Waldes sich einer geraden Linie
stark nähert. Während fast alle andern Palmenarten mit
Leichtigkeit des Nachts zu erkennen sind, erscheint die buschige
Fächerpalme ganz wie Laubholz.

Außer Assuranda zeigte sich heute Morgen beim Vor=
überfahren noch ein zweites Etablissement auf Marajó,
nämlich die Fazenda eines Engländers, vor welcher ein
großer Schooner ankerte, der in seinen Bretterverschlägen
auf dem Verdeck eine reiche Ladung Vieh mit sich führte.
Solche Fahrzeuge, denen man hie und da auf dem Ama=
zonas begegnet, heißen „Gabarra" oder „Batelão de Gado."
Sie holen meist ihre Ladung auf dem heerdenreichen
Marajó und führen sie nach der „Cidade," wo das Vieh,
wie sich der Prinz schon auf seinem ersten Spaziergange
in jener Stadt zu überzeugen Gelegenheit hatte, häufig in
einem so jammervollen Zustande abgeliefert wird, daß man
sich in Wahrheit keinen Begriff davon machen kann.

Nach den neuesten Angaben besitzt Marajó etwa 20,000
Stück Rindvieh, welches, nächst dem Reis, der auf der

großentheils flachen, sumpfigen Insel vielfältig gebaut wird, den Haupthandelsartikel derselben ausmacht. Der Boden dieses großen, für den Handel so äußerst günstig gelegenen Eilandes ist übrigens auch für jede andere Kulturgattung der heißen Zone geeignet. Stärker bevölkert und besser angebaut, könnte Marajó einst für das Kaiserreich von hoher Wichtigkeit werden, als Markt eines ungeheuren Hinterlandes, mit dem es durch die herrliche Wasserstraße des Amazonenstroms in unmittelbarer Verbindung steht.

Als Antonio de Souza Macedo, Baron de Joannes, mit Marajó — das früher auch nach ihm den Namen Ilha de Joannes führte — belehnt wurde, fand er dasselbe von einem als treffliche Ruderer bekannten Stamme der Tupinambas bewohnt, welcher später durch die Jesuiten bekehrt wurde. Nach der Vertreibung der Holländer ging die Insel in den Besitz der Krone über. In der Revolution von 1835 traf sie das harte Loos, sowohl von den Rebellen unter Vinagre, als von den Truppen der legitimen Regierung ausgeplündert zu werden.

Marajó ist ferner dafür bekannt, daß es alle Thiergattungen der Provinz Pará aufzuweisen hat, und, was die Reisenden am meisten interessirte, daß die zahlreichen Viehheerden auf den Campos in seinem nördlichen Theile, wie man behauptet, mehr Unzen dorthin ziehen, als sich sonst in der ganzen Umgegend vorfinden, während es in den, in seiner Mitte gelegenen großen Tümpeln von Krokodilen wimmeln soll. Leider fehlte es an Zeit, hier einen Aufenthalt von acht bis vierzehn Tagen zu nehmen, der durchaus erforderlich gewesen wäre, um mit irgend einer Aussicht auf Erfolg zu jagen. Uebrigens hat Prinz Adalbert sowohl auf der Hin= wie auf der Rückreise nicht ein einziges Kroko= dil, geschweige denn einen Tiger in diesen Gewässern und an den Küsten der mächtigen Insel, an deren Gestaden man noch mehrere Tage lang, d. h. bis zum Eintritt in den nördlichen Hauptarm des Amazonenstroms, dahinfuhr, zu sehen bekommen.

Gegen Mittag befand sich die Igarité wieder im freien Strome, und zwar, nachdem kurz vorher der Meridian des Städtchens Oeiras passirt war, der Mündung des Jacundaz, eines rechten Nebenflusses des Pará, gegenüber, die nach Angabe des Lootsen in S.=W. z. S. links zur Seite lag. Bis hierher hatten sich am rechten Ufer des Stromes nichts als Inseln gezeigt; jetzt erblickte man zum ersten Male, und zwar in der Richtung jener Flußmündung, die jedoch selbst nicht ganz deutlich zu unterscheiden war, das feste Land. Um 2 Uhr Nachmittags passirte man den Ausfluß des Periha, eines Flüßchens auf Marajó, und den etwas brei= teren Furo Sta. Isabel, die hier vereint in den Pará mün= den. Die vor dieser Doppelmündung gelegene Ilha de Sta. Isabel kann hinsichts der Abstufung ihrer Vegetation als Typus für alle jene, von Marajó's Südküste abgeris= senen oder losgeschwemmten Eilande dienen, deren von jetzt an, den ganzen übrigen Theil des Tages hindurch, wiederum eine große Anzahl zum Vorschein kamen.

Den Saum der Insel bildete das dem Wasser ent=
sprossende Caladium, das gegen die aus Palmen bestehende,
zweite Linie mit einer flachen Wölbung anstieg und die
weißen Stämme zur Hälfte deckte. Die Masse dieser Pal=
men=Terrasse bestand aus dicht zusammengedrängten Fächer=
palmen, deren Gipfel ebenfalls ein, nach dem Lande zu
schräg ansteigendes, kleinwelliges Dach bildeten, wobei sich
diese Wipfel wieder in sich in der Art abstuften, daß die
niederen Stämme der Corypha umbraculifera (Lin.), meist
vorn stehend, von der hochstämmigen Corypha elata (Roxb.)
überragt wurden. Zwischen beiden Gattungen nickte die
graziöse Assai=Palme (Euterpe oleracea) hervor, die leichte,
aus zartgefiederten Wedeln gebildete Krone am schlanken,
dünnen, rohrartig schwankenden Stamme hin und her wie=
gend. Als dritte Linie erhob sich endlich in voller Majestät
das hochstämmige, Alles überragende Laubholz, seine vollen,
ächt brasilianischen Laubdächer, seine flachgewölbten Pinien=
kronen zum tiefblauen Aether aussendend, während an seinen
Riesenstämmen einzelne rothe Schlingpflanzen — und zwar
die ersten von solcher Farbenpracht, welche den Reisenden
zu Gesicht kamen — emporklommen. Indeß auch „unter
den Palmen“ wohnt der Ehrgeiz, denn hie und da sieht
man eine einzelne, riesenhaft aufgeschossene Fächerpalme
über alle andern Bäume stolz das kugelförmige Haupt —
die aus hunderten von grünen, dicht gedrängt vom gemein=
samen Mittelpunkt strahlenförmig nach der Oberfläche stre=
benden Fächern gebildete Krone — erheben, welche die

rothbraunen Riesentrauben (die Frucht des Baumes), die, mit einzelnen verwelkten gelben Fächern untermischt, am kräftig-schlanken Stamme herabhängen, beschattet. Einem Theile der Inseln, deren Boden wahrscheinlich nicht hoch genug über den Wasserspiegel heraustritt, fehlt die dritte Linie, das Laubholz, gänzlich; sie bilden daher nur einen, von Caladium arborescens umgürteten Palmenhain, und verdienen daher mit vollem Recht den oft gebrauchten Namen der „Palmen-Inseln." Im Allgemeinen läßt sich nämlich hier in dem Delta-Lande des Amazonenstroms aus der Ufer- und Insel-Vegetation nicht allein auf die größere oder geringere Fruchtbarkeit des Erdreichs, sondern vor allem auch darauf schließen: ob dasselbe häufigen und anhaltenden Ueberschwemmungen ausgesetzt ist oder nicht. Hoher Urwald verkündet stets festeren Boden; die Palmen-Vegetation und das Caladium bezeichnen dagegen das flache und sumpfige, oft überfluthete Land.

Der heutige Tag machte insofern noch einen fühlbaren Eindruck auf den Prinzen, als er zum ersten Male seine Wäsche selbst wusch und sich dabei, weil dies außerhalb des Palmendaches besorgt werden mußte, einen Sonnenstich nicht allein auf beiden Armen, sondern auch, trotz des Hemdes, auf dem Rücken holte.

Gegen Abend sah man mitten im Pará ein paar riesenhafte Baumstämme frei daliegend ihre dürren Aeste in die Luft strecken. Sie schienen sich auf einer Sandbank mit ihren unteren Zweigen fest eingegraben zu haben, und gefährdeten auf diese Weise in nicht geringem Grade die Schifffahrt. Auch schwamm, vielleicht in ebenso gefährlicher Absicht, noch ein anderer Stamm den Strom hinab, besetzt mit einer ordentlichen Reihe von Vögeln, welche die Jagd= lust reizten und die Schiffenden aus ihrem Cours ver= lockten, ihnen dann aber vor der Nase davonflogen! — Was hätten unsere Jäger erst darum gegeben, wenn statt dessen jener Stamm mit der Unze und dem Krokodil an ihnen vorüber getrieben wäre, dem die berühmten bayrischen Reisenden Spix und Martius das Glück hatten auf ihrer Stromfahrt zu begegnen! —

Uebrigens sollten sie für den Mangel des Wunder= baren wenigstens durch etwas Sonderbares einigermaßen entschädigt werden. Sie sahen nämlich, zu ihrer nicht ge= ringen Verwunderung, aus einer Fächerpalme rechts am Ufer eine leichte Rauchwolke aufsteigen, die ihre Neugier längere Zeit in hohem Grade in Anspruch nahm, und welche sie so emsig durch das Fernrohr anstaunten, daß ihnen der Arm davon einschlief, bis sie endlich entdeckten, daß es nichts weiter sei als ein kreisender Insektenschwarm, mithin eine Erscheinung, derentwegen sie weder die Linie zu pas= siren noch den Amazonenstrom aufzusuchen gebraucht hätten. — Viele Papageien flogen von Insel zu Insel, während zahlreiche Exemplare der Pontederia, wie Dr. Lippold diese Wasserpflanze nannte, eilig auf der unklaren Fluth dem Boot vorüberschwammen.

Da senkte sich die Sonne in den meeresgleichen Rio

das Bocas hinab, wie hier der Pará bei der Vereinigung des Uanapú, des Pacajaz und des Jacundaz genannt wird. Drei Durchfahrten eröffneten sich, nach der Aussage des Lootsen sämmtlich, wenn auch mit Umwegen, nach Melgaço führend, das seiner Angabe nach, im Widerspruch mit den Karten des Prinzen, auf dem Festlande liegen sollte. — Beim Eintritt der schönen Sternennacht lief man in den Canal rechterhand, d. i. in die nördlichste jener drei Einfahrten, den „Rio dos Breves," ein, der in die nordwestlichste Ecke des großen Wasserbeckens „Bahia de Tapará" mündet, während sich in die südwestliche Ecke der Anapú ergießt. In dem bezeichneten Canale ging man in west-zu-nördlicher Richtung fort, bis das Fahrzeug um 1 Uhr Morgens, beim Eintritt der Ebbe, an einen schönen großen Baum linkerhand, einen Bombax, festgebunden wurde *).

Am 25. November verließen unsre Reisenden in aller Frühe ihr Boot, durchstreiften den nahen Urwald, schossen zwei schwarz und gelb befiederte „Japú's," die sie an Bord zurückbrachten, um sie später beim Mittagsmahle zu verzehren, und setzten dann ihre Fahrt eine kurze Strecke weit, bis zu dem nahe gelegenen „Breves," fort, das sie nach wenig Augenblicken rechts vor sich auf einem 6 bis 10 Fuß hohen Vorsprung des lehmartigen, schlammigen Ufers von Marajó erblickten.

---

*) Temperatur: Um acht Uhr Morgens Luft 22°,1. Wasser 23°,5. Um Mittag Luft 24°,5. Wasser 23°,8.

Einige Bananenbüsche mischen sich unter die beiden
kurzen Häuserreihen, aus denen das Oertchen besteht, während hoher Urwald den Hintergrund bildet. Die nach dem
Wasser zu gelegenen Häuser dieser Straße stehen zum Theil
auf Pfählen, welche sich zur Zeit der Ebbe 3 bis 5 Fuß
über den Boden erheben. Ihre Wände sind entweder von
gespaltenen Palmenstämmen aufgeführt, oder aus einem mit
Palmblattstielen bekleideten Gestelle von Stangen zusammen-
gesetzt, während Palmenwedel das Dach bilden. Da, wo
Fensteröffnungen vorhanden, werden sie, in Ermangelung
von Glasscheiben, mit gitterartigen Rohrmatten zugesetzt.
Im Innern der Hütte — denn der Ausdruck „Haus" könnte
leicht dem Leser einen falschen Begriff von einer solchen,
mehr als bescheidenen Wohnung geben — befindet sich
meist ein großer, von Rohr geflochtener Tisch, der fast das
ganze Zimmer ausfüllt, zuweilen aber einen zweiten vollständigen Fußboden auf Tischhöhe bildet, der von der steigenden Fluth, was bei den jährlichen Ueberschwemmungen
von Wichtigkeit erscheint, nicht so leicht erreicht werden
kann. — Dennoch ist die Lage von Breves, das gleichzeitig
den Centralpunkt für den Handel von Pará mit Portel,
Melgaço und dem Hauptstrome bildet, eine gesunde zu
nennen, da seine Einwohner, die fast durchgehends indianischer Abstammung sind, häufig ein hohes Alter erreichen
sollen. Uebrigens verstehen es die guten Leute, sich das
Leben bequem zu machen, was nicht allein aus dem Mangel
an Anpflanzungen zu schließen ist, deren man fast keine in

der Nähe findet, sondern schon daraus hervorgeht, daß sie
den größten Theil des Tages in ihren baumwollenen Hange=
matten oder netzartig geflochtenen „Redes" zubringen. —
Die Behörden des, etwa nur noch 20 bis 30 Wohnungen
zählenden Orts, und zugleich auch wohl die einzigen Leute
in ganz Breves, die man nach unsern Begriffen mit „Sie"
anreden könnte, sind ein „Juiz de Paz," ein sehr freund=
licher Mann, welcher die Fremden mit einigen Lebens=
mitteln beschenkte, und eine Art von Commandant, die beide
allein den Reisenden noch an die besseren Zeiten mahnen,
welche Breves vor der, Alles zerstörenden letzten Revolution
gesehen haben soll. — Um 8¼ Uhr Morgens ward wieder
abgestoßen, um auf dem Rio dos Breves die Reise in der
Richtung nach N.=W. z. N. fortzusetzen, wobei man Marajó
zur Rechten, zur Linken dagegen verschiedene, zum Bezirk
von Melgaço gehörige Inseln hatte.

Die Wälder an den Seiten des 2—400 Schritt breiten
Canals glichen schon mehr den Urwäldern am Parahyba do
Sul; auch entzückten das Auge heute wieder die gestern ge=
sehenen rothen Schlingpflanzen, während hie und da sich
ein einsames Haus am schattigen Ufer erhob, den Blicken fast
entzogen durch das hohe, prächtig weiß blühende Caladium.
Nicht lange, so änderte der Rio dos Breves seine anfäng=
liche Richtung eine kurze Strecke weit nach N. z. W. Hier
war es, wo eine reizende schmale Insel erreicht wurde, an
der man, sie zur Rechten lassend, nun mehrere Stunden
lang hinsteuerte. Ich möchte sie, bemerkt Prinz Adalbert,

das Affai= und Ubuffú=Eiland nennen, in solcher Fülle
wachsen auf ihr diese herrlichen Palmenarten, mit einzelnen
hohen Stämmen der verschiedenen Fächerpalmengattungen
untermischt, — wenn nicht die kolossalen, durch zahllose
Schlingpflanzen zu einem unburchbringlichen Ganzen ver=
webten Laubbäume der brasilianischen Urwälder, in noch
weit größern Massen auf dieser Insel wuchernd, jenen
Namen Lügen straften.

Die Ubuffú= (Bossú=) Palmen waren den Reisenden
eine neue Erscheinung; dieselben haben einen kurzen, nur
20 bis 30 Fuß hohen, dicken Stamm, aus dessen oberem
Ende mächtige Blattstiele, gleich den Kelchen einer Lilie,
fächerförmig aufsteigen, an denen, statt der Wedel, die
kolossalen, enggefalteten oder gerieften Blätter angesetzt sind,
deren Länge, bei einer Breite von 5 Fuß, oft 20 Fuß be=
trägt. Vermöge ihrer Schwere beugen sich diese Riesen=
blätter von ihrem gemeinschaftlichen Mittelpunkt aus mehr
oder weniger nach außen, oder hängen, gleich denen der
Bananen, vom Winde geknickt und zersetzt, an dem schup=
pigen Stamme herab. — Sehr anmuthig stachen dagegen
die Affai=Palmen ab, die, gleich leicht befiederten Lanzen=
büscheln, sich aus dem Dickicht hervorneigten, sich in den
Fluthen des Canals spiegelnd, welche die Baumwurzeln am
Saume des Eilandes bis weit hinein unterwaschen hatten.
Aeste und ganze Stämme streckten sich weit über das Wasser
hin, wobei unter andern eine leicht geschwungene Affai=Palme
sich sogar zu einem vollkommenen Ringe verschlungen hatte.

Eine andere Palme dieser Gattung ward, auf des Doctors
Vorschlag, umgehauen, um ihre Spitze in dünne Scheiben
zu zerschneiden, die dann, mit Essig und Oel angemacht,
als Salat mit großem Wohlbehagen verzehrt wurden.

Der beschriebenen Insel folgte eine zweite; dann kam
ein drittes Eiland, mitten im Rio dos Breves, welches
diesen zu einer Gabeltheilung zwingt. Der Canal rechterhand, in den man einlief, ging nach N.=W. z. N.; der zur
Linken war dagegen nach W. gerichtet.

Nach 1 Uhr Nachmittags erreichte man ein großes,
walbumschlossenes Bassin, mit einem bewaldeten Eilande
an seinem nördlichen Ende, einen Hauptknoten, wo sich drei,
aus verschiedenen Himmelsgegenden kommende Canäle mit
dem Rio dos Breves vereinigen. Hier überraschte die Gesellschaft der erste wahre tropische Regen auf ihrer Stromfahrt und verdünnte die breiartige Reissuppe, die Graf
Bismarck mit den Gaben des Juiz de Paz würzte, denen
er noch ein in Breves eingehandeltes Huhn hinzugefügt
hatte. Der Prinz konnte inzwischen, da die starke Ebbe
zu ankern nöthigte, folgende Peilungen nehmen: Der Rio
dos Breves durchschneidet das Bassin in seiner alten Richtung von S.=O. nach N.=W. z. N.; der Rio dos Macacos
fällt von N. z. O. hinein, ein anderer Canal kommt von
O., und der letzte von S.=S.=O. — Nach beendetem Mittagsmahle schiffte man im Rio dos Breves fort und gelangte
gleich darauf, um 3 Uhr Nachmittags, an eine zweite Haupttheilung. Der genannte Fluß bildete nämlich ein schiefes

Kreuz mit einem links nach Melgaço abgehenden Canale und einem andern, von rechts her kommenden.

Von jetzt an wurde der Urwald an beiden Ufern immer undurchdringlicher und bedeutend höher. Viele große Botos zeigten, im Wasser sich kugelnd, ihren fleischfarbenen Rücken. Gleich hinter dem zuletzt angeführten Zusammenflusse band man das Boot rechterhand an einen Baum der Insel do Porbento an, ging an Land und durchstreifte das wilde Dickicht, wobei man sich mit den „Facões" (großen Waldmessern) Bahn hauen mußte. Nach etwa zweistündigem Aufenthalte und einem tüchtigen Platzregen, welchen der Prinz unter den schützenden Riesenwedeln einer stammlosen Palme, von Ameisenheerden umkrochen, abgewartet hatte, wurde das Eiland verlassen, und um 6 Uhr Nachmittags befand man sich wieder unter Segel. Die Seeleute behaupteten, Affen auf dieser Insel gesehen zu haben; unsern Reisenden waren dergleichen, zu ihrem großen Bedauern, jedoch nicht zu Gesicht gekommen, obgleich sie seit ihrer Ankunft in Brasilien unablässig danach umherspähten, in der Hoffnung, endlich einmal einen zu erblicken. —

Man mochte etwa eine halbe Seemeile, von der zweiten Haupttheilung an, zurückgelegt haben, als sich rechterhand ein freies Stückchen schlammigen Bodens zeigte, der einzige Fußbreit freien Landes an diesen Waldufern. — Der Rio dos Breves nimmt später von einem dritten Knotenpunkte, der etwa in zwei Stunden von dem zweiten aus erreicht werden kann, auch noch den Namen Jaburú an,

ben er sehr lange fortführt. In den nach N.-W. streichen=
ben Jaburú ober Rio bos Breves fällt hier nämlich ein,
ungefähr von W. kommender Canal, der Aturiazal, hinein,
der seinerseits wieder durch den Tagipurú (Tahapurú) mit
dem Amazonas verbunden ist. Der starken, entgegen=
gesetzten Strömung wegen schlug der Lootse diesen Weg
zum Hauptstrome nicht ein. Um 9 Uhr Abends sah man
den schmalen Nambuaçú sich von N.-O. her mit dem Ja=
burú vereinigen, der bei der stockfinstern Nacht einem
geraden, 1—200 Schritt breiten holländischen Canal glich,
nur mit dem Unterschiede, daß er an den Seiten von nie=
derem Gebüsch eingefaßt war. Der Lootse machte auf das
Geschrei der Krokodile aufmerksam, das dem der Unken
sehr ähnlich ist. Die Schiffsleute ergötzten sich daran, die
Stimme der Jacarés nachzuahmen, um sie zu locken; allein
das Geschrei blieb sehr entfernt, und vom Sehen der Thiere
war gar keine Rede.

Zwischen 1 und 2 Uhr Morgens (26. November) ge=
langte man zur Einmündung des von N.-O. z. N. kom=
menden Furo das Ovelhas, wo der Jaburú, plötzlich seine
alte Richtung nach N.-W. z. N. verlassend, sich scharf nach
W. wendet. Hier wurde geankert. Bis zu diesem Punkte
war man mit der Fluth gegangen, wogegen von nun an
die Ebbe benutzt ward. Man hatte demnach die Schei=
dungslinie erreicht, von wo die Wasser einerseits nach der

nördlichen Hauptmündung des Amazonas, andererseits nach der südlichen hin, ebbten*).

Mit Tagesanbruch setzte man sich wieder in Bewegung. Der Jaburú bildete heute, einen vollkommenen Schlangenlauf darstellend, eine kleine Krümmung nach der andern, indem er, obwohl nur immer auf wenige Augenblicke, bald dem einen, bald dem andern der fünf Compaßstriche: W., N.=W. z. N., O., S.=O. und abermals N.=W. z. N., folgte, wobei er bis 9 Uhr Morgens zwei Ygarapés**) von links her aufnahm. Um die genannte Stunde wurde, nachdem bereits große Wäsche gehalten und die nassen Stücke auf dem Palmdache bei glühender Sonne getrocknet worden, wegen Eintritts der Fluth, links an der Ilha grande do Jaburú angelegt. Die Wälder dieser Insel sind reich an den sonderbarsten Luftwurzeln, die sich oft so hoch frei über den Boden erhoben, daß man bequem darunter hinweggehen konnte. Andere Wurzeln springen, wie schon oben angeführt worden, gleich schräg ansteigenden, auf der hohen Kante stehenden dreieckigen Brettern, aus den Bäumen vor. Etwas Neues waren dagegen die Wurzeln der Fächerpalmen, die aus einem dichten Bündel von unzähligen dünnen und glatten Stäbchen bestehen, von denen oft einzelne grell roth gefärbt sind. Bei einer von diesen Pal=

---

*) Temperatur: Um Mittag Luft 23°,7. Wasser 24°,0.
**) Eine allgemeine Bezeichnung für einen Fluß oder Canal.

men fing eine zweite ähnliche Wurzel, wohl 10 Fuß vom Boden, an, oben aus dem Stamm auszuschlagen, was einen sehr sonderbaren Anblick gewährte. „Vor Allem aber," bemerkt Prinz Adelbert, „sind die Luftwurzeln der Rhizophora wahrhaft charakteristisch — ein rechtes Wahrzeichen — für die herrliche Pflanzenwelt dieses sumpfigen Delta=Landes, die alles weit hinter sich läßt, was wir in dieser Hinsicht sonst in Brasilien gesehen haben. Alles ist hier kolossal; die glühende Aequatorial=Sonne zieht gleichsam die grüne Pflanzendecke unseres Planeten in diesen Gegenden des Erdgürtels mächtiger zu sich hinauf als an andern Orten des Erdballs, während die jährlich sich von den Anden heranwälzenden, Alles überfluthenden und befruchtenden Hochwasser tief in das Heiligthum dieser Waldungen dringen, die deshalb „Ygapó = Wälder"*) genannt werden. — So sahen wir z. B. die schlanke Miriti, die höchste aller hier einheimischen Palmen, oft über 100 Fuß vom Wasserspiegel aufschießen. Ebenso häufig aber finden sich unter dem Laubholze Urwald=Riesen, deren mächtige Kronen sich wohl über 150 Fuß vom feuchten Boden bis zu jenen schwarzen, tief ziehenden Regenwolken erheben, die der Vento geral fast täglich über diese Wälder hintreibt. — Wie die Bäume, so die Wurzeln, vornehmlich die der Rhizophora. In hohen, immer kleiner werdenden Bogen wölben sie sich aus dem Dickicht hervor und

*) Ygapó heißt eine überschwemmte Gegend.

streichen, gleichsam die Sprünge einer Kanonenkugel nach=
ahmend, wohl an 50 und mehr Schritte über den Wasser=
spiegel fort, im Verein mit den dunkelschattigen Einbuch=
tungen der Ufer=Vegetation die stille Fläche der Canäle
auf das mannigfaltigste unterbrechend."

Da bis um Mittag etwa auf die Ebbe gewartet wer=
den mußte, so ward die Insel durchstreift, um einen frischen
Braten für's Diner zu schießen, während die Seeleute,
nachdem sie bis auf ein um die Hüften geschlagenes Tuch
sich jeglicher Kleidung entledigt, mit Messer und Stock be=
waffnet, Jagd auf Schildkröten und kleinere Schaalthiere
machten, die sie in den Gräben und Pfützen erhaschten,
oder auf Fische, indem sie sich dem harmlosen Vergnügen
des Angelns hingaben. Die Mehrzahl unter ihnen waren
schlanke, wohlgebildete Indianer mit glattem, glänzend
schwarzem Haar und spitz gefeilten Zähnen. Ihr Orien=
tirungssinn und die Schärfe ihres Gesichts waren in hohem
Grade bewunderungswürdig, ebenso die Leichtigkeit und
Geräuschlosigkeit, mit der sie über die unter den schweren
Tritten der Europäer laut knisternden Blätter, Zweige und
Palmwedel, die den Boden fußhoch bedeckten, hinschritten.
Nur selten gebrauchten sie das Facaõ, die unsern Reisenden
so unentbehrliche Waffe, um sich Bahn zu brechen, indem
sie mit unglaublicher Leichtigkeit und Biegsamkeit sich zwi=
schen den Lianen hindurch wanden, und es namentlich ver=
standen, unter jenen überhangenden hohen Palmwedeln hin=
wegzuschlüpfen, die hier gleichsam wie Pilze aus der Erde

wachſen, und die, wenn ſie ungeſchickt berührt wurden, nie
verfehlten, eine volle Ladung kleiner brauner Ameiſen auf
Kopf und Nacken herabzuſenden, von denen man auf die
unangenehmſte Art gebiſſen wurde. Dieſe Eigenſchaften,
in welchen die Indianer, wenn auch nicht ganz, von dem
Neger und den beiden Mulatten erreicht wurden, machten
ſie ungemein geſchickt zur Jagd, namentlich zum Anſchleichen
des Wildes. Der Neger war kräftig gebaut und ſtets von
der beſten Laune; die Mulatten, hübſcher als die, welche
man im Süden Braſiliens antrifft, waren nur durch das
dunklere Braun ihrer Haut und das wollige Haar von den
Indianern zu unterſcheiden, mit denen ſie ſonſt hinſichts
des Wuchſes viel Aehnlichkeit hatten.

Alle dieſe farbigen Bewohner der beſcheidenen Arche
durchſtreiften alſo, dem Beiſpiele ihrer Herren folgend, den
Wald, umſtanden das am nahen Ufer lodernde Feuer, an
welchem, gleich ihnen, der Conſul das Mittagsmahl kochte,
oder bewegten ſich geſchäftig auf der luftigen Brücke hin
und her, die eine, weit über den Waſſerſpiegel ſich fort=
wölbende Rhizophora-Wurzel zu der Igarité hinüber=
ſchlug; — denn nur vermittelſt einer ſolchen Luftwurzel
oder eines umgefallenen Stammes iſt es möglich, das
feſte Erdreich vom Boote zu erreichen, da der viele Schritt
breite Rand von Zweigen und Schlingpflanzen, der das
Ufer einfaßt und theils auf der Waſſerfläche aufliegt, theils
dicht darüber ſchwebt, unfehlbar unter den Füßen nachgeben
würde. — So ward denn die tiefe Einſamkeit dieſer ab=

geschiedenen Waldinsel mannigfach belebt und die Todten=
stille unterbrochen, die stets hier in den Mittagsstunden
herrscht, im Gegensatz zu dem ohrenzerreißenden, tausend=
stimmigen Geschrei, das Affen und Vögel zuweilen des
Morgens, in der Regel aber des Abends ertönen lassen,
und zu dem eintönigen melancholischen Concerte, das zur
Nachtzeit Unken, Paukenfrösche und Krokodile anzustimmen
pflegen.

Als nun zur bestimmten Zeit die Seeleute einer nach
dem andern an Bord der Igarité wieder eintrafen, und
auch die Reisenden sich allmälig einstellten, wurde Graf
Oriolla vermißt. Man rief und schoß, die Matrosen
wurden nach allen Richtungen ausgeschickt, und zuletzt
machte sich der Prinz mit seinen Gefährten selbst auf, ihn
zu suchen. Endlich, kurz vor Abend, ward der Vermißte
gefunden, schon auf dem Rückwege zur Igarité. Der Graf
hatte nämlich am Morgen während der Ebbe mehrere
schlammige Canäle und Gräben theils durchwatet, theils
auf hinübergefallenen vermoderten Baumstämmen passirt
und, sich dann dem Vergnügen der Jagd sorglos über=
lassend, nicht weiter an seinen Rückweg und an den nahen
Eintritt der Fluth gedacht. Als es nun Zeit war, an
Bord zurückzukehren, fand er jene Ygarapés bereits vom
Hochwasser bis zum Rande gefüllt und die natürlichen
Brücken theils überfluthet, theils weggeschwemmt. Als er=
probter Schwimmer zauderte er keinen Augenblick, sich mit
Kleidern und Waffen in die trübe Fluth zu stürzen, und

balb waren die verschiedenen trennenden Canäle durch=
schwommen, allein leider auch bei Besiegung dieser viel=
fachen Hindernisse zugleich die anfängliche Richtung gänzlich
verloren. Dies bewog den Grafen auf der Stelle Halt
zu machen, um sich nicht noch weiter von den Gefährten
zu entfernen. Unstreitig war dies der beste Entschluß, den
er unter diesen Umständen fassen konnte; er blieb jedoch
hierbei nicht stehen, sondern, gewohnt den kommenden
Dingen dreist in's Auge zu schauen und dann zu handeln,
machte er sich sogleich darüber her, seine gänzlich durch=
näßte Munition auf Palmblättern zu trocknen, um durch
Schüsse Nachricht von seinem Aufenthalte geben, und, wenn
dies nicht gelingen sollte, sich mit seiner Muskete, außer
den zahlreichen, schmackhaften Früchten der Wälder, auch
thierische Nahrung und erforderlichenfalls die nöthige
Sicherheit verschaffen zu können. — Bei dieser Beschäf=
tigung fand ihn einer von der Schiffsmannschaft, nachdem
ihn bereits die vielen Schüsse der Suchenden über die
Nähe der Gefährten beruhigt hatten. Doch waren damit
noch nicht alle Fährlichkeiten überwunden, denn noch muß=
ten einige Canäle durchschwommen werden, ehe Graf
Oriolla und sein Führer die Ufer des Jaburú erreichten.
— Auf diese Weise wurde es 5 Uhr Nachmittags, ehe
die Insel verlassen werden konnte.

Der Jaburú wandte sich, dicht bei dem Ankerplatze,
nach W., ungefähr 1000 Schritt von da nach N.=W.;
darauf folgte er eine ebenso lange Strecke weit einer nord=

norböſtlichen Richtung, lief dann 500 Schritt lang nach
O. z. N., von hier an wieder etwa 1000 Schritt nach N.
und endlich nach N. z. O. Um 8¾ Uhr Abends fiel ein
Ygarapé von N.=O. z. O. in den Jaburú, der eine kleine
Stunde ſpäter einen andern, ebenfalls von N.=O. z. O.
kommenden Canal aufnahm, und hierauf eine nordnord=
weſtliche Richtung einſchlug. Um 10 Uhr Nachts ward
die Jgarité, nach einer ſehr kleinen Tagereiſe, und nach=
dem es am Abende ſtark gewetterleuchtet hatte, rechterhand
an einen Baum gebunden.

Am folgenden Morgen (27. November) früh um
4 Uhr verließ die Geſellſchaft ihren nächtlichen Ruheplatz.
Bereits nach einer halben Stunde nahm der ſich allmälig
bis nach W. z. S. krümmende Jaburú einen Canal, etwa
von O.=N.=O. her, auf. Eine Viertelſtunde ſpäter fielen
kurz nach einander noch zwei andere Ygarapés von der
linken Seite in den genannten Hauptcanal, worauf der=
ſelbe, ſeinen Lauf nach O. z. N. nehmend, eine Breite von
3—400 Schritt erlangte, und nach der Vereinigung mit
einem dritten, von O. her kommenden Ygarapé ſich nach
N.=W. z. W. wandte. Viele bunte Aráras flogen in=
zwiſchen kreiſchend über dem Boote fort und entlockten
den Flinten eben ſo viele zweckloſe Schüſſe. Um 8 Uhr
wurde der wichtige Stromknoten erreicht, wo ſich der Ja=
burú in den Jabixava ergießt, einen über 1000 Schritt
breiten Arm des Amazonas, der, nachdem er ſich erſt kurz
zuvor von dem Hauptſtrome getrennt hat, anfangs in ſüd=

licher, später in südöstlicher Richtung, eine große Ausbuch=
tung nach Osten bildend, bis zu dem Vereinigungspunkte
fließt und, sich hier im scharfen Winkel nach Osten wen=
dend, fortan nicht breiter zu sein scheint, als der Ja=
burú selbst.

Auf der breiten Wasserfläche des Jabixava sprang die
Seebrise auf, und führte die Reisenden vom Vereinigungs=
punkte schnell nach dem westlichen Ufer hinüber, wo sie,
die Zeit der Fluth benutzend, unter den prachtvollen hoch=
gewölbten Bogengängen eines wahrhaft zauberischen Waldes
jener riesenblättrigen Ubussú=Palmen jagten, der auf dem,
von unzähligen Gräben durchschnittenen, schlammigen, oft
überflutheten Boden in üppigster Fülle wucherte. Bei
dieser Gelegenheit hatten die Grafen Oriolla und Bis=
marck das Glück, wenigstens auf Unzen=Fährten zu stoßen.

Nach vierstündigem Verweilen, und nachdem Graf
Bismarck noch in weniger als einer Viertelstunde fünf
der schmackhaftesten Fische, 3 Piranhas und 2 Pirapitangas
gefangen, Dr. Lippold aber die Gesellschaft mit einer
Schildkröte regalirt hatte, die, nach der grausamen Methode
der Bootsmannschaft, sammt ihrem Panzer unter schreck=
lichen Martern über dem Feuer geröstet worden war —
eine Prozedur, die unsere europäischen Bewohner der
Jgarité jedesmal, wegen des davon unzertrennlichen, alle
menschlichen Begriffe übersteigenden Gestankes, und der
dicken, mephitischen, im wahren Sinne des Wortes sie fast
unter ihrem Palmbache herausräuchernden Dämpfe zur

Verzweiflung brachte — verließ man um 2 Uhr Nachmittags die Insel und segelte dann, in nordwestlicher Richtung den Jabixava, seinem östlichen Ufer, d. h. der Küste Marajó's folgend, aufwärts.

Hochstämmiger Urwald erhebt sich zu beiden Seiten des breiten Wasserspiegels, auf's anmuthigste unterbrochen von schlank geschäfteten Assais, die sich leicht und voll Grazie, gleich ätherischen Sylphiden, aus der kolossalen Waldmauer hervorbeugen, aus jenem Chaos von Schlingpflanzen, unter denen vor allem die purpurroth gefärbten vorherrschen, welche oft weit über 100 Fuß hohe Riesenbäume gänzlich wie mit dem herrlichsten Korallenschmuck vom Scheitel bis zur Sohle überziehen. „Nie werde ich," sagt Prinz Adalbert, „diese bezaubernde Farbenpracht vergessen, an der wir uns gar nicht satt sehen konnten; eben so wenig das reizende Bild, das ein von Osten, aus dem tiefsten Schatten dieses Zauberwaldes hervorkommenden Ygarapé uns an seiner Mündung gewährte, indem er uns einen Blick in das Innerste dieser Wunder der Schöpfung thun ließ."

Es war 5 Uhr, als man vor sich die beiden Ilhas das Pacas, und hinter diesen zum ersten Male einen Theil des Hauptstromes, seinen südlichen Arm, genannt Rio de Gurupá, erblickte, der sich weiter hinab mit dem andern großen Arme des Amazonas, dem Rio de Macapá, vereinigt, um die Hauptmündung zwischen Marajó und der

Küste des brasilianischen Guyana zu bilden. Nicht lange darauf, etwa bei Sonnenuntergang, wurde die Mündung des von N.-W. kommenden Uituquara erreicht, eines andern, sich weiter oberhalb abzweigenden südlichen Nebenarmes des Rio de Gurupá, in den man nunmehr links hineinbog. Zur Linken hatten die Reisenden einen prächtigen Laubwald, während sich auf der rechten Seite der Einfahrt eine dichte Gruppe schöner Palmen vorschob, deren Fuß durch Schlingpflanzen gleichsam gegen das Wasser geschützt war. Die Breite des bald von kleinen Inseln unterbrochenen Canals beträgt 3—500 Schritt, während seine Richtung sich kurz darauf in eine west- zu süd- ½ südliche umändert, in welcher derselbe einige Stunden lang beharrt.

Der Uituquara ist, nach der Aussage Albuquerque's und nach der eigenen Wahrnehmung des Prinzen, dadurch merkwürdig, daß er, ähnlich wie der mit dem Jaburú fast parallel laufende Tagipurú beständig ebbt, und zwar gegen den Jabixava abfließt.

Während des Abendessens der Leute lag das Schiff einen Augenblick still; als die Gesellschaft darauf, nachdem der Kampf gegen die Strömung auf's neue begonnen worden, ihren Thee einnahm, stellte sich Regen und Finsterniß ein. Wenn in nördlichen Ländern der Regen auf Reisen meist ein höchst unwillkommener Gast zu sein pflegt, so machte er dagegen hier, in dem heißen Tropenlande, durch

die angenehme, Alles erfrischende Kühlung einen völlig
entgegengesetzten Eindruck auf die Mannschaft des Schiffes,
indem er sie auf's unzweideutigste zu Frohsinn und Heiter=
keit stimmte. Sie zogen sogleich das Hemd aus und ließen
sich mit vielem Wohlbehagen das lauwarme Wasser den
nackten Körper herabrieseln, scherzten ohne Ende mit ein=
ander, so seelenvergnügt wie die unschuldigen Kinder, und
stimmten dann, aus Leibeskräften rudernd, wieder ihre nie
wechselnde schöne, aber melancholische Weise an, die Worte
dazu aus dem Stegereif dichtend. Doch sang immer nur
Einer allein, indem er alles, was ihm irgend durch den
Kopf ging, in Reime brachte; nach einer Weile löste ihn
ein Anderer ab; nur bei den Endstrophen fiel der Chor
ein. — Um 9½ Uhr Abends wurde die Igarité linkerhand
am Ufer festgelegt*) —

Die Sterne standen am Himmel, der Mond schien
schwach, als mitten in der Nacht, um 2½ Uhr (28. No=
vember) wieder aufgebrochen wurde. Der Uituquara ging
sehr bald aus seiner west= zu südlichen Richtung nach W.
über, wandte sich aber um 5 Uhr wieder nach W. z. S.,
um 6½ Uhr nach S.=W. z. W., und um 9 Uhr nach
S.=O. — Als es Tag wurde, erhoben sich die Gefährten
des Prinzen wie gewöhnlich von den Bänken oder von

---

*) Temperatur: Bei Sonnenaufgang, 6 Uhr Morgens, Luft $20^0,1$.
Wasser $24^0,0$.

ihren auf den Boden des Boots ausgebreiteten Esteiras; dann stürzte sich der größere Theil derselben, den Kroko= dilen, deren Vorhandensein täglich mehr in das Reich der Mythe überging, zum Trotz, in die laue Fluth, um darauf, vermittelst einer von Graf Oriolla verfertigten Strick= leiter wieder an Bord zu steigen. Jetzt begann die allge= meine Toilette, und darauf folgte der Kaffee, bereitet von demjenigen, den gerade die Reihe des Kochens, die soge= nannte „du jour," traf.

„Die Geschäfte dieses Unglücklichen, die ich," erzählt Prinz Adalbert, „heute ausnahmsweise übernommen hatte, waren übrigens sehr mannigfacher Art; doch wurde er in der Regel bei vielen derselben mit großer Bereitwilligkeit von den andern Kameraden unterstützt, z. B. wenn es galt, dem Theile der Igarité, den wir für uns in Beschlag ge= nommen hatten, das Ansehen wahrhaft seemännischer Rein= lichkeit zu geben, das nie fehlen durfte, und ebenso auch beim Serviren des Diners und dem Abspülen der Teller im Flusse. Der Doktor unterzog sich meist dem Rupfen der Hühner oder der von uns Andern geschossenen Vögel, und war überhaupt stets irgendwie bei der Bereitung der Mahlzeiten thätig, obgleich ihm außerdem das Trocknen der Pflanzen genug zu thun gab. Graf Oriolla hatte dagegen die Güte, die Vertheilung des nur den kräftigsten Hammerschlägen weichenden Schiffszwiebacks und der Lebens= mittel im Allgemeinen zu übernehmen; auch bereitete er uns in einer blechernen Kanne ein kühlendes; aus Wein, Fluß=

waſſer und Zucker beſtehendes Getränk, das, in Ermange=
lung des gegen die Hitze noch wirkſameren Selterwaſſers,
mit dem ſehr ſparſam umgegangen werden mußte, ſtets
großen Beifall fand. — Ich kochte heut Reis mit Papa=
geien, ſchmorte Abends Bananen und machte Thee, wäh=
rend in der Regel nur letzterer oder Chocolade getrunken
wurde; doch war man ſtets geneigt, neu improviſirte Ge=
richte zu geſtatten. Den Beſchluß des thatenreichen Wirkens
des „du jour Habenden‟ machte das Anzünden der Laterne,
einer vom Growler mitgenommenen „figthing-lantern.‟
Die Uebrigen beſchäftigten ſich gewöhnlich den Tag über
mit Leſen, Tagebuchſchreiben, Zeichnen, Peilen, Schießen
und Anſchauen der Gegend. Morgens und Abends ſollte
der Regel nach ſtets wenigſtens eine Flinte ſchußfertig ge=
halten werden, da dann faſt immer Gelegenheit war, Etwas
zu erlegen; auch ſchoß Graf Bismarck heute einen „Japú‟
und einen ſehr ſchönen Specht, in der Größe unſerer
Krähen; ferner kamen uns wundervolle blaue Aráras,
deren Flügel unterhalb gelb gefärbt waren, und rothe mit
blauen Flügeln, und zwar meiſt paarweis über uns fort=
ziehend, zu Geſicht, auch machten ſich ſchon, gegen ihre
Gewohnheit, in aller Frühe die Guaribas durch ihr lautes
Geheul in den Wäldern zu unſerer Linken bemerkbar.‟ —

Nach 12 Uhr gelangte man an eine Gabeltheilung;
die Reiſenden folgten dem nach W.=S.=W. gerichteten Uitu=
quara, während ein anderer, kurzer Canal ſich nach S. z.
W. abzweigte, um gleich darauf in den Limaõ zu fallen,

der die Verbindung zwischen dem Uituquara und dem oben angeführten., gleichfalls vom Amazonas kommenden Tagipurú bildet. — Um 2 Uhr Nachmittags kam man an den Punkt, wo sich der Limaö selbst nach O.=S.=O. abzweigte, während der Uituquara seiner alten Richtung treu blieb. Um 4½ Uhr zog ein Gewitter herauf, jedoch zum Glück ohne Regen; kurz vor Sonnenuntergang fiel ein schmaler Ygarapé von der rechten Seite in den beständig 5—600 Schritt breiten Hauptcanal. Während am Abend die Affen wieder sehr laut schrieen, übergoß die untergehende Sonne den Fluß und die prachtvollen, von reizenden Umrissen umzogenen Uferwälder mit ihrem goldenen und rosigen Lichte. Um 8½ Uhr wendete sich der Uituquara nach S.=W. z. W., um sich gleich darauf mit dem Amazonas zu vereinigen. Vorn in der Mündung zeigte sich bei Sternenschein eine schwarze Insel; man ließ sie rechts. Hier aber an dieser schmalen Stelle hielt die Ebbe das Boot eine Zeit lang wie festgebannt, so daß es erst um 10 Uhr 40 Minuten den Ausfluß des Uituquara erreichte, wo man die Fluth vor Anker erwartete. Da lag der Amazonas vor dem Auge der Reisenden: — ein majestätischer Anblick! Nach seiner Mündung zu schien er ein Meer.

Das Südkreuz stand noch leuchtend am wolkenfreien Himmel, als das Boot, wieder Segel setzend, um 4 Uhr Morgens (29. November) seinen Ankerplatz an der stumpfen, den Uituquara von dem Tagipurú scheidenden Landspitze verließ. Beide Nebenarme trennen sich nämlich in

ein und derselben Bucht des Amazonas von dem unsern
Reisenden nun vorliegenden, etwa eine Seemeile breiten,
nach N.-N.-O. strömenden Rio de Gurupá — der durch
die Reihe der Ilhas de Gurupá von dem Rio de Macapá
getrennten Südhälfte des riesigen Hauptstromes, — und
zwar indem der Uituquara anfänglich nach N.-O. z. O.,
der Tagipurú aber nach O.-S.-O. seinen Lauf nimmt.
Mit Tagesanbruch bewölkte sich der Himmel, und die den
Amazonenstrom weit hinauf wehende Seebrise, hier Vento
geral genannt, welche man wohl als den über das Festland hinstreichenden Passat ansehen kann, sprang auf. Das
Schiff flog munter vor ihr her, hinter sich den geraden
Seehorizont, an den Seiten meilenlange, hochbewaldete
Inseln, welche in dem Rio de Gurupá zu liegen schienen,
während vorn in blauer Ferne die Ilha grande de Gurupá
sich vorschob.

Um 10½ Uhr trennten sich rechterhand das Südwestende der dem rechten Amazonas-Ufer gegenüberliegenden
Insel Urutaui und die Nordspitze der Ilha grande de
Gurupá von einander, so daß man vermittelst dieser Oeffnung, die als der Furo Mararú bezeichnet wurde, aus
dem Canal, in welchem sich das Boot befand, einen Blick
über die ungetheilte Fläche des Rio de Gurupá, vielleicht
sogar bis in den Rio de Macapá, thun konnte. Gleich
nachher aber näherten sich die Reisenden dem rechten Ufer,
das sie von nun an mit frischem, günstigem Winde lon-
girten.

Inzwischen ruhte hie und da der Blick mit Wohl=
behagen auf einzelnen schönen Baumformen des nahen
Waldes, oder streifte umher, dem Fluge der zahlreichen,
dem Auge der Beschauer zum Theil neuen Wasservögel,
namentlich jenen großen weißen Möven „Garce," oder den
weißen Reiherarten und den Tauchern mit fleischfarbenem
Kopfe zu folgen, welche, die Jagdlust reizend, Luft und
Wasser belebten, während Graf Bismarck einen „Mer=
gulho" (einen Vogel, mitteninne stehend zwischen Gans
und Ente), und Graf Oriolla einen großen, weißen
Raubvogel erlegte. Eben wollte auch Prinz Adalbert
darangehen, seine Flinte zu laden, als er links vor sich,
von der Sonne hell beschienen, auf dem weißen Ufer=
schlamm einen silbernen Knäul gewahrte, der alsbald für
eine große Schlange erkannt wurde, die sich behaglich
sonnte. Man hielt dicht zu ihr hinüber, und Graf
Oriolla feuerte auf etwa 30 bis 40 Schritt einen
Schuß auf sie ab, der vorbei ging, traf sie aber mit dem
andern, mit grober Nummer 2. geladenen Laufe seiner
Flinte in den Schwanz, worauf sie aus ihrem schlummer=
artigen Zustande zu erwachen schien. Fast in demselben
Augenblicke strandete auch schon das Boot dicht dabei, und
zwar etwas oberhalb, im seichten Wasser, doch so, daß die
Schlange durch das Buschwerk den Blicken entzogen wurde.
Sofort stürzte sich der größte Theil der Reisegesellschaft
und der Mannschaft mit einem Feuereifer, als gälte es
mehr als ein bloßes Jagdvergnügen, über Bord, um das

Ufer zu erreichen. Während die Grafen Oriolla und Bismarck ohne Zaudern in das schlammige Wasser sprangen, dessen Tiefe schwer zu ermessen schien, schwang sich Prinz Adalbert auf einen der vielen Aeste, die ein umgefallener Riesenstamm entgegenstreckte, um, ihn als Brücke benutzend, so schnell wie möglich auf festen Boden zu gelangen, da sich die Schlange, wie zu vermuthen war, bereits tiefer im Urwalde befand. So gering auch die Hoffnung war, sie noch erreichen zu können, so arbeitete sich doch der jagdlustige hohe Herr, trotzdem daß die zu weiten Gummischuhe, welche er wegen seiner schon seit einigen Wochen geschwollenen Füße zu tragen genöthigt war, beständig hin= und herglitten, mit aller Kraft auf dem nassen, spiegelglatten Stamme vorwärts. Da plötzlich fiel ein Schuß zu seiner Linken! Augenblicklich warf sich der Prinz von seinem Baume herab, um durch den tiefen, lauwarmen Schlamm, in welchem er, bei jedem Tritt bis über's Knie einsinkend, einen seiner Schuhe stecken ließ, jener Richtung zueilen.

Graf Oriolla, einer der Ersten, die aus dem Boote in's Wasser sprangen, hatte sich von Anfang an ganz links gehalten, um die Schlange an dem Orte aufzusuchen, wo er sie angeschossen hatte, und auf diese Weise wirklich das Glück gehabt, dieselbe nach wenig Augenblicken zu Gesicht zu bekommen, worauf das geschmeidige Thier vor ihm in hohen Bogensätzen den Wald zu gewinnen strebte. Schon sah der Graf den Augenblick kommen, wo ihm die Schlange entschlüpfen würde, als sie plötzlich im weichen Schlamme unter einen quer vorliegenden, umgestürzten Baumstamm tauchte. Kaum war das Kopfende der riesigen Schlange unter dem Baume, so führte auch der Graf bereits einen Stoß mit seinem Hirschfänger nach der Mitte ihres Leibes; da dieser Stoß aber ihre feste Haut kaum ritzte, warf er sich rasch mit der ganzen Last seines Körpers auf sie, ihr den spitzigen Stahl wenige Fuß vom Schwanzende in den Rücken stoßend, nachdem sie sich in diesem Augenblicke schon mit drei Viertel ihres Körpers unter dem Baumstamm hindurch gewunden hatte. Allein es war unmöglich, den riesigen Flüchtling ganz aufzuhalten; derselbe zog im Gegen= theil seinen kühnen Verfolger an dem Eisen, das sogar ein Stück in die Erde eingedrungen war, unwiderstehlich mit sich fort und immer näher an den quer vorliegenden Stamm heran. Es war ein Glück für Graf Oriolla, daß die mächtige Schlange keinen Versuch machte, sich über den Stamm zurückzubiegen und ihren Feind zu umwickeln, was bei der Geschmeidigkeit ihres Rückgrates, trotz der Dicke des Baumes, ihr wohl ein Leichtes gewesen wäre. Aber ein größeres Glück war es noch, daß Graf Bismarck, der einzige von der ganzen Gesellschaft, der mit einer Flinte bewaffnet war, gerade in diesem bedenklichen Augen= blick auf dem Kampfplatz erschien. Der Graf überkletterte den Stamm, stellte sich der bäumenden und zischenden Schlange gerade von vorn entgegen und gab ihr, ganz in der Nähe, mit großer Kaltblütigkeit einen Schuß, so daß

das Gehirn herumſpritzte, und ſie betäubt, ja faſt leblos
ſchien. — Wundervoll ſoll es geweſen ſein, dies ungeheure
Thier noch kurz vorher in ſeinen gewaltigen Kraftanſtren=
gungen zu ſehen, wie es ſich in Ringeln zuſammenrollte,
bald links bald rechts den Kopf ſchleudernd und vergeblich
trachtend, ſich dem ſo gut geführten Stahl des Grafen
Oriolla zu entziehen. Einen Augenblick nach dem Schuſſe
jedoch, deſſen Schrootkörner, auf dieſe wenigen Schritte
dicht zuſammenhaltend, wie eine Kugel gewirkt und außer
einem Theile des Kopfes den linken Unterkiefer fortgeriſſen
hatten, ſchien es wieder, trotz des halbzerſchellten Schädels,
aus ſeiner Betäubung zu erwachen. Graf Bismarck eilte
daher an Bord zurück, Herrn Theremin's Flinte zu
holen.

Alles dies war das Werk eines Augenblicks; denn
kaum mochten zwei oder drei Minuten verſtrichen ſein,
ſeitdem Prinz Adalbert das Boot verlaſſen hatte, als er
auch ſchon neben dem Grafen Oriolla auf jenem ominöſen
Baumſtamme ſtand, die Schlange zu ihren Füßen in einen
großen Klumpen zwiſchen dem Stamm des umgeſtürzten
Baumes und ſeinen Wurzeln geringelt. Bevor der Prinz
noch das Geſchehene erfuhr, konnte er dem Drange nicht
widerſtehen, indem er einem der umſtehenden Seeleute die
ſchwere Stange aus der Hand nahm, wenigſtens einen
Stoß nach dem Kopfe der Schlange zu thun. Da fuhr
ſie, ihre letzten Kräfte zuſammennehmend, noch einmal
ziſchend auf, aber ohne ihre Gegner auf dem Stamme

mehr erreichen zu können. Vergeblich hoffte der hohe Herr auf eine kräftigere Erneuerung ihres ohnmächtigen Angriffs, da er, die Stange mit dem Stahl vertauschend, nun im Hirschfänger eine Waffe besaß, die er vielleicht mit Glück ihr in den Rachen stoßen konnte, wogegen der Graf durch kräftige Stöße den erschöpften Feind zum Kampfe herauszufordern versuchte — aber umsonst; die Kraft des Thieres schien gebrochen. Inzwischen war Graf Bismarck zurückgekehrt und zerschmetterte der Schlange mit einem letzten Schuß vollends den Kopf, worauf sie allmälig unter gewaltigen Convulsionen vom Leben zum Tode überging.

Die großartige Jagdbeute wurde nun an dicken Lianen in's Freie gezogen und gemessen. Es ergab sich, daß es eine Riesenschlange (Boa constrictor) war; die Matrosen nannten sie aber „Sucurijú". Sie hatte eine Länge von 16 Fuß 2 Zoll und maß 1 Fuß 9 Zoll im Umfange. Beim Abhäuten und Ausnehmen derselben fanden die Herren in ihrem Leibe mehr als ein Dutzend häutiger Eier, in denen die zum Theil noch lebenden jungen Schlangen bereits eine Größe von 1 bis 2 Fuß erlangt hatten. — Die schöne, weiß, gelb und schwarz schillernde, kleinschuppige Haut verehrten die beiden Grafen Seiner Königlichen Hoheit als Andenken. Dieses ehrenvolle Zeichen ihrer kaltblütigen Unerschrockenheit dient gegenwärtig der Wohnung des Prinzen zum besonderen Schmuck. Sobald die beschwerliche Arbeit des Abhäutens — denn nur mit großer Mühe gelang es, den Schuppenpanzer des noch convulsivisch

zuckenden Thieres zu durchschneiden — vollendet war, ging
die Gesellschaft, gleich nach 12 Uhr, wieder unter Segel,
um, die Haut als Trophäe des Tages über das Palmen=
dach ausgebreitet, stolz den Amazonas aufwärts zu ziehen.

Nachdem der Hochwald linkerhand allmälig in einen
Fächerpalmenwald übergegangen war, erblickte man, um
eine kleine Spitze biegend, die Villa de Gurupá, die
den über 20 Fuß hohen, plötzlich, gleich einer rothen
Mauer, aus der schmutziggelben Fluth des Amazonas auf=
steigenden Uferrand krönte. Diese senkrechte Wand von
eisenschüssigem Sandstein=Conglomerat, mit dem Oertchen
darauf, erfreute das Auge um so mehr, als unsre Reisen=
den seit der aus den Cocoswäldern bei Pernambuco sich
erhebenden Steilküste von Olinda keine Spur von einer
Höhe, und seit der Gegend von Breves auch keine mensch=
liche Wohnung mehr gesehen hatten. Das erste, was ihnen
zu Gesicht kam, war das kleine, auf einem kurzen Vor=
sprunge am Ostende der Stadt gelegene Fort, das aber
leider bei der herannahenden Dunkelheit nicht näher be=
sichtigt werden konnte. Von weitem schien dieser „Schlüssel
des Amazonas" ein schwacher, unregelmäßiger Wall mit
einer Kanone und einem Schilderhause. An diesen Wall
schließt sich eine Pallisadirung an. Wenn man von hier
den Rücken des Uferrandes gegen Westen verfolgt, so tritt
einem zuerst ein großes hölzernes Kreuz entgegen; dahinter
erblickt man die einfache, weiß angestrichene Kirche, die den
Uebergang bildet zu dem aus zwei Straßen bestehenden

Oertchen, in denen sich ein Dutzend geweißter, mit Lehm=
dächern versehener Häuser — unter ihnen das des Com=
mandanten — erheben, an die sich mit Palmzweigen gedeckte
Hütten oder große Ranchos anreihen. Den Hintergrund
bildet hoher Urwald, während im Vordergrunde ein paar
einzeln stehende Palmen die Einförmigkeit des Gemäldes
unterbrechen. Es war 6 Uhr Abends, als man am Nord=
ostende der Stadt ankerte, die Igarité nach dem andern
Ankerplatz am Südwestende schickte und dann an Land ging.

Das gegenwärtig 40 bis 50 Häuser zählende Gurupá,
außer Pará der größte und ansehnlichste Ort, welchen die
Reisenden an den Ufern des Amazonas zu Gesicht bekamen,
ist insofern von Wichtigkeit, als hier alle Fahrzeuge, welche
den Amazonenstrom hinauf= und herabschiffen, angehalten
und durchsucht werden. Seine Bewohner brennen Mauer=
und Dachziegel, verfertigen Töpferwaaren und sammeln
Cacao und Sassaparille auf den gegenüber liegenden In=
seln; ja sie dehnen ihre desfallsigen Streifzüge sogar bis
in den Xingú aus.

Als der Prinz mit seinen Gefährten durch die Straßen
des Städtchens wandelte, drang das tausendstimmige Concert
der Brüllaffen aus den nahen Wäldern zu ihnen herüber.
Um 7 Uhr Abends wurde die Reise fortgesetzt, nachdem
man die Schlangenhaut einstweilen der Obhut des Com=
mandanten anvertraut hatte, der die Güte haben wollte,
sie gehörig austrocknen zu lassen. Der frische Wind führte
das Fahrzeug gleich darauf so schnell in die Nähe der

Riffe bei Ilha Redonda, daß man genöthigt war, den Canal im Norden der Insel einzuschlagen, während das eigentliche Fahrwasser südlich derselben liegt.*)

Die aufgehende Sonne des 30. November beschien die kleine Insel Tarazéda, welche links liegen blieb. Auf diesem Eilande soll sich jene fabelhafte koloffale Schlange, die menschenfressende „Boï=uaffú"**) — wohl dieselbe, welche von Spix und Martius die Flußmutter genannt wird — zuweilen zeigen. Später erfuhren unsre Reisenden über dies fabelhafte Ungeheuer noch mehr, und zwar aus dem Munde eines Mannes, an dessen Glaubwürdigkeit sie sonst nie Grund hatten im Geringsten zu zweifeln, nämlich von ihrem treuen Reisegefährten auf dem Xingú, dem Pater Torquato, den der Leser bald kennen lernen wird, und der vorgab, die „Boï=uaffú" mit eigenen Augen gesehen zu haben. Drei bis vier Männer, erzählte er, konnten sie nicht umspannen, und ihr gegliederter Leib glich einer zusammenhängenden Reihe von Tonnen. In Vigia, setzte er hinzu, soll man einmal mit einer Kanone auf sie geschossen haben, doch ohne sie zu treffen, worauf sie vom Lande in's Wasser gegangen sei.

---

*) Temperatur: Um 6 Uhr 15 Minuten Morgens, d. h. eine Viertelstunde nach Sonnenaufgang, Luft 21°,0. Wasser 23°,4. Um Mittag Luft 24°,5. Wasser 23°,6. Um 6 Uhr Abends Luft 23°,2. Wasser 23°,6.

**) Boï = naffú heißt große Schlange, von Boï oder Boya, Schlange, und naffú oder guaffú, groß. Die Riesenschlange (Boa constrictor) wird von den Indianern mit diesem Namen bezeichnet.

Der Volksglaube fabelt noch außerdem von einer sogenannten „Acará=mboya"*), die sich an tiefen, besonders
fischreichen Stellen des Flusses aufhalten, den Fischenden
mit der Fluth entgegengehen und ihnen ihre Brust und ihr
mit drei Federn geziertes Haupt zeigen soll. Vor allem
aber, und als besonders fürchterlich, beschrieb Albu=
querque der Gesellschaft die große, siebenköpfige „Ser=
pente," die in dem vom Ajará (einem Arme des Amazonas)
gebildeten See „sette Cabeças," der Serra de Almeirim
gegenüber, hausen soll. Doch sei es, setzte er hinzu, mit
dieser „Serpente" nicht so ganz gewiß; die Acará=mboya
dagegen habe sich noch im Jahre 1834 in seiner Gegend,
am Peturú, unweit des mit dem Xingú zusammenhängenden
Aquiqui gezeigt, und zwar habe es damit folgende Be=
wandtniß: Ein Vater sei mit seinen drei Söhnen an diesen
Ort gegangen, um Fische zu fangen, habe sich aber, bevor
er an sein Geschäft ging, der Sicherheit wegen, über die
Existenz der Schlange Gewißheit verschaffen wollen. „Alle
drei" (?) schossen daher ihre Flinten dreimal ab — denn
neun Schuß, in drei Malen abgegeben, bilden die Zauber-
formel, um die Acará=mboya heraufzubeschwören, — und
beim neunten Schuß sei richtig die Schlange gerade auf sie
zugekommen, worauf sie die Waffen fortgeworfen und das
Hasenpanier ergriffen hätten. Dieser wunderbaren Historie
fügte der Lootse noch aus eigener Erfahrung hinzu: er

---

*) Acará = mboya heißt Reiherschlange.

habe die Schlange brüllen gehört, da aber stets alle Crea=
turen, namentlich die Krokodile, mitschrieen, so könne man
nie genau sagen, von wo eigentlich das Gebrüll aus den
Fluthen heraufkäme. — Soviel von den Volksmärchen.

Nahe bei der Insel Tarazéba liegt die Albea Carra=
zébo am rechten Ufer des fortwährend ungefähr eine Sce=
meile breiten Stromes; sie war jedoch nicht zu unter=
scheiden. Nicht lange danach, um 8 Uhr Morgens, segelte
man an Villarinho vorüber; zwei Häuser unter einem
großen Baume, davor zwei kleine Inseln, bezeichnen den
Ort. Dann wurde die kleine Ilha do Chapeo Virado
(d. i. vom umgekehrten Hut) passirt, eine vereinzelt mitten
im Strome stehende, von einer dichten Masse unzähliger
Schlingpflanzen fast erdrückte Baumgruppe, die rings von
großblättrigem, stämmigem Caladium arborescens umgeben
ist. — Um 11 Uhr erreichte man Tapará, einige Hütten
auf sandigem Strande, unter schattigen Bäumen; denn
schon von Gurupá an säumte häufig ein Sandstreif die
Wälder: ein Beweis, daß sich die Ufer zu heben begannen.
Eine schöne Gruppe junger Assai steht zur Seite. Als
hier gelandet wurde, zogen einige sonderbare Gefäße die
Aufmerksamkeit der Gesellschaft auf sich; da gab es unter
andern zum Theil hübsch bemalte Cujas, Kürbisschaalen
oder Calebassen, auch große, aus der einfachen Fruchtkapsel
der Najá=Palme, und andere, aus dem Bauchschilde der
Krokodile bestehende Schaalen.

Weiter oberhalb fahren die Ufer des Amazonas fort,

sich durch schöne Waldungen auszuzeichnen, doch verschwan=
den von hier an die Miriti=Palmen gänzlich, wenigstens
für unsre Reisenden, da sie in den Xingú einbogen, an
welchem dieser schöne Baum gänzlich fehlte. — Rechter=
hand bildeten die drei Ilhas do Espirito Santo einige
sehr hübsche Durchsichten; nicht lange, so kam man an
dem, aus ein paar Häusern am rechten Ufer bestehenden
Boavista vorüber. Gleich darauf sah man in der Ferne
den Amazonas sich erweitern; unzählige Inseln waren über
seine breite Wasserfläche ausgestreut, während in N.=W.
z. W. der lange, niedere Rücken der Serra de Almeirim
wie ein bläulicher Nebel entgegenschimmerte. Da wurde
scharf links um eine bewaldete, sandige Landspitze herum=
gebogen, und auf's neue schien sich ein Meer zu öffnen: —
es war der Xingú, dessen Spiegel kein Land gegen Süden
begrenzte; allerdings ein überraschender Anblick, nachdem
man bereits eine Stromfahrt von 80 Meilen zurückgelegt
hatte, eine Strecke, die einer Reise rheinaufwärts von der
Nordsee bis Mainz gleichkommt. — Schon eine ganze
Weile vorher hatte der Xingú sich durch sein klares, bou=
teillengrünes Wasser angekündigt, dem allmälig die trübe,
gelbe Fluth des Amazonas das Feld hatte räumen müssen.
Kaum eine halbe Stunde darauf wurde bei Porto de
Môz Anker geworfen.

Eine lange Häuserreihe, die sich in der Mitte aber
bis zu drei Reihen verstärkt, zieht sich, durch schöne Pal=
mengruppen auf's anmuthigste unterbrochen, theils auf einer

sanften Anhöhe, theils am flachen, sandigen Strande hin. —
Obgleich Porto de Móz an Bedeutung Gurupá nachzustehen
schien, denn es besitzt, außer dem des Commandanten, kein
einziges geweißtes Haus, so machte es gleichwohl einen
weit belebteren Eindruck, da heute gerade das Fest des
heiligen Andreas gefeiert wurde. — Die Neger tanzten in
einem Hause nach dem „Benguá" (Tamburin), einem kurzen,
ausgehöhlten Stück Baumstamm, das an dem einen Ende
mit einem Fell überzogen ist. Vor der, ziemlich in der
Mitte des Orts auf einem Platze gelegenen Kirche, von
welcher aus man eine schöne Aussicht auf den Xingú genießt, lagen oder standen einige, mit frischen Schlingpflanzen und Bananenbüscheln umwickelte Fahnen. Nach
und nach kam auch die ganze Bevölkerung, meist lauter
braune Leute, nebst einer zahlreichen nackten Jugend auf
die Beine, und alsbald setzte sich eine Prozession, mit jenen
Fahnen vorauf, in Bewegung.

Vom Handel des Oertchens, zu dessen Distrikt gegen
4000 Seelen gerechnet werden, zeugte ein, dem Commandanten gehöriger hübscher Schooner; auch standen ein paar
dergleichen Fahrzeuge unter einem Palmendache auf dem
Stapel. Der genannte Offizier ist ein Major der Nationalgarde, der ein Bataillon von drei Kompagnien unter sich
hat, von denen die erste in Porto de Móz, die zweite in
Veiros und Pombal, die dritte aber in Souzel stand. Der
Major, obgleich schon sieben Jahre in dieser Stellung,
hatte, und zwar „por falta de Commodos" („wegen

Mangels an Bequemlichkeit"), wie er sich sehr naiv aus=
drückte, noch nie die beiden zuletzt genannten Kompagnien
seines Bataillons besichtigt, war daher auch nie weiter
als bis zu seinem eigenen Stabsquartiere, d. h. vier
Legoas in den Xingú vorgedrungen, weshalb seine Nach=
richten über diesen Strom und dessen Bewohner auch
nicht eben die zuverlässigsten sein mochten. So wußte er
unter andern viel von einem, den Jurúnas feindlichen
Stamme zu erzählen, der seine Gefangenen bei den Beinen
aufhinge und ihnen dann einen Schlag in's Genick gäbe, um
ihnen vollends den Garaus zu machen. Dies war jedoch
so ziemlich Alles, was er den Reisenden mittheilen konnte.

Ueber den fernen Wäldern der flachen, Porto de Móz
gegenüber liegenden Insel Aquiqui, die durch den gleich=
namigen, den hier 3 bis 5 See= (etwa 1 deutsche) Meilen
breiten Xingú mit dem Jaraucú und dem Goajará verbin=
denden Canal vom Festlande getrennt wird, stiegen dicke
schwarze Rauchwolken zum Abendhimmel auf. Dort drüben soll
es viel Tiger und Krokodile geben, wie man erzählte; allein
sie aufzusuchen, würde die Gesellschaft zu weit von ihrem
Ziele abgeführt haben, da solche Jagden wenigstens drei
bis vier Tage Zeit zu erfordern pflegen, das Hauptbestreben
des Prinzen aber darauf gerichtet war, bei der beschränkten
Zeit möglichst schnell den Xingú aufwärts zu bringen, um
recht bald unter die Wilden zu kommen.

Nach Eintritt der Dunkelheit, etwa um 7 Uhr Abends,
ward wiederum unter Segel gegangen und südlich dem

Strom entgegengesteuert, dessen Richtung hier eine beinahe
südnördliche zu sein schien. Die Höhe des Furo de
Aquiqui, der nach der Aussage des Lootsen in der Nähe
der obenerwähnten Feuer vorübergehen sollte, war bald bei
sternheller Nacht passirt, als nach etwa zwei Stunden ein
aus Leibeskräften ruderndes Boot das Fahrzeug einholte.
Es war ein junger Franzose, ein Sohn des Schiffsbau=
meisters der kaiserlichen Werft zu Pará, Monsieur Pichon,
welchen der Commandant mit einem sehr jugendlichen, kaum
2 Fuß langen Jacaré=tinga (Krokodile der kleineren Art)
als Geschenk dem Prinzen nachsendete, dessen unzweideutige
Vorliebe für Krokodile und Consorten er, trotz der Kürze
der Bekanntschaft, bereits hinlänglich kennen gelernt hatte.
Obgleich diese Thiere in dem Rufe stehen, höchst schmack=
haft zu sein, so wurde, nachdem Monsieur Pichon mit
herzlichem Danke entlassen worden war, dem armen Ge=
fangenen das Leben geschenkt, und ihm sein Platz unter
dem Fußboden angewiesen, wo er denn auch bald sich hei=
misch zu fühlen und mit großer Lebendigkeit zwischen den
Tellern und Tassen umher zu wirthschaften begann, ja nach
und nach so dreist und patzig wurde, daß er sich zuweilen sogar
mit seinem Miniaturgebiß dem Herausnehmen der genannten
Gegenstände zu widersetzen versuchte. — Um 11 Uhr Nachts
ankerte man nahe dem rechten Ufer, um die Fluth zu erwarten*).

*) Temperatur: Um 6 Uhr Morgens Luft 20⁰,0. Wasser 23⁰,4.
Um Mittag Luft 24⁰, 1. Wasser 24⁰, 7.

Am 1. December 5 Uhr Morgens war man bereits wieder unter Segel. Mit dem dämmernden Tage ließ sich die Farbe des Xingú, die hier ein fast schwärzliches Bouteillengrün ist, während sie gestern heller erschienen war, deutlich unterscheiden. Nicht lange, so zeigte sich linkerhand die Mündung des Ygarapé Turu, eines unbedeutenden Zuflusses, den der Xingú noch kurz vor seiner Vereinigung mit dem Könige der Ströme aufnimmt, und um 7½ Uhr lief das Boot in den von O. z. N. kommenden Acahi, einen rechten Nebenarm des Xingú, ein, an dessen Ufern beide Lootsen zu Hause waren, die hier ihre Familien aufsuchen wollten. Die Ufer des Acahi sind an seiner Mündung mit dichtem, niederem Gehölz bewachsen, das ganz den Eindruck der Capueira macht, und nach dem Wasser zu mit Caladium arborescens gesäumt ist. Auf einzelnen kleinen, kaum erhabenen Sandvorsprüngen liegen hie und da zerstreut Wohnungen, die, gleich denen von Tapará und Breves, schon den Uebergang zu den Hütten der Indianer zu bilden scheinen.

In einer jener Hütten am linken Ufer fand Albuquerque, der Portugiese, seine Frau und seine Kinder, die aus seiner weiter stromaufwärts gelegenen Wohnung vor den in der Gegend umherstreifenden Deserteur-Horden hatten fliehen und hier bei Verwandten Schutz suchen müssen; auch stellte daselbst der andere eingeborne Lootse den Reisenden seine Frau vor. Beide Damen waren von indianischer Abkunft. Ein leichtes Gestell von Stangen

trug das Palmbach der luftigen Hütte, deren Wände eben=
falls aus Palmwedeln bestanden. Einige Redes, außer
einer Hütsche oder richtiger einem indianischen Stuhle die
einzigen Meubles, hingen quer durch das Zimmer. Am
Boden und hoch oben auf einem von Stangen gebildeten
Gesims in der einen Ecke standen ähnliche Geräthe und
Fruchtkapseln der Najá=Palme, wie man sie schon in Ta=
pará kennen gelernt hatte, außerdem aber noch große, mit
roher Baumwolle gefüllte Bastkörbe und Töpfe. An den
Wänden hingen ebenfalls Körbe, ferner die Webegeräth=
schaften der Frauen, Bananenbüschel, leinene Jacken, Hem=
den und Strohhüte umher; auch lehnten Bogen und Pfeile
daran. In einer Hangematte mitten im Zimmer schaukelte
sich ein hübscher schlafender Knabe, nackt, wie ihn Gott
geschaffen hatte. Dahinter erblickte man durch eine zweite,
thürartige Oeffnung den still dahinfließenden, schmalen
Acahi und den dunklen Wald am jenseitigen Ufer. Die
Jugend geht hier schon durchgehends, wie sich aus dem
Gesagten ergiebt, völlig unbekleidet; die Männer dagegen
tragen in diesen Gegenden am untern Xingú und Amazonas
meist nichts als eine kurze leinene Hose, und scheinen die
übrigen Kleidungsstücke mehr als einen überflüssigen Staat
zu betrachten, während man die Frauen stets im Rock und
meist in kurzer Jacke, das Haar in einen Büschel mitten
auf dem Kopfe zusammengebunden, sieht, was ihnen ein
einigermaßen wildes Aussehen giebt.

Nach kurzem Verweilen nahm die Gesellschaft von

ihrem indianischen Lootsen, der, hier bei den Seinigen zu=
rückbleibend, die Scheidenden aus Dankbarkeit noch mit
fünf Hühnereiern beschenkte, sowie von all' den freundlichen
Leuten Abschied, und fuhr schon nach wenigen Stunden wie=
der die kurze Strecke von Acahi hinab, um dann die Reise
den Xingú aufwärts fortzusetzen. Der frische, über das
Land hinstreichende „Vento geral" schwellte das vierkantige
Segel und begünstigte die Fahrt ungemein. Plötzlich in
diese Gegend des 3 — 4 Seemeilen breiten Stromes ver=
setzt, würde man versucht sein, sich, statt auf einem Flusse,
auf einem Meeresarme zu wähnen, indem man sowohl
stromauf= als stromabwärts, d. h. nach S. und nach N.
schauend, nichts als den endlosen Seehorizont erblickt.
Hinter dem Fahrzeuge stiegen in weiter Ferne hohe Rauch=
säulen aus den Fluthen empor, die von den Feuern her=
rührten, welche man gestern Nacht, Porto de Móz gegen=
über, auf den Campos de Aquiqui hatte leuchten sehen.

Die Wälder an den Ufern des untern Xingú tragen
völlig den Charakter der Capueira, obgleich sie gewiß ebenso
wenig wie das Gehölz an der Mündung des Acahi jemals
niedergebrannt worden sind, während hie und da an ihrem
Saume weiße Sandflächen, „Prahas" genannt, hervortreten.
Unter diesen Prahas zeichnet sich namentlich die große
Praha de Maruá, an der Mündung des gleichnamigen
Flüßchens aus, das, wie der Lootse mittheilte, gleich dem
Acahi, ein kleiner, nach N.=O. abgehender Arm des Xingú
ist. „Auf dieser sandigen Spitze," setzte er hinzu, „pflegt

35

man die meisten Schildkröten=Eier zu sammeln, wie sie denn überhaupt im September, wo die Schildkröten ihre Eier legen, in diesen Gegenden im Ueberfluß gewonnen werden." Sie dienen bekanntlich nicht allein als einfaches Nahrungsmittel, sondern man macht auch eine Art gelblichen Oeles daraus, dem man den Namen „Manteiga" (Butter) giebt, und das man sowohl zur Bereitung der Speisen, als zur Erleuchtung gebraucht.

Um 2½ Uhr Nachmittags passirte man die Höhe der kleinen, ebenfalls am rechten Ufer befindlichen Albea Aca= juira. Von hier an erweitert sich der Strom allmälig, in= dem auf seiner rechten Seite das Land zurücktritt, um eine weite Bucht zu bilden, an der sich das Oertchen Veiros erhebt. Bei einem hübschen, am Ostende des lieblichen Golfs gelegenen kleinen Eilande tauchte eine Schaar von fleischfarbenen Botos neben den Fahrenden auf, und ge= leitete sie, das Boot umspielend, bis Veiros, welches mehr gegen das südliche Ende der Bucht, ungefähr da, wo die= selbe sich wieder an die gerade Stromrichtung anschließt, auf einer 20 Fuß hohen Lehmwand sichtbar wurde, die schroff aus dem sandigen Strande emporsteigt.

Das Erste, was den Reisenden hier zu Gesicht kam, war eine halb nackte braune Frau, die, in einer Canoa sitzend, ihre Kinder im Flusse badete, bei dem Anblick der Fremden aber schleunig mit den Kleinen die Flucht ergriff. Als man landete, fiel vor allem das in zahllosen Blöcken über den Strand ausgestreute rothe, schlackenartige Gestein

in's Auge; es war, wie es dem Prinzen schien, dasselbe
eisenschüssige Sandstein = Conglomerat, welches Spix und
Martius so häufig am Amazonenstrome wahrgenom=
men. — Nun wurde der Uferrand erstiegen. Eine breite
Treppe führt vom Flusse aus zu der Kirche hinauf, die sich
mitten unter 20 bis 30 ärmlichen, ebenfalls mit Palm=
wedeln gedeckten Lehmhäusern, oder richtiger Hütten, erhebt,
während mit Palmen untermischtes Gebüsch den Hintergrund
bildet. Vor der Kirche steht, auf einem Vorsprunge des
Ufers, ein hohes hölzernes Kreuz, das auf die Bucht, auf
den, gleich einem breiten Seearme, vorüberströmenden
Xingú, der scheinbar aus einem Meere nach dem andern
fluthet, und auf das ferne jenseitige Ufer ernst und bedeu=
tungsvoll herabschaut. Man hat dem Kreuze unstreitig den
schönsten und passendsten Fleck in ganz Veiros angewiesen.
Besonders anziehend ist der Blick vom Fuße desselben auf
den -flachgeschwungenen Golf mit den malerischen Eilanden
an seinen beiden Enden; denn, der oben erwähnten Insel
gegenüber, steigt an der Südspitze die liebliche, schattige
Ilha Roxa aus der dunkelgrünen Fluth auf. Ein paar
Hütten schimmern durch das üppige, von gefälligen Um=
rissen umzogene Laubholz, unter welchem hie und da eine
Palme das anmuthige Haupt erhebt. Zwischen Veiros
und diesem kleinen Eilande mündet der Maxipaná in den
Xingú.

Das Oertchen schien ganz verödet; außer jener Frau

in der Canoa und ihren Kindern ließ sich kein menschliches
Wesen blicken. Die Männer hatten nämlich sämmtlich
Veiros verlassen und waren auf ihre „Roças" hinaus=
gezogen, um, wie es die Bewohner aller dieser halbindia=
nischen Orte zu thun pflegen, noch vor der Regenzeit zu
pflanzen. Somit bestand gegenwärtig die ganze Bevölke=
rung aus den allein zurückgebliebenen Weibern, die es
jedoch für gut fanden, sich nicht zu zeigen. Damit Veiros
aber nicht gar zu todt erscheine, hatte sich wenigstens ein
Schwarm schwarz und gelber „Japús" auf einer Palme
niedergelassen und vollführte von dort herab einen betäu=
benden Lärm.

Die Sonne war im Sinken, als unsere Gesellschaft
ihre Reise stromaufwärts fortsetzte. Bald spannte sich der
schönste Sternenhimmel über ihnen aus, während links aus
den Wäldern das Geschrei der Faulthiere — dafür gab
es wenigstens der Lootse und die Mannschaft aus, obgleich
es, wie Prinz Adalbert bemerkt, dem der Brüllaffen sehr
ähnlich zu sein schien — herüber tönte. — Um 8 Uhr
erreichten sie die Rhede, wenn man's so nennen kann, von
Pombal, worauf Albuquerque an Land geschickt wurde,
um sich nach Lebensmitteln umzusehen. Inzwischen sah
man vom Flusse aus in einer Hütte durch die offene Thür
Licht brennen, und mehrere davon beschienene Hangematten
gewährten ein recht hübsches, eigenthümliches Bild. —
Dazu bellten die Hunde. — Nach einer Viertelstunde

ging's weiter; doch nicht lange, so wurde, um die Fluth abzuwarten, am rechten Ufer geankert*).

Am andern Morgen (2. December) wurde bereits um 5 Uhr der Anker gelichtet, und bald darauf beschien die aufgehende Sonne das Oertchen Maracá, an dem gegen= über liegenden linken Ufer des Xingú, das hier einen an= dern Charakter annimmt, indem es sich etwas erhebt und hie und da zwischen dem dunklen Holze, mit dem es be= wachsen ist, steile rothe Wände durchschimmern. Von einer frischen Brise begünstigt, durchschnitt das Boot in schräger Richtung den 3 bis 4 Seemeilen breiten Strom, nach Souzel steuernd, das unweit einer waldigen Spitze des linken Ufers sichtbar wurde. Es war 10 Uhr Morgens, als man in der hübschen kleinen Bucht ankerte, welche von buschigen, niederen Höhen, die ein schmaler Sandstreif säumt, eingefaßt wird. Am Fuße derselben zieht sich längs des Strandes Souzel hin, das schon von weitem durch seine Ziegeldächer auffiel.

Man hatte in Pará den Pfarrer von Souzel als den Mann empfohlen, welcher am besten über die wilden Völkerschaften am Xingú Auskunft geben und den Reisen= den bei ihrem beabsichtigten Ausfluge zu denselben vor allem behülflich sein könne. Alle Hoffnungen waren daher

---

*) Temperatur: Um 5½ Uhr Morgens Luft 19⁰, ₁. Wasser 23⁰, ₀. Um Mittag Luft 25⁰, ₂. Wasser 24⁰, ₀. Bei Sonnenuntergang Luft 25⁰, ₀. Wasser 24⁰, ₄.

auf diesen geistlichen Herrn gebaut, das ganze Unternehmen auf seinen Beistand gegründet, und Souzel der Ort, wo sich die nächste Zukunft der kleinen Expedition entscheiden sollte. Graf Oriolla wurde sogleich an Land geschickt, um den Pater aufzusuchen und ihm die Schreiben aus Pará zu übergeben. Nicht ohne eine gewisse Spannung erwartete man in der schwankenden Behausung, die von den leichten Wellen des Xingú fast wie in einer Meeresbucht geschaukelt wurde, die Rückkunft des Abgesandten. Nach wenigen Minuten schon stellte sich der Graf mit dem frischen, jugendlichen Pabre Torquato Antonio de Souza ein, der sich sogleich auf's freundlichste erbot, die Fremden zu begleiten. Die schlanke, muskulöse Gestalt im Strohhut und der brasilianischen Jacke, das sonnenverbrannte Gesicht des dreißigjährigen Pabre, der sich als das vollkommenste Gegentheil jenes zwar ebenso freundlichen, aber nicht so rüstigen Begleiters zu den Puris am Parahyba darstellte, flößte Allen von Hause aus das beste Zutrauen ein und zeugte von einem Mann, der keine Beschwerde scheut, und dem das Leben auf den Flüssen und in den Wäldern nichts Neues mehr ist. Ein solcher Mann war es gerade, den man brauchte; um wieviel mehr aber mußte Pabre Torquato willkommen sein, da er zugleich durch seine Stellung und sein Ansehen bei den Indianern von größtem Nutzen sein konnte.

Torquato de Souza war aus Salina gebürtig; in seiner Jugend war es sein sehnlichster Wunsch gewesen,

Soldat zu werden; allein dies stimmte nicht mit den Ab=
sichten seines Vaters überein, und er mußte in das Semi=
nar nach Olinda wandern, um für den geistlichen Stand
erzogen zu werden. Wenn nun für's Leben auch an seinen
neuen Beruf gekettet, gelang es ihm doch bald, eine seinen
Neigungen und seinem Unternehmungsgeist entsprechende
Anstellung zu erlangen: er wurde Missionar, anfangs unter
den Mundrucús, und später unter den Jurúnas. Dieses
Amt bekleidete er nun schon seit zwei Jahren.

Des Prinzen Absicht, die noch gänzlich uncivilisirten
Indianerstämme aufzusuchen, und wo möglich dabei auch
die Katarakten des Xingú zu sehen, ward dem Padre mit=
getheilt. Er hielt beides für ausführbar, und zwar in der
kurzen Zeit von etwa zwölf Tagen, indem er die Reisenden
zu den Jurúnas, dem nächsten und, in Bezug auf die
Taconhapéz, dem interessanteren Indianerstamme, zu führen
versprach. Ihm selbst schien diese Reisegelegenheit sogar
sehr erwünscht zu sein, da er er nur die nächste „Maloca"*)
der Jurúnas kannte, deren Bewohner er bereits sämmtlich
getauft hatte, und da es für ihn, als Missionar, wichtig
sein mußte, noch mehr Verbindungen und Bekanntschaften
mit den Indianern anderer Ansiedelungen anzuknüpfen;
endlich waren auch ihm die Katarakten noch gänzlich un=
bekannt.

---

*) Mit Maloca (Oca heißt Haus, Hütte, Mala=oca, Niederlassung)
bezeichnet man in der Lingoa geral jede Ansiedelung wilder Indianer.

Es kam nun zunächst darauf an, den Reiseplan näher festzustellen. Im Allgemeinen fließt der Xingú von S. nach N., bis zu dem Anfange seiner größeren Fälle, oder richtiger Stromschnellen, von wo ab er einen großen, südöstlichen Bogen beschreibt, um kurz vor der Mündung des Tucurui wieder in seine frühere, mehr nördliche Richtung überzugehen. Diese Hauptkrümmung zurückzulegen, braucht man, stromaufwärts schiffend, der starken Gegenströmung wegen, nach der Aussage einiger Indianer 20, nach Andern 40 Tage. Um daher diesen zeitraubenden Umweg zu vermeiden und den Anfangs- und Endpunkt des Bogens zu verbinden, hatten einst die Jesuiten eine Picada angelegt, die vor zwei Jahren von dem Padre wieder einigermaßen gangbar gemacht worden war. Diesen von den Indianern häufig benutzten Fußsteig, der zugleich die einzige Land-Verbindung mit dem oberen Xingú bildet, nennt man die „Estrada." Sie beginnt unweit der Mündung des Tucurui und führt in ganz gerader Linie nach dem untern Anaurahy (Anauhirahi), der wenige Minuten nachher, und zwar gerade da in den Xingú fällt, wo derselbe seinen großen Bogen beginnt. Der Anfangspunkt des Fußsteigs am Tucurui wird „Bocca da Estrada" genannt, sein südlicher Ausgangspunkt aber, wo er auf den Anaurahy trifft, mit dem hochtrabenden Namen „Porto grande" bezeichnet.

Es wurde nunmehr auf den Vorschlag Padre Torquato's der Entschluß gefaßt, mit der Igarité den Xingú und den Tucurui aufwärts bis zur Bocca da Estrada zu

segeln und von da auf diesem Fußsteige zu Lande nach dem
Anaurahy zu marschiren, wozu zwei bis vier Tage gerechnet
wurden. Zu Porto grande wollte man sich dann auf Canoas einschiffen, den Anaurahy hinab und den Xingú aufwärts gehen, bis zu der ganz in der Nähe gelegenen letzten, richtiger untersten Maloca der Jurúnas, und dort sollte
sich das Weitere finden; denn alles, was weiter stromauf
lag, war selbst für den Pfarrer von Souzel ziemlich eine
Terra incognita. Doch glaubte derselbe, wenn auch nicht
mit Bestimmtheit, da jede Zeitrechnung hier nothwendig
ein Ende hatte, daß wohl zwei bis drei Tage hinreichen
würden, um von Taua-quéra (so heißt diese letzte Ansiedelung) bis zu den ganz wilden Jurúnas vordringen zu können. — Der Rückweg sollte auf dem Flusse unternommen
werden, und, dem südöstlichen Bogen desselben folgend, über
die Caxoeiras (Katarakten) gehen. Die Igarité, so wurde
vorläufig festgesetzt, könne der Expedition entweder bis zu
der, dicht unterhalb der „ultima Caxoeira" (des letzten
Xingú-Falles) gelegenen kleinen Insel Castanhal entgegen-
kommen, oder dieselbe im Tucurui erwarten. Für die
Reise stromabwärts auf dem oft genannten südöstlichen
Bogen des Xingú rechneten die Indianer etwa zehn Reise-
tage; der Padre schätzte aber, die Langsamkeit der indianischen Reisen in Anschlag bringend, die für unsre Reisenden
dazu erforderliche Fahrzeit auf fünf, höchstens sechs Tage.

Nachdem diese allgemeinen Dispositionen für die Xingú-
Expedition gemeinschaftlich entworfen waren, begab sich

Torquato in seine Wohnung zurück, um die nöthigen
Vorbereitungen zur Reise zu treffen; unsre Gesellschaft aber
benutzte diese Zwischenzeit von wenigen Stunden, um sich,
nachdem die Igarité auf den Strand gezogen worden war,
etwas am Lande umzusehen.

Souzel besteht aus etwa 40 bis 50 Lehmhütten und
großen, offenen Ranchos. Nur das Pfarrhaus ist geweißt,
und besitzt, gleich der anstoßenden, halb verfallenen, dem
S. Francisco Xavier geweihten Kirche, ein Ziegeldach. Die
letztgenannte erhebt sich am Südende des Ortes, in der
Mitte der dem Flusse zunächst gelegenen mit dem Strome
parallel laufenden beiden Straßen. Vor der Kirche steht,
wie überall hier zu Lande, ein hohes hölzernes Kreuz, das
in einem kleinen viereckigen Piedestal von Lehm wurzelt;
zur Seite befindet sich der Glockenstuhl. Das Kirchlein
hat keinen Thurm, und nur ein kleines Kreuz macht es
kenntlich, das den Giebel des Daches krönt, durch welchen
die glühenden Strahlen der Aequatorialsonne ungehindert
an vielen Stellen in das Innere dringen können. Hier
sieht es eben nicht sehr freundlich aus. In den geschla-
genen Lehmboden sind die Gräber eingelassen und mit mor-
schen Holzplatten bedeckt, während alte, schlecht erhaltene
Vergoldungen und Heiligenbilder, namentlich ein Marien-
bild, das noch in neuester Zeit zu Kämpfen Veranlassung
gegeben haben soll, von Pracht und Reichthum der Ver-
gangenheit zeugen. Souzel war nämlich einst der Hauptsitz
der Jesuiten an den Ufern des Xingú, und ihnen verdankt

es, gleich Beiros und Pombal, seine Entstehung. Nicht so glücklich waren die Jünger Loyola's mit ihren Bekehrungsversuchen in den oberen Gegenden des Stromes; denn obgleich sie den Lauf desselben allerdings bis hoch hinauf erforschten, so gelang es ihnen doch nicht, eine Kirche und einen Missionar unter den Jurúnas oberhalb der Katarakten auf die Dauer zu begründen. Dagegen stammen die Bewohner der drei vorgenannten Orte größtentheils von den wilden Indianern ab, welche die Jesuiten in diesen Gegenden vorfanden, tauften und dann „aldeirten." Der übrige Theil ihrer Bevölkerung besteht aus Mischlingen von diesen Ureinwohnern und Weißen; eigentliche Weiße findet man jedoch nur in äußerst geringer Zahl unter ihnen ansässig.

Nur wenige Monate des Jahres sind diese Ortschaften bewohnt; die übrige Zeit stehen sie fast leer, indem alsdann ihre Bewohner, wie es gegenwärtig der Fall war, sich auf ihre am Strome zerstreut liegenden „Sitios" begeben, um im Winter, d. h. etwa vom Juni bis December, Seringa (Gummi elasticum), die sie gleich an Ort und Stelle bereiten, im Sommer aber Sassaparille, Copaivabalsam, Nelkenzimmet und Cacao zu sammeln. Während die Männer diesen Beschäftigungen in den Wäldern, und außerdem noch der Jagd und dem Fischfang nachgehen, bleiben die Weiber in den Sitios zurück, um Farinha zu bereiten, womit sie Handel treiben. Zweimal des Jahres aber, zu Johanni und um Weihnachten, versammelt sich die gesammte Bevölkerung in den Ortschaften, die somit von dem größeren Theile derselben gewissermaßen mehr als ein bloßes Absteige=Quartier betrachtet werden, um die ge= sammelten Rohprodukte gegen Zeuge und andere einfache Gegenstände des Kunstfleißes umzutauschen, oder um sie nach Pará zu verschiffen. Der Zusammenfluß von Men= schen soll alsdann nicht unbedeutend sein, und z. B. von Weihnachten bis Ostern jeder der drei Orte 5 — 700, Souzel aber manchmal sogar das Doppelte zählen*). Nach den Festen zerstreut sich dann wieder der größte Theil dieser Familien in seine Sitios, und der alte Kreis= lauf beginnt von neuem. — Jetzt herrschte wenig Leben in Souzel; ja alle die großen, scheunenartigen Ranchos standen leer.

Am Fuße der buschigen Hügel hinter dem Oertchen, die an ihrem Saume abgeholzt und mit Mandioca, Ba= nanen, Mamoës u. s. w. bepflanzt sind, erheben einzelne Palmen das Haupt. Doch vor allem interessirte den Prinzen ein schöner Brodbaum auf der Rückseite der Villa, der vielleicht noch von den Jesuiten herrühren mochte. — An den sandigen Strand zurückkehrend, fand man wieder, wie bei Veiros, Blöcke eisenschüssigen Sandstein=Conglome= rats über denselben ausgestreut; überhaupt scheint dieses Gestein hier vorzuherrschen und auch die Ursache der rothen Färbung jener schroffen Abhänge des linken Ufers zu sein,

---

*) Im Jahre 1788 hatte jeder dieser Orte ungefähr 800 Ein= wohner.

die heute Morgen bereits dem Prinzen in die Augen ge=
fallen war.

Die kleine Rhede von Souzel hat glatten Lehmgrund,
in dem die Anker schwer halten, weshalb man die kleinen
Flußfahrzeuge hier gern auf den Strand zieht. Zwei
kaiserliche Kriegsschooner, der „Amazonas" und der „Mun=
brucú," haben diesen Ankerplatz vor einiger Zeit besucht;
auch sollen sie sogar bis zu der nahe liegenden „ultima
Caxoeira" hinaufgesegelt sein. Bis zu eben diesem Punkte
macht sich auch in einigen Jahreszeiten der Einfluß von
Ebbe und Fluth im Strome bemerkbar; doch soll die Fluth
kein eigentliches Zurückströmen des Xingú bewirken, sondern
ihn nur aufstauen. — Von Porto be Móz bis Souzel
findet man ferner, nach Albuquerque's Angabe, in dem
in der Mitte des Stromes gelegenen Fahrwasser durch=
gehends 8 bis 20 Faden Tiefe; doch wechselt der Grund
ebenso oft innerhalb dieser Zahlen, als in seiner Beschaffen=
heit, indem er bald aus Sand oder Lehm bestehen, bald
felsig sein soll. Bis zu dem untersten Katarakt will man
das ganze Jahr hindurch eine Tiefe von 3 Faden im Fahr=
wasser gefunden haben.

Nachdem der freundliche Padre seine Geschäfte in aller
Eile geordnet und die nöthigen Vorbereitungen beendet hatte,
traf er, von seinem indianischen Knaben Francisco be=
gleitet, an Bord der Igarité ein, so daß man bereits um
1 Uhr Nachmittags den Anker wieder lichten und die kleine
Bucht verlassen konnte, während einige „Botos" rings um

das Fahrzeug auftauchten. Die Fahrt begann mit dem gewöhnlichen frugalen Mahle, welches der neue Reisegefährte durch seine heitern und interessanten Gespräche würzte, und wobei Seine Königliche Hoheit die Gesundheit des Kaisers, der gerade heut in sein achtzehntes Lebensjahr eintrat, aus= brachte. Nach dem Essen ging's an die Vorbereitungen zur Fußtour und an die Vertheilung der zum Tauschhandel mit den Jurúnas bestimmten Schätze, die in Glasperlen, kleinen Spiegeln, Messern und Beilen bestanden; dann wurde emsig gezeichnet oder eifrig, wenn auch ohne Erfolg, auf Botos gefeuert.

Dicht oberhalb Souzel, und zwar gleich um die nächste Spitze herum, liegt die große Roça Tapacuari; dann folg= ten mehrere kleine, vorspringende waldige Spitzen, die der Fahrt stromauf um so mehr Abwechselung gaben, als die von einem weißen, mit rothem Geröll bestreuten Sandstreif eingefaßten Wälder des linken Ufers, an denen man hin= ruderte, obgleich ohne alle Palmen, einen großen Reichthum an prächtigen Laubbäumen entfalteten, deren gefällige Con= turen das Malerische der vielen kleinen Caps noch erhöhten. Beim Passiren der Punta de Pagé trat zum ersten Mal an die Stelle des endlosen Meereshorizontes ein langer, gerader Höhenrücken, der weit nach Osten in den Fluß vorsprang, dann aber senkrecht abstürzte. Es war das ferne Cap Tapará, hinter dem der Tucurui in den Xingú fällt, während diesseits desselben sich flache Höhen hinziehen. Zwischen dieser Serra de Tapará, die man wohl schon

als den äußersten Vorposten des brasilianischen Hochlandes
ansehen kann, und der Serra de Almeirim, der südlichsten
Vorschwelle der Erhebungen der Guyana, scheint die schmalste
Stelle des mächtigen Amazonas=Tieflandes zu liegen, indem
die Entfernung beider Höhenzüge von einander nicht mehr
als 30—40 Meilen betragen mag.

Jetzt endlich, nachdem man zwei Tagereisen stromauf
gesegelt war, nahm der Xingú das Ansehen eines Flusses
an, wenngleich er hinter den Fahrenden, nach N.=W. z. N.,
sich immer noch gegen ein Meer zu öffnen schien. Da sank
die Sonne unter — es ward finster. Gleich darauf, um
7 Uhr Abends, wurde bei dem Hause des Schmieds zu
Pararuaca beigelegt, um Graf Bismarck's Flinte in
Stand setzen zu lassen. Mit der Flinte aber hatte es fol=
gende sonderbare Bewandtniß. Seit der Schlangentödtung
versagte sie standhaft den Dienst; der Graf konnte mit ihr
anfangen, was er wollte, sie ging durchaus nicht los. Die
brasilianischen Seeleute schien dies zu freuen, da es nach
ihrem Unglauben so kommen mußte, und bei jedem ab=
blitzenden Zündhütchen riefen sie daher: „Este he a cobra!
Este he a cobra!" Zuletzt aber schien ihnen des Grafen
Beginnen wie ein Frevel vorzukommen; sie machten bedenk=
liche Gesichter, verließen bei jedem neuen Versuche die
Ruderbänke, kurz es war ihnen nicht recht geheuer. Nach
anderthalbstündiger Arbeit gelang es endlich dem Schmied,
den Schuß auszuziehen, und damit war der Zauber gelöst.

Um 8½ Uhr wurde die Reise fortgesetzt; man ruderte

ohne allen Aufenthalt die ganze Nacht hindurch fort, doub=
lirte Cap Tapará und lief zwischen 4 und 5 Uhr Morgens
(3. December) in den mit vielen Krümmungen von S. W.
kommenden Tucurui ein.

Nacht und Tag hatten eben ihren Kampf begonnen;
dunkle Massen von buschigem Laub und Schlingpflanzen
hingen in das schmale Flüßchen herab, das sich durch dichte
Wälder hinschlängelt. Hie und da spiegelte sich noch ein
Stern in der dunklen Fluth. Ein Licht und bald wieder
ein Licht blitzte zwischen den Bäumen auf. Da erschallte
bereits die laute, kräftige Stimme des Padre, der im Vor=
überfahren an den einzelnen zerstreut liegenden Wohnungen
der halbcivilisirten Indianer den Männern zurief, sich auf=
zumachen nach der „Estrada" in ihren Canoas, oder gleich
an Bord zu kommen und mitzurudern. — Aus dem Dunkel
des Waldes antworteten einzelne Stimmen, und ab und zu
sprang auch eine jener fremden Gestalten in das Boot und
arbeitete frisch mit, nicht fragend, wohin es gehen solle und
auf wie lange. — Die Sterne erloschen plötzlich; man fing
an, die Gegenstände um sich her deutlicher zu unterscheiden;
wenige Minuten noch, und der junge Tag hatte gesiegt.
„Welch' schneller Sieg!" bemerkt Prinz Adalbert in sei=
nem Tagebuch. „In wie kurzer Zeit ist er hier in den
Tropen errungen, wie schwer dagegen in unsern Zonen, wo
der stundenlang geröthete Himmel den Ernst des blutigen
Kampfes bezeugt, den Tag und Nacht täglich zweimal zu
bestehen haben! So lebt bei uns auch der Mensch in

beständigem Kampfe mit der Natur; — hier unter dem
Aequator, wo das ganze Leben derselben die reinste Har=
monie athmet, giebt sie sich ihm fast ohne Widerstreben hin,
ja sie ladet ihn selbst ein zum Genusse!" —

Es war 5 Uhr Morgens, als die Igarité am rechten
Ufer des Tucurui an einen sich überbeugenden Baumstamm
festgebunden wurde, und es hieß: wir sind an der „Bocca
da Estrada." Auf einem kleinen freien Fleckchen loderte zwi=
schen den Bäumen am Ufer ein munteres Feuer, um welches
sich eine Gruppe von, nach Landesart in kurzen, groben,
grauen Leinwandjacken oder Hemden und kurzen Hosen von
demselben Stoffe gekleideten Männern sammelte, deren
braunes Fleisch, auf Brust und Nacken oder zwischen Jacke
und Hose zum Vorschein kommend, auf den ersten Blick
ihre indianische Abstammung verrieth. Sie trugen ein klei=
nes hölzernes Pulverhorn, einen Schrootbeutel und ein kleines
graues Säckchen über der Schulter, während ihre langen,
sehr einfachen Flinten friedlich an einem Baumstamm lehnten.
Auch waren einige Redes zwischen die Bäume gehängt, was
darauf hindeutete, daß ein Theil der Indianer die Nacht
hier zugebracht haben mußte. Es hatte nämlich der für
Alles sorgende Padre, bevor noch die Gesellschaft Souzel
verließ, eine Canoa vorausgesendet, um die ersten Anord=
nungen für die Reise zu treffen und die nöthige Mannschaft
dazu aufzubieten. Diese Gruppe brauner Männer war nun
nichts anderes, als eben die neuen Reisegefährten, die für
den Prinzen und dessen Begleiter jagen oder die Lebens=

36

mittel tragen, späterhin aber ihnen als Lootsen und Ruderer bei der ferneren Beschiffung des Xingú und der Caroeiras dienen sollten. Auch Roxa, der dunkle, finster blickende Portugiese, befand sich unter ihnen; er sollte, da er allein der Sprache der Jurúnas mächtig war, den Dolmetscher bei ihnen machen. Die übrigen Leute dagegen redeten nur die hier völlig heimisch gewordene Lingoa geral, die selbst den Jurúnas nicht fremd ist und auch vom Padre geläufig gesprochen wurde; außerdem verstanden sie auch etwas portugiesisch.

Gleich nach der Ankunft am Ziele der ersten Strom= reise, begann es sich unter dem Palmroof der Igarité zu regen, und bald war Alles lebendig an Bord der schwimmen= den Behausung, von welcher sich die Reisenden nun auf Wochen trennen sollten. — Die Lebensmittel wurden ab= gemessen und die Bündel geschnürt. Ein blechernes cylind= risches Gefäß von etwa anderthalb Fuß Höhe und einem Fuß Durchmesser nahm, mit Ausschluß des Mandiocamehls, den ganzen, auf 14 Tage berechneten Mundvorrath, der aus Reis, Bohnen, Chocolade, Thee und Zucker bestand, in sich auf. Doch befand sich nicht alles Salz dabei, da Prinz Adalbert aus Vorsorge noch etwas in ein Porzel= lanfläschchen gefüllt hatte, welches man über die Schulter hängen konnte. Zwei Körbe voll Farinha wurden gleich mitgenommen; ein Farinhakorb aber, die kolossale Caxaça= flasche für die Leute und der kleine blecherne Medizinkasten blieben vorläufig zurück, um, da es im Augenblick an

Trägern fehlte, drei bis vier Indianer aber noch erwartet wurden, sobald als möglich unter Roxa's Aufsicht nachzufolgen.

Während der Zubereitungen zum Marsch ging die Sonne auf. Merkwürdig war dem Prinzen dabei der bedeutende Unterschied zwischen der Temperatur des Tucuruí, die um diese Zeit nicht mehr als 20°, o R. bei 20°, 2 Luftwärme betrug, und der des Xingú, die gestern um dieselbe Zeit 24°, o war, bei gleich warmer Luft. Dasselbe war an allen Bächen zu bemerken, die die „Estrada" überschritt, was wohl zum Theil von dem kühlenden Schatten der endlosen Wälder herrühren mag, durch welche sich diese Bäche hindurchwinden. — Einige Seeleute der Igarité baten, den Zug mitmachen zu dürfen, was Seine Königliche Hoheit auch Mehreren erlaubte, da man viel Leute brauchte, um die Lebensmittel und das, wenn auch nur sehr geringe Gepäck zu tragen; denn auch die kleinste Belastung ermüdete ihren Träger bei dieser großen Hitze ungemein. Wollte man also schnell in den Wäldern vordringen, so konnte dies nur mit einer verhältnißmäßig starken Colonne geschehen. Durch diesen Zuwachs nun ward die der Reisegesellschaft auf zwanzig Köpfe gebracht. Nachdem die Matrosen und Indianer einen kleinen Vorsprung gewonnen hatten und ihnen etwas Zeit gegönnt worden war, um sich Tragen für die Sachen zu machen, setzten sich ihre Herren selbst um 7 Uhr Morgens in Bewegung und holten bereits nach wenigen Minuten jenen Vortrupp wieder ein.

Es war unterhaltend zu sehen, mit welchem Geschick sich die Träger zu helfen wußten. Schlingpflanzen vertraten die Stelle des Bindfadens, und dünne Streifen Baumrinde oder Bast bildeten die Tragriemen. Die Reisenden selbst blieben jedoch, ohne sich aufzuhalten, im Marsch. Der Padre führte, leichten Schrittes, gleich den Uebrigen die Flinte über der Schulter und ebenso wie jene leicht angethan. Anfangs war der Fußsteig nicht schwer zu finden; nach und nach aber ward er mehr oder weniger durch das herabgefallene Laub den Blicken entzogen, und bald fing das abwechselnd sehr dichte Gebüsch und das Gewirr von Schlingpflanzen an, den Pfad beschwerlicher zu machen. Der Wald, den man durchzog, konnte sich nicht mit den prachtvollen Urwäldern am Parahyba messen, denn seine Stämme waren dünn, dabei aber kerzengerade in die Höhe geschossen, wie in allen Wäldern Brasiliens; nur sehr selten sah man einen wahrhaft schönen, großartigen Baum. Zuweilen senkte sich das Terrain ein wenig, und während dann hie und da ein klares Bächlein in der sanften Einsattelung quer über den Pfad floß, erhob sich jenseits desselben der Boden des Waldes wieder ebenso allmälig. Am ersten größeren dieser Ygarapés, dem Uassútinga, den man, nach Ueberschreitung eines kleineren, etwa nach einer Stunde erreichte, wurde Halt gemacht, und man wartete eine ganze Weile auf die Indianer, um sich von ihnen nicht zu weit zu entfernen. Diese Rücksicht ward aber schlecht belohnt, denn ein heftiger Regenschauer goß während dessen unerwartet herab und brachte sofort den Doktor zum Schweigen, der schon jenseits unter einem Baume Posto gefaßt hatte, und, seinen Beranger in der Hand, eben laut daraus re= citirte.

Sobald nun die zweite Abtheilung angelangt war, denn von der Ankunft der dritten, unter Roxa's Führung, war heut keine Rede, ward der Bach überschritten, und, wäh= rend die Indianer ruhten, der Marsch fortgesetzt. Dem Morgen folgte jetzt eine glühende Sonnenhitze, die unfre Reifenden im Nu trocknete; dafür fing aber der Weg an, mit jedem Schritte unbequemer zu werden, indem sie alle Augenblicke in dem Dickicht über einen umgefallenen Baum= stamm hinwegschreiten oder klettern mußten. Dennoch führte der Padre immer mit demselben leichten Schritt, so daß man abermals einen sehr bedeutenden Vorsprung gewann. Indessen nahmen die vereinzelten Stämme an Höhe, Stärke und Schönheit zu, obgleich der Wald im Allgemeinen seinem Charakter treu lieb. So z. B. wurde ein Baum gemessen, der, etwa 4 Fuß vom Boden, 30 Fuß 7 Zoll (englisch Maß) im Umfang hatte.

Um 11½ Uhr Morgens gelangte man an den Ygarapé Uierena, wo abermals der Rest der Colonne abgewartet und in Folge dessen bis 1½ Uhr Halt gemacht wurde. Es war ein kleines freies Plätzchen, von einigen hohen Stäm= men und dichtem Gebüsch eingefaßt und beschattet. Ein den Puri=Hütten ähnlicher Rancho, bestehend aus einem leichten, auf wenigen in den Boden gesteckten Stangen

ruhenden Dache von Palmblättern, die durch Schling=
pflanzen zusammengebunden waren, stand dicht an dem
klaren Waldbache, ein Beweis, daß dieser Ort wohl zu=
weilen von den nach Souzel ziehenden Indianern zum
Nachtlager benutzt werden mag.

Durch diese Ruhe erfrischt, brach die gesammte Co=
lonne zugleich auf, die Indianer an der Spitze. Nach
einigen Augenblicken gelangten sie wiederum an einen brei=
ten Bach, über welchen ein Baumstamm hingestreckt lag,
eine Brücke bildend, der die Indianer im Vorübergehen
ein Lianengeländer gegeben hatten. Es war gewiß ein
eigenthümliches Bild, als man den Stamm überschritt;
dazu die dichtbelaubten, schattigen Bäume, die sich über den
Bach hinbeugten, und die graziösen Massen von Schling=
pflanzen, die bis auf seinen Spiegel herabhingen! Später
zeigten sich wieder einige schöne Stämme. Einer derselben
maß 39 Fuß im Umfang, und seine Höhe konnte gleich
der einiger anderer Urwald=Riesen auf mehr als 150 Fuß
veranschlagt werden, da er trotz seiner Dicke noch schlank
aufgeschossen erschien.

Als die Sonne schon tief gesunken war, hörten die
Wandernden das Fällen von Bäumen nahe vor sich, und,
einen sanften Abhang hinabsteigend, standen sie, etwa um
5 Uhr Nachmittags, vor ihrem Bivouaks=Platz, dem ein=
zigen lichten Fleckchen auf dem walbigen Hange, wo sie
bereits einige Indianer mit den Vorbereitungen zum Feuer=
anmachen beschäftigt fanden, während sich das Rauschen

des nahen Ygarapé das Caxoeiras laut und deutlich vernehmen ließ. Am untern Ende der Lagerstätte erhob sich
ein riesiger Baum, dessen breiter Fuß, einige dunkle Nischen
bildend, Einzelnen von der Dienerschaft, die sich darin ein-
nisteten, ein gastliches Obdach gewährte. Vor dem Baume,
und zum Theil an denselben gelehnt, stand ein leichter,
etwas verfallener Rancho, dessen Palmdach wohl keinem
Regen mehr trotzen konnte, und bald loderten zwei helle
Feuer links daneben, um die man Pfähle einschlug und
Leinen zog, die nassen Sachen daran zu trocknen. Dann
ward, etwas höher hinauf am Abhange, das kleine Segel,
das Capitain Buckle zu diesem Zweck vom Growler mit-
gegeben hatte, als Dach ausgespannt. An den Stangen,
die es trugen, hingen drei von der Reisegesellschaft ihre
Hangematten auf, während Prinz Adalbert, der Padre
und der Doktor ihre Redes unter freiem Himmel um
Pfähle außerhalb des Segeldachs schlangen.

Es war bereits finstere Nacht, als sich die kleine Gesellschaft um ein bescheidenes Feuer versammelte, welches
man zwischen den letztgenannten drei Hangematten, der aus
blau und weißer Baumwolle gewebten des Padre und den
beiden andern, aus braunem Bast geflochtenen, angemacht
hatte. Der Knabe des Padre, eben so unermüdet wie unver-
drossen, holte flink und geschäftig die porzellanenen Schaalen
herbei, welche der geistliche Herr später unter die Indianer
vertheilen wollte, und aus denen man inzwischen noch selbst
speiste. „O Francisco!" „O Rapasinho!" rief der

Pabre einmal über das andere dem Kleinen zu, der für
Alles sorgen und Alle zugleich bedienen sollte, ihn bald
hierhin, bald dorthin schickend und ihn freundlich an Alles
erinnernd; und hurtig, auf den leisesten Wink, flog der behende Knabe, ohne daß seine Bewegungen die geringste Spur
von Müdigkeit verriethen. Wahrhaft bewundernswürdig,
ja fast unglaublich für sein Alter war es, was er aushalten konnte. Schwer beladen hatte er denselben Weg
zurückgelegt wie unsre Reisenden, und Abends war er noch
ebenso frisch als sie, die Nichts getragen hatten. —
„Rapasinho" konnte nun einmal seine indianische Abstammung nicht verleugnen!

Endlich kam Graf Oriolla mit dem dampfenden
Reis und goß ihn einem Jeden in seine Schaale. Daß er
vortrefflich mundete, braucht kaum gesagt zu werden, da
man heute bis dahin hatte hungern müssen! — Nur noch
wenige Minuten, und Alles schlüpfte in die Redes. Tiefe
Stille trat ein. Die Feuer brannten hell; die Wolken
zogen rasch, vom Winde gejagt, über das einsame Plätzchen
fort, während der ganze Abhang von den verfaulten Blättern, die den Boden bedeckten, leuchtete, als wär's die See.
Da kroch auch der Prinz in seine Rede, und schlief, trotz
des Rauschens der Ygarapé das Caxoeiras und des ohr-
zerreißenden Schwirrens der Cicaden, ein.

Das Tagebuch Seiner Königlichen Hoheit giebt uns
von den Erlebnissen dieser Nacht folgende launige Schilderung:

„Doch nicht lange, (erzählt Prinz Adalbert) so weckte mich ein Regenschauer, und alsbald entspann sich eine Conversation mit dem Doktor. Auch der Padre steckte die weiße Zipfelmütze zur Hangematte heraus, zog sie aber gleich wieder über die Ohren. Wir folgten seinem Beispiel und schliefen weiter. Nach einigen Stunden kam ein anderer Guß, der es redlicher meinte und die Feuer auslöschte. Alles drängte sich nunmehr unter die Leinwand, die, von einer Mauer von Männern umgeben, eine ordentliche Stube bildete. Auch ich drang glücklich in dies Gemach von Fleisch und Leinwand hinein, und bei der Scheu, die wohl jeden Europäer in diesen Wäldern vor den zahllosen Ameisen und andern Insekten befällt, von denen es hier überall am Boden wimmelt, konnte es mir nur angenehm sein, daß mir sowohl Graf Oriolla als Herr Theremin einen Platz in ihrer Hangematte anboten. Ich versuchte sogleich von dem freundlichen Anerbieten Gebrauch zu machen, aber aller erdenklichen Anstrengung ungeachtet wollte es nicht glücken, uns zu Zweien hineinzulegen. Unsere gymnastischen Uebungen mußten daher, theils wegen des schwer zu haltenden Gleichgewichts, theils wegen der um uns herrschenden, wahrhaft ägyptischen Finsterniß, sowie endlich aus dem Grunde aufgegeben werden, weil unsere feinen Schlafnetze diesen Kraftanstrengungen nicht gewachsen und dem Zerreißen nahe waren. Da schien der Regen sich einen Moment legen zu wollen, und augenblicklich drängte ich mich wieder durch und hinaus, und

tappte bann glücklich fort bis zu meiner Hangematte. Doch
balb darauf kam ein neuer Schauer; ich warf einen Blick
auf den neben mir hängenden Doktor und sah ihn ohne
Mantel. Das rührte mein gefühlvolles Herz; ich ver=
suchte mit ihm Rede und Mantel zu theilen; die Absicht
war edel, aber der Ausgang eben' nicht ergötzlich, denn die
Geschichte endigte mit einem tüchtigen gemeinschaftlichen
Fall auf die nasse Erde. Das war zu viel! Jetzt riß
auch mir die Geduld; ich suchte das alte Obdach wieder
auf und arbeitete mich wiederum glücklich durch die In=
dianer hindurch bis unter das Segel. Einmal — wenn
es nicht gegen die Bescheidenheit wäre, diesen hoffährtigen
Ausbruck in Bezug auf unser kümmerliches Asyl zu ge=
brauchen — einmal unter D a ch und J a ch, legte ich mich
auf die Erde, in meinen Poncho gehüllt, und eine Zeit
lang glückte es mir wirklich, den Kopf über dem so ge=
fürchteten Boden zu halten, indem ich irgend etwas fand,
worauf ich ihn legen konnte. Unterdessen aber wurden
meine Beine naß, was mich veranlaßte, weiter hineinzu=
kriechen. Dasselbe Prinzip, das mich in Bewegung gesetzt,
äußerte jedoch gleichzeitig seine Wirkung auf die rohe um=
gebende Masse, die, nun auch ihrerseits immer stärker und
stärker drängend, mit jedem Augenblick tiefer unter die Be=
dachung vordrang. Doch dabei blieb es nicht, denn all=
mälig kamen die Indianer damit zu Stande, das Segeltuch
von uns fort und auf die entgegengesetzte Seite zu ziehen,
so daß sie es zuletzt fast ganz für sich hatten und die

Hangematten halb im Regen hingen. Bei dieser allerdings
etwas lieblosen Operation brachen aber ein paar Stangen
um, eine Hangematte fiel auf die Erde, und die triefende
Leinwand selbst senkte sich tief herab. Welche Calamität!
Da lag ich nun bei der Finsterniß wie ein Blinder auf
dem Rücken, das Gesicht dem Platzregen zugewendet und
von der vereinten Gewalt des Regens und des Wassers,
das von der durch das Segeltuch gebildeten Gosse herab=
strömte, fast fortgeschwemmt, den unglücklichen Ameisen eine
Zufluchtsstätte in dieser Ueberschwemmung darbietend, und
unbehülflich, wie ein auf den Rücken gefallener Käfer, in
dem immer zunehmenden Gedränge. Endlich verspürte ich
Licht und Wärme hinter mir; beides rührte von einem
kleinen Feuer her, das die Indianer angezündet hatten und
an das ich mich, immer auf dem Rücken liegend, allmälig
glücklich heran manövrirte, meinen Kopf zwischen ein paar
braune, nackte Kerls hindurchsteckend, und zwar ohne daß
ich, eingekeilt in dieser scheußlich=fürchterlichen Enge, mich
irgend rühren oder umdrehen konnte. Alle Ameisen Bra=
siliens vergessend, schlief ich endlich sanft ein und bis zum
andern Morgen fort.“

Nachdem bereits in aller Frühe (4. December) abge=
kocht und die nassen Bündel geschnürt worden, brachen zu=
erst die Jäger, die bewaffneten Indianer, auf, und mit
ihnen Graf Oriolla, um vor der übrigen Gesellschaft
den Bach Uassú=tingereté, den Mittagshalt, zu erreichen.
Von dort aus sollten sie alsdann ihre Jagd beginnen, um

dieselbe schon bei Ankunft der Hauptcolonne beendet zu
haben. Indessen hoffte der Graf bei diesem Vortrupp
schon unterwegs zum Schuß zu kommen, da man sich
gestern überzeugt hatte, daß bei dem Geräusch, welches die
belasteten Indianer und Seeleute machten, davon bei der
großen Colonne nicht wohl die Rede sein konnte. Den
schnellen Schritt der indianischen Jäger in Anschlag brin=
gend, folgten ihnen die Reisenden nach einer halben Stunde,
früh um 6½ Uhr. Schon gestern hatte Dr. Lippold den
Prinzen darauf aufmerksam gemacht, daß der Wald nach
starkem Regen von den verfaulten Pflanzenstoffen einen
unangenehmen Geruch anzunehmen pflege; auch heute
Morgen bestätigte sich diese Erfahrung. Uebrigens war
der arme Doktor wirklich zu bedauern, denn es kostete ihn
große Anstrengung, dem Padre zu folgen, der noch schneller
als gestern voranschritt, in der Hoffnung, die Gesellschaft
noch heute Abend bis zum Anaurahy, dem Ziele ihrer
Wanderung, zu bringen. Der lange, statt der Spitze
mit einem eisernen Haken versehene Spieß, den Lippold
führte, um die Schlingpflanzen damit herabzureißen, schien
eine angeborne Neigung zu denselben zu besitzen, indem er
sich bei jedem Schritt festhakte, und den Unglücklichen sogar
ein paar Male auf die Knie herabzog. Dennoch wollte
der erschöpfte Botaniker durchaus nicht von seiner Waffe
lassen; dagegen gelang es, nach vielen vergeblichen Ver=
suchen, ihn von seiner Botanisirtrommel und seinem Ueber=
rock zu trennen, mit dem er sich schleppte; der Padre selbst

nahm ihm Einiges ab, und steckte unter andern des Doktors großes „Facaõ" an.

Bisher hatte man in diesen Wäldern gar keine Palmen angetroffen, heute dagegen stellten sie sich in Massen, jedoch nur an den Ufern der Bäche, und überhaupt an sumpfigen Stellen in den Einsattelungen des Terrains ein, die sich, da die Hügel an Höhe und Steilheit zunahmen, mehr bemerklich machten als gestern. In einem derartigen Haine ruhten die Wandernden einige Minuten; vor ihnen floß murmelnd ein klarer Bach, ein kleiner, leichtgedeckter Rancho stand zur Seite, beschattet von den luftigen Kronen der schlankgeschäfteten Palmen, zwischen denen der tiefblaue Himmel durchschimmerte, an dem hoch oben im Zenith die Sonne stand, ihre mächtigen Strahlen herabsendend, so warm, so glühend, als wollte sie allen Regen der vergangenen Nacht vergessen machen! Mit wahrer Wollust wurden einige vom Baume geschüttelte Cacaonüsse, ein paar Castanhas do Maranhaõ und eine Handvoll Farinha verschlungen, die der Padre in sein Schnupftuch eingewickelt mit sich führte, und begierig dazu das kalte Wasser geschlürft, welches der Waldbach darbot.

Wenige Augenblicke darauf überschritt man das kleine Wasser vermittelst eines Baumstammes, erstieg die dahinter liegende Höhe und setzte dann eine lange Zeit die Wanderung durch den palmlosen Laubwald fort. Kaum war man aber eine Stunde seit dem beschriebenen Ruhepunkte marschirt, als den greisen Doktor seine letzten Kräfte verließen,

unb die Gesellschaft sich genöthigt sah, den Armen unter
dem Schutze des Negers der Igarité zurückzulaſſen, theils
um selbst nicht zu viel Zeit zu verlieren, theils um dem
Doktor Gelegenheit zu geben, langsam bis zum Mittags=
halt zu folgen. Inzwiſchen war der Weg immer ſchlechter
geworden; alle Augenblicke mußte man über umgefallene
Baumſtämme, öfter von koloſſalem Umfang, hinweg, und
dann hingen wieder an einer andern Stelle die zu einer
unburchdringlichen Maſſe verwachſenen Zweige und Schling=
pflanzen so tief herab, daß man oft Strecken von 20 —
30 Schritt völlig kriechend zurücklegen mußte. Bei dieſem
Durcharbeiten ſchüttelte man dann unzählige Ameiſen von
den Zweigen herab, die bei der dünnen Bekleidung leicht
bis auf die Haut durchſtachen; doch nichts vermochte den
flinken Padre aufzuhalten, welcher rüſtig voranſchritt und
es verſtand, ſich mit unglaublichem Geſchick durch alles
hindurchzuwinden und mit Leichtigkeit jedes Hinderniß zu
überklettern oder zu überſpringen, — und zwar in nieder=
getretenen Schuhen!

Zu dieſen Mühſeligkeiten geſellte ſich noch eine andere
Schwierigkeit, nämlich die, den Weg zu finden, der, ſchon
durch das herabgefallene Laub kaum ſichtbar, bei dem Hin=
durchwinden durch das Dickicht und dem Durchkriechen der
Büſche, wobei häufig die Richtung ganz verloren wurde,
ſich ſtreckenweis völlig den Blicken entzog. Aber das war
noch nicht Alles; öfters ſtieß man ſogar in dieſer Einſam=
keit noch auf andere Pfade, richtiger Spuren, im Laube

und auf abgehauene Zweige. Zuweilen stutzten dann die Wandernden einige Minuten lang, bis der Padre mit sei= nem scharfen Orientirungssinn sich dennoch glücklich heraus= zog und sehr bald den richtigen Weg entdeckte.

Bald, nachdem der Doktor zurückgelassen worden war, vermehrten sich die Höhen und Senkungen, so daß es dem Prinzen schien, als müßte hier wohl der höchste Punkt des erhabenen Terrains der sogenannten Serra liegen, welche die Estrada durchzieht und den Xingú zu seinem großen Bogen zwingt. — Einmal von einer natürlichen Waldblöße herab wurde es möglich, in ein liebliches Thal von schlan= ken Assai=Palmen zu blicken — es war die erste Aussicht seit zwei Tagen; bis dahin war, im wahren Sinne des Worts, der Wald vor Bäumen nicht zu sehen!

Beim Hinabsteigen in dieses Thal stieß man auf einen Schwarm Aráras; aber trotz der angewandten Mühe wurde keiner erlegt. Bald darauf ließ das Geschrei von Affen sich vernehmen; man ging den Tönen nach, doch sie verschwan= den bald in der Ferne, ohne daß ein einziges dieser Thiere sichtbar geworden wäre. — Beim Ueberschreiten eines dünnen Baumstammes sah man eine prachtvolle, scharlach= rothe Corallenschlange sich darunter krümmen, aber auch diese schlüpfte so schnell davon, daß man ihr nichts mehr anhaben konnte. Endlich, nach einem tüchtigen Marsche, kamen die Wandernden gehörig ermüdet und schweißtriefend, etwa um 2½ Uhr Nachmittags, an dem lang ersehnten Bach Uassú=tingereté an. Hier erfuhren sie zu ihrem nicht

geringen Leidwesen, daß Graf Oriolla und die Jäger erst
vor einer Viertelstunde zur Jagd aufgebrochen waren: eine
traurige Aussicht für das Diner, welches dadurch leicht
sehr verspätet werden konnte. Indeß der Padre machte
Alles wieder gut. Er war an den Bach gegangen, um zu
trinken, erblickte plötzlich einen großen Fisch, und hatte den
beneidenswerthen Treffer, ihn auch gleich mit des Doktors
Facaö durch und durch zu stechen. — Wenige hundert
Schritt von dem Rastplatze der Jäger, auf dem die Gesellschaft sich jetzt befand, sollte ein einladender freierer
Fleck liegen, ja selbst ein Rancho vorhanden sein. Man
überschritt also den Bach und begab sich dorthin, um abzu-
kochen. In wenigen Minuten loderte auch schon ein Feuer
zur Seite des Rancho, und ebenso schnell waren die Redes
gespannt, in denen man, das Diner erwartend, behaglich
ruhte. Da der Marsch zum Anaurahy nämlich immer
noch mehrere Stunden erfordert haben würde, so entschied
sich der Prinz, mit Rücksicht auf den übermüdeten Doktor
und auf die Ermüdung der Dienerschaft, namentlich der
Matrosen, die an das Lasttragen und Marschiren nicht gewöhnt waren, heute nicht weiter zu gehen, sondern hier
die Nacht zu bleiben.

Zum Essen war Alles wieder vereinigt; der Neger
hatte den Doktor glücklich durch den Wald hindurch ge-
lootset, und auch Graf Oriolla war mit den Jägern
von seiner Jagd wieder eingetroffen. Hatte der Graf auch
leider keine Beute mit zurückgebracht, so wußte er doch viel

von dem Scharfblick, dem Orientirungssinn und der Schnell=
füßigkeit seiner indianischen Gefährten zu erzählen, die ihn
mit der höchsten Bewunderung erfüllt hatten, und die er
nicht genug loben konnte. So wurde denn das Mahl
durch interessante Gespräche gewürzt, während der „Tariéré=
uassú," der Fisch des Padre, den dieser von den Leuten
à l'Indienne an einem schräg in die Erde gesteckten Stock
über dem Feuer hatte rösten lassen, die herrlichste Tafel=
freude bereitete. Gemächlich saß die ganze Gesellschaft
dabei in ihren Hangematten um das Feuer herum, bis
sich, nach kurzer Zeit, die Dunkelheit einstellte. Nun wur=
den die Rebes abgenommen und wohlweislich unter dem
Dach des Rancho geschlungen, worauf die Reisenden sämmt=
lich sehr bald sanft einschliefen, ohne von einem kleinen
Regenschauer belästigt zu werden, der in der Nacht herab=
rieselte.

Schon am frühen Morgen (5. December) durch ein
Bad in dem nahen Bache erfrischt, trat man um 6½ Uhr
den Weg wieder an. Das Terrain erschien von jetzt an
weniger wellig und hügelig, ein Zeichen, daß man sich wie=
der dem Xingú näherte. Auch heute lagen viele hohe, um=
gestürzte Stämme herum, auf denen sich lange Züge von
Ameisen aller Art geschäftig hin und her bewegten. Mit
jedem Schritte, den man tiefer in den Urwald eindringt,
überzeugt man sich mehr und mehr davon, daß diese win=
zigen Thierchen sichtlich die Zerstörer der Riesenstämme
dieser Wälder sind, die bei ihrer Dichtigkeit jedem Sturm=

wind trotzen. „Man erſieht hieraus wieder recht," be=
merkt Prinz Adalbert, „welcher ſcheinbar kleinen Mittel
der Schöpfer ſich oft bedient, um die größten Zwecke durch=
zuführen. Welch' größeres Mißverhältniß iſt wohl denkbar,
als das zwiſchen einer Ameiſe und einem jener koloſſalen
Stämme, deren Umfang wir ſelbſt gemeſſen haben! Iſt
einmal ein ſolcher Baum in ihre Hände gerathen, ſo hilft
ihm all' ſeine Größe und Schönheit nichts; er wird ohne
Gnade zernagt, und zwar oft dermaßen, daß die Rinde
allein erhalten bleibt und innen alles Holz zu Staub zer=
bröckelt, bis er zuletzt der Ausdauer und der vereinten,
raſtloſen Thätigkeit der ſich immer wieder neu ergänzenden
Millionen von Ameiſen zum Opfer fällt und krachend um=
ſtürzt. — Außer dieſen Werken der Zerſtörung findet man
in den Wäldern an der Eſtrada auch Produkte des Kunſt=
fleißes dieſer Thierchen, nämlich ähnliche Termitenhaufen,
wie wir ſie bereits an den Küſten der Provinz Rio de
Janeiro angetroffen hatten. Auch kamen uns einzelne
Baumſtämme zu Geſicht, in welchen tiefe Löcher gleichſam
eingefreſſen waren, eine Art durchbrochener Arbeit in gro=
ßem Maßſtabe bildend, und zwar wahrſcheinlich ebenfalls
von den Alles zernagenden Ameiſen."

Die Reiſenden näherten ſich jetzt dem Ausgangspunkte
der Eſtrada, deren Richtung man im Allgemeinen als eine
ſüdſüdweſtliche annehmen kann. Bei den vielen und faſt
beſtändigen Krümmungen des Pfades war ein Verſuch des
Prinzen, dieſelbe aufzuzeichnen, unausführbar.

Von den zahlreichen, sämmtlich dem Xingú zufließenden Bächen, welche die Estrada überschreitet, konnten die Indianer nur acht namhaft machen, und diese schienen nicht einmal die wasserreichsten zu sein, ja es befanden sich darunter sogar einzelne, die gegenwärtig völlig ausgetrocknet waren; ihre Namen sind, von Norden anfangend, folgende: der Ygarapé Curuatéua, Azoutinge (oder Uassú-tinga), Uierena das Caxoeiras (es war dies der sechste, den man überschritt), Abintéua, Pocovasoroboca-uassú, Jrema und Uassú-tingeuété. Sie sind fischreich, ihr Wasser ist kalt und krystallhell, ihr Bett Sandgrund. Ebenso erschien dem Prinzen der Boden des Waldes meist sandig, nur in den Einsattelungen sumpfig; auch sind die von W. nach O. streichenden Terrainwellen, welche die Estrabra überschreitet, dem Anschein nach nichts als Sandhügel von wenigen hundert Fuß Höhe, die wohl ebenso wenig den Namen der „Serra" verdienen, als das 30 Fuß im Quadrat haltende Fleckchen an der Mündung der Estraba gegen den Anaurahy seinen hochtrabenden Namen „Porto grande."

Und doch ist Porto grande — welches Ziel ihrer Wanderung die Gesellschaft nach einem zwei- bis dreistündigen Marsche erreichte — ein reizendes, einsames Plätzchen voller Anmuth und Frieden, so recht das Bild stiller Abgeschiedenheit. Wie durch den schönsten natürlichen Rahmen blickt man unter einem sich weit überbeugenden Baum fort auf den klaren Spiegel des Anaurahy, dessen kaum hundert Schritt entferntes jenseitiges Ufer eine hohe, undurchdringliche Wand von überhängenden Schlingpflanzen und dichten Laubmassen bildet, aus denen einige Arten der hohen tropischen Gräser sich lieblich hervorbeugen. Oben in den sich bis in's Wasser herabsenkenden Aesten des Baumes nistete sich einer der Seeleute, der Mulatte Furtoso, ein, und ließ dann seine Angelschnur im Wasser spielen, und zwar mit dem besten Erfolge.

Während dessen wurde Feuer zum Kochen angemacht und Lianen wurden gespannt zum Trocknen der Sachen, die ein vorüberziehender Regen angefeuchtet hatte. Auch hatte man volle Zeit zu dem Allen, da die „Ubás" noch nicht angekommen waren, die unsre Reisenden zur nahen untersten „Maloca" der Jurúnas hinüberführen sollten, obgleich nach einem Abkommen mit diesem Stamme stets zwei dergleichen Fahrzeuge hier bereit gehalten werden sollten. Endlich aber langten sogar drei derselben an, so daß man nach 2 Uhr Nachmittags abstoßen konnte. Diese „Ubás," die nun drei Wochen lang zum Aufenthalt dienen sollten, sind, gleich den Canoas der Neger in Rio, aus einem großen ausgehöhlten Baumstamme gebildet, unterscheiden sich aber dadurch von jenen, daß sie weniger Bord haben, d. h. oben flacher abgeschnitten sind. Vorn und hinten befindet sich ein gerader, abgestumpfter, weit vorspringender Schnabel, wie bei den Kähnen auf unsern Flüssen, und statt der „Riemen" werden sie mit, denen der Igarité ähnlichen „Pagaien," oder im Walde geschnittenen Stangen fortbewegt und gesteuert. Die Leute sitzen beim

Rudern aber, wie es sich von selbst versteht, mit dem Gesicht nach vorn. Zum Segeln ist die Ubá niemals eingerichtet.

Da man in diesen holzreichen Gegenden durchaus keinen Begriff von einem Brett hat, so bestehen die Ruderbänke aus einzelnen, neben einander gelegten kurzen Knütteln, die entweder nur auf den Bord aufgelegt, oder, wenn man sie tiefer haben will, „binnenbords" eingeklemmt werden. — Da das Sitzen auf diese Weise schon nach einem halben Tage nicht allein sehr unbequem wurde, sondern auch die Füße dabei unausgesetzt im Wasser standen, das sich immer auf dem Boden dieser Fahrzeuge vorfindet, so suchten unsre Reisenden diesen Uebelständen dadurch zu begegnen, daß sie sich eine Art von Rost aus Knütteln machten, indem sie über die in der Quere eingeklemmten andere, der Länge nach, legten. Auf diesem Stangenlager richteten sie sich nun mit Hülfe der Ponchos und ihrer kleinen Bündel so behaglich als möglich ein, und brachten es auf diese Weise auch glücklich dahin, dem Rost die täuschende Aehnlichkeit mit den abgeschafften „Latten" zu benehmen, an die er anfangs auf eine sehr eindringliche Art erinnerte.

In den drei Ubás hatte sich die Gesellschaft so vertheilt, daß immer je zwei derselben in einer eingeschifft waren, und zwar saßen Prinz Adalbert und Graf Bismarck in der ersten, Graf Oriolla und der Padre in der zweiten, und der Consul und der Doktor in der dritten. Schnell glitt man den schmalen Anaurahy in südöstlicher Richtung hinab, unter den weit überhangenden Schling-

pflanzen fort, die sich zur Rechten und Linken auf seinen
Spiegel herabbeugten. Nach wenigen Minuten aber liefen
die Ubá's bereits in einen linken Nebenarm des Xingú ein,
der in einer Breite von nur 150 Schritt nach O. z. S.
zu strömen schien. — Mit jedem Ruderschlage wurde die
Vegetation ringsumher schöner und üppiger, ja die Fülle
und Grazie der Rankengewächse übertraf alles Beschriebene.
Unter dem Schatten des dichten grünen Laubes und der
überhangenden, undurchdringlichen Lianenwände sah man
in dunklen Nischen hie und da eine Gruppe von fünf bis
sechs Palmen, deren schlanke Stämme unten nur e i n e n
Stamm zu bilden und, sich oben graziös aus einander bie=
gend, auch nur e i n e breite Krone zu tragen schienen. Bei=
nahe an jedem Vorsprunge des Ufers beugte sich eine solche
Palmengruppe über den Fluß hin; doch waren dieselben,
man konnte sagen, mit solcher „Discretion" angebracht,
daß sie stets dem Auge neu erschienen, und mit einem Ge=
schmacke, der selbst dem Genie der größten Gartenkünstler
alle Ehre gemacht haben würde.

So ganz im Anschauen der umgebenden Pflanzenwelt
versunken, wurden Blicke und Gedanken plötzlich zur Thier=
welt hinübergelenkt. „Jacaré! Jacaré!" rief nämlich auf
einmal der indianische Jäger, der, an der Spitze der Ubá
stehend, die Stange führte, auf eine Stelle links im
Wasser deutend, wo er so eben ein Krokodil hatte unter=
tauchen sehen; — doch für die ungeübten Augen der Euro=
päer war nichts zu unterscheiden. — Dann flogen wieder

einzelne Vögel über den Booten fort; man setzte daher die Flinten in Stand, was dem Mann an der Spitze, bei der angebornen großen Jagdpassion dieser Indianer, viel Vergnügen zu gewähren schien. Auch blickte und spähte der Jäger umher, die fremden Herren auf jede Creatur aufmerksam zu machen — und welch' eine Freude empfanden dieselben, als er ihnen die erste Tapir= (Anten=) Spur am Ufer einer der Inseln links neben ihnen zeigte!

Unter den Zweigen fortrudernd, die ein niederes Laubdach über dem Wasser nahe am Ufer bildeten, sahen sie in dem Dunkel derselben eine sehr große Gattung von Fledermäusen umherschwärmen. Kurz darauf gelangten sie an eine Gabeltheilung des Xingú=Armes, den sie beschifften; bald aber zeigte sich, daß es nur ein kleines Eiland war, das derselbe, in zwei ganz schmale Arme sich theilend, umfloß, wobei seine Breite sich von 100 auf etwa 20 bis 30 Schritt verringerte. Während man kräftig gegen die zunehmende Strömung fortarbeitete, sich zwischen dem Gestrüpp durchwindend, das, quer über den Canal setzend, dicht neben dem Fahrzeug aus dem Wasser auftauchte und alle Aussicht benahm, entdeckte der indianische Jäger einen nicht unbedeutenden Fisch, den auch Graf Bismarck glücklich mit seiner Flinte traf und den die Indianer nach kräftiger Verfolgung in der Strömung erhaschten.

Diese Fischjagd hatte schnell aus dem schmalen Canal herausgeführt, und plötzlich stellte sich die ungeheure Wasserfläche des mächtigen Hauptstromes des Xingú, welcher, von

W. z. S. kommend, hier im großen Bogen nach S. O.
strömt, majestätisch ausgebreitet dem Auge dar — man
hatte den Xingú dicht an dem Hauptwendepunkte seines
Laufes erreicht, d. h. an der Stelle, wo, nachdem er kurz
zuvor seine constante süd=nördliche Richtung verlassen und
seinen Lauf nach O. z. N. genommen hat, er sich nunmehr
nach S. O. wendet, um auf diese Weise den schon früher
erwähnten Bogen der Katarakten zu beginnen.

Blickte man den riesigen Strom von hier aus hinab,
also gegen S. O., so erschien die ungeheure, 1—1½ (4—
6 See=) Meilen breite Wasserfläche durch eine Linie von
waldigen Inseln begrenzt, hinter denen wie hingehaucht die
blauen Höhen lagen, welche die Schnellen und Fälle des
Xingú veranlassen, und trotz ihrer unbeträchtlichen Höhe
dennoch die kolossale, pfeilschnell dahin schießende Wasser=
masse aus ihrem geraden Laufe zu verdrängen im Stande
sind. Wenn man näher hinblickt, so liegen diese Eilande in
mehreren Reihen hinter einander. In der vordersten Linie
macht sich die Insel Murissitiha vor allem kenntlich durch
einen einzelnen, riesenhaften Baum in ihrer Mitte, der
sich hoch über die Gipfel der andern erhebt. Rechts an
Murissitiha reiht sich eine längere Wald=Insel, gegen deren
südliches Ende hoch oben in der dichten Laubwand, fast
wie durch Kunst angebracht, ein rundes Loch bemerkbar
wurde, durch welches der blaue Himmel hindurchschimmerte.
Zwischen dem genannten Eilande aber und der Terra

firma des rechten Ufers zieht sich eine zweite Reihe un=
zähliger kleiner Inseln hin.

Oft noch schauten die Reisenden zurück nach dem
schönen, großartigen Bilde, während sie stromauf ruderten,
denn der Blick nach vorn hatte weniger Anziehendes,
da der Strom hier nicht so inselreich und nur zwi=
schen 1500 und 2000 Schritt breit erschien. Seine
Waldufer steigen zwar in dieser Gegend meist steil auf,
doch kaum über 100 bis 200 Fuß. — Während so
Prinz Adalbert und Graf Bismarck am linken Ufer
hinfuhren, sahen sie plötzlich vor sich das Boot des Padre
dem Lande sich nähern und anlegen. Sie beeilten sich
heranzukommen, und hatten dabei die Freude, die ersten
Affen zu erblicken; ein Anblick, den sie bis dahin trotz
ihres nun dreimonatlichen Aufenthaltes in Brasilien noch
nicht gehabt hatten. Da sprangen hoch oben in den
Gipfeln der Bäume die großen, schwarzbraunen Guaribas
von Zweig zu Zweig. Voll Eifer kletterten unsre Reisen=
den an den Wurzeln und dem Stamm eines umgestürzten
dicken Baumkolosses das steile Ufer hinan, und schlugen
sich, oben angelangt, mit den „Jacoês" durch; aber alles
war vergebens: die Guaribas hatten sich schnell davon ge=
macht, und erst als sie die Fremden wieder im Boot sahen
und sie sich sicher wußten vor ihren Flinten, kamen sie zum
Vorschein, als thäten sie's ihnen zum Schabernack.

Bald darauf ging die Sonne, den Strom mit ihrem
rosigen Lichte übergießend, in den Wäldern unter, und mit

dem unmittelbar danach erfolgenden Eintritt der Dunkelheit umschiffte man, um 6 Uhr Abends, die oben erwähnte scharfe Ecke, wo der Xingú plötzlich aus seiner bis dahin ununterbrochen nördlichen Richtung auf eine kurze Strecke in eine östliche übergeht, die, wie wir eben gesehen, sich bereits da, wo der den Anaurahy aufnehmende linke Seiten= arm sich wieder mit ihm vereinigt, in eine südöstliche ver= wandelt. Man steuerte nunmehr nach S., dem Strome entgegen, und da man jetzt nicht mehr weit von der Maloca entfernt sein konnte, so wurde eins der Boote vorausge= sendet, um die Ankömmlinge bei den Jurúnas anzukündigen. Die beiden andern Ubás hielten sich inzwischen dicht neben einander, und in freudiger Erwartung wurde ein allgemei= ner lauter Gesang angestimmt, den jedoch der Padre nach kurzer Zeit durch die Bemerkung verstummen machte, daß die Gesellschaft sich ganz still nähern müßte, weil sonst die leicht einzuschüchternden Indianer vielleicht Argwohn schö= pfen und nicht Stand halten möchten. — Man näherte sich dabei dem linken Ufer, und um 7 Uhr Abends legte man zwischen einigen andern Canoas an und stieg aus.

Es war pechschwarze Nacht. Auf einmal kamen ein paar Feuerbrände den Uferrand herunter gehüpft, und bald unterschied oder richtiger ahnte man einige Gestalten, welche den Ankommenden den schlüpfrigen Steg hinauf leuchteten, der den steilen, etwa 20 bis 30 Fuß hohen Rand hinan= klimmt, und welche sie gleich links auf eine Hütte zuführten, von deren rundlichem Umriß man ebenfalls kaum einen

schwachen Schimmer erblickte. Die Reisenden traten ein, den Padre, als die einzige, den Bewohnern bekannte Person, an der Spitze. Eine Gruppe freundlicher brauner Männer, Frauen und Kinder, beleuchtet von einem am Boden lodern=
den Feuer, sammelte sich um einen, in ein Paar kurze Ho=
sen und ein darüber gezogenes Hemd gekleideten, vierschrö=
tigen, untersetzten Mann von älteren Jahren, der den Padre sichtbar erfreut empfing und, sowie die ganze Gruppe hinter ihm, die Fremden durch Entgegenhalten der flachen Rechten auf die herzlichste Art willkommen hieß. — Wenn dessen=
ungeachtet die guten Leute im ersten Moment ein wenig befangen schienen, so verlor sich dies doch nach wenigen Augenblicken.

Der Padre stellte die Gesellschaft nun einzeln vor, wobei er Seine Königliche Hoheit unter anderm einen „Tuxáva (Tuxaua)", einen Häuptling, nannte, der über das große Wasser weit, weit her gekommen sei. Kaum hatte er seine Rede beendet, so traten Alle, Einer nach dem Andern, an den Prinzen heran, und hielten ihm die flache Rechte, ihm herzlich und freundlich zunickend, entgegen. Dann kamen die Kinder, die aus den Winkeln der Hütte herbei geholt wurden, um dasselbe zu thun. Der nämliche, allgemeine Gruß wurde Allen zu Theil, je nachdem sie an die Reihe kamen. Jetzt erst waren unsre Reisenden be=
kannt, und jetzt erst konnten sie daher ihre Habseligkeiten aus der Ubá heraufholen, um sie in der Hütte niederzu=
legen, da sie in dieser gerade die Nacht zubringen sollten.

Sobald dies Geschäft beendigt war, setzte man sich auf kleine hölzerne Stühlchen (Hütschen) um's Feuer. Die Indianer brachten darauf zum Geschenk für den Pabre geröstete Fische und „Bananas da terra" herbei, die mit Graf Bismarck's Fisch zusammen von unsern Reisenden als Abendbrod verzehrt wurden, wobei sie die Bananen am glimmenden Feuer rösteten, obgleich auch diese Gattung bei einigem Hunger roh gegessen werden kann.

Nach und nach versammelten sich noch mehr Indianer aus den benachbarten Hütten, welche die Fremden ebenso freundlich begrüßten. „Man kann sich leicht denken", bemerkt Prinz Abalbert „welchen gar eigenthümlichen Eindruck es machte, sich so auf einmal in ein ganz anderes Leben und Treiben versetzt zu sehen, mitten unter diese nackten braunen Leute, die sich mit angebornem, natürlichem und zwanglosem Anstande um uns herum bewegten, und in deren ganzem Wesen soviel Gutmüthigkeit und Zuvorkommenheit lag, wie wir es vorher durchaus nicht erwartet hatten. Und dies waren die sogenannten „Wilden!" So hatten wir sie uns allerdings nicht gedacht, denn von Wildheit war in ihren Zügen nichts zu lesen; auch glichen sie ebenso wenig den stumpfsinnigen Puris und Coroados in den Wäldern am Parahyba do Sul, die uns menschenscheu und mißtrauisch fliehen wollten und nur mit Mühe Stand gehalten hatten. Ja, obgleich das ganze Wesen dieser Jurúnas von großer Einfachheit zeugte, so las man doch gleich auf ihren Gesichtern, daß sie auf einer weit höhern

Stufe der Bildung und Intelligenz stehen, als die wilden Stämme Südbrasiliens."

Noch ein Stündchen etwa saß die Gesellschaft beim Feuer, so daß sie die Indianer recht in aller Ruhe betrachten konnte. Die Gestalten der Männer waren kräftig und schön, und auch die Frauen, mit einem Schurz um die Hüften bekleidet, schienen im Allgemeinen hübscher zu sein als die Weiber der Puris und Coroados, unter denen man nur ein hübsches Mädchen in Albea da Pedra gesehen hatte. — Nach und nach verließen die Frauen die Hütte, gefolgt von ihren Männern; die Hunde aber, diese Lieblinge der Indianer, konnten sich nicht so schnell vom Feuer trennen. Joaō, so hieß der ältere Mann in Hemd und Hosen, der die Reisenden empfangen hatte, überließ ihnen nämlich die Hütte des abwesenden Häuptlings gänzlich und nahm deren Bewohner bei sich auf, da die Indianerinnen sich scheuten, in demselben Raume mit den Fremden die Nacht zuzubringen. Graf Oriolla allein trennte sich von seinen Gefährten, um sich gleichfalls dem Joaō anzuschließen; die Zurückbleibenden dagegen schlangen ihre Redes um die Pfähle der ihnen übergebenen Hütte, da, wo Platz gelassen war, denn die Jurúnas hatten die ihrigen nicht abgenommen. Die Sonderbarkeit des Ortes und das glimmende Feuer vermochten nicht, die Müdigkeit nach den Märschen der letzten Tage zu überwinden, und der Schlaf ließ nicht lange auf sich warten. —

Schon früh am Morgen (6. December) trat Prinz

Abalbert auf das kleine freie Plätzchen vor der Hütte hinaus. Hart rechts stürzte der Uferrand steil ab. Der des Häuptlings gerade gegenüber stand eine ganz gleiche Hütte, und zwischen beiden, aber etwas links, befand sich ein offener, viereckiger Lehmschuppen mit einem Giebeldach, das in einem Kreuze endete: es war dies die, vom Pabre angefangene, noch unvollendete Kapelle, die gegenwärtig, obgleich sie nichts als die glatten Wände aufzuweisen hatte, als Unterkunft für die Indianer des Pabre und für die Seeleute der Reisenden diente. Diese vorläufig noch etwas scheunenartig aussehende Kapelle ist dem Xingú zugewendet; vor ihr jedoch erhebt sich oben auf dem schroffen Uferrande ein hölzernes Kreuz aus einem kleinen viereckigen Erdauf= wurfe, recht bezeichnend für den letzten Vorposten der Christenheit gegen die heidnischen Bewohner dieser endlosen Wälder und Wildnisse, der, trotz aller Widerwärtigkeiten, abermals bis hierher über die Katarakten vorgeschoben worden ist.

Bereits in der Mitte des vorigen Jahrhunderts grün= deten nämlich die Jesuiten an dieser Stelle einen Missions= platz, den sie durch die gleichzeitige Anlage der „Estrada" zwischen dem Tucuruí und dem Anaurahy in nähere Ver= bindung mit Souzel brachten, und Tabaquára (Tauaquéra) nannten. Leider war aber diese Ansiedelung nur von kurzer Dauer, da der letzte der hier angestellten, mit der Bekeh= rung der heidnischen Jurúnas beauftragten Jünger Loyola's durch seine bösen Sitten, die wenig mit seinem, sonst viel=

leicht übertriebenen Bekehrungseifer in Einklang gestanden
haben sollen, sehr bald das Vertrauen der Wilden ver-
scherzte und in Folge dessen von ihnen ermordet wurde.
Fast ein Jahrhundert verstrich, ohne daß es gelang, das
Licht des Glaubens über die Katarakten hinüberzutragen,
bis endlich, zwei Jahre vor dem Besuch des Prinzen, Padre
Torquato Antonio de Souza in diesen Gegenden er-
schien und am 1sten November 1841 zum zweiten Male
das Kreuz zu Tavaquára aufrichtete, nunmehr der neuen
Ansiedelung den Namen „Missão da Imperatriz" ertheilend.
Durch sein freundliches, leutseliges Benehmen und durch
reiche Spenden, bestehend in Porzellan-Schaalen, Glas,
Perlen, Werkzeugen u. s. w., an die Jurúnas, welche von
Zeit zu Zeit nach Souzel hinabkamen, zog er immer mehr
ihrer Stammgenossen dorthin, gewann mehr und mehr das
Vertrauen derselben, und taufte sie. Obgleich auf diese
Weise Vielen unter ihnen bereits näher bekannt, begab er
sich doch das erste Mal unter starker Bedeckung nach der
„Estrada" und nach Tavaquára, wo es ihm bald gelang,
gegen dreihundert Jurúnas um sich zu versammeln und
vierzig derselben zu taufen. Somit war das Missionswerk
eingeleitet. —

Von dem Fuße des Kreuzes sieht man eine lange
Strecke weit den Xingú aufwärts; auch kann man seinem
Laufe, stromabwärts blickend, bis zum Anfange seines östlichen Bogens mit den Augen folgen. — Der linke Uferrand stürzt überall steil ab, so weit man ihn zu übersehen

im Stande ist, während nach dem rechten Ufer zu mehrere lange Waldinseln liegen, die sich so hinter einander schieben, daß ihr dunkles Grün in das der Wälder der Terra firma hinüber schimmert.

Troß der frühen Stunde war auf dem kleinen Plaße um das Kreuz und vor der Kapelle, dem einzigen Fußbreit freien Terrains zwischen Urwald und Strom, schon Alles Leben. Die Männer standen bereits vor der Hütte, Pfeil und Bogen in der Rechten, frei vor sich hinblickend, während ihre Frauen ihnen das pechschwarze, lang herabwallende Haar kämmten und ihnen dasselbe, sowie den ganzen Körper, mit Palmöl einrieben, welches sie in einer zierlichen, kugelrunden Calebasse aufbewahrten. Andere Indianerinnen waren hingegen, um den Wünschen des Padre nachzukommen, beschäftigt, das Unkraut auszujäten, das auf dem Plätzchen vor der Kapelle fast ebenso wild wucherte, wie die vernachlässigte Pflanzung von Mandioca und Bananen, welche in der Breite von wenigen Schritten die Hütten umgürtete. — Inzwischen gingen die Reisenden an's Ufer hinab, sich in den klaren Fluthen des dunkelgrünen Xingú zu baden, den beißenden „Piranhas" zum Troß, vor denen die Jurúnas auf's eindringlichste warnten, und die hier sehr häufig sein sollen, unsre Badenden jedoch niemals belästigt haben. Oben am Rande des Ufers versammelte sich während dessen das ganze Volk von Tabaquára, Männer, Frauen und Kinder, die weißen Leute anzuschauen, die ihnen, im nackten Zustande gewissermaßen

näher gerückt, weit weniger fremdartig vorzukommen schienen. — Nach dem Bade ging's an's Frühstücken. Leider
konnte Seine Königliche Hoheit eines schlimmen Fußes
wegen die Excursion nach einer benachbarten Insel, wo
Graf Oriolla und Graf Bismarck Anten und Tiger zu
treffen hofften, nicht mitmachen. Statt dessen versuchte der
Prinz, um sich einigermaßen zu trösten und zu entschädigen,
den nahen Wald mit dem Pabre und einem schönen, schlanken Indianer zu durchstreifen, der mit Pfeil und Bogen
voranschritt: aber auch diese Jagd mußte der Leidende bald
aufgeben, hatte dafür aber nun zur Genüge Zeit, das Innere seiner Hütte und deren Bewohner zu beobachten.

Die Hütten der Jurúnas, in denen stets große Ordnung herrscht, bilden im Grundriß ein an den schmalen
Seiten abgerundetes längliches Viereck von 20 bis 30 Fuß
Seitenlänge, über welchem ein leichtes Gestell von Stangen,
wie das einer Laube, errichtet ist, welches inwendig wieder
von anderen, kürzeren Stangen gestützt und getragen wird.
Da nämlich, wo die die Wölbung bildenden Seitenstangen
sich vereinigen und giebelartig kreuzen, stehen als Träger
des Gewölbes — dessen Höhe vom Boden wohl 20 Fuß
und darüber beträgt — die Hauptstützen, deren natürlich
nur wenige sind, um den innern Raum nicht noch mehr zu
beschränken. Außerdem aber werden noch einzelne Seitenstangen zuerst in ihrer Mitte und dann noch einmal etwas
tiefer, etwa 5 Fuß vom Boden, gestützt. Die erstgenannten dieser Träger, welche die Seitenstangen in ihrer Mitte

stützen, sind oben durch eine Querstange verbunden, die von der einen langen Wand der Hütte zur andern reicht. An einzelnen Stellen liegen nun auf diesen Querstangen eine Menge von Knütteln, Stangen und Stöcken in der Längenrichtung der Hütte mit ihren Enden auf, so daß sie, von denselben getragen, eine Art Boden bilden, der zur Aufbewahrung der verschiedenartigsten Vorräthe dient. Da sieht man z. B. aufgehäuft: Mandioca=Körbe, Haufen von Baumwolle, größere Gefäße (meist Calebassen), dicke Bündel von Rohr, zu Pfeilen bestimmt, u. s. w. Was aber die kurzen, 5 Fuß hohen Stützen der oben erwähnten Seitenstangen betrifft, die hart an der Wand aufsteigen, so sind sie mit den andern, etwa 10 Fuß langen Trägern, die natürlich weiter gegen die Mitte vorspringen, ebenfalls durch kurze Querstangen verbunden; darüber legen die Jurúnas dann wieder dünne Knüttel in der Längenrichtung der Hütte, wodurch ein ähnlicher, aber nur ganz schmaler Knüttelrost entsteht, den man sich als ein Mittelding zwi= schen einem Sims und einem Tisch vorstellen kann, auf dem meist kleinere Gefäße, Cujas, geflochtene Körbchen, Palmöl=Kugeln u. s. w. stehen, und auf welchem die Waffen, die Bogen mit ihren dazu gehörenden Pfeilbündeln liegen. Auch hängen verschiedene musikalische Instrumente daran herum, während einige rothe Arárafedern, der Lieblings= schmuck der Männer, stets dicht bei den Waffen in der Wand stecken.

Die Wände der Hütte sind dadurch gebildet, daß man

die sich zusammenwölbenden Seitenstangen stets mit den nebenstehenden, rings um die Hütte herum durch dünne, horizontal laufende Stangen von 2 zu 2 Fuß vom Erdboden bis zum Gipfel hinauf verbunden hat. Ueber diesem Stangengerippe, das durch Kreuzbunde von Schlingpflanzen seine Festigkeit erhält, liegt nach außen zu eine dicke Lage von Palmwedeln, die einen guten Schutz gegen den Regen gewährt. Diese Wände haben ferner die gute Eigenschaft, daß man sie sehr leicht mit einem Stück Holz durchstoßen kann, was unter Umständen sehr nützlich ist, z. B. wenn man Sachen aufhängen will, damit sie auf dem Boden der Hütte nicht schmutzig werden; auch wäre auf diese Weise ein Fenster schnell herzustellen. Mit Ausnahme der beiden Haupt-Eingänge auf den schmalen Seiten sind nämlich nirgends Oeffnungen angebracht, weshalb in diesen Wohnungen ein beständiges Halbdunkel herrscht; auch fehlt es gänzlich an einem Rauchfange, und gleichfalls an einem Heerde. Dies hindert aber nicht, daß stets in der Hütte gekocht wird. Das Auskunftsmittel ist sehr einfach. Bei dem Feuer nämlich liegen ein paar große Steine, aus denen man sich nach Belieben einen Heerd zusammenstellt. — Zwischen den zahlreichen Pfählen nun hängen die baumwollenen Hangematten der Bewohner nach allen Richtungen bunt durch einander. Sie dienen sowohl zum Bett als zum Sitzen, und sind daher natürlich so niedrig über dem Boden angebracht, daß man, sitzend, bequem mit den Füßen auf die Erde reicht. Außer den Redes und den Knüttelrosten

bilden die bereits erwähnten, aus einem einzigen Stück
Holz geschnittenen Schämel oder Hütschen, die einzigen
Möbel in der Hütte. Alle von unsern Reisenden besuchten
Wohnungen dieses Stammes, der nächst den Mundrucús
und Mauhés als der gebildetste und industriöseste der Pro=
vinz Pará genannt wird, waren auf ähnliche Weise con=
struirt und eingerichtet.

Wenn auch der erste Anblick von lauter ganz nackten
Menschen einen sehr eigenthümlichen Eindruck macht, so
gewöhnt sich doch das Auge sehr schnell daran, und das
Fremdartige verschwindet, besonders bei farbigen Leuten,
sehr bald. Wir Weiße kamen uns, bemerkt Prinz Adalbert,
unter einander beim Schwimmen, so zu sagen, immer weit
nackter vor, als uns die braunen Indianer erschienen.

Die Jurúnas sind von mittler Größe und, obschon
ihre Beine im Verhältniß zum Oberkörper ein wenig kurz
sind und bei den Meisten der Leib etwas hervortritt, schön
und kräftig gebaut, alle ihre Bewegungen und Stellungen
edel und voll natürlicher Grazie; dabei leuchtet aus ihrem
ganzen Wesen stets wahre Mannhaftigkeit hervor, auch
sieht man ihrer kräftigen Gestalt an, daß sie von keiner
Verweichlichung irgend einer Art etwas wissen. Ihre Ge=
sichtszüge, die sich schon durch die hübsche gebogene Nase
vortheilhaft von denen der andern bekannt gewordenen
Indianerstämme unterscheiden, sind meist angenehm und
tragen das Gepräge der Offenheit und herzlichen Gut=
müthigkeit, das sich auch in ihrem freundlichen Blicke

spiegelt, der nicht die geringste Spur von Wildheit verräth. Das bis auf die Schultern herabwallende, glänzend schwarze Haar giebt ihnen etwas Eigenthümliches und sticht wohlgefällig gegen die sanfte, kastanienbraune, glänzende Haut ab. Wenn sie auch meist das Haar aufgelöst und glatt heruntergekämmt tragen, so binden sie es doch zuweilen, namentlich auf Reisen, auf, oder machen sich lange Zöpfe daraus. Die Männer sind fast alle bartlos, weil sie sich, mit Ausnahme der alten „Pagés" (Zauberer und Aerzte), die eine schwache Spur davon tragen, den Bart ausraufen, während die Frauen sogar so weit gehen, sich die Augenbrauen und selbst die Augenwimpern auszureißen.

Sonderbar ist es bei der Pflege, welche diese Wilden ihrem Haupthaar widmen, daß sie dasselbe fast nie mit einem eigentlichen Kopfputz zieren. So sah der Prinz zu Tavaquára nur einen Indianer, der einen Kranz von grünen Papageienfedern im Haar trug, was ihm ein mehr wildes und fremdartiges Ansehn gab; allein dies war auch der einzige dieses Stammes, der irgend etwas auf den Kopf gesetzt hatte. Wohl aber stecken sich die Männer sehr häufig eine rothe Arárafeder hinter das Ohr, oder ein ganz dünnes Stückchen Rohr, an dessen einem Ende der Zahn eines erschlagenen Feindes befestigt ist. Ferner tragen sie in der Regel Perlenschnüre, meist von blauer und zuweilen von schwarzer Farbe, um den Hals, und in solcher Menge um die Hüften, daß man sie füglich als einen 3 bis 4 Zoll breiten Perlengürtel betrachten kann, um den Oberarm aber und über dem Knöchel am Bein ein schmales, eng anschließendes Band von rothgefärbter Baumwolle, die fast wie rothes Juchtenleder aussieht. Dieses Band hat großen Werth für den Besitzer, da es häufig ein Geschenk der Geliebten ist.

Will der Jurúna eine Jungfrau heimführen, so wen= det er sich an den Vater der Braut, die dabei ebenso wenig eine Stimme hat, als ihre Mutter. Der Vater pflegt nicht gleich diesem Wunsche nachzugeben, sondern gewisse Proben von Muth und Geschicklichkeit zur Bedingung zu machen. Zuweilen ist es eine Unze oder ein Tapir, der mit dem Bogen geschossen, oft auch der Zahn eines erschlagenen Feindes, der als Trophäe heimgebracht werden muß, ehe der braune Jüngling die schöne indianische Braut sein nen= nen darf. Zuweilen aber werden von dem unerbittlichen Schwiegervater noch schwierigere Proben verlangt. So z. B. kam jüngst, um die Zeit, als das Kreuz zu Tavaquára auf= gerichtet wurde, ein glücklicher Vater auf den sonderbaren Einfall, an den Freier seiner Tochter, der sich für einen angehenden „Pagé" ausgegeben haben mochte, plötzlich das Anmuthen zu stellen: derselbe solle tanzen, ihm zu gleicher Zeit eine Cigarre anfertigen und ihm dieselbe zum Rauchen darreichen. Der junge Jurúna begann, ohne sich im ge= ringsten einschüchtern zu lassen, seinen Tanz, gewahrte zum Glück einen Tabaksstrauch ganz in der Nähe, der dem Scharfsinn seines zukünftigen Schwiegervaters entgangen war, näherte sich tanzend und mit den Händen in der Luft herumvagirend, wie es hier der Zauberer Art ist, der Staude, brach ein Blatt ab, rollte es und überreichte die fertige Cigarre dem erstaunten Alten, der nunmehr keinen Anstand nahm, dem Tausendkünstler und Hexenmeister seine Tochter zu geben; auch segnete Pabre Torquato ohne Weiteres das junge Paar ein. — Häuptlinge und aner- kannte „Pagés" machen allein eine Ausnahme von der Regel, indem sich jeder Vater glücklich schätzt, wenn seine Tochter das Loos trifft, einen so ausgezeichneten Bewerber zu finden. Während ferner die meisten Jurúnas sich mit einer Frau begnügen, hat der „Tuxáva" fast immer mehrere.

Unter den Bewohnern von Tavaquára war nur ein einziger junger Jurúna tättowirt, und zwar sah es aus, als hätte er kurze durchbrochene Damen = Handschuhe an, die bis auf die halben Finger reichten; dabei waren seine Beine bemalt, als trüge er schwarze, durchbrochene Strümpfe oder Kamaschen bis unter das Knie.

Die Frauen schlagen einen, den schottischen „Kilts" ähnlichen, grau und rothbraun karirten Schurz („Tanga") um die Hüften, den sie festzumachen verstehen, ohne ihn zu binden oder anzunabeln, und den sie selbst aus gefärbter Baumwolle auf einer Art von großem Stickrahmen weben, während die noch nicht mannbaren Mädchen ganz nackt ein- hergehen. — An Perlenschnüren um den Hals lassen es die indianischen Damen ebenfalls nicht fehlen; können sie dagegen keine Glasperlen erschwingen, so schmücken sie sich mit Schnüren von einer erbsenartigen grauen Frucht oder von aneinander gereihten Nußschaalen, denen sie eine medizinische Kraft beimessen. Sie tragen ferner, außer gerieften breiten Armbändern von schwarzem Holze, dieselben baumwollenen Arm= und Beinspangen wie die Männer, auch das Haar ganz ebenso wie diese, doch niemals Federn. Noch mehr Werth als auf den eigenen Schmuck legen sie auf den ihrer kleinen Kinder, wenigstens scheinen sie ein sehr großes Vergnügen daran zu finden, dieselben recht mit Perlen zu schmücken und ihnen sogar das Haar damit auszustaffiren, was denn oft sehr kurios aussieht.

Außer den zwei Hütten und der kleinen Kapelle, die sich auf dem freien Platze am Kreuze erheben, gab es oben auf dem Uferrande zu Tavaquára noch eine, etwas versteckt gelegene Hütte und einen „Rancho" unweit derselben, unten am Flusse. Diese abgelegene Hütte stand völlig leer, da sich kurz hinter einander drei Todesfälle darin ereignet und ihre früheren Bewohner, sie deshalb für ungesund haltend oder vielleicht aus einer Art Aberglauben, dieselbe verlassen hatten. — Drei mit Matten überdeckte Gröber lagen in der Hütte, in der ein trübes Halbdunkel herrschte, indem die Sonne bereits dem aufsteigenden Regengewölk unter= legen war.

Die Art, wie die Jurúnas ihre Leichen bestatten, ist, wie der Padre dem Prinzen auf dessen Befragen mittheilte, höchst einfach. Der Todte wird nämlich in seine „Rede" gewickelt, dann auf eine Matte von Palmstroh, „Tupé", gelegt und mit einer andern zugedeckt. Hierauf überschüttet man das Ganze mit Erde — die weit her aus den Wäldern geholt werden muß — und deckt dann ein drittes Tupé darauf. Dem Manne legt man Pfeil, Bogen und Ruder, die er geführt, auf's Grab, während bei den Frauen alle Habe in's Wasser geworfen wird, mithin nichts auf das Tupé kommt. Sobald das Fleisch verweſt iſt, ziehen die Hinterbliebenen die Knochen aus der lockern Erde hervor und hängen ſie in einer Matte oder einem Korbe an der Decke der Hütte auf. So bleiben die Gebeine der Todten ſtets unter den Lebenden, was die Reiſenden auch in allen Wohnungen der Jurúnas, welche ſie ſelbſt geſehen, mit Ausnahme dieſer einzigen verlaſſenen Hütte, beſtätigt fanden. Die erſten zwölf Monate hindurch gehen die Angehörigen jeden Morgen und jeden Abend an das Grab, um zu heulen und zu klagen. Ebenſo iſt es in dieſen zwölf Monaten das erſte Geſchäft eines Abweſenden nach ſeiner Rückkehr, die Todtenklage anzuſtimmen.

Unten im Rancho wohnten einige Familien, die von weither gekommen waren. Sie hatten ſich förmlich darin häuslich niedergelaſſen und ſehr vieles Geräth mit hergeführt. Unter den Waffen befand ſich ein hübſcher kleiner Bogen; er gehörte einem kleinen Jungen, der auf den Wunſch des Prinzen damit nach dem Ziele ſchoß. Wie aber häufig, gerade wenn man ſich zeigen will, Dinge-mißglücken, die einem ſonſt nie fehlſchlagen — er ſchoß vorbei! — Dieſe trübe, ihm vielleicht noch ganz neue Erfahrung

schien den Knaben niederzudrücken; noch trauriger aber wurde
er, als ihm der Prinz nun gar den Bogen abkaufen wollte.
Seine Mutter hingegen, der die dargebotenen kostbaren
Glasperlen dermaßen in die Augen stachen, daß sie dieses
Opfer durchaus von dem Sohne, in seinem eigenen Interesse, verlangen zu müssen glaubte, wendete alle Künste
weiblicher Beredsamkeit an, um ihren Liebling zu überzeugen: wie wichtig der Besitz eines so werthvollen Schatzes
für seine Zukunft sein werde. Endlich, wenn auch mit
schwerem Herzen, gab der Kleine, sich in die höhere Weis-
heit der Mutter fügend, diesen Vorstellungen nach, und der
Bogen wurde das Eigenthum des Prinzen.

Man kehrte nun zu der Hütte zurück, wo das Mittagsmahl bereits wartete. Auch beide Grafen kamen dazu noch
gerade zurecht, doch sehr durchnäßt und ohne irgend eine
wilde Creatur auf ihrer Jagd gesehen zu haben. Ein nach
indianischer Art am Stock gerösteter Guariba machte den
Braten aus. Das Affenfleisch schmeckte dem Prinzen etwa
wie Hasenbraten, doch schien es ihm zäher; die Andern
aber hielten den Geschmack desselben für ein Mittelding
zwischen dem eines Hasen und dem eines Kaninchens. Auch
gab Graf Oriolla seinen am frühen Morgen geschossenen
„Mutúm" (Hoccohuhn), einen großen, schwarzbraunen Vogel zum Besten, der Allen trefflich behagte.

Nach dem Essen lieferte ein Pröbchen ächt indianischer
Arzneikunst vielen Stoff zum Lachen. Der Neger unsrer
Gesellschaft hatte sich nämlich auf dem Marsche durch den

Wald einen Dorn eingerissen. In Folge dessen war sein Fuß geschwollen und er selbst in die unvollendete Kapelle consignirt. Da trat mit einem Male der „Pagé" von Tavaquára — den seine kleine, ältliche Gestalt, seine sehr dunkelbraune Hautfarbe und sein kleiner, etwas unordent= licher Schnurrbart kenntlich machten — vor den schwarzen Patienten hin, sah den Fuß mit einer Miene an, als wollte er sagen: Laßt mich nur machen, den Fuß kuriren ist Kleinigkeit; blies dann mehrmals darauf, strich mit der Hand darüber hin und zeigte endlich den Umstehenden einen Dorn, den er aus dem Fuß herauspraktizirt haben wollte. Der Neger machte zu dem Allen ein gläubiges Gesicht, trotzdem, daß er beim Auftreten noch nicht ganz frei von Schmerzen zu sein schien. Hierauf unternahm der Zauberer eine zweite, ähnliche Kur bei einem Andern, wobei er zum Schluß den schon einmal gezeigten Dorn abermals hervorholte. Dennoch schienen die Umstehenden, wenig= stens die Farbigen, von Bewunderung hingerissen!

Jetzt ging es bei den Indianern in der Hütte des Prinzen an's Essen, wobei sich dem hohen Reisenden eine sehr eigenthümliche Scene darbot. Ein schöner junger Mann lag in seiner „Rede" und bog sich geschmeidig und voll natürlicher Grazie herab, um aus der Calebasse die Speisen zu nehmen, die seine Frau ihm knieend hinhielt. Es war ein schönes Bild häuslicher Eintracht, wie man denn überhaupt bei diesen Kindern der Wildniß fast überall ein ungetrübtes, glückliches Zusammenleben der Familien antrifft. Die Frau ist beinah unzertrennlich von ihrem Manne, den sie zur Jagd und zum Fischfang, ja selbst in den Krieg begleitet. Geht der Mann einmal allein auf den Fischfang oder auf die Jagd, so webt sie unterdessen die baumwollenen Redes oder Schürzen, bestellt die „Roça" und bereitet das Mahl. Nach dem Essen verfehlt sie nie, dem Manne Wasser zum Mundausspülen zu reichen. Neben ihrer Beschäftigung mit den Kindern machen sich die Frauen viel zu schaffen mit ihren Lieblingen, den jungen Hunden, die sie meist mit einem Tuche fest gegen ihre Brust gebunden mit sich herumtragen und die sie sogar, wie unsre Reisenden öfters mit angesehen haben, selbst säugen.

Im Gegensatz zu den Weibern sind die Männer zu Hause fast gänzlich unbeschäftigt. Ist der Jurúna nämlich in seiner Hütte, so sitzt oder liegt er in der Hangematte, um zu ruhen, oder spitzt Pfeile und flicht Körbe. Seine Lieblingsbeschäftigung scheint außerdem das Rauchen zu sein, denn fast niemals läßt er die Cigarre ausgehen; dagegen hört man ihn nur selten die Flöte blasen, obgleich er verschiedene, derartige musikalische Instrumente besitzt. Die Verfertigung der Bogen und Ruder und das Aushöhlen der zu Canoas bestimmten Baumstämme mag er wohl meist außerhalb seiner Wohnung vornehmen; doch ist der Prinz nie Augenzeuge davon gewesen.

Der heutige Nachmittag wurde zum Tauschhandel mit den Indianern benutzt. Gegen Abend trafen die andern beiden Canoas mit Senhor Roxa und den Farinha-

Körben ein, so daß die Gesellschaft morgen schon ihre Reise fortsetzen konnte. Bald darauf hieß es, der „Tuxáva", der Häuptling, komme. Die Reisenden traten auf den Platz vor der Hütte hinaus; viel Volks hatte sich hier zusammengefunden, denn der Abend war schön und die untergehende Sonne röthete den Himmel und die Fluthen des Xingú. Ein schöner junger Indianer lehnte an dem freistehenden Kreuze und ließ den Blick über den majestätischen Strom und die endlose Wildniß dahinschweifen, während die Umstehenden sich dem Uferrande näherten, um die Canoa zu sehen, die den Tuxáva und seine junge Frau von Souzel heimführte. Einige braune Männer und Knaben rannten in vollem Laufe, wie es ihre Gewohnheit ist, den jähen Abhang hinunter, den Ankömmlingen entgegen. Diese Indianer scheinen überhaupt eine große Vorliebe für die Schnellfüßigkeit zu besitzen, die sie ebenso wenig verfehlen beim Ersteigen des Ufers an den Tag zu legen.

Nach wenig Augenblicken trat der Häuptling, mit Pfeil und Bogen in der Hand, vor seine Gäste hin und reichte jedem von ihnen freundlich die Rechte. José Antonio Bitancourt war von schönem und kräftigem, dabei aber feinem Körperbau; der breite blaue Perlengürtel hob seine edle Gestalt und seine schöne braune Hautfarbe noch mehr hervor. In seinem Gesicht lag ein Zug von Klugheit, ja wenn man will, von Pfiffigkeit. Die jüngste seiner Frauen, die ihn begleitet hatte, war ebenfalls zarter gebaut als die übrigen Indianerinnen, und auch hübscher von Gesicht. Er

war nicht allein Häuptling über die, etwa sechs bis acht
Familien und vierzig bis sechszig Seelen zählende Maloca
von Tabaquára, sondern noch weit mehr als das: der von
der brasilianischen Regierung aufgestellte Prätendent zur
Tuxáva-Würde über das gesammte Volk der Jurúnas. —
Bisher hatten nämlich die Jurúnas außer den Häuptlingen
über die einzelnen Niederlassungen ein gemeinsames Ober-
haupt gehabt, dem das ganze Volk huldigte, und dessen
Würde erblich war. Der letzte dieser Herrscher hinterließ
einen unmündigen Sohn, und dies hatte zur Folge, daß
sich mehrere Usurpatoren gegen ihn erhoben. Aus diesem
Umstande suchte nun die brasilianische Regierung insofern
Nutzen zu ziehen, als sie den Tuxáva von Tabaquára, der
sich von jeher an sie angeschlossen hatte, nunmehr als ihren
Prätendenten zu der erblichen Tuxáva-Würde über alle
Jurúnas aufstellte. Um aber das Ansehen desselben bei
seinem Stamme zu befestigen, ließ das Gouvernement vor
einiger Zeit durch den Padre Torquato eine Volksver-
sammlung zu Tabaquára einleiten, die auch wirklich der
Wahl des José Antonio Bitancourt ihre Zustimmung
gab. Dennoch konnte der Prätendent immer noch zu keinem
Einfluß kommen, da der achtzehnjährige Sohn des letzten
„Tuxáva-prinzipal" allgemein unter den Jurúnas geliebt
und geachtet war, und sie ihn, wie es schien, viel lieber in
der ihm angestammten Stellung gesehen haben würden, als
den José Antonio Bitancourt, in welchem sie immer
noch, und zwar mit Recht, wenn auch ohne Groll, den

Usurpator erblickten, der sie eigentlich vollkommen gleich=
gültig ließ. Dies sollten unsre Reisenden bald selbst er=
fahren, denn er hatte sich erboten, sie morgen den Xingú
aufwärts zu den andern Malocas zu begleiten, um bei
dieser Gelegenheit von dem Pabre seinen Stammgenossen
vorgestellt zu werden.

„Ueberhaupt," bemerkt Prinz Adalbert, „kann der
Einfluß des gemeinsamen Oberhauptes auf die Jurúnas
immer nur von geringer Bedeutung gewesen sein, wenn
wir ihn nach dem der Tuxáva der einzelnen Niederlassungen
abmessen. Unter „Tuxáva" versteht man nämlich einen
ausgezeichneten Mann, dem die Bewohner einer Ansiedelung
insofern ihr volles Vertrauen schenken, daß sie ihm, als
ihrem beständigen Bevollmächtigten, alle Unterhandlungen
mit den Weißen und Andern, den Stämmen gegenüber,
übertragen. Wenn man will, so kann man einen Solchen
allerdings einen Häuptling nennen, doch darf er sich weder
in die innern Angelegenheiten der Familien mischen, die
jeder Familienvater für sich verwaltet, noch gebührt ihm
das Recht der Anführung im Kriege. Wenn nämlich ein
Krieg, d. h. ein Einfall in eine fremde Niederlassung, be=
schlossen wird, so frägt man einen „Pagé" um Rath, auf
welche Art dies am besten zu bewerkstelligen sein würde.
Der Pagé übernimmt dann die strategische Leitung der
Expedition: er führt seine Stammgenossen auf den Fleck
hin, der er am geeignetsten zum Kampfplatz hält; — doch
von da an hört sein Einfluß gänzlich auf. Ein Jeder

kämpft nunmehr für sich, ohne sich viel um den Andern zu kümmern, sucht einen Gegner zu erschlagen, und verläßt, sobald ihm dies gelungen, auf eigne Faust den Kampfplatz und kehrt heim.

Die Jurúnas verleben in der Regel einen Theil des Jahres, gleich vielen andern Indianern, im Kriege mit einzelnen Familien anderer Stämme, denen sie die Söhne rauben, und es fehlt zu solchen Streifzügen, die meist von ein paar Malocas gemeinschaftlich unternommen werden, nie an Veranlassung, indem bei dem Tauschhandel mit den benachbarten Völkerschaften leicht kleine Reibungen und Zwistigkeiten entstehen, die dann schnell in offene Fehde übergehen. Der letzte Kampf, von dem die Jurúnas er= zählten, hatte 13 Monate vor Ankunft der Reisenden auf einer kleinen Xingú=Insel, unfern Tavaquára, stattgefunden. Die Veranlassung dazu gab eine Ubá, welche von den Taconhapéz entwendet sein sollte. Die Jurúnas blieben Sieger, zehn Taconhapéz aber auf der Wahlstatt.'' —

Wir kehren zu dem, nach achttägiger Abwesenheit in seine Hütte wieder eintretenden Tuxáva Bitancourt zu= rück, und bemerken zunächst noch, daß derselbe, wie dies öfter der Fall zu sein pflegt, die Würde des Tuxáva mit der des Pagé in seiner Person vereinigte.

Nachdem die Ankommenden den Padre begrüßt, gingen sie in die Hütte und setzten sich mit einer Menge Weiber auf kleinen Schämeln im Kreise dicht zusammen, die Todten= klage anzustimmen für den Neffen des Tuxáva, ein in der

gegenüberliegenden Hütte vor drei oder vier Monaten ge=
ftorbenes und begrabenes Kind. Sie heulten und schluchzten;
auch drückten sich einige Weiber die Thränen mit den Hän=
den aus den Augen. Wenn eine von ihnen erschöpft war,
so winkte sie einer Andern zu, die sich statt ihrer in den
Kreis setzte, und nahm dieser ihrerseits dafür das Kind
oder das Hündchen ab, mit dem sie sich schleppte. Die
Klage dauerte wenigstens eine halbe Stunde; nach einiger
Zeit stellte sich aber eine gewisse Unruhe bei der klagenden
und heulenden Gesellschaft ein, worauf sie den Schauplatz
ihrer Wehmuth von dem entferntesten Winkel der Hütte
näher nach der Mitte und dem Haupteingang zu an das
Feuer verlegte; denn mit der eintretenden Dunkelheit schie=
nen die nackten Wesen doch einen Unterschied in der Tem=
peratur zu bemerken.

Als endlich das Geheul verstummt war, machte der
Padre auf den Wunsch unsrer Reisenden den Vorschlag
eines allgemeinen Tanzfestes und ersuchte den Tuxáva, dazu
die nöthigen Vorbereitungen zu treffen.

Sogleich wurden zwei oder drei große Feuer vor der
Hütte angezündet, um die sich die Bewohner von Taba=
quára auf des Häuptlings Geheiß willig versammelten.
Er selbst erschien in einem blauen Hemde und blauen Tuch=
hosen mit einem goldenen Streif, und hatte dazu eine eben
solche Mütze auf sein nach Damenart aufgebundenes Haar
gesetzt. So schön er nackt ausgesehen, so gewöhnlich nahm
er sich in diesem Costüm aus, das er der Güte des Padre

zu verdanken hatte. Vielleicht theilten seine Frauen diese
Ansicht, und es mochte ihrem Einfluß mit beizumessen sein,
daß er sich sehr bald der lästigen Kleider, jedoch mit Aus=
nahme der Mütze, entledigte, an der er ein besonderes
Wohlgefallen zu haben schien.

Die Nacht war wundervoll, die Sterne funkelten hell,
die Feuer warfen ihren Schein auf die umstehenden braunen
Gestalten, auf die Hütten und die hohen Bäume dahinter;
ja selbst der Strom erglänzte davon. So wartete unsre
Gesellschaft der Dinge, die da kommen sollten, an einem
‚Quati‘ kauend, einem Thiere des Waldes, das ihnen zum
Abendessen diente. Endlich, nach langem Zögern, traten
drei Frauen aus der dunklen Gruppe hervor, und gingen
Arm in Arm taktmäßig und singend immer vier Schritt
vor und vier Schritt zurück. Ein taubstummer Junge —
welchen der Prinz auf seinen Wunsch am Morgen gezeichnet
hatte, und zwar von hinten, da er sich schämte und be=
ständig beide Hände vor das Gesicht hielt — zerrte so
lange an dem Schurz seiner tanzenden Mutter, bis sie ihn,
doch ohne sich aus dem Takt bringen zu lassen, auf den
Arm nahm. Nach einiger Zeit reihten sich noch drei an=
dere Frauen an einander, und nun schwankten diese beiden
Abtheilungen immer um einander herum, aber dabei stets
vier Schritt vorwärts und vier zurück machend, und so viel
Abwechselung in dieses Schwanken hineinbringend, als es
der enge Raum zwischen den Feuern irgend gestattete.

Man sagte dem Prinzen, es sei eine Eigenthümlichkeit

dieser Wilden, daß die Männer nie an den Tänzen der Frauen Theil nähmen, sondern nur bei gewissen festlichen Trinkgelagen unter sich tanzten. Doch heute, bei dem künstlich hervorgerufenen Feste, war es anders; denn zwei Männer schlossen sich dem Tanze an, sich abwechselnd den beiden Gruppen zugesellend oder, beide Arm in Arm, zwischen ihnen hindurchtanzend. Der eine Jurúna war der mit den tättowirten Kamaschen und Handschuhen, und führte eine lange Stange gleichsam als Lanze; der andere, welcher sein „Facaõ" wild in die Luft schwang, war der Mann mit dem Kranze von grünen Papageifedern auf dem Haupte. Es bildeten sich nun Abtheilungen von je Zweien, wobei die Männer aber stets zusammenblieben. Der Takt wurde immer schneller, der Gesang immer lauter; es war ein wildes Durcheinander, doch der gewisse Schritt zog sich wie ein rother Faden durch alles hindurch. Sie sangen, so übersetzte man den Fremden, wie sie sich freuten, daß der „Pai," der Vater, zu ihnen gekommen sei und so gute Leute mitgebracht habe. — Endlich reichten, da die Tanzenden nicht einen Moment geruht hatten, Kräfte und Athem nicht mehr aus. So hörte denn das improvisirte Zauberfest von selbst auf, und bald lagen Alle, die Reisenden und die Einheimischen, in ihren Hangematten friedlich neben einander.

Als am 7. December um 7½ Uhr Morgens die aus vier Ubás bestehende Esquadrilla abstieß und frisch stromauf ruderte, sahen die braunen Gastfreunde vom Uferrande noch lange nach, obgleich keiner derselben vorher zu den Scheidenden herangekommen war, um Abschied zu nehmen. Man möchte daher fast glauben, daß diese Sitte ihnen fremd ist. Außer dem Tuxáva fuhr noch der Mann mit dem grünen Federkranze nebst seiner Frau mit. Alle drei fanden ihren Platz in der größten und längsten der vier Ubás, die den Pabre nebst seinem Diener und den Grafen Oriolla, außerdem aber noch einen Steuermann und drei Ruderer, im Ganzen also zehn Personen trug. Dagegen hatten Prinz Abalbert und Graf Bismarck eine sehr leichte Ubá, den besten Lootsen am Steuer und eine ebenso gemischte, aus vier Köpfen bestehende Bemannung, wie die der andern Boote, theils Seeleute, theils von des Pabre Indianern von Souzel und vom Tucuruí. In der dritten Canoa, die so wenig Borb hatte, daß man sich kaum darin bewegen durfte, saßen der Consul und der Doktor mit einer gleichen Zahl von Leuten. Die vierte Ubá endlich war mit einer „Tolda“ einer leichten Bedachung von Palmzweigen versehen, unter die man das Gepäck gestaut hatte, und wo man Alles, was unterwegs eingetauscht werden würde, unterbringen wollte. Senhor Roxa, dem die Aufsicht über alle diese Gegenstände anvertraut war, und die vier Mann, die zu diesem Fahrzeug gehörten, brachten die ganze eingeschiffte Gesellschaft auf achtundzwanzig Köpfe.

Besonders fremdartig sah die große Ubá aus, die außer ihrer, nach Geschlecht und Farbe gemischten Gesellschaft auch die Lebensmittel, namentlich ein paar große

Farinha-Körbe, trug. Der Indianer mit dem Federkranze
führte eine lange Stange zum Fortstoßen. Bald schritt er
mit kühner, kräftiger Haltung vor bis zur äußersten Spitze
des Bootes, die Stange in die grünen Fluthen des Xingú
zu stoßen, bald lehnte er sich mit ganzer Kraft auf dieselbe,
sich ihr gänzlich hingebend, und stämmte sich dabei im Zu-
rücklaufen mit den Füßen so gegen das Vordertheil des
Bootes, als wollte er es in den Grund stoßen — ja fast
schien es, als setzte er sich hin, so sehr hing er nach hinten
über, um dann, plötzlich in die Höhe schnellend, die Stange
rasch wieder herauszuziehen, wobei er jedesmal das lange
schwarze Haar schüttelte, wie der Löwe die Mähne, so daß
die grünen Papageienfedern des Kranzes abwechselnd in
Ordnung kamen und wieder in Unordnung geriethen. In
diese Wildnisse, fügt Prinz Adalbert der vorangehenden
Schilderung hinzu, sollte der bildende Künstler gehen!
Bei dem Anblicke dieser mannhaften braunen Gestalten
wird er unwillkürlich erinnert werden an die Bildwerke
des Alterthums, an die edlen Formen aus der Zeit der
Griechen und Römer; denn auch bei diesen Völkern hier,
wo weder Kleidung noch Verweichlichung die freie Ent-
wickelung der Formen und Kräfte hemmt, und ein gesunder
Sinn in einem gesunden Körper wohnt, ist Alles Natur,
und jede Gezwängtheit in Haltung und Bewegung den
Leuten fremd.

Nach einer halben Stunde ward ein Felsriff erreicht,
das vom linken Ufer aus quer über den Strom bis nach

Capaú, der nächsten der Inseln, welche sich in demselben hinziehen, hinübersetzt. Eine Reihe einzelner Blöcke von ausgewaschenem Conglomerat, einem ähnlichen Gestein, wie das zu Souzel, ragt über den Spiegel des Xingú hervor, und bildet, wie der indianische Lootse sagte, bei hohem Wasser eine starke Stromschnelle oder Caxoeira. Während Capaú flach und dicht bewaldet ist, erschien auch hier das linke Ufer des Flusses noch ein wenig erhoben, doch der Urwald, der es bedeckt, nicht hoch. Als das Riff passirt war, konnte man, sich umwendend, über dasselbe hinweg noch einen letzten Blick auf den waldigen Uferrand von Tavaquára und auf einen bewaldeten Höhenzug dahinter werfen, welcher angeblich die „Serra Arapuja" war.

Eine kleine Stunde später zeigte sich, ähnlich wie auf dem Parahyba, eine Menge von Sträuchern, die theils auf Steinblöcken mitten im Flusse wuchsen, theils ihr buschiges Haupt nur eben aus der Wasserfläche emporstreckten, als wurzelten sie auf der Sohle des Flußbettes. Inzwischen hatte das Boot Seiner Königlichen Hoheit die andern weit hinter sich gelassen, und der Prinz gewann daher Zeit, mit Graf Bismarck einen Augenblick am linken Ufer an's Land gehen zu können, um das Gestein näher zu beschauen, das seit einiger Zeit am Uferrande in einzelnen kleinen Blöcken zu Tage kam. Während nun die Schiffsleute kleine Bäume umhieben, die als Stangen zum Fortstoßen des Bootes dienen sollten, und kleine Stöckchen schnitten, um sie als Ruderbänke quer zwischen die Ränder der Ubá zu

klemmen, hoben unſre Reiſenden ein Stück gneisartigen
Granit auf, und fanden, daß über den Uferſand, der an
dieſer Stelle den Wald ſäumte, ein lockeres Conglomerat
von Kieſelſteinen und Sand ausgeſtreut war. — Sobann
ward wieder abgeſtoßen.

Allmälig war der Urwald auf dem etwas anſteigenden
linken Ufer, an dem man hinfuhr, höher und ſchöner ge=
worden; doch ermangelte er gänzlich des Schmuckes der
Palmen, die ſich heute den ganzen Tag über vermiſſen
ließen. Dagegen nahm die Menge der ſich in einander
ſchiebenden bewaldeten Eilande mit jedem Augenblick zu.
Längere Zeit lag unter andern links zur Seite die Inſel
Araſátir, in deren Mitte ſich ein Stück Wald erhob, deſſen
Wipfel ein einziges gewölbtes Laubdach zu bilden ſchienen,
das von der ſchweren Maſſe der üppig wuchernden Schling=
pflanzen bis in die dunkelgrünen Fluthen des Xingú hinab=
gedrückt ſchien. Stromaufwärts nach dem rechten Ufer
blickend, ſah man zwiſchen den Inſeln hindurch die Hügel
der Serra Jruitira ſich in blauem Duft jenſeits der
Wälder hinziehen; ſo nannte ſie wenigſtens der Lootſe,
welcher nie in Verlegenheit war, den Hügeln und Inſeln
Namen zu geben. Freilich mußte die Zuverläſſigkeit der=
ſelben höchſt zweifelhaft erſcheinen, da dieſe Leute ſich im
Grunde ſehr wenig darum kümmern, wie die Dinge heißen,
und demzufolge ein und derſelben Inſel bald dieſen bald
jenen Namen gaben.

Nach und nach wurden die Canäle zwiſchen den Inſeln

enger, und immer mehr Büsche und Sträucher tauchten aus dem Flusse auf, dessen beschleunigter Lauf bald in eine an= haltende Stromschnelle überging, die aber bereits um 10½ Uhr Vormittags überwunden war. Zurückschauend, erblickte man ein solches Gewirr von kleinen Steinblöcken und Büschen, welches sich, gleich einem schmalen Streif, quer über den Fluß vom linken Ufer zu den im Strome gelegenen Inseln hinüberzog, daß es den Reisenden jetzt fast unbegreiflich schien, wie sie mit ihrem Boote durch diesen buschigen Streif hatten hindurchbringen können, der nun, trotz der geringen Entfernung, den Spiegel des Stro= mes völlig ihren Blicken entzog.

Der Tag war schön; nach und nach aber wurde es drückend heiß, so daß man abermals eine Weile unter dem Schatten von überhängenden Schlingpflanzen anhielt, um den Leuten Ruhe zu gönnen, bis die andern Ubás näher heran= gekommen sein würden. — Schon hatte man den ganzen Morgen über die Flinten schußfertig gehalten und hie und da auch einen großen Vogel — vorbeigeschossen, oder einem hochfliegenden Arára, im Anschlag liegend, — nachgesehen: ob er nicht etwa so gefällig sein wollte, sich tiefer herabzu= lassen. Ja, zuletzt ward man so ungeduldig, daß, sobald nur ein Arára, wie hoch auch immer, über den Köpfen hinwegflog, die Gewehre schon wie von selbst losgingen, ohne Rücksicht auf die unnütze Munitionsverschwendung. Jetzt gewahrte gleichfalls die Schiffsmannschaft von ihrem schattigen Ruheplatz aus wieder einen dieser unerreichbaren

Segler der Lüfte. Bereits ein wenig abgestumpft gegen
die Freuden so undankbarer Vogeljagden, übergaben der
Prinz und sein Jagdgenosse den Indianern, um sie bei
guter Laune zu erhalten, ihre Flinten, und erlaubten ihnen,
diesen Vogel anzuschleichen. Alle Müdigkeit vergessend,
sprangen sie an's Ufer, und verloren sich bald im Dickicht.
Eine Zeit lang war alles still; dann fiel ein Schuß,
und — der unverletzte Arára flog vergnügt dicht über den
Köpfen fort.

Endlich kamen die nachfolgenden Boote heran, auf denen
nicht minder bereits ein Ueberfluß von Pulver nutzlos auf
die unerreichbaren, und durch die Dicke ihrer Haut fast
schußfesten Ararás verschwendet worden war. Nun kletterten die Ruderer des Prinzen mit Hülfe eines über das
Wasser sich weit ausstreckenden Astes in die Ubá wieder
hinein, und nicht lange, so war ein neuer Vorsprung gewonnen. Dabei vermied man sorgfältig die Mitte des
Xingú, weil dort die Strömung am stärksten ist, sondern
hielt sich beständig in den schmalen Canälen, die, von
dem Hauptstrome durch Inseln getrennt, ihm zur Seite
laufen.

Zwischen den Inseln sich durchwindend, that man heute
manchen anziehenden Blick in verschiedene Neben- und
Zwischen-Canäle hinein, die mit der üppigsten Vegetation,
mit den prächtigsten Bäumen eingefaßt waren.

„Was würde man," sagt Prinz Adalbert, „in England darum geben, könnte man nur ein kleines Stück aus

diesem Natur-Garten Südamerika's dorthin verpflanzen,
um es als den prächtigsten Park neben ein schönes Schloß
zu setzen! Der Gärtner brauchte nichts dabei zu thun, als
ihn gangbar zu machen, ja er hätte sich wirklich nur zu
hüten, nichts von dem Seinigen hinzuzufügen.

Nach 1 Uhr Nachmittags eröffnete sich eine Schlucht
zwischen zwei walbigen Hügeln, aus welcher der Xingú
gerabe entgegenströmte. Es schien dem Prinzen eine Strom=
enge zu sein; es war aber nur ein Theil des Flußbettes,
das vor ihnen lag, und die Höhe links, wie er sich später
überzeugte, eine Insel. Zugleich hörte man ein fernes
Rauschen; doch als man näher herankam, erwies sich der
vermeintliche Wasserfall nur als eine starke Stromschnelle
(die man hier zu Lande auch „Caxoeira,“ d. h. Wasserfall,
nennt).

Der Xingú gleitet hier nämlich über und zwischen
Felsplatten von jenem eisenschüssigen Conglomerat fort,
auf welchem Gneis oder gneisartiger Granit aufgesetzt zu
sein scheint. Die Bootsleute sprangen in's Wasser und
schoben mit Armen und Schultern die Ubá ba, wo zwischen
den Blöcken und Platten Raum und Tiefe genug war,
gegen die reißende Strömung vorwärts. Mit unbegreif=
licher Sicherheit bewegten sie sich in dem reißenden Strome
und auf dem schlüpfrigen und scharfen, steinigen Grunde,
ja hie und da mußten sie sogar einen Augenblick schwim=
men, bis sie wieder auf einem nahen Blocke festen Fuß in
dem Strubel fassen konnten.

Nach einer halben Stunde langte man oberhalb der
Caxoeira an, legte das Boot zwischen den Steinen fest
und erwartete auf einer Felsplatte die anderen Ubás,
denen man die eigne Mannschaft zu Hilfe sandte. Die
Stelle, auf der man hielt, gewährte dem Auge einen weiten
Umblick. Ueber der Stromschnelle lag ein großer Wasserspiegel, welchen ringsum ein hoher, walbiger Uferrand einfaßte, hinter dem sich wieder nähere und fernere Höhen in
den unabsehbaren Wäldern erhoben. Der Xingú strömt
von S.-S.-W. in dieses Becken ein und nimmt in der
Stromschnelle selbst eine nördliche Richtung an, wobei er
auf seiner linken Seite eine große Ausbuchtung nach N.-W.
bildet. Ein Streif von Sträuchern, untermischt mit vielen
kleinen zerstreuten Felsblöcken, bezeichnet die Linie der
Caxoeira, wie sie den mächtigen Strom quer durchsetzt.
Stromauf erhebt sich in der Ferne eine Reihe niederer
blauer Hügel.

Als sämmtliche Boote wieder vereint waren, ward
eine leichte Canoa mit einigen Indianern zum Fischfang
vorausgesendet. Dann folgte, in der brennendsten Sonnenhitze, der Rest der Esquadrilla, die Bucht quer durchschneidend, um das linke Ufer wieder zu gewinnen, während, in Folge der starken Gegenströmung, die Kräfte der
schon ermüdeten Mannschaft etwas nachzulassen anfingen.
In diesem Bassin oberhalb der Caxoeira zeigten sich einige
buschige Eilande, unter denen sich besonders eines dadurch
bemerkbar machte, daß es, nur durch einen schmalen Canal

vom linken Ufer getrennt, viel weiter stromaufwärts als
die andern, und mithin ganz vereinzelt dalag. Dies ist
die verlassene Insel der Taconhapéz. Dieser wilde Stamm
hatte nämlich vor einiger Zeit von ihr Besitz genommen
und gegenüber am linken Ufer eine Roça angelegt, die
unsern Reisenden heut sehr zu Statten kam, denn sie ge=
währte ihnen, als man um 4 Uhr Nachmittags bei ihr
anlangte, einen guten Halteplatz zum Kochen.

Die Taconhapéz sind jener Stamm, von dem man
in Pará fabelt, daß er aus „weißen" Indianern bestehe.
Sie sollen wirklich von einer etwas helleren Farbe als
die übrigen Indianer, auch blondes Haar und blaue Augen
keine Seltenheit bei ihnen sein, und zwar, wie der Padre
erzählte, aus dem einfachen Grunde, weil sie die Nach=
kommen von entlaufenen Spaniern und Portugiesen sind,
die sich einst in der Wildniß mit Indianerinnen verbanden
und nun in diesen Wäldern hausen. Gegenwärtig stehen
sie auf einer niederern Stufe als die benachbarten Stämme,
führen schlechtere Waffen als diese, leben statt in Hütten
in bloßen Ranchos, ändern häufig ihren Wohnsitz, und
können bald als die Feinde, bald als die Freunde der
Jurúnas betrachtet werden. Auch sollen sie nur von klei=
ner Statur und schwächlich sein.

Von dem schattigen Halteplätzchen hart am Ufer, mit
der Aussicht auf das erwähnte Eiland, gelangte man auf
einem schmalen Pfade, dem allerdings viel fehlte, um be=
treten genannt werden zu können, links in den Wald

hinein, über ein paar umgefallene oder gefällte Baum=
stämme zu der Roça, die hauptsächlich aus schönen Ba=
nanen bestand. Das weite Gewissen der Indianer in Be=
zug auf das Mein und Dein ließ sie diese Gelegenheit
benutzen, um für sich und ihre Reisegenossen Bananen zu
pflücken, die man, da sie meist „Bananas da terra" waren,
größtentheils am lodernden Feuer röstete. — Auch das
Fischerboot ließ nicht lange auf sich warten. Der Indianer
mit dem Federkranze überreichte mit einer Miene von
Stolz und Freundlichkeit einen sehr schmackhaften kleinen
Fisch, Pacú genannt, und einen gewaltigen Araja (Raja),
einen Rochen von wenigstens drei Fuß Länge, die er beide
mit seinen Pfeilen erlegt hatte und die sogleich auf einem
einfachen Rost von dünnen Stöckchen ebenfalls geröstet
wurden. Hierdurch verzögerte sich das köstliche Mahl so
lange, daß die Sonne eben schon im Untergehen war, als
die Gesellschaft sich wieder einschiffte, worauf man noch
von 6¼ bis 9 Uhr Abends stromaufwärts ruderte.

Anfangs war es dunkel, später warf der Mond seinen
schwachen Schein über den Fluß hin; auch fuhr man zwi=
schen Inseln und konnte daher den Lauf des Xingú nicht
übersehen, bis abermals am linken Ufer angehalten und
ausgestiegen ward, da die Indianer angaben, es ständen
hier verlassene Ranchos der Taconhapéz. Padre Tor=
quato ging bei stockfinsterer Nacht, dieselben aufzusuchen,
und fand sie endlich nach langem Umherirren; unsre Rei=
senden nahmen hierauf die Rades aus den Booten und

tappten ihrem geistlichen Freunde nach, zu zwei nicht fern liegenden Ranchos hin. In jedem derselben schlangen Drei von der Gesellschaft ihre Hangematten. Dies ist jedoch nicht so leicht gethan, als es aussieht, denn meist geben, wenn man sich in die Rede legt, die Pfähle dieser alten Palmbächer nach; auch gehört eine gewisse Uebung dazu, gleich den richtigen Pfahl zu finden, der die Last aushält. Wenn es nicht anders ist, muß man das Tau der Hangematte um je zwei sich kreuzende Pfähle binden. Ferner hängt oft die Rede anfangs hoch in der Luft, und dennoch berührt man nach wenigen Minuten, sanft oder unsanft, die Erde.

Inzwischen wurden eiligst mehrere Feuer angezündet, die bald mit ihrem röthlichen Lichte den Wald sammt seinen grotesken Schlingpflanzen erhellten, so daß man bis tief in das ferne Dunkel hineinsehen konnte, wo bereits einzelne ermüdete Indianer sich in ihren Schlafnetzen zwischen den Baumstämmen wiegten. Auch das braune Genossen=Paar unserer Reisenden lag schon in der Rede, um von des Tages Last und Hitze auszuruhen. — „Es klingt lächerlich," bemerkt Prinz Adalbert, und doch ergriff uns eine neue Verwunderung, als wir so mitten im Walde die nackten braunen Gestalten ohne Decke, ohne Tuch oder Mantel in der Hangematte liegen sahen, während wir selbst, trotz unserer Bekleidung, froh waren, uns in die Mäntel hüllen zu können."

Es war noch ziemlich dunkel, als bereits das Zeichen

zum Aufbruch gegeben wurde und die Gesellschaft aus
ihren schwingenden Bastnetzen sprang, dieselben wieder zu-
sammenwickelte, die Bündel schnürte, die Mäntel rollte
und dann, mit allen ihren Habseligkeiten, sich nach dem
Ufer des Xingú wandte, wo sie bereits das Frühstück an
einem Feuer, in der Nähe der Canoas, erwartete. Aber
schneller noch als unsre Reisenden waren die indianischen
Freunde fertig. Der mit dem Federkranze machte einen
Satz aus der Rede, schüttelte sein langes Haar und ergriff Pfeil und Bogen, während seine Frau ihn kämmte
und salbte, worauf sie dann geduldig die Hangematte des
Gebieters auf den Rücken nahm und ihm zum Flusse folgte.

Dennoch mochte es 5½ Uhr geworden sein, ehe sich
die Esquadrilla mit dem dämmernden Tage (8. December)
wieder in Bewegung setzte, und zwar, nachdem bereits der
Padre und der Consul einen ebenso frühzeitigen, als wiederum fruchtlosen Versuch auf einen Arára gemacht hatten,
der auf einer versteckt liegenden Gruppe schöner Palmen
den ersten erwärmenden Strahl der Morgensonne zu erwarten schien. — Die Fahrenden hielten sich wieder am
linken Ufer, während sie rechter Hand einige Inseln hatten.
Rückwärts begrenzte ein Höhenzug die Aussicht; vor ihnen
lag ein abgerundeter Hügel. Von dorther tönte ihnen
abermals das Rauschen einer Caxoeira entgegen, das immer mehr zunahm, bis sie dieselbe um 6½ Uhr Morgens
erreichten. Der tosende Strom windet sich hier zwischen
einem breiten Streifen von Felsblöcken hindurch, oder

schießt reißend über die Felsplatten hin, die sich vom
linken Ufer querüber bis zu den in seiner Mitte liegenden,
Inseln erstrecken. Diese ganze Linie von Felsblöcken ist
mit niederen grünen Sträuchern bedeckt, in deren Mitte,
jedoch weiter zurück, man könnte sagen in zweiter Linie
dahinter, sich ein prachtvoller, dickbelaubter Baum erhebt,
dem seinerseits wieder jener vorgenannte runde Hügel als
Hintergrund dient.

Das linke Ufer bildete hier ein ansteigender Wald,
der von der ersten Kraft der Morgensonne beschienen, in
allen Schattirungen des prachtvollsten Grüns strahlte, wäh=
rend die sich überhöhenden Kronen der Bäume mit ihren
genialen Umrissen sich scharf gegen das tiefe Blau des
Himmels absetzten. Was aber diesem Laubwalde seinen
eigenthümlichsten Reiz verlieh, war das erste Auftreten der
Uauassú=Palmen, deren Wedel wie ein Busch herabwallender
riesiger Straußenfedern sich am Ende des mächtigen, ge=
raden Stammes emporwölben.

Nicht ohne große Anstrengung ward diese Strom=
schnelle überwunden, so daß erst gegen 8 Uhr, also nach
ein und einer halben Stunde, alle Boote wieder oberhalb
derselben vereinigt waren und die Reise fortgesetzt werden
konnte. Unter den einzeln heranrudernden Ubás zog schon
von weitem die leichte Canoa des Doktors durch auffal=
lende Geberden und beständiges Zuwinken ihrer Insaffen
die Aufmerksamkeit des Prinzen und seiner Begleiter auf
sich, ohne daß man jedoch den Sinn dieser Geberdensprache

zu deuten wußte, der erst bei größerer Nähe durch eigene
Anschauung klar werden sollte. Die Zeichengeber führten
nämlich eine noch ganz frische Paca (Coelogenys Paca)
mit sich, welche sie im Vorübertreiben ergriffen, und die,
wie sie sich in Gemeinschaft mit den Indianern überzeugt
hatten, von einer Piranha, einem jener, den Badenden so
gefährlichen Fische, wahrscheinlich beim Durchschwimmen
des Flußarmes überfallen und angefressen worden war.

Oberhalb der Caxoeira, die von den Indianern „Ca=
vitia" genannt wurde, nahm der Xingú wiederum einen
neuen Charakter an; von nun an wanden sich die Boote
durch ganz schmale, dem Flußlauf folgende Canäle, die bei
ihrer größeren Seichtheit das Schieben vermittelst der
Stangen gestatteten, zuweilen aber auch die Kreuz und
Quere zwischen zahllosen, von der Last der prächtigsten,
üppigsten Vegetation beinahe erdrückten Inseln hindurch,
die fast im Niveau des Stromes lagen, während andere
Eilande, von deren Boden nichts mehr über dem Wasser
zu entdecken war, gleichsam den Eindruck von ertrunkenem
Lande machten. — Dann ging's oft lange Strecken weit
durch nichts als niederes, verworrenes Buschwerk hindurch,
das aus dem Flusse herausstarrte; nicht mehr vier Schritt
sah man um sich; ja man mußte sich auf den Rücken legen
und die Arme vor's Gesicht halten, um sich vor den Schlägen
der an beiden Seiten herabhängenden Zweige zu schützen.
Dabei schoß noch der Fluß dem Fahrzeug mit der reißen=
den Schnelligkeit von etwa 5 Knoten entgegen, während er

sonst meist nur etwa 2½ bis 3 Knoten läuft. War aber eine solche schwierige Stelle erst glücklich überwunden, so wurde man auch reichlich dafür entschädigt durch den bezaubernden Anblick der üppigen Insel=Vegetation. Freilich wurden die stolzen Uauassú=Palmen immer seltener, indeß an ihre Stelle traten nunmehr die schlanken, von keiner Palmengattung, außer von den Assai, an Grazie übertroffenen Jauari (Stachelpalmen) mit ihren dunklen, runden und krausen Kronen, in großer Menge und stets in malerischen Gruppen anmuthig zusammengestellt, am Saume der buschigen Eilande hervor.

Um 11½ Uhr Morgens eröffnete sich endlich wieder eine freiere Aussicht stromauf. Am Fuße einer waldigen, 800 bis 1000 Fuß hohen, dem linken Ufer angehörenden Serra, der höchsten, welche man bisher am Xingú gesehen, machte sich ein weißer Punkt bemerkbar, den der Steuermann als eine Indianer=Hütte bezeichnete, in der man eine gastliche Aufnahme zu gewärtigen hätte. Vorn dehnte sich in blauer Ferne ein abgerundeter Höhenzug aus, den aber die hochstämmigen Bäume einer langen, mehr nach der rechten Seite des Stromes zu gelegenen Insel zum Theil verdeckten. Allmälig sonderte sich die Hütte sammt ein paar hohen Bäumen, welche sich über sie hinwölbten, von den Wäldern der Terra firma ab, und nun erst erkannte man, daß sie auf einem kleinen Einlande stand. Nach einer halben Stunde liefen die Boote in den schmalen und kurzen Canal hinein, der die Insel vom Festlande trennt, während von der entgegengesetzten Seite eine Canoa mit Indianern, namentlich mit schlanken, halberwachsenen Knaben, die, mit Pfeil und Bogen in den Händen, von der Jagd in den Wäldern oder vom Fischfang heimzukehren und sich gleichfalls dem von überhängenden Zweigen beschatteten Landungsplatz zuzuwenden schienen, unsern Reisenden entgegensteuerte.

Die Waffen in den Ubás zurücklassend, traten diese an's Land. Eine Gruppe von Indianerinnen stand unfern des Ufers unter Bäumen; sie blickten die Fremden zuerst verwundert an, stoben dann plötzlich auseinander und flohen den buschigen Hügel hinan, auf dessen Gipfel man die Hütte zwischen den Zweigen hindurchschimmern sah. Doch während dessen mußte man auch dort bereits die Ankömmlinge bemerkt haben, denn eine Anzahl Männer kam in vollem Lauf herab und geleitete jene hinauf. Die Gegenwart ihrer braunen Freunde und einige Worte derselben benahmen sogleich alles Mißtrauen. Angelangt auf dem kleinen Raume vor der runden Palmen-Hütte ward die Gesellschaft von einer Schaar von Männern umringt, welche, trotz ihres fremdartigen, ja fast wilden Ansehens, doch den gutmüthigen nationellen Zug der Jurúnas nicht verleugnen konnten. Mehrere derselben hatten einen senkrechten blauschwarzen Streifen über das Gesicht, der von der Wurzel ihres langen, löwenartigen Rabenhaares, woselbst ein kleines scharlachrothes Herzchen befestigt war, in der Breite von 1 bis 1½ Zoll über die hohe, freie Stirn, über die ziemlich

hervortretende Nase und den Mund bis unter's Kinn herab=
lief. Einige aus der Gruppe streckten den Gästen freund=
lich die flache Rechte entgegen, oder erwiederten ihren Gruß,
wenn diese zuerst dieses Freundschafts= uud Friedenszeichen
darboten. Ja auch die Frauen thaten es jetzt, da sie die
Fremden von ihren Männern freundlich bewillkommnet
sahen, ohne Scheu, wenngleich mit mehr Zurückhaltung.

Gleichzeitig mit dem braunen Haufen, unter den sich
nun auch jene schlanken Knaben der Canoa mischten, traten
die Reisenden in die Hütte ein, deren halbdunkler Raum
schon ziemlich mit Indianern gefüllt war. Pater Tor=
quato schritt ernst und freundlich gerade auf den Häupt=
ling der Maloca zu, einen schlank und kräftig gebauten
Indianer, dessen funkelnde Augen einen entschlossenen, un=
erschrockenen Charakter verkündeten, während sein dichter
schwarzer Schnurrbart, seine geschmeidige Gestalt und ein
Paar in aller Eile überzogene kurze Hosen ihn beim ersten
Anblick vor allen seinen Stammgenossen bemerkbar machten.
In seinem ganzen Wesen las man deutlich, daß er viel
durchgemacht haben mußte, und seine Stirn umschwebte ein
gewisses Etwas, das auf gehabte Sorgen deutete: ein Ding,
das diesen glücklichen Kindern der Wildniß sonst völlig
fremd ist; kein Wunder, denn dieser Mann, den der Padre
jetzt auf portugiesisch anredete, war — Martinho, „der
Deserteur!" Als civilisirter Indianer in der Gegend von
Pará geboren, war er, wie das öfters geschehen soll, ge=
waltsam zum Militairdienst gepreßt worden; hatte jedoch

die erste Gelegenheit ergriffen, sich loszumachen und in's Innere zu seinen nackten wilden Brüdern zu flüchten. So war er zu den Jurúnas am Xingú gelangt. Hier fand er hinreichenden Schutz, siedelte sich unter dem menschenfreundlichen Volksstamm an und wurde Jurúna!

Zuweilen geht Martinho nach Souzel, die Waaren, die seine Freunde ihm zu diesem Zweck von weit her in ihren Canoas zuführen, vor allem die Baumwolle, dann auch Waffen, zahme Vögel und Affen, Farinha u. s. w. abzusetzen. Eben deshalb war auch heut seine Hütte ganz mit Indianern vom obern Xingú gefüllt, deren Zahl wohl auf 30, und zwar größtentheils ungetaufte Wilde, geschätzt werden konnte. Martinho, der portugiesischen und der Jurúna-Sprache gleich mächtig, unterzieht sich diesen Handelsgeschäften zu ihrer Zufriedenheit; auch duldet das Gouvernement ihn gern, weil es in ihm ein Organ besitzt, durch welches es mit den entferntesten Jurúnas unterhandeln kann. Padre Torquato hat ihm später einen förmlichen Abschied ausgewirkt und sich so ein großes Anrecht auf die Dankbarkeit des Deserteurs erworben, die derselbe auch bei jeder Gelegenheit an den Tag legt. Der Padre hoffte, in ihm eine Hauptstütze für sein ferneres Wirken unter diesen Kindern der Wildniß und ebenso für das Gelingen der gegenwärtigen Expedition zu finden, und in der That zeigte sich Martinho willig, dieselbe, zur großen Freude des Prinzen, zu begleiten.

Nach der bekannten Vorstellungs- und Begrüßungs-

Ceremonie, die sich hier wiederholte, hatte man Zeit, sich
in der Hütte umzusehen, und zwar begnügte sich unsre Ge=
sellschaft, getreu dem ihr bereits beim ersten Eintritt in
die Hütte zu Tavaquára vom Padre eingeschärften Grund=
satz, der auch den Leuten öfter wiederholt worden war,
eine ganze Weile lediglich mit dem Anschauen aller der,
freilich sehr einfachen Wunderdinge und Seltenheiten, bis
man allmälig erst vertrauter mit den Indianern wurde,
und ihnen die Erlaubniß anmerkte, diesen oder jenen Gegen=
stand der Neugier anrühren oder in die Hand nehmen zu
dürfen. Da wurde denn Manches eingehandelt, wobei der
Padre, der meist den Unterhändler in der Lingoa geral
machte oder sich durch einen seiner, der Jurúna = Sprache
mächtigen Indianer verständigte, einen hohen Grad von
Geduld entwickelte, indem er alle seine Reisegenossen fast
gleichzeitig anhörte und befriedigte; denn Jeder wollte ihn
nur allein für sich haben und ihn gerade in den Winkel
der Hütte ziehen, wo sich das Ziel seiner Wünsche be=
fand. Für den Einen besonders anziehend waren die
sonderbaren musikalischen Instrumente, Pan's = Pfeifen aus
dünnem Rohr, die hier in allen Größen gefunden werden,
und ein großer, mächtiger Kürbiß mit einem fußlangen,
dicken Rohrende als Mundstück, an dem an weißen Bast=
schnüren allerhand Zierrathen herunterhingen; aller An=
strengungen der Lunge ungeachtet, konnte aber dem Dinge
kein — wenigstens kein melodischer — Ton entlockt
werden. Ein Anderer, welcher eines jener kugelförmigen

Gefäße, in denen die Frauen das Oel der Uauaſſú=
Palme aufbewahren, mit welchem ſie ihren Männern
Haar und Körper ſalben, um die Haut gegen die Stiche
der Inſekten zu ſchützen, in einer entfernten Ecke entdeckt
hatte, hielt die an der Wand hängende Kugel in der
Hand, indem er ſeinen ſehnſuchtsvollen Blick von einer
braunen Gruppe zur andern ſtreifen ließ: ob ſich der Be=
ſitzer dieſes Gegenſtandes nicht zu erkennen geben wolle;
denn fromme Scheu hielt ihn noch zurück, die Phiole von
der Wand zu nehmen. Endlich aber riß ihm die Gebuld,
und das Gefäß dem Padre darreichend, ſchärfte er ihm be=
ſonders ein, keine Verwechſelung zu machen. — Dieſe, gerade
dieſe, vom Oel tief braungelb gefärbte Kürbiß=Kugel
zeichnete ſich ja vor allen ihres Gleichen durch eine rings=
herum eingeätzte „Grecque" aus, — und wer erwartet
wohl unter den Wilden eine griechiſche Arabeske anzu=
treffen! — Von der andern Seite ſuchte man die Blicke
des ſtets zuvorkommenden geiſtlichen Freundes auf ver=
ſchiedene Bogen zu lenken, deren jeder einen beſonderen
Vorzug haben ſollte. Der eine war ſchwarz, der andere
braun; ein dritter, von braun und weißem Holz, befrie=
bigte zwar das Auge, doch fehlte es ihm an Spannkraft,
und darum hatte er dem einfach braunen, ſchön geölten,
mit ſtraffer Baſtſehne, weichen müſſen. Der gekränkte Be=
ſitzer der verſchmähten Waffe drängte ſich nun auch, durch
die koſtbaren Perlenſchätze in den Händen des Padre ge=
reizt, heran, und ſtemmte ſeinen Bogen gegen die Erde,

ihn mit aller Kraft spannend, um seine Elasticität in's beste Licht zu setzen; allein vergebens, man blieb kalt, und lange noch ruhte des Indianers schwermüthiger Blick auf den Glasperlen. Was waren auch in seinen Augen alle Perlen Indiens gegen diese! Jene sind ja nur weiß, diese aber spielten in allen Farben!

Mitten in diesem warmen, braunen Gewühl, durch das sich hie und da auch einer der Seeleute als reicher Mann mit einer Perlenschnur in der Hand hindurchdrängte, hier, wo es sich noch sichtlicher als sonst nur um den Tand und die eingebildeten Schätze dieser Erde handelte, und Jeder sich auf seine eigene Hand zu bereichern strebte, — mitten in diesem Gewühle saß eine ernst vor sich hin- blickende Mutter mit ihren heiter spielenden Kindern auf dem Grabhügel ihres Mannes, als wolle sie dessen Waffen vor Entweihung schützen; denn die Waffen der Todten sind den Jurúnas heilig und werden um keinen Preis verkauft.

Nach und nach entfalteten die Indianer immer rei- chere Schätze, immer größere Kostbarkeiten, unter andern auch mehrere schöne Kränze von Papageien-Federn, viel schöner und bunter als die bisher gesehenen, die denn auch reißenden Abgang fanden. — Der Prinz selbst hatte das Glück, eine schlanke, schön geriefte Keule von schwerem, dunklem Holze zu erstehen, die der Besitzer einem Axipai im Kampfe abgenommen hatte. Auch wandelte so mancher Jurúna unter dem Haufen einher, mit dem kleinen Rohr-

endchen hinter dem Ohr, an dem der Zahn eines erschla=
genen Feindes befestigt war; vielleicht hatte er nur des
Zahnes, der schönen Trophäe wegen, seinem Gegner nicht
das Leben gelassen! Doch für bunte, blaue oder rothe
Perlen war auch dieses blutige Zeichen des Ruhmes feil,
und fand ebenfalls seinen Weg in das zierlich geflochtene
indianische Körbchen, das Einer von der Gesellschaft schon
reichlich mit allerhand Zierrathen der Frauen gefüllt hatte,
die willig ihre aschgrauen Perlenschnüre von Saamenkapseln
mit gläsernen vertauschten. Obgleich viele dieser Zähne,
an deren Statt einige Indianer schöne rothe Arára-Federn
hinter dem Ohr trugen, erschlagenen Peapais angehörten,
so sah man dennoch einen Sklaven aus diesem Stamme
nackt, ohne allen Schmuck, mitten unter den freien Jurúnas
einherwandeln; er war als Knabe von seinem jetzigen Be=
sitzer gefangengenommen und mitgeführt worden.

Doch in der indianischen Behausung herrschte eine so drü=
ckende Luft, daß unsre Reisenden lieber die glühende Sonnen=
hitze im Freien aufsuchten, und auf den freien Fleck vor der
Hütte hinaustraten. Die letztere nahm fast den ganzen Gipfel
des kleinen Hügels ein, der sich als ein rundes, buschiges
Eiland aus den dunkelgrünen Fluthen des mächtigen Stromes
erhebt und von den Eingebornen Urubúquára oder Tapuáma
genannt wird. Von hier konnte der frei umherschweifende
Blick den großen Wasserspiegel des Xingú in seiner ganzen
Ausdehnung umfassen und dem Strome entgegen, zwischen
ein paar dunkel bewaldeten Inseln hindurch, seinem Laufe

bis zu dem lichtblauen Höhenrücken folgen, der den Horizont begrenzte. Beide hohe, waldige Ufer, die man hier
auf einmal übersieht, fassen den Fluß wie mit einem grünen Saum ein. Gerade vorwärts, in der Mitte des Stromes, lag eine Gruppe von bebuschten Felsblöcken, hinter
der man in weiter Ferne eine Linie von Sträuchern und
Blöcken ahnte, die, nach dem linken Ufer zu, leichter sichtbar war und eine neue Stromschnelle andeutete. Blickte
man näher hin, so bemerkte man, daß an dieser Stelle der
Strom wieder einen, wenngleich nur sehr unmerklichen
Bogen beschrieb, wodurch auch hier, auf dieselbe Art wie
bei der gestrigen Stromschnelle unterhalb der Insel der
Taconhapé'z, seine größere Breite entsteht. Schlug man
den schmalen, dicht am Abhange hinlaufenden Pfad links
um die Hütte ein, so erblickte man ihr gegenüber jene
obenerwähnte lange Insel mit den schönen hohen Bäumen,
die, indem sie eine, wenigstens 1000 Schritt breite Wasserfläche frei läßt, sich weit abwärts in der Richtung des
Stromlaufes, und zwar so nahe dem rechten Ufer hinzieht,
daß sie es größtentheils verdeckt.

Hinter der Hütte standen, da sie allein die große Zahl
der braunen Gäste, die sich hier häufig einzufinden pflegt,
wohl nicht zu fassen vermochte, ein paar leichte Ranchos.
Unter dem einen dieser Palmdächer waren einige zahme
Affen angebunden, die sich geschäftig hin und her bewegten,
darunter auch ein paar plumpe Guaribas. — Während
um die Hütte her einige dürftige Anpflanzungen wild wie

Unkraut wucherten, erhoben sich auf dem freien Platze vor derselben ein paar auf einander gelehnte, abgeschälte Stangen; ferner erblickte man hier mehrere zu Pfeilen bestimmte, gleich Gewehr-Pyramiden aufgesteckte Rohrbündel, und eine verfaulte Canoa, die unter den hohen Kräutern am Rande des Abhanges sichtbar wurde.

In die Hütte wieder eintretend, widmete der Prinz gleich links am Eingange einer Gruppe von zahmen Affen und Papageien seine besondere Aufmerksamkeit und musterte all' die schön gefiederten Vögel, von denen jedoch keiner bis jetzt das Talent der Rede entwickelte. Er erstand einen grünen Papagei mit einem breiten Halsringe von blauen und rothen Federn, der ihm seiner seltenen Farben wegen besonders gefiel. Die hübsche kleine Tochter des „Deserteurs" fütterte die Thierchen mit großer Liebe und Sorgfalt.

Unter den schattigen Bäumen nahe dem Landungsplatze, wo sich die Schiffsleute und die braunen Freunde unsrer Reisenden schon bequem wiegten, ward das Mahl bereitet. Ein zahmer, hochbeiniger schwarzer Mutúm stolzirte ernst zwischen all' den fremdartigen Gästen einher.

Von einer kurzen Wasserfahrt zurückgekehrt, welche Prinz Adalbert mit dem Consul nach einem im Strome liegenden Felsblocke unternommen, und die ihnen Gelegenheit gegeben hatte, den schönen, mit einzelnen Uauassú-Palmen untermischten Hochwald des linken Ufers näher zu bewundern, fanden sie gegen Abend Alles oben vor der

Hütte versammelt. Es hatten sich eine Menge Gruppen gebildet, die sich lebhaft unterhielten. Die meisten der Indianer standen umher, nur einzelne saßen auf den kleinen Schämeln. Der Prinz setzte sich neben einen alten, recht dunkelbraunen Pagé, mit welchem er eine Unterhaltung durch den Dolmetscher, so gut es gehen wollte, anzuknüpfen versuchte, und siehe da, es gelang, das Gespräch auf den Krieg zu bringen. Der Zauberer ergriff dies Thema mit Leidenschaft, und um seinem Zuhörer einen vor kurzem erfolgten Ueberfall gegen die Taconhapés recht klar zu machen, verwarf er selbst die Vermittelung des Dolmetschers, sprang auf und agirte den ganzen Hergang dem Prinzen mit solcher Klarheit vor, daß dieser durch einzelne ihm zugeraunte Worte des halbcivilisirten Dragomans unterstützt, das Ganze schnell fassen konnte. Besonders groß war die Wirkung auf die braune Gruppe, die sich immer dichter umher drängte, als der Pagé vormachte, wie ein Taconhapé, von einem Pfeil in's Kreuz getroffen, mit großen Schmerzen zu Boden stürzte und verschied, während die übrigen Bewohner jener angegriffenen Maloca ihr Heil in der Flucht suchten. Zum Schluß rühmte er sich noch, daß sein Bruder einst von den großen Leuten, den Tapui-nassú, die weit den Xingú hinauf wohnen sollen, gefangen und dann aufgefressen worden sei.

Die letzten Strahlen der scheidenden Sonne hatten diese Scene erhellt, und bald gab die eintretende Dunkelheit das Zeichen, die Redes aus den Booten zu holen,

um fie unter einem der Ranchos zu fchlingen, wozu der
etwas merkliche Todtengeruch in der Hütte veranlaßte, dem
nur wenige von der Gefellfchaft Trotz zu bieten gefonnen
waren. Der Mond fchien hell auf Wälder, Hütte und
Strom herab; es warb ftill ringsum, — und der Schlaf
fand fich ein. Herr Theremin, der über einem Grab=
hügel in der Hütte hing, riß, fo wurde dem Prinzen er=
zählt, mit feiner Hangematte ab und fiel auf das Grab.

Der Verabredung gemäß ward am folgenden Morgen
(9. December) um Hahnfchrei geweckt; fchnell waren die
Redes zufammengefchnürt und in die Cancas gebracht,
Thee und Farinha — das frugale Frühftück — einge=
nommen, und mit der aufgehenden Sonne ftieß das kleine
Bootgefchwader, durch die Ubá des „Deferteurs" vermehrt,
ab, und ruderte der in der Ferne dumpf braufenden
Caxoeira entgegen. Nach einer kleinen Stunde war diefe
erreicht. In der Breite von faft einer Seemeile ftrömt
der Xingú mit noch reißenderer Schnelligkeit, als in den
bisherigen Stromfchnellen, zwifchen Felsplatten und abge=
rundeten Granitblöcken von noch bedeutenderer Größe, als
alle früheren, hindurch, nachdem er kurz zuvor aus feiner
nordöftlichen Richtung in eine nordnordöftliche, fein Bett
durch die Biegung bis zu diefer großen Breite erweiternd,
übergegangen ift.

Das Boot des Prinzen hatte fich, gleich dem Mar=
tinho's, näher dem linken Ufer gehalten; denn fo reißend
die Strömung in der Mitte der Caxoeiras ift, fo nimmt

sie doch gegen die Seiten hin merklich ab, ja nicht selten verwandelt sie sich sogar in eine Art Gegenströmung. Dagegen hielt sich die Ubá des Padre, welche zurückgeblieben war, zu sehr nach der Mitte, wurde breit gefaßt und hatte große Mühe, sich, durch Martinho's Winke wieder in's rechte Fahrwasser gebracht, stromauf zu arbeiten. — Schön war der Rückblick stromabwärts auf die ansteigenden Wälder hinter der Casa do Martinho und auf die waldige Hügelkette, die den Lauf des Xingú zu beenden schien und sich in den Baumwipfeln der kleinen Inseln verlor, die dicht unterhalb der Caxoeira nach dem rechten Ufer zu liegen. Den Vordergrund bildeten die großen Granitblöcke, zwischen denen der schäumende Strom sich hindurchdrängte, belebt durch das Boot des Padre, welches, dagegen ankämpfend, fast emporgehoben wurde durch die vereinten Anstrengungen all' der braunen Begleiter, von denen jeder Einzelne sich als ein Bild von Kraft und Stärke darstellte. Auch Graf Oriolla und Padre Torquato waren keine müßigen Zuschauer, sondern arbeiteten, oft bis an die Brust im Wasser stehend, tüchtig mit. — Endlich siegte die vereinte Kraft. Indeß selbst oberhalb der eigentlichen größten Stärke der Caxoeira mußte man lange noch gegen die heftige Stromschnelle ankämpfen.

„Noch bleibt," bemerkt Prinz Adalbert in seinem Tagebuche, „eine seltsame Erscheinung zu erwähnen, die sich mir gestern schon, ehe wir die Hütte des Martinho erreichten, aufdrängte, und die sich hier erneute. Mitten in der Stromschnelle schien es mir nämlich, als stünde unser Boot auf einem hohen Scheidepunkt, von wo sich der Spiegel des Xingú etwas, und zwar allmälig, sowohl strom= abwärts als stromaufwärts, senkte. Gestern dagegen fand diese Erscheinung nur statt, wenn man stromaufwärts blickte. Wodurch diese Täuschung entstand, ist mir ein Räthsel; doch war sie mir höchst auffallend."

Immer noch zeigten sich einzelne Granitblöcke in dem rei= ßenden Strome, zwischen denen hie und da Gesträuch aus dem Wasser emporwuchs. Da sah der Prinz plötzlich Senhor Roxa's Boot, das einige hundert Schritt vor dem seinigen ruderte, aus seinem bisherigen Cours links abbiegen, zwischen einige Granitplatten hinein, die, zum Theil mit solchem leichten Gesträuch überwachsen, eine kleine Stelle stillen Wassers ein= faßten, das sie gegen die umgebende Strömung abzudämmen und zu schützen schienen. — Es wurden Zeichen gegeben, die Boote folgten — Da vernahm man den Ruf: „Jacaré!" Nun lief man in die kleine Skären=Bucht hinein und unsre Reisenden starrten das stille schwarzgrüne Wasser an, die Flinten zur Hand haltend, während die Indianer ihre Bogen spannten und die Pfeile auflegten. Die zuerst An= gelangten betheuerten, sie hätten ein Krokodil von den Fels= platten hier in's Wasser gleiten sehen. Also da gewesen mußte es sein, es fragte sich nur, ob es noch da sei. — Man durchkreuzte daher den kleinen Raum, während die Bewaffneten sich vorwärts in die Spitze der schwankenden Boote drängten, um wo möglich den besten Platz zu

gewinnen. Nach wenig Augenblicken hatten die Indianer
das Thier entdeckt: man sah ihren Augen an, daß sie es
aufgefunden; dagegen war es dem Prinzen und seinen Ge=
fährten, dem Blick der Eingebornen in die dunkle Fluth
folgend, durchaus unmöglich, irgend Etwas zu bemerken.
Bald aber drang ein starker Moschus = Geruch in ihre
Nasen, der bekannte sichere Verräther dieser großen Am=
phibien, während ein braungrauer Staub im Wasser auf=
geregt wurde und es trübte. — Da pfiffen ein paar Pfeile
und schwirrten in's Wasser hinein, worin sie im Nu ver=
schwanden; einen Augenblick darauf aber tauchten ihre be=
fiederten Enden wieder aus der trüben Fluth fast senkrecht
empor: ein Zeichen, daß sie in dem Thiere steckten; allein
wahrscheinlich durch eine wälzende Seitenbewegung desselben
verschwanden sie wieder. Endlich klärte sich das Wasser
auf, die Sonne schien hinein, und nun glaubte auch der
Prinz einen gelblichweißen Bauch auf dem Grunde zu
sehn, und drückte los. — Schon eine Weile zuvor hatte
sich die Ubá des geistlichen Herrn hinzugesellt. Der Padre,
welcher einen Bogen ergriff, schoß, sich an Graf Oriolla
vorbeidrängend, mit indianischer Gewandheit und Sicher=
heit seinen Pfeil ab, mit dem das verwundete Krokodil
sogleich fast bis an die Oberfläche emporkam. Die Pfeile
im Rücken des Krokodils zeigten den Weg, und die Canoas
folgten instinktmäßig der bezeichneten Richtung. Der Schuß
des Prinzen hatte gefehlt, und ein zweiter war nicht schnell
genug zur Hand; da bot Graf Oriolla seine geladene

Doppelflinte an. Gleich darauf tauchte das Krokodil plötz=
lich mit dem ganzen Haupte dicht neben dem Boote des
Prinzen auf, was diesem das Glück verschaffte, ihm mit
einem Schuß gerade in den Kopf den Rest zu geben. Als
man das „Ungeheuer" in's Boot zog, fand es sich, daß es
nur etwa fünf Fuß lang war, also nur zu den Jacaré=
tingas, der kleinen Gattung Krokodile mit weicheren und
dünneren Bauch= und Rücken=Schildern gehörte, die allein
bis in diese oberen Gegenden des Xingú gelangen, während
die großen Krokodile, die Jacaré=uassú's, nur im Amazonas
selbst zu finden sein sollen. — Das arme Thier zuckte noch
im Boote, da bekanntlich alle Amphibien ein sehr zähes
Leben haben.

Der Strom behielt, als nach beendeter Jagd die Reise
bei brennender Sonnenhitze fortgesetzt wurde, seinen Cha=
rakter bei; dagegen traten die Uauassú=Palmen mit ihren
Straußenbüschen in größerer Zahl an den Ufern hervor.
Mittag war vorüber, als man die nächste Maloca erreichte.
Piuntéua (Piumtéua) ist ein kleines, nur durch einen
schmalen Flußarm von den ansteigenden Wäldern des rech=
ten Xingú=Ufers getrenntes Eiland; wenigstens schien der
nächste waldige Hügel keine Insel mehr zu sein. Doch
ist's hier immer schwer zu erkennen, was noch eigentliche
Terra firma ist und was nicht. Sogar die Indianer aus
Souzel vermochten in den meisten Fällen darüber keinen
Aufschluß zu geben.

Am linken Ufer traten zwei waldige Hügelreihen, die

in ihrer Wurzel zusammenhingen, bis dicht an den Strom
heran. Die Insel säumte niederes Buschwerk, mit einzelnen
Cactusstangen untermischt; seit lange die ersten, die man
sah, unter denen die nackten Felsplatten, vom Strom be=
spült, zum Vorschein kamen. Ueber seinen Spiegel waren
einzelne Granitbrocken ausgestreut, die ebenfalls, mit nie=
deren Sträuchern bewachsen, in dem schmalen Canale nach
dem Lande zu aus dem Wasser hervortraten. Hart am
steinigen Ufer Piuntéua's wölbten sich zwei kleine Ranchos
über zwei sich in ihren Hangematten wiegenden braunen
Familien, die sich mit allem indianischen Comfort, d. h. mit
den wenigen Dingen umgeben hatten, die den bescheidenen
Anforderungen dieser Naturmenschen genügen. Calebassen
jeder Größe und Mandioca=Körbe standen am Boden, und
oben, dicht unter dem Palmendach, waren die Waffen auf=
gereiht. Niedere Büsche beschatteten die Ranchos, und
einige schwere Granitblöcke trennten sie von einander. Am
Flusse lagen ein paar Canoas, neben welche sich sehr bald
die unsrer Reisenden legten.

Nur einen Augenblick ließen sich die guten Leute durch
die fremde Gesellschaft aus ihrer Ruhe stören, indem sie
dieselbe sehr freundlich empfingen, dann aber fuhren sie
sogleich fort, sich in ihren Hangematten zu wiegen. Der
Padre setzte sich zu ihnen in eine Rede und suchte sie zu=
traulich zu machen, um für spätere Zeiten vorzuarbeiten.
Der Prinz und die Uebrigen mischten sich ebenfalls unter
sie und betrachteten ihre Geräthschaften und Waffen, von

tenen man Einiges durch Kauf an sich brachte. Seine
Königliche Hoheit z. B. handelte von einem dieser Jurúnas
eine Pfeife ein, die aus dem Knochen seines erschlagenen
Feindes, eines Curinája, gefertigt war, sowie auch ein
paar kleine Ruder, mit denen die nackten Indianerknaben
spielten.

Ueber einen Granitblock links von den Ranchos, dicht
an dem engen, sich durch die Felsen windenden Pfade, der
um die Insel nach einer im Bau begriffenen größeren
Hütte führte, lag ein Unzenfell ausgebreitet. Es war noch
warm und geschmeidig, und die Blutflecken daran noch sichtbar. Als man später auf der Rückkehr Piuntéua wieder
berührte, erzählte der Häuptling dieser Maloca, daß er
jenen Tiger am heutigen Morgen vom nahen Ufer nach
seiner kleinen Insel hinüberschwimmen gesehn, und daß er
ihn auf halbem Wege dahin mit seinen Pfeilen im Wasser
getödtet habe. Nach der Haut zu urtheilen, konnte die
Unze nicht zu den größten gehört haben.

Dies reißende Thier brachte dem Prinzen jetzt erst
sein riesiges Krokobil wieder in's Gedächtniß, das er dem
Neger ganz besonders auf die Seele gebunden hatte, in der
Hoffnung, diese 5 Fuß lange Trophäe in Berlin einst neben
der sechzehnfüßigen Riesenschlange als „würdigen Pendant"
paradiren zu lassen. — Aber o Entsetzen! der Prinz sah
seine braunen Begleiter, den Unmenschen von Neger an
der Spitze, um ein hellloderndes Feuer sitzen, welches dermaßen nach Moschus duftete, daß er sogleich das kochende

41*

weiße Fleisch für Stücke seines Unthiers erkannt haben
würde, selbst wenn die zerschnittenen und zertretenen Schil=
der und Schaalen am Boden es nicht verrathen hätten!
Daneben waren mehrere Indianerinnen beschäftigt, einen
gelben Bananen=Brei umzurühren, den sie für ihre Stamm=
genossen bereiteten und den die fremde Dienerschaft mit
den gastfreien Jurúnas theilen durfte. Graf Bismarck
kostete das Krokodil, schien aber nicht sehr erbaut davon;
besonders war ihm der Geruch widerlich. Der Doktor
fand es dagegen vortrefflich, denn es erinnerte ihn, wie
Prinz Adalbert bemerkt, an die schönen Tage unter
seinen lieben Botocuden.

Zwei Uhr Nachmittags war vorbei, als man Piuntéua
hinter sich hatte. Aus dem kleinen flachen Felsen=Eilande
stieg ein hohes, im herrlichsten Grün prangendes Wäldchen
empor, über welches eine Uauassú=Palme ihr stolzes Feder=
haupt eifersüchtig neben einem andern hohen Baume erhob,
der seine leicht belaubten Aeste fächerförmig gegen den
blauen Himmel ausstreckte.

In der Mitte der Esquadrilla bot besonders das Boot
des Padre einen eigenthümlich anziehenden Anblick dar.
Der Mann an der Spitze der Ubá, mit den grünen Papa=
geienfedern im Haar, arbeitete mit erneuter Kraft; denn
hinter ihm, auf seine Stange gestützt, stand sein neuer,
brauner Gefährte, ein junger, schlanker Indianer mit einer
weißen Feder hinter dem Ohr, dem man die kindische
Freude an der wunderbaren Wasserfahrt ansah, bereit die

Anstrengung zu theilen, während Graf Oriolla und Padre Torquato abwechselnd dem großen indianischen Kriegs- und Jagdhorn, das sie eben in der Maloca erstanden hatten, dumpfe Töne entlockten. —

Gegen die reißende Strömung ankämpfend, die heute, nach des Prinzen Schätzung, nicht mehr als durchschnittlich etwa 1 Knoten zu machen gestattete, erreichte man erst um drei Uhr Nachmittags die nahe Caxoeira Passai, die sich dem Weiterkommen mächtig entgegenstemmte. Die Boote konnten sich nur seitwärts in einem aus dem Wasser auf- tauchenden dichten Gebüsch sehr langsam fortarbeiten; ja die Stromschnelle und die alle Aussicht benehmenden Büsche wollten gar nicht aufhören. Endlich, als eben die Sonne ihre glühenden Strahlen herabsendete, ward an dem san- digen Strande eines etwas vorspringenden Landes angelegt, das man zuerst für eine Insel hielt, welches dann aber als die Terra firma des rechten Xingú-Ufers erschien. Die Indianer aus Souzel bezeichneten es mit dem Namen „Ponta" (die Spitze).

Während die Feuer angemacht wurden, hatten die Reisenden ihren Scherz mit dem jungen Indianer, der die Feder hinter dem Ohr trug und, aus dem Innern herkom- mend, in ihnen die ersten weißen Leute zu sehen bekam. Auch er war ein Jurúna. Graf Oriolla gab ihm sein geladenes Gewehr, um es abzuschießen; allein kein Zureden half: so fürchtete er sich davor; denn der Knall hatte ihn völlig scheu gemacht. Dagegen ging er sehr vergnügt auf

den Vorschlag ein, mit seinen europäischen Reisegenoſſen
zu tanzen. Dieſe faßten ihn der Reihe nach unter und
ahmten, ſo gut es gehen wollte, die Schritte nach, die ſie
beim Tanzfeſt zu Taraquára den indianiſchen Damen ab=
geſehen hatten. Dabei wollte ſich der Jurúna faſt zu Tode
lachen; er war ganz außer ſich vor Vergnügen, und ſang
ſogar mit der übrigen Geſellſchaft, ihre unartifulirten Ge=
ſänge unterſtützend. Man verſuchte nun durch den Dol=
metſcher aus ihm herauszubekommen, von wo er eigentlich
her ſei. Statt aller Antwort zeigte er auf die mittlerweile
aufgegangene Mondſcheibe, und beſchrieb mit den Armen,
während der ganze Körper dieſer Bewegung folgte, acht
deutlich zu unterſcheidende Kreiſe, vermuthlich um anzu=
deuten, daß er acht Monate zur Reiſe nach ſeiner Heimath
brauche. — Da er ein außerordentliches Intereſſe für all'
die Sachen ſeiner fremden Gefährten zeigte, und durch ſein
neugieriges Befühlen darauf ſchließen ließ, daß er gar zu
gern einige dieſer merkwürdigen und ſeltenen Stücke beſitzen
möchte, ſo gab man ihm ein Meſſer und Herr Theremin
ein Hembe. Nun war er glückſelig, zog das Hembe an,
und konnte gar nicht aufhören, daran herabzuſehen. Vor
allem aber reizte des Prinzen blaue Tuchjacke ſeine Neu=
gier; auch gewährte es ihm kein geringes Vergnügen, als
der hohe Herr dieſelbe anzog und ſie mehrmals auf= und
zuknöpfte, um ihn gleichfalls mit dieſer ſinnreichen Erfin=
dung bekannt zu machen.

Ein geröſteter Mutúm harrte indeß der Hungrigen,

und wurde mit vielem Appetit verspeist, obgleich die Mos=
quitos, welche bisher wenig fühlbar gewesen waren, sich
heute Abend auf eine äußerst unangenehme Art anfingen
bemerkbar zu machen. Kaum aber war das Souper be=
endet, als sich die Mücken, und zwar eine sehr kleine Art
derselben, die man Carapaná nennt, dieselbe Gattung, die,
wie der Consul erzählte, so häufig die herrlichen Parthien
der Tijuca heimsuchen soll, summend auf das Häuflein der
Unglücklichen niederließen und dermaßen auf sie einstachen,
daß sie vor Jucken wie rasend umherliefen! Einige von
der Gesellschaft stürzten sich aus Verzweiflung in den
Xingú, in der Hoffnung, ihnen zu entgehen, während
Prinz Adalbert über eine Kampfer=Flasche, die man als
Gegenmittel wohlweislich mitgenommen hatte, herfiel, um
sich mit dem Inhalte derselben einzureiben; beide Mittel
halfen ein paar Minuten lang, dann ging das Jucken aber
noch toller an, als vorher! — Endlich jedoch, nach vielem
Umhertrippeln, Springen und Laufen, siegte die Müdigkeit,
und, eine brennende Holzklobe in der Hand, die man nach
Indianer=Art beständig hin= und herschüttelte, schlug man
den Weg in's nahe Dickicht ein, wo zwei verfallene Ranchos
die Gesellschaft für diese Nacht aufnehmen sollten. Die
Redes wurden geschlungen; man legte sich hinein und schloß
die Augen — allein der Schlaf wollte nicht kommen. Statt
dessen wälzten sich die Schlummerlosen herum, daß die
Pfähle der Ranchos krachten und die Fußspitzen und Ellen=
bogen sich unwillkürlich Bahn brachen durch die engen

Maschen der Bastmatten, fuhren oft, wie von der Tarantel
gestochen, in die Höhe, und hatten dann, sich gegen das
Herausfallen tapfer wehrend, alle Mühe, das verlorne
Gleichgewicht in ihrem schwingenden Lager wiederherzustellen.
Jetzt aber glaubten sie, ein unfehlbares Mittel für die
Sicherung ihrer Nachtruhe entdeckt zu haben: der Poncho
mußte mehr um die Füße gewickelt werden, dann war dem
lästigen Feinde alle Möglichkeit benommen, wenigstens von
dieser Seite, anzugreifen. Man sprang daher eiligst aus
den Hangematten, um sich auf die neue Manier wieder
hineinzulegen. Doch — auch damit war nichts gebessert,
denn nun schienen sich die lieben Thierchen ein Fest daraus
machen zu wollen, die Nacht auf den Gesichtern zu durch-
schwelgen!

Zu dieser traurigen Ueberzeugung gesellte sich für den
armen Consul noch eine andere, nicht minder niederschla-
gende Entdeckung, indem er jetzt erst in der rabenschwarzen
Nacht gewahr wurde, daß an dem Pfahl gerade über seinem Haupte ein Ameisennest hing, dessen Bewohner ihm
von Zeit zu Zeit auf die Nase fielen, was für ihn noch
eine neue Zerstreuung herbeiführte, die ihn am Einschlafen
hinderte. Aergerlich sprang er aus der Hangematte und
eilte, um der unangenehmen Nachbarschaft zu entrinnen,
am Feuer Schutz zu suchen. Der Prinz folgte seinem Beispiel, da die Mosquitos schon durch den Poncho hindurch
bis auf die Haut stachen und, trotz aller angewandten Vor-

sichtsmaßregeln, dennoch ihren Weg in die Stiefeln und Beinkleider hineingefunden hatten.

Mit dem zusammengerollten Poncho bepackt, die Hände vor's Gesicht haltend, brach Prinz Adalbert aus dem finstern Dickicht hervor und trat an das matt lodernde Feuer, an welchem Graf Oriolla, in seinen „Mosquiteiro" (ein Stück feiner Gaze) völlig eingehüllt und noch um= wickelt mit seinem Poncho, wirklich zu schlafen schien. Das waren also gute Aussichten auf einige Ruhe! Gleichwohl suchte Herr Theremin nach kurzer Frist den Rancho wie= der auf, und nun blieb bei dem Prinzen nur noch der neue Freund aus dem Innern, welcher, bekleidet mit seinem weißen Hemde, von Glück strahlte. Er half dem hohen Herrn trockne Zweige holen, um ein stärkeres Feuer anzu= fachen, das die Landplage vertreiben helfen sollte. Ab= wechselnd den Kopf und die Füße bis dicht an die Gluth legend, fühlte der Prinz in der That auch einige Erleichte= rung, und verfiel endlich, trotz der auf dem Sande herum= kriechenden Bixos (Sandflöhe), die sich hier auf der Praha noch den luftigen Feinden zugesellten, in einen kurzen Schlaf. — Doch bald erwachte er wieder, und verspürte an dem noch heftigeren Jucken, daß während seines Schlafs die Carapanás nicht unthätig geblieben waren. Auch Graf Oriolla war jetzt trotz Poncho und Mosquiteiro nicht mehr sicher vor ihnen; außerdem hatten sich noch einige von den Reisegefährten aus dem Rancho um das Feuer gelagert: ein Beweis, daß es ebenfalls im Gebüsch noch immer nicht geheuer war.

Die Dienerschaft brachte diese Nacht nicht weit davon auf dem Strande zu; die Leute lagen in eine Gruppe zusammengekauert und hatten das bewußte Segel vom Growler über sich gedeckt. Es schien ein scheußlicher grauer Klumpen auf dem Sande, in dem es sich von Zeit zu Zeit regte. — Ueber den Häuptern unsrer Reisenden zog indessen abwechselnd weißes und dunkles Gewölk an 'der klaren Mondscheibe vorüber. Plötzlich fielen Regentropfen. Man tappte eiligst nach dem Rancho und schlüpfte in die Redes. Die Mosquitos ließen ein klein wenig nach, der Regen dagegen goß stromweis herab; die Diener drängten sich unter der schwankenden Bedachung ihrer Herren zusammen, und die letzteren schliefen ein.

Es war eben Tag geworden, als unsre Reisenden die Ranchos verließen, und, bepackt mit ihren Habseligkeiten, auf den sandigen Strand hinaustraten, um das gemeinsame Frühstück einzunehmen. Schwarze Wolken hingen über ihrem Haupte, und ein feiner Regen fiel herab. Die Mosquitos schienen ebenfalls ausgeschlafen zu haben, denn sie waren thätiger als je. — Der Regen wurde heftiger; das war ein gutes Zeichen. Man wartete ein wenig mit der Einschiffung, und die schöne, alte Wahrheit bestätigte sich wieder: „auf Regen folgt Sonnenschein!"

Um 6½ Uhr Morgens (10. December) wurde die Fahrt stromaufwärts fortgesetzt. Rundliche Hügel traten

zu beiden Seiten an den Xingú heran, und ließen die Ufer
ahnen, während sonst häufig unzählige flache Inseln durch
ihre hohen Baumgruppen die Aussicht benahmen, oder
anderseits, indem man sich durch jenes aus dem Flusse
hervorragende Gesträpp und Buschwerk nur mit Mühe
hindurcharbeitete, fast alle Umsicht verloren ging. Dieses
Durcharbeiten nun war gerade heute nicht eben angenehm;
denn wenn die nassen Büsche gestreift wurden, so schüttelten
sie sich, und die an Indianer-Pfeilen künstlich in der Canoa
zum Trocknen aufgestellte Wäsche, die bereits von der Tropensonne durchglüht war, wurde von neuem durchnäßt.
Dafür aber wurde man einigermaßen entschädigt durch die,
den Pflaumen der Farbe und den Kirschen der Form nach
ähnlichen Früchte, welche die Fahrenden leicht mit der Hand
von jenen Büschen abstreifen konnten, und die zwar bitter
schmeckten, doch der Abwechselung wegen den Appetit reizten.

Heute nun sollte man wieder zu einer Iurúna-Woh-
nung, und zwar zu der Hütte des Carlos, an der Mündung des Iriri (Guiriri) kommen, wo man, auf Grund
der Aussagen Martinho's, endlich Auskunft über eine
große Indianer-Ansiedelung in der dortigen Gegend zu erlangen hoffte, von der schon in Souzel die Rede gewesen
war, und die sich unsre Gesellschaft als Endziel ihrer Reise
gesetzt hatte. Daher war es wohl sehr natürlich, daß der
Prinz den indianischen Jäger, der die Ubá Seiner Königlichen Hoheit steuerte, heut schon in aller Frühe nach der
Mündung des genannten Flusses fragte. Der Indianer

zeigte zurück nach N. W. auf das waldige linke Ufer, indem er sagte, dort, hinter ihnen, fiele der Iriri in den
Xingú, seine Mündung sei aber durch die vielen Inseln
gegenwärtig dem Blick entzogen. Später stellte es sich
jedoch heraus, daß diese Angabe einigermaßen zweifelhaft
war, da die guten Leute, wie man sich vorstellen kann,
selbst nie eine klare Idee von der Geographie des Landes
haben, die ihnen überdies völlig gleichgültig zu sein scheint.
Ueberdies, bemerkt Prinz Adalbert, hält es schwer, bei
ihrer völligen Sorglosigkeit aus diesen stets heiteren Menschen irgend etwas herauszubringen; was um so unange-
nehmer ist, als man ihrer Leitung bei den Reisen in diesen
unbekannten Gegenden gänzlich überlassen ist, und sie, wie
früher schon erwähnt, von zwei für uns Europäer so wichtigen Dingen, von Raum und Zeit, gar keinen Begriff
haben. — Will man die Indianer bei gutem Muth erhalten, pflegte Padre Torquato zu sagen, so muß man
sie ruhig gewähren lassen, sie nie antreiben. Dann arbeiten
sie gern und willig, und gerade soviel als sie können.
Wollen sie jedoch ruhen, so muß man ihnen nie hinein-
reden; man lasse sie nur gewähren, wenn sie Halt machen
oder ihr Nachtlager aufschlagen wollen, und nie werden sie
diese Freiheit mißbrauchen. — Unsre Reisenden, die diesen
guten Rath befolgten, fanden des Padre Ansicht völlig bestätigt.

Unterdessen hatten sie sich allmälig dem linken Ufer
mehr genähert, als man ihnen auf einem flachen Fels-

inselchen die gelbliche runde Hütte des Carlos zeigte. Von Westen her fällt hier ein 4 — 500 Schritt breites Wasser in den Xingú, das im Süden von einer Hügelkette begleitet wird, welche mit dem prachtvollsten Urwald, zwischen dem sich eine große Menge schöner Palmen bemerkbar macht, bewachsen ist, und die, mit sanfter Wölbung gegen Ost abfallend, in einer Spitze endet, welche jenes Wasser von dem, den fernen dunklen Wäldern im Süden entströmenden Hauptstrom des Xingú trennt. Das nördliche Ufer des Nebenarms scheint nahe der Mündung aus waldigen und buschigen Inseln zu bestehen, die, mit dem Eilande der „Casa do Carlos" endigend, ebenso weit wie jenes hohe waldige Vorgebirge in den Hauptstrom des Xingú vorgreifen. Der Prinz hielt gleich anfangs dafür, daß jenes Wasser mit der Mündung des Iriri zusammenhängen müsse; indeß gehörten mehrere Stunden dazu, bis endlich von den Indianern, nach vielem Hin= und Her= schwanken, bestimmt zugestanden wurde, daß es ein Arm des Xingú sei, in den sich kurz zuvor der genannte Fluß ergösse, was sie ab und zu schon früher bestätigt hatten.

Das Boot des Prinzen, welches den andern voraus= geeilt war, weil der indianische Lootse den hohen Herrn anmelden sollte, legte zuerst am steinigen Ufer des Insel= chens an, das auf den ersten Blick von seinen Bewohnern verlassen schien. Doch als das Auge über Insel und Strom hinschweifte, entdeckte es eine Ubá, die, vom rechten Ufer herüberkommend und nach dem Landungsplatz der

Maloca steuernd, den Xingú in schräger Richtung hinab=
glitt. Als sie sich näherte, unterschied man darin mehrere
Indianerinnen mit kleinen Kindern, eine Menge zahmer
Affen und einige Hunde; vorn im Boote standen ein paar
schlanke größere Knaben, mit Pfeil und Bogen bewaffnet,
während ein schön gebauter Indianer an der Spitze, durch
ein paar rudernde Frauen unterstützt, die Stange führte. —
Die Indianerinnen sprangen eiligst an's Land und flohen
scheu nach der Hütte. Hierauf kamen einige Männer,
die sich mittlerweile eingefunden hatten, zu den Fremden
herab an's Ufer und begrüßten sie freundlich, während nun
auch die übrigen Boote unsrer Reisegesellschaft anlangten.

Von diesen Leuten erfuhr man, daß jene große Nieder=
lassung am Iriri gar nicht mehr existire, und daß ihre
Bewohner, die, einer spätern Nachricht zufolge, keine
Jurúnas, sondern Taconhapés gewesen sein sollen, wahr=
scheinlich weiter nach dem Innern gezogen seien. Dagegen
erzählte man, daß, wenn die Reisenden den Xingú auf=
wärts gingen, sie in kurzer Zeit eine größere Maloca der
Jurúnas erreichen würden, wo sich nur ungetaufte In=
dianer befänden, die mit den Weißen in gar keinem Ver=
kehr mehr ständen.

Die Gesellschaft setzte daher zur Verfolgung dieses
neuen Zieles, gleich nachdem ihre Leute abgegessen hatten
und für sie selbst die Fische gekocht waren, welche sie, mit
Farinha und Wasser gemengt, unterwegs in den Booten
verzehren wollte, ihre Reise stromaufwärts fort.

Carlos, ein schöner, schlanker Indianer, mit blauen
Perlenschnüren um den Hals, schloß sich den Reisenden an
und stand, die Stange gleich einer leichten Lanze hand=
habend, vorn in des Consuls und Doktors Boot. Die
fröhliche Esquadrilla durchschnitt die Mündung jenes brei=
ten Armes, in den der Iriri sich ergießen soll, und ruderte
an der östlichen Spitze jener oben beschriebenen waldigen,
niedern Serra vorüber, die bald im Rücken lag.

Der Hauptstrom des Xingú nimmt von hier aus einen
durchaus veränderten Charakter an. Die Granitblöcke im
Flusse werden mächtiger; die bisher kaum über den Wasser=
spiegel sich erhebenden, ja zum Theil überschwemmten In=
seln steigen gleich unzähligen abgerundeten Hügeln aus
dem Flusse empor, mit Buschwerk, Laubholz und schönen
Palmen auf's üppigste überwachsen, während die häufig
an ihrem Saum vorkommenden „Prahas" auf lockeren
Boden schließen lassen. Am sandigen Strande eines dieser
Eilande gewahrten die Jagdlustigen zu ihrer Freude eine
ganz frische Tapir=Spur, die auf ein mächtiges Thier
deutete.

Eingeengt zwischen diesen hohen Inseln und den Hü=
geln, welche an seine Ufer herantreten, strömt der mächtige
Xingú dahin, sich in unzählige Arme, gleich ebenso vielen
reißenden Waldbächen, theilend, und sich tosend wie ein
Bergwasser über Gerölle, Granitblöcke und Felsplatten
fortwälzend. Bei Durchschiffung dieses Labyrinths ging
alle Uebersicht verloren; nur hie und da genoß man einen

ebenso flüchtigen als entzückenden Durchblick auf die von
den glühenden Strahlen der Abendsonne vergoldete Serra
do Iriri, die von der üppigen Vegetation der zur Seite
ansteigenden Inseln gleichsam in einen smaragdgrünen
Rahmen gefaßt erschien. Indessen wurde die Gesellschaft
durch die beständig wiederkehrenden Strudel und Strom=
schnellen häufig genöthigt, aus der Ubá zu springen, die
nur mit größter Kraftanstrengung von Seiten der im
Wasser stehenden Mannschaft fortgestoßen werden konnte.
Dabei sprangen denn unsre Reisenden, mit ihren wichtig=
sten Habseligkeiten bepackt, ohne Weg und Steg von einem
glatten, spitzen Block zum andern, bis sich wieder eine
Gelegenheit zum Einsteigen fand. — Endlich konnten sie
klarer vor sich sehen: eine Stromenge schien sich zu öffnen;
es war jedoch nur der eine Hauptarm des Flusses, in wel=
chen sie hineinfuhren, zwischen der dunklen, waldigen Serra
do Castanhal, die, in einer Höhe von 800 bis 1000 Fuß,
dicht an das linke Ufer herantrat, und einer hohen Wald=
insel im Strome, die man anfangs für das rechte Ufer
gehalten hatte.

Mit wenigen Ruderschlägen war die Stromenge zurück=
gelegt, und nun lief man in ein breites Becken ein, über
welches wieder viele jener ofterwähnten flachen, mit Bü=
schen bewachsenen Felsinselchen ausgestreut waren. Unter
denselben, und zwar unfern des linken Ufers, doch soweit
davon ab, daß man den flach geschwungenen Bogen der
von einzelnen Bäumen überragten Contur der Serra und

ihren sich bis an den Fluß herabsenkenden Fuß frei übersehen kann, liegt die kleine Insel Castanhal, die um
4½ Uhr Nachmittags erreicht wurde. Die Boote liefen in
einen kleinen von Buschwerk eingefaßten Hafen ein. Denselben umgiebt ein flacher, abgerundeter Sandrücken, auf
dem sich, zwischen einigen rohen Anpflanzungen und Sträuchern, vier Hütten erheben, bei deren Bewohnern unsre
Gesellschaft eine gastliche Aufnahme fand. Besonders freundlich und vorsorglich bezeigte sich die ältliche Gattin des
Häuptlings, eine aus Souzel gebürtige Frau indianischer
Abstammung, die ihrem Manne, der sie auf einer seiner
Handelsreisen kennen gelernt hatte, in die Wildniß gefolgt
war. Sie schien sich sehr zu freuen, die Leute von Souzel
wiederzusehen, während der Padre ihre Bekanntschaft benutzte, sich über die Verhältnisse des Landes aufzuklären,
was ihm um so leichter wurde, da sie sogar gebrochen
portugiesisch redete. — Die Sonne ging schön unter, und
der Mond schien bereits hell, als man sich zur Ruhe
begab.

Diejenigen, welche die freie Luft dem dumpfigen Aufenthalt in der Hütte vorgezogen hatten, wurden kurz vor
Tagesanbruch durch einen sanft rieselnden Regen aus ihren
Hangematten aufgestört. Als aber der Regen allmälig aufhörte, begannen unsre Reisenden Feuer zum Kochen anzu-
machen, wobei sich ein alter Pagé zu ihnen gesellte, der
einen Schämel aus der Hütte mitgebracht hatte; doch bevor er sich darauf setzte, blickte er zu dem schwarzen, immer

42

noch drohenden Regenhimmel hinauf, blies denselben aus voller Brust mehrmals an, und vagirte mit den weit aus= gebreiteten, gen Himmel erhobenen Armen, die Fläche der Hände von sich abgewendet und mit dem feierlichsten Ernst den Regen beschwörend, in der Luft herum. Dann blickte er die Fremden triumphirend an, als wollte er sagen: „Nun könnt ihr sicher sein, daß kein Tropfen mehr herab= kommen wird," hielt den feuchten Stuhl über das Feuer, und setzte sich endlich darauf, um in aller Ruhe seine Ci= garre zu rauchen.

Es war 6¼ Uhr Morgens (11. December), als man Castanhal, von den Indianern Muruxitéua genannt, ver= ließ. Bald nach der Abfahrt, indem man sich allmälig den prächtigen, dichten Wäldern des rechten Ufers wieder näherte, begegnete man einer Ubá, die den Fluß hinabglitt. Eine schöne, junge, reich mit Perlen behangene Indianerin, von ihren ausgeputzten Kindern umgeben, saß in der Canoa, die ein paar Männer stießen. Alle blickten die Reisenden verwundert an, und siehe da, das Boot wendete und ar= beitete nun gar stromauf mit ihnen um die Wette. So war denn die Zahl der Ubás auf sieben gestiegen.

Ein paar Stunden später wurde an einer im Bau begriffenen Hütte — Jacui — am rechten Ufer so lange Halt gemacht, bis der Reis gekocht war. Leider mußte jedoch von heute ab, um sich gegen alle Zufälligkeiten sicher= zustellen, die Gesellschaft auf die halbe Reisportion gesetzt werden, da man schon jetzt überschlagen konnte, daß sich

die Abwesenheit von den „Fleischtöpfen" der Igarité über
Erwarten hinausziehen würde.

Inzwischen schaukelten die Europäer und die freund=
lichen Wilden sich friedlich neben einander in den Rede§
der dachlosen Hütte, die sich sehr malerisch ausnahm, wäh=
rend in großen, aus ausgehöhlten Baumstämmen gefertigten
Trögen oder in kolossalen Calebassen ein gelbliches, nach
des Padre Aussage giftiges Gebräu aus Mandioca am
Boden stand. — Alle Geräthschaften, Waffen u. s. w.
waren bereits an den Simsen umher aufgestellt. In der
Mitte lagen ein paar umgehauene Stämme, auf denen die
Dienerschaft der Reisenden ihr Mahl verzehrte, und im
Hintergrunde, am offenen, freien Ende der Hütte, floß der
dunkle Xingú vorüber, begrenzt durch die endlosen Wälder
des andern Ufers.

Man hatte kaum eine Stunde gerastet, als wieder
aufgebrochen wurde. Das Boot des Prinzen flog, wie ge=
wöhnlich, trotz der brennenden Mittagshitze, pfeilschnell
allen andern voran. Der Doktor, der schon vor Jacui
mit Graf Bismarck den Platz gewechselt hatte, spannte
seinen großen Regenschirm aus, darunter Schutz gegen die
Sonne zu suchen, was aber die armen Leute beim Rudern
sehr genirte und dem Prinzen selbst eine Zeit lang alle
Aussicht stromaufwärts benahm. Als er endlich auf allge=
meines Begehren den Regenschirm wieder zumachte — und
weit über eine Stunde hatte man ihm sein egoistisches Ver=
gnügen gegönnt, — da lag die etwa 1000 Fuß hohe Serra

deutlich ausgebreitet. „Dort, an jenem walbigen Rücken,"
sagte der Jäger aus Souzel, „liegen die Malocas." So=
mit war denn .enblich das Ziel der Reise in Sicht; —
„bis an jene Berge," hieß es, „und nicht weiter!"

„Bis hieher," heißt es in dem Tagebuche Sr. König=
lichen Hoheit, „hatten wir nur vorwärts geschaut, denn
seit Pará waren wir in einem unaufhaltsamen, rastlosen
Vorgehen geblieben; keinen Augenblick durfte mithin der
Gedanke an die Rückkehr in unsrer Brust aufkommen und
nichts unsern Eifer schwächen, immer tiefer in die Wälder
zu bringen, immer höher dem Laufe des Stromes ent=
gegenzugehen; — doch jetzt, in dem Moment, als jene
Bergkette mit den ersehnten, obgleich noch nicht sichtbaren
Malocas der gänzlich wilden Jurúnas uns so plötzlich vor
Augen trat, da fühlten wir, wie noch nie zuvor, was für
eine süße Melodie in dem Worte Heimath liegt! So
fern, so fern davon, mitten in den endlosen Wäldern Süd=
amerika's, schien in diesem Augenblick, als wir zum ersten
Male uns ungestört dem Gedanken an die Rückkehr hin=
geben durften, die trennende Kluft auf einmal zu schwin=
den, ja es war uns, als könnten wir Europa schon mit
Händen greifen! — Die geliebte azurblaue Fluth konnte
der Gedanke wohl schnell überspringen; desto mächtiger
aber stellte sich ihm der Begriff der Zeit entgegen. Die
letzten Nachrichten aus Europa waren Monate alt, und
Monde konnten vergehen bis zu den nächsten Briefen,
deren Inhalt vielleicht auch schon lange nicht mehr wahr

war! Wie viel konnte sich da geändert haben! Im Geiste
durchlief man alle jene, dem Herzen so theuren Orte jen=
seit des Oceans, die bei der großen Entfernung gleichsam
zu Einem Punkte — Europa genannt — zusammen=
schmolzen — und wie nahe ist man sich oft in Europa,
und doch wie fern! Das fühlt man erst recht über dem
blauen Meere!" —

Schon lange glitt man, Schatten suchend, unter den
weit überhangenden Zweigen hin, welche die Bäume einer
langen Insel links neben den Fahrenden wie ein niederes,
dunkles Dach über dem Boote ausbreiteten, — da hörte
man Hundegebell vor sich und Rauschen in den Zweigen —
und gleich darauf traf man auf eine Canoa, die an einer
Stelle vom Ufer abstieß, wo die niedergetretenen und ab=
gehauenen Zweige darauf schließen ließen, daß hier eben
eine Jagd beendet sein mußte. In der Spitze der Ubá
führte ein schlanker, schöner Knabe mit angeborner Ge=
schicklichkeit und jugendlichem Feuereifer die riesige Stange.
Seine feingebildeten, wohlproportionirten Glieder wurden
angenehm gehoben durch schwarze Puffen um Schultern
und Hüften, die auf die Haut gemalt waren, und schwarze
Streifen, die an den Beinen herumliefen. Der Schweiß
tropfte dem Knaben von der Stirn und glänzte in seinem
langen schwarzen Haar, während er keinen Blick von dem
herkulischen Manne verwendete, der, wie ein kastanien=
brauner Löwe mit pechschwarzen Mähnen, am andern Ende
des Bootes saß, es mit dem kleinen Ruder sicher und

gewandt lenkend. Sonderbar kontrastirten die edlen, freund=
lichen Züge des Alten mit jenem schwarzen Streifen, wel=
cher sein Gesicht der Länge nach theilte. Zwischen Groß=
vater und Enkel lagen, in der Mitte des Bootes, die
Trophäen des Tages, das kolossale Haupt und die Schul=
tern eines frisch zerschnittenen, noch blutenden Tapirs.
Freudig zeigten Beide auf das Siegeszeichen hin, als
unsre Reisenden neben ihnen fortruderten. Der alte Jäger
schüttelte lächelnd das Haupt über den freudigen Stolz
des Knaben, der kaum durch die heutige Tapirjagd zu=
frieden gestellt, schon durch seine kecken Blicke die Frem=
den zur „Regatta" herauszufordern schien! Den Tapir —
„Tapiira," wie ihn der Alte nannte — hatte der Indianer
heute Morgen am linken Ufer geschossen, und nachdem er
jetzt noch die seitwärtsliegende Insel vergeblich abgesucht,
wollte er zur Hütte zurückkehren.

Die Hunde drängten sich gierig an die Jagdbeute
heran, beschnüffelten sie, und versuchten immer auf's neue,
den „Schweiß" des Tapir zu lecken. Reichte die feine
Stimme des Knaben und ein gelegentlicher Schlag mit
der Stange nicht hin, sie von ihrem frevelhaften Vorhaben
abzubringen, so mußte der Alte sich in's Mittel legen;
dann erst kauerten sie sich mißmüthig zusammen.

Doch sehr bald trennten sich, wie es schien, die Wege,
denn die indianische Canoa steuerte schräg nach dem linken
Ufer zu, während die Insel zur Linken ein Ende nahm
und so dadurch ein flüchtiger Durchblick auf eine einzelne,

auf einem kleinen Eilande nahe dem rechten Ufer gelegene Indianer=Hütte gestattet war. Darauf kam wieder den Reisenden zur Linken eine ähnliche, lange Urwald=Insel, wie die vorige. — Seit Jacuí traten auch die Jauari= Palmen wieder in Masse an den Ufern auf, und schon seit vielen Tagen sah man Bäume mit großen Schooten, welche theils an den Ufern standen, theils, namentlich weiter unterhalb, aus dem Flusse selbst als Büsche aufzuwachsen schienen.

Als nun das Ende der neuen Insel gleichfalls erreicht war, bog man links zwischen eine Menge Eilande hinein und kreuzte dann in den schmalen Canälen umher, ohne sich, da man versäumt hatte, nach dem Wege zu fragen, zurechtfinden zu können, bis endlich, um 4 Uhr Nachmit= tags, und zwar ganz unerwartet, die Boote bei einer jener Malocas, Piranhaquára (oder Piranhosucuar) genannt anlangten. — Drei Jurúna=Hütten erhoben sich auf einem Sand=Inselchen, umgeben von verwilderten Anpflanzungen von Mandioca, Baumwolle, Bananen und Melancias (eine Art Wassermelonen), wie sie die Wilden um ihre Woh= nungen anzulegen pflegen, und ohne alle Einzäunungen, ohne alle Ordnung durch einander aufwachsen lassen. Dem Landungsplatze gegenüber, von dem aus das Ufer sanft gegen die Hütte des Häuptlings ansteigt, liegt, nur durch einen schmalen Canal getrennt, ein anderes Eiland; ein mächtiger Baum ragt hier über eine dichtverschlungene grüne Wand von Lianen hervor, und streckt einen unge=

heuren Zweig, gleich einem Riesenarme, an dem es gleich=
sam wie ein Wasserfall von Schlangenpflanzen herabhängt,
horizontal von sich. An beiden Enden des schmalen Canals,
der unter der Maloca hinfließt, zeigen sich noch eine Menge
ähnlicher buschiger Eilande.

Der Prinz und seine nächsten Reisegenossen verließen
das Boot, und stiegen, in Begleitung ihres Steuermanns
und Dolmetschers, im tiefen Sande zur Hütte hinan, aus
der ihnen die Jurúnas, aber diesmal sämmtlich mit den
Waffen in der Hand, entgegenkamen. Das Friedenszeichen
ward jedoch freundlich von den Wilden beantwortet, obgleich
das Erscheinen der weißen Gäste einen befremdenderen Ein=
druck auf sie zu machen schien, als auf diejenigen ihrer
Stammgenossen, welche die Reisenden bisher besucht hatten.
Dagegen erschienen diesen die Eingebornen zu Piranhaquára
noch weit abenteuerlicher, da sie nach Art des Knaben sich
zum Theil „spanisch" angemalt hatten, oder doch wenigstens
den Strich über's Gesicht und das rothe Herz über der
Stirn trugen. Auch der mehr kriegerische Empfang ge=
währte einen größeren Reiz. Man führte die Fremden in
die Hütte. Nach kurzem Verweilen traten sie aber durch
den entgegengesetzten Ausgang in's Freie hinaus. Hier
zeigten sich auch die zwei andern Hütten, welche in kleinen
Abständen hinter der ersten, und zwar in einer Linie mit
derselben lagen. Gleich hinter der Hütte des Häuptlings
fand man den wohlbekannten zerschnittenen Tapir, den viele
Indianerinnen neugierig umstanden; auch erkannte man bald

die glücklichen Jäger, Großvater und Enkel, unter dem Indianer-Haufen, zwischen dem ein lebendiger junger Tapir zutraulich umherging, oder vielmehr umhertrabte, indem er, ohne sich um seinen todten Kameraden zu kümmern, mit der Nase auf der Erde zwischen den Kräutern nach Nahrung suchte.

Jetzt erst vernahm man den Ruderschlag von der Ubá des Padre, die, gefolgt von den übrigen Booten, eben um die Spitze der Insel bog. Man winkte den Freunden, um ihnen den Landungsplatz zu bezeichnen, und gleich darauf standen sie den Andern zur Seite. Nun stellte Padre Torquato die Gäste noch einmal förmlich vor. Zu diesem feierlichen Akt hatte der Tuxáva aus Tabaquára jenes festliche Kleid angelegt, das er der Güte seines geistlichen Beschützers verdankte, nämlich jene dunkelblaue, reich mit goldnen Tressen besetzte Bedienten-Livree, dunkelblaue Beinkleider mit einem breiten Goldstreifen, und dazu die blaue Tressenmütze. Das lange Haar, das er in einer dicken Wulst im Genick aufgebunden trug, gab ihm das Ansehen einer verkleideten Dame, während wiederum sein Untergestell etwas Affenähnliches hatte, indem aus den weiten Beinkleidern, die er mit beiden Händen hochhielt, um nicht darauf zu treten, seine dunkelbraunen nackten Füße hervorkamen.

Durch diesen fabelhaften Aufzug hoffte Pater Torquato seinem Schützlinge, — der ja, wie man sich erinnern wird, nichts Geringeres war als ein Prätendent der

Tuxáva-Würde über alle Jurúnas — bei seinem Volke das erwünschte Ansehen zu verschaffen. Man wird leicht begreifen, was für ein bedeutungsvoller Augenblick für den so ausstaffirten Thronbewerber diese Vorstellung durch den Pabre sein mußte! Dagegen waren alle jene, von einer feinen Politik eingegebenen Toilettenkünste nicht allein nicht im Stande, weder das Legitimitätsgefühl in der Brust der Jurúnas zu ersticken, noch reichten sie hin, ihre Gleich= gültigkeit zu überwinden. Sie blieben kalt, sahen ihn ohne das mindeste Zeichen von Interesse an und begrüßten ihn nicht anders, als sie die Fremden begrüßt hatten. Darauf hockte José Antonio Bitancourt mit den Weibern in einer Ecke der Hütte nieder, um mit ihnen die Todtenklage anzustimmen: eine ächt indianische Beschäfti= gung, mit welcher seine betreßte Livree einen eigenthüm= lichen Kontrast bildete! Nach beendeter Ceremonie streifte er jedoch ein Kleidungsstück nach dem andern ab, denn ebenso sehr als dieser Anzug ihm zu gefallen schien, schien er ihn auch zu belästigen.

Unsere Reisenden durchstreiften unterdessen die drei Hütten und tauschten viele Waffen und Geräthschaften ein. Der Prinz erhandelte unter andern eine Bast=Perrücke, die der Besitzer einem seiner Feinde, einem Peapai oder Axipai, abgenommen hatte; dagegen war es ihm unmöglich, einen, allerdings schon etwas abgetragenen Federmantel zu erstehen, da der Eigenthümer dessen, ein Pagé, nach Souzel verreist war. Jene Perrücke und dieser Federmantel waren leider die beiden einzigen Gegenstände dieser Art, die man unter den Jurúnas antraf. Ebenso hätte Seine Königliche Hoheit den kleinen Tapir gern gekauft, um ihn für den zoologischen Garten mit nach Berlin zu nehmen; doch war er leider schon in den Besitz des Padre Torquato über= gegangen, der ihn für einen seiner Freunde erworben hatte.

Heut Abend sollte wiederum ein improvisirtes Tanzfest stattfinden; doch stand noch früher ein großartiges Souper bevor. Graf Oriolla hatte nämlich auf der Fahrt von Jacui hierher einen wundervollen, hellblau und gelben Aráara erlegt, und zwar war dies der erste Vogel dieser Gattung, der von Einem der Gesellschaft heruntergeschossen wurde, obschon bereits an hundert Schüsse vielleicht auf diese sonst so schußfeste und wegen ihres hohen Fluges fast unerreichbare Vogelgattung nutzlos verschwendet worden waren. Dieser Aráara nun wurde zum Besten gegeben; er schmeckte gut, doch war er, seiner Härte wegen, eine gute Probe für die Zähne. Graf Bismarck steuerte eine Taube zum Nachtessen bei. Das Prachtgericht aber war ein Stück von dem Tapir, das, geröstet, einen außer= ordentlich guten Geschmack hatte. Man denke sich dazu noch eine Chokoladensuppe, und man wird eingestehen, daß es sich gar so übel nicht am Xingú lebt!

Gegen Sonnenuntergang fanden sich viele Indianer vor der Hütte des Turáva von Piranhaquára, eines freund= lichen Greises, ein, dem sein langes weißes Haar über den braunen Nacken herabhing. Der Prinz versuchte ein

Gespräch mit dem Alten anzuknüpfen, um von ihm etwas
über die Kriegführung der Indianer zu erfahren. Dies
gelang auch, doch freilich ging die Erzählung erst durch
den Mund von drei bis vier Dolmetschern, ehe sie ver=
deutscht die Wißbegierde des hohen Reisenden befriedigte.
Um den Weißen zuerst die große Zahl seiner Begleiter
anschaulich zu machen, zählte der Indianer die Finger
seiner beiden Hände, dann seine Zehen, und zuletzt wies
er, sich schnell im Kreise herumdrehend, auf die Hände
und Füße aller Umstehenden, um dadurch auszudrücken,
daß die Zahl seiner Kameraden gleich der Summe aller
Finger und Zehen gewesen wäre. Mit diesem Haufen
war er über eine von sämmtlichen Männern verlassene
feindliche Niederlassung hergefallen, wobei viele Frauen
theils gefangengenommen, theils niedergemacht wurden.
Anfangs waren die Jurúnas natürlich im Vortheil; doch
bald, nachdem die Männer zurückgekehrt, verließ sie, wie
gewöhnlich, das Glück, worauf sie die Flucht ergriffen.
Bei dieser Gelegenheit hatte der Alte eine Pfeilwunde in
das Kreuz erhalten, auf die er stolz zu sein schien, obgleich
sie einen deutlichen Beweis seines Davonlaufens abgab. —
So wenigstens verstand der Prinz die Geschichte.

Nach Beendigung derselben bemerkten die Umstehenden
nichtsobald, daß die Fremden noch zum Tauschhandel
aufgelegt seien, als sie ihre Waffen, Geräthschaften u. s. w.
holten, um sie zum Kauf anzubieten. Ein alter, wild aus=
sehender Mann verhandelte dem Prinzen sein Halsband

von großen, auf eine Schnur gereihten Unzenzähnen; auch ein paar Halsbänder von Affenzähnen wurden erstanden.

Inzwischen war es dunkel geworden, und hinter der Hütte kämpfte der röthliche Schein eines mächtigen Feuers bereits mit dem Silberlichte des aufgehenden Mondes. Das Tanzfest sollte angehen. Unsre Gesellschaft setzte sich theils auf Esteiras· nieder, die dicht bei der Hütte ausgebreitet waren, theils auf indianische Schämel. Bald füllte sich der Platz mit braunen Gruppen, doch Niemand schien den Anfang machen zu wollen. Als man nun so auf die Tanzlust der braunen jungen Welt wartete, suchte der Prinz das Gespräch auf die Religion der Jurúnas zu bringen, indem er den Pater Torquato fragte: woran sie eigentlich glaubten. Dieser wandte sich, statt aller Antwort, an einen greisen Indianer, der sich zu ihnen gesetzt und den er selbst einst bei seiner Anwesenheit in Souzel getauft hatte, mit der kurzen Frage: was sein Glaube sei? Der Alte entgegnete, ohne sich zu besinnen: er glaube an eine Gottheit, von der alles Gute komme, und zeigte dabei auf die Mondscheibe, und an ein Wesen, von dem das Böse stamme. Dies übersetzte der Pater selbst, der es erwartet zu haben schien, von dem Alten dieses naive Bekenntniß seines unverfälschten Jurúna-Glaubens zu hören.

„So wenig,“ bemerkt Prinz Adalbert, „belehren die Missionare ihre Täuflinge über die Glaubenssätze des Christenthums! Die Taufe ist ihnen eine rein politische

Handlung; der Getaufte erhält einen Namen und spricht
dadurch aus, daß er sich nach Souzel zu den Kindern des
großen Vaters, des Kaisers, rechnet, und die Regierung
kann einen Unterthanen mehr in den Bevölkerungslisten
führen, der ihr sonst vielleicht unbekannt geblieben wäre!

Der Mond, als das Bild der Gottheit, spielt natürlich eine große Rolle bei den Jurúnas, und der Tag, an
dem der Vollmond eintritt, ist ihr größter Festtag. Sie
bereiten alsdann aus der Mandioca-Wurzel ein berauschen-
des Getränk, welches sie „Caxeri" nennen, und das
Abends die versammelten Einwohner der Maloca gemeinsam genießen. Sobald die Männer sich in einem gehörig
aufgeregten Zustande befinden, beginnt dann ein begeistertes
Tanzfest. — Es ist dies das einzige Fest, bei welchem
auch die Männer tanzen, was sonst nur den Frauen überlassen bleibt.

Dennoch sollte nun einmal heute ein solches Tanzfest
improvisirt werden, wenngleich der Mond noch nicht voll
und der „Caxeri" nicht vorhanden war. Letzteren dachte
man durch die mitgebrachte Caxaça zu ersetzen; doch hielt
es der Prinz nicht für rathsam, allen Branntwein zu ver-
schwenden, da leicht Fälle eintreten konnten, wo man, bei
Erkältung oder Uebermüdung der Leute, ihn selbst nöthig
hätte. Beim Nachsehen fand sich auch so wenig Caxaça in
der riesigen, überflochtenen Flasche, daß nichts davon abgegeben werden konnte, und das Tanzfest entsprach daher

auch, wie sich denken läßt, durchaus nicht den sanguinischen
Hoffnungen.

Nach langem Zaudern wurde der Tanz endlich durch
sechs Indianerinnen und ein kleines Mädchen begonnen,
welche dieselben Schritte wie die Frauen zu Tavaquára
machten und einen ähnlichen eintönigen Gesang vollführten,
dessen improvisirte Worte die Fremden willkommen heißen
sollten. Der Prinz konnte darunter sehr oft die Laute:
kain be, kain be, tova, unterscheiden. — Während die
Indianer sich allmälig in ihre Hütten verloren, folgte
ihnen die Mehrzahl unsrer Reisegesellschaft; der Prinz
jedoch, der Padre und ein Theil der Leute hingen ihre
Redes draußen auf, um die verlöschenden Feuer, die zum
Tanzfeste geleuchtet hatten.

Am 12ten December machte man zeitig Tag. Der
alte Tapirjäger hatte nämlich auf heut eine Antenjagd ver=
sprochen. Als man sich nun am Landungsplatze einstellte,
nahm er Einige von der Gesellschaft in seine Ubá auf,
während noch ein paar, mit ihren Leuten besetzte Boote
folgten. Der Knabe arbeitete frisch in der Spitze der
Canoa; die kleine Meute, der das Boot zu enge schien,
sprudelte von Jagdlust über, und der alte freundliche Jäger
steuerte in das Inselgewirr hinein. Bald ergriffen auch
unsre Reisenden selbst die Ruder und halfen mit. Gleich
darauf erblickten sie im Ufersande Tapirspuren; sie waren
jedoch nicht frisch genug, um verfolgt zu werden. — Statt

deſſen liefen ſie in einen breiteren Canal zwiſchen zwei langen, walbigen Inſeln hinein.

Während hier der Alte wiederum am Ufer nach Spuren ſuchte, ſtieg Prinz Abalbert in ein anderes Boot, ſo daß Graf Bismarck nunmehr mit Großvater und Enkel allein in der Ubá blieb, bie balb barauf rechts an ben Wälbern hinſteuerte. Plötzlich vernahm man ein Geräuſch im Waſſer, und als der Prinz hinblickte, ſah er ben Knaben und ben Grafen mit Wehr und Waffen kopf= über in den Xingú fallen. Lachend warb darauf zuge= rubert; der Knabe tauchte auf und ſchien mit Anſtrengung, gemeinſchaftlich mit bem Alten, Etwas in's Boot zu heben. Graf Bismarck kletterte inzwiſchen gleichfalls wieder in bie Ubá hinein, inbem er bem Prinzen zurief: ber Junge habe ſo eben ein „Capivari" (Hydrochoerus Capybara) gefangen.

Dies hatte ſich auf folgenbe Weiſe zugetragen. Das Capivari war bicht vor bem Boote vom Ufer in's Waſſer geglitten, um bie gegenüberliegenbe Inſel zu erreichen. Dies ſehenb, ſtürzte ſich der junge Indianer „zu Kopf" in's Waſſer, wobei bas Boot burch ben Abſtoß, ben er ihm gab, plötzlich ſo heftig ſchwankte, baß Graf Bismarck, ber aufrecht ſtand und nichts ahnte, bas Gleichgewicht ver= lor und kopfüber in den Xingú fiel. Der Kleine glitt wie ein Pfeil bem Capivari nach und packte es ſo kräftig von hinten bei ber Gurgel, baß es ſich nicht losreißen, und babei ſo geſchickt, baß es ihm mit ſeinem ſcharfen Gebiß

nichts anhaben konnte. Lauter Beifall lohnte ihm für diese
Probe seines Muthes und seiner Gewandtheit. Der kleine
unruhige Gefangene wurde mit Schlingpflanzen gebunden
und in eine Ecke des Bootes verbannt, wo er anfangs ein
unbarmherziges Gequietsch hören ließ, während die Hunde,
die sich nur mit Mühe zur Ruhe verweisen ließen, ihn
scheel anblickten. Doch bald brachte der Anfang der Jagd
sie auf andere Gedanken. Der alte Jäger und sein Enkel
verließen das Boot und führten die kleine Meute in den
Wald am Ufer; denn die Insel sollte abgetrieben werden,
während man die Schützen mit den Booten an ein paar,
den Indianern bekannten Stellen stationirte, wo die Tapire
von einem Eilande zum andern hinüber zu gehen pflegten,
wie denn überhaupt die Jagd der Indianer auf dergleichen
großes Wild, als Tapire, Tiger, Rehe u. s. w. einzig und
allein darin besteht, die Wälder am Ufer oder auf den
Inseln durch Hunde abzutreiben, um alsdann das stets dem
Wasser zueilende Wild im Flusse zu erlegen.

Nicht lange, so ward die Meute laut und schien auf
frischer Fährte zu jagen. Der Punkt, wo unsre Jäger,
mitten im Canal, bei einem mächtigen, abgespülten Gneis=
block lagen, gewährte ihnen den Anblick einer schönen
Gruppe von Jauari=Palmen, die sich an einem Vorsprunge
der Insel erhoben. Die Flinten der Schützen waren in
Bereitschaft; die aufgeregte Phantasie sah schon das mäch=
tige Wild sich in den Strom stürzen, ja in Gedanken such=
ten sie sogar bereits die ihnen von den Indianern an

seinem Haupt bezeichnete tödtliche Stelle hinter dem „Ge=
hör" oder hinter dem „Blatt," wo sie hinhalten sollten.
Mit einem Wort, sie waren so voll Kampflust, daß der
Prinz alle seine Geduld zusammennehmen mußte, um nur
wenigstens einigermaßen die Palmengruppe zu treffen, welche
er eben abzeichnete.

Indeß der „Hundelaut" wurde immer spärlicher, und
endlich hörte er ganz auf. Stunden verflossen so; ja selbst
die beiden Grafen, passionirte deutsche Jäger, fingen an
das Ding langweilig zu finden; sie konnten der Versuchung
nicht widerstehen, auf einige Aráras zu schießen, die immer
neckend dicht über ihnen fort flogen, und Graf Bismarck
hatte das Glück, zwei wunderschöne blaue zu erlegen. Noch
ein Boot mit Indianern gesellte sich dazu, um an der Jagd
Theil zu nehmen; natürlich fehlten auch die Frauen und
Kinder nicht. Endlich wurde nach rastlosem, vergeblichem
Suchen die Meute wieder gesammelt, auf die andere Insel
übergeführt und dort wieder auf die Fährte gesetzt. Allein
auch hier war alles Treiben erfolglos. — Unterdessen be=
nutzte das Capivari die Abwesenheit seines jungen Ty=
rannen, um zu entweichen; doch ward es bald wieder ein=
gefangen. Nachdem nun auch die Hunde wieder eingeschifft
waren, ging es endlich mit Anstrengung aller Kräfte strom=
auf durch viele Canäle nach Piranhaquára zurück. — So
endete die ebenso langweilige als erfolglose Tapirjagd, von
welcher unsre Schützen nur einige Vögel, und die Indianer

nur ein paar Fische, die sie geschossen hatten, als bescheidene Trophäe nach Hause brachten.

Während der Abwesenheit der Jagdgesellschaft hatten Padre Torquato und der Consul Theremin zwei, etwa eine Stunde oberhalb Piranhaquára gelegene Malocas, Aráraquahapuhum und Uaquéfuega (oder Uaquéouocha), besucht, von denen sie gleichfalls jetzt zurückkehrten. Kaum aber hatten sich Alle wieder zusammengefunden, als sich die Gesellschaft auch sogleich wieder zerstreute; nur Prinz Adalbert blieb allein in der Hütte zurück. Durch diesen Zufall bekam er die höchst sonderbare Bereitung des Caxeri, jenes berauschenden Indianer-Getränkes, zu sehen, das so eben für die Gäste gebraut wurde, damit diese es morgen noch vor der Abreise versuchen könnten. Der hohe Herr kam gerade dazu, als der Actus des Kauens vor sich ging. Drei oder vier hübsche Indianerinnen saßen um die Schaale mit dem Mandioca-Brei herum, nahmen immer eine Handvoll heraus, führten sie zum Munde, kaueten sie und spieen sie dann wieder in's Gefäß hinein. Ein Glück, daß es wenigstens keine alte Frauen waren, und daß die schönen weißen Zähne von der Reinlichkeit der Mädchen zeugten!

Der Mond schien bereits hell, als man sich zur Nachtruhe anschickte. Der Prinz packte vor der Hütte seine wenigen Habseligkeiten, zur großen Verwunderung der Indianer, zusammen, denen diese bescheidenen Besitzthümer wie die Schätze eines Krösus vorkamen. Besonders aber staunten sie, als ihnen der hohe Herr die glänzende Wachsleinwand zeigte und ihnen begreiflich machte, daß dieselbe seine Sachen gegen den Regen schützen sollte. Das schien ihnen sehr einzuleuchten.

Wir gedenken noch einer unterhaltenden Episode, die am Nachmittage nicht wenig zu lachen gab. Als nämlich Graf Oriolla das Hemb wechselte, drängten sich die Männer neugierig um ihn herum, um seine weiße Haut anzufühlen, und riefen dann ihre Frauen herbei, damit diese sich durch Befühlen selbst von dem merkwürdigen Naturspiel überzeugen möchten; — so auffallend war ihnen die Erscheinung der Weißen! —

Die Insekten ließen den Prinzen nicht ruhig in der Hütte schlafen; er ging daher mitten in der Nacht in's Freie hinaus, wo sich Graf Oriolla zu ihm gesellte. Nun wurde Feuer angemacht, um an demselben die Chokolade zum Frühstück zu kochen. Der Graf kehrte jedoch bald in seine Hangematte zurück, während Prinz Adalbert noch lange am Feuer bei seiner Chokolade stand, um der herrlichen Tropen-Nacht zu genießen. Das Südkreuz und der große Bär waren beide sichtbar, und den Mond umgab ein ovaler weißer Regenbogen. Todtenstille herrschte ringsum; Alles schlief, nur der kleine Tapir irrte, nach Nahrung suchend, umher. —

———

Wir befinden uns hier an dem Wendepunkt der Reise, die sich am nächsten Tage schon stromabwärts der Heimath zukehren sollte. Doch bevor wir den hohen Reisenden auf seiner Rückfahrt begleiten, entlehnen wir dem Tagebuche desselben noch Einiges über den oberen Lauf des Xingú und über die an dessen Ufern wohnenden Völkerschaften.

Der genannte Strom entspringt, wie früher schon erwähnt, zwischen dem 14. und 15. Gr. südlicher Breite, an dem nördlichen Hange der Serra dos Vertentes, in der Provinz Mato Grosso. Indeß sollen diese Nachrichten, gleich den Angaben über seinen anfänglichen Lauf zwischen zwei Bergreihen, und über seine obersten, wenig bedeutenden Zuflüsse, unter denen man die Rios dos Bois und das Trahiras, den Xanaci und den von Westen kommenden Barahú nennt, größtentheils auf unbestimmten Aussagen der Sertanistos beruhen, die wahrscheinlich auch die einzige Grundlage der Karten jenes bis heute noch in ein mystisches Dunkel gehüllten Landstriches bilden. Nur wenige Expeditionen sollen, in der Absicht, Indianer nach den Niederlassungen am untern Strom herabzuführen, bis über den Iriri hinausgekommen sein; auch hat man von keiner Reise auf dem Xingú von seiner Quelle bis zu seiner Mündung je Kenntniß erhalten, mit alleiniger Ausnahme der Fahrt eines Lieutenants der Miliz, welcher im Jahre 1819 von Cujabá auf dem Strome bis Porto de Möz hinabschiffte.

Und doch haben schon vor beinahe zweihundert Jahren die Gegenden an den Xingú=Quellen durch die Erzählungen des berühmten Abenteurers Bartholomeo Bueno, der hier im Lande der Arachs ungeheuer reiche Goldgruben ent= deckt haben wollte, eine gewisse Berühmtheit erlangt. Ob= schon, wie er angab, der Fleck, wo sich diese Schätze be= fänden, leicht daran kenntlich sei, daß sich dicht dabei ein Felsen erhöbe, dessen Adern wunderbarerweise die Leidens= werkzeuge unsers Erlösers in rohen Umrissen darstellten, so ist doch leider, trotz dieses Merkmales und trotz alles Suchens, die reiche, von Bueno beschriebene Gegend nicht wieder aufgefunden worden. Uebrigens mag der genannte Abenteurer es vielleicht mit jenem Felsen=Wunder diesmal ebenso auf die Täuschung seiner Landsleute abgesehen haben, wie er sonst die Leichtgläubigkeit der armen Indianer zu mißbrauchen pflegte, bei denen er sich unter anderm dadurch den Namen des „Anhanguera" oder des „alten Teufels" erworben haben soll, daß er Branntwein vor ihnen ab= brannte und ihnen dann vorspiegelte, er verstehe sogar die Kunst, auf ähnliche Art Flüsse auszutrocknen. —

In einiger Entfernung vom Strome soll das Land äußerst fruchtbar und das Klima gesund sein. — Unter dem 8. Gr. südlicher Breite verläßt der Xingú Mato Grosso und tritt in die Provinz Pará ein. Der erste Nebenfluß, der ihm hierauf seine Wasser zuführt, ist der bereits oben erwähnte Iriri, der, von Südwesten aus dem Lande der Arinos kommend, in der Nähe der Hütte des Carlos in einen Nebenarm des Stromes fällt. Der Iriri scheint, nach den Karten zu urtheilen, der bedeutendste unter den Zuflüssen des Xingú zu sein und den Tucurui an Länge zu übertreffen.

Das Land der Arinos gehört zu der Provinz Mato Grosso und liegt im Westen des oberen Xingú, während der, gleichfalls fast gänzlich unbekannte Landstrich im Osten desselben, der sich bis zum Araguahá (dem westlichen Stammfluß des Tocantins) erstreckt, den Namen Comarca Tapiraquia führt. In der Provinz Pará hingegen heißt alles Land zwischen dem Xingú und dem Tocantins einerseits, und der Comarca Tapiraquia und dem Amazonenstrome anderseits: Xingutania, während man einst, im Gegensatze, das auf dem linken Xingú-Ufer gelegene Land Tapajonia nannte, indem man hierunter den weiten Landstrich zwischen dem Xingú, dem Tapajós, dem Amazonas und dem Districte der Arinos verstand.

Zwischen dem Iriri und dem Tucurui haben unsre Reisenden außer den zahlreichen Bächen, welche die Estrada durchschneiden, von einem Nebenflusse des Xingú weder etwas gehört, noch, bei der Breite des Stromes und den vielen ihn bedeckenden Inseln, etwas gesehen. Doch mögen darum jene kleinen Flüsse: dos Arinos, Itoma, Ita-bagua, Pacaxa u. s. w., die einige Karten in den Wäldern Xingútaniens entspringen und sich ihm, namentlich in der Gegend der Katarakten, einverleiben lassen, nichtsdestoweniger vorhanden sein.

Fast ebenso unbekannt wie der obere Lauf des Stromes sind auch die anwohnenden Völkerschaften; am wenigsten gilt dies jedoch von den Jurúnas (Schwarzgesichter), welche sich gegen das Ende des siebzehnten Jahrhunderts durch kriegerische Thaten auszeichneten. Dafür scheinen sie gegenwärtig das Waffenhandwerk eben nicht ausnehmend zu lieben. Meist nur die Blutrache pflegt sie dazu zu treiben; auch wohnen sie wohl nur deshalb auf Inseln, weil sie sich hier vor ihren Feinden sicherer wähnen. Gleichwohl fehlt es ihnen nicht an Waffen, namentlich an verschiedenartigen Bogen und Pfeilen, die wir hier kurz beschreiben wollen.

Die Bogen, deren Länge in der Regel nahe an 7 Fuß*) beträgt, sind von sehr starkem, schwerem Holze von schwarzer oder brauner Farbe, das auf der äußern Seite sanft abgerundet, auf der innern aber eckig und geglättet ist; hierdurch unterscheiden sie sich merklich von denen der Puris und Coroados am Parahhba, sowie von denen der halbcivilisirten Indianer am Amazonas und untern Xingú, die aus ganz rundem Holze gefertigt werden. Die Sehnen bestehen aus Baumbast und werden von den Indianern unglaublich straff angespannt. Die Pfeile sind von sehr leichtem Rohr, mit Einschluß der Spitze etwa 6 Fuß lang, und an dem Ende, wo der Kerb sich befindet,

---

meist mit Arárafedern versehen, ihre Spitzen dagegen sehr
verschieden, je nach dem Gegenstande, der damit geschossen
werden soll.

Es giebt erstens flache, aus hartem Holze gefertigte
zweischneidige Pfeilspitzen von 21 Zoll Länge und 1¼ Zoll
Breite, deren sich die Jurúnas im Kriege gegen ihre Feinde
bedienen; ferner 6½ bis 8 Zoll lange und ¾ Zoll breite,
ebenfalls zweischneidige Holzspitzen, die oft vergiftet, auf
der einen Seite abgerundet, auf der andern aber mit einer
Nuthe oder Aushöhlung versehen und zur Jagd auf Unzen
und Tapire bestimmt sind; dann findet man wieder 22 Zoll
lange, runde, hölzerne, an dem einen Ende mit einem
spitzen Knochen versehene Spitzen oder Stäbchen mit einer
hohlen hölzernen Kugel da, wo das Rohr des Pfeiles an=
fängt, die hörbar pfeifen und von den Indianern zuerst in
den Baum geschossen werden, um die darauf sitzenden Vögel
abzuschrecken, damit sie sich bewegen, auf diese Weise leichter
gesehen und dann auch um so leichter erlegt werden. Gegen
die Vögel selbst wenden sie dagegen eine vierte Gattung
Pfeilspitzen an, die aus einem einfachen, 17 Zoll langen
hölzernen Stöckchen bestehen, das jedesmal vor dem Ge=
brauche zugespitzt wird. Hiervon unterscheidet sich eine
andere, gegen Fische gebräuchliche Pfeilart nur dadurch,
daß sie an dem Ende des Stöckchens mit einer Gräte
oder einem Knochen als äußerste Spitze und zugleich als
Widerhaken versehen ist. Die sechste und letzte Gattung
Pfeile ist dieser ganz ähnlich, nur daß sie, im Gegensatze

zu allen vorgenannten Arten, keine Federn an dem stum=
pfen Ende hat; dabei aber ist sie im Rohr die stärkste
von allen, und auch einige Zoll länger als die andern,
während ihre dünne, runde Holzspitze gegen 22 Zoll mißt.
Diese langen Pfeile werden ebenfalls gegen Fische ange=
wendet, da sie leicht auf dem Wasser schwimmen und so
den geschossenen Fisch schnell an die Oberfläche hinauf=
ziehen. Doch werden alle diese Geschosse auch häufig
willkürlich durcheinander gebraucht.

Höchst interessant ist es übrigens, den Jurúna auf
der Jagd, seinem eigentlichen Elemente, zu beobachten, wie
er die Stimme der Vögel nachahmt, wie er das Wild
mit wahrem Falkenblick erspäht und es so geschickt und so
leichten Ganges anschleicht, daß man weder das kleinste
Geräusch in dem abgefallenen Laube, noch das geringste
Knistern in den Zweigen vernimmt, und wie er endlich an
der unscheinbarsten Bewegung des Wassers den vorüber=
schwimmenden Fisch erkennt, um ihn geschickt mit einem
jener langen Pfeile zu erlegen.

Die Zahl der Jurúnas beträgt, nach Padre Tor=
quato's Angabe, etwa 2000; sie gehören mithin zu den
zahlreicheren Stämmen, und werden außerdem zu den so=
genannten Indios mansos, zahmen Indianern, gerechnet,
d. h. zu denen, welche weder Menschenfresser, noch über=
haupt den Weißen feindlich gesinnt sind. Sie leben, wie
wir gesehen haben, in bequemen, geräumigen Palmstroh=
hütten, wobei meist drei Familien zusammen eine Wohnung

theilen. Sie sind treu in der Ehe, obgleich sie zum Theil mehrere Frauen haben und dieselben zuweilen freiwillig an einen Freund abtreten oder sie ihm auf kurze Zeit überlassen. Sie pflanzen und fabriciren Baumwolle, welche ihre Weiber spinnen und daraus auf einem großen hölzernen Rahmen Hangematten und Schurze weben, bereiten Assú-Oel und halten Hausthiere, nämlich Hühner und Hunde. Gegen die einfachen Produkte ihres Kunstfleißes tauschen sie in Souzel Aexte, kleine Messer und Facões ein, deren Klingen den Prinzen lebhaft an die Schaska-Klingen der Tscherkessen erinnerten, die von diesen für spanische ausgegeben werden, aber — und dies erklärt die Aehnlichkeit — zum großen Theil, ebenso wie die Facões in der Provinz Pará, von Solingen herstammen sollen.

Die Nahrung der Jurúnas besteht, außer dem erlegten Wilde und den gefangenen oder geschossenen Fischen, vorzüglich aus Bananen-Brei mit Wasser und Piment, und aus Farinha, die sie, gleich den halbcivilisirten, am untern Xingú lebenden Indianern, auf sehr mannigfache Weise zu bereiten verstehen. Zu Tavaquára unterscheidet man sechs verschiedene Produkte aus dem Mandioca-Mehl. Zuerst bereitet man „Farinha d'Agoa," indem man die Mandioca-Wurzeln in's Wasser legt, bis sie in Fäulniß übergehen. Hierauf werden die Schalen abgelöst, die Wurzeln mit den Händen zerquetscht und in einen Kasten gethan, der einen Abfluß hat. Darin trocknen sie, bis sie hart sind; dann zerreibt man sie mit den Fingern und röstet sie in großen Cujas (Schalen) zu einem dickkörnigen Pulver. Die so gewonnene Farinha d'Agoa wird zwar weniger geschätzt, ist aber leichter zu bereiten als die „Farinha secca," auch „Farinha pão" genannt, die in den südlichen Provinzen allgemein und deren Bereitung folgende ist.

Man schabt und reinigt die frischen Wurzeln und zerreibt sie auf einer Reibe, statt deren sich die Indianer auch eines mit Stacheln besetzten Baumstammes zu bedienen pflegen. Darauf thut man dies saftreiche Mehl in einen von Palmblättern geflochtenen, „Tipiti" genannten, Schlauch von 6 bis 7 Fuß Länge und ein paar Zoll im Durchmesser. In diesen aufrechtstehenden Schläuchen drückt sich nun der an und für sich giftige, nämlich blausäurehaltige Saft des Mehles, der „Tocupi," durch sein eigenes Gewicht aus. Ist die Farinha auf diese Weise genug getrocknet, so nimmt man sie heraus und röstet sie wie die Farinha d'Agoa. Gewöhnlich mischt man ein Drittel von der so bereiteten, vortrefflichen Farinha secca mit zwei Dritteln Farinha d'Agoa, um so die Güte des Stoffes mit der Leichtigkeit der Bereitung zu vereinigen.

Das dritte Produkt aus der Mandioca-Wurzel ist die wohlschmeckende „Tapioca," eine Art Sago. Aus in kochendem Salz aufgelöster Tapioca, mit etwas Tocupi, gewinnt man die „Tacaca." „Mingáo" dagegen ist nichts als ein Gemisch von Farinha mit warmem Wasser und Salz. Endlich kann man noch den „Caxeri" zu den Farinha-Arten rechnen. —

Nächst den Jurúnas trifft man am obern Xingú die
Taconhapéz an, deren wir schon oben Erwähnung gethan
haben, und die, obgleich geringer an Zahl, in ihren Sitten,
nach des Padre Aeußerungen, am meisten mit den Jurúnas
übereinstimmen. — Dann folgen die Axipai, deren es nur
wenige giebt; sie sind zahm, wenig geschickt und feig. im
Kriege, und werden daher immer zurückgeschlagen. Die
Peapai dagegen sind zahlreich und die Hauptfeinde der
Jurúnas und Taconhapéz. Dasselbe gilt von den Curiérai,
den nächsten Nachbarn der drei ersten Stämme, mit denen
sie stets im Kriege leben.

Die bisher genannten Völkerschaften gehören sämmtlich
zu den Indios mansos; die nun folgenden aber werden
zu den „Menschenfressern," richtiger wohl zu den wilderen
und feindlich gesinnteren Stämmen gerechnet. Die zahl=
reicheren unter ihnen sind: die Baburabei, Juabei, Hipabei,
Hibai, Henacumbai, Mafurabei, Arupai, Abuirafufui, Uira=
teua, Anenuai, Ticnapamoin und Impindei. — Die Ticua=
pamoin sind an Körpergröße den andern Stämmen über=
legen, weshalb sie auch „Tapui=uassú" oder „die großen
Leute" genannt werden, geschickte Bogenschützen und mit
Speeren bewaffnet, deshalb auch von den Jurúnas und
den andern Völkerschaften am obern Xingú sehr gefürchtet.
Die Impindei dagegen sind von kleiner Statur, und ihre
Häuser so niedrig, daß ein Mann leicht die Decke mit der
Hand berühren kann. Sie wohnen in der Nähe von Cam=
pos, wo sie, der Aussage der andern Wilden gemäß,

Hornvieh und Pferde halten. Zum Belege hiervon haben dieselben dem Padre große Hörner gezeigt, die sie den Impindei abgenommen hatten. — Zu den minder zahl= reichen Stämmen gehören: die Pazubei, Taguendei, Thabei, Uxabei, Uaipi und Muruana. —

———

Am 13. December mit Sonnenaufgang, etwa 6½ Uhr, stießen unsre Reisenden von Piranhaquára ab und glitten nun mit reißender Schnelligkeit den Strom hinab.

Die Einwohner hatten sich am Ufer versammelt und sahen ihnen noch lange nach, während einige eine Strecke weit in ihren Canoas mitkamen. — Von den unzähligen Eilanden, die bei Piranhaquára im Flusse liegen, sind die größeren mit Urwald, die kleineren nur mit dichtem Ge= strüpp bedeckt, das auch an vielen Stellen aus dem Flusse selbst auftaucht. Die Inseln scheinen meist Sandboden zu haben, der jedoch nur äußerst selten an kleinen Prahas zu Tage kommt. Die Felsblöcke, die hie und da über der Oberfläche des Xingú hervorragen, bestehen dagegen aus Gneis oder gneisartigem Granit.

Um 9 Uhr Morgens passirte man Jacui, und um 10½ Uhr wurde nach vierstündiger Fahrt, Castanhal er= reicht, wo die Gesellschaft Mittag machte und das Capivari von gestern verzehrte, das unter allen Braten am Xingú, nach Aller Meinung, den Preis gewann, indem sogar

Graf Bismarck's schöne Aráras dagegen nicht aufkommen konnten.

Eine Stunde hinter Castanhal, das schon nach ein= stündiger Rast wieder verlassen wurde, geht der Xingú aus der im Allgemeinen von Piranhaquára an nord¼ö öst= lichen Richtung in eine nordzuwestliche über, bis zur „Casa do Carlos," wo sich ein Arm von ihm, der den Iriri auf= nehmen soll, wieder mit ihm vereinigt. Die Mündung dieses, von W. herkommenden Armes, liegt etwa 2¾ deutsche Meilen (2½ Fahrstunden) unterhalb Castanhal. Um 2 Uhr Nachmittags waren die Boote bei der „Casa do Carlos," und um 3 Uhr etwa bei „Ponta," wo man die angenehme Mosquito=Nacht verlebt hatte. Bis hier ist der Strom= lauf N. z. W.; nun wird er, bis Piuntéua, fast östlich.

Man hatte lange mitten im Strome gewartet, bis alle Boote vereinigt waren, so daß es 5¾ Uhr Abends war, als man das felsige Eiland erreichte. Auf der Granitplatte an der Westseite des Inselchens, vor der im Bau begrif= fenen Hütte, wurde Feuer angemacht und das Abendbrod verzehrt. Die Sonne tauchte dunkelroth in den Wäldern hinter „Carlos" unter, und färbte die flachen Felsinseln und den breiten Strom mit ihren purpurnen Strahlen. Es war eine ganz schwedische Landschaft. — Nicht lange, so ging der Mond auf und schien in die dachlose Hütte hinein, in der sich unsre Reisenden mit den Jurúnas in freundlichem Verein niederlegten. Der Padre war am klügsten gewesen; er hatte seine Hangematte tiefer im

Walde geschlungen, wo die Mosquitos nicht hineindringen
sollen: die Uebrigen dagegen wurden von ihnen zerstochen.
Den Prinzen und den Doktor scheuchten sie sogar völlig
vom Lager auf; beide traten um Mitternacht auf die Fels=
platte hinaus und schürten das Feuer. Es war ein schöner
Anblick, welchen die lautlose, stille Natur ihnen darbot.
Der Spiegel des Xingú glänzte im Monblicht, von den
dunklen Stären unterbrochen. Auf dem Urwalde des nahen
rechten Ufers aber lag schwarze Nacht.

Es war noch sehr früh, als die Gesellschaft am fol=
genden Morgen (14. December) von Piuntéua aufbrach.
Als Prinz Adalbert, wie gewöhnlich, die Zeit der Ab=
fahrt notiren wollte, theilte ihm Graf Bismarck die
traurige Nachricht mit, daß seine Uhr, die letzte von allen,
die noch in Stand gewesen war, so eben entzwei gegangen
sei. Man mußte sich daher von nun an ausschließlich
nach der Sonne richten, wie die Indianer, die, wenn sie
eine bestimmte Stunde angeben wollen, stets nach der
Stelle am Himmel zeigen, wo um diese Zeit die Sonne
zu stehen pflegt. — Bei Piuntéua treten zwei Hügelketten
an das linke Ufer des Flusses heran, die in der Wurzel
zusammenhängen. Doch bald wechselte bei der reißenden
Strömung die Gegend, so daß schon etwa um 9 Uhr die
„Casa do Martinho" oder „Urubúquára" erreicht wurde.
Hier mußte man bis ungefähr 3 Uhr Nachmittags liegen
bleiben, weil Martinho, der Fische für die Leute fangen
sollte, noch zurück war. Endlich langte er an, doch ohne

eine ergiebige Ausbeute mitzubringen. In der Zwischenzeit wurden die, schon bei der Hinreise hier gekauften und aufgestapelten Gegenstände, worunter sich auch eine Menge Affen und ein paar Papageien befanden, eingeschifft.

Noch vor Sonnenuntergang legte man an einer mit Urwald bestandenen Insel an, weil man Affen auf den Bäumen entdeckte. Graf Bismarck und Pabre Torquato schossen jeder einen Guariba. Auf der Höhe der Insel der Taconhapéz ward in den Booten soupirt, die langsam, beim prächtigsten Mondschein, Cajutéua, der vierten Caxoeira oberhalb Tabaquára, zutrieben. Von hier an wurde die Stromrichtung, welche von Piuntéua ab durchschnittlich eine nordnordöstliche gewesen war, eine nördliche, bis sie kurz vor Tabaquára einen Moment nach N. z. W. überging.

Mitternacht mochte bereits vorüber sein, als die Boote in der genannten Maloca eintrafen. Der Prinz war der erste, welcher den Uferrand erklomm; er wurde freudig von den Jurúnas bewillkommnet, die ihm einen Platz am Feuer vor der Hütte anboten. Besonders freundlich bezeigte sich der alte Pagé. Man wartete noch eine Weile auf die andern Boote, wobei der arme Doktor, der mit dem Prinzen in einer und derselben Canoa eingeschifft gewesen war und der sich von der langen Fahrt sehr angegriffen fühlte, besonders zu bedauern war; da sie aber zu lange verzogen, so legte man sich um das Feuer in der Hütte zum Schlaf.

44

Noch während der Nacht waren alle Canoas nach und nach angelangt; nur Senhor Roxa mit der „Carga," d. h. mit den Schätzen, welche die Gesellschaft von den Wilden erstanden hatte, fehlte und ließ bis zum Abend warten. Es zeigten sich noch manche Dinge, die man gern hier in der letzten Maloca der Jurúnas erworben hätte; doch nur wenig davon konnte eingehandelt werden, denn mit Seufzen hieß es bald: wir haben Nichts mehr als Geld! Eine traurige Nachricht: „Nichts als Geld!" Hier in diesen Wäldern überzeugt man sich sehr bald, daß Geld nur ein conventioneller Begriff ist, was einem sonst nie einfällt. Jetzt sehnte sich das Herz der Reisenden ebenso sehr nach Glasperlen, Aexten und Messern, wie das der Jurúnas, denn ohne diese Dinge ist hier kein Handel denkbar. — Endlich kam Roxa an, welcher wahrscheinlich die Vollmondsnacht in irgend einer entlegenen Hütte mit Caxeri-Trinken verbracht hatte, denn es war gerade die Zeit dieses Jurúna-Festes.

Man suchte jetzt die zwei stärksten Ubás für die Weiterreise aus und schiffte nur das Nothwendigste ein. Alle übrigen Sachen schickten unsere Reisenden durch ihre Seeleute, von denen nur der Neger bei ihnen blieb, und durch einige von des Padre Indianern, unter Roxa's Aufsicht über Porto grande und von da auf der Estrada nach der Igarité, die im Tucuruí wartete, und die von dort nach einer kleinen, unterhalb der Caxoeiras gelegenen Xingú-Insel, Castanhal, geführt werden sollte, während die

Gesellschaft den Strom hinabfahren und so den ganzen Bogen desselben mit den Katarakten kennen lernen wollte. —

Aus den Berechnungen, welche das Tagebuch Seiner Königlichen Hoheit mittheilt, schalten wir hier noch ein, daß die Entfernung auf dem Xingú von Piranhaquára bis zum Einfluß des Anaurahy (Porto grande), geschätzt nach den betreffenden, auf dem Hinwege gebrauchten Zeiten, 87⅚ See= oder gegen 22 deutsche Meilen beträgt.

Auf der neunstündigen Reise von Piranhaquára bis Piuntéua am 13. December schätzte der Prinz die Schnellig= keit der Fahrt stromab, die kleinen Aufenthalte abgerechnet, durchschnittlich auf 4½ Knoten (Seemeilen in der Stunde), was auch ungefähr als die Durchschnittsgeschwindigkeit des Flusses angesehen werden kann. Der Landweg von Porto grande bis zum Tucurui beträgt etwa 8 deutsche Meilen oder gegen 10 Legoas, mithin 32 Seemeilen, die Entfer= nung vom Tucurui bis Souzel 27 See= oder 6¾ deutsche Meilen. Dies giebt für die ganze Entfernung von Souzel bis Piranhaquára 146⅚ See= oder 36¾ deutsche Meilen.

Weit weniger genau ließ sich aber die Reise von Tavaquára bis Souzel, auf dem großen Bogen des Xingú, angeben, da erstens dieser Weg nur ein Mal von den Reisenden zurückgelegt wurde, zweitens die Schnelligkeit des Stromes fast unausgesetzt wechselte, und drittens alle Augenblicke ausgestiegen werden mußte, um die Sachen über Stock und Stein auf dem Rücken fortzutragen, wäh= rend die Canoas über die Fälle und Schnellen hinabglitten.

In der ersten der beiden großen, 30 bis 40 Fuß langen Ubás, die vermittelst der ihrem Tiefgange gleichkommenden Stärke ihres 6 bis 8 Zoll dicken Bodens dem Ungestüm der Caxoeiras trotzen sollten, saß jetzt die ganze Reisegesellschaft, des Padre „Knabe," zwei Steuerleute oder Lootsen, und vier Mann zum Rudern, mit Einschluß des Negers. Die zweite große Ubá hatte eine „Tolba" (Bedachung) von Palmblättern, unter der die „Carga" — d. h. die Einkäufe an Jurúna-Waffen und Geräthen aller Art und die Farinha-Vorräthe — gestaut war und in der sich der jugendliche Tapir des Padre als Passagier befand. Zwei Mann steuerten, zwei ruderten sie. Unter den Letzteren war ein alter Indianer mit einem schwarzen Strich über's Gesicht. Ein paar Jurúna-Weiber und ein Mädchen, die den Männern gefolgt waren, gehörten ebenfalls zu diesem Boote. — Endlich hatte sich Martinho mit seiner leichten Canoa wieder angeschlossen. Seine Frau, sein kleiner Junge und seine hübsche kleine Tochter begleiteten ihn; ein Indianer half rudern. Es versteht sich, daß stromab nur gerudert und nicht gestoßen wurde, wobei man sich meist der Strömung überließ und mehr mit den Rudern steuerte, als daß man sie zum Fortkommen gebraucht hätte.

Kurz vor der Abfahrt, die gleich nach Roxa's Ankunft, etwa zwischen 4 und 5 Uhr Nachmittags stattfand, nahm die Gesellschaft noch für sich und die Leute Farinha ein, die sie zum Theil von Porto grande hatte kommen lassen müssen. Die Sonne ging bald unter und der

Mond auf, so daß es etwa 9 Uhr Abends sein mochte, als
man bei einer kleinen, angeblich 2 Legoas unterhalb Taba=
quára gelegenen Insel, Namens Anauréua, mitten im
Strome anlegte. Nun wurde Feuer auf der schmalen
Praha gemacht und abgekocht. Ein Theil der Gesellschaft
hing sodann die Redes in einem kleinen verfallenen Rancho
auf, während Andere tiefer in dem dicht verschlungenen
Urwalde ihr schwankendes Nachtlager aufschlugen, oder sich
um's Feuer auf dem Boden lagerten.

Mit untergehendem Mond (16. December) wurde ge=
frühstückt, und mit Tagesanbruch ging die Reise weiter.
Von dem Anfange des großen Bogens, dicht unterhalb
Tabaquára, bis Anauréua, war die Stromrichtung fast be=
ständig eine östliche gewesen; jetzt ging sie nach S. O.
über. Man befand sich mithin unweit der Stelle, wo
man am 5ten December von Porto grande aus wieder in
den Xingú hineingekommen war, und zwar lag die Land=
schaft, die unsre Reisenden damals schräg hinter sich hatten,
heute Morgen vor ihnen, während die reißende Strömung
sie schnell jenen oben beschriebenen Inselreihen zuführte
und die Brüllaffen ihre Fahrt mit einem vielstimmigen
Geschrei accompagnirten. Dabei erschien ihnen nirgends
die Breite des Stromes in seinem oberen Laufe so bedeu=
tend als hier, wo sie wohl 4 bis 6 See= (1 bis 1½ deutsche)
Meilen von einem der beiden Ufer zum andern beträgt,
die hier höher und daher leichter zu erkennen sind; doch

steigen auch einzelne Eilande hügelartig aus dem mächtigen Fluſſe auf.

Indem ſie ſo den Xingú hinabflogen, der hier faſt eine ununterbrochene Stromſchnelle bildet, ſchoben ſich die Inſeln nach und nach immer mehr zuſammen und raubten ihnen auf dieſe Weiſe allmälig den freien Ueberblick, bis ſie unvermerkt ein, einige hundert Schritt breiter, von hohen Ufern eingefaßter Canal aufnahm, zu deſſen Seiten ſich prachtvoller, den Wäldern des Parahyba und der Serra bei Neu=Freiburg an üppiger Schönheit nichts nach= gebender Urwald erhob. In demſelben traten die Jauari= Palmen in Maſſen zwiſchen den rieſigen Laubholzſtämmen, meiſt Gummibäumen, hervor, während der obere Contur dieſer Wälder die phantaſtiſchſten Formen annahm. Bald ſtieg, von üppig wuchernden Lianen auf's abenteuerlichſte umſponnen, die mächtige Krone eines jener ehrwürdigen Patriarchen des Urwaldes aus dem welligen Meere von Baumwipfeln gleichſam wie ein gigantiſcher Straußenbuſch empor, bald wölbte ſich das dicht verwachſene helle Laub, gleich dem borſtigen Kamm eines hoch in die Lüfte ragen= den Römerhelmes über der dunklen Maſſe der Stämme. Umgeben von dieſer herrlichen Waldeinſamkeit zeigte ſich mitten im Canale ein ſchmales Eiland, und an deſſen Saume eine zur Raſt einladende Praya. Hier wurde ab= gekocht, und erſt um die Mittagsſtunde beſtieg man die Boote wieder.

Bis zu dieſer Inſel hatte der Canal im Allgemeinen

feine füböftliche Richtung beibehalten, obgleich fie momentan
wohl noch mehr füblich geweſen war. Jetzt aber ſchoß er,
plötzlich zum breiten, rauſchenden Waldwaſſer werdend,
völlig in füblicher, ja auf Augenblicke ſogar in füdſüdweſt=
licher Richtung fort, bis er ſich nach ein paar Stunden
wieder in das ſeeartig erweiterte Becken des Hauptſtromes
ergoß. Eine offene, freundliche Gegend nahm hier die
Reiſenden auf, während ſich vor ihnen ein blauer Höhen=
rücken hinzog. Jetzt erſt — es mochte etwa eine Stunde
vor Sonnenuntergang ſein — konnten ſie ſich ein deut=
liches Bild des Xingúlaufes, von Anauréua an, entwerfen.
Der Strom hatte nämlich ſeit heute Morgen einen großen
Weg nach Süden gemacht und ging nun bei ſeinem Ein=
tritt in dieſe offene Gegend, auf dieſe Weiſe einen groß=
artigen Bogen beſchreibend, zuerſt nach O.=S.=O. und dann
nach O. Jene blauen Berge aber blieben ihm dabei zur
Rechten, und nöthigten ihn, ſehr bald auch dieſe öſtliche
Richtung wieder zu verlaſſen und ſich nach N.=O. zu
wenden.

Nicht lange nach Aufgang des Mondes landete man
auf einer Inſel rechterhand. Ein dichtbelaubter Baum mit
flach ausgebreiteten Aeſten wurde der Hort der nächtlichen
Ruhe. An ſeinen Zweigen, zum Theil von einigen einge=
rammten Stangen unterſtützt, hing nämlich nach und nach
faſt die ganze Schaar ihre Redes auf, ſo daß ſein Stamm
bald von einem wahren Labyrinth von Hangematten um=
geben war. — In der ſtillen Mondnacht wachte der Prinz

auf, und ging das Feuer zu schüren; der Doktor, der heute wie gewöhnlich, nicht schlafen konnte, gesellte sich zu ihm. Dürre Zweige waren nicht mehr vorhanden; dagegen gaben die gummiartigen, fleischigen Blätter des Baumes ein munter knisterndes Feuer.

Bei dem kleinen Eilande, das man mit Sonnenaufgang (17. December) verließ, macht der, hier 3 bis 4 Seemeilen breite Xingú jene bereits angedeutete zweite Hauptbiegung, sich nach kurzem östlichen Laufe plötzlich nach N.-N.-O. und dann nach N.-O. wendend, indem die bläuliche Serra von gestern Abend ihm den Weg vertritt und dann seinem rechten Ufer folgt. Auch das linke ist hügelig. Viel flache, buschige Inseln unterbrechen den ausgedehnten Wasserspiegel. Die Ubás glitten durch einige kleinere Caxoeiras, ähnlich denen, die man oberhalb des Xingúbogens gesehen, schnell stromab und erreichten nach wenigen Stunden das flache, waldige Sandeiland Tapiiraquára, wo die Gesellschaft Martinho, ihren Jäger und Fischer, abwarten sollte.

Prinz Adalbert stand gerade beim Feuer, neben einem verfallenen Rancho, und kochte Reis, als plötzlich die frohe Kunde erscholl, es sei ein Tapir auf der Insel frisch gespürt. Schnell ward das kleine indianische Kinderruder, das die Kelle vertrat, dem Doktor überliefert und mit der Flinte vertauscht; im Nu sprang dann der Prinz in das erste beste Boot hinein und gelangte so, durch Rapasinho kräftig unterstützt, um die Insel herum zu

einer andern Praya. Hier fand er den Grafen Oriolla
und den Padre; doch fast in demselben Augenblick ver=
schwanden sie auch in dem nahen Dickicht, während der
übrige Theil der Gesellschaft die Insel auf der entgegen=
gesetzten Seite umgangen oder umstellt hatte. Eine große
Tapir=Spur führte aus dem Holze über den Sand in's
Wasser. In der Hoffnung, daß in dem dichtverwachsenen
Wäldchen dennoch vielleicht eine andere Anta gespürt sein
möchte, drang der Prinz eilig hinein, wobei er genöthigt
war auf dem Bauche fortzukriechen. Graf Oriolla war
bald eingeholt; statt des Tapirs aber, der glücklich in's
Wasser entkommen war, schlichen eben unsre Jäger einige
Affen an, die sich auf den Bäumen hatten hören lassen.
Indeß diese schnellen, pfiffigen Thiere wußten sich ihnen
geschickt zu entziehen. Ein Bad in einem der, ein paar
hundert Schritt breiten Flußarme, die Tapiraquára um=
schließen, kühlte die Heißgewordenen ab, und eine große
Anzahl ganz vorzüglicher Fische (namentlich Tucunarés),
die ihnen Martinho zuführte, entschädigte sie für die
erfolglose Jagd.

Unterhalb der Insel scheint der Lauf des Xingú eine
nordwestliche Richtung anzunehmen. In weitem Umkreise
tauchen überschwemmte Büsche aus dem Strome auf, der
hier von Hügeln eingefaßt ist, während Felsblöcke über
seinen Spiegel ausgestreut liegen. Eine mit Wilden be=
setzte, gegen die Strömung ankämpfende Canoa blieb den
Ubás unserer Reisenden fern zur Seite. Die Jurúnas

erkannten in diesem Boote den von Souzel heimkehrenden Pagé von Piranhaquára, den Besitzer jenes schönen, oben erwähnten Federmantels. Dies war die einzige Begegnung in der menschenleeren Wildniß zwischen Tabaquára und den ersten Hütten jenseits der letzten Caxoeira; — wie manchen Tag mag dieses einsame Fahrzeug noch gebraucht haben, bis es wieder zu Menschen kam!

Hohe Waldinseln engen den Strom ein, der sich in fast nördlicher Richtung zwischen ihnen hindurchdrängt. Wunderbar schön waren die mannigfachen Baumformen, die den ansteigenden dichten Urwald der langen Insel zur Linken überragten. Auch traten heute zum ersten Male wieder die Uauassú-Palmen in jenen Wäldern auf, die seit einigen Tagen den Jauaris allein das Feld überlassen hatten. — Da braust es vor den Booten. Sie rücken näher und indem sie auf ein Gewirr von großen, mit Sträuchern überwachsenen Felsblöcken und Platten lossteuern, erfaßt sie schon die reißende Strömung. Doch sie halten sich rechts und entgehen so dem Strudel. Jetzt — etwa um 4 Uhr Nachmittags — wurden die Boote zwischen jenen Steinen und Blöcken festgelegt; denn sie mußten hier abgeladen und erleichtert werden, um die nahe Caxoeira zu passiren. Unsre Reisenden sprangen an's Land, kletterten über Granitblöcke fort, wateten bis über die halbe Lende im Wasser durch einzelne rauschende Bäche, die sich zwischen ihnen hindurchdrängten, und gelangten endlich, sich an den Büschen anhaltend, zu einem Block, der eine freie Aussicht gewährte: — sie standen an dem größten Katarakt des Xingú, der Caxoeira Juruá.

In der Breite von gewiß tausend Schritten stürzt der riesige Strom unter donnerndem Getöse über Felsriffe und Platten 20 bis 30 Fuß hoch, zum Theil in Absätzen, zum Theil auf kaum geneigter Fläche hinab. Mitten im Fall steht oben auf der Spitze ein rundlicher Baum. Die große Felsplatte links unter ihm theilt den mächtigen Katarakt in zwei Theile; der weite Kessel aber zu seinen Füßen ist ein Schaum. Längliche, sanftgerundete Urwaldberge fassen das wilde Gemälde in einen dunklen Rahmen.

Jetzt galt es, die Habseligkeiten über das Gestein nach einer kleinen Sandstelle unterhalb des Falles zu tragen, wo sie wieder eingeschifft werden sollten. Leider war schon seit längerer Zeit das Schuhwerk des größten Theils der Gesellschaft in so schlechtem Zustande, daß sie alle derartigen Gänge nicht mehr damit wagen konnten. Das Barfußgehen auf den spitzen Steinen war aber namentlich für die Füße des Prinzen, die durch den Sonnenstich geschwollen waren, eben nichts Angenehmes. Dennoch mußte der steinige Pfad so oft zurückgelegt werden, daß der hohe Reisende Zeit genug hatte, die Felsplatten näher zu untersuchen. Bei einigen dieser Blöcke bestand die eine Hälfte aus grobkörnigem Granit und die andere aus feinkörnigem Gneis.

Die Ubá's wurden inzwischen eine nach der andern, seitwärts des eigentlichen Falles, auf den oben beschrie-

benen Bächen, die sich durch das Felsgewirr Bahn brechen,
behutsam hinabgelassen. Am Spiegel des Fahrzeuges war
dabei stets eine starke Liane befestigt, an die sich 20 bis
30 Mann anhingen, um das Boot langsamer hinabgleiten
zu machen. Ein paar Indianer blieben darin, um es zu
leiten. Als diese schwere Arbeit vollendet war, sank die
Sonne unter; man mußte daher auf der kleinen Praya
das Nachtlager aufschlagen; doch trotz der tosenden Caxoeira
zur Seite und trotz eines Regenschauers schlief man vortrefflich.

Nach etwas längerer Ruhe als gewöhnlich war der
Bivouak bald abgebrochen und die Boote wurden bestiegen,
(18. December). Jetzt erst, als man sich einige hundert
Schritt unterhalb der Caxoeira befand, stellte es sich
heraus, daß man gestern nur ihre westliche Hälfte gesehen,
indem sich im Osten des Steingewirrs, auf welchem die
Gesellschaft die Nacht zugebracht hatte, und das sich nunmehr als eine Insel mitten im Falle zu erkennen gab,
noch ein anderer, ebenso breiter Flußarm befand, der sich
auf ähnliche Art über Felsstücke und Platten tosend und
schäumend herabwälzte. Trübes, schweres Regengewölk
hing darüber. Mit diesem ersten Katarakt nimmt der
Strom eine nordwestliche Richtung an; aber die hohen
Waldinseln theilen ihn bald in viele Arme, und raubten
den Fahrenden alle Uebersicht. Der Canal, dem man folgte,
wendete sich mit einer kurzen Stromschnelle nach Ost und
führte an einer Praya vorüber, an der angelegt wurde,

um den Leuten Zeit zum Frühſtück zu gönnen, ehe man die nächſte Caxoeira erreichte.

Es zeigte ſich bald, daß dieſe Ruhe nicht unnöthig geweſen war, denn gleich unterhalb des Frühſtücksplatzes wurde der ſchmale nach N.=O. ſtrömende Xingú=Arm zum reißenden Bergwaſſer, und es erforderte die größte Auf= merkſamkeit und Geſchicklichkeit der Indianer, um die Boote zwiſchen den vielen Steinen glücklich hindurchzuſteuern, während die ſich geſchäftig drängenden Wellchen beſtändig in die Ubá ſchlugen, ſo daß deren Inſaſſen ſchon früh am Morgen keinen trocknen Faden mehr am Leibe hatten. Die Steine im ſchmalen Flußbette nahmen bald an einer Stelle ſo zu, daß die Boote dieſelbe nur unbeladen paſſiren konn= ten, während unſre Reiſenden, mit allen ihren Habſeligkeiten bepackt, von Block zu Block ſpringend, auf Umwegen ihnen nacheilen mußten. Doch, kaum wieder flott geworden, kam man an eine zweite ähnliche Stelle, bis endlich ein dritter Gangplatz (um nicht Trageplatz zu ſagen) ſie an die rei= zende Caxoeira Caixaõ (Caxaõ) führte.

Mitten in dieſer Wildniß, in der man ſchon ſeit eini= gen Stunden alle Ueberſicht verloren hatte, rauſchte der ſchmale Flußarm gleich einem toſenden Bergwaſſer über Felsblöcke hin, und ſtürzte 10 bis 12 Fuß tief über ein zackiges Riff hinab, das von weit überhängenden, faſt lie= genden Bäumen und Sträuchern beſchattet war, während hohe dunkelgrüne Wände von verwachſenem Laube und Schlingpflanzen, überragt von prachtvollen Uauaſſú=Palmen,

dieses liebliche Bild wilder Einsamkeit eng umschlossen.
Hier saß die Gesellschaft eine Weile und sah von ihren
sonnendurchglüheten Felsplatten die Ubás den Fall hinabgleiten. — „Wer,“ schreibt Prinz Adalbert, „wenn er
an diesem stillen, friedlichen Orte in den dunklen Spiegel
des klaren, schnell vorübereilenden Bächleins blickt, mit
dem der weiße Schaum des kleinen Falles so anmuthig
kontrastirt, wer glaubt sich da wohl an den Ufern eines
jener Strom-Kolosse der Neuen Welt? — Ob aber die
andern Arme des Stromes auch nur Waldbäche sind, oder
ob sie breitere Fälle bilden, das vermag ich allerdings
nicht zu sagen, denn erst eine Strecke unterhalb des Caixão
fingen wir wieder an, die Ufer des Stromes, der hier im
Allgemeinen einer nördlichen Richtung zu folgen scheint,
zwischen den vielen buschigen Inseln hindurch zu ahnen.“

Der Himmel bezog sich mehr und mehr, und zu der
Nässe im Boote gesellte sich bald noch der Regen von
oben. — Etwa eine bis zwei Stunden unterhalb des
Falles, nachdem die Boote pfeilschnell in gerader Richtung
gen Norden fortgeschossen waren, traf man wieder auf eine
Praya rechterhand, wo ein längerer Halt gemacht wurde,
um den Consul zu erwarten, der heute, theils in der Absicht, die schwer belastete Ubá zu erleichtern, theils in
der Hoffnung, eine gute Jagd zu machen, mit Martinho fuhr.

Die Gesellschaft fand hier einige eingesteckte Stangen,
an die sie ihre Redes band. Doch als nach langem

Warten die Freunde am späten Nachmittage noch nicht erschienen waren, stieß man, während der Regen in Strömen
herabgoß, wieder ab. Jetzt ging's die Kreuz und Quere,
schmalen Canälen folgend, zwischen Buschwerk fort, so daß
man von der wahren Stromrichtung keine Ahnung mehr
hatte, bis die Boote in einen endlosen, schnurgeraden Canal
gelangten, der, den holländischen an Regelmäßigkeit nichts
nachgebend, einen im angeschwollenen Strome versunkenen
Myrtaceen- (Eugenien-) Wald durchschnitt. Pfeilschnell
und mit unzähligen Wirbeln schoß der reißende Strom in
nördlicher Richtung in diesem Hauptcanal hin, — dem
Caú, wie ihn Martinho dem Consul nannte, — so daß
es kaum möglich war, das fast überfluthete Boot zu leiten.
Dabei schweifte der Blick frei über den ungeheuren Wald,
der dem Xingú nur bis zur halben Höhe entstieg, und
hinüber zu den fernen Uferhügeln.

Bald darauf durchschnitten ein paar andere, ähnliche
Canäle den großen Hauptcanal, in welchem der wüthende
Strom die Fahrenden mit jedem Augenblick der vor ihnen
rauschenden dritten Caxoeira näher und näher entgegenjagte,
während nun auch über ihnen die Schleusen des Himmels sich
zu öffnen schienen; denn an den Quellen des Xingú mußte,
wie der täglich mehr anschwellende Strom auf das unzweideutigste bezeugte, die Regenzeit schon seit längerer Zeit
eingetreten sein. Kein Wunder übrigens, da sie sich meist
schon im November einzustellen pflegt, um dann, wie man
den Reisenden versicherte, bis zum Juli anzuhalten, wobei,

wie Martius angiebt, die Waſſer des Xingú ſich mehr
als 35 Fuß über ihren niedrigſten Stand erheben.

Bei dem gegenwärtigen Anſchwellen der Gewäſſer
fürchteten die indianiſchen Lootſen den nahen Fall im
Hauptſtrom zu paſſiren, und zwar um ſo mehr, da Mar=
tinho, der beſte Lootſe der Gegend, nicht dabei war.
Doch glaubten ſie ſich zu erinnern, daß ein Nebencanal
ſie leichter über die bedenkliche Stelle hinwegführen würde.
Man wandte ſich daher, ohne erſt einen Quercanal abzu=
warten, gerade links hinein in's Buſchwerk, durch das man
ſich nur mühſam hindurcharbeiten konnte, wobei die Boote
natürlich alle Augenblicke feſtfuhren. Indeſſen wurden
Zweige abgebrochen, um der andern Ubá den Weg zu be=
zeichnen, den man eingeſchlagen hatte.

Es war ein ſchweres Stück Arbeit, beſonders für die
gedachte „Carga,“ die, ohne den ſtämmigen ältern Indianer
mit dem ſchwarzen Strich, der ſie führte, beinahe zwiſchen
den Büſchen ſtecken geblieben wäre. Ihre Bedachung
wenigſtens wurde dabei mehrmals eingedrückt und ſchwebte
beſtändig in der Gefahr, ſammt all den Sachen der Ge=
ſellſchaft über Bord zu gehen. Doch bald vernahm man
nach vielem blinden Umhertappen in dem üppig wuchern=
den Buſchwerk das Brauſen eines nahen Falles. Eiligſt
wurden die Boote verlaſſen und unſre Reiſenden kletterten
nicht ohne Mühe über einzelne Steine und Klippen dem
Getöſe nach. Ein ſchmaler Nebencanal ſchoß mit 5 bis
6 Fuß hohen Wellen über große Blöcke hin. Der Fall

und dahin wurden genau untersucht, allein die Indianer
hielten es für zu gewagt, die Ubás diesem Strudel anzu=
vertrauen, und schlugen, da überdies der Tag eben im
Verscheiden war, statt dessen vor, einen Bivouaksplatz zu
suchen. Man irrte hierauf noch ein Weilchen in dem über=
schwemmten Myrtaceen=Labyrinth umher, bis sich endlich
ein kleines Stück steinigen Erdreichs fand, das mit Büschen
bewachsen und mit Blöcken bestreut war. Der vor Nässe
klappernden und etwas ausgehungerten Gesellschaft war
dieser Ruheplatz sehr erwünscht. Doch bevor sich die Er=
müdeten dem Schlaf überließen, spannten sie das Segel
vom Growler als Zeltdach aus, machten Feuer an und
erwärmten sich durch einige Tassen Thee. Der Regen
nahm indessen allmälig an Stärke ab; gleichwohl erwachte
der Prinz öfters und ging dann, das erlöschende Feuer zu
schüren, und nach den triefenden Kleidern zu sehen, die
daran trocknen sollten.

Frisch gestärkt durch die Ruhe und das frugale Früh=
stück, bestieg man bereits am frühen Morgen (19. December)
die Boote wieder und traf bald darauf, nach einigem Um=
herirren in dem versunkenen Myrtaceen=Walde, den gestrigen
geraden Hauptcanal, dem man nun folgte.

Starkes Brausen zeigte die Nähe der Caxoeira Acahi=
téua an. Gleich darauf bog auch der Canal aus seiner
nördlichen Richtung plötzlich nach W. und S.=W., und
ging dann wieder in's Endlose schnurgerade fort. Mit der
Biegung verdoppelte sich jedoch die Schnelligkeit der reißen=

den und wirbelnden Stromschnelle. Man mußte dicht an
der gefürchteten Stelle sein. Abermals ward links hinein-
gebogen in's Buschwerk, denn die Lootsen waren unschlüssig,
wie sie den Fall durchschiffen sollten. Hatte Martinho
schon gestern gefehlt, so ward er in diesem Augenblick doppelt vermißt, denn nur er kannte die Fahrt genau, und
konnte mit seiner leichten Canoa die besten Stellen für die
schwereren Fahrzeuge ausfindig machen. Da plötzlich stand
eine dunkle Gestalt zwischen den Büschen, als wäre sie
dem Wasser entstiegen. Und siehe, es war — Martinho;
der Schnurrbart machte ihn kenntlich. Schnell sprang er
in die Ubá, mit sicherer Hand die Leitung übernehmend.
Doch schon nach wenigen Minuten wurde angehalten, denn
die Boote mußten ausgeladen werden, und mühsam fort-
kletternd, trug die Gesellschaft nun wieder ihre Habseligkeiten über das Fels- und Steingewirr fort, das hier den
kaum einige hundert Schritt breiten Canal einengt. Da
erblickten sie nun auch Herrn Theremin, der auf einem
Felsvorsprung saß und zeichnete; und bald war er erreicht.

Von diesem Felsen aus übersah man die ganze Caxoeira.
Der Strom wälzt sich, als sei es die hineintretende Fluth,
hohe Wellen vor sich her schiebend, über den steinigen
Grund in dem geraden Canal wohl ein bis zwei Seemeilen
in beständiger Stromschnelle fort. Rechts säumt ihn hoher,
verwachsener Urwald, vom Schaum der Wellen bespritzt,
links faßt ihn das Myrtaceen-Gebüsch und über einander
geschobene Granit- und Gneisblöcke ein. — Wenige Minuten

unterhalb des ersten Ausladeplatzes kam ein zweiter. Der Doktor war das erste Mal im Boote sitzen geblieben; jetzt nahm der Prinz beim Passiren der nächsten schlimmen Stelle seinen Platz ein, theils um diese Schifffahrt selbst zu erproben, theils aber auch, um seine geschwollenen Füße etwas zu schonen. Oft glitt die Ubá zwischen Steinen hinab, oft wurde sie von den Wellen gehoben. Die Indianer entwickelten dabei viele Geschicklichkeit im Steuern und Abstoßen des Fahrzeugs. Der Tapir des Padre, die unglückliche Creatur in der Spitze des Bootes, gerieth so außer Fassung, daß er sich in die Fluthen stürzen wollte; doch Rapasinho kauerte neben ihm und erhielt ihn seinem Herrn.

Abermals wurde Rath gepflogen, ob es vorzuziehen sei, mit den völlig beladenen Ubás die Fahrt den Rest der Stromschnelle abwärts bis zur letzten Caxoeira fortzusetzen, oder zu Lande das Gepäck auf einem Richtwege, einem betretenen Pfade, dorthin zu tragen, die Boote aber unbeladen dahin zu senden. In zwei bis drei Stunden hoffte man den Landweg zurückzulegen; doch unsre Reisenden ließen sich nicht darauf ein, denn sie kannten schon genugsam den Unterschied zwischen einer Indianer-Picada und einem Fußsteige nach europäischen Begriffen, und ebenso gut wußten sie, daß künstliche Manöver überhaupt, und um so mehr noch in einer solchen Wildniß, zu vermeiden sind.

Die Zeit des Wiederbeladens der Ubás benutzte

Martinho's Frau, den kleinen weißen Spitz ihres
Mannes mit einem Pflanzensaft roth zu färben, und mit
dem Rest dieser Farbe, für welche die Indianer eine be=
sondere Vorliebe haben, malte sie ihre und ihrer niedlichen
kleinen Tochter Armbänder roth, und Letzterer rothe Ringe
an den Schläfen und rothe Striche auf den Armen. Hie=
rauf schritt sie zu einer etwas grausamen Prozedur, indem
sie ihrem armen Kinde die Augenbrauen und Wimpern
auszog. Die Kleine ertrug dies sehr standhaft, da ein so
großes Mädchen doch einige Sorgfalt auf ihr Aeußeres
wenden mußte. Hoffahrt will Zwang, — so heißt es auch
bei den Indianerinnen der südamerikanischen Wälder!

Der Consul Theremin hatte sich bei seiner gestrigen
Fahrt in dem Boote des Vaters der hübschen Kleinen sehr
gefallen und Manches geschossen, besonders aber hatten ihn
die interessanten Gespräche Martinho's über das Trei=
ben der Jurúnas, und die Geschicklichkeit seines Knaben
unterhalten, der sich vorzüglich durch Fische=Schießen aus=
zeichnete. Frau und Tochter des „Deserteurs" dagegen hatten
ein sehr gutes Mahl bereitet, und der Bivouaksplatz nahe
der Caxoeira Acahitéua war wohlgewählt; auch ward dem
weißen Gaste eine Rede, statt der zurückgelassenen, von den
freundlichen Leuten gereicht. Endlich war dem Consul von
Martinho einiger Aufschluß über die Gegend, die sie zu=
sammen durchschifft, gegeben und ihm namentlich mitgetheilt
worden, daß der Caú an seinem Nordende sich in zwei
Arme theilt, von denen der eine, Ananainbéua (Anauraiaéua)

genannt, die nördliche Richtung des Hauptcanals beibehält und später den gleichnamigen Fall bildet, während der Acahi=téua, dem die übrigen Reisegenossen folgten, sich, wie schon angeführt, im scharfen Winkel nach W. und S.= W. wendet.

Der ganze Vormittag war mit dem Ueberschreiten der zuletzt genannten Caxoeira hingegangen, bis die Boote end= lich wieder flott wurden. Pfeilschnell schossen sie nun, und zwar in der brennendsten Hitze, wohl noch eine Stunde lang von der reißenden, mächtigen Stromschnelle getragen, in dem geraden Canale fort, ohne die west= und südwest= liche Richtung zu ändern. Der Prinz war einen Augenblick eingeschlafen, statt seiner beobachtete Graf Oriolla den Compaß. Als der hohe Herr bald darauf erwachte, glitt man sanft zwischen prachtvollem Urwald hin, und eben wandte sich der lange Canal mehr nach Norden. Einen Augenblick war eine freiere Umsicht vergönnt gewesen; jetzt aber verlor sie sich wieder, indem der Flußarm, auf's neue durch höhere Inseln eingeengt und zum 10 Fuß breiten Gebirgsbach werdend, sich gewaltsam Bahn brach durch einen Damm von Felsblöcken, der sich seinem Laufe ent= gegenstellte. Die Boote mußten noch einmal ausgeladen werden — doch, Gott sei Dank, zum letzten Male, — denn die langersehnte „ultima Caxoeira," Tapajúna oder Taiuma genannt, war erreicht.

Nachdem die Indianer eine gehörige Anzahl Stangen und dicke Aeste abgehauen hatten, gingen sie vereint an's

Werk, die erste Ubá hinüberzuschaffen. Nur ein paar
starke Männer blieben an der Spitze des Bootes, um es
zu leiten und vor einzelnen Blöcken zu wahren; alle
Uebrigen stellten sich um das Hintertheil desselben herum,
um es fortzuschieben oder an daran befestigten langen
Lianen aufhalten zu können, je nachdem der seichte, steinige
Grund der Fortbewegung des Fahrzeugs hinderlich war
oder die Strömung dasselbe mit sich fortriß. Saß aber
die Ubá auf dem Grunde fest, oder konnte sie einzelne
Steine nicht überwinden, dann wurden die abgehauenen
Stangen und Aeste ihr untergeschoben, um sie darauf
hinabgleiten zu lassen. — Der oft erwähnte schöne Indianer mit dem schwarzen Strich über das Gesicht sprang
indessen, die Waffen in der Hand, von Block zu Block
voraus, um den besten Weg zu erspähen, bis er endlich
die Stelle erreichte, wo der schmale Flußarm, nach mehreren kleineren Absätzen, etwa 10 Fuß tief fast senkrecht
in ein großes Becken hinabstürzt. Diesem Punkte nun
wurde das Fahrzeug von der reißenden, schäumenden Strömung mit Blitzesschnelle entgegengetragen; die zwei Mann
am Vordertheil schwangen sich behende in die Ubá, und
mit einem sprungartigen Schwunge fuhr sie hinab und
mitten hinein in den schäumenden Wirbel am Fuß des
kleinen Falles. — Es dauerte wohl über eine Stunde, bis
alle Boote glücklich über die Klippen hinübergeschafft waren.
Doch nun belud man sie schleunig wieder, und war sehr

froh, von dem Warten auf den sonnendurchglühten Steinen endlich erlöst zu sein.

So war denn der letzte Xingú-Fall überwunden, und hiermit der Punkt erreicht, bis wohin die Fluth sich fühlbar macht. Man trat nunmehr aus dem mystischen Dunkel hervor, das die Wälder des oberen und mittleren Stromlaufes einhüllt, indem der letzte Damm überschritten wurde, der die Wildniß des Innern von der Halbkultur, der den reißenden, in Jugendkraft tobenden und schäumenden Waldstrom von dem majestätisch dahingleitenden untern Xingú trennt, welcher, gleich einem Meeresarm mitten im Lande, dem riesigen Amazonas zufließt. Ja, der jugendliche Xingú war, nachdem er sich siegreich durch alle Widerwärtigkeiten hindurchgearbeitet, zum Manne geworden!

Die Fahrenden durchschnitten, beim Eintritt der labenden Abendkühlung, die dem schwülen Tage gefolgt war, nach einander zwei Bassins; in das erste derselben stürzten sich außer dem Waldbach, welcher hierhergeführt hatte, noch fünf ähnliche; in das zweite rollte zwischen hohen Steinwällen ein breiterer Flußarm, einen nur wenig höheren Fall bildend, hinab. Unmittelbar unterhalb der Caxoeira Tapajúna, die übrigens, der vielen Inseln wegen, ebenso wenig wie die drei vorhergehenden, in ihrer ganzen Breite übersehen werden konnte, machte der Xingú eine Biegung nach W.; auch war das Gewirr jener buschigen, steinigen Eilande in der Nähe derselben bald zurückgelegt, während gleich darauf ein, wenige hundert Schritt breiter, von

hochſtämmigem Urwalde eingefaßter Flußarm die Geſell=
ſchaft aufnahm. Doch, über ihrem Haupte hing ein
ſchweres Gewitter; einzelne Tropfen fielen, und bald goß
es aus allen Kräften herab. Man wandte ſich indeß, dem
rechten Ufer folgend, nach N.=W., worauf ſich, obgleich
noch keine Stunde ſeit dem Falle vergangen war, die dun=
kelſte Nacht einſtellte.

Noch eine Stunde und länger wurde, bei beſtändigem
Regen und Gegenwinde, gerudert, bis die Boote endlich
bei der langerſehnten Praya Caranari anlegten, wo ſich
nach Ausſage der Schiffsleute ein Rancho zum Nächtigen
finden ſollte. Eiligſt ſprang man auf die Sandfläche hin=
über, an welcher der Fluß brandete, und hier tappte nun
die triefende Geſellſchaft nach der erſehnten Unterkunft um=
her. Statt des Rancho's fanden ſich aber nur noch einige
Stangen, die ſeine Stelle bezeichneten. Eben wollte man
ſich in das Unvermeidliche ergeben und ſich daranmachen,
das Segel vom Growler, dieſen Anker in der Noth, als
Dach an jenen Pfählen auszuſpannen, als dem Padre
plötzlich der Gedanke kam, daß es möglich ſein würde, in
anderthalb Stunden einen Ort zu erreichen, wo er ſelbſt
einmal eine Seringera (ein Etabliſſement zum Gummi=
ſammeln) angelegt hatte; auch erinnerte er ſich ſehr wohl,
daß ein Haus dabei geweſen; doch war es von ſeinen
Leuten verlaſſen worden, nachdem dieſelben wahrſcheinlich,
nach Landesart, nicht ermangelt hatten, es vorher in Brand
zu ſtecken.

Es wurde Rath gehalten, und da an dem nassen
Bivouak auf der Praya wirklich nichts verloren schien, der
Entschluß gefaßt, die Fahrt bis zu der genannten Stelle
fortzusetzen, so wenig Hoffnung auch war, etwas Besseres
zu finden. Die Boote stießen daher wieder ab, obgleich
man nicht die Hand vor Augen sah. Man denke sich, daß
die Gesellschaft seit Tagesanbruch nichts gegessen hatte,
dazu die Nässe und die Müdigkeit von dem vielen Klettern
über die Gerölle der Caxoeiras, und man wird leicht begreifen, daß dies Alles nicht wenig dazu beitrug, ihre
Sehnsucht nach den „Fleischtöpfen" der Igarité immer
mehr zu beleben.

Der Cours war nach S.-W. gerichtet, soweit der beständige Regen und die herrschende Finsterniß ihn beobachten
ließen. Lange hatten die Reisenden stumm auf den Plätzen
gekauert und dem einförmigen Takte der Ruder zugehört,
als plötzlich Hundegebell erscholl und bald darauf ein Licht
am rechten Ufer schimmerte. Die Ausdauer der Gesellschaft sollte reichlich belohnt werden, denn, o Freude! man
fand nicht allein das Haus völlig unversehrt, sondern es
war sogar von angezogenen, wenn auch farbigen Leuten
bewohnt, die den Padre als alten Bekannten begrüßten
und die Ankömmlinge durch die einfache Veranda in ein
geräumiges Zimmer führten. Bald loderte ein munteres
Feuer am Boden der Hütte, an welchem die alte Wirthin
das Mahl bereitete, während unsre Reisenden die trocknen
Hangematten, die ihr Wirth ihnen gegeben, so nahe wie

möglich an diesem einfachen Heerde aufhingen, um sich in ihnen auszuruhen und zu erwärmen. Seit mehr als zehn Tagen hatten sie sich ohne Salz beholfen, und seit dem Verlassen der Igarité hatten sie kein Licht gehabt, außer dem leuchtenden Bivouakfeuer. Es war daher kein geringer Genuß, als sie beides heute wiederfanden, und als sie, wie ihre Leute sich ausdrückten, statt der unverdaulichen „heidnischen," endlich einmal wieder „christliche" Farinha essen konnten!

Die Nachtruhe hatte ihre wohlthuende Wirkung geübt. Ohne dieses gastliche Obdach wäre man überdies, bei dem anhaltenden Regen, leicht dem Fieber ausgesetzt gewesen, das den Fremden in diesen Gegenden nicht selten befällt. In der Veranda des viereckigen Häuschens genoß man, einen Regenschauer abwartend, einige Cujas voll Mingáo, den der Prinz hier zum ersten Male kostete.

Die Seringera stand auf einem kleinen freien Fleck am Rande eines sehr verwachsenen, hochstämmigen Gummi-Waldes, von wo man eine freie Aussicht den Xingú aufwärts hatte, der kurz oberhalb der Hütte seine südwestliche Richtung in eine nordwest- und westnordwestliche verändert, die etwa auf der Höhe der Seringera in die schnurgerade Richtung nach N.-W. z. N. übergeht, welche der Strom von hier bis zu seiner Mündung in den Amazonas fast durchgehends beizubehalten schien. Diesem Umstande war es denn auch zuzuschreiben, daß man von jetzt ab bei der Weiterreise stromab, die etwa um 8½ Uhr Morgens (20. De-

cember) angetreten wurde, den geraden Seehorizont wieder
vor sich hatte, während die Breite des Xingú, den hoher
Urwald auf beiden Seiten begleitete, zunächst hier kaum
tausend Schritt betrug. Linkerhand ließ eine scharf markirte Schattirung in den Baumwipfeln einen Nebenfluß,
oder wenigstens einen bedeutenden Nebenarm vermuthen, der
bei der vorliegenden Spitze zur Linken sich mit dem Hauptstrom vereinigen würde; allein hier angelangt, ergab sich's,
— was übrigens die Indianer schon vorhergesagt hatten, —
daß es nur eine nach S.-W., also der Stromrichtung entgegen gerichtete, tief in die Wälder eingreifende Bucht
war. — Nicht lange danach landete man in zwei auf einander folgenden Roças am entgegengesetzten Ufer. In der
ersten derselben ward ein Vorrath von Mehl und eine
schöne Ente erstanden, und in der zweiten versah man sich
mit einer nicht geringen Zahl von Melancias, die von jetzt
ab der einzige Trost des durch die Mandioca ruinirten
Magens wurden. — In dieser Gegend kommt hie und da
am Ufer über den Spiegel des Xingú Thonschiefer zu Tage
während Granit und Gneis mit der letzten Caxoeira verschwinden.

Schon den ganzen Morgen über waren am Horizont
mitten im Strome die Wipfel einer Baumgruppe sichtbar
gewesen; jetzt stieg dieselbe allmälig höher empor, ja nach
und nach kam das buschige Eiland selbst zum Vorschein, in
welchem sie wurzelte, und Castanhal, die kleine Insel
mit ihren beiden am Abhange stehenden Ranchos, lag

deutlich vor Augen. Indeß welch' herbe Täuschung! —
von der ersehnten Igarité war keine Spur zu entdecken!
Man sah sich fast die Augen aus dem Kopf danach aus, allein
vergebens, — bis man endlich, schon dicht an das Eiland
gelangt, nach langem, fruchtlosem Spähen ihren Mast über
einem kleinen Busch am sandigen Strande zum Vorschein
kommen sah. Der Jubel war groß, als um Mittag die
Igarité wirklich glücklich erreicht war.

Jetzt ging's an's Auspacken, Sonnen, Trocknen, Sor-
tiren, Ordnen, Einpacken und Stauen der Sachen, an's
Waschen und Umziehen, vor allem aber — an's Kochen.
Der Entenbraten schmeckte vortrefflich; auch an Wein fehlte
es nicht. Unterdessen sah man zum ersten Male die Fluth
wieder am sandigen Ufer einige Fuß emporsteigen, denn in
dieser Jahreszeit, wo der Xingú im Anschwellen ist, bringt
sie nicht ganz bis zur letzten Caxoeira.

Um 4 Uhr Nachmittags lichtete die Igarité den Anker,
und die ganze Nacht hindurch wurde gerudert, so daß die
Dunkelheit leider den Anblick der Mündung des Tucurui
entzog.

Am 21. December zwischen 8 und 9 Uhr Morgens
wurde vor Souzel geankert. Der Abschied von ihrem er-
probten Reisegefährten, dem Padre Torquato, ward der
Gesellschaft schwer. Ihm allein verdankte sie es ja, daß
sie ihre interessante Expedition so weit ausdehnen konnte,
denn ohne seine, den Wilden Vertrauen einflößende Gegenwart hätte man gewiß mit viel mehr Schwierigkeiten zu

kämpfen gehabt. Ebenso wären die Leute aus Souzel und
vom Tucurui, welche die Reisenden auf sein Geheiß be=
gleiteten, ohne sein Beisein gewiß weit weniger willig ge=
wesen.

Die Gesellschaft wartete noch mehrere Stunden auf
die Canoas ihrer Jurúna=Freunde, die nicht so schnell
hatten folgen können; doch als sie immer noch nicht er=
schienen, sah man sich endlich, um die Ebbe nicht zu ver=
säumen, um 3 Uhr Nachmittags genöthigt, die Rhede von
Souzel zu verlassen, nachdem man noch ein letztes Mahl,
ein frugales Mittagsessen, mit dem lieben Freunde, dem
Padre, getheilt hatte. — Am Abend zwangen Regen=Böen,
am rechten Ufer zu ankern. Die Igarité schlingerte so,
daß Graf Oriolla eine leichte Anwandlung der See=
krankheit empfand.

Seit einigen Tagen war denn nun leider die so ge=
fürchtete Regenzeit in aller Form eingetreten. Ein großes
Glück, daß man den schwierigen Theil der Reise bereits
hinter sich hatte, denn während der Zeit der Stromfülle
ist der Xingú für kleinere Fahrzeuge kaum fahrbar. —

Am folgenden Morgen (22. December) hielt man
einen Augenblick bei dem Oertchen Pombal an, um Lebens=
mittel einzukaufen. Es besteht aus einigen wenigen mit
Palmstroh bekleideten und bedeckten ärmlichen Häusern oder
Hütten am sandigen Strande. Zwischen ihnen wuchern
Bananen und mit Palmen untermengtes Buschwerk. Im
Hintergrunde erhebt sich unburchbringliche Waldung, aber

nicht mehr der schöne, hochstämmige Urwald des mittleren
Stromlaufes, sondern schon das weniger hohe Holz, das
den Xingú bis Porto de Móz hinab begleitet.

Um Mittag ruderte man, bei starkem Gegenwinde, an
Veiros vorüber; am Abend aber war das Wetter wieder
freundlich. Eben las Prinz Adalbert auf seiner Bank in
Graf Bismarck's „Freiligrath" von Löwen, Tigern und
Palmen; — da plötzlich erklang Trommelschlag, mit Pfeifen-
tönen untermischt. Ein Boot kam der Igarité entgegen
und glitt dicht an ihr vorüber. Es war mit drei Flaggen
geziert, alle weiß, mit einem Marienbilde darauf. Diese
Boote, sagte man dem Prinzen, fahren auf dem Strom
einher, um Collekten zum nahen Feste zu sammeln; auch
ist die Weihnachtszeit für die Bewohner des untern Xingú
schon darum einer der wichtigsten Abschnitte des Jahres,
weil alsdann die Seringeros, d. h. fast die ganze männ-
liche Einwohnerschaft, die zum Gummisammeln ausgezogen
war, wieder nach ihren Ortschaften und zu ihren verwaisten
Familien zurückkehrt. — Um Mitternacht ward im Acahi,
unweit der Wohnung des Lootsen, vor Anker gegangen.

Hier versah sich unsere Gesellschaft am folgenden Tage
(23. December) mit einigen Gegenständen, die Albuquerque auf ihren Wunsch hatte bereit halten lassen,
namentlich mit bemalten Cujas, großen, topfartigen Früchten des Sapucaja-Baumes und großen Palmen-Frucht-
kapseln, deren man sich hier statt der Schaalen bedient.
Alle diese schönen Dinge wanderten mit nach Europa.

Nach einigen Stunden Aufenthalt fuhren die Reisenden weiter. Bald lag der Acahi hinter ihnen mit seinem breiten Saume von Caladium, welche Pflanze sich überhaupt am untern Xingú weit häufiger und in weit größerer Masse als oberhalb der Caxoeiras findet. — Gegen Abend tauchten am Ende des unbegrenzten, meergleichen Spiegels des Xingú die unzähligen Inseln des Amazonas auf, hinter denen sich die blauen Höhen der Serra de Almeirim in weiter Ferne, dem Auge kaum erkennbar, erhoben, während sich links das niedere Land der Campos de Aquiqui ausdehnte. Man ruderte hart an den Wäldern des rechten Ufers hin, die in den Strom hinein vorspringen, und wurde erst Porto de Möz gewahr, als man sich dicht dabei befand, so unbedeutend erschien, von hier aus gesehen, die Reihe ärmlicher, sich am Waldsaume hinziehender Hütten. — Die Abendsonne stand im Golde. An das Land steigend bemerkte man die Vorbereitungen zum Weihnachtsfeste.

Der Commandant hatte für den Prinzen ein 10 Fuß langes Krokodil einfangen lassen, aber leider war es seinen Wunden erlegen; im Ufersande fanden sich noch einige Spuren von ihm, indem seine starken Schilde daraus hervorragten. Eine ebenso wohlgemeinte Aufmerksamkeit wurde dem hohen Reisenden noch von Seiten des Schullehrers des Oertchens, indem er Seiner Königlichen Hoheit eine Ansicht der Stadt überreichte, die er selbst für den Prinzen gezeichnet hatte. Endlich ist noch als eine ähnliche freund-

liche Gabe zu erwähnen eine Skizze des Xingú-Laufes, die
ihm der Kaufmann Feio, der Freund und zugleich der
französische Lehrer des Padre, bei der Abfahrt von Souzel
schenkte, und die der Prinz neben den mannigfachen Andenken des geistlichen Freundes dankbar aufbewahrt..

Die Sterne funkelten hell, als man in den Amazonas
einlief. Nur der melancholische Gesang der Ruderer unterbrach die Stille; auf dem meerartigen Xingú, dem man
jetzt für immer Lebewohl sagte, lag finstere Nacht.

Mit dem Eintritt in den königlichen Strom traf man
wieder den Vento geral, der sich von jetzt an ebenso hem-
mend entgegenstellte, als er die Reise stromauf begünstigt
hatte. Einen kurzen Augenblick abgerechnet, wo man frühmorgens (24. December) zu Tapará landete und der Prinz
eine Krokodil-Schale erstand, auch Cora-Wurzeln und eine
Art Bataten eingehandelt wurden, kämpfte man fast den
ganzen Tag über gegen ihn an. Dabei wehete er heute
so heftig, daß er im Verein mit der Fluth die Igarité
zum öftern in eine „walzende" Bewegung versetzte. Man
sah sich daher genöthigt, Stangen schneiden zu lassen, um
das Boot mühsam am Caladium und Uferschilf entlang
fortstoßen zu können. Gegen Abend endlich legte sich der
Gegenwind, und bald spannte der Himmel sein helles
Sternenzelt, an dem das Südkreuz funkelte, über die
dunklen Fluthen des riesigen Amazonas aus, als wollte er
selbst die Weihnachts-Nacht festlich begehen. Am rechten
Ufer schimmerten die wenigen Lichter von Villarinho; das

Eiland aber auf der Höhe dieser beiden Hütten lag noch vorwärts. Da wurde das Boot von der heftigen Strömung erfaßt, gegen die man vergeblich kämpfte; es steuerte nicht mehr, und saß für einen Augenblick auf der Sandbank fest, die sich an die obere Seite des Inselchens anschließt. Doch mit vereinter Kraft arbeitete man sich wieder los, so daß die Weihnachtsfeier nur auf wenige Augenblicke unterbrochen wurde. Die Igarité war nämlich festlich erleuchtet, indem außer der „Fighting-lantern," die, wie alle Abend, an der Decke hing, noch vier auf Bouteillen gesteckte Lichter brannten, welche natürlich alle Augenblicke vom Zuge ausgeblasen und mit seltner Consequenz immer wieder angezündet wurden. Graf Bismarck lieferte vortreffliche, aus Schiffszwieback bereitete „arme Ritter." Graf Oriolla dagegen machte Glühwein, in welchem viele Gesundheiten und vor allem das Wohl der Abwesenden getrunken wurde, Endlich hatte man noch aus Cora-Wurzeln eine Art Kartoffelbrei bereitet. Indeß trotz all' dieser herrlichen Genüsse waren doch schon die Gedanken mehr jenseits des Oceans als in der Neuen Welt. — Düsteres Gewölk zog herauf, die Lichter gingen aus, und die Gesellschaft suchte die Ruhe.

Der Morgen des ersten Weihnachtsfeiertages fand Alles wieder in voller Arbeit gegen Strömung und Wind. Dabei war es schwül, und ein warmer Regen goß in Strömen vom Himmel herab. Doch hatte man seit einigen Tagen den offenen Theil der Igarité mit Segeltüchern und

getheerter Leinwand überdacht, um sich gegen den Einfluß
der nassen Jahreszeit einigermaßen zu schützen. Nur an
den Seiten war diese Bedachung stellenweis aufgebunden,
damit die Leute ungestört rudern konnten.

Um 11 Uhr Morgens erreichte man die kleine Bucht hart
oberhalb Gurupá, woselbst auch der brasilianische Kriegsschooner „Rio-grandese" vor Anker lag. Der Commandeur
desselben kam alsbald an Bord der Igarité, um sich auf
Befehl des Präsidenten von Pará zur Verfügung Seiner
Königlichen Hoheit zu stellen. Der Prinz sah sich leider
aber um so mehr genöthigt, dieses freundliche Anerbieten
abzulehnen, als der Schooner noch mehr Zeit zur Reise
nach Pará gebraucht haben würde, als die Igarité, weil
jener in den engen Canälen nicht kreuzen konnte und zum
Rudern natürlich noch weniger geeignet war, als dieses,
auch schon schwerfällige Fahrzeug.

Nachdem die getrocknete Schlangenhaut und einige Lebensmittel eingenommen worden waren, wurde der Ankerplatz
wieder verlassen. Das Wetter hatte sich unterdessen auf-
gehellt, und die Sonne brach eben durch das düstere Gewölk, als man unter dem steilen Uferrande hinfuhr, auf
dem Gurupá sich hinzieht. — Am Abend befand man sich
auf der Höhe des Ortes, wo vor fast vier Wochen die
Schlangentödtung stattgefunden hatte. Die Nacht war sternhell; doch fiel ein weißlicher Schein am westlichen Himmel auf.

Noch lag schwerer Morgennebel auf dem Strome;

bald aber, gleich nach Sonnenaufgang (26. December)
konnte man bereits im N.-N.-O. jene Waldspitze am Ende
der hochstämmigen Urwälder des rechten Ufers erkennen,
hinter welcher der früher erwähnte mächtige Arm, Tagipurú
genannt, den Rio de Gurupá verläßt. Gerade in N. dagegen zeigte sich eine zweite, weiter zurückliegende Wald-
zunge. Es war dies der Punkt, wo man am 29. November
aus dem Uituquára in den Amazonenstrom übergegangen
war. — Nicht lange, so liefen unsre Reisenden in den
Tagipurú ein.

Doch bevor wir dieselben weiter begleiten, schalten
wir aus dem Tagebuche Seiner Königlichen Hoheit das-
jenige ein, was der Prinz über die Verbindungscanäle des
Amazonas und Pará, und die eigenthümlichen Strömungsverhältnisse jener Gewässer, theils aus eigener Anschauung,
theils aus den Angaben des Lootsen Albuquerque
schöpfend, in Erfahrung gebracht hat.

Von dem großen, inselreichen, nach N.-O. fließenden
Hauptstrome, und zwar von seinem südlichen Arme, der
von der Mündung des gleichnamigen Zuflusses an zuweilen
den Namen des Xingú bis Gurupá fortführt, meist aber
in dieser Gegend Rio de Gurupá genannt wird, und der
sich später mit dem Rio de Macapá vereinigt, zweigen sich
zwei ungefähr parallel, und zwar nach S.-O. laufende
Hauptcanäle ab, nämlich der Tagipurú und der Jaburú,
die in das oft erwähnte Meer süßen Wassers, welches die
Küsten Marajó's unter dem Namen des Rio da Cidade

46*

oder des Parástromes in S. und O. bespült, und zwar in den westlichen Theil desselben münden, den wir bereits unter der Benennung der Bahia das Bocas kennen gelernt haben. Außer dem Limaõ, einem ganz kurzen Arme, der den Tagipurú mit dem Uituquára verbindet, befinden sich an Verbindungscanälen zwischen dem Tagipurú und dem Jaburú, von Norden anfangend, noch: ein namenloser Nebencanal des Jabixava, dann der Bojassú, der Furo das Ovelhas, der Macujubi, der Furo das Velhas und endlich der Aturiazal. Von der Einmündung des Aturiazal an führt der Tagipurú den Namen Furo de Melgaço, nach dem Orte, wohin er sich von hier aus wendet, während der Jaburú von dem Einflusse desselben Zwischencanals an Rio dos Breves genannt wird. Der Uituquára, in dem man vom 27sten November Abends bis 28sten Nachmittags geschifft war, nimmt in derselben Bucht des Amazonas seinen Anfang, aus der der Tagipurú abfließt, läuft mit dem Rio de Gurupá parallel und ergießt sich in den Jabixava, der sich kurz zuvor von dem Amazonenstrom getrennt hat, gleich darauf den Jaburú aufnimmt und dann nach O. weiterströmt, um sich weiter unterhalb wieder mit dem Rio de Macapá zu vereinigen. — Ferner erfuhr man, daß der Tagipurú zwei Zuflüsse von Westen her erhalten soll, nämlich den Ygarapé das Cobras (Ninho das Cobras grandes) und den Ygarapé da Lagoa, der vom Lande des Xingú kommen und für leichte Fahrzeuge fahrbar sein soll. Was nun die Strömungsverhältnisse in den Gewässern zwischen dem Amazonas und dem Pará betrifft, so hängen dieselben wohl theils von deren verschiedenartigem Gefälle ab, theils von den Einflüssen des Oceans, theils von der Größe des Druckes der Wassermasse des riesigen Amazonas, und endlich noch von dem Fallen und Anschwellen der bedeutenden Ströme, die den Pará bilden. Da die Regenzeit am obern Amazonas und an den Quellen seiner großen Nebenströme nicht gleichzeitig eintritt, so entsteht schon hierdurch eine große Unregelmäßigkeit in den Strömungsverhältnissen, und es würde ein jahrelanges Studium dazu gehören, wollte man über dieselben und ihre Ursachen völlig in's Klare kommen.

In der Zeit, wo Prinz Adalbert diese Gegenden durchschiffte, strömte der Tagipurú beständig dem Pará zu: ein Beweis, daß jener der Hauptabfluß für den nach S.=O. fluthenden Theil der Wasser des Amazonas ist, die sich in ihm mit solcher Macht fortwälzen, daß sie die oceanischen Einflüsse besiegen. Im Jaburú dagegen machten sich die letzteren auf doppelte Weise bemerkbar, indem die Fluth sowohl von Norden durch die große nördliche Mündung, den Canal de Branganza do Norte, als im Süden durch den Pará in diesen Flußarm hineintritt. Die Scheide der Fluth= und Ebbe=Zeiten lag hier, im Jaburú, bei der Einmündung des Furo das Ovelhas.

Der immense Druck, den der nach S.=O. gerichtete Theil der trüben Fluth des Amazonenstromes ausübt, läßt schon auf die Größe der Wassermasse schließen, welche

durch den breiten, selbst für große Kriegsschiffe fahrbaren
Tagipurú beständig nach dem Süßwassermeere im Süden
Marajó's abströmt. Noch mehr aber wird der Reisende
in der Ansicht, daß der Parástrom als die südliche Mün=
dung des Marañon zu betrachten ist, dadurch bestärkt, daß
er in diesem großen Becken weder die krystallhellen Wasser
des Uanapú, noch die klaren, olivenfarbenen Wellen des
riesigen Tocantins die Oberhand gewinnen sieht, indem die
trübe Lehmfarbe des Amazonas bis zur Vereinigung mit
dem Oceane stets den Grundton in der Mischung aller
dieser Ströme bildet. —

An der rechten Seite der Mündung des 150 bis 200
Schritt breiten Tagipurú, in welchen man nun einlief, stieg
ein Wald von kugelartigen Fächerpalmen aus dem üppigen
Caladium=Saume empor, während sich gegenüber hohes
Laubholz erhob. Hier überholten unsre Reisenden eine
Igarité, ähnlich der ihrigen, die ihre runden „Pagaien"
durch daran gebundene Stangen zu langen „Riemen"
(Rudern) verlängert hatte: eine Erscheinung, die schon an
und für sich auffiel, indem, wie man sich bereits auf der
Hinreise überzeugt hatte, ein Boot in diesen Gewässern
zu den Seltenheiten gehört.

Den ganzen Tag über begleitete hoher prachtvoller,
mit Massen der schlanksten Assais untermischter Urwald,
der jedoch nach und nach an Höhe abnahm, den breiten
Stromarm. In der Nacht passirte man eine Reihe der
oben schon erwähnte Canäle und Zuflüsse.

Als der Morgen graute (27. December), lenkte Albu=
querque in den Furo das Velhas, einen kaum 100 Schritt
breiten Canal, hinein, indem er ihn für den Aturiazal hielt.
Als die Sonne aufging und die Gesellschaft erwachte, lag
die Igarité im Schatten einer dichten Fächerpalmen=Gruppe,
die mit einer dicken Masse von Schlingpflanzen überzogen
war, über welche ein Netz von den prachtvollsten Passions=
blumen herabhing. Graf Oriolla machte darauf den
sinnreichen Vorschlag, die Rudereinrichtung jenes Bootes
nachzuahmen, dem man gestern Morgen an der Mündung
des Tagipurú in den Amazonas begegnet war, und sogleich
wurden Leute in den Wald geschickt, um Stangen zu schnei=
den, welche dann an die Pagaien gebunden wurden. Die
Kraft der auf diese Weise entstandenen langen Ruder war
so bedeutend, daß die Hälfte der Hände der Igarité mit
größerer Schnelligkeit rudern konnte, als es sonst die ganze
Mannschaft im Stande gewesen war. Hieraus erwuchs
noch der große Vortheil, daß man von jetzt ab zwei Wachen
formiren und so die Leute Tag und Nacht arbeiten lassen
konnte.

Die Reisenden verbrachten den größten Theil des
Vormittags in dem Canale, weil sie wohl über eine Stunde
in denselben hineingerudert waren, ehe der Lootse seinen
Irrthum entdeckte. Doch die prachtvolle, obschon niedere
Vegetation, eine wahre Musterkarte von Palmen mit den
herrlichsten Blumen, namentlich Passionsblumen und Stizo=
lobium, entschädigte in reichlichem Maße für die verlorene

Zeit. Da der Furo das Velhas zu seicht für die Igarité und außerdem ein Umweg gewesen wäre, so kehrte man wieder zum Tagipurú zurück, in welchem man sehr bald an die Mündung des Aturiazal gelangte, in die man hineinbog.

Eine Zeitlang streicht der Aturiazal in der Breite von kaum 100 Schritten in gerader Linie, gleich einem gegrabenen Canale, zwischen zwei Wänden von Fächerpalmen hin. — Nachdem die Reisenden eine, am linken Ufer gelegene einsame Reißpflanzung passirt hatten, liefen sie noch vor Sonnenuntergang in den nach S.-O. laufenden Jaburú, von hier ab Rio dos Breves genannt, ein, wo wieder der bekannte hohe Urwald sie seitwärts begleitete. — Um 11 Uhr Nachts legten sie bei Breves an.

Mit Tagesanbruch (28. December) gingen sie daselbst an das Land, um einige Lebensmittel einzukaufen und einen Lootsen für die Weiterreise zu suchen. Bis hierher nämlich ist die Hauptwasserstraße, sowohl für große Schiffe als für kleine Fahrzeuge, die von Gurupá stromab nach Pará wollen, dieselbe, der man gefolgt war. Für die Fahrt aber giebt es zwei Wege. Die größeren Fahrzeuge halten die Mitte des Parástromes, und laufen dann durch die Canäle bei Ilha das Onças bis vor die Stadt. Die kleineren Boote dagegen gehen hart längs den Küsten Marajó's fort, gedeckt durch die Menge kleiner Inseln, die sich längs derselben hinziehen, bis zu der sogenannten Bahia de Marajó, setzen dort quer über den Parástrom

und laufen darauf in den Furo do Japim (Japii) ein; der
sie zwischen den Inseln auf der Westseite der Mündung
des Tocantins hindurch erst in den sogenannten Limoeiro
und dann in den Tocantins selbst führt. Die Richtung
dieses Stromes durchschneidend, wenden sie sich nach dem
Anapú, einem seiner rechten Nebenflüsse, gelangen von da
durch den Ygarapé-mirim in den Rio Mojú, und auf diesem endlich nach Pará. Diesen Weg nennt man „pára
dentro," den innern, im Gegensatze zu dem von den größeren Fahrzeugen benutzten, der mit „pára fora," der
äußere, bezeichnet wird.

Albuquerque kannte die Fahrt durch den Japim,
Limoeiro, Tocantins und Ygarapé-mirim nicht, und dem
Mulatten Furtoso, einem der Seeleute unserer Gesellschaft, der sich anbot sie zu führen, wollte sich dieselbe
nicht anvertrauen; so blieb ihr denn nichts übrig, als hier
in Breves einen Lootsen zu suchen. Da sich keiner fand,
so stellte der Kommandant des Oertchens endlich einen
sicheren Mann dazu, worauf man, bald nach Sonnenaufgang, Breves verließ, nachdem dessen freundliche Bewohne-
rinnen dem Prinzen noch einige Eier zum Geschenk gebracht
hatten, die auch sehr dankbar aufgenommen wurden.

Den ganzen Vormittag über kämpfte man, fast ohne
vorwärts zu kommen, gegen die Seebrise und die nach und
nach eintretende Fluth in dem etwa 500 Schritt breiten
Rio dos Breves, an dessen Usern man hie und da ein auf
Pfählen stehendes Haus oder eine Roça am Saume des,

oft mit mehr als 100 Fuß hohen Fächerpalmen unter=
mischten Laubwaldes erblickte. Nach langem vergeblichen
Arbeiten legten unsre Reisenden am rechten Ufer bei einem
prachtvollen Palmenwalde an, der ihnen viel Gelegenheit
zum Zeichnen gab. Hier wurde abgekocht, und mit ein=
tretender Ebbe ging's weiter. Bei Sonnenuntergang brei=
tete sich der geröthete Spiegel des Parástromes vor ihnen
aus. Sie hielten sich links an der Küste Marajó's, wäh=
rend auf den niederen Fächerpalmen am Ufer eine kleine
Schaar behender Affen von Wipfel zu Wipfel hüpfte.
Dann ward, immer östlich fortsteuernd, die Bahia de
Tapará durchschnitten, und bald lagen kleine Fächerpalmen=
Inseln zwischen ihnen und dem Strome. Darauf passirten
sie die Mündung des, von N.=O. aus dem Innern von
Marajó kommenden Rio Ajará, und gelangten so, zwischen
8 und 9 Uhr Abends, in den schmalen Furo de Santa
Isabel, in welchem sie die ganze Nacht fortruderten, wäh=
rend der „Cruzeiro" und der große Bär gleichzeitig am
dunkelblauen Sternenhimmel funkelten.

Als der Tag anbrach (29. December), befand sich die
Igarité an dem Punkte, wo der Furo de Santa Isabel
und der aus Marajó kommende Periha sich zu einer ge=
meinschaftlichen Mündung vereinigen, die sich in östlicher
Richtung gegen den Pará öffnet. Links lag die Küste von
Marajó, rechts die Ilha de Santa Isabel, die schon auf
der Hinreise beschrieben worden ist. Von hier an steuerte
man, immer gegen den widrigen Wind ankämpfend, in

östlicher Richtung längs den prachtvollen Palmenwäldern
Marajó's hin, den schönsten, welche der Prinz bis dahin
gesehen hatte. Oft wurden die Fahrenden rechterhand von
einzelnen Inseln begleitet, oft aber genossen sie auch einen
freien Blick auf den weiten Parástrom und sein fernes
Südufer. Bei einer Roça wurde angelegt und gekocht.
Dann setzten sie ihre Küstenfahrt fort, durchschnitten bei
Sonnenuntergang die Bucht von Coralli, passirten gleich
darauf die durch ihr Ziegeldach und einen großen Baum
kenntliche Fazenda Maruari, deren sie sich von der Hinreise
wohl erinnerten, und ankerten noch vor Mitternacht bei
der ihnen gleichfalls schon bekannten Fazenda Assuranda.

Am 30. December 5 Uhr Morgens, während eben
das Licht der Sterne zu erlöschen begann, lichtete die
Igarité den Anker. Als hierauf mit Tagesanbruch die
Seebrise aufsprang, wurde das Segel gesetzt, gleichzeitig
aber zu rudern fortgefahren. Man steuerte gerade auf
die, nahe dem südlichen Ufer des Pará gelegene Ilha da
Conceição zu. Als der Pará glücklich durchschnitten war,
ruderte man immer ostwärts, in einem Abstande von etwa
100 Schritt, und zwar anfangs längs der Küste der Ilha
da Conceição, dann aber längs der unmittelbar darauf
folgenden, nur durch einen schmalen Ygarapé von ersterer
getrennten Insel Tucumaidúba hin. Beim Eintritt der
Fluth jedoch, die im Bunde mit der Viraçaõ sich dem
Fortkommen kräftig entgegenstemmte und etwas See herbeiführte, sah man sich genöthigt, an der Insel Tucumaidúba

anzulegen. Diese Zeit der Ruhe benutzte der Prinz, um
in dem prächtigen Urwald einige Bäume und Schling=
pflanzen zu zeichnen.

Am Nachmittage wurde die Fahrt wieder längs der
Insel gen Osten fortgesetzt. Linkerhand dehnte sich in der
Ferne das niedrige Land Marajó's aus, von dem die Rei=
senden der breite, nur durch einzelne Segel schwach belebte
Parástrom trennte. Gegen Abend endlich erreichten sie die
drei reizenden kleinen Miriti=Eilande, hinter denen sich die
Mündung des Ygarapé Japim verbirgt, - und traten mit
der Fluth des Pará in diesen 50 Schritt breiten Canal,
um in demselben mit der Ebbe des Tocantins die Reise
fortzusetzen. Anfangs faßten den Japim hohe Fächerpalmen
ein, die jedoch allmälig niedriger wurden. Man passirte
darauf die Fazenda eines Padre; Cocospalmen und einige
Neger verkündeten hier schon den regelmäßigen Anbau und
den Eintritt in das Küstenland. Nicht weit davon saß auf
dem Calabium am Ufer ein großes Volk Möwen, das von
unsrer Gesellschaft mit einer Salve begrüßt wurde, die
leider aber ohne wesentlichen Erfolg blieb. — Obgleich der
Canal jetzt allmälig etwas breiter wurde, so krümmte er
sich dafür desto mehr, theilte sich auch zum öftern in ver=
schiedene Arme, und wechselte sogar seinen Namen.

Endlich, nachdem man die ganze Nacht fortgerudert
hatte, befanden sich unsre Reisenden am 31. December um
5 Uhr Morgens an der Fazenda do Limoeiro in dem nach
der Angabe des Lootsen gleichnamigen breiten Canal, der

sich nahe vor ihnen gegen den Tocantins öffnete. Mit
Sonnenaufgang liefen sie in diesen riesenhaften Strom ein,
dessen olivenbraune klare Fluth nahe bei seiner Mündung
durch drei, in einer Linie etwa von Süden nach Norden
streichende flache Inseln in zwei große Arme getheilt wird.
Die nördlichste dieser Inseln heißt Tatoocca, die mittlere
Marapatá, und die südlichste Urarai. Zwischen Marapatá
und Tatoocca hinburch, die etwa eine Seemeile aus ein=
ander liegen, sah man nichts als Himmel und Wasser;
mehr links jedoch von Tatoocca zeigte sich ein schwacher
Schimmer der Küsten Marajo's. Den linken Arm des
Stromes, die Bahia do Limoeiro, durchschneidend, über
deren Spiegel große Sand= und Schlammbänke hervor=
traten, richtete die Jgarité ihren Lauf gerade auf die
Durchfahrt zwischen Marapatá und Urarai.

„Düster und regnigt," sagt Prinz Abalbert in seinem
Tagebuche, „war der letzte Tag des Jahres 1842 ange=
brochen, ja eine gewisse Schwermuth lag auf der uns um=
gebenden Natur, als trauere auch sie über die dahinschwin=
bende Zeit. Eintönig in seinen Umrissen und in seiner
Färbung, und dennoch höchst großartig, war das Bild, das
die Mündung des Tocantins unserem Blicke vorführte. So
weit das Auge reichte, nichts als Himmel, Wasser und
Fächerpalmen! Zwischen Wäldern von Miritipalmen rollte
der kolossale Strom seine olivenfarbenen Wogen dahin, wäh=
rend alle jene Inseln gleichfalls nichts als ebensoviel Fächer=
palmen=Wälder sind, die aus seiner dunklen Fluth in das

düstere Gewölk aufsteigen. In dichtgedrängten, endlosen
Reihen stehen die kerzengeraden Stämme der Miriti, weiß=
lichgrau wie die unserer Tannen, oder rothbraun wie die
unserer Kiefern, neben einander und tragen, gleich schlanken
Säulen, das flache überhängende Dach ihrer zahllosen,
dichtverwachsenen dunkelgrünen Kronen.''

Nach wenigen Stunden lagen Marapatá und Urarai
im Rücken, auch war bald eine einzelne, im rechten Haupt=
arm — der sogenannten Bahia de Marapatá — gelegene
kleine Insel erreicht, die sich weniger durch die Höhe ihrer
Palmenvegetation, als durch die Schönheit des hochstäm=
migen, großblättrigen Caladiums auszeichnete, das sich an
ihrem Ufer, dem unsre Reisenden jetzt stromabwärts folgten,
hinzog. Rechts vor sich erblickten sie in N. oder N.=N.=O.
in dem obern Contur der Uferwälder einen Absatz, wo der
Anapú in den Tocantins einmünden sollte. Schweres,
schwarzes Regengewölk hing über dem Strom. Die Fluth
war stark, der Gegenwind frisch, so daß die Igarité sich
kaum vorwärts arbeiten konnte. Endlich war die Nordspitze
des Eilandes erreicht, sie wurde glücklich umschifft und so=
dann einer langen, weiter östlich gelegenen Insel zugesteuert,
deren Ufer mit dem der vorigen parallel lief.

Nach hartem Kampfe gegen Wind und Wellen gelangte
die gebrechliche Igarité auch zu dieser zweiten Insel hin=
über, wobei sie jedoch bis zum Südende derselben strom=
aufwärts verschlagen wurde. Wundervoll war der, dieses
Eiland bedeckende Wald von achtzig Fuß hohen Fächer=

palmen, zwischen denen sich einige schlanke Riesenstämme über hundert Fuß erhoben, während andere, vom Winde umgestürzte Palmen sich weithin über den Spiegel des Stromes ausstreckten, oder auch wohl, hie und da, nur noch mit ihren riesenhaften, aus ungeheuren Fächern gebildeten Kronen inselartig hoch aus dem Wasser emporragten. Damit aber auch dem Walde der Reiz der Abwechselung nicht fehle, nickten dann wieder Gruppen ätherischer Assais graziös zwischen den hohen Miriti-Säulen hervor, während hie und da die hoch aus der Erde aufsteigenden Riesenzweige der Jupati sich in hohem Bogen auf den Strom herabbeugten.

Während man nun so an dieser endlosen Insel hinsteuerte, ihrem westlichen Ufer mehrere Stunden folgend, wurde die tiefe Einsamkeit, welche die Fahrenden bisher umgeben hatte, auf einen Augenblick unterbrochen, indem eine leichte, an ihnen stromaufwärts vorübersegelnde Canoa die öde Wasserfläche des Tocantins einigermaßen belebte. Ein brauner Mann saß in dem kleinen Boote, dessen Raasegel vor allem die Aufmerksamkeit des Prinzen auf sich zog. Es war von Palmstroh-Matten verfertigt und konnte, wie es schien, in große horizontale Kniffe gelegt werden, gerade wie die Segel, die man auf den Zeichnungen der chinesischen Djunken sieht.

Als die Nordspitze des Eilandes am späten Nachmittage endlich erreicht war, mußte man bei einer heftigen Regenböe abermals einen breiten Stromarm bis zu einer andern, noch mehr nach dem rechten Ufer zu gelegenen Insel durchschneiden, — eine harte Probe für die Igarité! — Dem Gestade dieser Insel in nordnordöstlicher Richtung entlang segelnd, gelangte man zur Mündung des Anapú. Noch vor derselben kamen unsre Reisenden zu einer, an einer kleinen Bucht gelegenen Fazenda. Schöne Cocospalmen standen daneben; an Früchten aller Art und an Geflügel war kein Mangel; auch die Neger fehlten nicht. Doch die Nähe der Menschen und der vermehrte Anbau war es nicht allein, was auffiel, sondern auch der gänzlich veränderte Charakter der Gegend. Die mit üppig wuchernden Wasserpflanzen vermischte schattige Mangle-Waldung, welche ihre weit vorgreifenden Riesenwurzeln in hohen Bogen auf den Spiegel des seichten Flusses herabsendete, verkündete, daß sich die Fahrenden bereits zwischen den sumpfigen und schlammigen Inseln nahe der Mündung des Anapú befanden.

Zum letzten Male im alten Jahre war die Sonne untergegangen und die Sylvesternacht so eben angebrochen, als die Igarité in den genannten, wenige hundert Schritt breiten, von O. z. S. oder O.-S.-O. kommenden Nebenfluß des Tocantins einlief. Das Festmahl war bereitet, es bestand aus mit Tapioca gemengter Chocolade und aus einer Speise von Tapioca mit Wein und Butter. Auch fehlte es nicht an Punsch, das neue Jahr würdig zu begrüßen. „Um 10 Uhr,“ sagt Prinz Adalbert, „feierten wir mit unsern Lieben im Geiste die Mitternachtsstunde, die ihnen schlug, um 12 Uhr aber begingen wir unser neues Jahr in Amerika.

Lange noch saß die Gesellschaft traulich beisammen auf der Bedachung der Igarité und sah die hell und mild herniederscheinenden Sterne in dem schmalen, jetzt kaum 100 Schritt breiten, mäandrisch gewundenen Flusse sich spiegeln, während die farbigen Seeleute zum Takte der Ruder ihre melancholische portugiesische Weise sangen, zu der sie nicht müde wurden, immer neue Verse zu improvisiren.

Am 1. Januar 1843 zwischen 4 und 5 Uhr befand man sich im Ygarapé-mirim*), einem Nebenflusse des Anapú. Die Vegetation an seinen Ufern, von welcher der Prinz so viel in dem Werke der Herren v. Spix und v. Martius gelesen, entsprach seinen zu hoch gespannten Erwartungen nur in sehr geringem Maße. Nichts als niedere, mit einzelnen Palmen untermischte Mangle-Büsche ziehen sich zu beiden Seiten hin. Hie und da passirt man Fazendas mit Cocospalmen, und Roças von Reis, Mantioca und Arapú, einem rothen Farbekraute.

Es war noch früh am Tage, doch schien die Sonne schon recht heiß, als linkerhand die Freguezia de Sta. Anna mit ihrer zweithürmigen Kirche, ihren Ziegeldächern und ihren geweißten Häusern aus der umgebenden Capueira an den schmalen Ygarapé-mirim herantrat. Dies waren die

---

*) Ygarapé-mirim bedeutet: der kleine Canal.

erſten Kirchthürme und der erſte civiliſirte Ort, die unſren Reiſenden ſeit Pará wieder zu Geſicht kamen. Die verſchiedenen farbigen Einwohner und die Neger verkündeten bereits durch ihren feſtlichen Anzug das neue Jahr. — Bald hinter Sta. Anna, das 5 — 600 Seelen zählt und als der Haupthandelsplatz der Gegend gilt, erreichte man den Canal, den Dom Pedro I. in ſechs Monaten von hier bis in den nahen Mojú hat führen laſſen. Derſelbe macht durchaus nicht den Eindruck, als ſei er durch Kunſt entſtanden. Man würde im Gegentheil den Uebergang gar nicht bemerken, wenn ſeine Ufer durch die ausgegrabene und zur Seite geworfene Erde nicht etwas erhöht wären. Uebrigens ſind dieſe Aufwürfe ſo ſtark überwachſen, daß auch ſie eine ſolche Vermuthung kaum hervorrufen können.

Die Fluth führte das Boot durch den kurzen und nur etwa 20 Schritt breiten Canal, der ſo ſeicht iſt, daß man ihn nur bei Hochwaſſer befahren kann, bis zu ſeiner Einmündung in den Mojú. Hier mußte man ſtundenlang liegen bleiben, denn im Mojú fluthete es auch ſehr ſtark, doch den vorwärts Segelnden entgegen. Erſt mit dem Anfange der noch reißenderen Ebbe konnte man ſich ſeinen breiten, gelbgrauen Waſſern überlaſſen, welche die Igarité pfeilſchnell mit ſich fortriſſen.

Mit dem Eintritt in dieſen mächtigen Strom veränderte ſich, wie mit einem Zauberſchlage, die ganze Vegetation. Der prachtvollſte, rieſige Urwald, der zugleich

alles Großartige und alles Liebliche vorführte, was unsre
Reisenden nur immer in den Wäldern Brasiliens gesehen,
stieg an den Ufern auf, als wolle er ihnen den Abschied
noch zu guter Letzt recht schwer machen oder sie gar durch
die Entfaltung all' der verführerischen Reize der Tropen-
natur an seine stillen, zauberischen Schatten bannen. Kolossale, majestätische Stämme mit leichten Laubbächern, undurchdringliche, wandartige Lianenmassen, mit schönen Blumen bestreut und mit allen erdenklichen Palmenarten untermischt, von denen immer eine die andere an Schönheit
und Grazie zu übertreffen suchte, begleiteten das linke
Ufer, dem man jetzt folgte. Aeußerst malerisch wußten
die Palmen sich um die vielen kleinen, schattigen, nischen-
artigen Waldeinbuchtungen, um diese abgeschlossenen Heilig-
thümer zu gruppiren, in welchen die Strahlen der Abendsonne sie kaum zu erreichen vermochten, während sich hie
und da eine kühne Passiúba, die leichten Luftwurzeln mit
einem Häuflein grüner Wasserpflanzen umgeben, auf einem
vom Ufer getrennten Brocken Landes, 10 bis 20 Schritt
weit vom festen Boden, gleichsam wie auf einem abgerissenen Inselchen, keck und anmuthig aus dem Flusse erhob,
als wollte sie sich recht von allen Seiten bewundern lassen.
Ueberhaupt schienen hier, wie der Prinz bemerkt, die reizenden, graziösen Passiúbas unter allen Palmenarten die
vorherrschenden zu sein, nächst ihnen aber die Najá- und
Baccaba-Palmen, während die Miriti sich nur spärlich zeigte.

47*

Hatte sich gestern nur dann und wann ein einzelnes Haus am Waldrande gezeigt, so sah man dafür bei der heutigen Fahrt (2. Januar) den Mojú abwärts, besonders auf dem sich 30 bis 50 Fuß über den Spiegel des Stromes erhebenden Plateau des rechten Ufers, die Fazendas immer mehr an Zahl und Größe zunehmen. So kündigte sich allmälig die Nähe der Cidade an. Vor allem aber zog die bedeutendste unter diesen Fazendas, die schöne Besitzung des Obersten Bricio, Jacuarary, die Aufmerksamkeit auf sich. Sie liegt an der Mündung des breiten Acará, eines rechten Nebenflusses in den Mojú. Das Wohnhaus, ein stattliches Gebäude, ist von einem schönen Garten, von großen Zuckerplantagen und ausgedehnten Weiden umgeben.

Vor sich, nach der Mündung des Mojú zu, auf welchem einzelne kolossale Baumstämme schwammen, hatten die Fahrenden den gewohnten Anblick der sich auf den Spiegel des Stromes herabsenkenden Himmelskugel. Später hielten sie linkerhand an dem Ufer der großen Ilha do Mojú, wo die Igarité zwischen den Luftwurzeln schattiger Mangle festgelegt wurde, um hier die Ebbe zu erwarten. Als diese am Nachmittage das Boot schnell der Mündung zuführte, tauchte zuerst die Ilha das Onças am Horizonte auf, und darauf, noch mehr links, in blauer Ferne, die Insel Arapiranga, während an den Ufern die Fazendas und Zuckerpflanzungen sich mit jedem Augenblicke mehrten und die ganze Gegend sich bald in einen einzigen Garten von den prächtigsten Bäumen, Lianen und Blumen verwandelte.

Um 5 Uhr Nachmittags trat die Spitze des Arsenals hinter den dunklen Wäldern des rechten Ufers hervor. — Da endlich erschien wiederum Pará, das langersehnte Pará, mit seinen Thürmen und stattlichen Gebäuden! Nicht lange, so zeigte sich auch der Growler auf der Rhede. — Jetzt war an Bord der Igarité Alles in Thätigkeit; sie wurde gewaschen, geputzt und so schön gemacht, als es die vorhandenen Mittel nur zuließen. Dann ging die Gesellschaft an ihre eigene Toilette. — Inzwischen ward die Doppelmündung des Rio Mojú und des Guamá durchschnitten, obgleich Fluth und Wind sich kräftig entgegenstemmten. So war es denn bereits finstre Nacht geworden, als man die dunkle Masse des Growler neben sich erblickte. „A boat ahoï!" rief die Schildwacht der Igarité entgegen, die gerade auf das Fallreep zusteuerte. „Ay, Ay!"*) gab man zur Antwort, in der Hoffnung, zu überraschen. Doch in demselben Augenblick stürzte schon alles Volk in die Wandten, und ein freudiges „Three times three!" schallte entgegen! Der erste Lieutenant, Mr. Lodwick, empfing in Abwesenheit des Capitain

---

*) Auf den britischen Kriegsschiffen ist es Sitte, auf das Anrufen der Schildwacht, wenn gerade Offiziere des Schiffes sich in dem Boote befinden, „Ay, Ay!" zu antworten. Ist der Capitain darin, so wird der Name des Schiffes genannt; ist es aber das Boot des Admirals, so heißt die kurze Antwort: „Flag!" Kommen jedoch Boote zurück, in denen sich kein Offizier befindet, so ruft man „No, No!" der Schildwacht zu, damit sich Niemand zum Empfange bemüht.

Buckle, welcher gerade am Lande war, den Prinzen an der Treppe.

So war denn die Flußexpedition unserer Gesellschaft glücklich beendet. Man kann sich denken, mit welcher Freude die Reisenden, nach sechswöchentlicher Abwesenheit, das Verdeck des Growler betraten, wo ihre guten Bekannten sie auf das herzlichste willkommen hießen. Auch die ganze Mannschaft drängte sich freudig heran, all' die seltenen Dinge zu betrachten, die man mitgebracht hatte; vor allem aber war der Jubel der Schiffsjungen groß, als die Boa-Haut auseinandergerollt wurde. Unterdessen langte auch Capitain Buckle an, mit dem der Prinz noch eine Stunde und mehr bei einer Tasse Thee in der comfortablen Cajüte am Spiegel verplauderte, während die Reisegefährten Seiner Königlichen Hoheit in der „Gunroom" den übrigen Offizieren noch lange von ihren Erlebnissen erzählten. —

Bereits am 4ten Januar verließ unsre Gesellschaft, gegen Morgen, die Rhede von Pará, begrüßt von den dort ankernden französischen und brasilianischen Kriegsschiffen, und dampfte, nachdem man abermals die Bänke an der Mündung des Parástromes glücklich hinter sich hatte, fröhlich dem Ocean zu. —

Am 6ten, noch vor Sonnenuntergang, passirte man die Barre von S. Luiz·de Maranhaõ und warf den Anker vor der völlig europäisch aussehenden Stadt, die, ähnlich wie Syracus, sich auf einem langen Höhenrücken hinzieht, der als Landzunge weit in die umgebende Bucht vorspringt. Bei dem Anblick der kahlen, sandigen Höhen ringsumher, auf denen kein Wald, sondern nur wenig niederes Gestrüpp zu entdecken war, hätte man sich leicht, wie mit einem Zauberschlage, nach den heimischen Gestaden versetzt wähnen können, wenn nicht einzelne, über die Dächer der Cidade hervorragende prächtige Palmen eindringlich daran gemahnt hätten, daß man sich nur ein paar Grade vom Aequator befand.

Am 8ten Mittags verließen unsre Reisenden S. Luiz, umschifften am 13ten, während sich die starke Strömung, mit der sie bisher gekämpft, in eine ihnen günstige verwandelte, um Mittag Cap Toira, die eigentliche Ostspitze Südamerika's, und vor Sonnenuntergang Cabo S. Roque, die sich beide als waldbedeckte Dünenreihen darstellen, und bereits am Abend des folgenden Tages ankerten sie auf der Rhede von Pernambuco, das, im Verein mit den flachen, sich im S. daran schließenden Ilhas dos Coqueiros (Cocoanut=Islands) und dem reizenden, sich im N. mit seinen Kirchen und Klöstern auf einem steilen, vorspringenden Rande erhebenden Olinda, ein ebenso ausgedehntes als eigenthümliches Panorama bildet.

Pernambuco, das durch seine Bauart noch heute seinen holländischen Ursprung verkündet, besteht eigentlich aus drei, durch Brücken verbundenen Städten: aus der Hafenstadt Recife, die am Südende einer am Fuße der Höhe von Olinda beginnenden Nehrung gelegen ist, aus dem die

Cocoswälder des Festlandes säumenden Stadttheile Boavista, dem Sitze des Präsidenten der Provinz, und aus der
zwischen beiden liegenden Inselstadt S. Antonio. Vor
Recife zieht sich ein langes, schützendes Felsenriff hin,
gleichsam ein natürlicher Wellenbrecher, an dem die Wogen
des Oceans unausgesetzt branden. Zwischen beiden liegt
der schmale, aber sichere Hafen, dessen Eingang sich an
dem, durch einen hohen Leuchtthurm und das Fort Picão
oder do Mar kenntlichen Nordende des kaum über dem
Meeresspiegel hervorragenden Felsendammes befindet. Zwei
andere Forts, do Brum und do Buráco, erheben sich etwa
auf der Mitte der sandigen Zunge nach Olinda zu.

Nach einem Aufenthalt von noch nicht 24 Stunden
lichtete man am 15ten Januar um 2 Uhr Nachmittags
die Anker, umschiffte an demselben Abende Cap S. Ago-
stinho, und erreichte am 17ten Bahia, nachdem man zwischen dem Leuchtthurme von Cap S. Antonio — das den
nördlichen Winkel der Bucht vom Ocean scheidet und auf
seiner innern Seite und seinem langen Rücken die zweite
Stadt des Reiches trägt — und der großen aber nicht
hohen Insel Itaparica in die enorme Bahia de Todos os
Santos eingelaufen war.

S. Salvador baut sich amphitheatralisch zwischen dem
frischesten Grün den baumreichen Abhang hinan, krönt mit
seinem schönsten Stadttheil den lieblichen Hügel, und setzt
sich oben durch die, aus den zahlreichen Landhäusern der
Consuln und der Kaufleute gebildete Vorstadt Victoria, an

welche sich der schattige Passeio publico anschließt, fast bis
zu seinem steilen Südende fort, zu dessen Füßen der hohe
Faro auf sandiger Spitze gegen die Einfahrt vorspringt.
Auf der entgegengesetzten Seite der Stadt senkt sich der
hohe Rücken allmälig herab, bis er sich in der Gegend der
zweithürmigen Kirche „Nosso Senhor do Bom Fim" gänzlich verflacht, die sich im Hintergrunde an dem fernen
Saume der Wälder des Festlandes auf dem sandigen
Strande des Golfes erhebt. Von hier an sind die Ufer
kaum noch zu erkennen, indem nur die höheren Theile der
Küste noch inselartig über dem Wasserspiegel hervorragen.

Bereits am folgenden Tage ging der hohe Reisende
vom Growler wieder auf den S. Michele über, der, von
Montevideo kommend, Seine Königliche Hoheit hier erwartete. Am 21sten Nachmittags lichtete die Fregatte die
Anker und ging, den Landwind benutzend, unter Segel,
nachdem der Prinz und seine Gefährten von ihrem treuen
Reisegenossen, dem Consul Theremin, von Capitain
Buckle, den übrigen Offizieren des Growler und Doktor
Lippold Abschied genommen hatten. — Erst mit der unter-
sinkenden Sonne entschwanden die reizenden Gestade Brasiliens völlig ihren Blicken.

Am 6ten Februar wurde die Linie passirt, und in
der Nacht vom 9ten zum 10ten leuchtete unsern Reisenden
zum letzten Male das Südkreuz. — Am 18ten sahen sie
das erste Seegras vorübertreiben. Am Nachmittage durchschnitten sie den Wendekreis, und wenige Tage darauf, am

21ſten Februar verließ ſie enblich der Norboſt=Paſſat, nach=
dem er einunbzwanzig Tage hinburch geweht unb die Fre=
gatte bis zum Meridian, welcher auf dem halben Wege
zwiſchen der Great Newfoundland=Bank unb der Outer=
Bank hinburch geht, nach W. verſchlagen hatte; bagegen
blieb bas Seegras bis zum 26ſten Februar ihr treuer Be=
gleiter.

Am 4ten März um 2 Uhr Nachmittags zeigten ſich
bie geblichen, verbrannten Höhen von Cap Espichel, denen
man jeboch, ba Winb unb See entgegen waren, am Abenb
wieber ben Rücken wenbete. Die nämlichen Urſachen hiel=
ten ben S. Michele auch ben 5ten über von der Küſte
Portugals entfernt. Am Morgen bes 6ten aber befanden
ſich unſre Reiſenden auf der Höhe von Cap Roca, dem
ſenkrechten Abſturz am Enbe der letzten Ausläufer ber
blauen Serra be Cintra, jenes ſcharfen, zackigen Grathes,
ber auf einer ſeiner Spitzen bie reizenbe Penha, bas Luſt=
ſchloß bes Königs, trägt.

Im Vorbergrunbe behnt ſich, am Fuße jener Kette,
eine braungelbliche Ebene aus, bie gegen bie branbenbe See
abſtürzt unb an bie ſich bie Veſte S. Iuliaõ anſchließt.
Es war winbſtill, boch erhob ſich balb aus bieſer, balb
aus jener Himmelsgegenb ein kaum merkliches Lüftchen,
was bem Offizier ber Wache unb ber Mannſchaft nicht
wenig zu ſchaffen machte. Inbeß bie ſtolze Fregatte ſich ſo
zwecklos auf ben Wellen ſchaukelte, näherten ſich ihr viele
Fiſcherboote mit hohen Segeln, unb in einem ähnlichen

Fahrzeuge der Lootse. — Bald war er auf dem Verdeck.
Ein hagerer Mann, in einer fahlgelben, sonderbar ge=
schweiften Jacke, in hohen Reiterstiefeln mit einem spa=
nischen Hut auf dem Kopfe, hatte diese erste europäische
Erscheinung etwas höchst Sonderbares. Er ging sogleich
an's Werk, denn ein wenig Wind hatte sich erhoben.

In Folge der großen Sandbänke, des Cachopo do
Norte und des Cachopo do Sul, ist die Einfahrt in den
Tajo gar nicht so leicht. Der Lootse steuerte zwischen
beiden hindurch, hielt sich aber dabei zu weit südlich. —
Je mehr man sich der Barre näherte, um so mehr ver=
schwand der lichte, blaugraue Höhenzug von Cap Espichel
hinter dem abgerundeten Sandberge des linken Ufers,
dessen flacher, gegen die Einfahrt vorspringender Fuß das
Thurmfort Bugia und den Leuchtthurm trägt. Schon zeigte
sich auf dem rechten Tajo=Ufer das weiße Riesenschloß von
Ajuda; schon sah man den Thurm von Belèm sich auf
einer sandigen Zunge erheben und in der Ferne die groß=
artige Stadt sich von den Höhen herab gegen den Spiegel
des Tajo senken, auf dem sich sogar die Kriegsschiffe be=
reits unterscheiden ließen, zwischen denen unsre Reisenden
in Gedanken ihren Ankerplatz suchten, — als plötzlich das
Rauschen der nahen Brandung allen diesen lockenden Aus=
sichten ein Ende machte: denn eben stand die Fregatte im
Begriff, von dem stark ausgehenden Strome getragen,
gerade auf den Cachopo do Sul zu laufen! Der Wind
war zwar günstig, doch so schwach, daß alle Mittel,

das Schiff zum „Abfallen" zu bringen, fruchtlos blieben; es mußte daher schnell backgepraßt und der Anker in 15 Faden geworfen werden. Gleich darauf wurde die Barkasse ausgehißt und ein Wurfanker ausgebracht, um die Fregatte von dem gefährlichen Punkte zu entfernen.

Damit war für heute das Tagewerk vollendet. Der Lootse, dessen sonderbares Aeußere an längst vergangene Zeiten mahnte, war der alleinige Urheber dieser Verzögerung. Er fühlte es auch, denn den ganzen Abend über ging er in trüber Stimmung in der matt erleuchteten Batterie auf und ab; dafür brachte er jedoch die Fregatte den 7ten glücklich auf die Rhede, und um 1 Uhr Nachmittags ging der S. Michele daselbst vor Anker.

Der Aufenthalt Seiner Königlichen Hoheit in dem schönen Lissabon war kurz. — „Mit schwerem Herzen," schreibt Prinz Adalbert am Schluß seines Tagebuches, „schied ich von meinen Freunden auf dem S. Michele, und lange noch suchten meine Augen, als wir auf dem „Montrose" aus dem Tajo dampften, die schlanken Masten der stolzen Fregatte, welche die Gnade Seiner Majestät des Königs von Sardinien mir so lange Zeit hindurch zur Verfügung gestellt und auf welcher ich so glückliche Tage verlebt hatte, als sie schon längst hinter dem gelblichen S. Julião verschwunden war. — Ich eilte über England nach der Heimath, um der Königin Victoria persönlich meinen Dank zu Füßen zu legen für die vielfache Aufmerksamkeit, die mir von Seiten der britischen Behörden, und vor allem von der Admiralität, zu Theil geworden war, und langte am 27sten März Abends glücklich wieder in Berlin an, wo mir nicht allein die große Freude ward, meine Eltern wiederzusehen, sondern auch die in Berlin anwesenden Glieder der königlichen Familie, die zufällig gerade bei ihnen versammelt waren, durch meine Ankunft zu überraschen."

Druck von G. Bernstein in Berlin, Mauerstr. 53.